2012 年 5 月在甘肃中医学院附属医院参加全国名老中医传承工作室揭牌仪式的领导和甘肃省首届名中医合影留念

2012 年 5 月校领导陪同省部级领导视察王道坤名医工作室

甘肃中医药大学认真贯彻党的教育方针，经过 40 多年的拼搏与发展，现在已经是中医高校中的一朵奇葩，艳丽夺目

2019 年 4 月北京中医药大学王道坤名医传承工作室合影

治愈北京患者宋某（左 1）CAG 癌前病变的随访照

2020 年 12 月 "王道坤全国名老中医传承工作室" 授牌仪式和带徒义诊、学术讲座相继进行

2021 年 2 月敦煌学派成员演出《岐黄真髓》三字经 剧照

患者们说："兰州平安堂，治疗胃病响当当"

2019 年 6 月王道坤全国名老中医传承工作室合影　　　　段永强摄

2017 年 12 月与国医大师周信有合影　周燕摄

身患 9 种病的治愈患者马义明的肺腑之言

给美国患者切脉诊断胃病

身患三种癌症的患者洪某经中药治疗已生存 14 年
的随访照

2005 年设立的"王道坤英才奖学金"已经奖励了
120 多名优秀学生，这是校领导、王教授和获奖学
生合影

北京中医药大学第九次中医药教育研讨会 2019 年 12 月在甘肃中医药大学召开

2020 年 12 月在甘肃中医药大学做全程补虚精准抗癌讲座

2017 年 12 月于兰州组织的学术讲座合影

近两年，带学生先后在新疆、福建、青海、甘肃等地做多次学术交流，反响良好

2019 年 11 月应邀请，带徒弟们到陇南市讲学

2019 年 7 月在青海省西宁市参加全国学术会议，进行学术交流

2015年6月在广州中医药大学参加学术交流

2015年12月在甘肃省武山县召开研讨会，属甘肃省继续教育项目

2019 年 6 月在甘肃省省委党校和北中医郝万山教授做学术讲座，学员爆满，聚精听讲

2018 年 12 月在兰州民航宾馆举行学术讲座

治愈患者清礼亲王后裔，邀请余参加中秋节宴会

在敦煌莫高窟精美的壁画、雕塑和经卷中均有丰富的价值极高的医学内容，世人正在发掘、整理和应用。

举世闻名的敦煌莫高窟外景

1993年2月8日·2· 兰州晚报

良药一帖治胃肠
——记胃肠病专家王道坤副教授

敦煌医学有很大的发掘潜力

王道坤副教授巧用敦煌医方治疗胃病取得显著疗效

1993年2月25日 甘肃工人报 2 ●综合新闻 ●综合新闻

专家坐诊·患者福音
"平安堂"开业接诊

长泰县投资千余万

甘肃敦煌学学会成立大会留影 1991.12.24

从敦煌医方中发掘创新的萎胃灵系列院内制剂，临床应用近30年，治疗慢性萎缩性胃炎及其癌前病变3万多例，方便安全，疗效显著

这是定西市漳县胃癌晚期患者潘某，经中药治疗五年八个月后，患者症状好转，十分满意。于二○一九年九月初赠送的锦旗

1 为台湾患者刘某治疗胃病
2 治愈患者张某 CAG 癌前病变 5 年后（1995 年），现已 31 年
3 治愈安徽患者何某重度 CAG 伴重度肠化异型增生 5 年后随访照
4 治愈兰州患者梁某 CAG 伴中重度肠化生后 15 年随访照
5 治愈会宁庞某 CAG 伴重度肠化生 12 年后随访照
6 北京患者李某在美国的照片。曾患 CAG 癌前病变，现经胃镜和病理复查已痊愈
7 治愈兰州患者潘某 CAG5 年时照（摄于 1995 年）
8 治愈 26 年后的潘某（同图 7），红光满面，精力充沛
9 治愈 31 年后的潘某（同图 7），2017 年已 82 岁，体健无恙，思维敏捷

患者们的心意

2020年1月—4月，避疫宅家，挥毫战疫，介绍经验，诊治患者，著书立说。

2017年5月12日随访1974年患流行性脑脊髓膜炎高烧昏迷，抢救成功的金塔县患者李义（左2），现已经86岁，身体健康

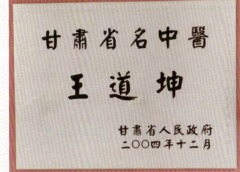

王道坤教授先后荣获国家优秀教学成果二等奖、中医药传承特别贡献奖、科技进步三等奖及甘肃省名中医、教学名师等省厅级 25 项奖励。享受国务院政府特殊津贴

1993年12月学术交流合影。前排左起王道坤、王必顺、杨守义、张立、周信有、于己百、吴正中、贾斌、马彦民、尹婉如

守正传承岐黄术

——王道坤与敦煌医学学派

主编　王道坤

科　学　出　版　社

北　京

内 容 简 介

　　王道坤教授是第三、第五、第六批全国老中医药专家学术经验继承指导老师和创立敦煌医学学派的甘肃省名中医、教学名师。本书介绍了王道坤教授的治学方法、养生要旨、学术思想及临床诊治慢性萎缩性胃炎及胃癌前病变、根治溃疡病、减轻患者痛苦、延长中晚期癌症患者生命等方面的宝贵经验；同时又把王教授的"一站四室"立德树人举措及高徒们认真学用经典、勇于探索敦煌医学宝库的心得和临床应用体会、科研成果作了画龙点睛的展现，颇有参考和借鉴价值，非常值得广大读者珍藏和研读。

　　本书可供广大中医药爱好者参考，也可供中医药院校师生阅读使用。

图书在版编目（CIP）数据

守正传承岐黄术：王道坤与敦煌医学学派/王道坤主编. —北京：科学出版社，2021.4

　ISBN　978-7-03-068571-1

　Ⅰ.①守… Ⅱ.①王… Ⅲ.①敦煌学–中国医药学–研究 Ⅳ.①K870.64

中国版本图书馆 CIP 数据核字（2021）第 064861 号

责任编辑：刘　亚／责任校对：王晓茜
责任印制：肖　兴／封面设计：蓝正设计

科学出版社 出版

北京东黄城根北街 16 号
邮政编码：100717
http://www.sciencep.com

北京汇瑞嘉合文化发展有限公司 印刷

科学出版社发行　各地新华书店经销

*

2021 年 4 月第　一　版　　开本：787×1092　1/16
2021 年 4 月第一次印刷　　印张：30 1/4　插页：8
字数：691 000

定价：198.00 元
（如有印装质量问题，我社负责调换）

编　委　会

主　　编　王道坤

副 主 编　李应存　段永强　王　君　牟德海

编　　委　（按姓氏笔画排序）

马　骏　王　君　王　斑　王凤仪

王道坤　白　敏　巩子汉　安小平

孙立明　牟德海　李应存　杨佳楠

杨晓轶　张敬升　陈子杰　虎峻瑞

段永强　顾景辉　殷世鹏　梁玉杰

参 编 单 位

甘肃中医药大学王道坤名中医工作室

北京中医药大学全国名老中医药专家——王道坤名中医传承工作室

北京中医药薪火传承"3+3"工程建设单位——王道坤名医传承工作站

本专著受国家重点研发计划项目——基于"道术结合"思路与多元融合方法的名老中医经验传承创新研究（项目编号：2018YFC1704100），第五课题组：东北部地区名老中医学术观点、特色诊疗方法和重大疾病防治经验研究（课题编号：2018YFC1704105）资助

序 一

王道坤先生是陇上杏林名家，也是桃李天下的学者。先生早年求学于北京中医学院（现北京中医药大学），青年起响应党的号召来到大西北，扎根甘肃近六十载，究心经籍、衷中鉴西，躬研究兼临床、重育人济学子，治愈内、外、妇、儿诸科患者数万例，培育杏园翘楚数千人，捐助困难学生百余名。承古融新、临证三辨，创立"风火痰瘀"辨证新方法，首提"敦煌医学"新概念，填补了世界显学敦煌学研究的空白。先生继古贤医学经典之作、弘诸家医德医术之道，悬壶济世、仁德育人，献身丰富我国中医药理论和事业发展。大医行爱，杏香流芳。

传承、发展、利用好中医药，无论是理论研究还是临床实践，都需要一代又一代像王老先生一样绳古衡今、疾妄济美的优秀中医人倾力为之。先生已八旬开外，仍皓首穷经、勤耕杏园，作为北京中医药大学、甘肃中医药大学等高校特聘专家和北京中医药大学甘肃校友会会长，搭桥铺路、助雁领飞，为推动新时代中医药学传承发展及其人才培养做出了积极贡献。今携同仁及弟子推出《守正传承岐黄术——王道坤与敦煌医学学派》，概学术思想、教书育人、敦煌医学、临床经验为一体，或阐发经典，或验案举隅，或列叙良方，有歌诀亦有叙述，诚先生寝馈功深，甘苦有得释然也。精要至妙，令吾击节。此书既体现了传承精华、守正创新的大医精诚精神，也是新时代中医人以人为本、救厄解困的责任担当，对传承名老中医的临床经验和流派特色，乃至推动中医学术发展和医学人才培养都有非常重要的现实意义和长远意义。

中医药学包含着中华民族几千年的健康养生理念及其实践经验。西汉以来中医药帮助中华民族抵御了 320 多次瘟疫。抗击新冠肺炎疫情，中医药也发挥了巨大的功效。甘肃是我国中医药的发祥地之一，素有河岳根源、岐伯故里之称，拥有推动中医药事业和产业高质量发展的丰厚资源，具有"一带一路"、敦煌"文博会"、中医药产业博览会、海外"岐黄中医学院"等中医药学走向世界的优势和平台。陇上历来名医辈出、医著煌煌，先生该著为甘肃医界又添新彩。医乃仁术，莫大于德；教育之要，惟在师道。期若先生之师，育更多栋梁之才，继岐黄之术，抒济世之志。

春色正中分，百卉争明媚。点滴感怀，弁诸简端，以当芹献。

王海燕

2020 年 3 月 20 日（农历春分日）

序二　临证育人担道义　守正创新济世人

中华文化源远流长，中华医药博大精深。岐黄至理，师传徒承，"传承"是中医学历经数千年而泉源不竭的必要条件，也是中医学术根深叶茂、本固枝荣的必由之路。传承是为了更好的创新，传承是创新的基础和前提。

王道坤教授是我非常敬重的老师和前辈，也是很好的同事，堪称良师益友。先生研医临证五十余载，学验俱丰，笔耕不辍，享誉杏林。近日，先生又一力作《守正传承岐黄术——王道坤与敦煌医学学派》即将付梓，我有幸拜读，愈生敬意。该书以名老中医学术思想及临床经验的传承与发展应用为宗旨，遵循学术性、可读性、实用性、特色性、传承性和指导性的撰著理念，发掘、整理相关文章，收集梳耙，撷精聚要，实为先生中医生涯的缩影，学术渊源的复现，是一部杏林躬耕薪火相传之作。

潜心岐黄　惠及众生

先生天资聪颖，勤奋好学，1961 年考入北京中医学院，在校得到诸多名医的教诲和指点，学习成绩优异，中医功底扎实。毕业后响应毛主席"把医疗卫生工作的重点放到农村去"的号召，自愿来到甘肃酒泉地区大庄子公社，并创建了当地的卫生院。在十年的基层工作中，先生满腔热忱地为当地群众服务，救治了许多疑难危重患者。如今年已八旬，仍每周还坚持五次固定门诊。作为中医临床名家，先生数十年如一日，兢兢业业，从不间断，接诊患者数以万计；先生医德高尚，医术精湛，衷中参西，既善攻邪，又娴扶正，对中医之伤寒、易水、温补学派进行了深入研究，活用"风火痰瘀"理论辨治疑难病症疗效显著，临床诊疗涉及内、外、妇、儿各科病症，尤对脾胃系统各类疾病的辨证论治有自己的独特见解，治疗脾胃病疗效卓著，饮誉海内外，人称"西北胃王"，疑难病、危重症及久治不愈患者慕名而来者甚多，乃至韩国、日本、美国等地的患者不远万里专程来兰州求治。先生于 2004 年获评首届"甘肃省名中医"，是北京中医药大学特聘临床专家，享受国务院政府特殊津贴。

言传身教　桃李芬芳

中医之道，在于学，亦在于传。先生即是"医教结合"的忠实践行者。1982 年先生作为中医界骨干精英被选调到甘肃中医学院从事教学、医疗与科研工作，筹建了中国医学史与中医各家学说教研室。在教学中，先生充分发挥自己博学多识、医文并茂的特长，将自己的学习感悟、学术思想、临床经验倾囊相授。在长期的教学实践中，总结创立了"教学育人法"和"成才曲"，言简意赅，朗朗上口，实为成才之锦囊秘笈。2005 年，先生为奖掖后学，慷慨解囊，拿出多年积蓄设立"王道坤英才奖学金"，催学子发愤，促人才辈出。四十多年来，他所培养的学生已遍及陇原，享誉全国，其中许多已成为医疗卫生界的中坚和骨干力量。先生担任教务处处长期间，狠抓教学质量，筹建实训基地，为学校的发展竭心尽力，是甘肃中医药大学跨越式发展的奠基人之一。先生先后荣获"甘肃省高等学校教学名师奖""中华中医药学会首届中医药传承特别贡献奖"，是国家中医药管理局确定的第三、第五及第六批全国老中医药专家学术经验继承工作指导老师。

发掘敦医　异彩纷呈

在酒泉工作期间，先生因工作机缘初访敦煌，莫高窟精美的壁画和浩瀚的经卷给他留下了深刻印象，自此便与敦煌结下不解之缘。随着研究的深入，与赵健雄、张士卿教授等创造性地提出了"敦煌医学"新概念，发表《敦煌医学初探》论文，参与申报卫生部项目"敦煌医学研究"，项目通过了部级鉴定，并获得国家科技进步奖三等奖，开创了敦煌医学研究的先河和地域医学研究新领域。在他的带领下，一批学者从文献、临床、实验等方面深入研究，学术著作竞相问世，学科建设成果丰硕，敦煌医学已成为我校鲜明的研究专长和办学特色。此外，先生发掘敦煌医学中的禁秘方，研制出"萎胃灵"系列成药，治疗慢性萎缩性胃炎 3 万多例，改变了西医认为萎缩了的腺体、肠化、增生"不可逆"的观点，其诊疗水平居于国内外领先地位。

三尺讲台　四季门诊

先生从一名基层医生，一步步成长为全国知名中医内科专家，对中医事业忠诚热爱，辛勤耕耘、探幽索微，为甘肃省中医药事业的发展奉献一生，是中医药界的一面旗帜。其为师也以德，其为医也以仁，其著述也丰，其学识也厚，其治学也谨严，其为人也赤诚，正是我辈向往之大医面目。《守正传承岐黄术——王道坤与敦煌医学学派》，乃先生学识所积、临床辨证经验所汇的集大成之作，较为翔实地反映了王教授学术思想发展及敦煌医学传承脉络，是我省乃至全国中医药学术传承发展的一笔宝贵财富，必将对有志于中医药传承发展的所有同仁大有裨益。

中医药学是中华民族的伟大创造，是中国古代科学的瑰宝，不仅为中华民族繁衍生息做出了巨大贡献，也对世界文明进步产生了积极影响。从习近平总书记发表的关于发展中医药事业一系列重要批示指示，到全国中医药大会的召开及《中共中央 国务院关于促进中医药传承创新发展的意见》的出台，中医药振兴发展迎来了前所未有的蓬勃局面。薪火传承向未来，弦歌不辍待后生。让我们立足长远，着眼大局，切实做好名老中医学术思想、经验传承研究，守正创新，推动中医学术进步和理论创新，提高中医临床服务水平，为建设健康中国贡献力量。

甘肃中医药大学校长　李金田

2020 年 3 月 28 日

序 三

陇上名医王道坤教授是我校 1961 级优秀校友，甘肃中医药大学教授，博士生导师，全国名中医，我校第一批特聘中医临床专家，享受国务院政府特殊津贴。王教授以擅治脾胃疑难病而闻名，有"西北胃王"之美誉。

王教授在读书期间，接受我校建校初期的诸多中医大师的教诲，深得我校名医名家如王绵之、颜正华等的熏陶，功底扎实。毕业后，王教授响应国家号召到基层去，到人民最需要的地方去，扎根大西北，不畏艰险治病救人，潜心研究经籍数十载，尤其对敦煌医学的开发利用，尤有成就。

"敦者，大也，煌者，盛也"，这一名字自带魅力，从诞生之日起，敦煌就注定是世界艺术史、人类文明史中博大、深邃、显赫而又独特的存在，它是古丝绸之路上中西文明交流之重镇，见证了历史的繁复变迁、沧海桑田。

作为敦煌学的重要分支，敦煌医学亦是祖国医学的瑰宝之一，包括养生、医理、诊法、本草、方剂、针灸等方面。王教授长期致力于敦煌医学的守正创新，探其根本、循其精髓，根据敦煌医家的诊疗思路研发、创制了一系列治疗慢性萎缩性胃炎及胃癌前病变的有效方剂及中成药，救人甚多。王教授在其专著《医宗真髓》中归类撷要，系统阐述、总结了敦煌医学的精华，广为流传。

在北京中医药大学六十年华诞之际，以王教授为首的甘肃校友会赠送给母校一座石碑，石碑的三个高峰刻有"人参知母当归"六个大字，寓意深刻。意为人的一生有三个母亲——母亲、母校和祖国，师生一定要有家国情怀。反映出他立德树人的教育理念，很受师生欢迎。

传承、发展、利用好中医药，既是当今为医之道，也是中医药守正创新之路。王教授把振兴中医作为己任，不仅教书育人，悬壶济世，同时还及时地总结经验，著书立说，将自己深邃的学术思想传承下去，对继承中医名家的临床经验有重要意义。今欣闻王教授携同仁及弟子编著之《守正传承岐黄术——王道坤与敦煌医学学派》即将付梓，内容有精辟之医论、创新之科研及高尚的医德情怀访谈等，尽为不可多得之宝贵经验，其益无量，其义弘远，故乐而为之序。

北京中医药大学校长

庚子初夏于北京中医药大学

序四 凝千年医典，行千里医路

敦煌一千六百余年的历史，中华上下五千年的文化在这里中转、沉淀、流传，是绚烂、惊叹，更是超越时空功德无量的奉献，在这浩瀚的文化星河中，有一个闪亮的分支，那就是敦煌医学，王道坤教授正是这一伟大典籍研究的重要发起人。

王教授精研敦煌医方，创立"敦煌医学方证论治"体系，同时将自己所知所悟，应验于病人，恩泽于弟子，今又携同仁及弟子推出《守正传承岐黄术——王道坤与敦煌医学学派》，苦医者有方可求，学医者有理可循，实乃百姓之幸，中医界之幸。千年医典的精髓融王老师数十年的所悟、所证、所验，这就是凝练和沉淀。

从兰州到北京跨越一千四百公里，我与王道坤教授千里结缘于五年前，时正值我院转型为中西医结合医院，欣闻王教授先师出京畿，后扎根陇地，纵是千里，不感距离。甘肃中医药文化底蕴深厚，中医药产业发展格局正在加速形成，正是我院取经解惑所求所需。王教授虽已过古稀之年，仍不辞辛苦，辗转千里，传道授业，乃我院之幸，地方百姓之福，正如王教授新著所意：岐黄之术本于守正，纵使千年依然璀璨，岐黄之术功在传承，纵使千里也无距离！

北京市第一中西医结合医院 李瑞杰

2020 年 8 月 15 日

前　言

中医药学博大精深，源远流长，是中华民族在与疾病长期斗争的过程中积累的宝贵财富，其有效的实践和丰富的知识中蕴含着深厚的科学内涵，是中华民族优秀文化的重要组成部分，为中华民族的繁衍昌盛和人类健康做出了不可磨灭的贡献。随着我国进入全面建成小康社会的新阶段，人民生活水平有了极大提高，其健康意识和理念更加强烈，人民群众对中医药服务提出了新的要求和新的需求，这就要求我们必须加强中医药的继承与创新。而学术造诣精湛、实践经验丰富的中医药专家的学术继承是中医学发展的重要推动力，也是中医药创新发展的源泉，有利于中医后备人才的培养。

王道坤先生是甘肃中医药大学著名教授，首届甘肃省名中医，从事中医教研工作 50 多年。王教授深入研究中医各家学说，临证衷中参西，临床诊疗涉及内、外、妇、儿，尤对脾胃疾病见解独到。他首提"敦煌医学"之概念，深入发掘敦煌医学中的禁秘方并研制成的"萎胃灵"系列纯中药制剂，治愈慢性萎缩性胃炎和胃癌前病变 3 万多例，并于 2009 年首次提出"敦煌医学学派"。王教授热心中医药教育事业，不断思索中医药学的继承与发展问题，始终坚持把中医人才的培养当作主要任务。

本书汇集王教授的学术文章、相关讲座及其弟子们的学术论文共 100 余篇，并对每篇文章的内容进行调整，删去了文章摘要和参考文献，但在文章末尾添加了文章出处；省略了实验类文章的一般资料和实验方法，只展示实验结果和结论；对题目相近而内容略有差别的数篇文章，删繁就简，在保留题目的同时，把内容整合成一篇，以免重复。全书共分为 6 大部分，其中学术思想部分共选文章 8 篇，可从整体上了解王教授的学术思想；立德树人部分选文 10 篇，可对王教授的治学方法、教学理念以及师德师风等有所了解；整理敦煌医学文献 13 篇，展现了以王教授为首的敦煌医学学派门人对敦煌医学的研究成果；临床经验与基础研究又分为脾胃系疾病文献 34 篇和其他系疾病文献 25 篇，对王教授的临床诊疗思路和临床经验作了较为全面的论述，尤其是王教授治疗慢性萎缩性胃炎以及慢性萎缩性胃炎癌前病变等脾胃系重症篇章，更是为临床提供了宝贵的经验；王教授十分重视各家学说研究，在对其弟子们的培养中，更是重视对历代医家学术思想的理解，故选其门人弟子所写文章 11 篇。王教授医德高尚，学验俱丰，一言一论难窥其医学思想之全豹，但本书从理论、临床、诊疗思路及其用药特点等多方面展现了王教授学术思想及医德、医术之一斑。另外，由于受种种条件所限，王教授门人弟子的文章未能一一收录，并且难免会有漏选，诸多遗憾，还望大家给予理解。

编委会

2019 年 8 月

目　录

学　术　思　想

立　德　树　人

敦　煌　医　学

临床经验与基础研究

脾胃系疾病

各家学说

附　　录

学术思想

王道坤教授学术思想提要

  王道坤教授生于 1941 年 9 月，山西省和顺县人。甘肃中医药大学教授，主任医师，博导。历任中国医学史、中医各家学说委员会委员，省高教战略研究会理事，省第八届政协委员，甘肃省人民政府参事等职。是首届"甘肃省名中医"和"甘肃省教学名师"；是国家中医药管理局确认的第三、第五、第六批全国老中医药专家学术经验继承工作指导老师，享受国务院政府特殊津贴。被国家中医药管理局确定为名老中医工作传承建设项目专家。为北京中医药大学首届临床特聘专家。

  1961 年考入北京中医学院，在大学期间勤奋好学，得到董建华、王绵之、颜正华、刘渡舟、印会河、周信有、殷凤礼等诸多名师的教导，功底扎实，毕业后响应党的号召来到甘肃省，至今工作了 50 多年。王道坤教授的主要学术思想，概括起来，是五个重视三个创新。

1　五　个　重　视

1.1　重视养生治未病，积极推广《内经》五大理念

  王老师认为，《内经》养生的"法于阴阳，和于术数，食饮有节，起居有常，不妄作劳"五大理念，是一个系统工程，养生不可片面理解和应用。应当在建设健康中国中，广为宣传，积极推广，全面施行，持之以恒。所以，他把中医养生放在新作《岐黄真髓》的首篇。

1.2　重视脾胃，尤重保护胃气

  王老师提出："胃气是人体健康的根本。要想健康，保护胃气切莫忘。"反对滥用苦寒药，反对蛮补狂泻。在他主编的《新脾胃论》和合著的《决生死秘要》里，均有详尽的阐述。在《王道坤诊疗经验集锦》中治验脾胃病 160 多例，处处反映出顾护胃气的特点。

1.3　重视敦煌医学，突出临床应用

  王老师 1983 年首次提出"敦煌医学"新概念，并于次年和赵建雄教授、徐鸿达教授申报了卫生部课题——"敦煌医学研究"，结题后获得国家科技进步奖三等奖。他说："敦煌医学是国宝，我们应当花大力气，发掘、整理，应用于临床。"取裁于敦煌医学的禁秘

方研制出的"萎胃灵"系列纯中药医院内部制剂，内治与外治相结合，疗效显著。治疗了3万多例慢性萎缩性胃炎患者，有效率在98%以上，治愈率为82%，闻名海内外。1995年王老师被评为"治疗慢性萎缩性胃炎有专长的医家"。

2009年王老师提出"敦煌医学学派"，对其特点作了诠释：敦煌医学学派是由以研究敦煌医学为主要课题的近百名医家组成的一个医学学派。鼓励弟子们进行深入研究。

1.4　重视癌症防治，高度重视积极治疗癌前病变

王老师提出，甘肃是胃癌、肺癌高发地区，常人要重视养生，积极改变生活方式；医者要高度重视积极防治癌前病变，特别要注意情志变化在癌症发病中的作用。这两方面是降低癌症发病率和死亡率的关键。他先后治愈300多例慢性萎缩性胃炎癌前病变和多例巨大溃疡。

1.5　重视人才培养，突出立德树人

王老师常说："好政策是中医药发展的大环境，而人才是中医药事业振兴和发展的根本。"他编写的"成才曲"，激励了很多学子："诚信又勤快，成才是真经；不能成大器，贪懒是祸根。目标要选定，心态很要紧，方法是捷径，办事要认真。虽然话简单，助你早成功。"在治学方法上重视经典，博采各家。王老师非常重视经典著作的学习。他常讲"五部三百方，名医天下扬"。《内经》《伤寒论》等四大经典，是取之不尽用之不竭的宝典，而中医各家学说，则是对经典著作的诠释和发展。他认为，要使自己成为大医，必须"花气力，抓主要"，"学通12345"。"1"即必须掌握一个整体观，"2"指学懂毛泽东主席的《矛盾论》《实践论》；"3"即牢记300个良方，"4"即熟悉400味中药；"5"指学好四大经典和中医各家学说。他还总结了学习中医方法，指导后学。这个方法是"医之道，任非小，关性命，诚是宝。医之理，很深奥，花气力，抓主要。背经典，记方药，多实践，熟生巧，边学习，边创造。通今古，名医昭"。王老师可谓"桃李满天下"。王老师给本科学生讲授中医各家学说30多年，授课生动活泼，理论紧密联系临床治愈的典型病例，学生印象很深。在实践中他感受到各家学说的重要性和实用性，常常给我们说"五部三百方，名医天下扬"，他认为各家学说与四大经典著作同样重要。为了鼓励学生好好学习，2005年他和师母尹婉如筹资10万元，学校为他们设立了"王道坤英才奖学金"，15年来，奖励了150多名积极上进的学生，社会上反响很好。很多学生都已经是有望一方，成为发展中医药事业的骨干、省市级名中医。

2　三个创新

2.1　创立和应用"五十三"中医诊疗体系

"五"系指望闻问切查五诊合参，"十"指表里、寒热、虚实、气血和阴阳十纲辨证，

"三"系指话疗、食疗、药疗（含针灸等综合治疗）三疗并重。形成新的诊断辨证治疗体系。

2.2 "调五脏以安脾胃"，创拟新方

基于人体是一个有机的整体，对于久治不愈的脾胃病，王老师采取调理五脏的方法来治疗疑难的脾胃病，收到了意想不到的疗效，所以他提出"调五脏以安脾胃"，凝炼经验，创拟新方，研发出"萎胃灵"系列纯中药制剂和温补脾肾汤、疏肝和胃汤等。治疗慢性萎缩性胃炎 3 万多例，治愈萎缩性胃炎癌前病变 300 多例，疗效显著。他常说："这些经验方，是疾病谱变化孕育出来的新生儿。"

2.3 创言"灭癌不如救元好"

这是王老师治疗中晚期恶性肿瘤的新见解。他说："临床实践证明，用放化疗企图斩尽杀绝癌细胞，不如用中药救元气疗效好。"

针对中晚期癌症患者，西医采用放化疗多次把癌细胞斩尽杀绝的做法，或者中医用以毒攻毒的治法，得到的结果往往是人财两空、同归于尽的现实。王老师采用中医药扶助元气的治疗方案，创立"救元汤"等方剂，使不少胃癌、肺癌、肉瘤患者延长了生存期。他治疗的晚期肺癌、胃癌、肉瘤患者有的已经生存了十四五年以上，很多患者都保存了珍贵的随访录像等相关资料。

中医的优势与特色

王道坤

中医是国宝，中医是成熟的理论医学，是前沿科学。

一些西医以及近百年来我国的不少学者强调：中医是经验医学，不科学。我们经过认真分析研究，得出的结论是：中医是理论医学，而且是成熟的理论医学。什么是经验医学？在用实验方法取得经验之前，对所遇到的疾病无法解决，只有在取得了治疗这种病的经验，找到了有效治疗方法之后，才敢用于临床，凭经验进行治疗就是经验医学。

什么叫理论医学，就是其理论可用以解决临床问题，可用以解决"新出现的疾病"，亦即其理论可以防治各种疾病，可以使人健康长寿，这种医学就是理论医学。西汉以来的 2000 多年中，中国发生过 320 余次瘟疫，中医前辈们在中医药理论指导下进行了防治，不仅都有效地控制了疫情的蔓延，而且总结出了《伤寒论》《温疫论》《霍乱论》等名著。正如科技部副部长程津培所言：中医药的原创优势不仅使我国能够在该领域中有长时期

的领先地位，而且有可能这种领先优势延伸到基础科学、生命科学和信息科学等领域。国务院批准中国中医研究院更名为"中国中医科学院"，可以说是结束了对中医"不科学"的争论。

1　中医有自己独特的优势

中医之优势，是指其他医学不能而自己独能做到者；若是大家都能做到，则难称优势；或虽都能做到，中医做得比其他医学更好，则也是优势。而特色，则是指做事的方式方法或叫方法论。中医优势很多，难以尽述，简要归纳为五大优势。分述于下：

优势之一，是历史悠久，文献丰富。

中医学是中国的原创性医学，与中华民族历史一样悠久，为中华民族的繁衍昌盛做出了不可磨灭的贡献。中医药学是中华文化的主要载体，我国古籍中三分之一以上是医籍，而且中医是中国哲学、人文科学、社会学、天文、地理、农学、化学等各学科之集大成者。仅举研究《伤寒论》为例，历代就有 700 多大家，著作 1100 多部。再如杨济时于 1601 年编著成的《针灸大成》，由于该书较系统地总结了明以前的针灸学成就经验，有较高的研究和应用价值，是一部在针灸界影响极大的著作，至今各种版本已达 50 余种，并被译成德、法、英、日等国文字，受到世界许多国家医学界的重视。

优势之二，能预测未来疾病的发生、性质、趋势，是为中医所独有。

中医五运六气学说就是运用五运、六气的基本原理，解释气候变化的年度时间规律及其对人体发病的影响。此乃中医之精华，借之可以预测未来年份疾病的发生、性质。例如对 2003 年的"非典"，在 2002 年医家按运气学说预测，说 2003 年 5 月 21 日以后即不再流行，结果果真如此。

优势之三，是中医讲究养生保健，为各国医学所仅见。

人活百岁不是梦。早在 2000 多年前，《灵枢·天年》就已经很形象地描述了人类百岁的情况，生动地刻画了人类的生命历程。《素问·上古天真论》云："其知道者，法于阴阳，和于术数，食饮有节，起居有常，不妄作劳，故能形与神俱，而尽终其天年，度百岁乃去。"现实生活中 100 岁的人很多，如名老中医有朱良春、邓铁涛、李少波、周信有等，其中邓铁涛老教授生前坚持练习八段锦，90 多岁仍思维敏捷，健步如飞。同时，还从反面告诫人们，如《素问·四气调神大论》所说："今时之人不然也，以酒为浆，以妄为常，醉以入房，以欲竭其精，以耗散其真，不知持满，不时御神，务快其心，逆于生乐，起居无节，故半百而衰也。"

优势之四，是中医擅长治疗慢性病、老年病和疑难杂症。

20 世纪 70 年代以来，人类疾病谱由以感染性疾病为主，转向以慢性病、老年病、疑难病为主。面对新的疾病谱，西医学暴露出其局限性，表现为缺乏真正的"特效药"。中医不仅能治常见病、多发病，而且对慢性病、老年病、疑难杂症非常有效，对于这些多因素疾病，西医学没有很好的办法，而防治这些疾病，正是中医的优势。例如，1998 年，患者马某，82 岁，男，西医确诊为高血压、胃溃疡、慢性胃炎、心衰、肺衰、肾衰、青光眼、慢性结肠炎等 9 种疾病，多次长期住院治疗无效。已准备好后事，经我用中医治疗，连服 60 剂汤药而愈。

我国即将进入老龄化社会，60 岁以上的有 1.46 亿人，80 岁以上的有 1619 万人。真正发挥中医防治慢性病、老年病、疑难病的优势，则可解决老龄化社会的医疗保健问题，使老年人健康长寿，安享晚年。

慢性萎缩性胃炎是世界性难治病，西医认为萎缩了的腺体是不可逆的，然而经过我 20 多年的探索，提出其病机主要是本虚标实、痰瘀互阻，发掘敦煌医方，研制成"胃萎灵"系列中药，治愈了 2 万多例患者。

优势之五，中医药最大的优势是治疗急性病和防治外感热病。

一些人总认为中医是"慢郎中"，其实中医擅长于治疗急性病。董建华教授说过："我国历史上的名医都是治疗急症的能手。"

中医治疗急性病由来已久。扁鹊使虢国太子起死回生之事几乎妇孺皆知。2003 年发生的"非典"可以说是典型例子，广州中医药大学附属医院，共收治 48 例"非典"患者，他们按中医的理法方药论治，结果创下了 3 个零的奇迹，即零转院、零使用呼吸机、零死亡。

近年来由于种种原因，中医治疗急症受到了影响，给人造成一种错觉、误会，好像中医只能治慢性病。其实，中医在治疗流行性出血热、上消化道出血、心肌梗死、急性胰腺炎、急性肺炎、急性肾功能衰竭、乙型脑炎、流行性脑脊髓膜炎、外感高热等急重症方面，都已取得了相当好的效果。2005 年 3 月，一位姚姓患者住在某医院，高烧 7 天不退，输液吸氧，头枕冰袋。请我诊治，我认为是风寒外袭，内夹湿邪，开以人参败毒散加味，半剂热退，3 剂痊愈。

2 中医特色不能丢

中医的特色主要可归结为 3 条：

一是中医讲整体论。中医把人看作一个整体，把人与自然环境看作一个整体，把人的五脏六腑也看作一个和谐的整体，不仅讲物质，更讲精神。所以中医讲的是天人合一、身心合一的整体。西医学也开始讲整体，但那是组合式整体论或曰结构式整体论，任何一部分都可以被取代替换，只见物，从不考虑精神的作用。中医将人视为整体，是生成式整体论——人不是组装起来的，是爹妈生成的。

如甘谷患者原某，患急性新月体肾小球肾炎合并肾衰，双目失明，我根据"肝开窍于目"的理论，化裁镇肝熄风汤，肾衰从肝论治。服汤剂 10 剂，视力好转，饮食睡眠转佳，服 30 剂后，各项化验指标基本正常，患者及家属们惊奇地说，简直是奇迹，中医了不起。

二是中医讲辨证论治，西医讲群体治疗，或曰只要是某病即统一用某药。而中医是个性化治疗，即所谓"辨证论治"。同一个病，不同的人，不同的时间，证情不一，诊疗有异。不同的矛盾用不同的方法解决。

《内经》针对疾病错综复杂的变化，制定了诸如平调阴阳、补虚泻实、明辨标本、正治反治、三因制宜、治未病等重要的治疗原则。这些治疗原则主张在整体水平恢复机体阴阳平衡协调；强调天地人是一个整体，应因时、因地、因人制宜。《素问·至真要大论》："谨察阴阳所在而调之，以平为期。"

三是所用中药讲究药性。药性即四性五味、升降沉浮和归经。中药不讲有效成分，不讲靶点。中药技术的一个核心是炮制，通过炙、蒸、煅、烧等方法改变原药材的药性，这是世界其他医药学体系中所没有的。西方植物药只知道用生药，没有炮制之说。要发扬中医药的优势，必须保持自己的特色。只有保持特色，才能发挥优势。正如韩启德副委员长在广东省中医院视察时讲："中医也不是排斥西医学，但是首先中医不要把自己的特色丢掉。丢掉了自己特有的思维方式，也就不是中医了，自然也就没有中医的优势了。"

3　要解放中医

要给中医院和执业中医丸、散、膏、丹的自制权。丸、散、膏、丹和汤剂是中医的传统制剂，也是中医的原创优势。早在东汉张仲景就在应用，历经两千多年几百个著名医家反复应用，可以说是炉火纯青，不仅有简、便、验、廉的明显优势，也是中医用药治病的主要手段，各有不同的用途，当今的药品管理法束缚了中医药的原创优势，束缚住了中医治病的手脚。应当结合我国的国情，实事求是，进行修订。

4　结　　语

吴仪副总理说："中医药有着巨大的市场需求，最具原始创新潜力。"

英国李约瑟博士（1900—1995）是著名的中国科学技术史研究专家。他预言说："如果下一世纪还要爆发科学革命的话，我敢说，它将不会是牛顿式的、尼古拉斯式的，而是海森堡式的。""如果科学革命再发生，决不会是一种建立在一种机械论的哲学观基础上的一个东西，一定是建立在注重整体的，注重辨证思维的一种革命。"

摘自：王道坤.中医的优势与特色［J］.甘肃中医，2008，21（增刊）：17-18.

论中医养生五大理念

王道坤

中医药是中国的国宝，中医五大养生理念更是宝中之宝。

《素问·上古天真论》记载："上古之人，其知道者，法于阴阳，和于术数，食饮有节，起居有常，不妄作劳，故能形与神俱，而尽终其天年，度百岁乃去。"这不仅是中医学的养生五大理念，更是几千年养生保健的经验全面系统的总结，具有很高的应用价值，是保障人们健康长寿的瑰宝。

俗话说："自古名医多长寿"。由李俊德先生主编的《长寿有道》介绍了170位名老中医的养生经验，他们坚信经典著作《黄帝内经》养生这五大理念，始终坚持修身养性，同登健康长寿之域。《当代名老中医养生宝鉴》（卢传坚主编）中展现了当代名老中医对传统养生理论内涵的诠释、名老中医自身的养生实践以及指导群众的养生精粹，这些名老中医养生经验也证明了这一点。这些都从客观上印证了养生五大理念的应用价值。作为《当代名老中医养生宝鉴》中名老中医之一，结合自己的养生理论与实践，我认为：养生首先应从娃娃时期做起，养成好的习惯，不能到"40岁阴气自半"时或有病了重视，才开始养生，此时已晚；其次要坚信养生五大理念；最后要实践，要长期坚持，必终身受益。

1 法 于 阴 阳

人们生活在宇宙间，受天地阴阳之气的影响而生命的安全受到影响。《素问·四气调神大论》里说："夫四时阴阳者，万物之根本也。所以圣人春夏养阳，秋冬养阴，以从其根，故与万物沉浮于生长之门。逆其根，则伐其本，坏其真矣。故阴阳四时者，万物之终始也，死生之本也。逆之则灾害生，从之则苛疾不起，是谓得道。"这就是价值的体现。《内经》的"四时养生"，更是"天人相应"观的具体应用。为什么要"春夏养阳，秋冬养阴"呢？因为春夏气候炎热，人体腠理（肌肉的纹理）开，易出汗。同时，人们多喜食生冷，均耗伤阳气。秋冬气候寒冷，腠理致密，阳气郁于内，加之厚衣叠加，易伤阴液。

对于气候的急剧变化，需注意"凡大寒大热，大风大雾，皆宜避之，不可恃其强健而不畏也"。否则也会造成疾病，甚至死亡。

2 和 于 术 数

术，动也；数，药也。亚健康状态是一种介于人体健康与患病之间的中间状态，谓之第三状态。据调研统计，在我国约有15%的人是健康的，15%的人是非健康的，而几乎70%的人呈亚健康状态。所以人们应该通过调整心态，恢复健康。

《素问·灵兰秘典论》曰："心者，君主之官，神明出焉。……凡此十二官者，不得相失也。故主明则下安，以此养生则寿，殁世不殆，以为天下则大昌。主不明则十二官危，使道（气血运行之道）闭塞而不通，形乃大伤，以此养生则殃，以为天下者，其宗大危，戒之戒之"。这正说明人体五脏六腑是一个统一的有机整体。心主神明，心主血脉，养生重在养心。养生贵在气血流通。养血脉,早晚各一杯温开水,稀释血液;或者吃黑木耳 10g,降低血液黏稠度,要比服阿司匹林副作用少。

术数包括运动和医药两个方面。为了保健养生防病,应在生活中摇头、动眼、叩齿、咽津、摩面、提肛、劳动、散步等。尽管名目繁多,但是其目的均是通过运动而达到健体强身、延年益寿。国医大师干祖望的经验是"要像猴子那样多动多跳,善于运动""要养成好动的习惯"。

"数",即调和于医药也。人在生活中,由于各方面的原因,会造成体质的不同,或偏于阳虚,或偏于阴虚,或偏于气虚,或偏于血虚。如果通过饮食不能调节,就需要借助药物来调理。《素问·阴阳应象大论》云:"形不足者,温之以气;精不足者,补之以味。其高者,因而越之;其下者,引而竭之;中满者,泻之于内;其有邪者,渍形以为汗;其在皮者,汗而发之;其剽悍者,按而收之;其实者,散而泻之。审其阴阳,以别柔刚,阳病治阴,阴病治阳,定其血气,各守其乡。"

和于术数,不仅指按照养生保健的正确方法进行调养锻炼,还包括养心收心。关于养心,主要有两方面:一是养神志,二是养血脉。养神志就是驾驭好情绪,一定要做情绪的主人,不能做情绪的奴隶。它是我们养生最主要的措施。可以说,人们只要保证了"七情和合""心情好",就掌握了健康的金钥匙。临床证明不少人不是病死的,而是气死的。《素问·举痛论》云:"余知百病生于气也。怒则气上,喜则气缓,悲则气消,恐则气下,惊则气乱,劳则气耗,思则气结。"在日常生活中,这些是千真万确的。西方学者也做过统计,人类社会的疾病,70%与情绪有关。我主张多唱欢乐的歌,其使人精神愉悦,开怀大笑,将有助降低血压。

相关研究发现,百岁健康老人有一条共性:心胸开阔、心地善良。孔子曰:"仁者寿"。调查发现很少有健康老人心胸狭隘,脾气暴躁(肝火旺),鼠肚鸡肠,钻牛角尖。美国加州心脏数理研究院科学家威斯利研究证明:人体心脏是中心,而不是大脑。心脏的磁场比大脑强 5000 倍。磁场的范围可以从身体延伸出去几米远。人越高兴、心情越愉悦,分泌的激素就越充沛。反之,人处在痛苦、担忧、抑郁等消极状态时,心脏几乎完全停止分泌这种激素物质。只有在身体患重病时保持心情愉悦、积极求生的患者,心脏才有可能分泌这种激素物质。当这种激素达到一定量的时候,才能杀灭体内的癌细胞或抑制他们的生长,或将达到不治自愈的生命奇迹。《灵枢·百病始生》云:"喜怒不节则伤脏。"《素问·生气通天论》云:"阳气者,大怒则形气绝,而血菀于上,使人薄厥。"临床不少病例证实,只要你大怒着急,一分钟动脉可能狭窄 100%,有可能当时就猝然昏厥,甚者导致死亡,情绪影响就有这么厉害。俗话说:"一句话就可以要了一个人的命。"

3　食饮有节

食物是人类生存的最基本需要。"食饮有节"就是吃饭和喝饮料都要有节制、要有度。"有节"包括节食量、适寒温及广食源、不偏嗜、进餐细嚼慢咽等。《素问·脏气法时论》中指出:"五谷为养,五畜为益,五菜为充,五果为助,气味合则服之,以补精益气。"这是我国传统的"补精益气"的方法，也是最科学合理的膳食结构。

"五谷为养"：大米、小米、小麦、玉米、荞麦、豆类等。五谷孕育了人类文明，同时也与人类的健康息息相关。例如玉米，是"黄金作物"。研究证明，玉米里含有大量的卵磷脂、亚油酸、谷物醇、维生素 E，所以经常吃不易患动脉硬化和高血压。再如荞麦，现在人们多有"三高"，即高血压、高血脂、高血糖。而荞麦、黑木耳能降血压、降血脂、降血糖。荞麦里含有 18% 的纤维素，吃荞麦的人很少得胃肠道癌。再如豆类，大豆是营养之花、豆中之王。研究发现，大豆中起码有 5 种抗癌物质，特别是大豆中的异黄酮，它能预防乳腺癌。黄豆中含有的异黄酮，特别对更年期女性有保健作用，常饮豆浆可降低乳腺癌、结肠癌、前列腺癌的发生。

我还建议大家要少吃糖，日本《怎样防治癌症》一书中说，当血液流过肿瘤时，其中约 57% 的血糖都会被癌细胞消耗掉，成为它的营养成分。《美国临床营养学杂志》指出：每天只要喝 2 杯甜饮料，患胰腺癌的风险就会增高。

我不建议吃"洋快餐"，因"洋快餐"具有三高（高热量、高脂肪、高蛋白质）和三低（低矿物质、低维生素和低膳食纤维）的特点，故又被称为"垃圾食品"。美国食品药品监督管理局（FDA）2004 年 3 月 24 日公布了对 750 种食品的检查结果，再度证实了炸薯条、炸薯片、爆玉米花、炸鸡块中这类致癌物质含量最高。

"五畜为益"：以牛肉、羊肉、鸡肉、鱼和虾等作为饮食的辅助品。肉生痰酒生湿，肉类难以消化，如果一旦食肉过多，消化不了就会变成痰湿，反而成为致病之源，所以一定不能一次性吃太多肉（包括其他难消化的食物）。

美国癌症研究协会建议每周吃猪、牛、羊等红肉不超过 500g，食用过多会增加患结肠癌的风险。最好在吃肉时喝杯红酒（因含白藜芦醇），可降低消化道癌的发生率。联合国卫生组织建议大家多吃鸡、鱼和虾。研究发现，鱼类蛋白质较好，吃鱼越多，动脉越软，冠心病、脑中风越少发生，对健康有益。

"五菜为充"：经常吃一些薯类（白薯、红薯、山药、土豆）、胡萝卜等，作为五谷的补充。研究发现，薯类有"三吸收"作用：吸收水分，吸收脂肪，吸收毒素。吸收水分，润滑肠道，能使肠道内毒素及时排出体外，从而不易得直肠癌、结肠癌；吸收脂肪、糖类，不易得糖尿病；吸收毒素，不易患胃肠道炎症。大蒜素有抗氧化作用，吃饭时食用葱蒜可降低人体内致癌物亚硝酸盐的含量。研究表明，多吃碾碎的大蒜者胃癌风险会降低 60%。山东苍山县因吃大蒜多（人均年吃 6kg 大蒜），是长江以北胃癌死亡率最低的县之一。

"五果为助"：研究发现，预防癌症最好的办法，就是常吃新鲜水果和蔬菜。每天吃 500g 蔬菜和水果，预防癌症最好。

吃新鲜蔬菜比吃水果好。比如 100g 苹果的维生素 C 含量是 4mg，而 100g 小白菜的维生素 C 含量是 28mg。

吃水果中医讲究辨证地吃。糖尿病病人忌吃含大量果糖的苹果、梨、香蕉，宜吃猕猴桃、杨梅；按照中医的"体质理论"，人的体质分为寒、热、中性三种。而水果也是分寒热的，食用不当或吃得过多，都会对身体造成负面影响。体质虚寒者，如怕冷、畏寒、出汗少、易腹泻的人，应选择偏温热性水果食用，如桃、樱桃、杏、石榴、大枣等。体质阴虚者要多吃一点偏凉性的水果，如梨、西瓜、香蕉、橙、猕猴桃等，可以协助清热泻火，但不宜吃牛羊肉。

饮食的量也应当控制，而且不可偏食。《素问·痹论》云："饮食自倍，肠胃乃伤。"很多高寿名老中医的经验是：三餐七分饱，早好中饱晚要少。这个经验非常重要，不仅可以预防心血管疾病的发生，还可以延寿。百岁老人们的经验是"饮食清淡""有粗有细，不甜（少糖）不咸（少盐）不腻（少油），寒温适中"。否则多食酸则伤肝，多食苦则伤心，多食甘则伤脾，多食辛则伤肺，多食咸则伤肾。初伤不觉，久则成患也。

有调查表明，吃饭老是狼吞虎咽的人，患胃癌的概率比较高。而多咀嚼可以减少食物对消化道的负担，降低患胃肠道癌症风险。唾液有很强的"灭毒"作用，能让导致肝癌的黄曲霉素的毒性在 30 秒内几乎完全消失，因此，在吃饭时，一口饭宜嚼 30 次，让其与唾液充分结合。

以上是食什么，那么饮什么？怎么饮？我认为，水最好；绿茶次之；再次是酒。

水是生命之源，是维持生命最重要的东西。《素问·经脉别论》云："饮入于胃，游溢精气，上输于脾。脾气散精，上归于肺，通调水道，下输膀胱。水精四布，五经并行，合于四时五脏阴阳，揆度以为常也。"研究表明：每天喝 6 杯水（每杯 240ml）的男性，患膀胱癌风险将降低一半，女性患结肠癌风险将降低 45%。

一天至少要保证 3 杯水，晨昏餐前各一杯。

饮料、咖啡、啤酒都不能代替水。经常饮用可乐、雪碧、红牛等饮料，不喝白开水是非常危险的，饮料中部分成分沉积肾脏，可以引起难治性肾病。所以，每天多饮水保持大小便通畅，有益长寿。

我国有历史悠久的茶文化、酒文化。茶叶中绿茶（如西湖龙井、安吉白茶、洞庭碧螺春、六安瓜片等）为最好。绿茶里含有茶多酚、茶甘宁和氟，能够抗癌，防止血管破裂，还能坚固牙齿。有专家研究发现，乌龙茶、绿茶、红茶对口腔癌、肺癌、食管癌、肝癌等都有一定的预防作用。其中绿茶效果是其他茶叶的 5 倍。易上火者，喝凉性茶，如绿茶、黄茶、白茶（白毫银针、白牡丹、月光白）；虚寒者，宜喝温性茶，如红茶（正山小种、金骏眉、滇红茶、普洱茶）等；青茶即乌龙茶（大红袍、武夷水仙、凤凰单从等），性平，适宜人群最广。

再次是酒。《内经》云："酒为百药之长"。实践证明，少量白酒是健康的朋友，多量白酒就是罪魁祸首，有"酒客多膈症"之说。因此应当"戒烟限酒"，白酒每天不超过 20ml 为宜。啤酒每天不超过 300ml 为宜。红葡萄酒含有"逆转醇"，是抗氧化剂，有降压、降脂之功，常喝红葡萄酒减少得心脏病的概率，能防止心脏骤停，每天不超过 100ml 为宜。保健药酒，根据不同体质下不同的药，也很好。

4　起居有常

劳作和休息要有一定的规律，因为劳则耗伤阳气。《素问·生气通天论》中强调："阳气者，若天与日，失其所则折寿而不彰。"又说："凡阴阳之要，阳密乃固。两者不和，若春无秋，若冬无夏。因而和之，是谓圣度。故阳强不能密，阴气乃绝。阴平阳秘，精神乃治。阴阳离决，精气乃绝。"

临床研究表明：8 小时睡眠寿命最长，中午只要睡 30 分钟，就能恢复体力。人们应该养成作息有规律、不熬夜、不睡懒觉的良好生活习惯。春夏宜"夜卧早起"，冬三月宜"早卧晚起"。每天走路 1 小时，可降低一半患大肠癌的概率。《读者文摘》杂志报道，每天饭后散步 30 分钟，或者每周散步 4 小时，能使患胰腺癌的风险减少一半。运动出汗，可排出体内的铅和锶，从而有助防癌。但是，不主张狂奔、猛跑。

晒太阳能通过增加人体维生素 D 的含量起到预防乳腺癌、卵巢癌、前列腺癌、胃癌、结肠癌的作用，每天晒 15 分钟太阳就够了。每天要开窗半小时使空气流通，减少室内甲醛和氡等有害气体，预防肺癌的发生。

在《黄帝内经》中对"五劳所伤"有这样的记述："久视伤血，久卧伤气，久坐伤肉，久立伤骨，久行伤筋。"这是实践的经验总结。目前，看手机十分流行，特别是在黑暗中看手机，"久视"会导致眼底黄斑病变，很难治愈。

5 不妄作劳

"生命在于运动"的名言是指劳作合宜，不少人误解为"运动就能长寿"，对这句话存在一些误解。因为心率和寿命成反比，运动导致心率加快，新陈代谢就加快，细胞的分裂和老化也必然加快。如气虚体弱、肝病、肾病患者就不宜运动，只能静养。

《素问·四气调神大论》云："今时之人不然也，以酒为浆，以妄为常，醉以入房，以欲竭其精，以耗散其真，不知持满，不时御神，务快其心，逆于生乐，起居无节，故半百而衰也。"不妄作劳是指劳作合宜，不违背常规和法度。要有劳有逸，劳逸适度；不要违背常规地劳动，注重道德养生；节制"房事"，不要妄泄肾精。而那些"以妄为常，醉以入房，以欲竭其精者"是造成早衰的重要原因。

一项调查发现，北京某高科技园区，科技人员多数是通宵达旦工作，所以死亡的平均年龄不足 53 岁，皆因"妄劳"所致。应该说这是反面的例证。

综上所述，正如《灵枢·本神》云："夫智者之养生也，必顺四时而适寒暑，和喜怒而安居处，节阴阳而调刚柔，如是则僻邪不至，长生久视。"养生就是让自己的衣食住行、生活起居顺应四季气候的冷暖变化；同时又注意调节情绪，没有过分的喜怒波动，并安心于日常平淡的生活，性格上努力做到平和，既不刚愎自用，也不优柔寡断，刚柔自如，不偏颇固执。五脏神安，六腑气调，经脉通畅，皮肤致密，而致病的邪气也就无从侵入，自然可以健康长寿了。

中国养生五大理念是中国人对人类养生的原创性贡献，很有现实指导意义，很值得在全省根据各地的实际情况，因地制宜，进行推广，造福于群众。

王道坤教授学术思想与临证经验浅探

李应存

1　学　术　思　想

1.1　勤学源远流长

　　王道坤教授 20 世纪 60 年代毕业于北京中医学院（现更名为北京中医药大学），曾受业于全国著名中医学家任应秋、董建华、刘渡舟、王绵之等教授，既有名师指点，加之勤学苦钻，学业突飞猛进，上及《黄帝内经》《难经》《伤寒论》《金匮要略》《神农本草经》等经典名著，下到《备急千金要方》《外台秘要》《景岳全书》《证治准绳》《医宗金鉴》等后世名著均刻苦研读。毕业后来到当时较为艰苦的大西北，在酒泉地区从事医疗工作期间，人勤德高，医术精湛，深得患者赞誉。80 年代初作为医界精英调入甘肃中医学院后，坚持医教相长，20 多年来始终坚守在临床第一线，从未间断，并总结出了行之有效的学习中医法，其为："医之道，任非小，关性命，诚是宝。医之理，很深奥，花气力，抓主要。背经典，记方药，多实践，熟生巧，边学习，边创造。通今古，名医昭。"

1.2　熟背经典医籍

　　王教授时时提醒学生，并以清代名医汪䄂庵（即汪昂，安徽休宁人，著有《本草备要》《汤头歌诀》等书）《医方集解·序》中的话"诸艺之中，医尤为重，以其为生人之司命，而圣人之所必慎者也"来告诫弟子"医"的重要性，同时强调中医经典是中医学的精华所在，初学者欲领悟经典之要义，必须将其重要原文熟读背诵，已故著名中医学家岳美中晚年很有体会地说："对《金匮要略》《伤寒论》如能做到不假思索，张口就来，到临床运用时就成了有源头的活水，不但能触机即发，左右逢源，还会熟能生巧，别有会心。"正因为如此，王教授在其所著的《从医必读》（1986 年初版，1995 年修订为《医宗真髓》）中将《黄帝内经》精选分类成医经类要放在最前面，而且不加注释，一方面为了使学者体会领悟"原汁原味"医经的重要性，正如唐代医家王冰所云："《内经》一书，文简、意博、理奥、趣深。"另一方面是取金元四家"一本于经"的成才经验和张志聪等人"先难后易"的治学方法而成。所选内容不论从养生之道到阴阳五行，还是从藏象经络到病因病机等，均非常精当，读后感悟很深。其次，《从医必读》一书浓缩了《伤寒论》与《金匮要略》的精华，并吸收了清代著名医家徐大椿、柯琴等人"以方类证"的灼见和近代伤寒名家刘渡舟教授的经验而成经方类选。方歌与原著病证条文相类，丝丝入扣，要言而不烦，耐人寻味。王教授临证诊病，每能引经据典，随证治之，药精效宏。

1.3 旁及后世各家

对于后世名贤之著述，王教授同样很重视，从不厚此薄彼，他在20多年的中医各家学说教学中深深认识到，历代名医学术思想均是在《黄帝内经》《难经》《伤寒论》《金匮要略》及《神农本草经》这五部经典的基础上发挥出来的，强调"掌握经典，再学各家"。这样有助于拓宽思路，找到门径，深化知识，提高水平，进而有利于理论和临床的融会贯通。因此，主张以歌诀的形式将后世名贤之诊法、本草、医方、针灸之精要，如同重视经典妙义那样熟读之，精思之，背诵之。诚若如此，确可应无穷之变，造就一代名医，这一点在其《从医必读》中也充分体现了出来。

1.4 经方时方并重

王教授在临床上既善用经方，又熟练时方，甚至敦煌石窟秘方均能得心应手，疗效显著。这与其具备博大精深的医学理论与丰富的临床经验密不可分。对医方的运用，他非常推崇清代名医汪昂在《汤头歌诀·序》中所说："盖古人制方，君臣佐使，配合恰当，从治，正治，意义深长，如金科玉律，以为后人楷则，唯在善用者神而明之。"在用方的心得上，王教授在《从医必读·医方精粹》中总结为四点。第一，方的组合，是以病证为依据的，有是证，则制是方。诚如《素问·至真要大论》所云："气有多少，病有盛衰，治有缓急，方有大小。"第二，具体方药的配伍，决定于治法的确立。第三，制方的适宜与否，主要看对药性四气五味的配伍是否恰当。第四，用方之要，意贵圆通，用嫌执滞，圆通亦从三思，执持须有定见，既能执持，又能通变，方为上策。

1.5 本草药性精通

王教授在临床用方加减上，十分重视所加减药物的药性，尤其脾胃病的用药更应慎重，因其为后天之本，气血化生之源，又为精气升降之枢纽，用药一旦失误，就会使气血化源不足，精气升降失调，从而影响到机体的整个功能。他在《从医必读·本草精要》中引用晋代王叔和的话说："通乎药性，然后可以为医。"又引清代龙子章的话说："学医第一看药性，有了药性心有定，某药入某经，某药治某病，或是温，或是凉，与某症相称；或是补，或是泻，与某症相应。"

1.6　攻邪扶正俱精

疾病发展一般处于动态之中，何时攻邪、何时扶正、何时攻邪兼扶正、何时扶正兼攻邪，王教授在临床上运用得非常纯熟。攻邪善用大黄、芒硝、枳实、厚朴、莱菔子等药，扶正善用人参、黄芪、党参、北沙参、熟地黄、当归、白术等。如在萎缩性胃炎的诊治中，针对中虚气滞型之大便秘结，王教授往往攻补兼施，既重用枳实 30g 以行气通腑（甚者加用川军 6~10g、芒硝 3~6g 等），又重用党参 30g、白术 30g 以健脾益气，这样腑气一通则脾胃气机升降畅达，运转自如，脾健气旺则水谷运化有力，气血化源充足，其病可愈。

1.7　针灸歌赋亦佳

针灸疗法历史悠久，可以追溯到数十万年前的旧石器时代，治病工具大多是稍经加工的天然石块，到了新石器时代才有了比较精细的医用砭石，东汉许慎《说文解字·第九下石部》注云："砭，以石刺病也。"《素问·异法方宜论》："故东方之域……其病皆为痈疡，其治宜砭石。"《灵枢·玉版》："故其已成脓血者，其唯砭石铍锋之所取也。"针灸理论在《灵枢》时已日趋完善，该书对经络学说和针刺方法的论述也非常详细，为针灸学的发展打下了坚实的基础。直至今天作为中医学的重要学科仍在医疗保健中发挥着巨大的作用。因此，王教授对针灸疗法也十分肯定，加之经络也是中医藏象学说的基础，其内属于脏腑，外络于肢节，沟通脏腑与体表之间，将人体脏腑组织器官联系成为一个有机的整体。并借以行气血，营阴阳，使人体各部的功能活动得以保持协调和相对平衡。针灸临床的辨证归经，循经取穴，针刺补泻及中医临床的疾病诊疗及用药均与经络理论有着密切的关系。

正如《灵枢·经别》云："夫十二经脉者，人之所以生，病之所以成，人之所以治，病之所以起，学之所始，工之所止也。"故王教授在《从医必读》中专列"针灸集锦"卷目，汇集了经络腧穴、灸刺法、流注与八法、治疗歌赋等针灸学的精华，内容均以歌诀形式展示，非常便于学习者记诵及临证参考。其在《从医必读》引用金代窦默《标幽赋》云："拯救之法，妙用者针。"又引明代著名针灸学家杨继洲《针灸大成·标幽赋》注解语云："劫病之功，莫捷于针灸。故《素问》诸书，为之首载，缓、和、扁、华，俱以此称神医。盖一针中穴，病者应手而起，诚医家之所先也。"王教授在以往的临床中也屡用针法获良效。

2　临　证　经　验

2.1　肠粘连痛，化瘀疏肝通腑

对肠粘连右下腹痛的治疗，王教授认为本病的主要病变在肝、脾、胃、大小肠，肝郁气滞、瘀阻少腹是本病的主要病因。因此化瘀止痛、疏肝理气、柔肝缓急、通腑降气是治疗的关键。其运用少腹逐瘀汤加减，疗效显著。方中用赤芍、桃仁、红花、川牛膝、乳香、没药、五灵脂、蒲黄、化瘀散等化瘀止痛，柴胡、香附疏肝理气，白芍、甘草柔肝缓急，厚朴通腑降气。

典型病例 张某，女，70 岁，2004 年 10 月 19 日初诊。右下腹疼痛 20 余年。曾因右下腹痛被误诊为"阑尾炎"，手术时被诊为"肠结核"，经治疗而愈，但右下腹疼痛依然，每遇生气则加重，腹部 B 超示"肠粘连"。平素口苦，口干不欲饮，形体偏瘦，饮食尚可，大便偏干，舌淡略暗，苔薄白，脉细略数。治以化瘀止痛、疏肝理气、柔肝缓急、通腑降气之法。方以少腹逐瘀汤加味。处方：赤芍 12g，桃仁 12g，红花 12g，川牛膝 15g，乳香 6g，没药 6g，五灵脂 10g，蒲黄（包煎）10g，柴胡 15g，白芍 12g，甘草 6g，化瘀散（分冲）10g，厚朴 12g，香附 12g，5 剂，水煎服，每日 1 剂，早晚饭后 1 小时服。药后腹痛减轻，继以前方加减。服药一月后，临床症状基本消失，嘱其继续服药以巩固疗效。注意不要食生冷及刺激性食物。

2.2 结肠炎症，健脾补肾消滞

慢性结肠炎属中医之腹痛、腹泻的范畴，王教授认为本病的主要病变在脾胃与大肠，感受寒湿之邪、多食生冷、脾胃本身虚弱及肾阳不足是本病的主要病因。因此健脾利湿、补肾清毒、化瘀消滞成为本病治疗的关键。其运用胃苓汤加减，疗效显著。方中用苍术、厚朴、陈皮、茯苓、猪苓、泽泻健脾利湿，杜仲、菟丝子、黄芩、败酱草补肾清毒，化瘀散、玉片化瘀消滞。

典型病例 高某，男，30 岁，2003 年 6 月 17 日初诊。患慢性糜烂性结肠炎 6 年余。曾服"补脾益肠丸、结肠炎丸"等药，时好时坏，现右下腹隐痛，夜甚昼轻，大便时干时稀，稀时如水样或糊状，干时变细欠畅，有便不尽感，2003 年兰州大学第一医院超声诊断为：①慢性回盲部结肠炎，②糜烂性回盲部炎，③肠蠕动不规则。近来便稀为主，乏力，畏寒怕冷，关节痛，性欲减退，用热药易上火，饮食尚可，舌淡暗，苔中白腻，脉弦缓。治以健脾利湿、补肾清毒、化瘀消滞之法。方以胃苓汤加减。处方：苍术 12g，厚朴 12g，陈皮 12g，炙甘草 6g，桂枝 6g，茯苓 15g，猪苓 12g，泽泻 15g，葛根 12g，杜仲 12g，菟丝子 30g，黄芩 10g，败酱草 15g，化瘀散（分冲）10g，玉片 12g。7 剂，姜枣引，水煎服，每日 1 剂，早晚饭后 1 小时服（注：化瘀散为王教授自制散剂，主要成分为三七粉）。药后便畅，继以前方加减。服药 1 个月后，临床症状消失，嘱其继续服药以巩固疗效。禁食生冷及辛辣刺激性食品。

2.3 月经延迟，补肾疏肝活血

王教授对月经延迟的治疗有丰富的临床经验，他认为本病的主要病变在冲任二脉、胞宫、肾、肝、脾，冲任虚寒、寒凝血脉是本病的主要病因。因此调理冲任、益气补肾、疏肝理气、活血化瘀是治疗的关键。方中用当归、小茴香调理冲任，黄芪、太子参、杜仲、菟丝子益气补肾，桃仁、红花、川牛膝、蒲黄、五灵脂活血化瘀，香附、元胡疏肝理气。

典型病例　蔡某，女，30岁，2004年6月13日初诊。每次月经延迟五天达半年，既往月经正常，半年来因受凉每次月经延迟，经来腹部疼痛，呈针刺样疼痛，起初色暗有血块，一两天后始正常，口干，形体偏瘦，饮食欠佳，大便正常，经治疗仍然效果不明显，生孩已六岁，放置节育环。舌淡红略暗，舌下静脉（＋），苔薄白，脉沉细。治以调理冲任、益气补肾、疏肝理气、活血化瘀之法。方以少腹逐瘀汤加味。处方：炒小茴香12g，当归12g，桃仁12g，红花10g，川牛膝12g，炮姜6g，元胡12g，蒲黄（包煎）10g，五灵脂10g，生黄芪15g，太子参30g，香附12g，化瘀散（分冲）5g，炒杜仲12g，菟丝子12g，姜枣引，7剂，水煎服，每日1剂，早晚饭后1小时服。药后腹痛已止，继以前方加减。服药二月后，月经周期已正常，临床症状消失，嘱其继续服药以巩固疗效。

以上仅是笔者从师学习的很小组成部分，乃沧海一粟，远远不能概括老师学术之全部内容，这里仅仅是示例性的，吾师还有大量宝贵的经验有待发掘，肤浅之见还请老师、前辈、同道批评指正！

摘自：李应存.王道坤教授学术思想与临证经验浅探［C］//中华中医药学会.中华中医药学会第九届中医医史文献学术研讨会论文集萃.北京：中华中医药学会，2006.

王道坤教授学术渊源及特色

段永强

1　学术渊源

王道坤教授早年就读于北京中医学院中医学专业，受诸多位中医名家如任应秋、刘渡舟、董建华、颜正华老师的学术教导，其学术秉承《黄帝内经》（以下简称《内经》）之渊源，揽仲景之堂奥，谙熟东垣之学，采敦煌医学之精粹，集亲身实践之心得，又讲授中国医学史、中医各家学说、中医诊断学诸课，博采众家之长，师古而不泥古，于西北甘肃基层行医数十载，关注西北地区重大疾病防治研究，因此学术精深，识用精微，善治脾胃系多种疾病，尤其对慢性萎缩性胃炎的诊疗颇有建树，临床中强调衷中参西，病证结合，五诊合参，方证论治，从而形成其独特的学术经验和诊疗特色。

老师为人谦逊，勤勉致知，崇尚经典，喜读《内经》，临证遵《内经》之法而辨证立法和处方用药。老师认为《内经》所强调禀赋和正气的重要性，突出体质内因在疾病发生中的主导作用，遵《素问·生气通天论》所云："阳气者，若天与日，失其所则折寿而不彰。"

以及《素问·上古天真论》所云："恬惔虚无，真气从之，精神内守，病安从来。"认为人身之宝，阳气为重；而且气之升降，如同天地之气，即《素问·六微旨大论》所云："气之升降，天地之更用也……高下相召，升降相因，而变作矣。""非出入，则无以生长壮老已；非升降，则无以生长化收藏。是以升降出入，无器不有。"人身之脏腑，同样以其气之升降出入为用。

同时从脏腑而论，老师基于《灵枢·本脏》论述"脾坚则脏安难伤；脾脆则善病消瘅易伤；脾端正则和利难伤，脾偏倾则善满善胀也"之理，提出"调脾胃以安五脏"的学术观点，在脾胃病脏腑辨证同时特别注重人体气机升降出入规律，重脾胃调升降，强调"脾胃是气血阴阳生化之源""养生治病皆以胃气为本"；临证有四个重视特点："既重视脾胃之生理特性，又重视脾胃之病理变化；既重视辨病与辨证相结合，又重视辨证与遣药相吻合"。故法方相宜，效如桴鼓。尤其以《内经》理论为证治准绳，娴熟应用"劳者温之""损者益之""陷者举之"等治疗大法，立法处方治疗多种内伤杂病，疗效显著。老师认为"升清降浊"是阴阳升降的正常表现：升清即阳气升清，多指脾胃阳热之气腐熟、熏蒸水谷，化生精微，升散四布全身的作用；降浊即胃气降浊，又常指代谢中产生的水谷糟粕等秽物，经胃肠传导而下降、排泄的功能；诚如《素问·经脉别论》所云："饮入于胃，游溢精气，上输于脾，脾气散精，上归于肺，通调水道，下输膀胱，水精四布，五经并行。"明确阐述机体水谷代谢也是通过升降出入而实现的；就脏腑功能而言，也是通过气的升降出入而实现的，比如《素问·刺禁论》所云："肝生于左，肺藏于右，心部于表，肾治于里，脾为之使，胃为之市。"对于机体病机的阐释，前贤认为升降出入反作亦是病机核心，如《素问·阴阳应象大论》所云："寒气生浊，热气生清……清气在下，则生飧泄；浊气在上，则生䐜胀。"这在临床中具有重要的指导意义。

老师遵《内经》气机升降理论要旨的同时，更加注重对金代医家李东垣"脾胃学说"的传承和实践。老师认为李东垣《脾胃论》学术思想是对《内经》相关理论的继承和发挥，如《素问·平人气象论》记载"有胃气则生，无胃气则死""平人之常气禀于胃，胃者平人之常气也""人以水谷为本，故人绝水谷则死，脉无胃气亦死。所谓无胃气者，但得真脏脉，不得胃气也"，都是强调脾胃之气的重要性；而李东垣据此提出"脾胃元气论"和"内伤脾胃，百病由生"学术观点，对后世医家影响深远。

老师尤其崇尚《脾胃论》所倡"脾胃元气论"和"内伤脾胃，百病由生"的学术观点，并将其理论要旨贯穿于临证治疗和生活调护中。"脾胃元气论"是李东垣所倡脾胃学说的中心内容之一，亦发源于《内经》《难经》"真气""元气"论，而且李东垣更强调脾胃功能强弱与元气盈亏密切相关，如《脾胃论·脾胃虚则九窍不通论》所云："真气又名元气，乃先身生之精气也，非胃气不能滋也。"反之，脾胃虚弱，气血乏源，日久损伤脾肾，元气亦伤，变生诸症；诚如《脾胃论·脾胃虚实传变论》云："脾胃之气既伤，而元气亦不能充，而诸病之所由生也。"故老师借鉴李东垣观点，认为脾（胃）为中土，其病每无定位，临床中应考虑肝心肺肾的有余与不足，或补或泻，都必须以脾胃为重点，提出"治脾胃必调气"的学术观点，其内涵包括脾胃之气、气之升降和元气盛衰，也成为老师治疗脾胃系疾病辨证用药的理论基础，其制方用药法度以甘温补益、升阳益气为重，强调补脾胃气之不足，促脾胃气之升发，同时灵活辅以疏肝理气、活血化瘀之品，以求气血同调，脾胃自安。

同时老师认为生活饮食和临证用药中固护脾胃之气尤为重要；认为人体升清降浊异常、阴阳反作所致的病变，最常见者即为飧泄和膜胀，而飧泄多为脾阳受损、脾气下陷引起，治宜补脾升阳，选补中益气汤或升阳益胃汤等；膜胀常是脾胃失调、升降反作引起，治宜补脾和胃、升清降浊，选香砂六君子汤、半夏厚朴汤等；老师在治疗内伤杂病中常常遵李东垣之说，重视脾胃阳气、脾升胃降、气火互用、元气升发的作用，擅用黄芪、人参、小剂量升麻、柴胡等益气升阳药物，灵活应用补中益气汤、黄芪人参汤、升阳益胃汤、调中益气汤、补脾胃泻阴火升阳汤加减化裁治疗脾胃病。

2　学术特色

2.1　立足地方重大疾病，坚持中西医并重

慢性萎缩性胃炎病程迁延，症状复杂，当伴有肠上皮化生，特别是伴有不典型增生时，容易癌变，严重威胁着人类的健康。我国西北地区特别是甘肃省胃癌发生率和死亡率均居全国之首，其中甘肃省尤以河西地区多发该病。由慢性萎缩性胃炎导致的胃癌在我国特别是甘肃省范围内的发病率居各类肿瘤第二位，死亡率居于第一位。目前较为公认的胃癌病理发展模式是慢性炎症—萎缩—肠上皮化生—上皮内瘤变—胃癌的形成，因此积极防治慢性萎缩性胃炎对阻断早期胃癌的发生具有重要意义，王老师提出"治疗胃癌必须以治疗癌前病变为主"，充分发挥"治未病"思想，做到早诊断、早治疗。

现代医学对慢性萎缩性胃炎的治疗尚无特效的方法和药物，王老师在多年的临床实践中，强调"望闻问切查"五诊结合，即在注重传统中医四诊的基础上，要重视现代医学先进的检查手段和病理分期，只有将中医辨证与西医辨病有机结合，才能做到心中有数，王老师常常教导我们："中医药学是我国的优秀传统文化的精粹，是长期医疗实践的智慧结晶，需要一代一代的中医人更好地继承与发扬，但一定要实事求是，既不能妄自尊大，也不能妄自菲薄；现代医学同样优秀，要有拿来主义的精神，兼容并包，为我所用。"正是这样谦虚而严谨的治学态度和精神，老师总结出了病症结合、辨证论治慢性萎缩性胃炎的有效方药，如化瘀消痞汤、疏肝和胃汤、辛香通络汤等，每每遇到慢性萎缩性胃炎或此类重症患者，老师都满怀信心地告诉我们学生及患者："中医药对慢性萎缩性胃炎及胃癌前病变的治疗不仅能够明显改善临床症状，而且经胃镜及病理检测证明可消除和逆转胃黏膜萎缩，并阻断其癌变的发生；同时中药价格相对低廉，毒副作用小，适合普及推广。尤其在慢性萎缩性胃炎、胃癌前疾病及胃癌发生率较高的甘肃省，积极利用甘肃省丰富的中药资源开展慢性萎缩性胃炎治疗及胃癌防控，对甘肃省卫生医疗事业、重大疾病防控、人民群众健康和社会经济发展都具有重大意义。"由于胃癌的发生发展是多步骤、多阶段、多因素参与的复杂过程，而慢性萎缩性胃炎伴异型增生是其恶变过程中的重要阶段，我们应该积极应用中医药治疗慢性萎缩性胃炎并阻断其向胃癌发展，充分发挥"治未病"学术思想并应用于临床。

对于慢性萎缩性胃炎疾病的防治，老师强调应做到早期预防、早期发现、早期治疗，防止疾病的发生与传变，在脾胃未病之时，采取有效的防护措施，节饮食、慎起居、调情

志，以达到养生防病，预防疾病发生的目的；倘若正气亏虚，邪盛正衰，脾胃既病发生急性和慢性胃炎之时，应该及时调整饮食、调畅情志，积极治疗；又如老师依据 P.4038 敦煌古医方"神仙定年方"为基础研制而成的"敦煌石室大宝胶囊"院内制剂，以活血化瘀、温补脾肾、涤痰祛瘀、安和五脏为法，组方以黄芪、藏红景天、藏红花、茯苓、生地黄、阿胶、猪牙皂、大黄、陈皮、厚朴、白蜜等为主，在临床上广泛使用，对慢性萎缩性胃炎、胃切除术后、肿瘤放化疗后、年老体弱免疫功能低下等病症属气血虚弱者效佳，取得了良好的社会效益。

2.2 倡经方时方并重，须精通本草药性

老师在临床用方谨遵《伤寒杂病论》精义，常常提到"熟读《伤寒杂病论》，临证不惧杂病扰"，认为《伤寒论》《金匮要略》立法明确，方证相合，主病证候明确，能够充分体现中医临床思维、中医辨证论治及其理法方药的灵活应用，可为习医者提供很好的学习门径，经方四逆散、泻心汤、小柴胡汤、黄芪建中汤、桂枝汤、大小承气汤等皆为其临床治疗脏腑病症尤其是脾胃病的常用方剂，老师以四逆散加减化裁的疏肝和胃汤、黄芪建中汤加减化裁的温中愈溃汤临证常用以治疗慢性萎缩性胃炎且每获良效；另如老师曾治疗一例因感冒过用发汗之麻黄汤而导致头身汗出淋漓不止、恶风乏力的患者，根据《伤寒论》所云"太阳病，发汗，遂漏不止，其人恶风，小便难……"之语，老师认为此病例发汗后遂漏不止者，均为发汗太过，已伤正气也，而汗为津液，大量流失必伤阴；淋漓不止，是卫阳之无约束力也，亦必伤阳，故老师应用黄芪建中汤加附子汤三剂治愈，让我们学生体会到活用经方的临床心法和实用价值。老师常说："谙熟经方而娴熟应用者，可心中有法而方证对应，如遇复杂变证，灵活加减，此为习医从医之本；而后世时方，亦有继承与创新，采撷古今之长，经方时方并重，方可圆机活法，代有创新。"

老师常说："大凡古今名医，不但精通医理，娴熟医术，而且谙熟药性，炮制遣方，生用熟用，皆有心法。"强调"一个合格的中医大夫，一定要识药懂药""医药一体，谙熟药性，方可行医"，这是中医临床取得可靠疗效的保证，故老师提出中医教育要大力贯彻"医药一体观"，培养既精通中药鉴别炮制、四气五味，又谙熟中医理法方药的学生。在我们初入师门之际，老师首先安排我们学习认识中药、鉴别药味、调剂中药，鉴别真假优劣，导我于狭路，启我于迷惑，示我以通途，使我深入学习并掌握了中药学知识，为临床传承和提高疗效储备了丰富的知识信息。

2.3 挖掘敦煌医方精髓，发挥温补学说

老师是我省较早开始研究敦煌石窟医学文献资料的专家之一，从先后出土的敦煌医学文献资料断代分析，主要是保存了西汉至隋唐时期的独具特色且弥足珍贵的地方医学文献资料。老师在西北甘肃河西地区的金塔县工作期间，因地域便利而有幸接触到敦煌医学文献资料，零抄诵记，对其中的许多医药资料如本草、诊断、药方书、医经、针灸、养生等都有精究，尤其对敦煌古医方中的"五脏方"仔细揣摩，用心临床，凝练出"温补脾肾，

防治大病""宣通气机，安和五脏"的学术观点，譬如老师通过文献考证、检索校对，对五脏补泻方进行整理研究，汲取其中的制方思路和配伍规律，以五脏补泻方为基本方加减化裁，或研发院内制剂，治疗脾胃系疾病疗效显著。老师较早整理并应用于临床治疗脾胃系疾病的常用敦煌医方包括：①大泻脾汤（附子、干姜、黄芩、大黄、枳实、甘草），寒热并用，调和脾胃。临床应用主治腹中胀满，干呕，不能食，欲利不得，或下利不止者。②小补脾汤（人参、炙甘草、干姜、白术），温中散寒，补气健脾。主治饮食不化，时自吐利，吐利已，心中苦饥；或心下痞满，脉微，无力，身重，足痿，善转筋者。③大补脾汤（人参、干姜、白术、麦冬、五味子、旋覆花、甘草），温中健脾，补益心气。主治脾气大虚，饮食不化，呕吐下利，其人枯瘦如柴，立不可转动，口中苦干渴，汗出，气急脉微而时结者。④治胃冷方（干姜、茯苓、胡椒、橘皮、甘草），温中散寒，健脾和胃。主治一切冷方。如症见瘦弱不能食，食乃不消，胃脘冷痛；形瘦乏力，食少运迟，胃脘痛时喜温喜按，大便稀薄，舌淡苔白滑，脉沉迟。老师作为我国较早研究敦煌石窟医学文献资料的专家之一，1984年发表"敦煌医学初探"研究论文，开创了"敦煌医学研究"的先河。在他的引领下，尘封千年的敦煌古医方广泛应用于当今临床而屡显卓效。

更有特色的是老师依据敦煌医学卷子（P.3930）所载"敦煌疗风虚瘦弱方"化裁的"辛香通络汤"，主治慢性萎缩性胃炎及其重症患者证属气血两虚兼有瘀阻胃络型，症见胃脘痞满或胀，或有胃脘刺痛、纳呆少食、神疲乏力、消瘦贫血为主，或慢性萎缩性胃炎及胃癌放化疗、手术治疗后的康复，体现了以温补治虚劳。其中"敦煌疗风虚瘦弱方"原文："治产后风虚瘦弱，不能立、无力、短气方。取当归、生姜各四两，黄芪、芍药、芎䓖[川芎]各三两，桂心、甘草各二两，羌活一两，干枣三十枚，擘破，羊精肉三斤。以上并切，以水二升，先煮肉，取汁一斗。去肉下诸药。复煎取汁二升半，即去滓，分作三服……进一服即差。"从该方配伍而言，"当归、生姜各四两"，相伍共为君药，其中当归味辛甘而性温，养血活血、通经止痛；生姜味辛而性温，解表散寒、和胃止呕。"黄芪、芍药、芎䓖各三两"，为臣药，黄芪味甘微温，益气生阳；川芎味辛而温，活血行气、养血调经；白芍酸苦微寒，养血敛阴、柔肝止痛。"桂心、甘草各二两"辛甘化阳，为佐药，温经散寒、通利血脉、散寒止痛；少佐"羌活一两"，味辛苦而性温，可散表寒、祛风湿之外，亦可升阳温肾，诚如《神农本草经集注》所谓"羌活气清属阳，善行气分，舒而不敛，升而能沉，雄而善散，可发表邪，亦可主阳痿遗精，遗尿尿频，腰膝冷痛，肾虚作喘，五更泄泻"。"干枣三十枚（擘破）"，味甘而性温，补中益气、养血安神。另外，此方特色在于："羊精肉三斤……以水二升……去肉下诸药"，方中羊精肉性温，为血肉有情之品，善补气血，此方特殊服法即煮肉取汁而纳药共煎，与当归、生姜又温胃气以助气血生化，且助桂心、川芎以温经散寒；甘草一味既调和诸药，又和中缓急兼为使药。诸药合用，共奏温经散寒、养血祛瘀、益气补虚之功，且此方纳药煎煮体现了食疗与药疗有机结合的制方特点，是敦煌医学中的古医方的用方特色，充分体现了西域古医学的地域特色。

同时王老师遵李东垣所倡"内伤脾胃，百病由生"以及《医宗必读·虚劳》所言"肾安则脾愈安，脾安则肾愈安"的学术观点，结合慢性萎缩性胃炎发病原因及其病机演变特点，强调脾胃同调、脾肾同补，遣方用药以"辛、甘、温"为主，兼以顺应"胃喜润而恶燥"而润降为辅，巧妙应用枳壳益胃汤治疗慢性萎缩性胃炎，体现了用药灵动圆活的特点；

而且老师认为脾胃虚弱，气血化生无源，久病必伤五脏，若脾阳久虚，损及肾阳，亦可出现脾肾阳虚的病证；或若肾阳不足，不能温煦脾阳，则纳运失常，出现纳呆食少、运化迟滞、脘腹胀满、腹中冷痛、下利清谷或五更泄泻等病证；故王老师提出"温补脾肾，防治大病"的学术见解，临床重视大病久病之后脾肾同补，巧用温补之品，取得良效。

摘自：段永强.王道坤主任医师辨治慢性萎缩性胃炎学术经验总结及临证医案挖掘整理研究［D］.北京：中国中医科学院，2017.

王道坤主任医师辨治慢性萎缩性胃炎学术经验总结

段永强

甘肃省是慢性萎缩性胃炎和胃癌疾病的高发区，慢性萎缩性胃炎病程迁延，取效不易，成为诸多医家攻克的重点疾病之一。既往业界认为"萎缩了的腺体是不可逆的""若再伴发肠上皮化生和增生，只能手术切胃"；老师积极关注地方重大疾病，宗《黄帝内经》"治未病"和"言不可治者，未得其术也"之旨，把治疗慢性萎缩性胃炎作为研究重点，经过多年实践，提出"治脾胃必调气"的学术观点，确立"宣通气机""温补脾肾"等治疗方法，创拟化瘀消痞汤、疏肝和胃汤、辛香通络汤和"萎胃灵"系列院内制剂防治慢性萎缩性胃炎及癌前病变，疗效显著，该治疗方案已经作为中医适宜技术在省内推广。现将老师辨治慢性萎缩性胃炎及癌前病变的学术经验总结如下。

1　重视气机升降出入理论的应用

老师在多年临证诊治脾胃系病症中，善治慢性萎缩性胃炎，亦颇有心法，认为"脾胃是气血阴阳生化之源，四时养生，安和五脏皆以胃气为本"，故防治慢性萎缩性胃炎要首重脾胃生理功能及其生理特性；同时临证须有四方面的重视："既重视脾胃之生理特性，又重视脾胃之病理变化，既重视辨病与辨证相结合，又重视辨证与遣药相吻合。"

《黄帝内经》是脾胃气机升降理论的渊源，虽未明确提出脾胃气机升降之词，但老师认为《黄帝内经》将脾胃气机升降理论有机地贯穿于人体气、血、津液的生成以及转化、代谢过程的论述之中，如《素问·六微旨大论》云："出入废则神机化灭，升降息则气立孤危，故非出入，则无以生长壮老已，非升降，则无以生长化收藏。"又如《素问·经脉别论》云：

"饮入于胃，游溢精气，上输于脾。脾气散精，上归于肺，通调水道，下输膀胱。水精四布，五经并行。"脾胃同居中焦，《素问·逆调论》云："胃者六府之海，其气亦下行。"而水谷之精气"不得至经，必因于脾，乃得禀也"（《素问·太阴阳明论》），说明脾胃气机升降是维持两脏腑受纳、腐熟和运化散精功能的重要机制。

从脾胃生理功能特点而言，由于脾胃位居中焦，乃人体气机升降之枢纽，王老师认为：慢性萎缩性胃炎及癌前病变发生病位在中焦脾胃，但亦与其他脏腑密切相关。就脏腑而言，脾与胃同居中焦，二者以膜相连，在五行均属土。脾为脏属阴而脾气主升，胃为腑属阳且胃气主降，故有"脾以升为健，胃以降为和"之论，脾胃之气通上彻下，斡旋阴阳，升清降浊，此如清代吴达《医学求是》所云："土位于中，而火上，水下，左木，右金。左主乎升，右主乎降。五行之升降，以气不以质也。而升降之极，又在中气，中气在脾之上，胃之下，左木，右金之际。水火之上下交济者，升则赖脾之左旋，降则赖胃之右旋也。故中气旺，则脾升胃降，四象得以轮旋。"

老师临证遵《医碥》所论"脾胃居中焦，为上下升降之枢纽"之意，提出"气机不通，万病由生"的理论要旨，而立法处方讲究"宣通气机"，故在治疗中既要顺应脾胃升降之性，又要顾及他脏气机条畅，尤其重视肝气调达，老师善用四君子酌加小剂量升麻、柴胡、羌活（用量均在1.5～3g）或补中益气汤以健脾升阳；中气下陷者重用药对"生黄芪-仙鹤草"（同比例破格用药且中病即止，不超过3天，80～120g）大补中气而提升清阳，又善用枳实（12～24g）、厚朴（12～24g）、龙骨（20～40g）、牡蛎（20～50g）、代赭石（20～50g）、海螵蛸（18～50g）以和胃降逆；对于须肝脾胃三脏同调者，王老师擅长应用四逆汤合二陈汤以求疏肝理气，化浊解郁，处处体现遣方用药顺应脾胃气机升降出入之性。

2　重视温补脾肾以防治重大疾病

老师认为慢性萎缩性胃炎病程迁延日久，症状复杂繁多，既有脾胃生理功能之乱，更有胃腑病理增生肠化之器质性病变，临证需要关注胃腑局部病变，又要顾及全身整体体质变化，这才是中医临床思维的体现。

老师认为"脾胃之病，虚寒居多"，而"温补脾肾"，则可"防治大癌"。因为脾胃为后天之本，主司运化，乃为气血生化之源，而且气属阳而主动，血属阴而主静。气对于人体具有十分重要的温煦、推动、防御、固摄、气化等多种生理功能，所以《难经·八难》云："气者，人之根本也。"《难经·二十二难》云："气主煦之。"明代医家张介宾《类经·摄生类》云："人之有生，全赖此气。"又云："气不足便是寒。"而血对于人体具有营养和滋润全身的生理功能，故《难经·二十二难》云："血主濡之。"气血又是人体精神活动的物质基础，诚如《素问·八正神明论》所云："血气者，人之神，不可不谨养"。故老师认为脾胃功能失常在人体各种病理变化中包括神志病变中具有重要的影响作用，此如金代医家李杲所云："内伤脾胃，百病由生。"亦如明代薛己《明医杂著·补中益气汤注》所云："人之一身，以脾胃为主。脾气充实，则肺得其养，肺气既盛水自生焉；

水升则火降，水火既济而成天地交泰之令矣。脾脏一虚，四脏俱无生气。"而且肾为先天之本，阴阳水火之宅。肾阴肾阳是人体阴阳的根本，二者生理上互根互用，消长平衡，对维持人体阴阳相对平衡起着主要作用。病变中常互相影响，阴阳之中，肾阳更占主导地位，正如《素问·生气通天论》云："阳气者，若天与日，失其所则折寿而不彰。"又云："凡阴阳之要，阳密乃固。"然脾为后天之本，肾为先天之本，二者在生理上主要表现为后天与先天相互资生、相互促进的关系，诚如《医宗必读·虚劳》所言："肾安则脾愈安，脾安则肾愈安"。

老师认为脾胃病久，易生虚劳，故而注重温补脾肾。特别是慢性萎缩性胃炎伴有不典型增生和肠上皮化生患者，经口服药物内科治疗无效者，选择手术治疗常常出现术后诸多杂症，临床多见纳呆少食，神疲乏力，或腹胀胁痛，或消瘦贫血，或怔忡失眠，二便失调等，严重影响生活质量。老师认为，慢性萎缩性胃炎术后虚劳有其特殊的发病机制。①渐生体质虚弱：慢性萎缩性胃炎发病缓慢，病程迁延，且多以中老年人群罹患为多，患者体质多为脾胃虚弱，气血失调。因为脾主运化，脾胃乃气血生化之源；慢性萎缩性胃炎患者常常胃动力和消化吸收功能减弱，日久纳食减少，气血生化无源，五脏失养，病程迁延而易生虚劳。②病起于过用而伤正：追溯慢性萎缩性胃炎患者起病历史，多数患者诉说或饮食失节，或喜食腌制品，或嗜食烈酒浓茶，或因客观原因饥饱失常等而伤及脾胃，正如《素问·六元正纪大论》云："太过者暴，不及者徐，暴者为病甚，徐者为病持。"加之本病确诊后长期口服质子泵抑制剂、制酸剂和抑杀幽门螺杆菌药物，药用过当亦可加重脾胃损伤，或药邪伤正。③手术伤及脏腑，更伤元气：脾胃互为表里，二者纳运结合，升降相因，燥湿相济，共为后天之本气血生化之源。重症慢性萎缩性胃炎因内科治疗无效者选择手术切除治疗，损伤胃腑，不但胃腑功能受限，而且易发残胃胃炎；加之术后患者摄食容量减少，消化吸收减弱，日久营养失衡，气血虚弱，五脏失养，形体消瘦而极易发为虚劳。④病久情志失衡，身心同病：临床往往有患者对慢性萎缩性胃炎病情了解不够，将慢性萎缩性胃炎、癌前病变和胃癌混淆理解，时时担心胃癌缠身而心生恐惧，造成起居失常甚至彻夜难眠，焦虑抑郁，日久情志内伤而影响脏腑气机，使脾胃伤之又伤，衍生虚劳杂症。概言之，慢性萎缩性胃炎术后虚劳以脾胃虚弱为主，气血失调为变，日久五脏受累为转归，故治应以补益脾胃元气为重。同时王老师认为面对患者强调"癌前病变"容易加重患者恐惧，故面对患者不讲"癌前病变"而以"胃痞重证"论之，为患者树立康复信心，并提出"温补脾肾，防治大病"的学术见解，老师依据敦煌古医方加减化裁的补脾益肾汤（方歌：补脾益肾有理中，熟地萸药桂附群，杜仲牛膝菟丝子，腰腹冷痛大便频）、研制的敦煌石室大宝胶囊（黄芪、熟地黄、当归、菟丝子、茯苓、猪牙皂等）院内制剂，治疗慢性萎缩性胃炎证属脾肾两虚型或用于对各类肿瘤放疗、化疗后的康复治疗，取得卓效，这是临床中"温补脾肾，防治大病"学术观点的具体应用。

3　重视痰瘀理论在辨治中的应用

临证慢性萎缩性胃炎治疗中，老师不但重视脾胃体用特点，同时亦重视"痰""瘀"病理产物对机体的影响。从体用关系而言，脾体阴而用阳，以升为健；胃体阳而用阴，宜降则和，所谓"太阴湿土，得阳始运；阳明燥土，得阴始安"，因此脾胃健运，则周身四脏皆旺，十二神守职，四肢百骸均得以充养。

老师认为慢性萎缩性胃炎在其发生发展过程中每可见到痰瘀同病的病理变化。从病因病机来看，无论是外邪犯胃，饮食不节，情志不畅，还是体虚久病，均可使脾胃气机升降失司，气血失畅，水津失布而致痰瘀互生；而作为一种病理产物，又可影响脾胃的正常运化功能，二者互为因果，从而形成恶性循环，致使本病迁延，反复难愈，甚至恶变，所谓"胃病生痰瘀，痰瘀助胃病"。清代叶天士在《临证指南医案》中指出："胃痛久而屡发，必有凝痰聚瘀。"同时人体是一个以五脏为中心的有机整体，所以体内之气与血、阴与阳、精与气、血与精，都存在相互资生、相互为用、相互转化及互为影响的关系，这种关系明代医家李中梓在《医宗必读·水火阴阳论》中有所阐释："人身之水火，即阴阳也，即气血也。无阳则阴无以生，无阴则阳无以化。"故气血水火阴阳，"宜平不宜偏，宜交不宜分"。

老师临证重视阴阳气血与肾脾，认为它们在生理上相互资助，在病理上又相互影响，即肾脾两虚，即会影响到人体阴阳气血，因"诸湿肿满，皆属于脾""脾为生痰之源""元气既虚，必不能达于血管，血管无气必停留而为瘀""阳虚血必凝，阴虚气必滞"（《医林改错》），故而痰瘀内阻，变生他病而导致脾胃及其他脏腑功能紊乱。

老师对"痰""瘀"的认识及临床运用心法如下：

（1）对"痰"的认识及临床运用：顽疾怪病多由"痰"作祟，百病兼痰且多与瘀相兼为患。老师认为"痰"在临床上具有其特异性表现：①中年以上患久治不愈之疾或久病仍形体丰腴不衰者，或手足作胀或肌肉松软如棉；②眼神呆滞，面色晦暗，或眼眶周围青暗少泽；③皮肤灰暗油垢异常或其两颊色红而面色光亮如涂油者；④神志恍惚或抑郁，或惊悸烦懊不眠，烦躁不宁或嗜睡困顿；⑤顽咳久喘；⑥昏厥抽搐；⑦大便秘结不爽，或溏稀黏滞不畅；⑧舌体胖大弛纵，苔白腻如积粉，或灰腻而厚，或黄白相间着于舌根；⑨脉沉或弦或滑或濡缓。在临床上这些辨痰要点，不必悉俱，见其一二，即可诊断，参用治痰之法。在"痰"的治法上，王老师认为，除宣肺、健脾、补肾的常规治则外，还应该遵循清代蒋宝素所倡"痰本津液精血之所化，必使血液各守其乡，方为治痰大法"的经验，治痰之要还须治血，血活则须痰化。由于津血同源，痰瘀之间有着密切的关系，故有"痰夹瘀血，遂成窠囊"之说；所以在治疗慢性萎缩性胃炎及癌前病变时，主要是抓住"痰""瘀"两端，以涤痰化瘀作为重要治则之一，取得了明显的临床疗效。

（2）对"瘀"的认识及临床运用：基于清代叶天士"久病入络""久病多瘀"学说，老师认为慢性萎缩性胃炎伴增生应该"从瘀辨治"，而且癌前病变过程中瘀血的临床表现除可见胃脘刺痛、钝痛、痛有定处及唇甲青紫之外，还可从舌质紫暗、舌下脉络迂曲，脉弦或涩方面来把握；同时老师将本病在胃镜检查中见到的胃黏膜变薄，黏膜苍白以白相为主，甚至血管显露，肠上皮化生及颗粒样增生等病理改变，皆归属于"瘀血"范畴，临证善用三七、藏红花、赤芍、血竭、刘寄奴、三棱、莪术、藤梨根甚至水蛭、全蝎、土鳖虫、蜈蚣等虫类活血通络之品，治疗慢性萎缩性胃炎及其变证常有卓效。

4   重视病证结合且须细辨病机规律

慢性萎缩性胃炎常见症状包括胃脘胀满或胃脘疼痛、呃逆嗳气、食欲不振、疲乏无力、甚至消瘦、贫血等。从历代主要文献来看，古人论述胃癌病因虽有外感内伤之分，但多侧重于论述内伤，其病机特点归纳起来多为脾胃素虚，内外之邪乘袭（饮食不节或偏嗜腌制、情志失调、药邪所伤），致脾之清阳不升，胃之浊阴不降，纳运失调，升降失司，湿浊痰瘀内生，阻碍胃络而变生此病。老师辨治慢性萎缩性胃炎及癌前病变首重脾胃，遵明代张介宾所言："土气为万物之源，胃气为养生之主，胃强则强，胃弱则衰……是以养生家当以脾胃为先。"然本病病机具有演变特殊性，疾病初期多为脾胃虚弱或脾虚食滞；疾病中期常常因病程已有时日，湿浊逐渐内生，或从阴寒化，或从阳热化，虚实夹杂，不但脾胃患病，还可能影响肝之疏泄，多脏兼病；疾病后期脾胃虚弱更甚，痰瘀浊毒交阻，病久入络而变生重证。

4.1   脾胃虚弱，纳运失常是慢性萎缩性胃炎的基本病因病机

老师认为，慢性萎缩性胃炎辨证要从脾胃入手，因脾胃主要生理功能是：脾主运化水谷，而胃主受纳腐熟水谷；脾主升清，胃主降浊。脾胃通过受纳、腐熟、运化、升降以化生气血津液而奉养周身，故称之为气血生化之源，正如《素问·经脉别论》云："饮入于胃，游溢精气，上输于脾，脾气散精，上归于肺，通调水道，下输膀胱。水精四布，五精并行，合于四时五脏之阴阳，揆度以为常也。"另如《素问·玉机真脏论》云："五脏者，皆禀气于胃。胃者，五脏之本也"。金代李东垣《脾胃论》云："元气，乃先身之精气也，非胃气不能滋之。""况脾全借胃土平和，则有所受而生荣，周身四脏皆旺，十二神守职，皮毛固密，筋骨柔和，九窍通利，外邪不能侮也。"以上论述说明脾胃是以"脾运化而胃受纳"为其功用。

从临床发病规律分析，脾胃虚弱是胃癌发生发展的内在因素，导致正气亏虚的原因除上述"因病致虚"的因素外，也与年高体衰、素体脾胃亏虚等因素有关，如《素问·阴阳应象大论》云："年四十而阴气自半也。"金代李东垣在《脾胃论·脾胃胜衰论》中也强调"百病皆由脾胃衰而生也"，正不御邪，则病邪滞留难去，缠绵难愈，终至胃黏膜萎缩或消失，此为"因虚致病"。老师认为在慢性萎缩性胃炎病程中，由于胃络受损则不能受纳，脾气虚损则不能运化，水谷之精无以化为气血，内不能养脏腑，外不能充肌肤，脾胃虚则脏腑皆虚，形体渐损，故临床常见胃脘痞满胀痛、嗳气纳呆、面色萎黄或苍白、舌淡、神疲乏力、眩晕消瘦、便结或便溏等脾胃虚弱症状，故胃癌的基本病机多为脾胃虚弱、纳运失常；临床宜用四君子汤、香砂六君子汤类方加减治疗。

4.2   升降失常，气机逆乱是慢性萎缩性胃炎的主要病机特点

脾胃位居中焦，为人体气机升降的枢纽。脾胃气机的运动特点是：脾主升清，胃主降

浊；通过受纳、腐熟、运化、升降以化生气血津液而奉养周身，故称脾胃为气血生化之源。《素问·六微旨大论》云："非出入则无以生长壮老已；非升降则无以生长化收藏，是以升降出入，无器不有。"故脾胃功能的发挥必依赖脾升胃降气机的正常发挥，若脾胃气机升降失调，不仅纳运功能紊乱，而且波及其他脏腑，变生多种病证。

老师认为胃痞临床诸多症状多由中焦气机失调所致，其发生机理在于脾胃虚弱则脾胃气机升降失常，受纳、运化功能减弱，清浊之气升降无力，日久中焦脾胃气机痞塞不通、升降失常、气机阻滞而生"痞满""胀痛""憋闷"之证，甚者水谷精微化生不足，不能充养胃腑，则"胃虚而萎"并波及他脏。诚如脾胃大家李东垣曰："若胃气一虚，无所禀受，则四脏经络皆病。""夫脾者，行胃津液，磨胃中之谷，主五味也。胃既伤，则饮食不化，口不知味、四肢困倦、心腹痞满、兀兀欲吐而恶食，或为飧泄，或为肠澼，此胃伤脾亦伤明矣。"脾既病则胃不能独行津液，故从而病焉，是谓脾胃精气不足，不能升发以养神、荣筋、润肌达四末，浊阴不化加重脾胃气机升降失调。故老师认为胃痞"痞满"之证多为脾胃虚弱、气机升降失和所致。亦有现代研究表明慢性萎缩性胃炎患者存在不同程度胃动力紊乱和排空延缓，胃蠕动减弱，而且胃体、胃窦的基础压力均较正常人为低，胃窦蠕动波振幅也低于正常人，提示慢性萎缩性胃炎患者平滑肌张力及蠕动功能减弱，而且许多研究在探讨慢性萎缩性胃炎的发病原因时，都观察到慢性萎缩性胃炎的发生与胃肠运动功能紊乱有密切关系。这正如脾胃升降功能受损，气机升降失调，湿毒内生之病机特点，而且湿毒积滞中焦，阻碍气血津液运行输布，进一步影响脾胃升降，使"浊气在上，则生䐜胀"，类似于现代医学所论萎缩性胃炎胃节律紊乱、胃排空障碍和肠胃反流的病理机制。

4.3 痰瘀互阻、毒邪侵袭是慢性萎缩性胃炎恶变的主要病理症结

脾胃虽同属土，但脾为阴土，胃为阳土；脾喜燥恶湿，胃喜润恶燥。脾属至阴，为湿土，其性却又喜燥恶湿。脏腑秉天地之气而生，《素问·阴阳应象大论》谓："其在天为湿，在地为土，在体为肉，在脏为脾。"脾脏即秉天之湿气、地之土气以生，脾为湿所生，故为湿土，二者关系密切。脾为湿土，首先生理功能主湿，主要表现在对水谷、水湿的运化方面。《素问·经脉别论》云："饮入于胃，游溢精气，上输于脾，脾气散精，上归于肺，通调水道，下输膀胱，水精四布，五经并行。"这是脾主水湿的主要功能；同气相求，湿易伤脾，所以"脾恶湿"。脾胃为病的病状常与湿病相一致，多见胃脘痞满，胀闷不适，或纳呆运迟、大便溏泻、四肢头身困重乏力等重浊、黏滞之象，甚者可见肌肉萎软或肢体浮肿等症状。临床上大部分慢性萎缩性胃炎患者可表现为不同程度的消瘦、乏力、倦怠甚至贫血等症状，舌体可见淡白、水滑之象，或伴大便溏泻、干结等，以上诸症类似现代医学观察到的慢性萎缩性胃炎患者存在的胃黏膜屏障功能障碍（胃黏膜水肿、微循环破坏、上皮间隙增宽、黏液分泌减少等）黏膜免疫功能低下，部分患者细胞及血清免疫功能低下，细胞器超微结构改变（如线粒体肿胀可广泛发生在胃黏膜、小肠、肝胆等组织），王老师认为此与中医学脾虚湿浊内生密切相关，而胃黏膜的胃镜特点如黏膜变薄、色泽苍白或灰白也是慢性萎缩性胃炎脾虚湿阻、血行不畅、胃腑失养的宏观表现。故老师认为胃痞"黏膜腺体

萎缩""增生""肠化"之变多为脾胃虚弱,运化失司,从而湿毒内生,血运不畅,胃络失养之"燥湿失济"所致的病理转归。

综上所述,老师针对脾胃虚弱、纳运失常是慢性萎缩性胃炎发生的主要病机,升降失常、气机逆乱是慢性萎缩性胃炎发生的主要病机特点,痰瘀互阻、毒邪侵袭是慢性萎缩性胃炎恶变的主要症结,正是对此病的病机动态演变规律的认识,老师提出临证治疗此病首先要注重辨病与辨证紧密结合,"望闻问切查"五诊都须详辨,尤其是"查",需要提示患者在适当的时期接受胃镜检查诊断,既有利于明确病情轻重,又有利于判断治疗效果。老师强调:由于胃镜能够提示慢性萎缩性胃炎具有明确的胃黏膜增生、肠化等病理改变,此时辨病与辨证结合具有重要的临床指导意义,可遵清代林珮琴所倡"初痛在经,久痛必入络"之意,紧扣瘀血内阻是慢性萎缩性胃炎进一步恶变发展的关键病理环节,将"活血通络、涤痰化瘀"作为治疗胃癌前疾病的重要方法。

5　重视辨证论治且能多法合用

老师在以上病机认识的基础上,将慢性萎缩性胃炎分为以下 6 型辨证论治:

(1)脾虚气滞证:辨证以胃脘胀满或胀痛、嗳气频作、疲乏无力、形体消瘦、体虚易感、舌淡嫩边有齿痕、脉沉弱为主,治法以健脾益气、理气化痰、行气消痞为主,方用香砂六君汤合消痞汤加减,常用药物有党参、茯苓、白术、陈皮、半夏、厚朴、炒莱菔子、甘松、枳实、三七、红花、炙甘草等。

(2)脾胃阴虚证:辨证以胃脘胀满或胀痛、嗳气频作、饮食不化、口渴欲饮、枯瘦如柴、舌红少苔、脉细数无力为主,治法以滋养胃阴、养胃止痛、益气消痞为主,方用叶氏益胃汤或枳壳益胃汤加减,常用药物有北沙参、太子参、麦冬、天冬、石斛、芦根、天花粉、白芍、当归等。

(3)湿热阻络证:辨证以胃脘胀满或胀痛、嗳气频作、嘈杂不适、舌质暗红苔黄而腻、脉滑数为主,治法以清热燥湿、健脾化痰、通络消痞为主,方用三仁汤合半夏泻心汤化裁,常用药物有白蔻仁、薏苡仁、姜半夏、厚朴、枳实、淡竹叶、甘松、刘寄奴、石菖蒲、藿香、泽泻、川芎、红花、三七、儿茶等。

(4)肝胃不和证:辨证以胃脘胀满或胀痛、嗳气频作、牵涉胁肋、口干口苦、急躁易烦、舌质淡红苔厚、脉弦细为主,治法以疏肝理气、健脾和胃、化痰消痞为主,方用疏肝和胃汤加减,常用药物有柴胡、枳壳、赤芍、陈皮、茯苓、香附、甘松、苏梗、合欢花、佛手、郁金等。

(5)瘀阻胃络证:辨证以胃脘胀满或刺痛、或嗳气频作、或见面色晦暗、舌质紫暗或有瘀斑、脉涩缓为主,治法以活血化瘀、理气消痞、通络止痛为主,方用辛香通络汤加减,常用药物有黄芪、芍药、川芎、桂枝、当归、生姜、羌活、郁金、乳香、三七、血竭、蒲黄、炙甘草等;如病程迁延、痛势沉着、"形坚似梗"等症,则非峻攻可效,须用虫蚁之类辛咸之品以搜剔络邪,上方加三棱、莪术、蜂房、穿山甲、土鳖虫、全蝎等以搜剔络脉、通瘀养胃。

（6）脾肾两虚证：辨证以胃脘胀满而虚或隐痛、嗳气频作，或见面色萎黄、舌质紫暗或有瘀斑，脉沉弱为主，治法以温补脾肾、理气消痞、活血化瘀为主，方用补脾益肾汤加减，常用药物有黄芪、党参、炒白术、茯苓、陈皮、炒山药、熟地黄、杜仲、菟丝子、香附、川牛膝等。

由于慢性萎缩性胃炎属于长期慢性疾病演变而成，其临床症状因人因病情而复杂兼见，一法一方难以奏效，故老师临证中通过明确辨证后，遵辨证分型但不拘泥于方证对应，根据主证与兼证灵活加减化裁，寓通于补，攻补兼施，在健脾益胃基础上，或疏肝理气，调畅气机，或化痰祛瘀，攻逐毒邪，或清利湿热，行气导滞，或疏肝和胃，化瘀消痞等，多法合用，以求速效。

摘自：段永强.王道坤主任医师辨治慢性萎缩性胃炎学术经验总结及临证医案挖掘整理研究［D］.北京：中国中医科学院，2017.

王道坤教授调五脏以安脾胃的治病观

王凤仪

1　调五脏以安脾胃的理论依据

中医五行生克制化理论表明，五脏六腑之间，生中有克，克中寓生，生克结合，方能生生不息，循环无端，维持着人体的生理机能。脾胃与他脏的联系，有相生和相克两个方面。肝为脾胃的"克我"之脏，肾为脾胃的"我克"之脏，肺为脾胃的"我生"之脏，心为脾胃的"生我"之脏。一旦相生与相克的关系失常，必致脾胃疾病的发生和病势的演化，如"木郁乘土""土壅木郁""土不生金""火不生土""土不制水"等。

金元四大家之一的李杲在其老师张元素脏腑辨证思想的影响下，总结《黄帝内经》《难经》《伤寒杂病论》等古典医籍和其他前辈医家的经验，结合自己的临床实践，提出了"内伤脾胃，百病由生"的著名论点，强调"调脾胃以安五脏"，正式创立了脾胃学说。明清时期诸多医家对脾胃学说各有充实和发展，如薛己倡导"人以脾胃为本"；张介宾倡导"五脏之邪，皆通脾胃"，着重发挥"治五脏以调脾胃"的观点；李中梓首倡"脾为后天之本，肾为先天之本"论，主张脾肾并重；叶天士创立了胃阴学说，尤重"养胃阴"；吴鞠通创立三焦辨证，总结出温病的传变规律，尤重中焦脾胃。现代名老中医对脾胃学说也进行了创新和发挥，如广州中医药大学邓铁涛教授提出了"五脏相关学说"，重视脾胃在人体功能活动中的重要地位，以"脾胃虚损五脏相关"为理论指导治疗重症肌无力，从"肝病实脾五脏相关"理论出发治疗慢性肝炎、肝硬化，从"脾胃为主五脏相关"治疗慢性胃炎及胃、十二指肠溃疡等，均取得了显著的临床疗效。

王老师认为脾胃学说中的脾胃应该是广义的，既包含了脾胃，也包含了参与受纳、运化、传导过程中的多个脏器。脾胃系统不仅包含了西医学的消化系统，同时也涉及内分泌、血液、泌尿、运动、免疫等系统。脾胃学说中的脾胃病所包含的概念也应属于广义的范畴。脾胃位于五脏的中心，和其他脏腑的关系最为密切，脾胃系统的疾病可累及其他脏腑，他脏患病亦容易影响到脾胃系统。脾胃病变，虽然总体上以脾胃功能失常来概括，但临床见症往往虚实错杂、寒温并存，兼症多端、病情复杂。因此，王老师主张临证论治脾胃病须着眼于肝、肺、心、肾，以平衡脾胃为要。王老师宗"中焦如衡，非平不安"之古训，提出了"调五脏以安脾胃"的治病观念，主张调和脾胃，宜先达肝；宣降肺金，宜健脾胃；温补脾土，宜振心肾。治疗脾胃病兼顾脾、肝、肺、心、肾，寓达肝、畅肺、温肾、振心于调理脾胃之中，这是王老师调治五脏以安脾胃及遣方用药的指导宗旨。

2   调五脏以安脾胃的临床应用

2.1   调和脾胃，宜先达肝，肝为脾胃之"克我"之脏

若肝气郁结，肝失疏泄，横逆犯脾，导致脾失健运、胃失和降，症见两胁胀痛、不思饮食、腹胀、便溏、嗳气频频、喜缓怒甚等，称之为"木郁克土"；若脾胃失和，水湿内停，湿困脾阳，或湿郁化热，熏蒸肝胆，导致肝失疏泄、胆热液泄而见纳呆、便溏、脘腹痞闷、呕恶甚至黄疸等症，称之为"土壅木郁"。正如叶天士所谓："肝为起病之源，胃为传病之所。"上述两种病症治当疏肝达气以变理中焦气机之升降，王老师自拟的疏肝和胃汤即是泄厥阴、和阳明的具体运用。方中四逆散加川芎、香附疏肝理气，二陈汤加紫苏梗和胃降逆，诸药合用共奏疏肝和胃、降逆止痛之功。其主旨是应用疏通和解作用的药，以达到疏利少阳、调达肝胆、和调脾胃的目的。此即"肝邪之犯脾者，肝脾俱实，单平肝气可也；肝强脾弱，舍肝而救脾可也"（《景岳全书·论治脾胃》）。王老师擅用此方治疗肝胆疾病所致的消化道病症，如慢性肝炎、胆囊炎、胆石症、胆道蛔虫症及肋间神经痛、胃溃疡、胃炎、急性乳腺炎等属肝气郁结，横逆犯胃，从而形成肝胃不和者。

对脾阴亏损、运化无力者，症见饮食减少、便秘、口舌生疮、食后脘闷、腹胀矢气、乏力困倦、轻度浮肿、大便溏、舌体淡胖、舌苔白腻等，王老师创拟了补脾阴汤（山药、白芍、人参、莲子肉、葛根、枳壳、川楝子、甘草），以平补为贵，方中葛根、枳壳升浮脾气、通降胃气，川楝子畅达肝气，补其虚而不滋腻留邪，行其滞而不耗液碍运。此方补脾阴又能升脾气，降胃气又能达肝气，于清滋之中寓达肝之性。王老师强调，由于脾阴亏损可引起其他脏腑之火亢盛，如《慎斋遗书·内伤》中所言："脾阴不足，肝火上行。"此时如单纯补脾阴则不能达到抑制其他脏腑火旺之效，故治疗脾阴虚肝火旺，症见心烦灼热、两目红赤干涩、舌红少苔及脉细数者，佐以牡丹皮、桑叶、黄芩以降肝

火、保阴液。

2.2　宣降肺金，宜健脾胃

肺为脾胃的"我生"之脏，脾胃与肺属母子关系。脾胃内伤，其中最受其累的是肺，正如李杲在《脾胃论·脾胃虚损论》中指出的"脾胃一虚，肺最受病"。若脾胃虚弱，气之生成乏源，土不生金，母病及子，每致肺气虚弱，或脾失健运、水湿潴留、聚为痰饮，上贮肺窍，可致肺失宣发肃降，出现咳喘痰鸣等症。

首先，若肺气虚弱、宣降失职，可致水液潴留，而影响脾的运化功能，出现腹胀、便溏、水肿、恶寒、面色不和、倦怠乏力等肺脾气虚证，王老师倡导宜先健脾和胃，脾胃纳运正常，则脏腑诸气之升降正常，肺气充盛则宣降和平。王老师推崇的补中益气汤、升阳益气汤等方剂均主要以黄芪益气为本，重用黄芪以补脾肺之气，益皮毛而固腠理，不使自汗以损其元气，又可助人参、甘草以益脾胃之气。黄芪为补气药之最，甘温味薄，轻虚不腻，于健脾益气中寓含宣肺畅气之性，对土不生金、肺失宣降的病证确为首选良药。

其次，脾胃病主症见食少便溏、面色萎黄、四肢困倦无力、咳嗽咯痰、舌淡苔白腻、脉缓弱等肺脾虚弱、湿浊中阻证，治宜补益脾肺、渗湿止泻，王老师喜用参苓白术散。方中党参、白术、茯苓益气健脾、渗湿为君药；砂仁芳香醒脾和胃；桔梗开宣肺气、载药上行。王老师常以此方治疗慢性胃炎、慢性肾炎、贫血、慢性支气管炎、肺结核、肺癌放疗或化疗毒副作用、妇女带下病等脾肺虚弱者。

再次，若胃阴不足，肺金亦亏，肺虚不能平肝木，木无所制而横侮于胃，则成中虚胃弱，肺虚肝郁之证，症见胃脘灼热干痛、胁痛、脘胀、纳少或饥不欲食、呕恶、口干咽燥、便秘、手足心热，舌淡红、无苔或少苔，脉细数或细弦等症。王老师循叶天士益胃汤之义，化裁为枳壳益胃汤（枳壳、沙参、生地黄、麦冬、玉竹、石斛、天花粉、芦根、冰糖）加味，治疗慢性胃炎、胃溃疡及十二指肠溃疡、肝硬化、脂肪肝、慢性支气管炎、肺结核、糖尿病、小儿厌食症、肋间神经痛等属阴虚气滞者，疗效显著。方中沙参、生地黄、麦冬等滋阴药滋养肺胃，养阴生津，意在佐金平木、扶土制木。但大堆滋阴药守而不走，配以行气之品使肝阴得养，而无滋腻碍胃、遏滞气机之虞，故王老师独加一味枳壳苦泄辛散、行气宽中以调肝气横逆、顺其条达之性。王老师用枳壳益胃汤加味辨证治疗慢性萎缩性胃炎数百例，疗效肯定。并且强调慢性萎缩性胃炎虽病在胃，实则肝、肺、脾等脏腑不可须臾分离，病理有本虚标实，升降失调，中焦痞塞，虚滞并存之候，故不能简单分型，机械硬套，而应根据证候表现，灵活施治，方能获效。

2.3　温补脾土，宜振心肾

脾胃与心的关系主要是血液的生成和运行的关系。脾气散精，上归于心肺以化生血液，令心得到血液的濡养。同时，脾统摄血液需赖心肺之气为动力而运行不休，周流全身。脾虚则心血化源不足，导致血虚而心无所主。反之，心为脾胃的"生我"之脏，心火可以温煦脾土，促进脾胃的运化、腐熟功能。若心阳不振则温运失司，可致脾胃健运失常而形成虚寒内生、痰饮中留之证，症见心悸怔忡、胸脘憋闷、畏寒肢冷、面色㿠白；若心气不足则血运无力，亦可致脾胃经脉瘀滞不畅而形成气虚血瘀之证，症见胃脘疼痛、胸痹、心悸、神疲、形寒、面色淡白、舌淡胖苔白润或舌紫暗、舌下络脉迂曲扩张、脉细弦或涩。依据"心火不足，补火以生脾可也"（《景岳全书·论治脾胃》），王老师常选桂枝振心阳助心气，干姜通心助阳，二者合用以温通血脉、温运中阳。王老师认为脾胃病证的演变是有规律可循的，根据叶天士《临证指南医案》中"初病在气，久病入血""初病在经，久病入络"及"大凡络虚，通补最宜"等指导思想，王老师主张在补气之时佐以行气活血以将所补之气引入络脉。

肾为脾胃的"我克"之脏，脾之健运、化生精微需赖肾阳的温煦作用；肾之精气有赖于脾胃化生之水谷精微的培育和充养才能不断充盈和成熟。若肾阳不足，不能温煦脾阳，导致肾水反侮脾土而致脾肾阳虚，见脘腹冷痛、喜温喜按、畏寒肢冷、下利清谷或五更泄泻、腰膝酸痛、水肿等。根据"肾邪之犯脾者，脾虚则水能反克，救脾为主；肾虚则启闭无权，壮肾为先"（《景岳全书·论治脾胃》），王老师自拟补脾益肾汤。方中干姜、炮附子辛热，归脾胃肾经，温中祛寒，扶阳抑阴为君药；人参、白术甘温、补脾益气为臣药；佐熟地黄、山萸肉、山药、桂枝、牛膝温补肾气。全方温补并行，脾肾同治，共奏温阳散寒、补益脾肾之功，下元温煦则中土得补，脾胃得补而健运有权，中焦虚寒自除。再如，王老师用温中愈溃汤治疗中焦虚寒型消化性溃疡，临床见脾胃虚寒甚者常加炮姜一味，炮姜系干姜煨黑而成，干姜辛热色黄入脾，炮姜苦温色黑入肾，因一身之阳气隶属于命门，肾阳鼓动，脾阳亦振，则病可愈。

摘自：王凤仪.王道坤教授调五脏以安脾胃的治病观［J］.西部中医药，2017，30（1）：31-33.

王道坤教授发挥中药专长及相佐配伍
以提高疗效的经验总结

王凤仪

笔者作为王道坤教授学术经验继承人有幸侍诊左右，体会到除相须、相使配伍外，王教授在发挥药物的专长及相佐配伍方面，取巧求精，颇多创见，现总结如下，以飨同道。

1　发挥中药的专功特长专攻以提高疗效

中药治病的基本作用是因为各种药物均具有若干特性和功用，一般中药都有一种以上的功效，但其中必有 1 种或 2 种用途是主要的。王教授饱读经书，既熟悉中药的全面功效，又掌握其专功特长专攻，所以疗效显著。现选择临证时常用的近似中药来阐明其发挥药物专长以提高临床疗效的经验。

1.1　柴胡、紫苏梗

二药同具疏肝理气之功，临床每遇肝胃不和证常用。柴胡苦、辛，微寒，归肝、胆、三焦经。在治疗肝郁诸证中无不使之，取其升散开郁作用。王教授认为，实证胃脘痞满疼痛，柴胡能条达肝气而疏利开达，虚证胃脘痛，柴胡亦可轻调气机；紫苏梗辛、温，归肺、脾经，能宽胸利膈、理气安胎，胸脘痞闷，嗳气呕吐，或胸腹脘痛因寒而发及胎动不安者，宜用紫苏梗。

1.2　橘皮、枳实

二药均能疏畅气机，可使气行通畅。橘皮辛能散，苦能泄能燥，温能和，为脾、肺二经之气分药，既能理气调中，又能燥湿化痰，为宣通脾胃的要药。《本草纲目》曰："其治百病，总是取其理气燥湿之功。"同补药则补，合泻药则泻，配升药则升，佐降药则降。王教授在自拟疏肝和胃汤中，橘皮与紫苏梗、香附为伍，既能和胃气，又能疏肝止痛；配枳壳以破气消积、利膈宽中，以达到疏理少阳、调达肝胆、调和胃肠的目的。枳实苦、辛，微寒，归脾、胃、大肠经，具有破气消积、化痰除痞的作用，《神农本草经》认为枳实能"除寒热结，止痢，长肌肉，利五脏，益气轻身"。王教授临证时，如遇脾胃虚弱、运化无力、食后脘腹痞满作胀者，常与党参、白术配伍，可消补兼施，以健脾消痞；若心下痞满、纳呆、神疲体倦者，用于破气降气，可与青皮、降香、厚朴、川楝子相配。

1.3　党参、太子参

党参甘、平，归脾、肺经，为各种气虚证患者的常用药。王教授常言，在补气生津、健运中气方面，党参功效似人参，但滋补强壮作用较差。党参健脾运而不燥，滋胃阴而不湿，润肺而不嫌寒凉，养血而不偏滋腻，振阳而无刚燥之弊。临床多用于治疗脾胃虚弱及肺气不足的食少倦怠、气短乏力和气虚血亏的心烦口渴等。因其价廉易得，常用以代替人参，但遇气竭阳脱的重症，仍用人参为宜。太子参甘、微苦，平，有近似人参的益气生津、补脾益肺的作用，但药力稍弱，是补气药中的一味清补之品，其补脾益气之力稍弱，但清而不滋，颇具健胃养胃作用。若脾虚不甚、胃弱消化不良、其痛隐隐者，可用太子参，或胃阴不足证，兼有气虚，舌红口干，胃痛喜按，常在沙参、麦冬、石斛、天花粉等滋养胃阴方药中配加太子参。

1.4 黄芪、山药

二药同具补益脾胃之功。黄芪甘，微温，归脾、肺经，可补气升阳，为治气虚的要药，王教授推崇的补中益气汤、升阳益气汤等方剂均主要以黄芪益气为本，重用黄芪以补脾肺之气，益皮毛而固腠理，不使自汗以损其元气，又可助人参、甘草以益脾胃之气。王教授认为黄芪为补气药之最，甘温味薄，轻虚不腻，于健中益气中寓含宣肺畅气之性，对土不生金、肺失宣降的病证确为首选良药。若脾肺气虚而内寒甚者，宜用黄芪。山药味甘、性平、质厚而温少，归脾、肺、肾经，其不燥不腻，既能补气，又能滋养脾、胃、肺、肾之阴，若脾肺阴虚而兼气虚者，宜用山药，少用黄芪。

1.5 苍术、白术

均归脾、胃经。苍术辛、苦，温，芳香燥烈，有较强的燥湿健脾之功，凡湿阻中焦、运化失司而见脘腹胀满、食欲不振、恶心呕吐、倦怠乏力、舌苔浊腻者，本品实为必须之药；白术甘、苦，温，既可甘温补气健脾，又可苦温燥湿利水，为健脾化湿的要药。王教授强调，白术补中力强，且能止汗，苍术燥湿力胜，且能发汗，二者相配，燥湿效力增强，可用于寒湿痹痛等症，或脾胃气虚而兼有湿浊者，二术亦可同用。若胃阴不足兼脾虚生湿者，可配用白术，不用苍术。

1.6 白豆蔻、砂仁

二药均具辛温芳香之性，均有温中化湿、行气开胃之功，尤其长于宽气机、化湿浊、暖脾胃。但白豆蔻芳香气清，偏于行气温脾止呕；砂仁芳香气浓，偏于理气醒脾止泻。王教授将二药相须为用制成开胃散，临床治疗气滞湿阻、胸闷腹满、呕吐泄泻，均有良好效果。

2 相佐配伍组方以提高疗效

相佐，就是根据中药的四气五味和升降浮沉的性能，在对立统一、相反相成的哲理指导下，将 2 种性味相反或效用相悖的药物配合应用，可相互制约各自药性之偏，既起到了相互补充和相互促进的作用，又能提高或调整方剂的整体功能，减少不良反应。王教授组方规律常用的相佐配伍概括起来主要有以下 5 种。

2.1 升清降浊，升降相需

"脾宜升则健，胃宜降则和"，脾胃居中焦，脾主运化升清，胃主顺降浊阴，清升浊降，上下通泰，气机顺畅，则阴阳自和。古人强调"脾胃之病，虚实寒热，宜燥宜润，固当详辨，其于升降二字，尤为紧要"（《临证指南医案》）。王教授组方治疗脾胃病十分注意升降相需。①补气理气寓升降：脾气虚而兼胃气滞证候，常以党参、黄芪、升麻主升补气升陷，配以陈皮、枳壳、降香主降理气降逆。②滋养胃阴用升降：针对胃阴不足证候，王教授循叶天士益胃汤之义创制的枳壳益胃汤、养阴愈溃汤，方中用沙参、麦冬、生地黄，味甘性寒，守而不走，必配以升降气机之枳壳，使阴液得养而无滋腻碍胃遏制气机之虞。③芳香化湿宜升降：湿居中焦，久病不化，呈现舌苔白黏灰腻者，王教授亦不忘化湿、升清、降浊，常用藿香、佩兰与陈皮、半夏相配，行气化湿而调升降，砂仁、白豆蔻与薏苡仁、茯苓相伍，理气泄湿以调升降。④舒展肝胆亦升降：肝与胆互为表里，肝郁不达，少阳清气失展，必致肝胆液泄，症见口苦、胁痛、泛吐苦水等，王教授创制的疏肝和胃汤、敦煌茵陈汤、疏肝消胀汤、疏肝愈溃汤中均以柴胡为君，主散以升少阳清气，配合黄芩之苦降而泄胆热，或伍枳实破气导滞，与柴胡相配，一升一降，舒展肝胆之气机。

2.2　寒热相济，温清并举

脾胃病寒热错杂证，症见胃脘嘈杂、吞酸胀闷、嗳气烧心等，如纯用清热则胃热未除而中寒更甚，若一味温补则寒邪未散而胃火更炽。王教授遵循李时珍《本草纲目》"一冷一热，一阴一阳，阴阳相济，最得制方之妙，所以有成功而无偏胜之害也"之义，主张宜寒热互用以和其阴阳，苦辛并进以调其升降，在其创制的化瘀消痞汤、除螺愈溃汤、温中愈溃汤等方中均用黄芩-半夏、黄连-干姜、黄连-吴茱萸等温清并举的配伍。此外，其临证的相佐配伍还有生石膏-麻黄、竹茹-生姜、大黄-附子、大黄-肉桂等。

2.3　补通兼顾，虚实同理

胃主纳、脾主运，胃宜降、脾宜升，胃喜润、脾喜燥，其中运、升、润三字虽寓有补法之意，但也不宜呆补、漫补、壅补。王教授强调，脾胃病的补法，应补中有通，使补而不滞，润而不腻，能升能运，以顺其脾升胃降之性。慢性萎缩性胃炎初病多实，久病多虚，但结合临床实际，久病未必皆虚。例如久病由气入络，可表现为气滞、血瘀、痰凝之证或虚实夹杂证，在治疗上虽有脾虚，但若气滞明显，一味补之，往往滞气生满，壅气生火，导致痞、满、胀、痛等症加重；气虚血瘀明显，过于活血化瘀，则更易峻攻伤正耗气；脾虚夹痰湿明显，过用甘腻滋补，反而增湿恋浊，使湿浊不易祛。针对这等虚实错杂证，不能只见其虚，忽视其实，只顾其本，不顾其标。要权衡标本轻重缓急，或先祛邪而后补虚，或补通兼顾，虚实同时调理。王教授临证时，如脾虚兼气滞者，用党参、白术、茯苓、甘草顾本时，往往配香附、紫苏梗、陈皮、枳壳、大腹皮等辛香疏导转运、行气通降；脾虚夹有血瘀者，用太子参、白术益气时，常常配三七、丹参、五灵脂、制大黄等益气化瘀、和营通络；脾虚痰湿不化者，用山药、白扁豆、薏苡仁运脾助中时，频频配藿香、佩兰、川厚朴、清半夏、茯苓等芳香燥湿、淡渗利湿。如此调理，着重于补通兼理，寓补于通中，使补气而不壅中，攻伐而不伤正，化湿而不损脾。正如高士宗所说："通之之法，各有不同，调气以和血，调血以和气，通也；上逆者使之下行，中结者使之旁达，亦通也；虚者助之使通，寒者温之使通。"

2.4 散中有收，收散并行

王教授擅治脾胃病，组方用药贵在轻灵、流通、活泼，凡味厚甘腻、辛温燥烈、气味不纯、有碍胃气之品皆非所用。胃以通降为顺，但辛通过度可耗正气，故王教授强调，在药物配伍上须注意散中有收，收散并行。如中虚气滞，常配白芍、当归于益气和中之中；肝胃不和，胃气不降，常以白芍、甘草配沉香，寓四逆散、逍遥散之意；胃阴不足，肝气不敛，常配白芍、乌梅、甘草于疏泄之中；胃脘冷痛或兼少腹胀痛，常以白芍配肉桂、吴茱萸，散太阴、厥阴之寒滞，收敛与升散并行。

2.5 润燥得宜，刚柔相济

"太阴湿土，得阳始运；阳明燥土，得阴自安，以脾喜香燥，胃喜柔润也"（《临证指南医案》）。胃为阳土，喜润恶燥，脾为阴土，喜燥恶湿，对胃阴虚脾湿盛者，临证治疗较为棘手。究其根源，脾恶湿，今反湿盛，胃喜润，今反津少，因而表现出脾湿盛与胃阴虚相互错杂之证候。在治疗用药上常令医者进退两难，虑滋阴则易助湿，恐燥湿则易伤阴。王教授独辟蹊径，以滋阴的枳壳益胃汤（自拟方）与燥湿的二陈汤并用，濡润与燥湿并行，刚柔相济，相得益彰。验之于临床，每收脾胃两痊之效，二陈汤专燥脾中湿痰，枳壳益胃汤养阴生津，方中的枳壳合二陈汤中的陈皮疏理气机、行气宽中，使胃阴得养而无滋腻助湿之虞，脾湿得化而无燥湿伤阴之弊。再如，王教授针对脾肾阳虚证而创制的补脾益肾汤中，附子味辛性热，为至刚之品，相佐配伍性静而至柔的熟地黄、山茱萸、山药、甘草之品，一则借附子纯阳燥烈之气以行药势，使阴柔之品得以升腾起效，二则以阴柔之药制约附子刚燥之性。

3 结 语

王教授熟谙药性，善于继承前人的经验，结合自己的临床实践，按照组方原理和配伍要求，精选慎用，加减化裁。既熟悉药物的全面功效，又善于发挥其专功特长专攻，同时灵活使用升降相需、温清并举、虚实同理、收散并行、刚柔并济等相佐配伍，验之临床，疗效显著。

摘自：王凤仪.王道坤教授发挥中药专长及相佐配伍以提高疗效的经验总结［J］.甘肃中医学院学报，2015，32（4）：10-12.

立德树人

成　才　曲

王道坤

诚信又勤快，成才是真经；不能成大器，贪懒是祸根。

目标要选定，心态很要紧；方法是捷径，办事要认真。

虽然话简单，助你早成功。

注释　一个人要成为利国利民的有用人才，必须要以诚信为本。诚信是指为人处世真诚老实，讲信用。诚信是一个人的品行，更是一个人的财富；诚信是金，可以说是人的第二个身份证，古人云诚信赢天下。勤快，是一个人做事的行为。勤能补拙，天才是勤奋的结晶；快是机会的伴侣，要有吃苦耐劳、持之以恒的精神。天道酬勤，这就是"诚信又勤快，成才是真经"的道理。不能成为大器，主要的原因是懒惰和贪婪。懒惰无作为或不作为则将一事无成，贪婪则是一切祸害的根源。如果一个人内心深处对权、色、财、气贪得无厌，那注定是个失败者。近几年反腐败中的"大老虎"和"小苍蝇"就是明证。

成才的方法，第一，目标要选定。一个人毕生的时间和精力毕竟是有限的，因此要有相对固定的奋斗目标，朝着这个目标，采取"只争朝夕"的态度和坚韧不拔的毅力，才能成功，朝秦暮楚是很难成功的。目标既不能太分散，也不能太大，要根据自己的实力来拟定目标。要有自信心，自信是成功的第一秘诀。第二，做事的方法非常重要。俗话说，得法者事半功倍。因此，无论是学习什么技术，还是做什么工作，都要讲究方法。学习中医药学就要在名医的指导下，启迪悟性，成功就比较容易。《孙子兵法》讲要想打胜仗，应采取"以多胜少"的战略，毛主席"集中优势兵力，个个歼灭敌人"的思想，就是活用孙子兵法的范例，是我们治学的好方法。第三，成才还有一个关键环节，就是心态，只有积极上进的心态，才能够成功。而那种阴暗的、消沉的心态，不管他多有才华，都很难获得成功，最终往往是悲剧。最后就是办事要认真，毛主席说，世界上怕就怕"认真"二字，这个论断是千真万确的。只要认认真真地办事，没有办不成、办不好的事。我们很多同学做得都很好，如在上海工作的何建成，北京工作的吉保民、李玉英、马新童，天津工作的郭义，在美国工作的陈列、张纯，在英国工作的贾亦真。在甘肃工作的同学就更多了，比如甘培尚、李晓霞、李盛华、宋敏，等等。总之，成才之道，诚信赢天下，贪懒终遭殃。

学习中医的秘诀

王道坤

> 医之道，任非小，关性命，诚是宝。
> 医之理，很深奥，花气力，抓主要。
> 背经典，记方药，多实践，熟生巧。
> 边学习，边创造，通今古，名医昭。

注释　此篇是学习中医学的正门。内容分两部分。

第一，为医一定要有仁心仁术。人的生命只有一次，因此是非常宝贵的。医学是为人类的健康和生命安全服务的，所以这个职业神圣而高尚。因此，每个学医的人，从学医的第一天起，就应该感到自豪，就要有自信心。就要立志坚定，做苍生大医，不做含灵巨贼。要有不畏艰险、一心赴救的大无畏精神。这样才能在国家和人民需要我们的时候，勇往直前，救死扶伤。简言之，就是要树立全心全意为患者服务的思想。2020年元月武汉突发新冠肺炎疫情，数以万计的医护工作者——从钟南山、张伯礼、李兰娟、王辰、仝小林等院士，到80后、90后的青年医护人员，都积极响应党的号召，奋不顾身驰援武汉，打赢了这场没有硝烟的战争。这正是我们国家坚持党的教育方针，医学教育成功的体现，也是对大医精诚的最好诠释。

第二，作为医务工作者，仅有仁心仁德还不够，还必须要有精湛的仁术。中医药学是中华民族几千年与疾病作斗争的经验总结，非常宝贵。中医书籍汗牛充栋，其内容博大精深，在较短的时间里，怎样才能快速而且真正掌握它的精华呢？我的体会是，首先是用《矛盾论》《实践论》武装头脑，用抓主要矛盾的方法，花大气力，由博返约，先学懂学通四大经典著作的重要内容，打好基本功。具体来讲，要掌握《矛盾论》《实践论》的精髓，用两论来指导我们的言行；要在中医四大经典上下大功夫，熟读强记，学会中医的思维方法和辨证论治原则；掌握300个经验良方；掌握400味中药和针灸技术；而后学习临床各科。基础打好了，学习临床各科轻而易举。最后再学习历代名医的学术思想和临证经验，由约到博，拓宽思路和进一步提高自己。我认为把《岐黄真髓》这本书读熟，背诵会其中的歌诀和经典著作的主要条文就可以了。这本书的内容是中国养生治未病的宝中之宝，是四大经典和中医前贤学术精华中之精华。所以我把这本书的副标题标为"养生秘籍，大医捷径"。正如恩师国医大师周信有教授在序言中说："我从医70多年的体会是，学习中医的秘诀在于背诵。不但要背诵歌诀，还要背诵经典著作的重要原文……而是书，实乃学医者必修之要籍也。"

客观世界玄冥幽微，变化难极，疾病谱的变化也是千变万化的，因此作为一名医务工作者必须要做到精勤不倦，博极医源，才能驾驭客观的变化。同时，中医学是一门实践性非常强的科学，因此，仅有书本理论是不行的，必须认真临床实践，在实践中认识，实践，再认识，再实践，循环往复，才能获得真知，才能精准有效地抢救生命。医学是在不断发展的，不能各承家技，终始顺旧，必须与时俱进，把现代的科学理念和理化检查吸收进来，丰富我们的知识，武装我们的头脑，中西医融会贯通，以适应新时代的要求，并有所发展，有所创新。这样才能真正像秦伯未、任应秋、王绵之、蒲辅周、邓铁涛、吴咸中等老一辈中医大家一样，成为一代名医，真诚而高水平地服务社会。

我们应该认真学习中医学的理论体系和思维特点①

王道坤

引　言——从一则新闻报道谈起

中医药已得到全世界很多国家的重视和认可，就连美国 FDA 都发布指导性文件认同："中医药学与西方主流医学一样，是一门有着完整理论和实践体系的独立科学体系，而不仅仅是对西方主流医学的补充。"（《健康报》2007 年 7 月 24 日头版）

由此可见，作为中国人的我们，今天认真学习我们老祖先留下来的文化遗产，是非常必要的，可以开拓思维，提高疗效，有着重要的现实意义和深远的历史意义。

1　中医学的概念及其价值

1.1　中医学的概念

中医学是以自然科学为主体，多学科知识相交融的传统医学科学，是我国人民在长期的生产、生活和医疗实践中逐步形成并发展起来的，是目前世界上保存最系统、最完整、最独特的传统医学，她有最科学、最完整、最独特的理论体系。

中医学有着悠久的历史，经历了数千年沧桑巨变，现在依然为中华民族的繁衍昌盛乃至世界人民的卫生保健事业做着巨大贡献，是中华民族优秀传统文化的一个重要组成

---

① 2009 年 9 月 12 日在甘肃省中医院的讲座（节选）

部分。

1.2　中医学的价值——中医药学是尖端科学

　　科学家钱学森的论断：中医药学是地地道道的尖端科学。钱老又言：西医起源和发展于科学技术的"分析时代"，也就是为了深入研究事物，把事物分解为其组成部分，一个一个地认识，这有好处，便于认识。但也有坏处，把本来整体的东西分割了，西医的毛病就在于此。然而这一缺点早在一百年前，恩格斯就指出了，到大约二十年前终于被广大科技界所认识到，要恢复"系统观"，有人称为"系统时代"。人体科学一定要有系统观，而这就是中医的观点。又说，医学的方向是中医而不是西医，西医也要走到中医的道路上来。

　　中医的模式是"宇宙-生物-社会-心理"模式。西医只是单一的生物模式。而到 1979 年才有美国的学者提出"生物-社会-心理"的新模式。这 2 种医学模式认识相差两千年。

1.3　中医学是复杂科学

　　中科院朱清时教授有详论："这恰恰是现代科学的理论基础。中医的科学理论恰恰是走在时代的最前列的。"他说："中医学可能引起医学革命，而医学革命可能引起整个科学革命。"

　　自 1835 年西医登陆中国以来，据不完全统计，用过的西药有七千余种，而至今能在临床应用的仅数百种，其绝大多数都因毒副作用大而被淘汰。而中医药则以其历史悠久、理论独特、治疗方法丰富多彩、疗效显著和毒副作用较少而独立于世界医学之林。

2　中医学理论体系的形成与发展

2.1　中医学理论体系的形成

2.1.1　概念

　　中医学理论体系包括摄生、藏象、经络、病因、病机、诊法、辨证、治则、方药、针灸和阴阳五行以及行医规范、医德要求等。

2.1.2　形成时间

　　初步形成于战国至两汉时期。

　　此时期，不论社会科学，还是自然科学，以及生物科学都取得了长足的进步，在哲学、文学和史学等方面产生了不少名著，为中医学理论体系的形成奠定了基础。

　　在阴阳五行哲学思想指导下，以天人合一的系统整体观，运用朴素辩证的科学思维方式，对以往的医药学实践经验进行系统总结、概括，形成了中医学的概念、规律、病因、病机等基本理论结构，从而初步建立了中医学的科学理论体系，汉代以后的医学理论与实践的发展，又逐渐充实和完善了这一理论体系。

2.1.3 理论体系形成的标志

《黄帝内经》《难经》《伤寒杂病论》《神农本草经》四大医学典籍相继问世可作为中医学理论体系初步形成的标志。其中《黄帝内经》和《难经》奠定了中医学理论体系的基础，《神农本草经》奠定了中药学理论体系的基础，《伤寒杂病论》奠定了中医学辨证论治理论体系的基础。

《黄帝内经》，简称《内经》，分为《素问》《灵枢》两部分，是我国现存最早的一部古典医籍，大约成书于春秋战国至秦汉时期，是众多医学家的论著几经修纂而成。它对人与自然的关系，人体的生理、病理、疾病的诊断、治疗及预防等方面进行了全面系统的阐述。所以它不仅是我国早期的一部医学总集，代表了当时我国医学的最高成就，同时还吸收了秦汉以前有关天文学、历算学、生物学、地理学、人类学、心理学、逻辑学及古代哲学等多学科的主要思想和观点，奠定了独特的中医药学的理论基础。千百年来，它始终有效地指导着我国传统医学的临床实践，在国内为历代医学家所重视，而且对世界医学的发展亦有重要影响。

《难经》，原名《黄帝八十一难经》，成书于汉之前，稍晚于《内经》，传说为秦越人（扁鹊）所作。全书以问答解释疑难的形式，讨论了八十一个医学理论难题，主要论述脏腑、经络、脉学、腧穴、针法等内容，以基础理论为主，还分析了一些病证。它在《内经》的基础上有所发展，补充了《内经》的不足，是继《内经》之后的又一部经典著作。

《神农本草经》，简称《本草经》，是我国现存最早的药物学专著，约成书于东汉时期，托名于神农所著。全书共载药365种，其中植物药252种、动物药67种、矿物药46种。上品为君，多属补养类药物；中品为臣，多属补养而兼有攻治疾病作用药物；下品为佐使，多是除寒热、破积聚攻治疾病药物。书中还概括地论述了药物的四气（寒、热、温、凉）、五味（酸、苦、甘、辛、咸）、七情（单行、相须、相使、相畏、相恶、相反、相杀）等药学理论。

这四部经典著作，建议同志们一定要认真学习，这是中医的功底之作，大家一定要反复学习，下大功夫认真联系临床实际，必定能够提高学术水平。

2.2 中医学理论体系的发展

汉以后的历代医学家在四部经典的基础上，结合临床医疗实践，从不同角度发展中医学的理论。

2.2.1 两晋隋唐时期

这个时期是中医学理论体系的内容得到充实和系统化的阶段。在医学方面，对病证的病因病机、诊断治疗以及方药创新等均有系统论述，出现了一批专科性医学著作。比较突出的医家及医著有：

晋代王叔和的《脉经》，结合临床系统探讨了脉学的基础理论，是我国第一部脉学专著。

西晋皇甫谧的《针灸甲乙经》，系统总结了针灸经络学成就，是我国现存最早的针灸学专著。

隋代巢元方的《诸病源候论》，论述了内、外、妇、儿、五官、皮肤等诸科病证的病因、病机和症状，尤重于病源的研究，是我国第一部探讨病因病机、证候学的专著。

唐代孙思邈的《备急千金要方》《千金翼方》和王焘的《外台秘要》，均是综合了基础理论和临床各科的巨著，在医德、脏腑辨证及处方用药等方面颇有建树。此外，有关外科和皮肤科、骨伤科、妇产科、儿科、五官科和按摩等也都相继出现了专著。建议同志们，好好看看《备急千金要方》，能得到很多启发。

在药物学方面，炼丹术和制药化学在世界居领先地位；南宋雷敩的《雷公炮炙论》，论述了药物的各种炮制方法，为我国医学史上最早的制药学专著。

唐代《新修本草》，是我国政府颁行的第一部药典，也是世界上最早的国家药典，它比欧洲最早的《佛罗伦萨药典》及著名的《纽伦堡药典》要早 800 余年。

2.2.2　宋金元时期

这个时期医学流派纷呈、百家争鸣，中医学的理论体系产生了突破性的进展。

如南宋陈无择的《三因极一病证方论》（简称《三因方》），提出了著名的"三因学说"，是对宋代以前病因理论的总结，对其后病因学的发展影响极为深远。

元代杜清碧的《敖氏伤寒金镜录》，论述各种舌苔所主证候及治法，是我国现存第一部验舌的专著。

宋代钱乙的《小儿药证直诀》，丰富了脏腑辨证论治的内容，很有临床应用价值。

宋代宋慈根据历代法医知识和当代执法检验经验编写的《洗冤录》，是世界上较早的法医著作。

这个时期涌现出各具特色的医学流派，极大地推动了中医基础理论创新和发展。其中，金元时期的刘完素、张从正、李杲和朱震亨，被后世誉为"金元四大家"。

刘完素倡导火热论，治病擅用寒凉药物清泄火热，后人称其为"寒凉派"，其学术思想和临床经验，为后世温病学说开创了先河。

张从正主张治病以攻邪为要，治病善以汗、吐、下三法以攻逐邪实，后人称其为"攻下派"。

李杲认为脾胃虚弱或其功能异常是内伤疾病的主要矛盾，治疗善用补益脾胃之法，后人推崇其为"补土派"。

朱震亨倡言"阳常有余，阴常不足"，治病以滋阴降火为主，后人称其为"滋阴派"。

2.2.3　明清时期

一是中医学理论的综合汇通和深化发展阶段，出现大量的医学全书、丛书和类书，如《证治准绳》《景岳全书》《张氏医通》《医宗金鉴》《四库全书·子部·医家类》《古今图书集成·医部全录》等。

二是对医学理论新的发明和创见，主要体现在藏象理论、病源学说以及温病学说。如：明代赵献可、张介宾等在《内经》《难经》命门理论的基础上发展形成了"命门学说"。

李中梓提出"肾为先天本，脾为后天本"的论断，至今仍被广泛应用，丰富了藏象理论的内容。

清代王清任重视解剖，肯定了"灵机记性不在心在脑"，其著《医林改错》创立了多首治疗瘀血病证的有效方剂，对瘀血致病的理论以及气血理论发展做出了贡献。

温病学派的崛起，是此时期对中医学理论的创新与突破。具有卓越贡献的医家有：

明代吴有性提出"戾气"说，对温疫病的病因有卓越之见。

清代叶桂和吴瑭分别创立了卫气营血和三焦的温病病机传变规律及其辨证论治方法，促使温病学说日趋成熟，逐渐走向系统与完善，成为在病因、病机传变、辨证论治等方面自成体系的一门学科。

《本草纲目》是一部药物学之大成，由明代李时珍著。他历经 30 载，参考古书 800 多种，不畏艰苦，奔走各地，虚心求教，以科学态度对药物进行整理考证，总结 16 世纪前我国人民丰富的用药经验与药物学知识，全书共载药 1892 种，绘图 1000 多幅，收录方剂 11 096 个，共 52 卷约 190 万字，并将药物作了科学分类，分为 16 纲，62 类，是当时最完备的分类系统。本书已相继译成朝、日、拉丁、英、法、德、俄文等流传国外，在国内外都产生了极为深远的影响。

2.2.4 近代与现代

主要表现为继续收集和整理前人的学术成果，中西医汇通和结合。

近代的中西医汇通学派，以唐宗海、朱沛文、恽铁樵、张锡纯为代表，他们认为中西医互有优劣，可以殊途同归，主张汲取西医之长以发展中医，如张锡纯所著的《医学衷中参西录》即是中西汇通的专著。也很不错，很多观点和经验方是非常有效的。"千方易得，一效难求"。

新中国成立后，党和国家大力提倡中西医结合，继而倡导以现代多学科方法研究中医，这使中医的理论体系得到较快的发展，取得了许多令人瞩目的成果。

西医同志怎样学习中医学[①]

王道坤

西医同志学习中医学，主要应该掌握 3 个基本特点，即整体观念、恒动观念和辨证论治。

---

① 在甘肃省人民医院的学术讲座（节录）

整体是指统一性、完整性和相互联系性。中医学认为，人体是一个有机的整体，人与自然界息息相关、密切相连，同时还受社会、生存环境的影响，这种人体自身的完整性和机体内外环境的统一性的思想，称为整体观念。

1　人是一个有机整体

中医学认为，人体的组织器官在结构上、生理上以及病理上有着密切的联系，是一个有机的整体。

1.1　生理上

机体整体统一性的形成，是以五脏为中心，配合六腑，通过经络系统"内联脏腑，外络肢节"的作用实现的。

（1）形体结构整体性：组成人体的各个脏腑、组织器官都是有机整体的一个组成部分，它们在结构上是相互关联、不可分割的。

（2）基本物质同一性：组成各脏腑器官并维持其正常生理功能活动的基本物质都是精、气、血、津液，这些物质分布并运行全身，以维持机体统一的功能活动。同时脏腑功能活动又促进和维持精、气、血、津液的生成、运行、输布、贮藏和代谢。

（3）功能活动统一性：形体结构的整体性和生命基本物质的统一性，决定了功能活动的统一性。虽然人体中每个脏腑均有各自不同的生理功能，但在功能活动中，它们之间密切配合、相互协作或相反相成，并通过精、气、血、津液等的作用共同完成机体统一的功能活动。

1.2　病理上

内脏病变通过经络反应于相应的形体官窍，体表组织器官病变也会影响相应的脏腑，脏腑之间相互影响，局部的病变可引起整体的病理反应，整体的功能失调也可反应于局部。

1.3　诊断上

通过观察分析形体、官窍、色脉等外在的病理表现，可以推测出内在脏腑的病理变化，做出正确诊断，为治疗提供可靠依据。

1.4　治疗上

强调从整体上加以调治。局部病变，并非头痛医头、脚痛医脚，而是从整体出发，在探求局部病变与整体病变内在联系的基础上，确立相应的治疗原则和方法。

总之，中医学在认识人体的生理功能和病理变化以及对病证的诊断和治疗等诸方面，始终都贯穿着"人是一个有机整体"这一基本观点。

2　人与自然界的统一性

人类生活在自然界中，自然界存在着的阳光、空气、水等是人类赖以生存的必要条件，所以自然界的变化，必然会直接或间接地影响着人体，使之产生相应的生理活动和病理反应。人体内在的生理活动与外在的自然环境之间存在着既对立又统一的整体关系，中医学称之为"天人相应"。此"天人相应"观点主要体现在以下诸方面：

2.1　生理病理

（1）季节气候：四季气候的更替变化使人表现出规律性的生理适应现象。如夏季汗多尿少，冬季汗少尿多，是人体生理活动适应自然气候自我调节的结果。同样，脉应四时，有春偏弦、夏偏洪、秋偏浮、冬偏沉等变化。气象的风雨阴晴对人的气血运行也会产生影响，如晴空万里、阳光灿烂的日子，气血运行通畅，人会感到神清气爽；而狂风阴雨、乌云密布的天气，气血运行迟缓，则使人感到倦怠郁闷。

在病理上，若气候变化超出人体的适应力，或人体虚弱不适应自然气候变化时，人就会发病。四季不同的气候变化，常常可发生一些季节性很强的多发病、流行病，如春多病温，夏多中暑，秋多燥病，冬多伤寒等。此外，某些慢性病也常常因天气剧变或季节交替而发作或加剧，如关节炎、哮喘等病。

（2）昼夜晨昏：人体的阳气，白天运行于体表，推动人体的脏腑组织器官进行各种功能活动，有利于人体劳作活动；夜晚则趋于里，便于人体睡眠休息，这反映了人体阴阳与自然界阴阳之间存在着适应性的自我调节变化。

此外，人体的体温、血压、呼吸、脉搏等也有昼高夜低的节律变化。

当人生病后，因晨起阳气生、中午阳气盛，人体内阳气与之相应，阳气渐生、渐旺，阳气能胜邪，故白天病情较轻；午后阳气衰，夜晚阳气内藏，人身阳气亦随自然界阳气的渐退而渐衰，故而傍晚加甚，夜间最重。

（3）地区方域环境：由于各个地区和方域，都有其各自的自然环境和条件，因此各地区的气候、地理环境和人文习俗、生活习惯等也都存在差异，这些在一定程度上对人体产生影响。如南方气候较热，又多潮湿，故人体的腠理较疏松，体格多柔弱瘦小；北方气候较冷，而多干燥，故人体的腠理较致密，体格壮实粗犷。一旦易地而居，环境突然改变，初期多感不太适应，甚至患病，出现"水土不服"，说明地域对人体生理活动有影响，但经过一段时间后多可自行恢复，又说明人体具有适应自然的能力。地域环境不同，人们易得的疾病也不一样。如克山病、瘿瘤等，与地域水质等因素有密切关系。

2.2　诊断治疗

（1）诊断须综合考虑致病的内外因素：诊察疾病应该联系四时气候、地方水土、生活习惯、职业特点等，运用四诊方法，全面地了解病情，把病因、病位、病性以及致病因素与机体相互作用的反应状态概括起来，并加以综合分析研究，从而做出正确的诊断结论。

（2）治疗须遵循三因制宜的原则：养生防病中，要顺应四时气候变化的规律，保持与自然环境协调统一；在气候变化剧烈或急骤时，要"虚邪贼风，避之有时"，防止病邪侵犯人体而发病。治疗用药时，要根据不同季节的气候特点、地理特点和人体阴阳偏盛偏衰体质的不同来考虑治疗用药，需"因时制宜""因地制宜"和"因人制宜"。还可以根据不同病情以及人体气血随自然界阴阳二气的盛衰而有相应的变化，择时服药和治疗。

中医学认为，人与天地相应，不是消极的、被动的，而是积极的、主动的。人类不仅能主动地适应自然，更能主动地改造自然，和自然作斗争，从而提高健康水平，减少疾病。

3　人与社会环境的统一性

人不单是生物个体，而且是社会中的一员，具备社会属性。社会环境不同，可造成个体的身心功能与体质的差异，如政治、经济、文化、宗教、法律、婚姻、人际关系等社会因素，都会影响人体的各种生理、心理活动和病理变化。

社会安定，人们丰衣足食，生活规律，其抵抗力则强，故病少而轻，寿命也较长；社会大乱，人们流离失所、饥饱无常，其抵抗力也会下降，各种疾病皆易发生，故病多且重，死亡率也高。

良好的社会环境，融洽的人际关系，可使人精神振奋，勇于进取，有利于身心健康；而不利的社会环境，可使人精神压抑或紧张恐惧，从而影响身心健康。政治、经济地位过高，易使人骄傲、霸道、目空一切；其地位低下者则易产生自卑心理和颓丧情绪，从而影响人体脏腑的功能和气血的流通。

社会的进步，使人们的生活水平和健康意识日益提高，有利于健康和延年益寿；但同时也会给人类带来一些不利于健康的因素，如人口增长、资源减少、环境污染、节奏紧张、失业待岗等，可使人精神紧张、情绪压抑、安全感与稳定感低下或缺失等，导致出现一些新的身心疾病。

所以，人生活在复杂的社会环境中，必须不断自我调节，与之相适应，才能维持着生命活动的稳定、有序、平衡和协调，这就是人与社会环境的统一性。

运动是物质的存在形式及其固有属性，"动而不息"是自然界的根本规律，自然界的各种现象包括生命活动、健康、疾病等都是物质运动的表现形式。恒动，就是不停地运动、变化和发展。恒动观念是指用运动、变化和发展的观点分析生命、健康和疾病等医学问题。主要表现在以下几个方面：

3.1　生理

人体脏腑器官的生理功能活动都处于永恒无休止的运动中。

如生、长、壮、老、已是生命活动的全过程，在这一过程中，充分体现了"动"。欲维持健康，就要经常锻炼身体，即"生命在于运动"之本意。

如《素问·六微旨大论》云："升降出入，无器不有。"又说："出入废则神机化灭，升降息则气立孤危。故非出入，则无以生长壮老已；非升降，则无以生长化收藏。是以升降出入，无器不有。故器者，生化之宇，器散则分之，生化息矣。故无不出入，无不升降。化有大小，期有远近，四时之有，而贵常守，反常则灾害至矣。"

又如人体对饮食物的吸收，津液的环流代谢，气血的循环贯注，物质与功能的相互转化等，无一不是在机体内部以及机体与外界环境之间阴阳运动之中实现的。《素问·经脉别论》云："饮入于胃，游溢精气，上输于脾，脾气散精，上归于肺，通调水道，下输膀胱。"此言水液在人体消化吸收之升降出入。

3.2　病理

从病因作用于机体到疾病的发生、发展、转归，整个疾病的全过程始终处于不停的动态变化之中。如外感表寒证未及时治疗，则可入里化热，转成里热证；实证日久可转为虚证等。

3.3　疾病防治

一切病理变化，都是阴阳矛盾运动失去平衡协调，阴阳偏盛偏衰的结果。

4　治病必求其本，以平为期

中医学之未病先防、既病防变的思想，也是以运动的观点去处理健康和疾病的矛盾，调节人体的阴阳偏盛偏衰，使之保持生理活动的动态平衡。所以，中医学养生及防治疾病的基本思想，均体现了静动互涵的恒动观念。

辨证论治，是中医诊断疾病、治疗疾病的基本原则和独特方法，也是中医学理论体系的基本特点之一。

"辨"，有审辨、辨别等意思。"证"，意为"凭证""证据"，是医生识病用药的依据，它是机体在疾病发展过程中某一阶段或某一类型的病理概括。辨证，是将四诊所收集来的资料、症状和体征，在中医理论指导下，通过分析和综合，辨识疾病的原因、性质、部位及正邪之间的关系等，然后概括为某种性质证的过程。证由一组相对固定的、有内在联系的症状和体征构成，能反映疾病在特定阶段的病变本质。它反映当前疾病过程中的主要矛盾或主要矛盾的主要方面，可为论治提供可靠的依据。

论治，又称施治，是根据辨证的结果，确定相应的治疗原则和方法，实施治疗的过程。其过程一般可分为以下步骤：

（1）因证立法：依据已经辨明的证候，确立相应的治疗法则与治法。

（2）随法选方：依据治则与治法的要求，确定具体的治疗方案，选择相应的治疗手段或措施，并予以处方。

（3）据方施治：按照方案及处方，对治疗方法予以实施。我在临床上就是用此法，又称"方证论治"。

辨证论治的过程，就是认识疾病和治疗疾病的过程，是理、法、方、药理论体系在临床上的具体应用。辨证是论治的前提和依据，辨证正确，才能使立法有据，提高疗效；论治是辨证的目的，通过治疗的效果，还可以检验辨证的正确性，二者在诊治疾病过程中相互衔接，不可分割。

5　中医学的理性认知特点

认知是指一般认识活动或认识过程，认知过程是对客观世界的认识和察觉，包括感觉、知觉、记忆、思维等心理活动。

思维是人脑对客观事物间接的、概括的反映，间接性和概括性是思维的主要特征。认知与思维密切相关。

中医学的认知与思维方法，是在长期医疗实践的基础上，运用中国古代哲学的认知与思维方法，逐渐形成的中医学的理性认识。因此了解并掌握中医学所特有的认知与思维方法，是学习和理解中医学基本理论的入门途径，也是深入研究中医学的必要手段。

中医学的认知与思维方法具有多元化、多层次的特点，如擅长哲学与类比思维、注重宏观与整体研究、强调平衡与功能联系等，主要有以下3个方面。

5.1　司外揣内

司外揣内，指通过观察外在表面现象以揣测分析其内在变化的方法，又称"以表知里"。

人体的内外是一个整体，相互间通过脏腑经络相联。"有诸内，必形诸外"，内在的变化，可通过某种方式在外部表现出来；通过观察表象，可在一定程度上认识疾病内在的变化机制。中医关于人体生理病理的许多理论皆源于此。如心其华在面、肝开窍于目等。

司外揣内方法与现代控制论的"黑箱"方法有所类同，此方法可在不干扰破坏人体固有的各种联系、特性的情况下测知人体内部的大致联系与变化，可获得较多信息。但由于此法是在未全面了解内在结构具体细节的情况下进行研究，虽然可从总体上把握人体内在的联系与变化，却对细节的了解过于笼统，这又限制了对总体认识的深入，因此司外揣内存在着一定的局限性。

5.2　注重整体研究

整体研究是在整体观的基础上形成的。中医学研究人体正常生命活动和疾病变化时，注重从整体上，从自然界变化对人体的影响上来认识。它既注重人体解剖组织结构、内在脏腑器官的客观存在，更重视人体各脏腑组织器官之间的功能联系，又强调人体自身内部以及人与外界环境之间的统一和谐。

中医学的整体观反映在研究思维和方法上，往往是采用由整体到局部或从局部推测整体的考察研究方法，这种整体研究方法体现在中医基础理论方面尤为突出。

5.3　取象比类

取象比类是运用形象思维，根据被研究对象与已知对象在某方面的相似或类同来推导两者在其他方面也可能相似或类同，并由此推测被研究对象某些性状特点的认知方法。比如五行学说就是采用取象比类的方法，按照五行各自特性将人和自然所表现出的正常和异常现象均归于五行的框架之中，在人体形成了人体的肝、心、脾、肺、肾五大生理病理系统。又如"釜底抽薪法""提壶揭盖法""增水行舟法"等均是中医学运用取象比类的思维创造出的治疗方法。

坚定信心，再创辉煌①

王道坤

老师们，同学们：

大家好。

首先，我代表老师们对各位的到来，表示热烈的欢迎。今天我们心灵有约，相聚在天一之水，看到你们一个个是"水淋珠子天然白，日照珊瑚骨里红"，非常高兴。

时光荏苒，岁月代序，浮云一别后，流水三十年。三十年前作为母校的毕业生，你们怀着建设祖国的理想，背起行囊，奔赴四方。今天你们带着三十年来对母校的眷恋，满含激情，又从祖国的四面八方，世界各地返回母校，相聚在天水市。

这一刻，母校的全体师生同大家一样，激动万分，感慨万千！母校之于学子，犹如慈母之于游子，不管学子毕业多久，不管游子走的多远，母校这个慈母永远关心、关注着同学们，为同学们的发展鼓励加油，为同学们的成绩而自豪和骄傲。相信同学们无论毕业有

---

① 在甘肃中医学院 1983 级毕业 30 周年庆典大会上的发言

多久，离开有多久，大家对美好大学时光的怀念，对母校的美好情感会与日俱增。

三十年后的相逢可以说是"风华岁月长牵梦，归来心情别样亲"。遥想当年尽管学校条件简陋、生活艰苦，但是同学们个个精神饱满，克服各种不利条件，求知若渴，惜时如金，发愤图强，始终以一种孜孜不倦的激情去收获学业上的硕果。当年的你们，人人是亭亭玉立的少女，个个是英俊潇洒的少年。朝夕相处寒窗苦读，"布衣暖，菜根香，诗书滋味长"，或许是大家忆起母校求学时光的共同感受。母校的一草一木印记下你们求知的身影，母校的一砖一瓦见证了你们的成长。

试问黄河水，别意谁短长？毕业离校步入社会后，各位校友秉承"勤奋严谨，继承创新"的母校校训，卓有成效的工作，建功立业于五湖四海，叱咤风云于大江南北，把自己的青春年华和智慧力量奉献给了我们国家的中医药事业，今天你们有的已两鬓斑白，儿孙绕膝，成就辉煌。在你们 108 名同学中，有的已是有望一方的名医，如甘肃省省级名中医就有戴恩来、马鸿斌、欧秀梅、魏清琳、杨恂、邴雅珺、董林、王世彪、常亚霖、王三吉、杨建新等 11 人；甘肃省基层名中医有李来祥、刘进虎、姚志毅、刘保平、潘发平等 5 人；有的已是一呼百应的领导，如崔庆荣、吉保民、王三吉、万忠兴、张志杰等 14 人；院长副院长有李晓霞、常亚霖等，改做行政领导；有邢建莉、张晓、杨重兴、马鸿斌、杨恂等 40 名科主任。你们干得都挺好，望再接再厉，继续出好主意，用好干部。

有的已是腰缠万贯的富豪，当然也可能有的还正奔跑在成功的路上，没关系，大器晚成嘛……同样很精彩，都在发挥着各自的正能量……大家非凡的表现为母校赢得了良好的声誉。

"落红不是无情物，化作春泥更护花"。作为同学们的老师们，我们也不辱教育的神圣使命，会"老骥伏枥，志在千里""不用扬鞭自奋蹄"。我们会甘当人梯、辛勤耕耘、诲人不倦、"玉汝于成"，三尺讲台演绎着我们的人生追求，把自己的聪明才智和青春年华挥洒在这三尺讲台上。今天注视大家成功的面庞，听着各位在各自岗位上的成就，我们感受到了成功的喜悦，更感受到当好一名人民教师的责任和光荣。下面我就从医、教学、医患关系、家庭等方面谈谈个人的几点感受，和大家共勉。

在我从医 50 多年的历程中，我体会到："中医药学是尖端，天人相应整体观，气血通调是核心，辨证论治是真诠。"我应用这些经验，治愈了兰州高宁的世界罕见病、难治病——肺含铁血黄素沉着症，患者从 5 岁治愈到现在硕士毕业参加工作，一直未犯；治愈中晚期肺癌两例，其中一例至今存活 20 年；治疗慢性萎缩性胃炎和癌前病变 3 万多例。实践证明不仅可以逆转慢性萎缩性胃炎，而且还可以治愈慢性萎缩性胃炎癌前病变……我认为，从医之道，始于勤奋，成于仁爱。勤奋就是要"勤奋学习，刻苦钻研，细心积累，认真总结"。仁爱就是要"团结同道，弘扬医德，救死扶伤，精勤不倦"。

在座的各位很多都已成为了临床一线的中流砥柱，大部分都已晋升为高职，当上了硕导、博导。老师们希望你们继续努力奋斗，争取更多的成绩和更大的辉煌。历代名医大家，无一不是医技精湛、医德高尚之人，才成就了"杏林春暖""妙手回春""悬壶济世""橘井香泉"的一段段佳话。选择了医生这个职业，就是选择了奉献。全国人大常委会原副委员长李铁映在请我和裴正学老师吃饭时说："只有把患者当好朋友对待，无论贫富贵贱，一视同仁，就不会产生医患矛盾。如果你德艺双馨，救命之恩他会终生难忘；如果你医德不好，他会疾恶如仇，动刀动手。"我认为这番话很有意义。提出来供大家参考。

我在不惑之年开始给同学们讲中国医学史、中医各家学说的时候，你们给我印象最深：这个年级的同学不一般，特点是思维敏捷，勤奋好学，团结互助，很有礼貌。我体会，从教之方，必须温故知新，教书育人。教师是学生的引导者、促进者，应该教会学生怎样做人、怎样做事、怎样做学问。一个民族要屹立于世界民族之林，必须有一代又一代薪火相传、奋发向上的民族精神，教师生涯肩负着中医药文化的传承、创新、发展和培养中医药事业合格接班人的历史使命。教师在用自己的智慧和灵魂塑造着民族的未来和明天。因此，做一名合格的教师，必须温故知新，时刻提高自己，掌握学科前沿。只有传真道、讲干货，才能不辜负"人类灵魂工程师"的称号。只有从严执教，才能培养出像你们这样的高徒来。人格的力量是无穷的，师德是人格力量的源泉。在教师高尚人格的影响下，学生才能"亲其师、信其道"啊。

在物欲横流的时代，在我当教育系统、卫生系统高评委期间，我发现近年来做学问"重量而不重质"的倾向十分严重。有的人完全从功利目的出发做研究。只是数量多而已，没有应用价值。不能像王清任《医林改错》、叶天士《温热论》那样留给后人一笔财富。从历史角度上看，做的全是"无用功"。

在以习近平为核心的党中央领导下，中医药事业发展的形势大好，崔庆荣、李晓霞和身担院长、科主任重任的同学们，你们要向原厅长刘维忠同志学习，要凝聚力量，锐意进取，当好中医药事业的领头羊。在座的各位同学，你们现在功底扎实、精力充沛、思维敏捷，要在发展中医学上下大功夫。我们要通过"三根指头两只眼，一个大脑巧思辨"，在整体恒动观的指导下，充分发挥辨证论治这个重型导弹锐利武器，通过"五诊合参，十纲辨证，三疗并重"，带领大家攻克肺癌、胃癌、肝癌、乳腺癌等癌症，攻克各种危急重症，解决好公共卫生大问题。

最后想提醒同学们两点。一要惜时如金。时间对我们来说比金钱还宝贵、还重要，"金钱能够储蓄，而时间不能储蓄。金钱可以从别人那里借，而时间不能借。人生这个银行里还剩下多少时间也无从知道，因此一定要惜时如金"。二是要保重身体。朱丹溪说"年四十而阴气自半"，所以大家在百忙中还要注意身体。健康比什么都重要，人这一辈子没了健康，都是在白忙。做到《素问·上古天真论》20个字的养生要领，即"法于阴阳，和于术数，饮食有节，起居有常，不妄作劳"，这样就能形与神俱，而尽终其天年，度百岁乃去。我认为很好，值得我们一生实践。人要乐观一点，宽宏一点，良好的心态是健康之本。人一辈子生命很短暂，有时一转身就是尽头。因此，我们要管住嘴，迈开腿，不生闷气，不着急，因为"百病生于气也"。爱情有时是一个一笑了之的段子，而婚姻却是一部长篇小说，读的过程中，有喜悦也有眼泪。这是生活的必然规律。爱就要互相尊重，相互信任，真诚相待，共度一生。幸福、开心是一种领悟。用百岁老先生杨绛的话说："保持知足常乐的心态，简朴的生活，高尚的灵魂，是人生的至高境界。"

"海上生明月，天涯共此时"。今天有幸和大家相聚于岐伯故里，见证你们的成长，分享你们的成就，我们感到很幸福。特别是你们的班主任魏老师，更是由衷地高兴，我发现他一直咧着嘴笑。回溯过去，踏遍青山人未老；展望未来，而今迈步从头越。日月经天，江河行地。老师们欢迎你们常回母校来看看，欢迎你们今年 9 月份回母校参加建校 40 周年校庆。回来看看母校的巨大变化和发展。希望这次相聚成为新的加油站、充电宝、新的互联网，要把昔日的不快从记忆里删除；要把今日的喜聚，在脑海里更新、升级、存储起来。

最后祝大家：身体健康，阖家幸福，永攀高峰，硕果累累。

希望十年后，我们再相聚。

谢谢大家。

2018 年 8 月 3 日

王道坤教授学术思想及临床经验的推广应用浅介

李应存

本文从六个方面对王道坤教授学术思想及临床经验的推广应用进行了介绍。

1　坚持课堂教学，传道授业解惑

年近七旬的教学名师王道坤教授依然孜孜不倦地为本科生、研究生及广大医务工作者进行课堂教学，主讲着中医各家学说、中医临床医学流派、医经理论与临床应用、中国医学史等课程。在授课过程中王教授将自己的临床经验与学术思想融入教学之中，课间积极热情地跟广大同学们进行交流，传授自己的治学之道，拓展了大家的知识面。在教学中注重案例式教学方法，遇到与授课内容相关的治疗病案时，王教授总是将生动形象的病例介绍给同学们。如讲授中医各家学说中有关伤寒学派的内容时，往往将伤寒论方之临床应用向大家进行精辟的讲解，如其当年在酒泉地区医院工作时，有一位患结核性腹膜炎引起腹水的年轻女性患者，王教授用十枣汤治疗，患者服药后利水效果满意，但是腹泻严重，细问所用大枣为甘肃临泽小枣，因此十枚甘肃临泽小枣剂量偏小，改用三十枚临泽小枣入药后，患者过度腹泻症状明显减轻，水去而不伤正。正如黄元御所云："大枣保其脾精，芫花、甘遂、大戟泄其水饮也。"

2   开展学术交流，举办学术讲座

王道坤教授作为国内著名专家，近年来通过学术交流与举办学术讲座来推广其学术思想，每次讲座场面火爆，自 2008 年以来为本科生、研究生及广大医务工作者所做的讲座对推广其学术思想与临床经验起到了积极的作用。如 2008 年为同学们讲解敦煌医方的临床应用时，王教授给同学们重点介绍了其在临床上应用敦煌医方治疗慢性萎缩性胃炎的经验，现场气氛热烈，博得了阵阵掌声。

3   验 方 开 发

萎胃灵 1 号丸由枳实、党参、白术、半夏等组成，具有益脾养胃，理气化瘀之功，常用于慢性萎缩性胃炎中虚气滞型。萎胃灵 2 号丸由北沙参、麦冬、生地黄、玉竹等组成，具有滋养胃阴的功效，常用于慢性萎缩性胃炎脾胃阴虚型。萎胃灵 3 号丸由三棱、三七、人参、莪术等组成，具有固本祛邪，预防癌变的作用，主治慢性萎缩性胃炎伴有肠上皮化生及异型增生等癌前病变者。萎胃灵 4 号丸由黄连、蒲公英、薏苡仁、黄芩等组成，具有清热化湿之功，常用于慢性萎缩性胃炎湿热中阻型。萎胃灵 5 号丸由熟地黄、黄芪、当归、大黄等组成，具有强肾填精、健脾益气、涤痰祛瘀之功，常用于慢性萎缩性胃炎后期脾肾虚弱、气血不足型。

4   在中医各家学说–脾胃学说教学中将王道坤教授诊疗脾胃病的临床经验与学术思想进行讲授

王道坤教授在讲授中医各家学说–脾胃学说时常与临床诊疗脾胃病的经验相结合，如讲李杲倡"脾胃内伤，诸病由生"观点，治疗善于益气升阳，临床上适用于食少乏力兼见脱肛、内脏下垂、眼睑下垂而腹部有坠胀感属脾气下陷者及长期低热属脾胃气虚者。讲薛己倡"人以脾胃为本"，善滋化源，补脾与补肾结合，在临床上常用温运脾肾法治疗脘腹冷痛、呕吐清水、肢体浮肿、泄泻清冷等属脾阳虚或脾肾阳虚者。讲李中梓倡"肾为先天之本，脾为后天之本"论，治疗补肾与理脾兼行。在临床上常用补火生土法治疗朝食暮吐、五更泄泻属命火亏虚不能生脾土者。讲叶桂胃阴学说，治疗用甘凉濡润法和酸甘济阴法。在临床上常用滋养胃阴法治疗胃脘灼热干痛、饥不欲食、干呕便秘等属胃阴不足者。

5 从师承与研究生教育中培养人才进行临床经验与学术思想的传承

首先注重研究生的理论教育，要求学生熟记经典，尤其是四大经典中的《伤寒论》与《金匮要略》，不仅要熟记其药物组成、剂量，更要领会其运用，在此基础上要学习各家学说，尤其要阅读与脾胃相关的医学著作如《脾胃论》《内外伤辨惑论》《临证指南医案》等，这样在临床实践时就有了源头。王道坤教授十分重视理论与临床实践相结合，要求学生去门诊实习，针对具体每个病人时，学生应先思考属于什么证型并按自己所学开一处方，然后再与王老师所开处方加以比较，找出差距，经指点明了其中蕴含的道理。在给病人开处方期间会问及相关经典条文，如病人心烦常用栀子豉汤，见于"虚烦不得眠，若剧者，必反复颠倒，心中懊恼，栀子豉汤主之"。王道坤教授对待病人一视同仁，不厌其烦地给病人解释，并告诫学生对病人要耐心，尤其是煎药方法、饮食宜忌一定要交代清楚。

6 发表论文、会议交流论文、出版论著进行推广

王教授认真指导学生论文 30 余篇，出版论著 2 部。

摘自：李应存.王道坤教授学术思想及临床经验的推广应用浅介［C］//中华中医药学会.中华中医药学会名医学术思想研究分会年会论文集.西宁：中华中医药学会，2013.

王道坤教授培养人才之经验浅探

李应存

本文从三个方面对王道坤教授培养人才的经验进行了浅探。

1 学高为师德为范

王道坤老师认为：教师作为人类灵魂的工程师，不仅要教好书，还要育好人，各方面都要为人师表。教师是学生增长知识和思想进步的导师，一定要在思想政治上、道德品质

上、学识学风上，全面以身作则，自觉率先垂范。教师自己的学识要渊博，做人的层次要较高，要做有德之人、有为之人。同时，做好教师工作，就必须热爱教育事业，要有高度的责任感。新形势和新任务对教师的思想政治素质和职业道德水平提出了新的要求，要想成为新世纪的优秀教师，除了学识渊博、教学得法之外，还应有更高的追求——以育人为理想，以塑造人的美好心灵为己任。

作为一名教师应热爱学生，尊重、理解学生，以人为本，关心爱护学生，是教师正确处理与自己直接服务对象学生之间关系的准则。疼爱自己的孩子是本能，而热爱别人的孩子是神圣！这种爱是教师教育学生的感情基础，学生体会到这种感情，就会"亲其师"，从而"信其道"。师爱育人，作为一种出自崇高目的、充满科学精神、普遍、持久而又深厚的爱，其内涵极为丰富，既包括要求教师精心热爱学生，又包括要求教师精心教育学生。

既是名师又是名医的王教授强调，医学生要以孙思邈为榜样，以"大医精诚"为标准，对患者要认真负责，一视同仁。临证时一定要做到"三个一样"：男女老幼美丑一样，领导和群众一样，先就诊后就诊一样，都要做到一丝不苟。医学是一门艺术，一门科学，是生命的重托，工作要积极追求精益求精、开拓创新，力求攻克医学生命禁区，为人民健康服务！王教授常常告诫弟子们"医本仁术"，孔子说："仁者爱人。"爱：尊重、关怀、救助也。沈金鳌说："医系人之生死。"喻昌："医之为道大矣，医之为任重矣。"对医生的要求，杨泉在他的《物理论》中讲："夫医者，非仁爱之士，不可托也；非聪明理达，不可任也；非廉洁淳良，不可信也。"王教授常说，医生的形象在众人眼中是高尚的正人君子。这种印象也有助于行医的成功。一切言行都不能越出伦理道德之外。医疗工作中任何职业性欺骗，特别是隐瞒诊疗中的差错、失误，掩饰当班失职，都为医者所不齿。行医中交朋友，目标在争取家长合作治好病，不是为了个人私利或个人某些方便。当然，活动内容也只是围绕着治病，这就是正派作风。男医生对年轻的女患者或家属，尤须注意不可超出正常关系。"非礼勿听、非礼勿视"的古训对医生尤为重要。孙思邈在《大医精诚》中说："凡大医治病，必当安神定志，无欲无求，先发大慈恻隐之心，誓愿普救含灵之苦。"应该作为我们的座右铭。作为一名医生，要急患者之所急，想患者之所想，一切以患者为本，不管有多少困难或难处，皆应一心救治。王教授在酒泉地区金塔县大庄子卫生院工作期间，经常遇到半夜求救的患者，有一次天黑下雨的夜晚，他骑着一辆自行车出诊治疗一位病重患者，由于心里着急，加之道路不熟，一不小心车子掉进路边的小沟，除把自己摔痛外，还沾了一身泥，当他到患者家时，顾不得自己的伤痛，而及时救治了患者，患者及其家人都非常感动，称赞王教授真是老百姓的好医生。前几年，王教授作为甘肃省人民政府参事去他曾经工作过的大庄子乡调研时，怀着感恩之心的老乡们在马路旁迎接他的到来，场面十分感人。

2 五部三百方基础

王道坤教授常讲"五部三百方，名医天下扬"。五部是四大经典加一部《中医各家学说》，三百方就是临床常用的 300 首医方，必须熟练掌握。经典医籍是中医学的根基，四大经典一般是指《黄帝内经》《伤寒论》《金匮要略》《神农本草经》，历代医家都非常重视经典著作的学习，清代著名医家陈修园就体会到"伤寒愈读愈有味，经方愈用愈神奇"，已故著名中医学家岳美中教授晚年很有体会地说："对《金匮要略》《伤寒论》，如果能做到不假思索，张口就来，到临床运用时就成了有源头的活水，不但能触机即发，左右逢源，还会熟能生巧，别有会心。否则，读时明白了，一遇到障碍又记不起，临证时就难于得心应手。"王教授在上大学期间，就下决心要竭尽全力学好中医，当老师讲到四大经典与四小经典十分重要，必须熟读背诵时，王教授当即制定学习计划，利用课余时间学习背诵。经过大学六年持之以恒的学习，王教授在毕业之时，不但能熟背四大经典，而且还熟背了陈修园编撰的《长沙方歌括》与《金匮方歌括》，这为他日后使用经方治病打下了坚实的基础。王教授在熟诵四大经典的同时，还刻苦钻研后世医家的著述，他在学校主要阅读了《备急千金要方》《外台秘要》《脾胃论》《景岳全书》《证治准绳》《医宗金鉴》《针灸大成》等医学名著，对这些名著的学习极大地提高了他的理论水平，而且拓宽了临床识病辨治的思路，当年在北京中医学院上学放假回家后，就有不少父老乡亲找他看病，他用所学的知识仔细为患者治疗，效果不错，受到乡亲们的表扬。

3　志向坚定立足本

王教授常说要学好中医并成为铁杆中医，志向必须坚定。王教授认为，如今的学医者在进大学前接受的主要是以现代科技文化为主的教育，对中国传统文化，特别是中国传统哲学知之甚少。一旦接触到精气神、阴阳五行这些传统理论，自然就会与自身的知识结构和思维方式发生冲突，容易导致认识上的困惑、理解上的偏离，甚至对所学专业失去信心。至现在还有人怀疑中医学的科学性，容易和一些有偏见的人产生共鸣。作为中医学者，首先应明确中国传统文化的源远流长、博大精深，不仅创造过历史的辉煌，而且当今依然以其特有的东方智慧对现代科学文化的发展具有重要启发价值和借鉴意义。其次，要正确认识中医，增强学好中医的信心。当一个人为中医药事业奋斗终身的目标选定以后，坚定的志向就是成功的保证。再次，要坚信中医的科学性与优势。王教授指出，中医学是一门中国传统科学技术，用大科学家钱学森的话说，中医药学是地地道道的尖端科学，医学发展的方向是中医而不是西医，西医也要走到中医道路上来。中西医是两种完全不同的医学范式，这种差异很大程度是东西方两种不同文化传统模塑的结果。西医学形成于"分析时代"，把事物分解成其组成部分，一个一个地去认识，这有好处，比较深刻。但是，也有坏处，把本来整体的东西破坏了，而这正是中医学的优势——整体观。

人才培养是中医学薪火相传的根本，探讨这方面的经验，有助于提高中医人才培养的质量，应高度重视这方面的工作。

摘自：李应存.王道坤教授培养人才之经验浅探［C］//中华中医药学会.中华中医药学

会第十五次中医医史文献学术年会论文集.兰州：中华中医药学会，2013.

王道坤教授对徒弟们的七点要求

李应存

1　"心必诚"

王教授认为：医"心必诚"是由医学的本性决定的。他常常告诫弟子们"医本仁术"。孔子说："仁者爱人。"爱：尊重、关怀、救助也。沈金鳌说："医系人之生死。"喻昌："医之为道大矣，医之为任重矣。"对医生的要求，杨泉在他的《物理论》讲："夫医者，非仁爱之士，不可托也；非聪明理达，不可任也；非廉洁淳良，不可信也。"

所以，诚实是一种美德，更是一笔财富，我们每个人都应该培养自己诚实的美德，作为我们成功人生中最好的一种投资。

2　"志必坚"

当前网上的"取消中医"签名活动和近几年来出版和热销的《思考中医》《中医存亡论》《中医沉思录》《中医复兴论》等著作，反映出当前中医所处的危急状态和有识之士对危机的深刻认识及哲学反思。对于中医科学性问题这一敏感话题，我们既不能一味回避，也要对中医学的发展有一个更新的、更深层次的认识。

鉴于此王教授建议，每位弟子均须认真阅读《哲眼看中医》这本书，非常值得一读。因为这是由中国中医药报社主办的"2004年中医药科学论坛"，邀请了全国著名的哲学家、科学家和中医药专家来共同探讨中医学的科学性问题后出版的。中医文化博大精深，包罗万象。其中，中医哲学是全部中医文化的理论基础，在中医文化中处于核心地位。

王教授认为该书具有至少有两方面的意义。首先，有助于增强弟子们民族自豪感和爱国热情。中医学是中国传统文化的结晶，凝聚了中国传统文化的精华。通过学习，让同学们了解中国传统文化源远流长、博大精深，认识到中国传统文化不仅仅创造过历史的辉煌，而且当今依然以其特有的东方智慧对现代科学文化的发展具有重要启发价值和借鉴意义。现代世界上有两个潮流，一个是西学东进，一个是东学西流。互相渗透，互相影响。其次，有助于弟子们正确认识中医，巩固专业思想，增强学好中医的信心。为中医药事业奋斗终身的目标选定以后，毅力就是成功的保证。有心人都会发现，成功的人其实都有一个共同点，那就是：应用了其他人未应用的一般律——坚持。坚持，就是成功与失败的分界。

中西医是两种完全不同的医学范式。这种差异很大程度是东西方两种不同文化传统模塑的结果。西医学形成于"分析时代"，把事物分解成其组成部分，一个一个地去认识，这有好处，比较深刻。但是，也有坏处，把本来整体的东西破坏了。而这正是中医学的优势——整体观。所以大科学家钱学森说：医学发展的方向是中医而不是西医，西医也要走到中医道路上来。不是吗？以前西医认为医学就是单纯的生物模式，而在 1979 年美国的学者才认识到是"生物-社会-心理"模式。而中医学早在两千年前就认识到"宇宙-生物-社会-心理"的模式，如《素问·生气通天论》和五运六气学说。

王教授认为，如今的学医者在进大学前接受的主要是以现代科技文化为主的教育，对中国传统文化，特别是中国传统哲学知之甚少。一旦接触到精气神、阴阳五行这些传统理论，自然就会与自身的知识结构和思维方式发生冲突。容易导致认识上的困惑、理解上的偏离，甚至对所学专业失去信心。到现在还有人怀疑中医学的科学性，容易和一些有偏见的人产生共鸣。

关于中医学的学科定位问题，王教授指出，中医学是一门中国传统科学技术，用大科学家钱学森的话说，中医药学是地地道道的尖端科学。但是，由于受历史条件的局限和传统文化的熏陶，中医学在积累了丰富临床经验的基础上，借助于当时比较成熟的哲学等人文概念、理论和方法构建了独特的医学理论体系，从而导致中医学带上了浓厚的人文色彩和传统文化的烙印。但不能据此就将中医学定位于人文科学。毕竟，中医学的研究对象是人，探讨的是人的生、长、壮、老、已的生命现象，揭示的是人体的形态结构、生理功能和疾病发生发展规律，目的是增进人体健康，预防与治疗疾病，提高生命质量。中医学的人文概念、理论和方法是形式，而不是内容，人文属性是中医学的重要属性，但不是本质属性。从这层意义上，我们可以将中医学定位于具有人文和社会科学属性的传统科学技术，本质上应属于自然科学范畴。

3　"貌必端"

体貌反映一个人的外在形象，其对每一位弟子都要求穿着、举止端庄。王教授认为，面目可亲不是指生得美丽，主要在内心的"表情"。但是容颜外表也必须有适当的修饰，衣帽、头发必须整洁。试想一个医生头发很乱，指甲很长，白大衣到处是污迹与血迹，哪个愿意让他摸自己的身体、头、面呢？

4　"言必信"

人言为信，"言而有信"是做医生的基本道德标准。王教授经常要求弟子们，凡是答应病家的事，一定要按时实现。不管什么原因失信，都必须及时解释，当面道歉。对小孩子也不能忽视。有时在医疗策略上需要隐瞒，但必须有记录，因为一旦泄露可能后果更坏。有时幽默一点，讲几句开心话，也是必要的，但要注意原则性与科学性和当时的气氛。这须有赖于平日的科学、哲学与艺术的修养。

5　"行必果"

王教授认为，"行"是指医生的行动必须熟练稳重，决不能丢三落四、磨磨蹭蹭。如果医生的操作笨手笨脚，毛手毛脚，病家就不放心。患者把宝贵的生命交给你诊治，特别是手术，如何放心？"行"的实质问题在于"行必果"。"果"是指为患者所做的事都要达到预期效果，效果不明显时也必须叫病家了解此"行"的意义。医生的主要行动要表现在对患者高度负责。只要患者需要，医生就要敢于担风险。不敢负责任，拖延不决，不会得到病家的信任，要"一心赴救"。

6　"风必正"

王教授常说，医生的形象在众人眼中是高尚的正人君子。这种印象也有助于行医的成功。一切言行都不能越出伦理道德之外。医疗工作中任何职业性欺骗，特别是隐瞒诊疗中的差错、失误，掩饰当班失职，都为医者所不齿。行医中交朋友，目标在争取家长合作治好病，不是为了个人私利或个人某些方便。当然，活动内容也只是围绕着治病。这就是正派作风。男医生对年轻的女患者或家属，尤须注意不可超出正常关系。"非礼勿听、非礼勿视"的古训对医生尤为重要。孙思邈在《大医精诚》中说："凡大医治病，必当安神定志，无欲无求，先发大慈恻隐之心，誓愿普救含灵之苦。"应该作为我们的座右铭。

7　"技必精"

医疗技术是医生最根本的服务工具和与患者沟通的手段。技术过硬才能治好病，病家才要和你交朋友。所以医生要不断地提高技术水平，要一生不间断地继续学习，才能达到"精"。对此，王教授对我们有两点要求。

一要读书。牢牢掌握中医学的基本理论。要有一本固定参考书（肘后书）。选一本比较全面的专业巨著，如《实用中医内科学》《实用中医儿科学》《黄家驷外科学》等。这本书是要经常翻阅的。遇到看不懂的病，可以查阅几个可能的病；知病而不详或不深，也要查一查；看完病即刻再系统复习一遍，对加强理解和记忆更为有利。这样这本书中常用的部分就翻熟了，甚至连页数都能记住。放在肘后随时查看，保你少犯错误，医术水平逐渐到位。

二要练功。作为一名医生，不管哪一种，外科医生的手术操作技术是基本功。内科、妇科、儿科、针灸、骨科等，都有专业操作。特别要掌握"望、闻、问、切"及《汤头歌诀》《脉诀》中的技术，这是中医院校学生最基本的基本功。要熟练到有艺术水平，不但做得到位，而且看着舒服。要达到"帅"的程度。建议把王教授所著的《医宗真髓》作为一本固定参考书（看家书、案头书、肘后书），王教授认为这是一本内容比较全面的少而精的专业必读书。熟读后必能享用终身。

以上七点，王教授认为关键是"心必诚""志必坚""技必精"三点，只有按上述要求，才能做到大医精诚。俗话说"一花独放不是春，万紫千红春满园"。总之，王教授希望我们每位弟子都能成为名医、名教授，为中医药事业的发展做出更大的贡献！

摘自：李应存.王道坤教授对徒弟们的七点要求［C］//第三届著名中医药专家传承高层论坛论文集，2007.

实用敦煌医学汇讲教学心得

李应存，张士卿，王道坤，李金田，史正刚，张侬

敦煌医学的研究是甘肃的特色和优势，其研究开始于 20 世纪初，早期主要表现为对原始资料的复制、部分医药残卷的编目及对有关医药残卷个别题目的研究方面。其代表学者有中国的罗振玉、罗福颐、陈邦贤、王重民、姜亮夫、马继兴及日本的中尾万三、渡边幸三、宫下三郎等。20 世纪 80 年代以来，该门学科的研究进入了全面整理、系统研究阶段，各种论文著作相继问世，科研成果层出不穷，内容涉及医理、医方、诊法、本草、针灸诸方面，其中代表著作有《敦煌古医籍考释》《敦煌医粹》《敦煌中医药全书》等。在开发应用方面，如采用敦煌医方治疗萎缩性胃炎、肝病等均有显著的疗效。尽管我院科研开发应用方面均有显著的成效，成立的敦煌医学馆被评为 1993 年普通高等学校优秀教学成果省级一等奖、国家级二等奖，但是，直到 1997 年仍然没有将敦煌医学作为一门独立的课程与教学紧密地结合起来，从而影响了该门学科的继承与创新。面对这样一个现实问题，我们于 1997 年底申报了题名为"实用敦煌医学汇讲"的甘肃省重点教学改革项目，其目的是编著一部优秀教材，以便将敦煌医学中最实用、最核心的内容直接运用到教学中去，进而激发同学们继承、创新的兴趣与动力，并为永久发扬敦煌医学的学术特色做出贡献。该项目已于 2000 年 7 月完成，2002 年 3 月甘肃省教育厅组织有关专家进行了鉴定，5 位专家鉴定后一致认为，该教材的编写质量属国内先进水平，将敦煌医学列入全国高校教学领域为国内首创。作为任选课于 2001—2002 学年第一学期中在中医、针灸、骨伤等本科专业进行讲授，同学们反应很好，备受欢迎，评教成绩均为优秀，其中中医医疗本科 2000 级 A 班为 92.8 分，B 班为 91.12 分，针灸 2000 级 B 班为 95 分，

骨伤本科 2000 级 A 班为 95.28 分。2004—2005 学年第一学期中，中医医疗本科 2002 级为 96.6 分，护理本科 2002 级为 100 分，中西临床本科 2002 级为 97 分。2004—2005 学年第二学期中，药剂本科 2003 级为 98.1 分。从评教成绩中可以看出，该项目作为任选课在教学实践中是非常成功的，具有广泛的推广价值。现就实用敦煌医学汇讲教学实践中的体会分述如下。

1　以史为鉴，激发爱国勤学精神

敦煌医学卷子来源于 5 万卷左右的敦煌藏经洞（今编莫高窟第 17 窟）遗书的发现，这是震惊世界的大发现，由王圆箓道士 1900 年（庚子年，即光绪二十六年）在今编莫高窟第 16 窟甬道意外发现。当时正值帝国主义侵略中国的时代，敦煌藏经洞遗书发现后，许多帝国主义国家的"学者""考察团"接踵而至，其中有英国的斯坦因（1907 年、1914 年）、法国的伯希和（1908 年）、日本大谷探险队（1911～1912 年）、俄国奥登堡（1914～1915 年）等，他们劫走了大量的敦煌藏经洞遗书，劫余的文书，大部分由清政府学部解省送京，藏于京师图书馆（今国家图书馆前身），另有部分为官僚及私人收藏。敦煌遗书的被窃，造成了我国文化事业不可估量的损失。早在 1930 年，著名爱国学者陈寅恪先生在为陈垣的《敦煌劫余录》写序时就沉痛地说："敦煌学者，吾国学术之伤心史也。其发现之佳品，不流入于异国，即秘藏于私家。"因此在课堂上对藏在英国、法国、日本、俄罗斯等国家的敦煌卷子进行详细的介绍，有助于同学们更深刻地了解 20 世纪初由于国力衰弱祖国宝藏遭到他人掠夺、瓜分的悲伤历史，进而激发同学们的爱国主义激情，树立建设好祖国的信心，担负起使国家强盛、民族复兴的神圣使命。

2　结合科研，贯穿求实创新意识

科学研究有助于促进教学研究，我院自 20 世纪 80 年代初至今在敦煌医学卷子研究方面成绩斐然，成果颇丰，特色甚浓，既有国家级项目如"敦煌遗书中的佛书与传统医学研究"，又有省部级项目如"敦煌医学研究""敦煌中医药文献研究""敦煌遗书《灸经图》古穴及残图研究""敦煌古医方神明白膏治疗老年性皮肤瘙痒的临床与实验研究""敦煌石室大宝胶囊的研制与开发"及"俄罗斯藏敦煌医药文献的全面整理研究"等，均体现了科研为教学服务的宗旨，在课堂上结合有关的科学研究进行讲授，有助于培养同学们求实创新意识，明确研究的思路和目标，同时课堂上介绍的每一种研究都能给广大同学们以崭新的视角展现。因此，我们每次授课，总要将科学研究与相关教学实践密切结合，这样既启发了同学们的科研思路，又为今后的创新提供了很好的借鉴。

3 联系临床，体现古为今用妙法

临床实践是检验医学理论与医疗效果的重要手段，欲使同学们体会到敦煌医学卷子中所载内容的科学可靠性，联系临床体会是最好的办法，如我们在讲授张仲景《五脏论》时，卷子中有"脾虚则喜饥"一语，如果我们单从理论上讲，脾虚则不思饮食，为何还喜饥呢？其实，我们从临床上观察到，这种喜饥并不是脾胃运化正常之喜饥，而是一种假象，即通常所说的"好吃难消化"。患者往往表现为想吃但又不敢吃，稍一吃多便脘胀闷难受，好像食物放在胃里不动，打呃后则舒服，大便偏干，此外，还表现为面色无华、神疲乏力等脾虚气滞证，这种病症多见于慢性萎缩性胃炎（CAG）的患者，我们在临床上往往采用健脾调胃、理气导滞之法，疗效满意。再如"肠痈必须硝石"，笔者认为，此处硝石当为芒硝。笔者曾治疗一位 25 岁女性，急性阑尾炎控制后转为慢性阑尾炎，患者呈间断性右下腹疼痛，平素体健，患病时体质尚可，舌质偏红，苔略黄，考虑痈毒未去，瘀滞于右下腹，不通则痛，故治疗宜解毒消痈，化瘀通腑。起初用大黄牡丹皮汤加连翘、败酱草等效欠佳，便又问患者，药后大便如何？回答说："大便仍干。"此乃腑气欠通，不通则痛，此时便想到张仲景《五脏论》中有："肠痈必须硝石。"便在方中加用芒硝 6g（另包，烊化），嘱其服至大便通畅为度，服药 3 剂，大便通畅，右下腹痛基本停止，再以上方加减调理而愈。因此从临床角度阐发，不仅会认识到这些医理医方是实践经验的总结，而且还会发现新问题，如上述"肠痈必须硝石"中的"硝石"应为"芒硝"就是一例。

4 图文并茂，富含生动形象之趣

在 100 余种敦煌医学卷子中，各自有不同的书写方式，用现代化的多媒体技术可以将所讲内容的特点完全地展示在同学们面前，通过原卷子生动形象的展示，同学们不仅可以清晰地看到这些国宝珍品的原貌，增加学习的兴趣，而且还可以直观地看到原卷子的内容及用字特点，如英国藏敦煌医学卷子英国编号 S.5614 张仲景《五脏论》残卷中可看到当时的别体字，如将"咽喉"之"咽"写作"咽"等；又如 P.2565 第 51～54 行中治疗孩儿冷痢时不仅组方独特，还可以看到武周新字及通假字，武周新字如"人参"之"人"写作"至"，通假字如"销"通"消"，"物"通"无"等。其 P.2565 第 51～54 行原文为："又主孩儿冷痢，下水谷白色，食不销（消）等方：厚朴十分、炙，黄连十二分，龙骨八分，赤石脂八分，物（无）食子六枚生（人）参六分，阿胶七分、炙，甘草六分，上切，捣筛为散。服法多少、禁忌同前散法，胡爽。"

5 熟读背诵，促学功深医理自明

清代名医汪讱庵（即汪昂，安徽休宁人）在《医方集解·序》中云："诸艺之中，医尤为重，以其为生人之司命，而圣人之所必慎者也。"这说明"医"的重要性，中医学的精华奥妙，初学者欲领悟其要义，必须将其重要原文熟读背诵，如针对经典著作的学习，已故著名中医学家岳美中晚年很有体会地说："要把主要的经典著作读熟、背熟，这是一项基本功。'书读百遍，其义自见'。读一遍有一遍的收获，背得熟与背不熟大不一样，比如对《金匮要略》《伤寒论》如能做到不假思索，张口就来，到临床运用时就成了有源头的活水，不但能触机即发，左右逢源，还会熟能生巧，别有会心。否则，读时明白了，一遇到障碍又记不起，临证时就难于得心应手……因此，背书还要早下手。"再如清代吴谦等在《医宗金鉴·凡例》中云："医者，书不熟则理不明，理不明则识不精。临证游移，漫无定见，药证不合，难以奏效。"敦煌医学卷子中有许多对临床识病用药有重要指导作用的医籍，如张仲景《五脏论》《辅行诀脏腑用药法要》《七表八里三部脉》等。对这些秘籍，我们在授课过程中，一般要留出 20 分钟课堂时间进行熟读背诵原文，如英国编号 P.2115张仲景《五脏论》中之"昔季康子馈药，夫子拜而受之。上古圣贤，尤敬其药。是以上、中、下药，所疗不同；甘苦酸咸，随其本性。若能君臣行用，玄疾能瘳；倘若参差，损他身命。故本草云：灵瑞之草，然则长生；钟乳饵之，令人悦愈。犀角有抵触之义，故能趁痒驱邪；牛黄怀沉香之功，是以安魂定魄。蓝田玉屑，镇压精神；中台麝香，差除妖魅。河内牛膝，疗膝冷而去腰疼；上蔡防风，愈头风而疗胁痛。晋地龙骨，绝甘利而去头疼；泰山茯苓，发阴阳而延年益寿。甘草有安和之性，故受国老之名；大黄宣引众公，乃得将军之号。半夏有消痰之力，制毒要借生姜；当归有止痛之能，相使还须白芷。泽泻、茱萸，能使耳目聪明；远志、人参，巧含开心益智……"通过熟读背诵，同学们便把药物珍贵及药性主病牢记心中，因为 20 岁左右正是记忆力最旺盛的时期，此时熟记的东西一般会终生难忘，笔者也体会到，学生时代熟背的中医典籍原文至今仍然能够朗朗上口，回味无穷，在临床也能灵活应用，正如近代著名学家程门雪先生所说的"若非烂熟于胸中，安能应变于俄顷"，这真是至理名言，令人信服。因此，我们认为强化熟读背诵包括敦煌医学卷子在内的中医典籍，有助于培养中医学坚实的功底，对日后临床准确辨证极有好处，是中医学继承的重要途径。这虽然是较为传统的教学方法，在今天针对人们中医典籍重视逐渐淡化的情况，应是十分积极有益的方法，值得推广。从同学们对此法的反应看，绝大部分同学是非常支持的，因为他们认为真正学到了些中医原汁原味，并能够熟记于脑海中的精粹。

总之，实用敦煌医学汇讲作为一门任选课在我院已取得了很好的教学效果，深受同学们的欢迎，选修的学生也越来越多，我们相信，随着我院教学改革的不断深入，该门课程也必将在全国范围内产生积极的影响。

摘自：李应存，张士卿，王道坤，等.实用敦煌医学汇讲教学心得［J］.中医教育，2006，25（3）：33-35.

"讨论式"教学法在中国医学史教学中的实践与思考

段永强，王道坤，朱立鸣

中国医学史作为中医药学专业的基础课，是中医药院校学生素质教育的必修课程，对构建学生的专业思想和提高专业兴趣尤为重要。目前，高等中医药院校的本门课程教学时数设置为 36 学时。如何科学地充分利用有限的课时，富集教学资源，优化课堂教学模式，对学生进行全面的医药学史、传统文化、职业道德和人文素质的培养是本课程教学改革的重点问题。

1　课堂教学内容整合的思路

中国医学史课程的开设直接面对中医院校的新生，作为中医学的启蒙课程，中国医学史的教学任务不仅仅是讲授中医学的历史事实，更重要的教学目的是探究不同历史时期的经济、政治、文化包括意识形态对中医学所产生的影响，通过历史事实探究中国医药学的发展历史轨迹和未来广阔的发展前景。

笔者认为，中国医学史有其自身学科特点，譬如不同历史时期医药学的发展都与当时的经济、政治、文化历史背景以及主流意识形态背景密切联系；中国医学史内容广泛，涉及考古、文献、中医药学等传统文化知识。而其课程内容涉及疾病史、医家医著、医学文化史、中外医学交流史等知识模块。鉴于本课程的学科任务和课程特点，积极探讨并实践可行的教学改革思路和方法，有利于提高本课程的教育质量和教学效果。

1.1　以传统文化为基础，培养人文科学精神

中医药学是一门在我国传统文化基础上发展起来的独具东方民族特色的医学理论体系。它无论是在理论指导思想还是在具体的理法方药以及养生、预防、医德等方面都有其源可寻。中医药又是一门实践性很强的科学，医乃"仁术"，"法于自然"，中医药学是人与自然界及时间发生联系并蕴涵着丰富"人文精神"的医学体系，教学过程尤其要注重医史、医德等方面的综合培养，使学生在学习医学史实和传统文化的同时修塑优秀的人文科学精神。

1.2 以医药史为线索，培养深厚中医底蕴

中国医药学的历史成就极其辉煌。自先秦至近现代，我国中医药学的许多重大技术发明创造曾填补了世界医学史的空白。教学过程中既要突出中医药学科的精髓和优势，又要对某些医学史实客观科学地评价，尤其要突出我国古代医家科学的实践精神和大胆的医学创新精神，不能简单使用当今的科学概念、价值标准去评判历史，而应当具体地去探究中医药学发展所处不同时代的特殊性，重现历史上医学思想、学术思想的各种命题与价值支撑，重视中国医药学的本土学术内涵和学术优势，着力培养学生的中医药文化底蕴和学术精神。

2 课堂教学模式改革的思路

以教师为主进行医学史理论阐述和分析，加之作为考查科目学时有限，很容易被学生忽视。笔者经过探索性实践，认为很有必要将"讨论式"课堂教学法积极引入中国医学史课堂教学，有利于充分发挥学生在课堂教学中的主体地位，调动学生学习的积极性、主动性和创造性，进一步提高中国医学史课程的教学效果和质量。具体方法如下：①根据教学大纲要求，课前充分备课，师生共同设计针对教学单元的讨论问题；②以学生为主体，学生分成讨论小组，教师分时段参与各组学生讨论，给予适当启发引导和答疑解惑；③学生代表发言和学生辩论，教师点评讲析，归纳总结，分析重点难点，提升教学内涵和质量。

2.1 发现问题和存在不足

虽然"讨论式"课堂教学在一定程度上有突显学生在课堂教学中的主体地位、调动学生的学习主动性和积极性、活跃课堂气氛、培养自学能力和分析问题能力等优点，但是在具体课堂教学中，也存在诸多教改难点和不足。主要表现于以下几个方面：①课堂纪律稍显混乱，个别学生言行举止过于自由和夸张；②学生讨论问题时有偏差和钻牛角现象；③每次学生代表发言人员集中，没有广泛的参与性和积极性；④个别学生发言时阐述内容过于表面化，缺乏学术性和思想性；⑤学生思维过程高度集中，缺乏发散性和探究性；⑥教学重点不易突出，教学难点不易明晰；⑦计划课堂教学时间在实际运作中调控难度较大，或时间富裕，或时间紧缺。以上几点是不同专业班级在开展"讨论式"课堂教学过程中普遍存在的问题。

2.2 解决对策和改进方法

为了提高中国医学史"讨论式"课堂教学的实效性、知识性、学术性和思想性，应该在课堂组织形式和教学内涵方面进行不断改进和完善。首先教师要革新教学思想，明

确"讨论式教学"的内涵和适用性：讨论式教学是指导学生就教学中的某一问题相互启发、相互学习的教学方法。其优点在于有利于培养学生独立思考能力、口头表达能力和创造精神，有利于促进学生灵活地应用知识和提高分析问题、解决问题的能力。多用于高等学校人文学科中。其次要善于发现"讨论式"课堂教学的运作难点和不足，进行针对性改进。

2.2.1 课前充分备课，精心设计问题

课前充分的准备是课堂成功组织讨论的前提，而且教师和学生双方都要积极备课。一方面教师要根据教材和学生知识基础的实际，在课前设计好课堂讨论问题，并将讨论提纲告知学生；另一方面要求学生预习新知识或检索文献，带着问题进课堂。在教学问题的设计方面，要遵循以下几点：①中国医学史课程讨论问题的设计应该选择学生熟知的课程的历史文化背景，紧扣教材的重点和难点，加强教材内容之间的内在逻辑联系，且问题设计具有讨论和思辨的价值，提问最好能引起学生认知上的矛盾和冲突。②设计的问题难易适度，讨论主题既有集中性和方向性，又有发散性和探究性，力求开发学生的思辨和创造力。③设计的问题可来自教师，最好可由学生提出，努力使教师和学生之间、学生与学生之间的信息交流是双向的。

2.2.2 教师积极调控，学生合理分组

针对课堂讨论表面热闹、效率低下、课堂纪律稍显混乱的实情，笔者认为这对教师的管理组织水平、偶发事件的驾驭能力、随机应变的能力、观察等方面的综合能力要求更高，需要不断提高。对开展讨论式课堂教学的班级，人数以50人左右分4个讨论小组为宜，合理分组，再由教师指定或小组选举一位组长进行组内协调管理和组织讨论，最大程度调控课堂纪律和学生的广泛讨论。

2.2.3 课堂积极引导，提升教学内涵

讨论式教学中的提问应该尽可能面向全体学生。在讨论中，学生们各持己见，各显仁智，面对多种意见、多个结论，教师要善于调控场面，积极引导，突出重点，并在课堂讨论结束时，做合理的总结性评价。讨论主题更多的应该在学生自主学习的过程中生成，以代表本课程的主要内容以及学科建立与发展的脉络，紧密结合课堂教学。这样学生通过讨论课才能更好地理解该课程的主要内容和学科的发展，取得较大的收获。在学生质疑提问的时候，教师的关键作用是从学生提出的问题中发现有价值的线索，并引导学生去探索。教师应注意学生讨论中可能出现的错误观点，要耐心引导，帮助学生重新讨论研究，提升讨论主题的科学性、知识性、学术性和思想性。

2.2.4 掌握课堂节奏，强化重点难点

并不是教材内容、课堂所有的知识点都适宜采取问题讨论的方式，教师应该根据知识的不同性质、学生的知识结构背景，采取不同的教学方式，灵活运用。课堂讨论中心内容做到详略得当，避免学生在个别偏僻的枝节问题上耗费时间，要善于将学生思维激活，让

学生各抒己见，促使学生有效利用课堂时间整理资料、选择重要信息开展讨论交流。教师对课堂教学效果的提升作用不可忽视，要在广纳众议的基础上评析学生认知上的偏差和矛盾，得出正确结论，进一步突出强化课堂教学的重点难点。

摘自：段永强，王道坤，朱立鸣，等."讨论式"教学法在《中国医学史》教学中的实践与思考［J］.时珍国医国药，2009，20（6）：1476-1477.

敦 煌 医 学

敦煌医学初探

王道坤，朱玉

敦煌，曾称沙州、瓜州，为汉武帝时建立的河西四郡之一，是古代丝绸路上的重镇。因其土地肥沃，交通便利，人口密集，生活殷富，故科学文化亦很发达。就医药卫生方面来看，亦具相当水平，且有明显的地方特色。它对中原医药资料的保存、中外医药的交流，都做出了重大的贡献。本文试对敦煌莫高窟被发掘的部分医书与医画，做一初步探讨，以就正于专家和读者。

1 形成的时代背景

1.1 经济繁荣 生活安定

繁荣的经济为医药学的长足发展奠定了基础。敦煌位于河西走廊的最西端。河西自古为我国西北各游牧部族驰骋往来的场所。因其地水草丰美，土地肥沃，宜牧宜农，一经中原王朝所控制，即发展水利，大兴农田，所以自汉武帝开发河西、张骞通使西域以来，河西不仅成为中西交通的要冲，而且上升为经济文化发达之地。"敦者，大也；煌者，盛也。"敦煌一名，即为古代敦煌政治、经济和文化发达、繁荣、昌盛状况的概括。

远在敦煌设郡之前，这里已是一个具有一定规模的居民点。原来的居民，大部分是西方系统的少数民族。

汉武帝时（公元前 111 年），河西归汉，敦煌设郡，统辖六县。汉为经营此地，先后组织了几次大规模的徙民活动。据《汉书·地理志》载，当时河西"四郡"共有六万一千余户，人口二十八万，若加军屯人员约四十万左右。

晋时，中原动乱不堪，而河西地区相对安定，被誉为"避难之国"。当时长安有民谣说："秦川土，血没腕，惟有凉州倚柱观。"据《晋书·张轨传》所载："中州避难来者，日月相继。"一直到前秦时期，河西地区总的来说，没有大的动乱，故《晋书》作者说："美哉张君，内抚遗黎，外攘捕寇，世既绵远，国亦完富。"由于社会情况的相对安定，中原人迁往酒泉、敦煌者达千家万户，文人学士也拥入凉州作暂时的"倚柱观"。于是中原的封建文化，特别是儒家学术思想大行于河西。当时凉州是河西的政治、经济、文化中心，而凉州儒学则多出自敦煌，如刘昞、张湛、李皓等，尤其是刘昞，号称"河西硕儒"。另有著称文苑的"草圣"张芝，见于史册的张奂，真可谓文人荟萃，为后世所称道。这样，不仅进一步促进了河西地区的开发，同时也带来了内地发达的科技文化，为河西固有的汉晋文化增加了新的成分。前秦的敦煌郡按《十六国疆域志》所载，邻县十二，可见其人力物力之富。

隋唐时期，河西又获迅速发展，进入极盛时期。敦煌发展成为农桑繁盛、商旅云集、士民殷富之域，正如《通鉴》所谓："天下称富庶者莫如陇右。"石之瑛在《开设沙州记》中说："敦煌户口，汉唐极盛。追明季，而西丑蹂躏，兹土遂昏垫。"经济文化如此繁荣，其医药水平也较高。马克思主义哲学认为：人类的生产活动是最基本的实践活动，是决定其他一切活动的基础。科学的发生和发展从一开始便是由生产所决定的，医药学当然也不例外。

1.2　交通发达　丝绸要道

发达的交通，为敦煌医药学的发展创造了良好的条件。因其位于河西的最西端，扼据玉门关、阳关两座关隘。西通葱岭，东接走廊，北邻突厥，南连羌戎，与西域诸国接壤。丝绸之路虽有南路、北路、中路之分，但无论哪一条都必须以敦煌为要冲，成为古代中西交通之咽喉，是东来西往从陆路进出中国的必经之地。由此而行，贯穿欧亚大陆许多国家和民族：北从南部西伯利亚越七河流域可达东欧，西经中亚，远抵罗马、埃及；南通印度、阿拉伯。丝绸之路的畅通，使敦煌成为中西贸易、文化交流的中转站，中西商旅、列国使臣以及众多僧侣往来不绝，所以这里也是中国吸收希腊文化、罗马文化、波斯文化、小亚细亚文化及印度文化之要津。中国医药与这些国家和民族的医药也由此得以交流，互取其长。

在药物方面，西域波斯诸国许多药物即随商旅、使臣、僧侣而传入中国。如汉建元三年（公元前138年），张骞出使大月氏，并涉地匈奴，即从其地带回"苜蓿""胡麻""亚麻""葡萄树""安石榴""胡桃"等多种植物药。西晋及隋唐五代时期，中医药物方面的进步是比较显著的，药物品种不断增加，本草著作大量出版。究其原因，除新药的不断发现以外，由西域各国传入的药品亦为数不少。梁时的《七录》就载有《杂戎狄方》和《摩诃出胡国方》两种专录外来药物的本草书籍。至唐代专录外来药品的本草书就更多了，如郑虔的《胡本草》等。今天我们所用的许多药物若前冠以"胡"字者，即多为由西域所传入。

敦煌为佛教最早传教地之一，医学多操僧侣之手，印度的医药及医方即因佛教东渐关系，而渐次传入中国，佛经中即有印度医学"八种方木"的记载。《开元释教录》曰："东汉之末，安世高医术有名，译经传入印度之医药。"印度医学对我国中古医学影响很大，两晋南北朝以至隋唐的医书都带有若干印度色彩。如陶弘景整理改编的《肘后百一方》、孙思邈的"地木火风"不调的"四百四病"，以附合佛家"一大辄有一百一病"的说法。王焘《外台秘要》中的"耆婆万病丸方"以及眼疾门的"天竺经论眼序"等，即为其证。

藏经洞所藏的佛经书中还有许多佛教医术的记载，如《吃茶养生记》《茶酒论》等。由此可推知，印度医药学在敦煌确曾流行，开业、翻译医者不在少数，可惜所译许多医书今已散失了。

1.3　民族杂居　互相交流

多民族杂居，必然会带来各族的防病治病经验，并得以交流和发展。敦煌本身是一个多民族地区，除中原医药为其主体外，其他像印度医、阿拉伯医、藏医、蒙医等都在不同时期有不同程度流行，且具一定影响。

总之，由于以上种种原因，随着时间的推移，逐渐形成了以中原医药为主体，与西域医药相互渗透为特色的敦煌医药学。

2　珍贵的历史价值

敦煌医学是从西汉到隋唐时期以至清代形成的具有地方特色的医药学。它是我国极其珍贵的文化科学遗产之一。有些遗书、汉简及壁画等不但是我国而且也是人类医学史上的稀世之珍，具有高度的艺术价值和历史价值，是研究我国和世界医学史上难得的文献。兹简述如下。

2.1　敦煌医书，内容丰富

敦煌莫高窟藏经洞发现于 1899 年。洞内保存了数万卷经卷，这些写本古书和古刻本遗书的再现，为研究古代政治、经济、天文、历算、宗教及自然科学提供了极珍贵的资料，早已蜚声中外，为世界所瞩目。其中有许多医药资料，如医经、药方书、本草、诊断、针灸、养生、名医传记等，粗略统计不下数十种，仅医方书残卷就有三十余种之多，内容十分丰富。下面主要从本草、针灸两个方面加以简述：

本草学是中医药学中的一个重要组成部分。敦煌保存了五六种本草学的卷本，其中有很重要的《神农本草经集注》残卷、《新修本草》残卷、《食疗本草》残卷。

《神农本草经集注》为梁以前本草学总集，有"本草正典"之称，直到初唐仍然为"名医继轨，更相祖述，罕能厘正"之典籍，至《新修本草》出，才渐微不传。

《新修本草》是唐代政府命苏敬等人在公元 659 年编纂而成的，全书载药 850 种，包括药图、图经、本草三部分。这是我国政府颁行的第一部药典，也是世界史上最早的国家药典，是值得我们中华民族自豪的。颁行后影响很大，很快即流行于大江南北，直到公元 10 世纪中叶《开宝本草》问世，才逐渐被取代。

《食疗本草》是唐代的一部总结性食物治疗疾病的本草专著，对食物治疗和鉴定都具有一定的价值。

然而，以上三种本草，原卷均已佚失，后虽有辑订整理成册者，但经历代辗转传抄、修订、刊印，其可信程度势必有一定差距，对研究我国古代医药学概况自然带有一定局限性。因此，敦煌所藏本草残卷对校订考证这些古本草著作，就有着重大意义。

如《神农本草经集注》虽已收录于宋人唐慎微之《证类本草》，但以敦煌本《神农本草经集注》参订则知,《证类本草》中之集本不仅文字多差讹,而且内容也有删篡,与弘景原书出入颇大。校其序,则知其倒、脱、衍、讹竟达 360 余处,且裁弘景序为二,中间又插入他家序例五篇。以致弘景序颠错不伦,难以卒读。现观弘景原书,疑团顿解。以校诸病主药,则知《证类本草》所引 120 余方中,改动者达 50 多方,近半数之多。可见敦煌本《神农本草经集注》,不仅使陶氏原著之真面目重现,而且亦可知《证类本草》对它的增损程度。此外,还可考知中古时代医疗用药的变化和当时对药物性能的认识。

我国针灸学渊源甚古,在敦煌遗书中也发现有珍贵的针灸资料,如《新集备急灸经》《灸经铜人图》等。《新集备急灸经》是一部针灸学专著,而《灸经铜人图》则又是我国现存的最早的针灸图谱。二者在《旧唐书》与《新唐书》中均未载录,所以可说是唐代医学著作的新发现,对古代针灸的研究具有极其重要的意义。如《灸经铜人图》,不仅绘出用穴之图,且标明其主病,最后又附注施灸时间及禁忌,图文并茂,可谓详尽矣。

在这里,笔者想说几句题外之言,敦煌不仅藏有针灸书卷,而且在明代还出现过高明的临床针灸家。《敦煌新录》就有关于针灸名师张存行医生涯的记载。《医部全录·医术名流列传》亦曰:"张存,善针。存有奴,好逃亡。存宿行针缩奴脚,欲使则针解之。"可见其针道之高超与在当时影响之大。

此外,遗书中还有许多藏医藏药的文稿,其时间多为唐代。因"安史之乱"时,调河陇兵力东去平叛,吐蕃乘西陲空虚之际侵占敦煌并在此统治六十七年之久(公元 781~848年)。在此期间藏医藏药盛行,许多藏文医药书卷得以著录、流传,并在敦煌保存下来。这些书卷都是研究少数民族医药、研究中原医药与西域医药交流的极珍贵资料。

2.2 敦煌医画,艺术精湛

敦煌莫高窟建于前秦建元二年(公元 366 年),以后又经历代不断扩充修建,至今保存了 550 多窟。就石窟内容来说,有建筑、雕塑、壁画三项,三者是互相结合的统一整体,是实用性和艺术性有机结合的产物。其中壁画五万多平方米,与雕塑相比,因其表现了更加丰富多彩的内容,从这个角度讲,壁画是敦煌石窟艺术的主要部分。这些壁画描写的虽然多为佛经故事,但这些片断画面,同时也客观而生动地反映了当时现实社会的生活状况,如耕地、读书、修庙、造塔、赶车、迎亲及胡商往来等。生活是艺术的源泉。这些壁画不仅是艺术珍品,而且也是一部现实与艺术相结合的历史。壁画中的"得医图""胡医图""诊疗图""兽医治疗图"等,以及反映食品卫生的"牛奶消毒图"和反映个人卫生的"揩齿图""洗脸图""剃头图"等(按:后七者名系笔者所取,姑为暂用),均生动地记载了当时医疗卫生的情况。试举盛唐·第 217 窟中的《得医图》为例,窥探一下它的价值。

这是一幅动中有静、静中有动的成功画面。画面上六个人的心理活动通过面相和眼神刻画得活灵活现。首先让我们分析一下患儿,她(他)虽未达到头倾视深、神志昏迷的失神程度,但却已进入神疲阶段:目光晦暗,精神不振,反应迟钝,呆若木鸡,表明病重病急,从抱患儿的中年妇女来看,愁锁双眉,如痴如呆地望着患儿,说明心中是多么的难过;再从上年纪的妇人表情来看,虽然她盘腿落坐,却如坐针毡,焦急万分。气氛显得非常沉闷、紧张,似乎都能听到患儿的喘息声……再从院中走动着的少女来看,虽然她请来了这位既有医德又有学识的老医生，愁眉稍展，但由衷地焦急、担心，抑制着欣喜，脸上亦没有一丝笑容；而那位医生，他正急病家所急，快步走入院落，顾不得观赏奇石垂柳，正在默运神机，准备抢救患儿；随从人手抱医疗用具，两腿屈曲，紧跟老医者，随时准备听从召唤。看！刻画得多么生动逼真，多么感人！简单的画面，再现了当时医生出诊（急诊）的情况。

这就是这些壁画的高度艺术价值和历史价值。

总之，敦煌医学书卷和壁画等，内容丰富精深，是祖国的宝贵科学遗产，应当珍视。对它的发掘、研究，将为我国医学史增添瑰丽的篇章。今天，世界上许多国家都兴起一股"敦煌热"，"敦煌热"的热浪冲激了很多专家学者，然而从中医药学角度来探讨敦煌医药学价值者，为数尚不多见。我们作为中医，尤其是甘肃省的中医工作者，不仅为敦煌所具有丰富灿烂的古代文化而自豪，且受其鼓舞，决心积极行动起来为挖掘"敦煌医学"宝藏而献身。

摘自：王道坤，朱玉.敦煌医学初探 [J].甘肃中医学院学报，1984，（1）：36-39.

敦煌壁画中的医学内容

赵健雄，徐鸿达，王道坤

甘肃省河西走廊西端的敦煌县，是古代丝绸之路的要冲。敦煌县东南 15 公里的莫高窟，创建于前秦建元二年（公元 366 年），经北魏、西魏、北周、隋、唐、五代、宋、西夏、元，千余年间，共修建石窟一千多处，至今仍保存着四百九十二个洞窟、五万多平方米的壁画和两千多尊塑像，是世界上最伟大的文化艺术宝库之一。丰富多彩的敦煌壁画虽然以佛经故事为主要内容，但同时也生动地反映了当时社会人民的现实生活状况，如耕作、捕鱼、驾车、舟渡、弈棋、弹琴、嫁娶、迎亲及胡商往来等。医疗卫生作为人民生活的一个重要部分，自然在壁画中有所反映，从而成为研究我国古代医学的珍贵资料。以下就我们所见，分练功与运动、卫生保健、诊疗疾病三个方面，简介如下。

1 练功与运动

祖国医学非常重视摄生运动，早在《内经》中即有此方面的记述。《素问·上古天真论》云："法于阴阳，和于术数""呼吸精气，独立守神"。倡导气功和体育运动。后汉医学家华佗所创的"五禽戏"，"熊经鸱顾，引挽腰体，动诸关节，以求难老"，即为有名的导引之术。敦煌壁画中有不少练功和运动的生动而形象的画面，尤为可贵者，是它反映出了印度、西域文化的输入。西魏·第285窟西壁正面佛龛上部，画有14幅菩萨禅定和外道的图像，其中左侧7幅菩萨禅坐修身图像，心静一境，确实达到了"恬惔虚无"的境界，类似"内功""静功"；右侧7幅外道图像，模仿某些动物有特征性的动作姿态，苦练修行，颇类似五禽戏的功法，略近"外功""动功"。今天我们虽然不能对他们的修行动作一一命名，但如能深入研究，必可探求其真谛。北魏·第260窟近北壁的平棋顶部和五代·第98窟北壁壁画中，有类似健身操样的运动图。如果说以上诸洞窟的练功图只是一个片断罢了，那么，北凉·第272窟的练功图则是颇具规模的导引连续动作图像，导引是动功和静功的结合，画面上共四十人，以五人一组，每侧二十人，虽然西壁北侧由于人为的破坏缺了三人，但仍然可以看出这个完整画面的大致轮廓。北魏·第257窟近南壁的平棋顶部，形象地画着四人在水中游戏的图像，水中有荷花、荷叶、莲子。狩猎是古代人民生活中的又一个重要组成部分，既为谋生的手段，又为健身的一种运动，在莫高窟许多洞窟都可看到狩猎的壁画，其中最生动的是西魏·第249窟窟顶北披上一幅大型画面：一位剽悍的骑手，纵马飞驰，追赶前边的野牛，突然发觉身后两只雄狮追来，骑手立即反首张弓，怒射雄狮，形象逼真，栩栩如生，而画面周围的野牛和野猪，更是达到了高度的自然美和艺术美水乳交融的境界。晚唐·第156窟北壁宋国夫人出行图中，画了一幅精彩的杂技图，一位力士头顶高竿，上挂四人，或亭亭玉立，或平躺横卧，或单手凌空，或依腿悬竿，其技艺已达很高水平，既为中国杂技艺术研究者难得的文物宝藏，又为医学工作者研究健身运动难得的宝贵画面。

2　卫 生 保 健

早在夏商时代，我们的祖先已有洗脸、洗手、洗脚、洗澡的良好卫生保健习惯，甲骨文中有"沫""浴"等字及洒扫除虫的记载即为其证。《内经》已认识到风、雨、寒、暑等外界不良气候对人们造成疾病的危害，强调积极防护以免除疾病。西汉名医淳于意，认为龋齿是"食而不漱"所致。隋唐时期，我国已有了拔牙、补牙和镶牙的技术。敦煌壁画中形象地描绘了一些卫生保健的画面，北周·第290窟人字披顶东披的清扫图，画着两个人在清扫院落，一人在有顶的厕所内大便，院落内满栽花木，环境幽静清新，给人以舒适惬意之感。北周·第296窟窟顶南披画了一座屠房，屠夫把将要杀死的家畜认真清洗。盛唐·第23窟的雨中耕作图，画着一位头戴草帽耕地的农民，可见古人对雨淋的防护。盛唐·第445窟弥勒经变中的剃度图，是描写比丘和比丘尼出家时剃头的画面，通过画面，使我们看到当时理发已十分讲究卫生，理发者肩披护巾，落发收集到专门的箩盘内，旁边放着盛满圣水的沫壶及精制的沫盆，以备理发后清洗。晚唐·第196窟西壁劳度叉斗圣变图中，画着劳度叉嗽口、刷牙、剃胡须、洗头的情景。我国是世界上最早发明牙刷和刷牙的国家，辽代应历九年（公元959年）的古墓中，发现两排八孔的植毛牙刷，比欧洲1640年才出现牙刷要早七百年。此窟建于唐景福年间（公元892～893年），这幅珍贵的刷牙图，说明当时我国已发明刷牙，并可和辽墓发现的牙刷互相佐证。五代·第61窟北壁的挤奶煮奶图，画着煮锅和沸腾的热气，使我们看到新鲜牛奶经过煮沸消毒然后饮用的情景，图旁题记中"二女煮乳"的字样还清晰可辨。同一窟内的马厩画，画着内院里疲困的马匹在歇息，外院里勤劳的主人在清扫，整个厩房宽绰整洁，给人以清洁卫生的感觉。

3 诊疗疾病

秦汉至隋唐时期，祖国医学迅速发展，张仲景、华佗、皇甫谧、葛洪、王叔和、巢元方、孙思邈等一代名医接踵而出，他们为祖国医学的辨证论治、临床内科、外科、手术、针灸各科以及脉学、病理学、药学诸方面奠定了坚实的基础。公元 624 年，唐设太医署，实际是一座分科施教、学制健全的中央医科大学，其规模之大，教学内容之完善，考核制度之严密，在当时世界医学教育方面，处于领先地位。同时，随着丝绸之路的开辟，印度、阿拉伯诸国的医药知识也随佛教传入我国。北魏·第 257 窟西壁的鹿王本生画面展现了一个佛教故事，据《佛说九色鹿经》记载：美丽的九色鹿从恒河中救起溺人，溺人拜谢，立诺为鹿保密行止。皇后夜梦九色鹿，欲得其皮作褥，其角为饰，国王悬赏求鹿，溺人为获重赏背约告密，领国王猎鹿。当溺人以手指鹿时，立即得到恶报，全身长满疮癞。鹿向国王诉说溺人忘恩负义，国王深为感动，斥责溺人，下令保护九色鹿，梦想鹿皮、鹿角的王后也恚愤而死。这个优美动人的故事的侧面，反映出当时对溺水可救及恶疮的认识。北周·第 296 窟窟顶北披东段福田经变画中，有一幅诊病图，两位家属扶着半躺的患者，医生在一旁静心诊脉，确属一幅难得的诊病场面画图。盛唐·第 217 窟的得医图画一患儿得了急病，母亲焦急万分，侍女请进一快步赶来的老医生，医童抱着医疗用具紧跟在后，将"拯道贵速"的高尚医德形象生动地跃然于壁画，给人以亲切之感。《新唐书》云："（开元）二十七年复置医学生，掌州境巡疗。"要求地方医学教育部门的医生在自己所管区域巡回医疗，这幅画生动地再现了当时医生出诊的情况。盛唐·第 45 窟南壁观音普门品中，画有愚痴病患者求观音的图像，尽管带有某些迷信色彩，但同时也反映出了当时社会对精神病及其心理疗法已有所认识。宋·第 55 窟北壁九横死画中有"八者横为毒药起死时"的题记和画面，说明当时已有中毒及解毒知识。此外，北周·第 296 窟福田经变画中，还有给病驼灌药的画面，说明在一千四百多年前，我国的兽医学已达到了一定的水平。

综上所述，绚丽多彩的敦煌壁画，不仅是世界文化艺术宝库中罕见的瑰宝，同时，也是研究祖国医学难得的形象资料。对于她的发掘整理与深入研究，必将给祖国医学增辉添彩。本文作为这方面的初步尝试以抛砖引玉，但由于水平所限，疏漏之处在所难免，敬请专家、学者与同道们指正。

摘自：赵健雄，徐鸿达，王道坤，等.敦煌壁画中的医学内容［J］.甘肃中医学院学报，1985，（1）：41-43.

敦煌石窟医学史料辑要

赵健雄，徐鸿达，王道坤

举世闻名的敦煌艺术宝库中，收藏着我国古代医药学方面的珍贵资料。我们不揣浅陋，将其初步整理介绍于下，以冀对发掘、振兴祖国医学有所裨益。

在浩如烟海的敦煌遗书中，有许多珍贵的医药文献，现分医经、本草、医方三方面，概述如下。

1 医　　经

敦煌遗书中的医经残卷有十余种，内容包括《内经》《伤寒论》《脉经》的片断及《五脏论》《新集备急灸经》等。

《内经》残卷，主要见于 P.3287 和 P.3481。P.3287 残卷的内容，散见于《素问·三部九候论》《素问·脉要精微论》；成无己《注解伤寒论》之《伤寒例》《辨脉法》；《脉经》卷一之《脉形状指下秘诀第一》、卷二之《平三关病候并治宜第三》等。现存的《素问》是唐宝应元年（公元 762 年）由王冰编次注释而流传至今的，敦煌此卷内有武周新字，可确定其书写年代当在武则天朝（公元 684～701 年），即在王冰编次之前，故可互校，以正王本之缺讹。如王本《三部九候论》中，叙述弹踝诊法由于阙文错简严重，使人难于理解应用，而敦煌卷则对其操作方法及诊断意义记载甚详，可使阅者一目了然。王本中作"五藏以败，形藏以竭"，敦煌卷作"神藏以败，形藏以竭"；王本作"察其府藏，以知死生之期"，敦煌卷作"察其病藏，而知死期"；王本作"风气之病及经月之病"，敦煌卷作"经间之病"，显然以敦煌卷义胜。又敦煌卷在"其中部脉乍疏乍数者"后，有"经乱矣"三字；在"循其脉，视其经"之前，有"乃定吉凶"四字，均较王本为优。P.3481 为《灵枢·邪气脏腑病形第四》残卷，仅十三行，与今本互校，在"心脉"中，今本作"涩甚为喑"，敦煌卷作"涩甚为厥"；在"肺脉"中，今本作"引腰背胸""起恶见日光""微缓为痿、瘘、偏风"，敦煌本作"引腰胸""起恶血""微缓为委，漏风"。前三处可并存待校，第四处敦煌卷与《脉经》同，说明今本中"瘘"字显属衍文。

《伤寒论》残卷，主要见于 S.202 和 S.5614。S.202 为成本《注解伤寒论》辨脉法第一的全文，经对照与今本相异者约七十余处。其中有敦煌卷较今本义胜者，如敦煌卷"人凉身和"，今本作"身凉和"；敦煌卷"少阴脉弦沉"，今本作"少阴脉弦而浮"；敦煌卷"溺脓也"，今本作"屎脓也"；敦煌卷"其面热而赤戴阳"，今本作"面热赤而战惕者"。也有敦煌卷与今本相异但尚难定孰是孰非者，如敦煌卷"清邪中上名曰浑，浊邪中下名曰紧"，今本作"清邪中上名曰洁也，浊邪中下名曰浑也"。亦有今本较敦煌卷义胜者，不再赘述。另敦煌卷中有六段文字，为今本所缺，而《金匮玉函经》内则有之，证明了《金匮玉函经》系《伤寒论》的另一传本。S.5614 残卷的后半部分有"五脏脉候阴阳相乘法"一篇，与成本《注解伤寒论》平脉法第二中所述的五脏脉形内容相似，但敦煌卷较今本论述较详；且今本脱失脾、肾两脏脉形，而敦煌卷则完整无缺。

《脉经》残卷，主要见于 P.3477、S.5614 和 P.3287。P.3477 残卷有首题"《玄感脉经》一卷"，内容分三部分：首论三部九候脉法（类似《素问·三部九候论》）、辨尺寸阴阳荣卫度数（类似《脉经》卷一第四）、平脉早晏法（类似《脉经》卷一第二及《素问·脉要精微论》）；次为《脉类形状》，内容与《脉经》卷一之"持脉轻重法第六""平脉视人大小长短男女逆顺法第五"及"脉形状指下秘诀第一"等相似；又次为《阴阳逆乘伏》，仅存一行。此卷为何人所撰，尚待考证，从内容看系属唐代的一本脉学专著。S.5614 中的"《平脉略例》一卷"，有类《脉经》卷一之"持脉轻重法第六""平脉早晏法第二""辨尺寸阴阳荣卫度数第四""两手六脉所主五脏六腑阴阳逆顺第七"等篇的内容，另有分论寸、关、尺三部脉象及主病的条文，未知出处。

《五脏论》残卷（S.5614），卷首题为"《五脏论》一卷，张仲景撰"。内容主要论述五脏与五官五体、人与自然相应、药性歌赋及鉴定炮制要点，为一本学医的基础读物。其中有水蛭"破血"、羊肝"疗疮明目""斑蝥能除鼠漏""瘿气昆布妙除"等，实属宝贵经验。文中有"雷公妙典""刘蠲子秘述"等语，"雷公"系刘宋时药学家，刘涓子为晋人，《刘涓子鬼遗方》为南齐·龚庆宣整理，说明本卷写于南北朝之后。文中又见"耆婆童子"句，"耆婆"是外来语译音，《外台秘要》卷三十一引《千金方》有"耆婆万应丸"，后注"耆婆，良医"。同时，卷中还论及密陀僧、荜拨等首见于唐代《新修本草》的药名，说明此卷为唐人所作，托名以"张仲景"而传世。

《新集备急灸经》残卷（S.2675），卷首题"《新集备急灸经》一卷，京中李家于东市印"，卷末有"咸通二年……写记"，可知为唐人写本。目前国内现存的针灸著作，最早也只有宋、元以后的刻本，故此写本，可说是现能见到的最早的原本针灸著作。目前有小序，说明本书系汇集诸家灸经，为偏远州县及交通不便之村坊草野疗疾治病所用。文中有人体正面明堂图的上半身，标注穴位名称、主治及施灸壮数等，确有实用价值。如患肩膊重，抬手不起，取两膊肩井穴，灸二七壮；患邪气鬼气疰，风痫等病，取下唇承浆穴，灸二七壮；患头旋暗风，兼主头痛，取头心百会穴，灸二七壮。本书对针灸学的贡献，还表现在它记载了一些别的针灸医籍没有的内容：如以阴会穴治眼赤皆疮翳生。明代杨继洲《针灸大成》载杨氏经外奇穴有耳尖穴，与阴会穴部位、主治相似而名异，但晚七百多年。以灸"鼻上至发"的住神穴治急黄欲死，仅见于该写本。以灸"两眉中"光明穴及手、脚心来治大风病，也属此卷首载，大风病亦称厉风，类似现代的麻风病，两眉中后世称印堂穴，首见于《针灸大成》，列为杨氏经外奇穴，主治小儿惊风，尽管名称不同，然发明两眉中穴位的应属此卷，以灸两眉中和手脚心来治大风病，实属此书的贡献。

S.6168 为另一灸经残卷，无书题及著者，画有人体明堂图，标明穴位名、主治及灸法。这些残卷，为古代论述灸法的专著，值得我们进一步研讨。

2　本　草

敦煌遗书中有六种古本草残卷，重要的有三种。

《神农本草经集注》残卷，原卷为橘瑞超于 1914 年从敦煌劫往日本。此残卷卷首佚数行，后均完好。卷后题"本草集注第一，序录，华阳陶隐居撰"。书题后又有字二行作"开元六年九月十一日尉迟卢麟于都写本草一卷，辰时写了记"。《神农本草经》三卷是我国最早的药学专著，载药 365 种，约成书于东汉末期。梁代陶弘景复增魏晋以来用药 365 种，写成《神农本草经集注》七卷，载药 730 种，为梁以前本草学总集，有"本草正典"之称。原书久已亡佚，现仅能在宋代《证类本草》中窥其概略。敦煌残卷为其首卷，前为弘景序文，后为诸病主药。序中述及他"祖世以来，务敦方药"，"不限贵贱，皆摩踵救之"；同时，又吸收了劳动人民的医药知识，"或田舍试验之法，或殊域异识之术，如藕皮散血，起自疱人；牵牛逐水，近出野老"。他批评了不辨药物真伪的恶习，至今仍有现实意义，"众医睹不识药，惟听市人；市人又不辨究，皆委采送之家。采送之家，传习造作，真伪好恶莫测"。他首创药物自然属性分类法：将药物分为玉石、草木、虫鱼、禽兽、果菜、米食、有名无实七类，对产地、采集、炮制、煎服法、真伪鉴别均详细论述，指出采药时月："其根物多以二月、八月采者……春宁宜早，秋宁宜晚，其华、实、茎、叶乃各随其成熟耳。"炮制及煎服法方面，凡丸散药"先切细暴燥乃捣之，有各捣者，有合捣者……其湿润药，如天门冬、干地黄辈，皆先切曝独捣令偏碎……若逢阴雨，亦以微火烘之，既燥，小停冷乃捣之"。"凡汤中用完物，皆擘破，干枣、枝［栀］子、栝楼子之类是也。用细核物亦打碎，山茱萸、五味、蕤核、决明之类是也。细华子物正尔完用之，旋覆花、菊花、地肤子、葵子之类是也……芒消［硝］、饴糖、阿胶皆须绞汤竟，内汁中，更上火两三沸，烊尽乃服之"。其论一直沿用至今。还指出药物解毒法及服药食忌例，如"半夏有毒，用之必须生姜"，这一宝贵经验，至今仍用于临床。同时，敦煌本还可校《证类本草》，以窥陶书原貌。如《证类本草》裁弘景原序为二，中间夹入他序五篇；《证类本草》引《神农本草经集注》共一百二十余方，改动者五十多方；敦煌本"霍乱"只一条，条中主药橘皮下横小字"呕吐"，木瓜下横小字"转筋"，而《证类本草》霍乱、呕吐、转筋均以病名并列。

《新修本草》残卷（P. 3714），原卷为伯希和、斯坦因劫往法、英两国。《新修本草》是唐显庆四年（公元 659 年）由国家颁行的我国第一部药典，由李勣、苏敬等人在《神农本草经集注》的基础上编写而成，也是世界上最早的国家药典，比欧洲最早的《纽伦堡药典》（公元 1542 年）早近九百年。该书由本草、药图、图经三部分组成，这种图文对照的写法，开创了世界药学著作的先例。其本草部分，由陶氏书七卷增为二十卷，药物增加到 850 种，收载入龙脑、安息香、茴香、诃子、阿魏、郁金、胡椒等不少外国输入药物。原书《两唐志》有著录，但中土久佚，日本尚存传本卷三至五、卷十二至十五、卷十七至二十。清代傅云龙曾模刻收入他的《纂喜庐丛书》中。敦煌《新修本草》残卷，据王重民先生考证为卷十、卷十七和十九两个残段。卷十适可补日本传本所缺，存药物三十种，起于桔梗后段，依次为甘遂、葶苈、芫花、泽漆、大戟、荛花、旋覆花、钩吻、藜芦、赭魁、及己、乌头、天雄、附子、侧子、羊踯躅、茵芋、射干、鸢尾、贯众、半夏、由跋根、虎掌、茛菪子、蜀漆、恒山、青葙子、牙子、白敛。此卷朱墨杂书，卷背有"乾封二年"（公元 667 年）字样，说明该书距颁发仅八年时间。卷十七和十九残段，可校《纂喜庐丛书》刻本中的舛讹，如敦煌本樱桃："又胡颓子，陵冬不凋"，刻本"胡"作"故"；梅实："偏枯不仁死肌"，刻本"肌"作"肥"；蒜："山溪中沙虱"，刻本脱"山"字；胡麻："大吐后虚"，刻本"后"误为"缓"。

《食疗本草》残卷（S.76），原卷为斯坦因劫往英国。《唐书•艺文志》有"孟诜《食疗本草》三卷"的记载，《证类本草》之"嘉祐补注所引书传"载："《食疗本草》，唐同州刺史孟诜撰，张鼎又补其不足者八十九种并旧二百二十七条，凡三卷。"原书久亡，而其文尚存于《证类本草》中，《本草纲目》引十七种。这是我国最早的一部食品疗法专著。敦煌本前残后缺，王国维、唐兰等据《证类本草》校考为《食疗本草》残卷。计载药二十六种，依次为石榴、木瓜、胡桃、软枣、荸子、芜荑、榆皮、吴茱萸、蒲桃（葡萄）、甜瓜、越瓜、胡瓜、冬瓜、瓠子、莲子、燕薯子、楂子、藤黎、杨梅、覆盆子、藕、鸡头子、菱实、石蜜、沙糖、芋。按果、菜、草木分类，药名朱书于首，药性以"寒、冷、温、平"等小字注于右下，每药载以主治配方、服法，末附食忌、采集时月、炮制方法等，不少论述至今尚用于临床。如石榴"治赤白痢"，胡桃"黑人髭发"，芜荑"去三虫"，甜瓜蒂主治"阴㿗黄及急黄"，冬瓜治"腹水鼓胀"，木瓜主治"霍乱……顽痹若吐逆下病转筋不止"，吴茱萸治"奔豚气冲心兼脚气上者，可和生姜汁饮之甚良"，莲子"益十二经脉二十五络血气，生吃动气，蒸熟为上"，覆盆子"主益气轻身，令人发不白。其味甜酸。五月麦田中得者良，采其子于烈日中晒之，若天雨即烂不堪收也"。同时，该残卷还反映出唐代外国药物的输入，如"石蜜，寒，右心腹胀热，口干渴，波斯者良"。以此残卷和《证类本草》及《本草纲目》对校，可互正纰缪，夙疑冰释。

3　医　　方

敦煌遗书中的医方残卷约三十多种，涉及内、外、妇、儿、五官等科疾病的治疗，兹择其要者简介如下。

P.2565 和 P.2662 是唐人书医方残卷，字体相同，楖罗振玉先生考证为一卷断裂为二，文中有武周新字，知为唐武则天时写本。主要录内、儿科方，详述组成、炮制、服法和禁忌。如治孩子两三岁至五六岁患赤白脓血热痢黄连散方："黄连十二分，乌梅肉八分，阿胶七分，犀角末七分，黄柏八分，蒨根六分，黄芩六分，龙骨八分，右捣筛为散，两三岁已（以）米饮服半钱许，（日）再服，稍稍加至一钱；四五岁已（以）上量大小以意加服之，（日）并再服，忌食猪鱼生冷油脂蒜面等。"有的方名与今《伤寒论》《金匮要略》相同，但内容则不尽同。如备急丸，组成、炮制法与《金匮要略》杂疗方中三物备急丸相似，但方后明确提出"主霍乱心腹急痛，满闷不得吐痢"，服法后又注明"三日内食糜粥自养"；理中丸，组成、炮制基本同《伤寒论》，但方后明确指出"主宿食不消及霍乱吐痢不止"；乌梅丸，组成与《伤寒论》方稍异，多熟艾、甘草两味，少细辛、当归、蜀椒、桂枝、人参五味，方后写"主诸杂痢无不差"；茵陈汤，治"身黄体黄不除"，与《金匮要略》相同，但方剂组成却比《金匮要略》多黄芩、柴胡、升麻、龙胆草四味。上述内容，实补张仲景《伤寒杂病论》所未备，有的是后世医家应用经方的经验结晶，为我们进一步研究经方提供了极其宝贵的资料。

许多医方残卷无首尾题，出自何时尚待考证，其内容则可研讨。P.3930 残卷主要录妇产、五官科方，妇产科有治女人难产、倒产、胎衣不出、产后腹痛、出血不止、小便不通、下痢等方；五官科有治眼热暗、眼热赤、眼中翳、鼻血不止、鼻疔、口疮、唇烂、口臭、齿痛、牙痛、咽喉痛、喉痹、咽喉及舌肿、耳痛、耳中出血、耳中脓水出、耳聋，耳鸣等方；以及治头白屑、面上黑黯、头上疮方。其中不少是沿用至今的良方，如用羊肝治眼热暗；黄连、朴硝治眼热赤；细辛绵裹外敷治牙龈痛；莨菪子薰治牙痛；白矾、黄矾外用治耳流脓等。有的方剂则有待我们在实践中进一步验证其疗效。本残卷还记载："治人卒死其脉如常，取皂荚末吹着耳鼻中即差。"其后又特指出："无脉者真死。"说明前述的"卒死"，古人已认识到它并非"真死"，并能从脉象上予以鉴别，其医疗经验已达相当水平。在 S.1467 残卷中，有一些脏疗的记载，如定志丸，以猪、牛、羊、马、犬五心入药以安人的心神；羌活补髓丸，以羊、牛髓配方以疗人的髓虚，说明祖国医学"以脏补脏"的治疗方法由来已久。此外，在 S.5435 残卷中，以黄丹、洛粉等熬膏药外治诸疮；在 P.2882 残卷中，以铁、矾石、没石子等炮制染白须、白发为黑色等，都是极其宝贵的医疗经验，有待我们整理发掘。

敦煌石窟中的医药部分，无论是其绚丽的壁画，还是其宝贵的遗书，都是祖国医药学中的一个极为重要的组成部分。对于她的深入研究和发掘整理，是一项迫不及待的工作，但由于笔者们水平有限，加之时间仓促，其中错误与疏漏之处在所难免，敬请专家、学者与同道们指正。

摘自：赵健雄，徐鸿达，王道坤，等.敦煌石窟医学史料辑要［J］.敦煌学辑刊，1985，（2）：115-121.

漫谈敦煌医学研究[①]

王道坤

各位专家、各位领导：

大家好。

1900 年在甘肃省敦煌莫高窟藏经洞中发现了五万余卷的遗书。敦煌遗书的发现，震惊了国内外学术界，引起了国内外学者的关注与研究，从而在世界上兴起了一门新的学

科——敦煌学。敦煌学乃国际性显学。

敦煌医学的概念：敦煌医学是敦煌学的一个重要分支，是以经卷、壁画和绢画等实物为载体的独具特色的地域优势医学。

价值和意义：敦煌医学文献在丰富隋唐前后医学典籍宝藏、古医籍的校勘和辑佚、解决医史研究中若干长期争议的问题等方面有非常重要的学术价值和临床应用价值，值得发掘与弘扬。

面对这一独具特色的地域优势，在省上和学院历届领导的高度重视下，历经几代学者的不断努力，自20世纪80年代初至今，我院在敦煌医学研究方面成果斐然，特色浓厚。

实践表明，敦煌医学的教学改革在我院是十分成功的，既弘扬了世界文化遗产，又使学生接受了深刻的爱国主义教育，培养了科研能力，拓宽了知识面，巩固了专业思想，提高了专业素养。今后学院将进一步加大支持力度，以使敦煌医学这一瑰宝在本科教学、科学研究及临床应用等方面凸显出更大的特色和优势。

目前，敦煌医学相关论文大约有130多篇，出版的专著有10多部。

以下是我们用萎胃灵治疗慢性萎缩性胃炎（CAG）的研究情况。

【原文】关脉洪，胃中满，宜服平胃丸。亦可微下之，针胃管泻之。

【原文】平胃丸方。主心悬饥，不用食。

蜀大黄十分，去皮　当归五分，马尾者，生布拭　䗪虫五分去足，熬香用　防风五分，生布拭去土　蜀附子八角者三分，清酒渍半日，炮坼，去皮及心秤之　干姜五分　人参五分，拭去土　藁本五分，去皮秤　玄参五分，去土　苦参五分，去土　桔梗五分，去土

王叔和《脉经》卷二载："辟病，其色黄，饮食不消，腹苦胀满，体重节痛，大便不利，其脉微缓而长，此为可治，宜服平胃丸……"但是翻遍全书，找不到药味组成，我认为这是前贤有意秘之。而在敦煌遗书（P.3287）中却找到了平胃丸的方证、主治、药味、用法、护理等内容，相当珍贵。

萎胃灵就是在平胃丸的基础上化裁出来的新制剂。我从1985年在临床上用它治疗中医学的虚损病，疗效很好。经过认真的分析研究，我认为它很符合西医说的慢性萎缩性胃炎的临床见证。所以处方定型后委托兰州中药厂加工生产。应用于临床，疗效满意。如患者潘某（病历略），再如张某患慢性萎缩性胃炎癌前病变，治疗前由兰州医学院第一附属医院（一院）胃镜和病理确诊，治愈后同样在一院复查，证明痊愈。列举这些治愈病例，说明敦煌医方有很大的应用价值。

鉴于萎胃灵治疗慢性萎缩性胃炎疗效显著，我们还做了毒性试验、药效学研究（详情略）。

所以我建议成立敦煌医学学派。

敦煌医学学派主要研究的课题是敦煌医学的文献研究和临床应用研究。

我们初步体会，成立敦煌医学学派，条件已经基本成熟：

第一，敦煌经卷文献丰富而独特；壁画精美而直观，教育人们去恶从善，有研究价值。

第二，重视养生治未病，食疗、药疗和动静功结合，很有实用价值。

第三，有以中医学院为主的学术研究团队，也有研究平台；研究成果显著，到现在出版专著10多部，发表论文130多篇。很多大夫临床应用敦煌医方治疗疑难病，疗效卓著。

因此，欢迎内、外、妇、儿临床各科的专家们积极参加我们的学术团队，共同研讨。也希望医学期刊设立专栏，掀起学术争鸣，创立全国特有的敦煌医学学派，为全人类的健康事业做出贡献。

最后，感谢各位专家和领导作的精彩报告，使我受益匪浅。谢谢。

敦煌医学有很大的发掘潜力
——王道坤副教授巧用敦煌医方治疗胃病取得显著疗效

光明日报记者　庄电一

一位日食三四两粮、形瘦无力、靠人扶入诊室的慢性萎缩性胃炎中年患者，在三年中服用了多种中西药品均无效的情况下，停服其他药物，服用了"萎胃灵 1 号"一个疗程以后，形体丰满，饮食正常，能骑自行车行十多里路，经胃镜治检复查证明胃炎已彻底痊愈。"萎胃灵 1 号"是何种药物竟有如此奇效？它是甘肃中医学院副教授王道坤根据敦煌遗书医方配制而成的药剂。

甘肃敦煌莫高窟的遗书中有许多医药内容，封存了长达 900 多年，多数医方鲜为人知，更不要说应用于临床。王道坤等人在收集整理敦煌遗书中医药文献的基础上，结合自己临床实践，注意筛选其中有效方剂，并于 1983 年开始试用于临床。经过对黄疸、痢疾、胃痛、腹痛等数种急重症和慢性疑难症的观察治疗，这些方剂显示出很好的疗效。有一个七岁儿童患急性黄疸性传染性肝炎，呕恶不能进食，一身黄如橘皮色。王道坤用敦煌遗书中的验方医疗一周后黄色尽退，两周后化验肝功能，各项指标均恢复正常。以后，王道坤又用此方治好许多例类似病人。群众称赞说："敦煌医方真神奇！"王道坤自己也说，用这个方子治黄疸，比张仲景《伤寒论》中的方子还好！

王道坤在选用敦煌医方时采取十分严谨、慎重的态度，他遵守三条原则：符合中医理论特点，结合甘肃药源实际，符合临床实际需要。1986 年他开始临床应用研究。首先选用汤剂在临床上观察治疗，在取得较满意疗效后与兰州中药厂协作，研究改革剂型，既方便慢性病患者服药，又保证临床疗效；这些药物用于临床最长的已有两年多，短的也有 10 个月，均未发现有副作用。"萎胃灵 1 号"有益气通络、和胃生新的功效，经两年多，对 400 多例慢性萎缩性胃炎病例的观察治疗，有效率达 95% 以上。

现在，王道坤等人运用敦煌医方已能治疗肝炎、痢疾、慢性胃炎、急性胃肠炎、急性胰腺炎等多种疾病。

46 岁的王道坤副教授告诉记者，敦煌医学内容丰富。内、外、妇、儿、五官诸科都有医方，气功、灸法、食疗、养生、美容均有记载，多数还未用于临床，具有很大的发掘潜力。他欢迎广大医务工作者对此做深入研究。

李应存运用敦煌医方治疗肾虚证的理论总结与思辨特点研究（节录）

李爱国

1 李应存教授运用敦煌典型补肾诸方经验

1.1 小补肾汤

治疗虚劳失精证：腰部疼痛，骨蒸潮热，身体羸瘦，脉细数。方由生地黄、竹叶、甘草（三两）、泽泻（一两）四味药组成，日一剂，早中晚分服。如果有大、小便出血者，去性柔之泽泻，加苦寒酸涩药物地榆一分（两）清热凉血；如果出现黑便，去除泽泻，加温中止血之药伏龙肝；如果肾虚兼有遗精，将生地黄改为填精益髓的熟地黄；如果小便清长，茎中痛，增加逐水通淋药物（如泽泻）用量；兼有瘀血阻滞少腹者，去泽泻，加活血化瘀药物，如牡丹皮；小便不通者，仍用泽泻通利小便；心烦者，增加竹叶以增强此方清心除烦功效；火热内郁于腹者，可加栀子以清火。

1.2 大补肾汤

治疗精气两虚证：腰膝疼痛，不能行走，头晕眼花，虚热冲逆，小便不利，脉细弱数。方由熟地黄、甘草、竹叶（各三两）、桂枝、干姜、五味子、泽泻（各一两）等七药组成，以活水煎煮，每日一剂，早中晚睡前分服。功能补肾填精、益阴泻热、温通经脉，主治肾精不足，虚阳上冲证。气血以通为贵，而有形之精不能速生，无形之气所当急通。大补肾汤以熟地黄补肾水，五味子补肾阳，桂枝、干姜温通气血，淡竹叶去烦热、利小便、清心，泽泻性柔除湿，甘草补中调和诸药。诸药合用，阴精阳气同补，五脏之气同调，补而不滞，升清降浊，促使机体气机调畅，阴平阳秘。

1.3 泻肾汤

治疗误汗导致的阳气虚弱，阴气上逆，心悸不安，汗出不止，眩晕。方由茯苓、甘草、桂枝、生姜、五味子（各三两）五药组成，早中晚分服。虽名"泻肾汤"，实为利湿健脾温阳补肾之剂。五味子补肾阳而敛风，桂枝温通周身经脉、助阳化气，茯苓利湿降浊、健脾宁心，甘草、生姜温补中气。诸药一敛一降二温，临床可用于肾脾两虚所致的阳气亏虚、浊阴不降之证。五味子收敛固涩、益气生津、补肾宁心，然其有收敛留邪之弊，肺病慎用。

1.4　固元补肾汤

治疗肾阴阳极虚、肾气不固证：疲乏无力，甚者不能活动，唾血，咳血，遗精，小便失禁。方由炙甘草、薤白（四两）、地黄、王瓜根（各三两）、醋（一升）、干姜（二两）六药组成。以醋合井泉水煎煮，早中晚分服。地黄补血养阴，填精益髓；干姜入心脾胃肺肾，温中散寒、回阳通脉、温肺化饮，两药合用，水火交济，阴阳双补，治其本；薤白辛苦温，通阳散结，行气导滞，能降肺金；醋味酸、甘，性平，能消食开胃，散瘀止血，收敛止泻，解毒杀虫；醋合甘草，顾护后天；井泉水镇心安神，诸药合用，阴阳同治，五脏同调，治疗阴阳虚极。见效快速，见证中医也能治急证的事实。

1.5　补肾壮身方

治疗男人年龄增长所致肾虚体弱，身体功能减退者。方由钟乳、蛇床子、远志、鹿茸、肉苁蓉、薯蓣、续断（各一分）七药捣为散，和合一处，每旦以无灰好酒服方寸匕，食后再服。本方大补肾之阴阳、健脾宁心、交通心肾，十日即可见效，长期服用能强肾明目、力生腰脊、延年益寿。

2　典型病例

以大补肾汤为例诠释四维思想临床应用。其下列举李应存教授应用《辅行诀脏腑用药法要》中之"大补肾汤"治疗肾虚引起的眩晕、头痛、咳喘、小儿易感、失眠、脱发、早泄等症之验案（病例来自甘肃中医学院附属医院普内科门诊）：

2.1　眩晕

金某，男，11岁。2014年3月2日前来就诊。主诉：持续性头晕1年余。患者头晕，恶心，无视物旋转，无呕吐，早晨较轻，休息可缓解。患者平素易感，腰困，神疲乏力，口干，纳差，舌淡苔白腻，脉弱。证属下元不足、中焦郁阻。气血虚不能上呈于脑，髓海失养故作头晕。治以补肾填精、益阴泻热、温通经脉，健脾消食。方选大补肾汤合小泻肾汤加味。处方：熟地黄12g，盐泽泻6g，淡竹叶10g，桂枝10g，茯苓10g，黄芩6g，甘草6g，半夏曲6g，川芎6g，玉米须30g，当归6g，黄芪20g，麸炒白术6g，焦六神曲30g，炒鸡内金30g，焦槟榔6g，旱莲草30g，女贞子30g，生姜3片，大枣3枚。六剂，一日一剂，早晚饭后一小时服。

2014年3月9日二诊：服上药六剂，口干恶心止，纳转佳，头晕明显减轻。处方：上方去当归、黄芪、鸡内金，加五味子10g、干姜3g以固肾温阳。

上方药服六剂后，头晕愈，诸症消失，恢复健康。停药嘱其以饮食调养身体。

按语 《景岳全书·眩运》指出："眩运一证，虚者居其八九。"本案头晕也为气血不足所致。其以熟地黄补血虚不足，旱莲草、女贞子滋补肝肾；淡竹叶、茯苓、泽泻、玉米须解热除烦，利水益阴，并防久郁生热伤阴之弊；桂枝、生姜具有温通经络，助阳化气之功；黄芪、白术、大枣、甘草健脾益气，六神曲、炒鸡内金、焦槟榔健脾消食，以助后天气血化源。诸药合用，标本兼顾，诸症悉除。

2.2 头痛

陈某，女，42岁。2014年3月10日就诊。主诉：反复发作头昏隐痛6年，再发1周。患者平素易感、汗多，易怒，时有腰困、脘胁不适，舌淡红苔白腻略黄，舌边有齿痕，脉弱。证属肾脾两虚、肝气郁结。致使水液代谢失调，髓海失养，气血不足而作头痛。治以补益肝肾气血，益阴除湿泻热。方选大补肾汤合小泻肝汤加味。处方：生地黄10g、盐泽泻10g、干姜6g、醋五味子10g、淡竹叶20g、桂枝15g、炒枳壳10g、炒白芍10g、黄芩10g、茯苓10g、炙甘草12g、黄芪15g、炒白术10g、防风10g、川芎10g、当归10g、醋香附15g、六神曲30g、海螵蛸30g、元胡10g。三剂，一日一剂，早晚饭后一小时服。

2014年3月12日二诊：服上方三剂，头痛止，头晕减，体舒，近日带下偏黄，尚有些疲乏。处方：上方去元胡，加忍冬藤30g、炒蔓荆子15g以利湿通络。

2014年3月17日三诊：服上方四剂，诸症皆减。按原法调治半月，诸症消失，复如常人。嘱其适寒温慎饮食。随访至今病无复发。

按语 头为诸阳之会，是髓海之所在。本案头痛为髓海营血失养所致。故用大补肾汤补肾填精、益阴泻热、温通经脉为主。因病情复杂，故以玉屏风散补气固表，小泻肝汤疏肝解郁、清热除湿，香附、元胡理气止痛，六神曲健脾和胃，海螵蛸收敛固精。诸药合用，肝肾得补，湿热得除，气血得通，髓海得养。补其不足，泻其有余，诸症自除。

2.3 咳喘

马某，女，40岁。2014年3月2日就诊。主诉：反复咳嗽气短半年。患者腰困不适，下肢浮肿，尿涩不畅，咽痛，舌淡苔腻，脉弱。心脏超声示三尖瓣少量反流；腹部超声示慢性胆囊炎。证属肾虚不敛、肺失宣降兼下焦湿热。肾气阴两虚，肾气失去摄纳而不能收藏，故咳嗽气短。拟以补肾摄肾，止咳平喘。方选大补肾汤合紫苏煎加味。处方：熟地黄15g、盐泽泻10g、炙甘草15g、桂枝10g、茯苓10g、黄芩15g、苦杏仁10g、浙贝母12g、蜜款冬花6g、蜜桑白皮15g、蜜紫菀15g、紫苏20g、蜜枇杷叶30g、玄参15g、蒲公英30g、忍冬藤30g、黄芪20g、防风6g。三剂，一日一剂，早晚饭后一小时服。

2014年3月5日二诊：服上方三剂，咽痛止，咳喘减，下肢浮肿减，血常规正常。处方：前方去蒲公英，加醋五味子10g、淡竹叶20g、干姜3g、麸炒白术6g以固肾降浊温阳健脾。

2014年3月12日三诊：服前方一周，咳嗽气短愈，下肢未见浮肿，纳差体倦乏力。处方：前方去紫菀、枇杷叶、淡竹叶，加白术至10g，桂枝至12g，加焦六神曲30g、焦麦芽30g、焦山楂30g以温阳健脾、消食助运。

药后，纳佳，体舒有力。继用上法一周，以巩固疗效。

按语　清代叶天士《临证指南医案·咳嗽》指出"因水虚痰泛，元海竭而诸气上冲者，则有金水双收，阴阳并补之治，或大剂滋填镇摄，保固先天一气元精"。本例因肾虚摄纳无力，肺入之清气不能下纳于肾，致肺失肃降而发咳喘。治之以紫苏煎止咳平喘治标，大补肾汤温肾水利水湿治本，水气得调得暖则肺金得降。同时健脾和胃，调和阴阳升降之枢轴，助清气左旋、浊气右转。诸药协同，先后天同调，扶正祛邪，标本兼治，使肺得收肾得藏，最终使疾病得以痊愈。

2.4　小儿易感

代某，男，6岁。2014年3月23日就诊。主诉：体虚疲乏，易感咳嗽反复发作5年。现咳嗽，双耳堵闷感，易疲乏，舌淡苔白脉细。因先天禀赋不足，年幼肾气未充，致使其体虚易感，稍受外邪则感冒咳嗽。先用紫苏煎止咳平喘、调气化痰以治其标，诸症皆除后改用大补肾汤加味以治其本。处方：生地黄10g，淡竹叶15g，炙甘草6g，桂枝6g，盐泽泻6g，醋五味子6g，黄芪12g，炒白术6g，防风6g，煅牡蛎30g，黄芩10g，茯苓6g，焦六神曲30g，桔梗6g，玉米须15g，蒲公英15g。三剂，一日一剂，早晚饭后一小时服。连服上药一周，一月后询知，服药后其病未再复发。

按语　《素问·评热病论》提出："邪之所凑，其气必虚"。《诸病源候论·小儿杂病候》："小儿脏腑之气软弱，易虚易实"。指出小儿气血未充，肌肤柔脆，偶触风寒则荣卫受病，小儿在感邪后，邪气易实，正气易虚，用药不慎，也容易导致虚实之变。以求"攻不伤正，补不恋邪，消补兼施，以通为补"。故用紫苏煎治疗好转后，再以大补肾汤加味补肾健脾，祛邪固卫。

2.5　失眠

孙某，男，32岁。2014年8月16日初诊。主诉：失眠多梦膝酸软半月。半月前因思虑过度所致，伴腰膝酸软，烦躁易怒，头昏耳鸣，神疲乏力，肩膀肢体困重，偶有手足麻木感，劳累后加重，纳差，舌淡苔白舌体略胖，脉沉细。证属肾虚气弱、肝木失养、络脉不畅。选用大补肾汤化裁：黄芪10g，熟地黄10g，桂枝6g，白芍10g，牡蛎30g，甘草3g，干姜6g，川芎6g，桑枝10g，防风10g，牛膝5g，神曲10g，鸡内金10g，合欢皮10g，香附10g，鸡血藤15g，狗脊10g。

2014年8月19日二诊：失眠症状明显减轻，神疲乏力减轻，肢体麻木止，时有头晕，前方去桑枝加旱莲草10g、菊花10g以养肝清血。

2014 年 8 月 23 日三诊：药后睡眠好转，乏力腰困减轻，前方去牛膝、合欢皮，加杜仲 10g、锁阳 10g 以补肾助阳。

2014 年 9 月 6 日四诊：药后失眠、头晕乏力等症状明显减轻，近日因受凉兼生气致失眠反复，肢体略麻不适，前方去鸡血藤，加首乌藤 15g、合欢皮 10g、路路通 10g 加强安神通络之功。

2014 年 9 月 13 日五诊：药后睡眠转佳，无明显头晕、耳鸣、手足麻木，精神较前明显好转，偶有心烦。前方加当归 10g、栀子 10g 以养血除烦。嘱其避免劳累、保持心情舒畅。

按语 本例因过劳致使脾肾两虚、肝血不足。治以大补肾汤加味以补肾填精、泻热除烦，配以祛风通络、养血柔肝药物。诸药合用，补其肾、健其脾、摄其气、柔其肝、祛其邪，四维一体，标本兼治，使诸症皆除。

2.6 脱发

李某，男，25 岁。2015 年 5 月 5 日初诊。主诉：反复腰痛伴脱发 1 年，左鬓角斑秃，选以大补肾汤加味：黄芪 15g，熟地黄 20g，淡竹叶 30g，桂枝 6g，泽泻 10g，五味子 10g，何首乌 15g，首乌藤 20g，牛膝 15g，苦参 12g，黄柏 10g，白鲜皮 6g，苍术 6g，连翘 10g，神曲 30g，白术 6g，防风 6g，炙甘草 6g。六剂，水煎服，日一剂，早中晚分服。

二诊：2015 年 5 月 12 日药后腰痛止，脱发减少，斑秃位置有细小毛发伸出，纳眠好转，偶因思虑导致眠差，前方加牡蛎 30g 以潜降安神，去苍术，加桑椹 10g、旱莲草 20g、女贞子 30g 以养肝血。

按语 患者年少而腰痛、头发脱落，此为肾精不足之表现；手足心汗出，为肾阴虚火旺迫津外行不能闭藏之表现，应考虑从肾论治。治以大补肾汤补肾敛阴，辅以祛风清热、养肝血安心神药物，寒热并用，五脏同调，以使气机恢复平衡。

2.7 早泄

牛某，男，23 岁。2015 年 4 月 18 日初诊。主诉：腰困，早泄，晨勃无力 3 年余。患者既往有手淫史，素肢厥怕冷，天冷则阴茎阴囊缩很小，眠差易醒，纳欠佳，形体虚胖，面色暗，舌淡苔白，脉沉细。以敦煌大补肾汤化裁：黄芪 20g，熟地黄 20g，肉桂 15g，泽泻 10g，五味子 10g，竹叶 30g，肉苁蓉 10g，磁石 30g，当归 10g，川芎 10g，白芍 10g，仙灵脾 20g，锁阳 30g，神曲 30g，鸡内金 30g，炙甘草 6g。六剂，水煎服，姜枣引日一剂，早中晚分服。

4 月 25 日二诊：药后精神转佳，畏寒怕冷减轻，晨勃、早泄好转，睡眠转佳。前方去仙灵脾、神曲，加芡实 10g、韭菜子 6g、山药 6g 以加强固肾涩精、温阳益脾之效。

5 月 5 日三诊：药后晨勃较前明显好转，腰困大减，精神较前转佳，前方加仙灵脾 10g 以补肾助阳以巩固疗效，嘱咐其避免过度劳累。

按语 此案为肾精直接亏损所致肾虚证。肾精亏损，气无所载，致使阳气虚弱，肢厥怕冷、脉沉细。治以补肾敛阴助阳，佐以疏肝健脾药物调理气机，使补而不滞，共奏补肾之功。

3 李应存教授用药特色

3.1 用药思路

（1）补肾：针对证机选用补肾药物。按补虚大法，肾阴虚者可选熟地黄、黄精、何首乌、女贞子、旱莲草、枸杞子、桑椹、磁石、覆盆子等药物补肾水；肾阳虚者当选以杜仲、续断、锁阳、肉苁蓉、巴戟天、五味子、淫羊藿、菟丝子、仙茅、韭菜子、阳起石、鹿角霜、磁石、钟乳、芡实等药物补肾火。阴阳两虚者宜滋阴为主，辅以助阳药物治疗，而滋阴之法，非多服不能奏效，需戒急授而骤壅。熟地黄滋阴养血，是补肾养血补虚之要药，适用于肝肾阴虚、血虚等症，但滞腻壅胃，宜与砂仁同用。

（2）健脾：合理配伍补气、渗湿健脾药物。清代许豫和《怡堂散记》载"善补肾者，当于脾胃求之"。人参、黄芪、白术、山药、大枣、甘草等药补脾胃土气；茯苓、泽泻、薏苡仁等药利湿，热亦可去，脾土得令，清阳得升，故能养五脏益气力。然大枣补气养血，然其有阻滞之痹，需借以生姜温中散滞，根据患者症状，两药合理配比，顾护中气。人参补气而不留邪，善补五脏，能速效，补气以药力厚重之红参最佳；黄芪善补气兼调血脉、利水消肿，适用于气虚血瘀、阳虚水犯证，药力绵长持久而药力愈盛，然其有固表之功，有留邪之痹。

（3）祛邪：适当配伍温阳或清血热药物以祛其邪。肾阳虚则生内寒，需以附子、肉桂、桂枝、干姜、细辛等药补阳温水寒；阴虚者易生内热，虚热又易耗津液，在滋阴药物的基础上配以知母、黄柏、栀子等药泻虚火。附子上能助心阳、中可温脾阳、下能补肾阳，肉桂善温命门之火、温通血脉、温中散寒。然附子、肉桂辛温大热，如无阳气虚少、无真寒，尽量少用，其性善行，有将中下阳气引出之患，如必用时，需协同酸敛药物，如芍药、五味子等药共起敛阴和阳之效；或（和）佐以甘寒药物，如麦冬以润其燥。

（4）摄气：敛降心肺胆胃膀胱之气。大病后真阴虚损、水火不相维护，阳欲上脱时，可能出现咳喘、头晕、头汗出，佐以龙骨、牡蛎（大量）以收敛浮阳、纳气归根、降胆经；肺热不降者，以知母、瓜蒌、麦冬、贝母、黄芩、枳实、槐米等药清肺热、竹叶清降心胃之热。

（5）疏肝：温升肝脾肾三焦大小肠之气。以当归、川芎、羊肉等药活血行气，温升肝木之气。

但临床病症多变，在总的原则上，需辨证论治，选药不可偏执，灵活把握诸药，合理配伍，调理四维之升降，共达到补肾目的。

3.2 补肾用药

遣药组方并非各类药物的堆积，补肾须辨证选药，临床常用补肾用药归纳如下：

（1）肾虚阳痿遗精者，可选淫羊藿、肉苁蓉、巴戟天、补骨脂、杜仲、阳起石、韭菜子、磁石等药温补肝肾、涩精止遗之品同用，配以麦冬、车前子、泽泻、牡丹皮等清心泄热之品。

（2）肾阳虚引起子宫虚寒不孕者，予巴戟天、阳起石、吴茱萸、附子、肉桂、干姜或高良姜、熟地黄等药。

（3）肾虚腰膝冷痛者，可选淫羊藿、巴戟天、肉苁蓉、补骨脂、杜仲、菟丝子、韭菜子、石斛等药壮阳益精，或配羌活、五加皮等同用，治风冷腰部疼痛、行走不利；或配独活、桑寄生、细辛等同用，治风湿腰痛冷重。

（4）肾虚兼胎动不安者，宜补肝肾、固冲任安胎，可选杜仲、续断、桑寄生、阿胶、菟丝子、山药、香附等药。

（5）肾虚引起大便不通、小便清长者，予肉苁蓉、当归、牛膝、泽泻、菟丝子、桑螵蛸等药。

（6）脾肾两虚引起五更泄泻者，给予补骨脂、肉豆蔻、菟丝子、五味子、枸杞子、莲子、山药、生姜、大枣、茯苓等药。

（7）肾虚骨瘦、行走艰难者，给予熟地黄、锁阳、牛膝等药。

（8）肾不纳气，虚寒喘咳，予补骨脂、人参、核桃仁、木香等药。

（9）肝肾不足兼目暗不明者，可选熟地黄、枸杞子、桑椹、菟丝子、石斛、覆盆子、何首乌、杜仲、人参、远志、当归、茯苓等药。

（10）肝肾不足、五迟五软者，予熟地黄、锁阳、狗脊等药。

（11）肝肾亏虚、须发早白者，给予何首乌、女贞子、当归、枸杞子、菟丝子等药。

（12）阴虚内热致失血者，配以旱莲草、生地黄、阿胶等滋阴凉血药物；潮热心烦者，配以生地黄、知母、地骨皮等养阴、清虚热药物；致目红怕光者，配以生地黄、谷精草、石决明等滋阴明目药物；兼内热消渴者，配以黄精、生地黄、麦冬、天花粉、女贞子、天花粉、桑椹等药；兼骨蒸潮热者，予熟地黄、知母、黄柏、石斛、龟板等药同用；真阴虚损、阳欲上脱者，出现咳喘、头晕、头汗出，需佐以龙骨、牡蛎（大量）以收敛浮阳、纳气归根。

3.3 特色用药

李应存教授临床用药灵活，突出敦煌用药特点，针对具体病情，辅以合适药物，归纳如下：

若阳虚气化无力，畏寒怕冷，甚者阴囊卷缩者，李应存教授遵循《素问·至真要大论》"诸寒收引，皆属于肾"之经旨，重用肉桂，以温阳助气化，其量重可加至 50g；若肾虚较轻阳虚不显，可轻用肉桂 3～6g 以微助肾阳之气。

李应存教授注重升降用药，若患者兼有气血阻滞于胸胁者，选用川芎、枳实相配而用，行气化痰、活血止痛，一升一降，共奏调气行血止痛之功，遵循"芎䓖、枳实，心急即用加之"原则，治疗兼有气血阻滞之胸胁疼痛、悸动，效果显著。

若兼脾虚气滞，选用白术、槟榔相配而用，补益中气、消积和胃，遵循"白术、槟榔，有散气消食之效"原则，用于脾胃虚弱、气滞食积所致腹胀纳呆，肢体困倦等症。若脾虚重则重用白术、轻用槟榔，若脾虚轻而实滞重者，则轻用白术，重用槟榔，如麸炒白术6g、槟榔30g。

若神疲腰困重者，重用黄芪、熟地黄，取其脾肾并重，如常用黄芪20g、熟地黄20g；若气虚偏重，重用黄芪；若肾精不足，则重用熟地黄。

若兼肾虚咳喘者，选用紫苏、五味子并用，收散结合，临床疗效显著。若腰痛膝冷明显者，重用怀牛膝。

若兼肝木气盛、神失所守、头晕失眠重者，重用牡蛎，可达100g。

若兼心火偏旺，心烦小便不利者，重用淡竹叶达30g。

若水湿不利者，则重用泽泻，利水通淋，可达20～30g。

摘自：李爱国.李应存运用敦煌医方治疗肾虚证的理论总结与思辨特点研究［D］.兰州：甘肃中医药大学，2015.

李应存运用敦煌医方治疗肝病经验总结与思辨特点研究（节录）

万婷

敦煌肝病辨治用药特色突出

敦煌遗书在肝的生理、病理及肝病的病因、病机、治则、治法上都有比较详细的论述，尤其是《辅行诀脏腑用药法要》卷子展示了辨治五脏病证24首经方，其突出五行格局，经纬五脏用药，别具特色。《辅行诀脏腑用药法要》五脏病证文并方中有详尽的有关肝病的定义以及治疗的专题论述，对临床上肝病的定义范围、治法治则、选方配药有比较大的指导意义。

1　肝脏的生理病理描述简明实用

在《五脏论》中描述道："所以肝为将军……肝与胆合……是以肝盛则目赤……目是

肝侯……肝主于筋……筋患则出肝"，"肝实则多怒"。在《明堂五脏论》阐述为："肝者，魂藏，东方甲乙木，其位在震，春王七十二日。肝者，干也，从官三千六百人……上通于目，内主筋，知目和即能辨五色……故知肝热，眼内多眵（眵）；肝不足，转筋爪干；肝实，左胁下痛；肝积气，如复盉（覆杯）在左胁下；肝劳，四肢无力。肝病，倍明闭目。肝俞在人背第九椎两傍，各相去一寸半是也。"《五脏脉候阴阳相乘法》中说："肝者东方木，万物始生，其气濡弱，宽而虚，故其脉为弦，而新张弓弦者死……其脉弦细而长，曰平也，反得微涩而知（短）者，是肺之乘［肝］，金克木，［为贼邪，大逆］，十死不治。反得沉濡而滑者，肾之乘肝，母之克子，［为虚邪］，虽病当差。反得沉濡而滑者，肾之乘肝，母之克子，［为虚邪］，虽病当差。反得大而缓者，是脾之乘肝，为土克木，为微邪，［虽病即差］，土畏木，不死。"《占五脏声色源候》中说："肝有病，目不明则目蔑目蔑，呼则及怒。"

《辅行诀脏腑用药法要》"辨肝脏病证文并方"中说："肝虚则恐，实则怒""肝病者，必两胁下痛，痛引少腹。虚则目䀮䀮无所见，耳有所闻，心澹澹然如人将捕之；气逆则耳聋，颊肿。治之取厥阴、少阳血者""邪在肝，则两胁中痛，寒中，恶血在内，则胻善瘛，节时肿。取之行间以引胁下，补三里以温胃中，取耳间青脉以去其瘛"。

2　肝病的治法治则引经有据

《辅行诀脏腑用药法要》归纳为："肝德在散；故经云：以辛补之，酸泻之；肝苦急，急食甘以缓之。适其性而衰之也。"

3　肝病的证治虚实分明

3.1　肝实轻证

肝之经脉布胁肋抵少腹，故对于出现两胁下痛，少腹痛有迫急症状，大便或硬，干呕的患者，认定为泻肝汤证，用枳实破气除痞、化痰消积；以证推方此处为白芍，以白芍养血敛阴、平肝止痛；生姜温中降逆、和胃止呕。"小泻肝汤。治肝实，两胁下痛，痛引少腹迫急，当有干呕者方。枳实（熬）、芍药、生姜各三两。右（上）三味，以清浆三升，煮一升，顿服之。瘥，即重作服之"。

3.2　肝实重证

泻肝汤证的基础上，又有化热之趋向，如出现头痛目赤等一派肝火上炎之势，其人有郁怒，胁痛胀更剧烈，又仍有小泻肝汤少腹痛迫急之症等，在小泻肝汤基础上加减成大泻肝汤为组方思想，沿用枳实合芍药，破气而不伤阴；芍药合甘草，缓急而能止痛；加黄芩、大黄，苦寒清泄肝胃郁热。"大泻肝汤。治头痛，目赤，多恚怒，胁下支满而痛，痛连少腹迫急无奈方。枳实（熬）、芍药、甘草（炙）各三两，黄芩、大黄、生姜（切）各一两。右（上）六味，以水五升，煮二升，温分再服"。

3.3　肝虚轻证

肝血不足不能濡养筋脉，上荣头目，必有头目眩晕，视物不清；气血虚弱心悸恐慌，眠不能安；阴不敛阳，气上冲心，越汗出。以方测证，当有血虚肢麻不仁，关节屈伸不利。或见肝有虚风内动，皮肤瘙痒，拘急挛动等症状的，不必拘泥原文，仍可用补肝之方：小补肝汤中桂枝合干姜辛甘化阳；五味子酸收敛阴，合大枣又能酸甘化阴。"小补肝汤。治心中恐疑，时多恶梦，气上冲心，越汗出，头目眩运（晕）者方。桂枝、干姜、五味子各三两大枣十二枚，去核。一方作薯蓣。右（上）四味，以水八升，煮取三升，温服一升，日三服。心中悸者，加桂枝一两半；冲气盛者，加五味子一两半；头苦眩者，加［白］术一两半；干呕者，去大枣，加生姜一两半；中满者，去大枣；心中如饥者，还用枣；咳逆、头苦痛者，加细辛一两半；四肢冷，小便难者，加附子一枚，炮"。

3.4　肝虚重证

肝主疏泄，肝气失疏则气机难以调畅，出现气自少腹上冲咽，呃声不止，头目苦眩；或为肝气虚出现惊悸不安，恐惧，脉弱而结；若进一步气的疏泄影响脾运化失司则有在上为眩晕，在下为飧泻等症；影响胃降浊功能则有在上为呕逆嗳气，在中为脘腹胀满疼痛，在下为便秘。上述诸症实则为小补肝汤证肝气虚肝血不足的症状基础上新添肝失条达、肝气犯胃、肝气犯脾等症，治疗用药也不尽相同，用桂枝、干姜、五味子、大枣补肝虚治其本，旋覆花、代赭石降逆和胃治其标；竹叶清心除烦，安心宁神。共组大补肝汤。"大补肝汤。治肝气虚，其人恐惧不安，气自恐惧不安，气自少腹上冲咽，呃声不止，头目苦眩，不能坐起，汗出，心悸，干呕不能食，脉弱而结者方。桂心、干姜、五味子各三两，旋夫（覆）花、代赭石（烧）（一方作牡丹皮）、竹叶各一两，大枣十二枚，去核。一方作薯蓣。右（上）七味，以水一斗，煮取四升，温服一升，日三夜一服"。

后文也有用它方指导肝病缓解其他症状，治法如："大阴旦汤。治凡病头目眩运（晕），咽中干，每喜干呕，食不下，心中烦满，胸胁支痛，往来寒热方。柴胡八两，人参、黄芩、生姜各三两，甘草炙二两，芍药四两，大枣十二枚，半夏一升，洗。右（上）八味，以水一斗二升，煮取六升，去滓。重上火，缓缓煎之，取得三升。温服一升，日三服。""陶隐居云：中恶卒死者，皆脏气被壅，致令内外隔绝所致也……点眼以通肝气。治跌仆，既腰挫闪，气血着滞，作痛一处，不可欠伸，动转方。矾石烧赤，取凉冷，研为细粉。每日用少许，以酢蘸目大眦，痛在左则点右眦，痛在右则点左眦，当大痒，螫泪大出则愈。"

"茵陈丸。主天行时气。温疟寒热来去，及发黄疸，大小便涩秘不通，心腹胀满，心闷气喘。服之得利即差方。茵陈二两，杏仁三两，恒山三两，［鳖甲二两］大黄五两，芒硝三两，栀子仁二两，巴豆一两［豆豉五合］，右（上）切，倒筛，蜜［丸之，饮服三丸，如梧子大]，得三数行利即差，亦有得吐兼佳，[知加一九，神方]"。"治乳房方。热煎桃、柳枝洗一两度，取麝香、胡粉、丁香、姜、桂心，捣作末以酒下之，暖盖卧，得汗即差"。

历代医家虽然都有过对肝病的总结和阐发，但是，敦煌遗书重视肝病，将肝病分为肝虚肝实，并系统总结了肝病的辨治等。同时随着时间的推移，新病、疑难杂病从肝论治扩大了肝病的范围和打开了临床思路。敦煌遗书《辅行诀脏腑用药法要》中对肝病的论治主要是依据肝病的虚实分为大小泻肝汤证和大小补肝汤证，在虚实的基础上分轻重缓急。对敦煌遗书，尤其是《辅行诀脏腑用药法要》的研究在学界及临床研究比较少，同时，关于大小补泻肝汤的适用证可以填补一些学界争议，如前文提及的王旭高治肝三十法中"治肝郁未敢提出柴胡"，岳美中先生认为："柴胡为解郁疏肝专用之材，若弃置不用，是治肝病药法中一大损失。"王旭高治"忧愁抑郁耗损心脾"明确指出使用柴胡四物汤，而方中却以青蒿代柴胡，普遍认为当时医界受"柴胡劫肝阴"影响之故。而敦煌方历史之久远，用治中仅提枳实、芍药、生姜等，对柴胡避而未提及，颇有研究价值；后世重视补肝，避免一味伐肝，大有临床意义，而敦煌遗书也早已运用后世提到的补肾水以补肝阴，在补肝汤中运用五味子、山药等，值得在临床中研究和深思。

李应存运用敦煌医方治疗肝病经验总结与思辨特点研究

1 有关炎症从肝病而治

炎症是指机体对感染、外来物质或其他因素（如抗原抗体复合物）所致损伤的一种反应。机制包括变质、渗出、增生，造成局部红肿热痛，严重时体温升高、白细胞增多。炎症在中医中并无此名字，其涉及临床各大学科。为中医学所谓邪气入侵，正气抵抗，为维护机体脏腑表里调和、阴阳持平的临床胜复演变。由于中邪的性质、中邪的部位、中邪的程度及自身免疫的强度不同，又有各自的特异表现，李应存认为炎症不能一概运用抗生素，应辨证论治，无论急性炎症，还是反复发作、迁延难愈的慢性炎症，如果有胁痛、大便难等肝实证，又表现出面赤、头痛目赤等火性炎上、冲逆无制的肝火实证，应以泻肝汤为组方思想。

1.1 医案举例

医案一 某女，51 岁，退休干部。2013 年 3 月 20 日初诊。胃痛胃胀近一年，多食后加重，多年胆囊炎史。刻诊：胁肋胀、气短、胸闷、眠不安，大便正常或略干，舌边尖红，苔白厚，舌下静脉（++），脉弦滑，实而有力。黄芩 12g，炒枳壳 20g，炒白芍 12g，黄芪 20g，当归、炒白术、半夏曲、厚朴、陈皮各 12g，金钱草 30g，醋香附 15g，醋延胡索 10g，焦山楂、焦神曲各 20g，焦麦芽、煅瓦楞子各 30g，炙甘草 6g，3 剂，姜枣引（每剂药中放入三个大枣，两片鲜生姜片），每日1剂，早晚饭后1小时分服。禁生冷、辛辣、刺激食品，避受风寒，注意休息。

复诊：胃胀、气堵闷、拒按等诸症皆愈，便调，食欲尤佳，新见头皮发痒，在原方中随症加入地肤子15g，继服3剂，无复发，治愈。

医案二　某女，44岁，务农。2013年5月19日初诊。胆区两胁连少腹疼，目干，大便稍干尚可，舌苔厚腻，脉弦数。诊为"胆囊炎并胆囊息肉样病变"。枳实15g，白芍10g，黄芩12g，白术10g，香附15g，炒决明子、金钱草各20g，半枝莲15g，香橼12g，仙鹤草、焦六神曲各30g，佩兰20g，厚朴、延胡索各10g，炙甘草6g，6剂，姜枣引，每日1剂，早晚饭后1小时分服。随访至今未复发。

医案三　某女，24岁，学生。2013年4月28日初诊。自初潮起（日期不详）每于月经来潮前高热不退，每以抗生素输液退热，近月来，时有低热不退。刻诊：高热心烦不退，腰酸困且痛，咽干痛，舌边尖红，苔薄白，脉弦细。2013年4月27日血常规化验单：WBC 14.5×10^9/L，NEU 12.5×10^9/L，LYM% 9.9%，NEUT% 85.5%。尿常规化验单示：白细胞（＋）70/μL。黄芩20g，广藿香12g，醋香附15g，黄芪、炒白术、当归各10g，淡竹叶30g，石膏60g，熟地15g，杜仲12g，续断10g，焦山楂、焦神曲各30g，连翘20g，玄参30g，马勃20g，甘草6g，3剂，姜枣引（每剂药中放入6个大枣，2片鲜生姜片），每日1剂，早晚饭后1小时分服。勿食生冷、辛辣、刺激食品，避受风寒，注意休息。2013年5月1日复诊，两剂药后热退，诸症皆减。2013年5月1日血常规化验单：WBC 6.1×10^9/L，NEU 4.4×10^9/L，LYM% 20.6%，NEUT% 71.6%。2013年5月1日尿常规化验单：白细胞（－）0。黄芩15g，广藿香20g，醋香附15g，黄芪20g，炒白术、当归各10g，熟地15g，焦山楂、焦神曲各30g，杜仲12g，续断10g，连翘20g，马勃15g，玄参20g，白茅根15g，6剂，姜枣引，水煎服，一日2次，早晚饭后1小时服用。

医案四　某男，47岁，长途货车司机。2013年10月15日初诊。发热七八日不退，淋雨后诱发，持续发热不适，间断有高热，甚至达40℃，静脉注射头孢、清开灵、利巴韦林，未见效。刻诊：无汗，头痛重，鼻塞，颈项及全身酸痛不适，纳差、消化不良，舌白苔厚腻，大便干。枳实30g，黄芩、杭白芍各10g，柴胡24g，麻黄12g，桂枝20g，竹叶40g，生石膏100g，防风12g，川芎15g，藁本10g，羌活3g，葛根15g，藿香12g，白术10g，焦山楂、鸡内金、炒莱菔子各30g，延胡索10g，芒硝、生甘草各6g，大枣12g，干姜3g，3剂，水煎服，早晚饭后1小时分服，若发汗避受风寒。2013年10月18日复诊，高热已退，头痛、身痛均止，大便已畅，汗出而多，恶寒，稍有口渴，头晕，疲乏无力，舌苔稍黄，宜清余热。枳实30g，黄芩6g，杭白芍10g，桂枝12g，竹叶、生石膏各30g，防风6g，川芎12g，葛根15g，藿香20g，白术10g，焦山楂、鸡内金、炒莱菔子各30g，甘草6g，黄芪、旱莲草、女贞子各30g，熟地、槟榔、佩兰各20g，6剂，姜枣引，水煎服，早晚饭后1小时分服。

医案五　某女，24岁，个体经营。2013年5月15日初诊。感冒十天未愈，体虚汗出，头晕恶心，难以端坐近1周。肌注"胃复安"、静注克林霉素等未有减轻，且出现恶心、胃不适等。黄芩、白芍、枳实、连翘、玄参、白术、广藿香、佩兰、黄芪、防风、荆芥、葛根、川芎、焦山楂、焦麦芽、炙草、院内制剂配方颗粒各一包。两日后病人电话回复药到病除。

医案六 某男，25 岁，公务员。2013 年 4 月 14 日初诊。小腹连腰骶痛、双侧腹股沟内侧不适，手足厥冷，舌淡苔白滑，脉弦细，自述双侧精囊炎。枳实、白芍各 10g，黄芩 12g，白术 10g，肉桂 6g，仙灵脾 15g，木香 10g，菟丝子 15g，川楝子 6g，醋香附 10g，焦山楂、焦六神曲各 20g，醋延胡索 10g，土茯苓 15g，忍冬藤 20g，炙甘草 6g，6 剂，姜枣引（每剂药中放入 3 个大枣，两片鲜生姜片），每日 1 剂，早晚饭后 1 小时分服。禁生冷、辛辣、刺激食品，避风寒，注意休息。2013 年 5 月 5 日复诊，拘急疼痛明显减轻，自感轻松，大便黏滞欠畅，脉弦滑，舌红、苔厚。故去前方中肉桂、木香、忍冬藤，加滑石粉 30g、甘草 6g，清理湿热，加牛膝 12g、补骨脂 10g，补肾强精，加用 10 个大枣、两片生姜共煮。复诊未见异常。

1.2 按

医案一、医案二都是以临床胆囊炎为主诉求诊，在医案一中，李应存认为胃痛、胃胀，当首辨虚实，病人中年力盛，脉弦实有力，为肝实证。有胁胀一症即可从肝论治，大泻肝汤加减，气短胸闷为肝实而郁，气机不畅；大便正常偶干则不需用原方之枳实、大黄，改用枳壳；肝气犯胃，胃不和则卧不安，"夫肝之病补用酸，助用焦苦"，取焦麦芽、焦神曲，枳壳炒用，加补脾和胃诸药。

医案三、医案四以不明原因发热求诊。原因不明的白细胞增高引起的持续低热，临床诊治比较棘手，中医很少涉及，西医需要通过大量的辅助检查才能找出原因，少数最终还是不明原因，或运用大量抗菌药物才能治愈，需要大量财力和精力支持。中医辨证治疗，突出了简、便、验、廉的优势，辨证为内伤发热，与肝郁发热、瘀血发热、气虚发热、血虚发热、阴虚发热等有关。以上两方是李应存运用大泻肝汤之义从肝实论治不明原因发热，效果显著。

医案五本以上呼吸道感染求诊，李应存认为虽是外感但经久不愈，有肝胃不和之恶心、胃不适，当泻肝健脾，疏风解表。

医案六中，慢性精囊炎是男性生殖系统常见隐疾之一，多好发于 20～45 岁青壮年，西医目前多采用支持疗法和抗生素治疗，针对性较差，难以完全治愈，中医多从肾论治，滋阴降火、活血通络、补益气血。李应存认为精囊炎当分虚实缓急。弦脉主肝，肝主筋，故手足厥冷，补用酸，助用焦苦，以泻肝汤为主方，配合酸补之川楝子；延胡索、香附醋用；山楂、神曲焦用；随症加用延胡索止痛，忍冬藤疏通经脉，肉桂、仙灵脾温阳通络。

2 有关失眠从肝病而治

失眠中医称之不寐，西医学定义为睡眠障碍，是一种常见症状，广泛分布于各类人群。常表现为入睡困难、多梦、易惊醒或醒后不能再入睡，或感到睡眠很浅，甚至整夜未眠。部分患者睡醒后疲乏，或白天发困打瞌睡，夜间兴奋不眠，睡眠节律紊乱，常为失眠担心、苦恼。李应存教授认为失眠是由阴阳失调、神不入舍所致，诱因多为情志不遂，肝失疏泄。初则气机郁结，日久阴阳俱损。宋代许叔微《普济本事方》中论述："平人肝不受邪，故卧则魂归于肝，神静而得寐。今肝有邪，魂不得归，是以卧则魂扬若离体也。"肝有邪，魂不得归，调肝疏肝，神静而得寐。这种情志失调、病久未愈或它脏影响所致的种种符合肝气不能舒畅的证候，应当属于肝气实证。

2.1　医案举例

医案一　某女，70 岁，退休工人。2013 年 3 月 31 日初诊。失眠多年，加重 3 个月。易怒易悲伤，心烦后多不由自主哭泣，纳可，口干，大便干，舌红苔薄，舌中有裂纹，脉弦细。自述心脏病史，否认服安眠药史。炒枳实、炒白芍、黄芩各 10g，大黄 6g，麸炒白术 10g，玄参 15g，厚朴 10g，醋香附 12g，焦山楂、麦芽各 20g，槟榔 12g、牡蛎 60g、龙骨、首乌藤各 20g，合欢皮 30g，甘草 6g。三剂，姜枣引（每剂药中放入 6 个大枣，2 片鲜生姜片），每日 1 剂，早晚饭后 1 小时分服。勿食生冷辛辣刺激食品，避受风寒，注意休息。二诊睡眠明显转好，入睡时间减短，深睡眠时间增长，睡眠质量增强。肠鸣多，大便畅通，仍有口干，伴心胸憋闷感，劳累后气短气喘。前方加大补益中气，槟榔换用焦槟榔 12g，去生麦芽、大黄，加焦神曲、炒决明子各 20g。用法同上续服 3 剂。三诊仍有口干气喘，睡眠明显好转，偶然有梦多睡眠质量不佳的症状。舌淡红、苔白滑。前方去焦神曲、焦槟榔，仍用麦芽 20g，加北沙参 10g。用法同上续服 7 剂。四诊前症皆减，偶有心胸憋闷气短，劳累后上气喘逆，舌下静脉（＋）。前方去玄参、龙骨、首乌藤、焦槟榔，麦芽加至 30g，加丹参 10g，黄芪 12g，杏仁 10g。续服 7 剂，临床症状消失，脉诊如常，随诊至今未复发。

医案二　某女，46 岁，务农。2013 年 3 月 17 日初诊。失眠 1 年余，白日神疲乏力，自汗不止；自觉手足心冰凉，心中懊恼，纳差，大便不干，舌边尖红、苔薄，脉弦细弱。否认既往失眠史。炒枳壳、栀子各 20g，黄芪、炒白术各 12g，当归、生地各 10g，煅牡蛎 60g，龙骨 20g，浮小麦 60g，首乌藤、合欢皮各 30g，醋香附 15g、焦山楂、玄参各 20g，淡竹叶、炒决明子各 30g，良姜、炙甘草各 6g。7 剂，姜枣引（每剂药中放入 6 个大枣，2 片鲜生姜片），每日 1 剂，早晚饭后 1 小时分服。嘱其饮食清淡，避受风寒，注意休息。二诊手足心冰凉症状消失，仍时时汗出，夜晚眠差不得安睡，白日神疲乏力，郁怒心急。原方去良姜、决明子，加炒白芍、川芎各 10g，栀子减至 15g。用法同上续服 7 剂。三诊汗出明显减少，失眠神疲减轻，烦躁易怒。前方加磁石、石决明各 30g，黄芩 10g。用法同上续服 7 剂。随访至今未复发。

2.2　按

医案一是以神经衰弱失眠求诊的，神经衰弱以脑功能衰弱症状为主，且有易兴奋、易疲劳、情绪症状、紧张性疼痛和睡眠障碍这 5 类症状中的任何 3 类。辨证常将其归于情志病，多从心肝脾论治。李应存教授认为此为妇人脏躁，喜悲伤欲哭，多见心烦易怒，是肝有郁热，情志失调，故舌红苔少；口干、大便干为肝之郁火耗伤阴津，故同时可见舌体中有裂纹。弦为肝之主脉,细为肝之热盛阴伤之脉。该患者辨证为肝实之失眠,治疗上泻肝火,柔肝阴,大泻肝汤加减。患者年老体衰,当顾护正气,故以少量大黄,通因通用,急下存阴,短期观察。二诊大便畅通,睡眠转好,去麦芽、大黄。三诊、四诊随症加减。

医案二是以自汗失眠求诊的,李应存教授认为应辨证为肝实失眠,本实为肝实,标虚为心阴虚。《温病条辨》曰:夜间"阳入于阴则寐""不寐多由情志所伤、劳逸失度、久病体虚、五志过极、饮食不节等引起阴阳失调、阳不入阴而致不寐"。患者失眠一年,阳不敛阴,卫外失职,自汗不止,阴不潜阳,《灵枢·决气》曰:"腠理发泄,汗出溱溱,是谓津。"此为阴津耗伤,又《类经》云:"心主血,汗者血之余。"《医宗必读》曰:"心之所藏,在内者为血,发为外者为汗,汗者心之液也。"自汗不止长达一年,必有心阴耗伤,阴损及阳,故白日神疲乏力,脉弱,手足心冰凉,病久亦有后背冰凉感,易感冒等。患者壮年,无大便难等阴伤重症,符合敦煌遗书之"肝实则怒"心中懊憹,烦而郁怒,舌边尖红提示心肝有热;脉弦是肝之主脉,细为阳盛阴伤。故治疗上用小泻肝汤合敦煌疗风虚瘦弱方加减。阴虚损及阳气,当先补其正气,敦煌疗风虚瘦弱方由当归生姜羊肉汤、黄芪桂枝五物汤、黄芪建中汤化裁而成,治疗中重用黄芪、炒白术、当归、良姜大补元气;辅以炒决明子、生地、玄参滋养阴津。二诊缓则治其本,手足心冰凉症状消失是阳虚减轻之征象,肝实有余肝热不足,炒枳实换用炒枳壳以减轻疏理肝气,黄芩换用栀子以减轻清泄肝热。三诊仍有烦躁易怒,故栀子换为黄芩泄肝之实热,炒决明子换为石决明,加磁石加强潜降之力。

年老体衰、年幼体虚或有肝实之证新起或较轻,原文之两胁下痛,少腹痛、迫急,干呕等症状不必悉具,仅有一症切合此病机,即可以小泻肝汤之主方加减用以治疗。

身强力壮、所苦时长,有入里化热,已出现头痛,目赤;或是实证不拘,新起旧病,郁塞不通较重,出现在小泻肝汤证基础上有胀满、大便难等症状,加用大黄,组成大泻肝汤加减治疗。

医案一中患者虽年老,但素体强;郁塞时长,肝实较重,故大泻肝汤加减。医案二中患者虽年壮,但纳差,"知肝传脾,当先实脾",先补元气,缓治其本;患者虽有热却非肝实之入里化热,而是标虚之心阴虚之热,且无大便难等肝实重症征象,故续用小泻肝汤加减治疗,效果显著。

3 有关突发性高血压从肝病而治

高血压病是以体循环动脉压增高为主要表现的临床综合征,是最常见的心血管疾病,极易并发心、脑、肾等靶器官的损害,严重危害着人们的健康。高血压病的病因很多,其发病机制也比较复杂。国内外的实践证明,高血压是可以预防和控制的疾病,降低高血压患者的血压水平,可明显减少脑卒中及心脏病事件,明显改善患者的生存质量,有效降低疾病负担。李应存教授认为在临床比较多见的突发性高血压主要是肝火亢盛型,木郁之发、肝气逆变且新病多实,过食肥甘厚味多实,故以肝实论治突发性高血压是可行的。或是肝阳不足、肝失温煦、疏泄无力影响调血功能,甚则耳鸣旋转,目不识人,善暴僵仆。种种在病变过程中出现具有动摇、眩晕、震颤等症状的病证，是符合"风性主动"特征的，故可以细分为肝风实证。

3.1　医案举例

　　医案一　某男，73 岁，退休干部。2013 年 4 月 14 日初诊。自觉头晕眼胀面热 1 周余，时而易怒时而昏昏沉沉、精神不振。伴有失眠 1 周余，纳差。舌红苔薄，脉弦细数。自述近日来血压增高，否认既往高血压史。刻下血压值为 190/100mmHg。方用：炒枳实、炒白芍、黄芩各 10g，麸炒白术 10g，生黄芪 10g，川芎 6g，决明子 20g，牡蛎 60g，龙骨 30g，焦山楂 30g，六神曲 30g，炒鸡内金 30g，香附 10g，钩藤 10g，合欢皮 30g，首乌藤 30g，生甘草 6g。3 剂，姜枣引（每剂药中放入 6 个大枣，2 片鲜生姜片），每日 1 剂，早晚饭后 1 小时分服。勿食生冷辛辣高盐刺激食品，稍运动，注意休息。2013 年 4 月 17 日复诊见诸症皆减，眠可，纳差减轻。自述在家使用电子血压计多次测量血压值均为 140/110mmHg 左右。刻下测及血压 150/100mmHg。复诊方用：炒枳实、炒白芍、黄芩各 10g，麸炒白术 10g，生黄芪 10g，川芎 6g，决明子 20g，牡蛎 100g，龙骨 30g，焦山楂 30g，六神曲 30g，炒鸡内金 30g，香附 10g，钩藤 12g，首乌藤 30g，生甘草 6g，磁石 30g，粉葛根 20g。7 剂，姜枣引（每剂药中放入 6 个大枣，2 片鲜生姜片），每日 1 剂，早晚饭后 1 小时分服。勿食生冷辛辣高盐刺激食品，稍运动，注意休息。电话反馈，诸症皆减无复发。

　　医案二　某男，34 岁，初中教师。2013 年 1 月 9 日初诊。曾有一过性的高血压史（BP：170/150mmHg），在本院服中药后诸症皆减。停药近半年后，复出现眼胀、头晕、手指末发麻、神疲。久站后诸症更明显，难以安心持续教师工作。大便不畅不爽，舌红苔黄厚（嗜烟），脉弦。方用本院浓缩颗粒剂：黄芩、炒枳壳、柴胡、丹参、醋香附、牡蛎、龙骨、磁石、佩兰、厚朴、桑枝、决明子、泽泻、麦芽、山楂、甘草，配方颗粒各 1 包，15 剂。每日 1 剂，分两次早晚冲服。嘱其忌食辛辣高盐。2013 年 4 月 15 日复诊，病人自述，头晕眩，偶有头目昏晃之感，气短而不畅。刻下见血压值为 150/130mmHg。复诊以前方去麦芽、泽泻、桑枝。新加黄芪补气，青葙子、玉片行气，夏枯草、钩藤清热肝、息肝风。加用走而不守的川芎，上行入足厥阴肝经之巅顶。

3.2　按

　　李应存教授认为医案一虽以高血压求诊，但此证当辨为肝实造成的突发性高血压，肝气郁而疏泄失调，影响调血功能，表现为实证，故以大泻肝汤为主方。高血压昏昏沉沉、头顶昏蒙是足厥阴肝经上达巅顶，肝气失疏，故用钩藤，钩藤主入肝经，平肝阳、息肝风，为肝经阳盛、风动之要药。加醋香附行气、调气。敦煌遗书有言："芎䓖、枳实，心急即用加之。"病人暴躁易怒，故加少量川芎。肝阳上亢自然耗气伤神，病人有精神不振感，故辅以生黄芪、白术补气而不伤阴。此病人的失眠不能作为主症，而是由于阴阳失调，睡眠当然也受其害。敦煌遗书言：晋地龙骨，绝甘利而去头疼。又肝肾同源，故加龙骨、牡蛎潜降肝阳，引火归元。阴平阳秘，失眠自会减轻，故再加轻量首乌藤、合欢皮等治失眠之标即可。决明子明目清热，同为减轻眼胀面热治标之义。见肝之病，知肝传脾，当先实脾。故加山楂、神曲、鸡内金，共奏调和肝脾、行气消滞之效。复诊见仍有失眠，是阴阳仍未调和。故在前方基础上牡蛎加40g、钩藤加20g，另加了磁石、粉葛根一升一降、调理气机。

医案二同样是以高血压为主诉，病人服药时续时停，且工作久站劳累、熬夜多，多次重复出现一过性的高血压，难以控制。李应存教授认为这种情况应当多管齐下。病人年轻力壮，以大泻肝汤为主方，去原方中白术、大黄。敦煌医方原方中恐柴胡劫肝阴，故用白芍，李应存教授认为失之偏颇，病人一派肝阳亢盛，故此处用柴胡更宜疏肝解郁清热。肢麻是肝失疏泄，气血阻滞，故加丹参活血治本、桑枝通络治标。龙骨、牡蛎、磁石潜降肝阳，嗜烟、熬夜体内必有湿毒不去，病人苔厚、大便不畅又黏腻不爽可见一斑。故加醋香附、佩兰、厚朴、泽泻，行气化湿，使邪有出路，从小便而去。二诊时已无大便不畅等症状，故去枳实等破气药而重用行气药。

4 其他疑难杂症

李应存教授认为，肝病的中医范畴广泛而复杂，不拘泥于西医认为的肝病，包括神经、内分泌、血液、消化等系统病证。在临床上应当以辨证为主，结合辨病；以治本为主，急则治标，如有肝胆病症状，如肝气逆肺则喘、肝火扰心则不寐、肝脾失调则泄泻、肝气郁滞则癃闭等诸多证候，不必悉具其肝胆症状，如有一候，即应当考虑以肝病用治，按照敦煌遗书医学理论，分标本虚实，即肝虚肝实，分用大小补泻肝汤治疗，每验。

4.1 医案举例

医案一 某女，40岁，已婚，2013年4月14日于甘肃中医学院附属医院初诊。心烦易怒不安，情绪波动难以正常工作生活。面部泛起黄褐斑，舌淡胖苔白，脉弦。方用枳实12g，白芍12g，黄芩10g，香附15g，当归10g，川芎10g，白芷10g，木香10g，玄参10g，降香10g，山楂20g，麦芽20g，白术10g，栀子10g，淡竹叶10g，炙甘草6g。

医案二 某女，34岁，已婚，2013年10月4日初诊于甘肃省人民医院。面部红疹10日，普内科诊为面部过敏性皮炎，转至中医科求诊。目下见皮肤红赤，红疹细密，伴有微痛痒热，大便干结，舌红苔厚，脉弦数。方用枳实12g，黄芩12g，杭白芍12g，当归10g，川芎10g，栀子15g，连翘15g，蒲公英30g，厚朴10g，炒莱菔子15g，白术6g，香附12g，丹皮6g，竹叶30g，甘草6g，神曲30g，木香10g。2013年10月11日复诊，自述药后腹胀，腰酸困，面疹未消退，但痛痒热已消除。故仍用前方，将黄芩加至15g，加栀子至20g，加炒莱菔子至20g，加香附至15g，加丹皮至10g，加芒硝10g，地肤子30g、防风6g、蝉蜕6g。去神曲、木香。2013年10月18日复诊自述诸症皆减，面疹已消除，红肿皆退，面部稍有未脱落的散在痂皮。仍守11日方，减用黄芩至12g，减用栀子至15g，减用香附12g，减芒硝至6g。

医案三　某男，64 岁，2013 年 4 月 15 日于甘肃中医学院附属医院初诊。呃逆不止 2 日，病室门外即闻其"呃呃"之声作响，频急有节律。自述呃逆后水谷难下，夜不得安睡，盗汗，神疲乏力。自述诱因为血糖高 1 周后服用二甲双胍片 1 周，后又感冒服感冒清胶囊，忽出现呃逆。四处求诊无果荐于中医科。目下见面红、舌苔白厚，脉弦数。方用：枳实、炒枳壳、杭白芍、黄芩、厚朴、槟榔、醋香附、佩兰、炒白术、紫苏梗、炒麦芽、焦山楂、炒莱菔子、木香、丁香、柿蒂，院内配方颗粒各 1 包。2013 年 4 月 17 日复诊，患者自述服药后第二日即呃逆止，自汗盗汗仍有。嘱其再取 3 剂巩固疗效，避受风寒。复诊前方中去佩兰、枳壳、炒莱菔子、丁香、柿蒂；加黄芪、当归、浮小麦、煅牡蛎、炙甘草，院内配方颗粒各 1 包。

4.2　按

医案一是以心烦易怒，面部黄褐斑为主诉的。李应存教授认为，心烦易怒，是肝有郁热，情志失调。见其舌象，却是淡胖白苔。此是因为病人素体阳虚，又考虑到病人的年纪近更年期，故郁热亦为虚热，虽必以泻肝汤为主方，然不可以大泻肝汤之大黄急退其热，只宜用黄芩徐徐退之。敦煌遗书有言："壮热不除，宜加竹叶。"竹叶能够退虚热、止烦渴，治疗烦躁不眠。内能息肝胆之风，外能清温暑之热。面部黄褐斑是肝郁气滞，血气难平的标症，故更治其本证，黄褐斑就能得到改善。故应守泻肝汤之方义，以行气通滞治本为主，理血清瘀治标为辅，故重用香附、木香。川芎，辛散、解郁、通达、止痛，为血中之气药，敦煌遗书又言"白术、槟榔有散气消食之效"，故加此三味调和肝脾气血，共奏行气理血之功。敦煌遗书中多次提及对药之功："当归有止痛之能，相使还须白芷""栀子悦愈面皮，桃花润泽肤体""川芎、枳实，心急即用加之"。

医案二是以过敏性皮炎求诊的，过敏性皮炎是指因接触到过敏性抗原导致皮肤发生过敏反应，皮肤产生红肿、瘙痒、蜕皮、风团等症状。临床表现为湿疹、斑丘疹、皮炎或是荨麻疹。过敏性皮炎是临床上的一种多发病，亦是疑难病之一。历代医家多重视从脾、从肺论治，偏重脾主运化，肺主皮毛的脏腑辨证理论，李应存教授认为：肝主疏泄，主藏血，调畅全身气机，肝主风，肝脏的生理病理与皮肤病的发病关系最为密切。疏肝理气之法可使肝气条达，人身气机和畅，缓解应激，提高机体对不良刺激的耐受性及自我调节能力，有利于筋脉肌肤、毛发的康复，正是"正气存内，邪不可干"之义。患者皮肤红赤，红疹细密，都是正气充足之顺象，同时大便干结，苔厚说明邪毒内炽，正气未损。脉弦数是肝实有热之象。方用大泻肝汤为主方疏肝理气泄热，连翘等透热，使邪热从皮毛而退。栀子、竹叶清热除气、烦，公英解毒消炎，川芎理血，当归活血，丹皮凉血，厚朴行气，香附调气，木香破气。复诊已见痛痒热消退，是本证已除，故随症加减治标即可。

医案三是以顽固性呃逆求诊的，病人呃呃之声响亮频急，是实证之象，呃逆标症在膈，但病人见盗汗、脉弦，李应存教授认为病位在肝，疏肝理气才是治本之法。故也是以泻肝汤为主方合丁香柿蒂汤标本兼治。加行气导滞之厚朴、槟榔、木香、苏梗、香附、佩兰，加炒白术、炒麦芽、焦山楂、炒莱菔子等调理肝脾气机之枢纽。复诊恐其呃呃多时且大量行气药破气、耗气，故加一味黄芪，另加煅牡蛎潜降敛气等随症组方。

　　摘自：万婷.李应存运用敦煌医方治疗肝病经验总结与思辨特点研究［D］.兰州：甘肃中医药大学，2014.

敦煌石室大宝胶囊的实验研究（节录）

段永强，程容，成映霞，王道坤

　　王道坤教授经过长期的临床实践，倡脾肾虚弱、痰瘀内生的衰老学说，发掘敦煌医学中养生秘籍，根据明代名医薛己"滋化源"和清代大家叶天士"甘药培中，血肉填精"的养生理论和实践经验，确立健脾益气、强肾填精、涤痰祛瘀、安和五脏的治疗大法，并从敦煌石窟遗书中选方化裁而成敦煌石室大宝胶囊（DHDB）。经临床应用，该方不仅能够显著延缓衰老过程及缓解老年病的多种症状，而且能有效防治各种虚劳病症。为进一步探讨该药延缓衰老的作用机制，为临床用方提供科学实验依据，笔者对其作用机制进行了初步探讨。

1　敦煌石室大宝胶囊对衰老大鼠脑组织 MAO-B、Na^+-K^+-ATP 酶活性的影响

1.1　各组大鼠脑组织 MAO-B 活力的比较

　　模型组与空白组比较，其脑组织 MAO-B 活力显著升高（$P<0.01$），提示造模加速了脑组织细胞的老化。与模型组比较，敦煌石室大宝胶囊大、中、小剂量组和脑复康组均可显著降低大鼠脑组织 MAO-B 活性（$P<0.01$），且以大剂量作用为优。提示敦煌石室大宝胶囊能有效降低脑组织老化相关酶 MAO-B 的活性，调节单胺类神经递质，延缓大脑细胞和神经细胞的衰变。

1.2　各组大鼠脑组织 Na^+-K^+-ATP 酶活力的比较

　　模型组与空白组比较，其脑组织 Na^+-K^+-ATP 酶活力显著降低（$P<0.01$），提示造模后脑组织受损，细胞膜功能异常。与模型组比较，敦煌石室大宝胶囊大、中剂量组和脑复康组均可显著升高大鼠脑组织 Na^+-K^+-ATP 酶活性（$P<0.01$），小剂量组可升高大鼠脑组织

Na^+-K^+-ATP 酶水平，但无统计学意义（$P>0.05$）。提示敦煌石室大宝胶囊能有效升高脑组织 Na^+-K^+-ATP 酶活性，调节衰老时细胞内外离子紊乱，对机体重要组织器官的细胞能量代谢有重要的调节作用。

讨论

研究表明，D-半乳糖模型能全面影响细胞的代谢功能和一些重要酶的功能，所导致的老化较全面。西医学有关大脑衰老中心学说认为，控制衰老的中心是神经内分泌轴和多种神经递质。人在 45 岁后，下丘脑分泌的调控垂体作用的儿茶酚胺（CA）含量减少，而能减少去甲肾上腺素和多巴胺等神经递质的 MAO-B 增加，从而出现神经内分泌功能衰变，所以 MAO-B 是大脑和周围神经组织中一种十分重要的酶。它可以激活内源或外源的神经毒作用或提高有害的 H_2O_2 的水平来加速大脑的老化；同时单胺类神经递质被 MAO-B 氧化分解，促进神经系统老化，大脑的各种思维活动能力下降，所以 MAO-B 活性的增加是衰老的一个重要指标。

同时，随着增龄过程中脑组织细胞结构的变化，Na^+-K^+-ATP 酶活性衰减，导致细胞内外离子平衡失调和能量代谢异常，从而加速脑细胞的衰老。Na^+-K^+-ATP 酶是细胞膜上一种重要的膜蛋白，其活性是反映机体早期生理功能衰退的一项极为敏感的指标。

从实验结果分析，大鼠连续颈后皮下注射 D-半乳糖 40 天后，与正常组比较，脑组织 Na^+-K^+-ATP 酶活性显著下降，而 MAO-B 活性显著升高，与文献报道一致。提示造模后脑组织细胞受损，细胞膜功能异常，加速了脑组织细胞的老化，复制亚急性衰老大鼠模型成功。与模型组比较，敦煌石室大宝胶囊可显著升高脑组织 Na^+-K^+-ATP 酶活性，降低 MAO-B 活性，提示敦煌石室大宝胶囊能有效降低脑组织老化相关酶 MAO-B 活性，延缓大脑细胞和神经细胞的衰变，且呈明显量效关系。同时能有效提高脑组织 Na^+-K^+-ATP 酶活性，调节衰老时细胞内外离子紊乱，对机体重要组织器官的细胞能量代谢有重要的调节作用。由此可见，该方延缓衰老的机制之一可能是通过提高内源性延缓衰老物质的活性，抑制脂质过氧化反应所引起的脑细胞能量代谢功能障碍，调节脑组织神经递质而使机体细胞生理功能正常发挥；同时证明了补肾健脾中药对延缓脑衰老的作用和"肾藏精，精生髓，髓养脑"的中医理论。

2　敦煌石室大宝胶囊对衰老大鼠血清 MDA 含量、SOD 和脑组织 GSH-Px 活性的影响

敦煌石室大宝胶囊能有效促进血清 SOD、GSH-Px 活性，降低大鼠血清 MDA 含量，提示该药可提高机体抗氧化能力和清除自由基能力，抑制脂质过氧化反应，且作用以大剂量为优。

西医学有关衰老的自由基学说认为自由基对机体的毒害是引起人体衰老和死亡的重要

因素。研究表明，不同年龄的正常人血中 SOD 和 GSH-Px 随着年龄的增长而降低，且以 SOD 为明显，而脂质过氧化物的代谢产物 MDA 则随年龄而增高，可见衰老存在着自由基代谢的紊乱。大量的人群调查和实验研究证明肾虚与自由基代谢之间有着密切关系，肾虚患者外周血中 SOD 活性明显下降。老年肾阴虚、肾阳虚组血清中 LPO 含量明显高于正常组，说明肾虚可导致 SOD 活性下降，机体清除自由基的能力下降，容易引起细胞、组织、器官损伤而致衰老。

从实验结果分析，大鼠连续颈后皮下注射 D-半乳糖 40 天，与正常组比较结果显示，血清 SOD、脑组织 GSH-Px 活性显著下降，而血清 MDA 含量显著升高，与文献报道一致，提示复制亚急性衰老大鼠模型成功。与模型组比较，敦煌石室大宝胶囊可显著升高血清 SOD 和脑组织 GSH-Px 含量，降低血清 MDA 含量，提示敦煌石室大宝胶囊具有抗氧化、清除自由基能力。由此可见，该方延缓衰老的机制之一可能是通过提高内源性延缓衰老物质的活性，抑制脂质过氧化反应，或者复方具有直接清除自由基作用之故，减少了 LPO 及其产物 MDA 的形成，避免其诱导的病理损害发生，从而使机体细胞的生理功能正常发挥。

3 敦煌石室大宝胶囊对果蝇寿命影响的实验研究

敦煌石室大宝胶囊能够显著防治老年病中的各种虚劳病症。为进一步探讨该药延缓衰老的效用，本研究观察了敦煌石室大宝胶囊对果蝇寿命的影响。

3.1 敦煌石室大宝胶囊对雌雄各组果蝇平均寿命的影响

与正常组比较，敦煌石室大宝胶囊大、中剂量组和脑复康组显著延长了雌性和雄性果蝇的平均寿命。

3.2 敦煌石室大宝胶囊对雌雄各组果蝇平均最高寿命的影响

与正常组比较，敦煌石室大宝胶囊大剂量组和脑复康组显著延长了雌性果蝇的平均最高寿命。与正常组比较，敦煌石室大宝胶囊大、中剂量组和脑复康组显著延长了雄性果蝇的平均最高寿命。

本研究采用给培养基中加不同浓度药物的方法观察敦煌石室大宝胶囊对果蝇寿命的影响，结果表明敦煌石室大宝胶囊可显著延长果蝇寿命。

4 敦煌石室大宝胶囊对衰老大鼠脑组织单胺类神经递质的影响

敦煌石室大宝胶囊对衰老模型大鼠脑组织 NE 含量的影响与空白对照组比较，模型组大鼠脑组织 NE 计数水平显著降低（$P<0.05$）；与模型组比较，敦煌石室大宝胶囊各组大鼠脑组织 NE 计数水平显著升高，且以敦煌石室大宝胶囊大剂量组作用为优（$P<0.05$）。

敦煌石室大宝胶囊对衰老模型大鼠脑组织 DA 含量的影响与空白对照组比较，模型组大鼠脑组织 DA 计数水平显著降低（$P<0.05$）；与模型组比较，敦煌石室大宝胶囊大剂量组大鼠脑组织 DA 计数水平显著升高（$P<0.05$）。

敦煌石室大宝胶囊对衰老模型大鼠脑组织 5-HT 含量的影响与空白对照组比较，模型组大鼠脑组织 5-HT 计数水平显著降低（$P<0.05$）；与模型组比较，敦煌石室大宝胶囊小剂量组大鼠脑组织 5-HT 计数水平显著升高（$P<0.05$）。

讨论

中枢神经系统是人体功能的主要调节者。机体衰老的发生与神经系统内部的变化相关，神经系统发生老化后必将影响其他系统功能的正常发挥，从而出现相应的老化及衰老现象。由于增龄性神经元树突、轴突、突触退变，神经细胞的丢失，必然引起作为介质发挥生物学效应的神经递质的增龄性改变。中枢单胺能神经系统作为最重要的中枢递质系统，其增龄性改变在老化过程中的重要性日益受到重视。单胺类神经递质包括 DA、NE、5-HT 等，具有广泛的生物学效应。研究表明脑内 DA 系统与躯体运动、行为、觉醒、情感等的调节有关，表现为整体行为兴奋作用，并参与记忆痕的再现。NE 能神经元参与调整整个大脑皮质兴奋状态，对觉醒、感觉、情绪和高级认知功能产生广泛的影响。中枢 5-HT 对睡眠调节起主导作用，并与精神活动、感觉体温调节、高级认知功能有关。但随着年龄的增加，中枢神经递质含量发生明显变化，DA、NE、5-HT 等神经递质的活性和转换率有不同程度的降低，出现学习、记忆、运动、感觉、情绪、睡眠等障碍。单胺类神经递质的含量及活性降低，特别是 NE 活性降低能引起与年龄相关的记忆力减退。

本实验结果提示大鼠脑内单胺类递质水平存在明显的增龄衰老性变化，其递质含量以下降为主；敦煌石室大宝胶囊能提高衰老模型大鼠大脑皮质单胺类神经递质含量，使作为神经元之间信息传递媒介的神经递质含量趋于正常，改善大脑皮层兴奋性，发挥其正常生物学效应，调节各组织器官功能，适应内外环境变化，从而保护大脑功能。

5 敦煌石室大宝胶囊对亚急性衰老大鼠脑功能的保护效应及作用机制研究

西医学证明，衰老是机体细胞、组织、器官和系统结构功能增龄性衰退的过程，其中神经递质含量变化是神经系统衰老的主要指标之一；同时，衰老钙假说认为，细胞内钙超载或钙稳态失调可能是细胞损伤、衰老、死亡的最后的共同途径。研究表明，敦煌石室大宝胶囊能够降低脑组织 MAO-B 活性，提高 GSH-Px、Na^+-K^+-ATP 酶活性，具有调节脑细胞能量代谢、保护脑功能的作用。为进一步探讨敦煌石室大宝胶囊对亚急性衰老大鼠脑功能的保护效应及作用机制，本研究观察了该制剂对亚急性衰老模型大鼠脑组织单胺类神经递质表达水平及钙平衡的影响。

D-半乳糖诱发动物衰老与氧化应激损伤、自由基毒性有关。蓄积的自由基也会引起脑神经细胞膜脂质过氧化损伤，而影响膜通透性及离子转运，触发 Ca^{2+} 内流而组织细胞钙稳态失调。而细胞内钙超载可能是细胞损伤、衰老、死亡的最后的共同途径。研究表明，随着年龄的增长，体内多种酶活性下降，细胞内 Ca^{2+} 浓度升高，引起 Ca^{2+} 超载，导致钙稳态失调，最终使细胞死亡。其主要机制为衰老过程中机体抗氧化能力减弱，导致自由基大量堆积，一方面损伤生物膜，使膜对 Ca^{2+} 通透性增大，另一方面，Na^+-K^+-ATP 酶、Ca^{2+}-ATP 酶、Ca^{2+}-Mg^{2+}-ATP 酶活性降低，细胞外排 Ca^{2+} 的能力减弱，最终导致脑神经细胞损伤，表现学习记忆障碍，形成衰老样的行为学和生化学方面的改变。

本实验结果显示，衰老模型组大鼠脑内的单胺类神经递质 NE、DA、5-HT 计数水平下降，提示大鼠脑内单胺类递质水平存在明显的增龄衰老性变化，其递质含量以下降为主。而与衰老模型组比较，敦煌石室大宝胶囊组大鼠脑内单胺类神经递质含量显著升高，说明敦煌石室大宝胶囊能提高衰老模型大鼠大脑皮质单胺类神经递质含量，使作为神经元之间信息传递媒介的神经递质含量趋于正常，改善大脑皮质兴奋性，发挥其正常生物学效应，调节各组织器官功能，适应内外环境变化，从而保护大脑功能。并且衰老模型大鼠脑组织 Na^+-K^+-ATP 酶、Ca^{2+}-ATP 酶、Ca^{2+}-Mg^{2+}-ATP 酶的活性下降，脑组织内 Ca^{2+} 含量上升。说明衰老过程中，由于维持钙稳态的调节机制被破坏，导致细胞内 Ca^{2+} 浓度升高，钙稳态失调。敦煌石室大宝胶囊可显著提高衰老模型大鼠脑组织 Ca^{2+}-ATP 酶、Na^+-K^+-ATP 酶、Ca^{2+}-Mg^{2+}-ATP 酶的活性，降低脑组织中 Ca^{2+} 的浓度，从而改善 D-半乳糖引起的氧化应激损伤，并降低脑神经细胞内 Ca^{2+} 含量，阻止 D-半乳糖引起氧化应激-Ca^{2+} 超载-氧化应激的恶性循环。故敦煌石室大宝胶囊具有提高衰老大鼠脑组织单胺类神经递质表达水平以及调节脑组织钙稳态的作用，对老化大脑的功能有一定改善作用。

6 敦煌石室大宝胶囊对衰老大鼠脑组织 NO/NOS 表达水平及钙平衡的影响

敦煌石室大宝胶囊具有调节衰老大鼠脑细胞能量代谢、拮抗自由基损伤而保护脑细胞的功能。为进一步探讨敦煌石室大宝胶囊干预脑衰老的作用机制，本研究观察了该制剂对衰老模型大鼠脑组织 NO/NOS 表达水平以及钙平衡的影响。

6.1 敦煌石室大宝胶囊对衰老模型大鼠脑组织 NOS 和 NO 表达水平的影响

与空白对照组比较，模型组大鼠脑组织 NOS、NO 计数水平显著升高，组间比较差异具有统计学意义（$P<0.05$）；与模型组比较，敦煌石室大宝胶囊各组大鼠脑组织 NOS、NO

计数水平显著降低，且以敦煌石室大宝胶囊大剂量组作用为优，组间比较差异具有统计学意义（$P < 0.05$）。

6.2 敦煌石室大宝胶囊对衰老模型大鼠脑组织 Ca^{2+}-ATP 酶和 Ca^{2+} 浓度的影响

与空白对照组比较，模型组大鼠脑组织 Ca^{2+}-ATP 酶计数水平显著降低，Ca^{2+} 浓度计数水平显著升高，组间比较差异具有统计学意义（$P < 0.05$）；与模型组比较，敦煌石室大宝胶囊各组大鼠脑组织 Ca^{2+}-ATP 酶计数水平显著升高，Ca^{2+} 浓度显著降低，且以敦煌石室大宝胶囊大剂量组作用为优，组间比较差异具有统计学意义（$P < 0.05$）。

7 讨 论

NO 是存在于体内的气体性信息分子、具有双重作用的细胞因子，对细胞既有保护作用，又有毒性作用，其功能紊乱与衰老及许多老年性疾病的发生有关。一方面 NO 作为一种神经递质和信使分子，对心血管系统、神经传递和免疫系统等均具有重要的调节意义；但另一方面，作为一种强氧化剂，超量产生的 NO 可与超氧阴离子发生反应，产生对细胞毒性更强的过氧亚硝基基团，直接对细胞产生毒性，在衰老过程中起一定的作用。NO 合成是从谷氨酸与谷氨酸受体结合后开始的，谷氨酸受体被激活，Ca^{2+} 内流，激活钙依赖的 NOS，作用于 L-赖氨酸，产生瓜氨酸并释放 NO。

同时衰老的钙假说认为，细胞内钙超载可能是细胞损伤、衰老、死亡的最后共同途径。大量文献结果显示，机体正常代谢过程中，细胞外 Ca^{2+} 浓度是细胞内 Ca^{2+} 浓度的 2 万倍，细胞内低钙、细胞外高钙，即钙稳态是维持细胞正常生命活动的基础。钙稳态通常靠以下诸方面来维持：①细胞膜对 Ca^{2+} 极低的通透性。②钙泵即 Ca^{2+}-ATP 酶：分解 1 个 ATP 分子可将 1～2 个 Ca^{2+} 跨膜转移到细胞外，同时以 1∶2 比例将 H^+ 转移至胞内。③Na^+-Ca^{2+} 交换系统：主要存在于神经细胞和肌细胞，利用细胞内外 Na^+ 浓度梯度把 Ca^{2+} 转移至细胞外。研究表明，随着年龄的增长及体内多种酶活性下降，细胞内 Ca^{2+} 浓度升高，引起 Ca^{2+} 超载，导致钙稳态失调，最终使细胞死亡。其主要机制为衰老过程中机体抗氧化能力减弱，导致自由基大量堆积，进而损伤生物膜，使膜对 Ca^{2+} 通透性增大，细胞外排 Ca^{2+} 的能力减弱，最终导致脑神经细胞损伤，表现学习记忆障碍，形成衰老样的行为学和生化学方面的改变。

本实验结果显示，衰老模型大鼠脑组织 NO/NOS 表达水平、Ca^{2+} 含量显著升高，Ca^{2+}-ATP 酶活性显著降低，证实衰老过程中，由于维持钙稳态的调节机制被破坏，导致细胞内 Ca^{2+} 浓度升高，钙稳态失调。而敦煌石室大宝胶囊可显著提高衰老大鼠脑组织内 Ca^{2+}-ATP 酶的活性，降低脑组织中 NO/NOS 水平和 Ca^{2+} 的浓度，从而改善 D-半乳糖引起的氧化应激损伤，并减低脑神经细胞内 Ca^{2+} 含量，阻止 D-半乳糖引起氧化应激-Ca^{2+} 超载-氧化应激的恶性循环，起到维持衰老大鼠脑组织钙平衡的作用，保护脑细胞结构和功能的完整性。然而，NO 随年龄的变化所发生的变化在不同的文献报道中结果不一致。有的认为在老龄鼠体内 NO 的含量比成年鼠低，也有认为比成年鼠高。本实验结果表明，D-半乳糖致衰大鼠 NO/NOS 含量、Ca^{2+} 浓度明显高于正常对照组，Ca^{2+}-ATP 酶显著降低；敦煌石室大宝胶囊各剂量组对 NO 及 NOS、Ca^{2+} 浓度均有不同程度的降低，提高 Ca^{2+}-ATP 酶活性，提示敦煌石室大宝胶囊可通过抑制 NO/NOS 的增高，阻断 NO/NOS 与氧自由基的结合和维持细胞钙平衡而发挥保护脑功能的作用。

8 结 语

王道坤教授认为衰老由多种原因所致，其中脾肾两虚、精气亏虚、痰浊瘀血内阻是衰老的主要机理，其病机总属本虚标实。针对衰老，单纯应用补或消都失之偏颇，若单用补益之剂，则有呆滞助邪之弊，使痰瘀更重，加速衰老；若单用攻克之剂，则易耗散精气，伤及五脏，致脾肾更虚。为避"虚虚实实"之戒，导师提出的健脾益气、强肾填精、涤痰祛瘀、安和五脏的治疗大法恰好体现了"扶正不留邪，祛邪不伤正"的用药原则。

基于以上病机特点和治疗大法，王道坤教授从"敦煌石窟遗书"中发掘并经化裁而制成敦煌石室大宝胶囊。本方以熟地黄、黄芪二味为君，体现气血同源，精血互化，阴阳互根；辅用当归等补血而养心益肝为臣；茯苓补脾益胃、淡渗利水祛湿而祛痰，补中有动，以防补气药过于壅滞，为之佐药；本方特色是应用大黄以通为补，通利肠胃。正如金元大家张子和所云："陈莝去而肠胃洁，癥瘕尽而营卫昌，不补之中真补存焉""下药乃补药也"。总之，该方突出脾肾双补、消补兼施的学术思想。现代药理学证明熟地黄、黄芪、当归、大黄都具有不同程度延缓衰老的作用。

摘自：段永强，成映霞，雷作汉，等.敦煌石室大宝胶囊对衰老大鼠脑组织 MAO-B、Na^+-K^+-ATP 酶活性的影响［J］.甘肃中医学院学报，2005，22（3）：26-29.

段永强，程容，成映霞，等.敦煌石室大宝胶囊对衰老大鼠血清 MDA 含量、SOD 和脑组织 GSH-Px 活性的影响［J］.兰州大学学报，2005，31（2）：20-22.

段永强，王道坤，成映霞，等.敦煌石室大宝胶囊对果蝇寿命影响的实验研究［J］.中成药，2007，29（2）：287-288.

程容，段永强，成映霞，等.敦煌石室大宝胶囊对衰老大鼠脑组织单胺类神经递质的影响［J］.中国老年学杂志，2010，30（4）：478-479.

程容，成映霞，段永强，等.敦煌石室大宝胶囊对亚急性衰老大鼠脑功能的保护效应及作用机制研究［J］.中国中医药信息，2011，18（2）：50-52.

程容，成映霞，段永强，等.敦煌大宝胶囊对衰老大鼠脑组织 NO/NOS 表达水平及钙平衡的影响［J］.中国中医基础医学杂志，2011，17（3）：270-272.

敦煌医学学派的形成与发展初步研究（节录）

杨晓轶，王道坤

1　敦煌医学的提出及敦煌医学学派的倡导

1984 年，王道坤、朱玉二位学者首次提出"敦煌医学"概念，并将其定义为："敦煌医学是中国医药学的一部分，是敦煌学的重要分支，是以整理研究应用敦煌经卷、壁画、雕塑以及其他敦煌文物中传统医药史料的一门学科，其医学内容独具地域特色。"

"敦煌医学学派"，其首倡者是我省著名敦煌医学研究学者王道坤教授。

2009 年 10 月 16 日，在甘肃省中医药学会 2009 年学术研讨会上，王道坤教授首次提出"敦煌医学学派"形成。并对"敦煌医学学派"作了诠释："敦煌医学学派是由以研究敦煌医学为主要课题的近百名医家组成的一个医学学派。"

2009 年 10 月 22 日，在敦煌市举办的"敦煌医学研究报告会暨 2009 甘肃省中医药文化建设工作会"会议中，王道坤教授强调：突出甘肃医药文化特色，将敦煌医学研究推向学派发展。

2011 年 3 月 4 日，在甘肃省高校人文社科重点研究基地——敦煌医学文献整理与应用研究中心（以下简称研究中心）召开的第一次学术委员会会议上，王道坤教授对"敦煌医学学派"予以阐述，他认为敦煌医学学派是一个创新学派，学派形成有利于推动敦煌医学研究，这一学派具有地域性特色、研究内容独特、有传承文脉、可发展空间大等特点。敦煌医学学派是一个新兴的颇具地域特色的学派，研究内容独具特色、中医学大家云集，发展根基依托于甘肃中医学院、敦煌医学研究所、敦煌医学馆、敦煌医学人文基地、中医各家学说教研室，传承模式有师承及本科和研究生教育等，是一个具有发展前景的学派。

2　敦煌医学学派的历史渊源及形成与发展概况

1900 年清末道士王圆箓无意间发现藏经洞，王圆箓为湖北麻城人，藏经洞的发现，其墓志上说，于清光绪二十五年阴历五月二十五日，"以流水疏通三层洞沙，沙出壁裂一孔，仿佛有光。破壁则有小洞，豁然开朗，内藏唐经万卷，古物多名，见者惊为奇观，闻者传为神物，光绪二十五年五月二十五日事也"。正是藏经洞的发现，拉开了敦煌学研究的序幕。

在经过 1907 年斯坦因、1908 年伯希和劫掠了大部分敦煌遗书之后，幸罗振玉先生力荐，1910 年清政府学部才将劫余后 8000 卷遗书运往北京。其后 1912 年橘瑞超、1914 年鄂登堡、1924 年华尔纳等外国学者纷沓而至窃取了部分经卷和壁画。自 1900 年始，至 1924 年，我国第一代敦煌学者诸如罗振玉、张倔南、王国维、蒋伯斧、王仁俊、董康、李翊灼、陈垣等对伯希和盗劫的敦煌卷子做了大量研究，为开创我国敦煌学研究奠定了一定的文献基础。

敦煌学已有百余年历史，敦煌医学作为敦煌学的一个重要分支，随着敦煌学研究的深入开展而开始，百余年间，作为学派经历了学派奠基、学派形成、学派发展三个时期。

2.1 学派奠基（1900～1984 年）

散杂于遗书中的医学卷子，在个别学者的初步研究工作下，敦煌医学略显端倪，诸如：原始资料复制方面，有罗振玉影印的《开元写本本草经集注序录残卷》《食疗本草》残卷、罗福颐的《西陲古方技书残卷汇编》等。嗣后，马继兴在 50 年代中陆续收集的各种有关敦煌医学卷子的复制摄影胶片及有关资料的基础上，进行了初步的整理和释文，十年浩劫之后于 1984 年 12 月著成《敦煌古医籍考释》，为系统研究敦煌医学打开殿门。

2.2 学派形成和发展（1984 年至今）

标志敦煌医学研究进入发展期的是《敦煌医学初探》的发表。甘肃中医学院的赵健雄、王道坤教授等敦煌医学学者 1984 年申报的"敦煌医学研究"，于 1989 年通过部级鉴定，确立了"敦煌医学研究"的国内国际学术地位。随后的 90 年代，敦煌医学研究依托甘肃中医学院进入蓬勃发展时期。

3 学派发展成就概况

3.1 研究机构的设置

敦煌医学馆是这个时期的标志性成就，其始建于 1993 年，2003 年迁址改造，展馆面积达 168m^2，展馆内容丰富多彩，充分展现了敦煌医学研究的成就，被科技部、中宣部、教育部、中国科学技术协会确定为"全国青少年教育基地"，该基地激发了在校学生和社会人员在热爱、传承、研习传统医学，尤其是敦煌医学方面的极大热情。

敦煌医学研究所成立于 2008 年。现任所长李金田教授先后主持、参与完成了敦煌医学相关研究"敦煌中医药研究"项目，编著出版了《敦煌中医药全书》《实用敦煌医学》《俄罗斯藏敦煌医药文献释要》等学术著作和教材。敦煌医学研究所特聘王道坤、张士卿教授为学术指导，另有多名兼职研究员，包括史正刚、何天有、张侬、刘永琦、赵鲲鹏、贾育新、侯洪澜、梁玉杰、李娟、徐亚莉、杨晓波、吴玲燕、雒成林、王凤仪、姜劲挺、王小荣、王亚丽、梁永林、段永强、梁丽娟、薛守宇、王晶、颉旺军。

敦煌医学文献整理与应用研究中心 2010 年 12 月被确定为甘肃省高校人文社会科学重点研究基地。这是甘肃中医学院申报成立的第一个甘肃省高校人文社会科学重点研究基地。该研究中心是我省首个培养敦煌医学优秀人才的重要基地，是敦煌医学研究又一具有里程碑意义的发展标志。

3.2　论著的出版

在论著出版方面，公开出版了专著十余部。论著总体特点是阐释文献，探索应用。通过对敦煌医学卷子丰富的医学内容进行阐释，将其精华部分探索应用于临床。

《敦煌医粹》由赵健雄主编，张士卿和徐鸿达协编，于 1988 年出版。该书是一部系统研究敦煌遗书医药文献的专著，其校勘、注释、阐发了《灵枢·邪气脏腑病形》《伤寒论·辨脉法》《玄感脉经》等 15 卷敦煌医药文献，对敦煌写本《伤寒论·辨脉法》《五脏论》《新集备急灸经》《新修本草》《食疗本草》残卷进行了考析。学术特点为注重学术意义和实用价值，如对张仲景《五脏论》写本考析后认为："敦煌写本张仲景《五脏论》，为隋唐时所作，是目前所见最早的《五脏论》写本。"余瀛鳌先生为之作序称："《敦煌医粹》一书，便于读者认识敦煌医学这块'璞玉'的价值，学习并探究其精华内涵，联系当前临床医学，此书亦不乏富有参考、借鉴作用之学术经验。"

张弘强、杜文杰 1990 年编写出版了《敦煌石窟气功·一分钟脐密功》。该书是一部气功修炼专书，其认为：肚脐不仅是人作为胎儿时的命根子，而且是人降生以后的一生中的命根子。强调肚脐的重要性，通过养脐、炼脐、吘脐三种相辅相成的功法修炼，以达到修身养性的养生目的。本书是敦煌医学文献研究基础上的理论衍生和实践探索，书中介绍，练一分钟脐密功 50 天内，计集体练功 75 小时左右，34 名练功者出现：①自感效应症状像脐腹温热、肠鸣矢气、会阴跳动、百会灵动、印堂拘紧、舌尖颤麻等；②整体性效果如精神转佳、肢体轻灵、食欲好转等。

丛春雨、郑元成、牛锐、史正刚、李金田、张剑勇 1994 年编撰出版《敦煌中医药全书》一书，该书对敦煌遗书进行了系统、全面的研究和阐发，是继《敦煌古医籍考释》《敦煌医粹》之后较全面研究敦煌遗书的一部论著。该书将敦煌古藏医类著作《火灸疗法》收录，补之前其他著作之不足。

由王道坤、尹婉如编著的《医宗真髓·敦煌医方选粹》在 1994 年出版，该书汇集了72 首敦煌医方，所选方"方意深妙，非浅俗所识。缘诸损候，藏气互乘，虚实杂错，药味寒热并行，补泻互参，先圣遗奥，出人意表"。选方按神仙救急方、延年益寿方、疗百病方、五脏补泻方、美容方、外用方、五官疾病方、霸药方分门别类，对有方而无名的遗方冠以新名，易诵而实用，别具匠心。另外王老师发现敦煌医方的遣方用药规律，并总结为"攻补兼施、寒热并用、升降相因、不蛮补、不峻泻、适事为度"，攻补兼施方如平胃丸，寒热并用方如大泻脾汤、大泻肺汤，升降相因方如大泻心汤等。

张侬于 1995 年出版了《敦煌石窟秘方与灸经图》一书。该书对《灸经图》进行了考证并成功复原，对灸经图中的穴位进行了古今对照，切合实用。他认为："敦煌《灸经图》是一部罕见的针灸学古文献，它以残存文字与图示保存下来早已令人生疏的穴点，这里有《内经》时代的针灸学痕迹，具有唐代早期的灸法特色，同时可能融进敦煌地方医学针灸学术色彩。"

从春雨 2000 年著成《敦煌中医药精萃发微》，书中提到了"形象医学"的概念，形象医学是指敦煌壁画反映出古代劳动人民的生产、生活及同疾病作斗争的方式方法，即敦煌壁画中反映医学内容的部分称为形象医学，这类壁画有请医图、刷牙图、清扫图等。

《赵健雄医学文粹·敦煌医学研究》一书介绍了敦煌医学的基本概况，包括敦煌医学的研究历史、概念界定、研究范围、研究成果几个方面。

2006 年，《敦煌佛儒道相关医书释要》出版，撰写者是李应存、史正刚。本书分六部分对敦煌卷子中写在佛、儒、道书正背面的医书、医学内容进行了释要，该书认为，与佛儒道相关的这些医学卷子具有很大的理论研究潜力与临床应用价值，这些卷子中的医学内容反映了佛、儒、道对中医学的影响，也反映了敦煌作为佛教圣地，是多种文化交流的有力象征。本书突出了佛儒道相关医书的文献价值和临床实用性，如对神仙粥的释要，"神仙粥重在补脾益肾"，文引《神农本草经》《本草纲目·谷部第二十二卷》对山药、鸡头实、粳米、韭子进行阐释，对神仙粥的药效机理阐述清晰明了。

《敦煌古医方研究》出版，刘喜平主编，李沛清、梁玉杰、辛宝、白吉庆参编。该书围绕中医学的理、法、方、药的用药思路，突出了方证、治法和配伍三个方剂学的关键学科问题，其研究敦煌医方思路确有独到之处，在下篇各论部分以脏腑病证为纲，分列肺、脾、心、肝、肾系证与方剂，参以具体方证和治法分类方剂，并结合了最新的临床和实验研究，对筛选后的敦煌医方进行了初步系统诠释和分析。如其将脾胃方证分为纳运失常、脾不统血、升降失常、传导失职，具有方证同条、比类相附的特点。

《实用敦煌医学》一书，由李应存、李金田、史正刚、李应东于 2007 年编撰完成，该书是一部教科书，其作为本科生和研究生教材将敦煌医学应用于高校教学领域，在国内是一项创举，具有鲜明的学科和流派传承特色。该书切中实用，选取敦煌卷子中医理、诊法、本草、针灸部分内容，进行了注解释要。尤其是对《辅行诀脏腑用药法要》释要精当翔实，比较分析了《伤寒论》诸方和大小阴阳旦汤的关系。

2007 年，《敦煌医学研究成果文集》成书，该文集汇总了 1984～2007 年间，甘肃中医学院敦煌医学研究学者的研究成果。

2008 年，《俄罗斯藏敦煌医药文献释要》由李应存、李金田、史正刚编撰成书，该书首先介绍了俄罗斯藏敦煌医药文献的来源、保存、研究状况、学术价值，其后对俄罗斯藏敦煌医药文献中医理、诊法、医方、针灸、蒙学字书、佛儒道医及相关医书、占卜书等内容进行了注解释要。

3.3 论文的发表

论文发表的第一时段为 1984～2007 年，23 年间发表论文共计 133 篇，其中理论研究98 篇，临床应用 17 篇，实验研究 15 篇，教学科研 3 篇。

3.3.1 文献理论

王道坤、朱玉在《敦煌医学初探》一文中对敦煌医学从形成历史背景、珍贵的历史价值两方面对敦煌医学进行了初步探索。王道坤在《敦煌石窟壁画医学研究》中对敦煌壁画进行细分，列为溜洗结肠图、得医三联图、净口刷牙图、煮乳食疗图、稀世诊疗图、罕见酿酒图、465 窟图等，描述刻画栩栩如生。

张绍重、刘晖祯在《敦煌石室医药文献类萃》文中对敦煌医学卷子分列汉晋人医方和唐人书写医经、本草、医方两部分进行了归类。

赵健雄、徐鸿达、王道坤等学者在《敦煌壁画中的医学内容》中对敦煌壁画中反映出来的医疗卫生部分从练功与运动、卫生保健、诊疗疾病三个方面进行了介绍。赵健雄在《敦煌写本〈新备急灸经〉初探》中认为《新备急灸经》对针灸学的贡献有三条：①灸耳尖阴会穴治眼赤疮翳，当推该写本首载；②以住神穴治急黄欲死，仅见此书；③灸两眉间和手脚心来治大风病，实属此书所发明。赵健雄在《敦煌写本张仲景〈五脏论〉简析》中对《五脏论》从八个方面进行了介绍。赵健雄对《新修本草》及其敦煌残卷进行了考析。赵健雄在《敦煌遗书"残医书"卷考析》中对敦煌遗书 P.3287 的主要内容进行了考析，认为此卷所载三部九候脉法、表里两感脉病治则、相类脉、四季主王各脏脉象等内容更接近古本，且保留了一些今已散佚的医论和医方。赵健雄通过对《伤寒论·辨脉法》的考析，认为：①敦煌残卷是目前所能见到的最早的《伤寒论》原卷抄写本；②宋代整理编撰的《金匮玉函经》是《伤寒论》的另一版本；③敦煌残卷可校勘今存的《金匮玉函经》《伤寒论》《注解伤寒论》。赵健雄在《敦煌遗书地志残卷中土贡药物浅析》中对地志残卷中记载的 19 种药物进行了对照分析。赵健雄、苏彦玲的相关论文还有《敦煌遗书藏医文献初析》《敦煌遗书医学卷子考析》《敦煌遗书医学卷子的学术价值》《敦煌壁画"自行诣冢"与安乐死》《敦煌医学研究的回顾与展望》《敦煌医学学术特征》。总体特点是对敦煌医学卷子的考析为侧重点。

从春雨在《论敦煌石窟艺术〈经变画〉中的情志因素与形象医学》一文中介绍了经变画所表达的情志相关内容。其他论文有《敦煌中医药学的内涵及其学术价值》《论敦煌针灸学文献的价值》《论中华民族文化的璀璨明珠——敦煌中医药学》《论古丝绸之路妇女的摄生和保健》《敦煌艺术中妇产科古医方的学术特点》《论敦煌遗书中"道医""佛医"的理论与实践》《论敦煌古医籍的学术成就和文献价值》《辅行诀脏腑用药法要心病症治探秘》《敦煌遗书辅行诀脏腑用药法要五首救急方析义》《论醋在敦煌遗书、马王堆竹简古医方中的临床应用》《敦煌遗书辅行诀脏腑用药法要五脏病症治疗方药解析》。论文总体学术特点是对敦煌医学卷子中的内容进行了阐发。共计 12 篇。

张侬先后发表了《敦煌〈脉经〉针灸学术浅述》《敦煌遗书中的耳穴与耳孔灸法》《〈敦煌石窟秘方〉道教医方选释》《天门穴考略》《〈灸经图〉之"聂俞"》《敦煌遗书中的针灸文献》《敦煌医学灸法特色》《敦煌本〈辅行诀脏腑用药法要〉古医方的源流》《西北挑擦放寒方法的渊源与发展》《古〈灸经图〉之五册穴》《中国存世最早的针灸明堂图》《敦煌石窟秘方佛教医方简介》《敦煌〈脉经〉初探》《敦煌〈灸经图〉古代俞穴考》《敦煌〈脉经〉七方考》《〈灸经图〉之"髓空"》《敦煌〈灸经图〉残图及古穴的研究》等。总体学术特点是注重研究敦煌医学中的针灸内容，共 17 篇。

宋贵杰、宋敏在《敦煌医学卷子膏摩方管窥》一文中对外用的膏摩方药进行了整理。黄仑、徐鸿达对敦煌石窟气功进行了概要。李金田发表《敦煌写本张仲景〈五脏论〉本草内容特色简述》《关于敦煌写本张仲景〈五脏论〉的作者与成书年代》。孟陆亮发表《敦煌医学卷子 S.3347 疗消渴方探析》《敦煌医学残卷"开九窍疗法"初探》。

李应存、李金田、史正刚发表论文有《敦煌本张仲景〈五脏论〉中佛家思想初探》《敦煌遗书中佛家咒语与药物疗法探析》《俄罗斯藏黑水城医药文献〈神仙方论〉录释》《俄罗斯藏敦煌文献Д×18165R、Д×18165V 佛儒道相关医书录释》《从敦煌佛书中的医学内容谈佛教的世俗化》《敦煌佛书 P.3777〈五辛文书〉中之修身养生方录释》《敦煌医学卷子〈辅行诀脏腑用药法要〉概况与医方释要》《敦煌写本医方中 20 种主要的外治法述要》《俄藏敦煌文献Д×02822 "蒙学字书"中之医药知识》《俄罗斯藏敦煌文献Д×00924 妇科疾病为主民间单验方与 P.2666 疗各科病症之单药方等医书对比释要》《敦煌佛书 S.5598V 中毗沙门天王奉宣和尚神妙补心丸方浅探》等 30 余篇。论文特点是对佛、儒、道以及俄藏敦煌文献研究较为深入。

刘喜平发表《敦煌遗书的中医食疗学思想探析》《敦煌遗书中的中医方剂学成就》《敦煌古医方的研究概况》《敦煌遗书中的粘膜给药医方初探》等，论文特色是对敦煌医方进行了深入研究。

3.3.2 临床应用

张侬应用敦煌医方中的前胡汤、平胃丸、退黄疸方分别治疗气胀、便秘、黄疸病，疗效显著。王学礼、张爱郁、曹烨民应用敦煌医方茵陈汤治疗 46 例黄疸病例，对急慢性黄疸型肝炎退黄效果明显。王俭使用敦煌美容痤疮膏治疗痤疮 400 例，痊愈 60.25%，显效 30%，有效 8.50%，无效 1.25%，总有效率 98.75%。李振宇、宋贵杰使用敦煌消肿镇痛贴对 270 位患者进行了疗效观察，总有效率 97.00%。楚慧媛、王芝意对张弘强研发的"敦煌 272 腹带"进行了临床病案的总结，认为该腹带保健治疗效果明显。牟慧琴应用大阳旦汤治疗气虚外感，临床疗效可靠。刘新、崔庆荣、李朝萍等采用硝石雄黄散外用治疗冠心病心绞痛，认为该贴缓解心绞痛有较好作用，显效 80.33%，总有效率 95.08%。路志鹏总结了王道坤教授应用敦煌医方化裁而成的萎胃灵系列制剂治疗慢性萎缩性胃炎经验。

3.3.3 实验研究

欧阳广瑛对敦煌补益方中十味药物进行了微量元素含量分析。牛锐、张剑勇、邓毅通过实验的方法对敦煌残卷 S.4433 中第十方"促阴兴阳"的作用进行了证实。任远、马骏、李振宇对敦煌消肿镇痛贴进行了实验研究，认为敦煌消肿镇痛贴通过抑制炎症局部毛细血管渗出，提高机体对疼痛的耐受等作用而发挥消肿镇痛的功效。张士卿、李军、陈跃来等对敦煌神明白膏进行了实验研究，证实神明白膏具有温阳散寒除湿、养血润燥止痒之功效。王凤仪、李生财、李立等对敦煌古方紫苏煎进行动物实验研究，证实紫苏煎能显著提高慢性支气管炎大鼠 SOD 活性和 NO 含量，降低 MDA 含量。段永强、程容、成映霞、王道坤通过实验证明敦煌石室大宝胶囊可显著升高血清 SOD 和脑组织 GSH-Px 含量，降低 MDA

含量，提示敦煌大宝胶囊具有抗氧化、清除自由基的功效。段永强、程容、雷作汉等通过实验证明敦煌石室大宝胶囊可显著升高脑组织 Na^+-K^+-ATP 酶，降低 MAO-B 活性，提示敦煌石室大宝胶囊可延缓大脑细胞和神经细胞的衰变。郭应强、邱桐、曾昭洋等通过实验证明敦煌消痹定痛酊能减轻胶原诱导关节炎（CIA）大鼠关节皮下组织、滑膜组织的充血、水肿程度，能抑制骨膜的增生，缓解炎细胞的浸润。

3.3.4　教学科研

李应存教授发表了《发扬敦煌医学特色开拓创新教学领域》《突出敦煌医学特色体现西北地域优势》《实用敦煌医学汇讲教学心得》。

3.3.5　对外交流论文

李应存教授在全国主要学术交流会议上公开发表的敦煌医学相关论文汇总如下：

2005 年 9 月，贵阳，全国第八届中医文献会议，《唐代著名医家张文仲及有关敦煌医方》。

2005 年 6 月，岐伯故里——庆阳，中华中医药学会中医药文化传承与发展学术研讨会，《俄藏敦煌文献Д×02683Д×11074〈黄帝内经〉释读》。

2005 年 8 月，兰州，丝绸之路民族古文字与文化学术会议，《法藏敦煌藏医文献 P.T1057〈藏医杂疗方〉的科学价值探讨》。

2006 年 5 月，南宁，第十四届全国仲景学说学术研讨会，《敦煌佛窟秘藏疗时气病医方概要》。

2006 年 6 月，兰州，甘肃中医药学会第五次会员代表大会暨学术研讨会，《俄罗斯藏敦煌医药文献Д×10298、Ф356、Ф356V 中医方释要》。

2006 年 7 月，兰州，敦煌佛教与禅宗学术讨论会，《敦煌佛教禅宗文献 P.3244〈五辛文书〉中之修身养生方释要》。

2006 年 8 月，山东威海，第九届全国中医医史文献会议，《俄藏敦煌文献Д×00924 妇科疾病为主民间单验方与 P.2666 等对比释要》。

2006 年 9 月，甘肃灵台，中国灵台（国际）中医针灸学术交流大会暨皇甫谧文化节，《敦煌医学卷子 P.3481〈针灸甲乙经·卷之四病形脉诊〉残本概况时代考察与原文释要》。

2007 年 7 月，兰州，敦煌佛教的世俗化——理论与实践国际学术研讨会，《从敦煌佛书中的医学内容谈佛教的世俗化》。

2007 年 8 月，黑龙江哈尔滨，第十届全国中医医史文献会议，《俄罗斯藏敦煌医药文献的研究状况概要》《中医典籍中的白截汤在汉代以来当指酒》。

2007 年 12 月，上海，全国中医医史文献会议，《传承敦煌医学文化，提升学生综合素质——甘肃中医学院突显敦煌医学办学特色》。

2007 年 11 月，广州，第三届著名中医药学家学术传承高层论坛，《王道坤教授运用敦煌石窟秘方治疗慢性萎缩性胃炎选介》《王道坤教授对徒弟们的七点要求》。

2008 年 11 月，广西南宁，第十一届全国中医医史文献会议，《敦煌遗书中佛家咒语与药物疗法探析》。

　　2010 年 12 月，北京，中华中医药学会养生康复会议，《敦煌医方中的杏仁组方及功用探析》《敦煌佛家补益养生医方浅探》。

　　2011 年 6 月，北京，国医大师精神传承论坛会刊，《敦煌疗风虚瘦弱方及紫苏煎治验举隅》。

　　2011 年 7 月，北京，中国中医科学院博士后学术论坛，《敦煌疗风虚瘦弱方源流及化裁治验》。

　　2011 年 8 月，安徽黄山，全国第三次中医学术流派交流会，《敦煌医学研究概况及流派浅探》。

　　2011 年 8 月，甘肃庆阳，岐黄文化暨中华中医药学会医史文献分会学术会，《俄罗斯藏敦煌医学文献〈黄帝内经〉写本释要》《敦煌佛教医方的研究价值探析》。

　　论文发表的第二时段为 2008 年至今，发表论文共 30 篇，其中文献理论 15 篇，临床应用 1 篇，实验研究 13 篇，硕士论文 1 篇。

　　王亚丽、段祯发表《〈俄罗斯藏敦煌医药文献释要〉补释》，对一些重要和典型的文字现象在《俄罗斯藏敦煌医药文献释要》上再作补充，以供读者阅读时参考。王亚丽另外一篇是《敦煌写本张仲景〈五脏论〉用字考》。王天生、汤志刚、吕兰萍发表《从敦煌〈灸经图〉看早期膀胱经脉循行》，文中对《灸经图》所载膀胱经脏腑腧穴与《内经》《难经》《针灸甲乙经》及北宋针灸铜人等传统针灸进行比较，与较早长沙马王堆二号墓出土的帛书及"涪水经脉木人"比较了异同，反映了不同历史阶段足太阳经的流传演变过程。刘海伟、张侬发表《敦煌〈灸经图〉中足心古穴抗衰老之探析》，认为《灸经图》原图 11 中蕴含有抗衰老学术思想，灸两足心各五百壮是其抗衰老的具体体现。《灸经图》中重灸足心古穴给现代抗衰老提供了一种崭新的思路。何天有、王亚军发表《敦煌〈灸经图〉重灸思想探讨》，认为敦煌《灸经图》是重灸派专著，用灸特点为壮数多、灸量大。陈大清、梁玉杰、段永强等发表《敦煌葆元汤治疗慢性疲劳综合征 36 例临床观察》，结果表明：敦煌葆元汤治疗脾肾两虚，肝郁气滞型慢性疲劳综合征，临床疗效显著治愈 24 例，显效 6 例，有效 4 例，无效 2 例，总有效率 94.4%。梁玉杰、段永强、成映霞等发表《敦煌大宝胶囊对肾阳虚小鼠抗应激作用影响的研究》，研究结果表明敦煌大宝胶囊能显著延长小鼠负重游泳时间和耐常压缺氧存活时间，能明显升高肝糖原、降低小鼠运动后的血清乳酸的含量。梁玉杰、段永强、成映霞等发表《敦煌大宝胶囊对衰老大鼠及肾阳虚小鼠肝脏代谢能力的影响》，该研究表明敦煌大宝胶囊能够改善肝细胞能量代谢，增强细胞有氧呼吸，使细胞处于功能活跃状态，提高衰老大鼠及肾阳虚小鼠肝脏代谢能力。程容、成映霞、段永强等发表《敦煌大宝胶囊对衰老大鼠脑组织 NO/NOS 表达水平及钙平衡的影响》，该研究认为敦煌大宝胶囊可通过抑制 NO/NOS 的增高，阻断 NO/NOS 与氧自由基的结合和维持细胞钙平衡而达到保护脑功能的作用。王联民、梁玉杰、段永强等发表《敦煌大宝胶囊对衰老模型大鼠脑组织氧自由基域影响的研究》，通过实验研究的方法对大鼠脑组织 GSH-Px、SOD、CAT 活性和 MDA、LPF 含量进行检测，结果表明敦煌大宝胶囊具有提高机体抗氧化、清除自由基的功效。刘强、秦昕、赵彬元等发表《敦煌美白丸的抗衰老研究》，对敦煌美白丸抗衰老机制进行了分析，认为敦煌美白丸大剂量可以显著改善老龄大鼠血清 MDA、SOD、GSH-Px 和脑组织、肝组织中脂褐质含量。安耀荣、朱向东、丁文君等发表《敦煌前列宝对慢性前列腺炎模型大鼠前列腺组织中 IL-8、TNF-α 含量及病理组织形态的影响》，认为敦煌前列宝能有效地改善并调节慢性非细菌性前列腺炎大鼠的免疫功能，调节局部细胞因子 IL-8 和 TNF-α的表达，抑制和改善前列腺组织形态结构的损伤，减轻炎细胞浸润，抑制纤维组织增生。陈宏、朱向东、吴丽丽等发表《敦煌前列宝治疗非细菌性前列腺炎的作用机制研究》，认为敦煌前列宝可明显改善实验性慢性非细菌性前列腺炎大鼠前列腺组织的炎症状态及病理损伤，降低局部相关细胞因子 IL-2、IL-8 的表达。李淑梅、燕恒毅、刘喜平等发表《敦煌三味蛇床方对肾虚不孕模型大鼠卵巢 MMP-9mRNA 表达的影响》，该文结论认为，敦煌三味蛇床方能促进卵巢 MMP-9mRNA 的表达，从而促进卵泡的发育和卵巢的排卵。程容、段永强、成映霞等发表《敦煌石室大宝胶囊对衰老大鼠脑组织单胺类神经递质的影响》，其实验结果提示大鼠脑内单胺类递质水平存在明显的增龄衰老性变化，其递质含量以下降为主。程容、段永强、成映霞等发表《敦煌石室大宝胶囊对衰老大鼠脑组织钙稳态的影响》，该文认为调节钙稳态是敦煌石室大宝胶囊干预脑衰老的作用机制之一。程容、成映霞、段永强等发表《敦煌石室大宝胶囊对亚急性衰老大鼠脑功能的保护效应及作用机制研究》，文称敦煌石室大宝胶囊具有促进衰老大鼠脑组织单胺类神经递质表达以及调节脑组织钙稳态的作用，对老化大脑的功能有一定改善作用。王萍在《敦煌养颜面脂对光老化皮肤胶原纤维含量的影响》一文中说明敦煌养颜面脂经皮吸收后，能明显提高皮肤光老化过程中羟脯氨酸的含量，减少胶原纤维缩减，促进胶原蛋白合成及胶原纤维增多。王萍、潘文发表《敦煌养颜面脂延缓皮肤衰老的实验研究》，研究表明敦煌养颜面脂可显著升高老龄大鼠皮肤中 SOD 和 GSH-Px 活性及明显降低 MDA 含量，具有延缓皮肤衰老的作用。刘莹对敦煌医书中眼部外治方法进行了探析，汇总了敦煌医书中眼科外治方法，有用水剂、散剂、膏剂直接点眼治疗眼病，有用穴位灸法或滴鼻法治疗眼病，也有用滴眼法治疗面上一切诸疾的方法。金涛发表《敦煌医药文献急救方初探》，对《辅行诀》五首救急方、《备急单验药方卷》《备急灸经》等卷子中大量关于救急的内容进行了阐述。刘稼、梁永林、李金田等发表《敦煌遗书〈辅行诀〉小补泻汤数术思想研究》，通过对《辅行诀》小五脏补泻病证方的组方模式进行研究，认为小五脏补泻方的组方蕴含着深刻的数术思想，秘藏着统一的运算模式。刘海伟探讨发表了《敦煌遗书〈灸经图〉中五劳七伤与慢性疲劳综合征》。刘喜平、李沛清、辛宝发表《敦煌遗书的中医食疗学思想探析》，文中表明敦煌遗书蕴含着丰富的中医食疗学内容，其中食疗本草对食物的认识、平衡膳食观、药食结合、救诸劳损的食疗方剂以及特色鲜明的食材膳型，有其重要的研究和应用价值，丰富和发展了中医食疗学。薛守宇、梁丽娟、安霞发表《敦煌遗书之妇科方书残卷集萃》。李应存、史正刚发表《敦煌遗书中佛家咒语与药物疗法探析》。于灵芝发表综述文章《敦煌针灸文献之〈灸经图〉的价值》。张侬、王文发表《古〈灸经图〉之五册穴》，该文对五册穴进行了考证。王天生、张瑞、汤志刚等在《论敦煌古〈灸法图〉之特色》中认为选穴独特。柯贤峰对敦煌医学中治疗脾胃病的相关条文、药方进行了汇总分析研究，得出了敦煌医学脾胃病证的用药规律，认为治疗脾胃病注重补虚同时兼顾泻实，用药偏于温补，兼用苦寒。

4　敦煌医学学派研究的内容和重点

敦煌医学学派围绕一个中心课题展开研究，这个中心课题就是"敦煌医学"，敦煌医学的内容包括：

4.1　医药经卷

敦煌医药卷子分藏于英国、法国、俄罗斯、日本、中国等国家，医经卷子可略分为以下几类：

4.1.1　医理类

（1）张仲景《五脏论》，目前发现有五种，卷号分别是：P.2115、P.2378、P.2755、S.5614、俄Д×01325V。张仲景《五脏论》内容包括：①五脏相关理论；②举方两首：八味肾气丸和四色神丹；③列药110余味。

（2）《明堂五脏论》一卷，卷号 P.3655。其内容包括：①五脏生理病理状况、经脉循行、穴位数目；②解释"明堂"之悬疑："明者命也，堂者躯也"；③分类上、中、下医。

（3）《伤寒论·伤寒例》一卷，卷号 P.3287。此残卷主要讨论了表里寒热虚实的治则。

（4）《辅行诀脏腑用药法要》一部。原卷已毁，现存忆记本和据卷手抄本两种。此卷内容包括：①分列五脏虚实证候以及方药；②强调参、桂等25味诸药之精；③绘制了《汤液经法》组方用药图；④阐述治疗外感天行的二旦、六神大小诸汤；⑤部分急救方。

4.1.2　灸法类

（1）《火灸疗法》两卷，卷号 P.T127 和 P.T1044。该卷主要介绍了脾肿、肾病、肺热等29种疾病的火灸疗法。

（2）《古藏文灸法图》，卷号 P.18.017。

（3）《灸法图》，有两种卷子，编号 S.6168、S.6262。共计10幅全身人形图，记录有病名、病症、穴位名称以及施灸壮数。

（4）《新备急灸经》，卷号 P.2675。此卷载有肩膊重、肚胀如板、腰脚痛、眼赤、癫疯等疾病的灸治疗法。

（5）《灸经明堂》，卷号 S.5737。此卷内容主要为禁灸的部位和时间。

（6）《人神日忌》，卷号 P.3247。主要内容为注重人神所在之处不宜针灸。

4.1.3　脉诊类

（1）《素问·三部九候论》，卷号 P.3287。此卷内容源自早期的古传本，为校勘和研究《内经》提供了重要依据。

（2）《灵枢·邪气脏腑病形》，卷号 P.3481。原卷内容可见于传世本《灵枢·邪气脏腑病形第四》。

（3）《伤寒论·辨脉法》卷号 S.202、P.3287。内容与现存《伤寒论》中的辨脉法基本相同。

（4）《平脉略例》卷号 S.5614、P.2115、S.6245。古医籍、目录书、史书艺文志中对此书无记载。此卷所载内容同王叔和《脉经》。

（5）《五脏脉候阴阳相乘法》，卷号分别为 S.5614 和 S.6245。所述内容同《脉经》和《备急千金要方》。

（6）《占五脏声色源候》卷子有 S.5614、S.6245 两种。主要内容为五脏有病后情志五官的病症反应。

（7）《玄感脉经》，卷号 P.3477。此卷在古医籍、目录书、史书艺文志中无记载。此卷内容分三部分：①脉诊部位、方法、分类；②捻脉指下轻重脉名类形状第二；③阴阳逆乘伏第三。

（8）《青乌子脉诀》，卷号 P.3655。此卷在古医籍、目录书、史书艺文志中无记载。内容同似《王叔和脉诀》中的"左右手诊脉歌"。

（9）《七表八里三部脉》，卷号 P.3655。此卷内容和《王叔和脉诀》相差无几。

（10）《不知名氏辨脉法》，卷号 P.3287。内容主要论述了平旦诊脉的原理、方法和步骤。

（11）《脉诊法残片》，卷号 S.181。文残无注释。

4.1.4　本草类

（1）《新修本草》包括《新修本草·序例》《新修本草·草部·卷十》（P.3714）、《新修本草》（P.3822 和 S.4534）。

（2）《食疗本草》，卷号 S.76。

（3）《本草经集第一·序录》，卷号龙·530。较好地保留了《序录》的原貌。

（4）《残本草》，卷号 5968。

（5）医方类残卷包括《杂证方书第一种》至《杂证方书第十种》《王宗无忌单方》（P.2635）、《单药方》（P.2666）等 17 种卷子。

4.1.5　杂类

（1）道医类残卷。

（2）佛医类残卷。

（3）杂论类残卷。

4.2　医药壁画雕塑

296、302、217、196、419、61、259、45、272、79、76、28、98、445、290 窟壁画内容与医疗保健相关，反映了当时社会各阶层人民的生活生产状况，形象地描绘了古代劳动人民同疾病作斗争的情形。

4.3　学派医家著述

现有已公开发表出版的论文以及书籍，作为敦煌医学研究的经验集成，为学派发展奠定和指明了发展方向，敦煌医学学派医家著述也是学派研究的重要组成部分。具体论述见后。

5　敦煌医学学派的特性

赵健雄教授在甘肃省中医药学会第五次会员代表大会、甘肃省针灸学会第三次会员代表大会暨学术研讨会上将敦煌医学的学术特征总结为综合性、先进性、开放性。

敦煌医学学派的特性包含上述特性，其具体还有以下特征：

5.1　学派独特性

敦煌医学学派虽属于中医学术流派范围，但有别于其他传统的中医学术流派，其具有敦煌学和中医学双重属性，其一，敦煌医学研究发端于敦煌学，敦煌医学是敦煌学的重要分支；其二，敦煌医学研究内容综合涉及医经类、本草类、针灸类、藏医类、医方类、佛医类、道医类、外来医学类，壁画涉及养生类、运动保健类、环境卫生类等，敦煌医学学派围绕敦煌医学这个课题而开展，敦煌医学学派融合了不同的学术思维观点，具有独特性。

5.2　学派地域性

敦煌医学发祥地、研究基地在甘肃，学派地域性鲜明。敦煌地处西北边陲，是古丝绸之路上的重镇，在古代因其开放性，在历史上有"华戎所交一都会"之特殊地位，当今因莫高窟、藏经洞的发现而显赫于世界。敦煌遗书出土于此，据考证从经卷于公元 1000 年左右入藏经洞封存到公元 1900 年左右被发现，这个断代是任何历史时期没有出现过的，经卷所载内容有些是未在历代文献资料中出现过的，所以极具历史研究价值。所藏经卷是东西方文化汇集和交流的结晶，其中涉及医学的内容更是十足珍贵和奇特的，敦煌医学研究始于此。

1984 年甘肃中医学院申报卫生部项目"敦煌医学研究"以及 90 年代敦煌医学馆建设、敦煌医学研究所、敦煌医学文献整理与应用研究中心的成立均立足于西北大省——甘肃省。

5.3　学派一致性

敦煌医学学派是一个由诸多研究者组成的学派，有一定人数。学术流派的学术主张，不单是个人主张，更是学术群体共同努力的产物。形成学术流派，既要有核心人物、代表著作，也要有传承者、实践者。独特的研究内容形成学说后，得到一部分人的支持，他们主要体现在师承关系上，以代表人物提出的学说为中心，开展研究，逐渐在社会上形成有影响的学术团体。

5.4　学派继承性

在中医学的发展史上，因于师承教育，中医得以延续和发展，在几千年绛帐薪传过程中，形成了独具特色的培养中医人才的模式。国家政策对师承教育予以大力支持，近 20 年来，人事部、卫生部、国家中医药管理局等部门多次出台文件和政策，强调并大力推进师承工作，先后为社会输送了一大批高级中医临床人才。甘肃省也开展了省、市、县、乡、村五级中医药师承教育试点工作。敦煌医学是一个独具特色的学科，在现代中医学教育中采取师承式、学院式教育模式，使其传承将不再是封闭的，因有共同的研究内容，从而形成持有相同或相似医学观点的具有很强凝聚力的学术团体，凝聚力来自学术观点的同一。所以学术上的继承性是学术流派的另一特征。

6　敦煌医学学派学术观点

敦煌医学学派围绕敦煌医学这个中心课题展开研究，首先注重敦煌医学文献残卷的校勘、注释、阐发。现有出版论著和发表的论文，早期以收集、校勘、注释、阐发敦煌残卷内容居多，辅以少量临床和实验论文，在 2007 年甘肃中医学院刊印的《敦煌医学研究成果文集》所包含的 133 篇论文中，98 篇为校勘、注释、阐发敦煌残卷内容的论文，占 72%。2008 年至今发表的 30 篇论文中，关于敦煌医学理论探讨和实验研究的论文比重相当。

其次注重敦煌医学的临床实用性。敦煌医学研究已表现出向临床应用、实验研究、产品开发方向发展的趋势。

敦煌医学学派的学术观点，王道坤教授将其概括为"补脾益肾，防治百病；宣通气机，实证可愈"。细述可分为五个重视，三个创新。五个重视：①重视治未病，强调养生重要性；②重视食疗；③重视宣通气机；④重视临证辨病与辨证结合；⑤重视治病求本，杂合以治，调整阴阳、以平为期。三个创新：①抓主症，细辨兼症；②创新方证论治；③创新组方思路。分述如下：

6.1　五个重视

6.1.1　重视治未病，强调养生重要性

中医治未病思想始于《素问·四气调神大论》，其曰："是故圣人不治已病治未病，不治已乱治未乱，此之谓也。夫病已成而后药之，乱已成而后治之，譬犹渴而穿井，斗而铸兵，不亦晚乎！"敦煌医学亦蕴含治未病、养生思想，例如敦煌残卷《五辛文书》提出"离贪爱、制情欲、亲善友、乐正法、勤观察、广慈悲、普恭敬、深惭愧、大欢喜、常精进、顺轨仪、巧方便"的养生观，遵循这样的养生观，能使身心达到"恬惔虚无，真气从之，

精神内守，病安从来"的理想状态，修性以保神，安心以健形。

治未病包含四个方面：未病先防、已病防渐、已变防变、愈后防复。未病先防遵从《素问·上古天真论》："法于阴阳，和于术数，食饮有节，起居有常，不妄作劳。"法于阴阳，就要顺应四时之变化，如《素问·四气调神大论》所提出的四季养生细则："春三月，此谓发陈……冬三月，此谓闭藏。"和于术数，通过导引、按跷、吐纳、气功等措施，锻炼身体。敦煌遗书《呼吸静功妙诀》是一种静功养生法，是和于术数的最好体现，其在文中提到："人生以气为本，以息为元，以心为根，以肾为蒂。天地相去八万四千里，人心肾相去八寸四分……下榻行数步，又偶榻上少睡片刻，起来啜粥半碗。不可劳作，以损静功。每日能专心依法行之，两月之后，自见功效。"强调了心肾水火二脏的协调统一。由张弘强和杜文杰教授发掘敦煌养生气功而创制的动功养生法《一分钟脐密功》与静功交相辉映，相得益彰。敦煌医学卷子载有许多补益方，诸如神仙定年方、四时常服方等，强调食饮有节而不忘通过食补以养生。以此为宗旨，防病于未发，是敦煌医学学派所推崇的。

敦煌医学学派重视养生也是在天人合一的基础上建立的，通过比类取象，敦煌卷子张仲景《五脏论》说"天地之内，人最为贵……"，《明堂五脏论》说"夫万形之内，以人为贵，立身之道，以孝为先，纳阴阳而所生，成乾坤而所长"，均突出了自然界中人的重要性。

王道坤教授在《医宗真髓》中将养生之道置于首位，重视养生，理论源于《内经》，强调养生的重要性，将养生之法总结为"离俗节欲、保养天真、敬顺天时、调摄精神、调和阴阳、保重养气"。

6.1.2　重视食疗

食疗又称食治，是一种治疗方法，通过食物来影响机体各方面的功能，达到健康或愈疾防病的目的。食物为人体提供了生长发育和健康生存所需的各种营养物质。中医很早就认识到食物不仅能营养，而且还能疗疾祛病。食物本身就具有"养"和"疗"两方面的作用。而中医则更重视食物在"养"和"治"方面的特性。《食疗本草》就是一部食治本草专著，该书是在《备急千金要方》中食治篇的基础上增订而成的一部记述可供食用，又能疗病的本草专著，是对唐以前食疗药物及食治验方的系统总结，原书已佚。《旧唐书·孟诜传》及《新唐书·艺文志》都记载此书为孟诜所著。宋代《嘉裕本草》所引书中刻有此书，书曰："《食疗本草》，唐代同州刺史孟诜撰，张鼎补其不足者八十九种，并为二百二十七条，凡三卷。"张鼎为唐开元年间（公元713～741年）道士，兼通医术。

敦煌本《食疗本草》残卷，系敦煌石窟所出，现藏于英国伦敦博物馆，编号为 S.76，是研究我国古代医药学的重要资料，同时也是研究孟诜不可多得的史料。《食疗本草》残卷137 行，每行有 20 余字，共 2774 字，共收集药 26 味，朱墨分书。药名朱书于首，右下以小字注明药性（温、平、寒、冷四种），不注药味，下述该药的主治、功效、服食宜忌、单方验方，部分药物还记述了采集、修治、地域差别及生活用途等。如"藕"条介绍藕"性寒"，主治霍乱后虚渴，烦闷……。木瓜条"脐下绞痛，可以用木瓜一片，桑叶七枚，大枣三个中破，以水二大升，煮取半大升，顿服之即差"等。

早期经王国维、唐兰等将其与《证类本草》对校，确认为是孟诜所撰写的《食疗本草》。后来《敦煌中医药全书》综合诸说，认为《食疗本草》残卷有六个特点。敦煌医学学派在重视研究食疗文献的同时更注重生活中应用食物治病防病。

6.1.3　重视宣通气机

"气机"是指气的运动，气的运动形式多种多样，在理论上将它们分为升、降、出、入四种基本运动形式。人体的脏腑、经络等组织器官，都是气的升降出入场所，例如，肺的呼吸功能，呼气是出，吸气为入；宣发是升，肃降是降。气的升降出入运动，是人体生命活动的根本，气的升降出入运动一旦止息，也就意味着生命活动的终止。气的升降出入运动，不仅推动和激发了人体的各种生理活动，而且只有在脏腑、经络等组织器官的生理活动中，才能得到具体的体现。如《六微旨大论》："夫物之生，非出入则无以生长壮老已，非升降则无以生长化收藏。是以升降出入，无器不有。故四者生化之宇……而贵常守"。脾胃主消化，脾主升清，以升为健，胃主降浊，以降为和。气的升和降、出和入，都是对立统一的矛盾运动。从局部来看，并不是每一种生理活动都必须具备升降出入，而是各有侧重。如肝、脾主升，肺、胃主降等。

从整个机体的生理活动来看，升和降、出和入之间必须协调平衡，才能维持正常的生理活动。因此，气的升降出入运动，又是协调平衡各种生理功能的一个重要环节。气的升降出入运动之间的协调平衡，称作气机调畅，升降出入的平衡失调，即气机失调的病理状态。

气机失调有多种形式，例如气机不畅、气滞、气逆、气陷、气脱、气结等。王道坤教授认为："气机郁滞是万病之源，宣通气机是治疗各种疾病的奥秘所在。"宣通气机即协调升降出入，使之平衡。

6.1.4　重视临证辨病与辨证结合

辨病与辨证，都是认识疾病的过程。辨病以确定疾病的诊断为目的，为治疗提供依据；辨证以确定证候的原因、性质和病位为目的，从而根据证来确立治法，据法处方以治疗疾病。辨病与辨证都是以病人的临床表现为依据，区别在于一为确诊疾病，一为确立证候。中医学是以"辨证论治"为诊疗特点的，强调"证"的辨析和确立，然后根据"证"处方遣药，施以治疗。但中医学临床上从来就少不了"辨病论治"的方法，以《辅行诀脏腑用药法要》中五脏病证文并方为例子，其文如下："脾实则腹满，飧泻；虚则四肢不用，五脏不安。"此即临证时先论虚实，而后再辨病，"脾病者，必腹满肠鸣，溏泻，食不化""虚则身重，苦饥，肉痛，足痿不收，行善瘛，脚下痛。邪在脾，则肌肉痛"。辨病后分阴阳："阳气不足则寒中，肠鸣腹痛；阴气不足则善饥，皆调其三里。"其治疗原则："陶云：脾德在缓。故经云：以甘补之，辛泻之。脾苦湿，急食苦以燥之。"从上段文字的表述看，辨脾病，重视症状：腹满肠鸣，溏泻，食不化，四肢不用，五脏不安，苦饥，肉痛，足痿不收，行善瘛，脚下痛。邪在脾，则肌肉痛。辨证则分：寒热虚实阴阳。随着现代诊断技术的发展，将各种化验结果，X线、B超、CT、胃镜检查结果以及病理检查结果等融入辨病与辨证中，辨病与辨证结合，给出最佳的治疗方案。《新脾胃论》以辨病和方证论治的方法对脾胃消化系统疾病作了论述，以慢性萎缩性胃炎为例，辨病以临床表现和理化检查为主，方证论治分5个证型：疏肝和胃汤证、化瘀消痞汤证、枳壳益胃汤证、三仁汤证、辛香通络汤证。随着辨证与辨病、宏观辨证与微观辨证、机能辨证与形态辨证等中西医结合方法的开展，目前临床常将西医学实验室或仪器检测的微观指标作为遣药组方时的依据。如王道坤教授治疗消化道溃疡病，会在中医辨证基础上加制酸解痉、保护胃黏膜与促进局部溃疡愈合的药物，如煅瓦楞子、海螵蛸、牡蛎等。其他如配吴茱萸、青木香、钩藤降血压，配白花蛇舌草、山豆根、半枝莲等抗肿瘤均属此类。

6.1.5　重视治病求本，杂合以治，调整阴阳、以平为期

《素问·异法方宜论》云："故圣人杂合以治，各得其所宜。故治所以异而病皆愈者，得病之情，知治之大体也。"张志聪注曰："夫天有四时之气，地有五方之宜，民有居处衣食之殊，治有针灸、药饵之异……"敦煌医学卷子中，有丰富的针灸、食疗、药物、导引按摩的内容，诸如《灸法图》，而《火灸疗法》是古藏医类著作，从内容来看，体现了"三因制宜"的特点。《素问·异法方宜论》云："北方者，天地所闭藏之域也，其地高陵居，风寒凛冽，其民乐野处而觅食，脏寒生满病，其治宜灸焫。故灸焫者，亦从北方来。"古藏医火灸法之所以在当时的敦煌得以流传，和地域关系是十分密切的。

6.2　三个创新

6.2.1　抓主症，细辨兼症

主症，即主要脉象和症状，是辨病和辨证时的主要依据，每一种疾病或证候都有它特异性的主症，可以是一个症状，也可以由若干个症状组成，一症有时可定一证或一病。兼症是指在主症之外但和主症病机有关的症状，细辨兼症可以排除诊断干扰。抓主症为确定诊断并处以方药提供了依据，主症与最有效的方药联系在一起。抓主症就同时选择到了对证的方药，如张仲景《五脏论》中说："紫菀、款冬，气嗽要须当用……白术、槟榔，有散气消食之效。"又如《辅行诀脏腑用药法要》小补心汤，其主症"胸痹不得卧、心痛彻背、背痛彻心"，证为心阳不足，方从证出，有是证用是方，治用瓜蒌、薤白、半夏、白酒以温阳散结。

6.2.2　创新方证论治

方从证出，如四君子汤的证型即是脾胃气虚，我们可以将四君子汤为基础的组方所治证候称为"四君子汤证"。方证论治是辨证论治体系中最为直观体现遣方用药特点的，例如，"伤寒表不解，心下有水气，干呕，发热而渴，或渴，或利……小青龙汤主之"，小青龙汤证，就是小青龙汤方的应用指征，也就是方从证出。方证论治有较强的针对性和实用性。敦煌医方有1000余首，总体特点是有方有证，以方名证不失为研究敦煌医学的一种方法。

6.2.3　创新组方思路

临证处方的基本思路主要有成方化裁和直接组方。王道坤教授以方证论治和对成方配伍关系的理解为基础，并结合病证、病机、治法和中药配伍知识及个人用药经验，提出了新的组方原则，概括为"攻补兼施、寒热并用、升降相因、不蛮补、不峻泻、适事为度"。以敦煌医方平胃丸方为例，其症"主心悬，饥不用食"，通过对蜀大黄、去皮当归、䗪虫、

蜀附子、干姜、人参、藁本、玄参、苦参、桔梗的组方进行分析发现，十分契合慢性萎缩性胃炎虚实夹杂、寒热并存、气滞血瘀的病机，王教授对此方进行化裁后研发了"萎胃灵"系列制剂，我们所做的动物实验研究结果表明：萎胃灵 1 号能够显著升高实验大鼠血清 IL-2、血清 SOD，显著降低实验大鼠血清 MDA，因而具有提高机体抗氧化、清除自由基能力，调节机体免疫能力，是治疗慢性萎缩性胃炎癌前病变的有效药物。动物长期毒性实验研究结果表明：大于人临床用药量 15 倍以上（最大 60 倍）连续给药 6 个月，未引起病理性和器质性改变，停药 30 天后也未见蓄积毒性后遗效应，因此可以认为该药是有较高安全性的。

7　敦煌医学学派首倡医家学术思想及传承概况

中医学术流派由众多医家构成，医家学术思想体现了一部分流派的内涵。敦煌医学学派由上百位研究学者组成，本课题选敦煌医学学派首倡者王道坤教授学术思想为研究重点，兼述传承情况，其依据为王道坤教授：①首次提出"敦煌医学"概念；②首倡"敦煌医学学派"；③是学派早期敦煌医学研究学者之一；④是国家级名老中医及全国名老中医药专家传承工作室建设项目专家；⑤有鲜明的学术主张；⑥有三代学院式教育传承；⑦有影响力的论著。

7.1　王道坤教授简介

王道坤教授，男，汉族，中国农工民主党党员，甘肃中医学院教授。国家中医药管理局确认的第三批全国老中医药专家学术经验继承工作指导老师，硕士研究生导师，享受国务院政府特殊津贴，2010 年被国家中医药管理局确定为全国名老中医药专家传承工作室建设项目专家。王教授首倡"敦煌医学学派"。早在 1984 年发表《敦煌医学初探》，在 1984 年和赵健雄、徐鸿达等主持申报"敦煌医学研究"项目，1989 年通过部级鉴定，由此奠定了敦煌医学研究在国内外的唯一学术地位。在数十年的教学和临证医疗活动中潜心研究敦煌医方，在敦煌医方的基础上成功开发"萎胃灵"系列制剂，用于治疗慢性萎缩性胃炎等脾胃疾病，治愈患者逾万人之多，是一位运用敦煌医方治疗脾胃病的中医学大家。著述有《新脾胃论》《医宗真髓》《决生死秘要》《从医必读》《中医各家学说》《中国医学史》《现代中医内科学》等。

7.2　学术思想

7.2.1　重视经典，创凝学法

王老师于 60 年代毕业于北京中医学院（现为北京中医药大学），受名师任应秋、董建华、刘渡舟、王绵之等教授指点，加之律己勤学苦钻，学业突飞猛进，熟读了《黄帝内经》《难经》《伤寒论》《金匮要略》《神农本草经》等经典名著，对《备急千金要方》《外台秘要》《脾胃论》《景岳全书》《证治准绳》《医宗金鉴》等后世名著均了如指掌。常寄语青年医学生：作为一名医学生，要掌握"五四三二一观点"，即五部四百味三百方二论一观点，五部即是《黄帝内经》《伤寒论》《金匮要略》《温病学》《中医各家学说》，熟读并领会要旨；四百味即是四百味常用中药，掌握其性味归经、功用主治、禁忌炮制等；三百方即是三百首汤头歌诀；二论就是矛盾论和联系论；一观点就是辩证唯物观。王教授总结凝练了学习中医法："医之道，任非小，关性命，诚是宝。医之理，很深奥，花气力，抓主要。背经典，记方药，多实践，熟生巧，边学习，边创造。通今古，名医昭。"王教授医之道理，诠释深刻明了，实为培养中医之才、缔造名医之路的最好方法。

7.2.2　重视脾胃，扩增治法

王道坤教授重视脾胃，一重理：崇李杲的"脾胃内伤，诸病由生"观点，临证善于益气升阳；循薛己"人以脾胃为本"，强调滋化源，补脾与补肾结合；认同李中梓"肾为先天之本，脾为后天之本"论，治疗补肾与理脾兼行；同叶桂"胃阴学说"，治疗用甘凉濡润法和酸甘济阴法。二重法：总结了治疗脾胃病的 12 大法：①益气升阳法，②益气补脾法，③温运脾肾法，④健脾渗湿法，⑤补火生土法，⑥疏表和胃法，⑦滋润胃阴法，⑧滋养脾阴法，⑨消食和中法，⑩清利湿热法，⑪通里攻下法，⑫收敛温补法。三重方：承用经方，创制新方。张春燕对王道坤教授治疗 210 例病例中涉及的 58 首方剂进行了分析，认为：补益剂占 31.03%；清热剂占 10.34%；泻下剂占 8.62%；理气剂、理血剂、解表剂、祛痰剂，各占 6.89%；祛湿剂、治燥剂、治风剂，各占 5.17%；固涩剂、和解剂、温里剂，各占 1.72%。补益方所占比重为诸方之首。创制新方：萎胃灵系列制剂、疏肝和胃汤、化瘀消痞汤、温中愈溃汤、辛香通络汤等。四重药：重视治疗脾胃病药物的轻灵取效，不蛮补，不峻泻，用药时十分注重扶养正气，且兼顾理气、化痰、通络、消痞。

7.2.3　倡导学派，重视实用

敦煌医学研究历时百余年，研究学者层出不穷，形成了独特的研究文化，作为中国医药学的一部分，敦煌学的重要分支，王道坤教授首倡敦煌医学学派，不仅具有学术发展战略眼光，还为敦煌医学研究开拓了新的研究领域。中医学术流派研究纷呈，各地均有不同的流派研究方向，敦煌医学学派研究顺应中医学术流派发展需求，日臻完善。

王老师研究敦煌医学首重医方，从 80 多部敦煌医学经卷的 1000 余首医方中精选 72 首，撰成《敦煌医方选粹》，所选医方切合实用，临床行之有效，通过对敦煌医方：大调中丸、大补脾汤、平胃丸、大泻心汤、神仙定年法的潜心研究，化裁制成萎胃灵 1、2、3、4、5 号，针对慢性萎缩性胃炎进行分型诊治，临床疗效显著，二十多年来诊治了一万多例患者，有效率达 98%，彻底治愈率达 62%。研究敦煌医方，总结其组方规律，创新性地提出了"攻补兼施、寒热并用、升降相因、不蛮补、不峻泻、适事为度"的组方原则。

7.3　传承概况

王道坤教授首倡敦煌医学学派，推动和促进了流派发展。研究团队包括人员有李应存、朱立鸣、梁玉杰、段永强等。传承模式为师承和研究生教育。其中李应存教授为人事部、卫生部、国家中医药管理局确定的第三批全国老中医药专家王道坤教授学术继承人，段永强教授以研究生教育模式传承王道坤教授的学术思想。分述如下：

李应存教授，敦煌学博士、中医学博士后、硕士研究生导师。2002 年 10 月被人事部、卫生部、国家中医药管理局确定为第三批全国老中医药专家王道坤教授学术继承人，是敦煌医学学派的新起之秀。主持项目有国家"十一五"科技支撑计划项目名老中医临床经验与学术思想研究子课题"王道坤教授临床经验与学术思想研究"等。学术特点趋向于文献研究，在继承和创新中运用敦煌医方治疗脾胃、肝胆、肿瘤、泌尿、风湿痹痛、疑难病症、月经病、带下病、女子不孕、男性不育及小儿咳喘、厌食、泄泻等病收效峻捷。主要著述有《实用敦煌医学》《敦煌佛儒道相关医书释要》《甘肃古代医学·敦煌医学》等。发表敦煌医学相关论文 40 余篇。2004 年李应存、李金田、史正刚三位教授立项"俄罗斯藏敦煌医药文献的全面整理与研究"，历时三年，取得可喜成果，出版了《俄罗斯藏敦煌医药文献释要》。

段永强教授，博士，以他为首的研究团队对王道坤教授根据敦煌医方研发的"治萎防变胶囊"（萎胃灵 3 号）、"敦煌大宝胶囊"（萎胃灵 5 号）进行了系列深入的实验研究。以实验的方法论证了敦煌医方和经验方的安全性和有效性。发表了《敦煌葆元汤治疗慢性疲劳综合征 36 例临床观察》《敦煌大宝胶囊对肾阳虚小鼠抗应激作用影响的研究》《敦煌大宝胶囊对衰老大鼠及肾阳虚小鼠肝脏代谢能力的影响》《敦煌大宝胶囊对衰老大鼠脑组织 NO/NOS 表达水平及钙平衡的影响》《敦煌大宝胶囊对衰老模型大鼠脑组织氧自由基域影响的研究》《敦煌石室大宝胶囊对亚急性衰老大鼠脑功能的保护效应及作用机制研究》《敦煌石室大宝胶囊对衰老大鼠脑组织钙稳态的影响》《敦煌石室大宝胶囊对衰老大鼠脑组织单胺类神经递质的影响》等具有一定影响力的科研论文。

2010 年，王道坤、李应存教授指导硕士研究生虎峻瑞完成《王道坤教授应用敦煌医方治疗慢性萎缩性胃炎的研究》，通过收集门诊病例 106 例，系统介绍了王道坤教授应用敦煌医方治疗慢性萎缩性胃炎的经验。

2011 年，王道坤、李应存教授指导硕士研究生柯贤峰完成《敦煌医学文献脾胃病证方药研究》，通过对敦煌医学文献中的脾胃相关病证的收集整理，首次对敦煌医学脾胃专科疾病进行了研究，从理法方药的角度分析了敦煌医学脾胃病证的特点，结论认为：①敦煌医学文献资料中的脾胃病证记有痢疾、便秘、呕吐、反胃、呃逆、噎嗝、腹痛、胃痛、泄泻、痞满等十种病证；②通过数据统计，认为敦煌医学治疗脾胃病证的高频药物有干姜、甘草、人参、芍药、陈皮、生姜、附子、茯苓、黄芩、白术、芦根、大黄、当归、肉桂、黄连、阿胶、厚朴等；③药物性味包括辛、甘、温、苦、寒，主要药对有干姜与甘草、干姜与人参、干姜与附子、甘草与芍药等；④敦煌医学文献中方药特点是治疗脾胃病注重补虚同时兼顾泻实，用药偏于温补，兼用苦寒。

8　敦煌医学学派的影响和贡献

8.1　对传统医药的影响

每一个地区中医药特点的形成，必然是对传统医学理论的继承性与实际运用的创造性结合的结果。由于敦煌医学丰富的文献资料，使敦煌医学学派在敦煌医学理论认识上更注重文献挖掘和临床实践结合，丰富了中医药学的理论。敦煌医学学派经历了百余年的发展，以其独特的医学内容，丰富了中医临床应用。一方面，敦煌医学学派的发展体现着敦煌医学的发扬光大，另一方面，敦煌医学研究有国际化的广阔前景，为中医药事业走向世界增光添彩。

8.2　对地域显学的贡献

地域显学通常是指与现实联系密切，引起社会广泛关注的学问。普遍认同，作为我国三大显学之一的敦煌学的研究包括敦煌文书和石窟艺术两个基本方面，而敦煌医学学派收集、整理、注释、阐发敦煌医学文献资料，丰富了敦煌学研究的内容。

摘自：杨晓轶.敦煌医学学派的形成与发展初步研究［D］.兰州：甘肃中医学院，2012.

敦煌张仲景《五脏论》药对理论与临床应用（节录）

葛政

敦煌张仲景《五脏论》药对理论

1　不同写本的敦煌张仲景《五脏论》药对

现存的敦煌出土张仲景《五脏论》有 P.2115、P.2755、P.2378、S.5614 四种写本。其中 S.5614 实物收藏于巴黎法国国家图书馆，其余三件实物收藏于伦敦英国博物馆，国内仅存其影印本。李应存教授在 2004～2007 年整理俄罗斯藏敦煌医药文献时发现又一张仲景《五脏论》写本Д×01325V，该残卷仅存 9 行文字，无药对内容，在此不予论述。张仲景《五脏论》中的内容可分为两部分，一为医理部分，二为本草论述部分。本文研究的药对仅限于 P.2115 卷子。

敦煌 P.2115 卷子，敦煌张仲景《五脏论》中所载药对共计 12 对。"半夏有消痰之力，制毒要借生姜；当归有止痛之能，相使还须白芷。泽泻、茱萸能使耳目聪明；远志、人参巧含开心益智"。"恒山、鳖甲，大有差疟之功；蛇蜕、绿丹，善除癫痫之用……芎䓖、枳实心急即用加之；紫菀、款冬气嗽要需当用。虻虫、水蛭，即有破血之功；白术、槟榔，有散气消食之效""天鼠煎膏巧疗耳聋，得草麻而妙加……葶苈大枣除水"。

敦煌 P.2378 卷子，《五脏论》一卷，首残尾全，仅存 46 行文字，是敦煌出土的四种《五脏论》抄本残卷中属文字保存最少的一种。文中记载药对共 7 对，与 P.2115 卷子大致相同，缺少药对 5 对分别是半夏-生姜、当归-白芷、泽泻-茱萸、远志-人参、天鼠-草麻。

敦煌 P.2755 卷子首尾均残缺，现存 54 行文字。较 P.2115 卷子缺少药对半夏-生姜、当归-白芷、泽泻-茱萸、远志-人参、葶苈-大枣，原文记载也有所改变"葶苈伐脾去水""枳实、芎䓖，善除心痛""紫菀、冬花，善除咳嗽之疾""槟榔、白术，能除宿食而不消"。增加药对 14 对，共计 21 对。原文记载"杜仲草薢，能去腰疼""当归芍药，能除腹内之疴""芒硝大黄，泻癥瘕之热病""黄连阿胶断痢""通草钟乳发声""桃核蕤仁明目""秦皮决明去翳""滑石通草，能差五淋""知母栝蒌止消渴""牡蛎助柏仁之功，地黄益门冬之功。白蔹反乌头之情，栀子解踯躅之毒""仙灵去脚苦，牛膝相成益"。

敦煌卷子 S.5614 现藏于英国伦敦博物馆，其内容前后依次抄录四书，《五脏论》一卷是第一本书。全文共计药对 11 对，与 P.2115 卷子相同唯缺葶苈-大枣。原文记载为"葶苈伐口来除水"。

2 敦煌张仲景《五脏论》药对详解

2.1 白术-槟榔

白术之名，追根溯源可至《神农本草经》所载之"术"，未区分为白术、苍术两种。其始见于梁代陶弘景《本草经集注》，"陶隐居云：术乃有两种：白术，根甜而少膏，可作丸散用；赤术，根小苦而多膏，可作煎用"。陶弘景将其归为草木上，即草木上品。《名医别录》中载："术，味甘，无毒。主治大风在身面，风眩头痛，目泪出，消痰水，逐皮间风水结肿，除心下急满，及霍乱，吐下不止，利腰脐间血，益津液，暖胃，消谷，嗜食"。古时苍、白二术曾通用不分，后因性效相异分而用之。白术主补气健脾、燥湿化痰、利水退肿、祛风散寒、止汗安胎。清代黄元御《长沙药解》言其："最益脾精，大养胃气，降浊阴而进饮食，善止呕吐，升清阳而消水谷，能医泄利"。白术具有促进肠胃运动、抗氧化、抗菌、抗癌、利尿、降血糖等药理作用，并作用于子宫平滑肌，印证其安胎的功效。

槟榔，始载于梁代陶弘景《名医别录》，属中品，其原文如下，"槟榔，味辛，温，无毒。主消谷，逐水，除痰癖，杀三虫，去伏尸，治寸白"。槟榔被归为驱虫药，有杀虫破积、利气行水之功。现代药理研究表明槟榔有驱虫、抗真菌、抗肿瘤、镇痛、消炎、抗氧化等作用，并对神经系统及内分泌系统、消化系统、泌尿生殖系统有作用。临床应用上槟榔多以中药复方组成的形式出现，如木香槟榔丸治疗消化系统疾病、四磨汤治疗功能性消化不良、蒙药槟榔十三味丸治疗抑郁症等。

白术的配伍应用较丰富，如见于四君子汤中配人参以治脾胃气虚；五苓散中配桂枝以通阳；配黄芩则安胎；配山药以健脾益肺；《金匮要略》白术附子汤中配附子以温阳除湿等。槟榔的配伍应用较少，如利而不破气则配木香；配沉香以加强降逆行气之功；杀虫配牵牛子；驱猪肉绦虫则配南瓜子。石艳婷等通过筛选实验研究发现生白术、槟榔等中药血清对胃肠动力具有较强的促进作用。敦煌张仲景《五脏论》中言："白术、槟榔，有散气消食之效。"《玉楸药解》中对槟榔描述曰："降浊下气，破郁消满，化水谷之陈宿。"白术甘温健脾强胃，助脾运化，槟榔消积行滞，一药升清一药降浊，二者相伍，健脾消积，消不伤正，补不恋邪。

2.2 紫菀-款冬花

紫菀，初见于《神农本草经》，"味苦、温。主咳逆上气，胸中寒热结气，去蛊毒，痿蹶，安五藏"。《名医别录》中紫菀列于卷二中品，"味辛，无毒。主治咳唾脓血，止喘悸，五劳体虚，补不足，小儿惊痫"。紫菀为祛痰止咳要药，温肺止嗽、润燥止咳、益气平喘、化痰止血、解毒利咽，用于风寒束肺、肺气壅实的咳嗽、肺痿等。其药理活性经研究主要为抗肿瘤、抗氧化、抗菌、祛痰。在清代医家吴仪洛的著作《本草从新》中提及紫菀具有通便利尿的功效，贾志新等对此进行了实验测定，通过灌胃给予小鼠不同剂量的紫菀水煎液 2 天后，称重小鼠体重并用复方地芬诺酯造模，检测结果为紫菀能增加小鼠排尿量，同时可以对神经递质的含量进行调节。

款冬花亦始载于《神农本草经》，并列为中品，生于冬令时节，因时之妙，其性辛温轻扬，具有润肺下气、止咳平喘之功，用于肺胀、肺痿、肺痈、外感咳嗽、哮证、喘证等。现代研究表明，主要的药理作用如下：止咳、抗血小板活化因子、抗氧化、抗炎、抗肿瘤。款冬花中含有一种具有肝细胞毒性的吡咯生物碱，这使款冬花的安全评价总与毒性相关，而近几年的某些研究者通过实验对此提出了质疑。张建伟等口服给予小鼠不同浓度的款冬花水煎液，通过测定肝重系数，进行肝脏病理组织学检查，结果表明款冬花水煎液的急性毒性、对肝损伤的作用均较低。黄芳等通过腹腔注射克氏千里光碱，灌胃给予小鼠款冬花水提液、总生物碱、醇提液、非生物碱、克氏千里光碱，结果表明水提液无肝脏毒性，总生物碱及克氏千里光碱具有明显的肝脏毒性。

紫菀与款冬花的配伍早已出现在《金匮要略》中的射干麻黄汤。《本经疏证》中云："紫菀、款冬花，仲景书他处不用，独于肺痿上气咳嗽篇，射干麻黄汤中用之……紫菀、款冬虽不得为是方主剂，然局法之转移，实以紫菀、款冬变"。紫菀、款冬花现为临床化痰止咳的常用药对。陶弘景在《本草经集注》款冬花条例中有载："得紫菀良"。紫菀入血分，偏于化痰，款冬花入气分，强于止咳，二药伍用，润而不燥，寒热皆宜，止咳效果倍增。《本经疏证》中又云："《千金》《外台》凡治咳逆久嗽，并用紫菀、款冬者，十方而九。"如紫菀散、四物款冬丸。对于肺痿、肺虚久咳，临床常用蜜紫菀、蜜款冬花，增其润肺之效。紫菀、款冬花两者性味功用相似，相须配伍，但邵静等通过实验研究提出了二者相须中有相杀配伍之说，实验以小鼠急性毒性确立指标，90%乙醇提取物的乙酸乙酯部分为其毒性位置，将不同溶剂提取的款冬花与其相配，结果为款冬花 30%乙醇提取物具有显著的减毒成效，其中的乙酸乙酯和正丁醇部位具有较好的减毒效果，为款冬花对紫菀的相杀部位。

2.3　虻虫-水蛭

虻虫，首载于《本草经集注》。《证类本草》中称为其蜚虻："味苦，微寒，有毒。主逐瘀血，破下血积，坚痞癥瘕，寒热，通利血脉及九窍，女子月水不通，积聚，除贼血在胸腹五脏者，及喉痹结塞"。虻虫逐瘀通经、破积软坚，用于血滞闭经、堕胎、外伤瘀血、喉痹、癥瘕积聚。其苦、凉，有毒，归于肝经，《本草纲目》云："成无己云，苦走血，血结不行者，以苦攻之，故治蓄血用虻虫，乃肝经血分药也"。虻虫具有抗血栓、镇痛、抗炎、抗肿瘤的药理作用，同时能影响血液流变性。

水蛭初见于《神农本草经》，"主逐恶血、瘀血、月闭，破血瘕积聚，无子，利水道"，被列为下品。《名医别录》中云："水蛭。味苦，微寒，有毒。主坠胎"。水蛭性味咸、苦，有小毒，咸则软坚散结，苦主泄结，同时水蛭吮吸血液，破血逐瘀之力强劲，常用于蓄血、闭经、癥瘕等。水蛭中含有的水蛭素是一种凝血酶抑制剂，能够阻碍血液凝固，这使水蛭在破瘀的同时不止血，促进血液循环，促使新血的生成。水蛭具有抗凝血、抗癌、消炎、抗血栓、抗纤维化的药理作用。

虻虫、水蛭均属于活血药，二者功用相近，药理作用相近，常相须为用。《本草经疏》中有言："水蛭，味咸苦气平，有大毒，其用与虻虫相似，故仲景方中往往与之并施"。虻虫气臭善飞行药力峻猛，水蛭体黏善游水药力较缓，二者均入肝经，一药上冲一药下吮，上下俱达，治疗癥瘕积聚、瘀血经闭等，疗效颇佳。梁进权等对血瘀模型大鼠灌胃给予相同剂量的虻虫-水蛭药对、两者单味药，观察各组对血液流变性的影响，结果发现药对组明显优于单味药，改善血液流变学异常效果良好，水蛭：虻虫按经方大黄䗪虫丸 4：3 配伍时，抗凝血作用优异于其他配伍比。

2.4　当归-白芷

当归初见于《神农本草经》。《名医别录》言："当归，味辛，大温，无毒，主温中，止痛，除客血内塞，中风痉，汗不出，湿痹，中恶，客气虚冷，补五脏，生肌肉。"当归主治血虚引起的各种证候，如心血虚所致心悸失眠，肝血虚致眩晕耳鸣，闭经、月经不调、痛经等妇科疾病；因瘀滞或血虚而致的腹痛、风寒湿痹或头痛；对于血虚津少便秘则润肠通便。当归药理作用丰富，其作用于血液及造血系统，促进造血功能，同时具有镇痛、抗炎、抗肿瘤、抗老年痴呆、抗氧化、保护脏器器官、治疗青光眼等作用。《本草汇编》中云："当归治头痛……治心痛。"乐江等发现当归粗多糖能够明显抑制小鼠痛经模型的扭体反应，具有镇痛作用。

白芷始载于《神农本草经》，列为中品，其味辛、温，解表、祛风燥湿止痒、消肿排脓、通窍止痛。现代研究证实，白芷对皮肤、血管、平滑肌作用，同时具有止痛消炎、抗菌、抑制肿瘤发展、兴奋中枢、光毒性等作用。白芷气味芳香，上入肺经达头目，下抵肠胃，通九窍祛风止痛。《本草纲目》曰："治齿痛，眉棱骨痛。"《玉楸药解》言："治头痛鼻渊。"崔秋兵等创建大鼠甲醛致痛模型，通过灌胃给予不同剂量的白芷总挥发油及水煎剂，记录分析大鼠给药后的行为学表现，表明所测水煎液及挥发油有镇痛之功。

当归常用芍药、地黄为佐，川芎为使，敦煌张仲景《五脏论》中："当归有止痛之能，相使还须白芷。"《本草经集注》中对白芷配伍曰："当归为之使，恶旋覆花"。白芷以气味为胜，《神农本草经》中谓其名曰芳香，辛香行经发表，为气分药，而《神农本草经》却从主治女子漏下赤白等着笔，不言气言血，气无血而散，血离气则凝，二者相依存，调血必先调气。当归、白芷均能止痛，当归为血，白芷为气助血行，二药相使增止痛之力。包含当归、白芷二者的医方也较少，同时并未明确指出二者相使为用，如治跌打损伤的《医宗金鉴》琼液膏、治牡痔疼痛的《圣济总录》当归饼等。现代对当归、白芷药对的研究偏少，多配伍于方剂中，刘桂华等用当归、白芷水煎液作用于大肠杆菌与金黄色葡萄球菌，杀菌效果明显；刘震等医治白血病化疗之后肛周脓肿的手术创面，运用自拟当归白芷汤，临床疗效较好。

2.5　半夏-生姜

半夏在《神农本草经》中被列为下品，生食涩口戳喉刺激性大，言其有毒。《神农本草经》中云："主伤寒寒热，心下坚，下气，喉咽肿痛，头眩胸胀，咳逆，肠鸣，止汗。"其具有降逆止呕、燥湿化痰、消痞散结之功，为降逆和胃要品。半夏味虽辛温，但主下气，下其上逆之气，下冲逆以除咳，降浊阴而止呕。其归肺、脾、胃三经，既入胃腑又主肺，里药而主表为半夏。半夏因其毒性，临床多用制半夏，如善于降逆止呕的姜半夏；温化寒痰的法半夏。严晓莺等通过实验测试生半夏的毒性，灌胃给予小鼠不同剂量（1g/kg、5g/kg、25g/kg）的生半夏水煎液，通过小鼠骨髓嗜多染红细胞微核试验、精子畸形试验、肝肾二脏病理组织形态学检测，得出剂量为25g/kg时，对小鼠骨髓细胞具有遗传毒性，同时对肝肾二脏有损伤。而有人则应用半夏的毒性来进行抗肿瘤治疗，如陈婉竺用半夏水煎液加减医治甲状腺肿瘤患者，显效者91例；张成铭对恶性肿瘤患者，随证加减生半夏的用量，从15～45g不等，先煎半夏45分钟，结果：16例患者中总有效率为81.3%。

生姜见于《本草经集注》，性味辛、温，为解表药，姜与"疆"同音，寓其防卫之力，抵御百邪入里。《名医别录》中言其："主伤寒头痛鼻塞，咳逆上气。"生姜被称为"呕家圣药"，温中止呕，常用于胃寒呕吐。其入肺、脾、胃经，温肺散寒，止咳祛痰。生姜既为中药又为食物，药食同源，孟诜在《食疗本草》中云："食之除鼻塞，去胸中臭气，通神明""止逆，散烦闷，开胃气"。生姜具有促进消化、改善血液循环、抗炎抑菌、抗肿瘤、缓解前庭刺激等药理作用。

半夏与生姜药对，见于《金匮要略》中的小半夏汤，亦名曰生姜半夏汤，和胃化饮，降逆止呕。二者相伍，共调三焦，升清降浊，其中生姜对半夏化痰理气的功效起增强作用，同时制约其毒性。《本草经集注》中有载半夏："畏生姜"。《医学启源》中言生姜："制半夏毒"。邵月如记载有人误食生半夏，出现面白、口腔咽喉刺痛、声音嘶哑、流涎、恶心呕吐等症状，大量生姜捣汁服用后，症状渐消。有学者通过动物实验证明，半夏的刺激性及毒性，能通过生姜的加入明显降低。

2.6　泽泻-茱萸

泽泻在《神农本草经》中列为上品，别名水泻，因其不仅泻有形之水亦灌输水之精微使润泽，故言其泽泻。《神农本草经》中载其"主风寒湿痹，消水"亦"养五脏，益气力"。泽泻利水渗湿不伤阴，水行气化以泻为泽，气化水行以泽为泻，《名医别录》言其："逐膀胱，三焦停水""补虚损五劳"。其性甘、寒，入肾与膀胱经，走水腑而开闭癃，临床多用盐制，咸入肾助水。现代药理研究表明泽泻具有利尿、降血脂及抗动脉粥样硬化、抗肾结石、抗炎、抗肿瘤、影响免疫系统、降血压、降血糖等作用。泽泻在临床中的使用并未显示出明显的毒副作用，但相关毒理实验研究表明，泽泻大剂量使用亦具有一定的肾毒性。

茱萸，此处为山茱萸或净制后的山萸肉，始于《神农本草经》，"主心下邪气寒热，温中，逐寒湿痹，去三虫，久服轻身"。其味酸收敛，入肝肾经，能滋阴养血、补益肝肾、敛精固虚，主治腰酸腰痛、耳鸣耳聋、头晕目眩、惊悸、遗精滑泄、肝虚自汗等证。现代药理研究表明，山茱萸具有抗炎镇痛、抗肿瘤、治疗糖尿病、免疫调节等作用。山茱萸与山萸肉的功效相同，但清代名医张锡纯认为在临床中应明确使用去核的山萸肉，《医学衷中参西录》中有言山茱萸的果核味涩，与其性相反，不利小便，务必去核。

泽泻与山茱萸作为药对配伍在他书中并未记载，敦煌张仲景《五脏论》中言此药对能使耳目聪明。泽泻常见的配伍为茯苓、猪苓，《本草经集注》载其："畏海蛤，文蛤。"山茱萸常与牡蛎、五味子、白芍、补骨脂等配伍成药对，《本草经集注》中记载："蓼实为之使，恶桔梗、防风、防己"。《本草纲目》中载泽泻有："聪明耳目之功"。泽泻与山茱萸相须为伍，泽泻益肾强阴、利水渗湿、清泻相火，山茱萸滋阴养血、补益肝肾、收敛阴精，偏于固涩。二者相用，一清一敛，同补肝肾，清中有补，聪明耳目。

2.7　远志-人参

远志初见于《神农本草经》，名曰棘菀，列为上品，"主咳逆伤中，补不足，除邪气，利九窍，益智慧，耳目聪明，不忘，强志倍力"。远志增进智慧，治心窍蒙蔽，加强记忆，正如其名。其功效为安神醒脑益智、祛痰止咳、消肿解毒，用于心阳不振，心血亏虚，疮疡肿毒，失眠健忘等。远志之行气散郁功效颇佳，《本草汇言》中有云："独一味煎膏能治心下膈气，心气不舒。"远志具有抗痴呆、抗抑郁、祛痰镇咳、抑菌、抗癌、保护心脑血管等药理活性。《本草纲目》中云："远志，其功专于强志益精，治善忘。"其在神经系统方面功效卓越，除抗抑郁抗痴呆外，还具有镇静催眠、抗惊厥、改善记忆、促神经细胞增殖分化等作用。远志有轻微毒性，在历代本草著作中均有记载，如"刺激人咽喉"，《医学衷中参西录》中载其服用超过二钱可致呕等，有学者研究发现生远志具有急性毒性，尤其是大剂量使用，其作用于胃肠运动呈现明显的毒性抑制，而蜜制品则会减缓其毒性。

人参出自《神农本草经》，其形似人，气体如人，补周身之气，其虽补阳气而体阴，无刚燥则入阴分。在《名医别录》中有别称为"土精"，万物土中生，人参主中州，化生万物，补中益气，固脱回阳，生津止渴，安神定悸。《神农本草经》中列其为上品："主补五脏，安精神，止惊悸，除邪气，明目，开心益智"。《名医别录》中云："止消渴，通血脉，破坚积，令人不忘"。二书均记载了人参开心益智，治疗健忘的功效。现代药理研究亦表明，人参具有抗抑郁、强健记忆的功效，同时，其作用于心血管系统、中枢神经系统、免疫系统、内分泌系统、生殖系统、消化系统及肝肾等。人参长期大量使用亦造成不良反应，《本草经百种录》中言人参可贵，但若用之失宜，损害甚至超过其他药物。人参过服引起的轻度不良反应，多为明显的腹胀感，或身面部灼热，或致鼻出血。

远志的配伍在《本草经集注》中载："得茯苓、龙骨、冬葵子良，畏珍珠、藜芦、蜚蠊、齐蛤""杀天雄、附子毒"。在十八反十九畏中明确指出人参配伍，"叛藜芦""畏五灵脂"，均并未记载远志与人参相伍。远志与人参虽未在他书中明确记载为药对，但常共同配伍于安神益智的方剂中，《玉楸药解》中言远志："开心利窍，益智安神"。《神农本草经》亦云人参"开心益智"。远志芳香清冽，辛散宣泄通达，交通心肾而安神益智；人参甘温补五脏，安神定悸，除邪开心。两药相须为用，通心窍、交心肾，滋养阴血，益肾健脑聪智，抗抑郁之功倍增，开心益智。孙秀萍等从人参总皂苷、远志总皂苷入手研究抗抑郁新药，二者配伍比例为 2∶1 时，形成的参远苷具有良好的抗抑郁作用，并优于单味皂苷。有学者基于数据挖掘研究历代医家治疗老年性痴呆相关的处方，发现人参单味药使用频次居榜首，人参-远志、人参-石菖蒲-远志、人参-茯神-远志等相关配伍出现频次亦较高。

2.8　恒山-鳖甲

恒山之名出自《吴普本草》，为中药常山之古名，此处指黄常山，应与海州常山、广西土常山相区分。常山早在《神农本草经》中已有记载，列为下品。常山疗疟之功甚佳，《本草图经》言："苦寒，有小毒，消痰至捷，截疟如神。常山疗疟，无他药可比。"除疟疾外，常山亦用作治疗痰积、癫狂等。常山具备抗疟、抗肿瘤、消炎等药理作用。梁洁等通过动物实验研究常山中常山碱的衍生物常山酮对大鼠肝纤维化的影响，结果显示常山酮能有效降低肝纤维化程度。

鳖甲初见于《神农本草经》，为中品，性味咸寒，入肝、肾经。《名医别录》云："无毒。疗温疟、血瘕、腰痛、小儿胁下坚。"鳖甲主滋阴清热、平肝潜阳、软坚散结，多用于阴虚内热、小儿惊痫、癥瘕、疟母等。现代药理研究表明，鳖甲具有抗肝纤维化、抗癌、增强免疫等作用及对肺纤维化、血脂产生影响。目前对鳖甲的实验研究多集中于抗纤维化作用，如高建蓉等创建肝纤维化大鼠模型，灌胃给予鳖甲微粉煎煮混悬液，检测分析相关数据，结果表明，鳖甲具有明显的抗肝纤维化作用。

"恒山、鳖甲，大有差疟之功"出自敦煌张仲景《五脏论》。二药相须为用，以疗疟疾。疟疾多发于夏秋时节，临床表现为头痛汗出，寒战壮热，休作有时。"无痰不成疟"，常山祛痰疗疟之力甚佳。鳖甲疗疟母，即久疟不愈，顽痰瘀滞，胁下成痞。《金匮要略》中的鳖甲煎丸即为治久疟之方。《本草纲目》言其"除老疟疟母"。常山临床常配甘草以增涌吐之力，配槟榔以增涌泄之效，常山与鳖甲配伍应用甚少。然常山虽截疟却易大伤正气，鳖甲善攻坚疗久疟，滋阴不损气，二者相伍既增清热截疟之功又缓常山之峻猛。

2.9　蛇蜕-绿丹

蛇蜕始载于《神农本草经》，为下品，言其："主小儿惊痫瘈疭，癫疾，寒热，肠痔，虫毒蛇痫。"蛇蜕有小毒，入肝、脾二经，小儿惊痫瘈疭、癫疾寒热均为肝经为病，其性能祛风，引诸药入肝散邪，有祛风定惊、清肝明目、杀虫疗癣之功。现代药理研究表明蛇蜕具有抗菌、抗病毒的作用。孙萍等通过建立不同的早期小鼠炎症模型，证实蛇蜕具有抗炎作用。

绿丹，疑为"绿青"，初见于《名医别录》，别名石绿、大绿、石碌。绿青为碳酸盐类矿物孔雀石的矿石。性味酸、寒，有小毒，入肝经，功治痰迷惊痫，疳疮。《名医别录》言其："主益气，疗鼽鼻，止泄利"。黄元御在《玉楸药解》中载其："治风痰壅闭，急惊昏迷。"

敦煌张仲景《五脏论》中云："蛇蜕绿丹，善除癫痫之用。"痫病多风邪、痰邪为乱，蛇蜕、绿青二药皆入肝经，蛇蜕主祛风，绿青主祛痰，相须为用主惊痫。

2.10　芎䓖-枳实

芎䓖即川芎，初见于《神农本草经》，为上品，其专治头胸诸疾，《本草纲目》曰"人头穹窿穷高，天之象也"，故称芎䓖。其味辛而芳香苦燥，善行散，走而不守，行气开郁，祛风燥湿，活血止痛，消肿排脓。《神农本草经》言川芎："主中冷入脑头痛，寒痹，筋挛缓急，金创，妇人血闭无子。"临床常用于治疗胸胁胀痛，胃脘胀痛，风寒感冒，风寒头痛，血瘀闭经等证。现代药理研究表明，川芎具备抗菌、降压、抗血小板凝聚、扩张血管、抗癌、调节免疫等作用，并对中枢神经、平滑肌有影响。川芎止痛功效一直为研究的侧重点，管佳妮等利用硝酸甘油创建偏头痛大鼠模型，灌胃给予不同溶剂萃取后的川芎乙醇总提取物，通过观察大鼠行为学症状及相关数据，结果表明川芎乙酸乙酯提取部位是治疗偏头痛的有效部位。林乔等通过观察分析痛经动物模型的扭体实验，证实川芎提取物具有镇痛作用。

枳实始载于《神农本草经》，为中品，言："主大风在皮肤中，如麻豆苦痒，除寒热结，止痢，长肌肉，利五脏。"枳实主破气消积滞、化痰理气、利水消肿，临床多用于治疗食滞胀满、湿热积滞、便秘、癥瘕积聚、产后腹痛、胸痹心痛等证。现代药理研究表明，枳实作用于胃肠道平滑肌、心血管、子宫及阴道平滑肌，并具有一定的抗疲劳作用。

敦煌张仲景《五脏论》云："芎䓖-枳实心急即用加之。"川芎辛燥上行入心包经，为血中之气药，《日华子本草》言其："治一切气，一切劳损，一切血"。枳实行气解郁，疏达阳气，调理气血。《医学启源》："主心痞，化心胸痰"。《名医别录》："消心下急痞痛，逆气"。二药均为气药，由气而血，以攻为补，相须为用，行气活血宁心。川芎对心肌细胞和血管内皮细胞有作用，并具有降血脂、抗动脉粥样硬化的药理作用。现代研究表明枳实具有改善心肌代谢、加强心肌收缩功能的作用，同时能提高血压、增加脉压，且其安全使用范围较大。

2.11 天鼠-草麻

天鼠，俗称蝙蝠，初见于《神农本草经》，咸平，入肝经。蝙蝠具有止咳化痰、软坚散结、清肝明目、祛风镇惊之效，《神农本草经》言："主目瞑，明目，夜视有精光。"

草麻即蓖麻之别名，此处指蓖麻子，始载于《新修本草》，具有消肿拔毒、润肠利水、活络通滞、升阳举陷之功。《本草纲目》云："主偏风不遂，失音口噤，头风耳聋，舌胀，喉痹……"蓖麻子内服者少，多为外用，其有治耳聋之功，在《千金要方》中用治耳卒聋闭，捣烂以棉裹塞之。蓖麻子的作用主要有以下几方面：引产、抗生育、抗病毒、抗肿瘤、通泻，同时，其具有一定的毒性，误食可导致呼吸和血管运动中枢麻痹而死亡。

敦煌张仲景《五脏论》中云："天鼠煎膏巧疗耳聋，得草麻而妙加。"二药相使为用，蓖麻子有疗耳聋之效，然蝙蝠在文献记载中多用于治疗眼疾，未提及其治疗耳聋的功效。但若从生物学角度分析，蝙蝠具有灵敏而独特的听觉神经系统，可作为参考依据。

2.12 葶苈-大枣

葶苈即指葶苈子，初见于《神农本草经》，为下品，《神农本草经》曰："主癥瘕积聚结气，饮食寒热，破坚逐邪，通利水道。"其具有清泻肺热，肃降肺气，止咳平喘、利水消肿之功。《长沙药解》言其"破滞气而定喘，泻停水而宁嗽"，葶苈之功在于化气行水，气化则癥积除，水行而坚邪去。葶苈子分为甜、苦两种，《汤液本草》中记载张仲景在葶苈大枣泻肺汤中使用苦葶苈，《本草纲目》中亦言葶苈有甘、苦两味，甘者泄下力缓而不伤胃，苦者则泄下性急易伤胃需大枣佐之。葶苈子具有止咳、抗心衰、利尿、抗肿瘤等药理作用。有学者通过小鼠实验研究发现葶苈子 20%乙醇、水部位组分作为其有效部分具有止咳祛痰平喘作用。郭娟等通过实验证明，葶苈子具有抗动物心室重构的作用。郑晓珂等通过体外小鼠淋巴细胞增殖，证实葶苈子醇成分具有免疫调节作用。

大枣初见于《神农本草经》，为上品，入脾、胃二经，具有补益养血、缓和药性等作用。《内经》中言其为"脾之果"，《神农本草经》《本草从新》等多本著作中均记载大枣为补脾药，《长沙药解》载其："补太阴之精，化阳明之气，生津润肺而除燥，养血滋肝而息风，疗脾胃衰损，调经脉虚芤。"大枣为药食同源之品，孟诜在《食疗本草》中云："主补津液，强志……蒸煮食，补肠胃，肥中益气。"大枣的化学成分多样，药理作用同样丰富，如大枣多糖能提高机体免疫力、抗肿瘤、抗氧化、造血、改善肠道功能等。张钟等建立四氯化碳肝损伤小鼠模型，灌胃给予不同剂量的大枣多糖水溶液，其血清中的 ALT 与 AST 的活性大幅降低，说明对于急性肝损伤，大枣多糖具有护卫作用。

葶苈子与大枣的配伍出自《金匮要略》中治疗痰水壅实之咳喘胸满的葶苈大枣泻肺汤。葶苈子降泄肺气，利水消痰，定喘止咳；大枣补益肺气，调和中气，缓和药性。《长沙药解》云："大枣补脾精而保中气，葶苈泻肺壅而决支饮也。"葶苈子作用比较峻猛，若用之稍有不当，则会损伤正气，若与大枣相用，则泻肺而不伤肺，攻不伤正，补不恋邪，以补助泻。葶苈大枣汤的临床应用广泛，对其的实验及临床研究亦较丰富，如段款等对肺挫伤病人在西医基础治疗上加葶苈大枣汤，测定血清炎症因子活性，发现均有降低，同时临床症状较常规治疗的对照组明显缓解。龚昌杰等随机将慢性心力衰竭患者分组，在常规治疗的基础上，治疗组加服葶苈大枣汤，结果表明该组心功能改善优于对照组患者，生化指标测定均较对照组显著降低。张靖轩等建立肺癌小鼠模型，其中一组喂服葶苈大枣汤，发现该组与肿瘤组对比明显降低胸腔积液量及水通道蛋白1平均灰度值。

3　敦煌张仲景《五脏论》药对配伍理论

3.1　阴阳学说为总纲

《素问·阴阳应象大论》云："阴阳者，天地之道也。万物之纲纪，变化之父母，生杀之本始，神明之府也。治病必求于本。"阴阳学说存在于中医理论体系的方方面面，是中医学的总纲。药对的组成亦不离阴阳，遵循阴阳互根互生的规律，其具体应用如张介宾所言："善补阳者，必于阴中求阳，则阳得阴助而生化无穷，善补阴者，必于阳中求阴，则阴得阳升而泉源不竭"。

阴阳学说指导着中药七情和合理论、中药四气五味、升降浮沉。七情中除单行外，相须、相使、相畏、相恶、相反、相杀，均有其阴阳配合，一阴一阳，谓之道也。四气者，寒热温凉，寒凉为阴，温热为阳，寒为阴中之阴，凉为阴中之阳，热为阳中之阳，温为阳中之阴。五味者，酸苦甘辛咸，《素问·至真要大论》曰："辛甘发散为阳，酸苦涌泄为阴，咸味涌泄为阴，淡味渗泄为阳。"升降浮沉者，升浮为阳，沉降为阴，升极则浮，降极则沉，故升为阳中之阴，浮为阳中之阳，降为阴中之阳，沉为阴中之阴。如敦煌张仲景《五脏论》药对远志-人参，远志性温味苦，气薄味厚而降，阴中之阳；人参性温，味甘微苦，气味俱薄，浮而升，阳中微阴。再如白术-槟榔，白术性温味甘，气味俱厚，可升可降，阳中有阴；槟榔性温味辛苦，味厚气薄，降也，阴中之阳。

3.2　七情和合为原则

敦煌张仲景《五脏论》药对以中药七情和合理论为原则。《神农本草经·序例》中载："药有阴阳配合……有单行者，有相须者，有相使者，有相畏者，有相恶者，有相反者，有相杀者。凡此七情，合和视之。当用相须相使者良，勿用相恶相反者。若有毒宜制，可用相畏、相杀者。不尔，勿合用也。"去掉单行者，余下的六情则从不同的角度对药对配伍的效果进行讨论。

敦煌张仲景《五脏论》一卷中药对12对，相须者8对、相使者3对、相畏者1对。

相须：白术-槟榔、虻虫-水蛭、紫菀-款冬花、远志-人参、泽泻-茱萸、川芎-枳实、恒山-鳖甲、蛇蜕-绿丹。

相须者，李时珍在《本草纲目》中提出可为性味功用相似者，如虻虫-水蛭，性相似味相同，功效相近，二者相须，破血逐瘀；再如紫菀-款冬花，同为止咳药，功效相似，一入气分一入血分，外感内伤之咳皆可止。相须者亦可为性能功效不尽相似者，各有其特效，相合为宜，陶弘景在《本草经集注》中曰："相须、相使不必同类，各有所宜，共相宣发也。"如白术-槟榔，二药性能功效区别很大，然白术健脾消谷，槟榔行气消积，二者相辅相成，共达散气消食之效；再如泽泻-茱萸，性味几近相反，泽泻为利水渗湿之药，山茱萸收涩之品，然二者一清一敛，共补肝肾，聪耳明目。

相使：当归-白芷、葶苈-大枣、天鼠-草麻。

相使者则为两味功用相似或不同的中药，一药为主，另一药为辅以增强主药之功效的药对配伍。如当归-白芷，性味相似，当归入血，白芷入气，气助血行，二药相使增止痛之力；再如葶苈-大枣，性味功效不同，葶苈子泻肺行水，大枣甘平护正气，攻补兼施，相使为用。

相畏：半夏-生姜。

相畏是指一种药物的毒性或烈性能被另一种药物所抑制，如半夏-生姜，半夏具有毒性，而生姜可解其毒，并对半夏止呕之功起增强作用。

3.3　药性与治法为基础

药对配伍的基础是中药的药性，即四气五味、升降浮沉、归经、有毒无毒等方面。治法，即汗、吐、下、和、温、清、消、补八法。临床常通过药性配伍，以满足治法的需求，二者相辅相成。

3.3.1　四气相配

四气即四性，指药物的属性，有寒、热、温、凉四种。温热属阳，主温中散寒；寒凉属阴，主清热解毒。临床根据"寒者热之，热者寒之"的用药规律进行药对配伍，寒凉相伍、温热相伍或寒热错杂相伍。药物的四气除寒热温凉外，亦有平性，即指具有中和之性，药性相对平和的药物。敦煌张仲景《五脏论》药对中恒山-鳖甲即为寒凉相配以清热，二药皆为寒性，相须为用，滋阴清热截疟。

3.3.2　五味相配

五味即酸、苦、甘、辛、咸五种气味，是药物作用的五行归类，除此五味外，亦有淡、涩之味。收敛固涩为酸，泄降燥坚为苦，补益缓急为甘，发散通行为辛，软坚散结为咸。五味入五行，与五脏相联，酸多入肝、苦多入心、甘多入脾、辛多入肺、咸多入肾。五味相配分为同味相合和异味相合，异味相合包括酸甘、酸苦、辛甘、辛苦、辛酸、甘淡、芳香相伍。酸甘配对，如敦煌张仲景《五脏论》药对中的泽泻-茱萸，泽泻甘润，山茱萸酸涩养阴，二药相伍补益肝肾，聪明耳目。

3.3.3　升降相配

升降浮沉是指药物的作用趋向，其与药物性味关系密切，即所谓"酸咸无升，辛甘无降，寒无浮，热无沉"。同时，与药物气味之厚薄、质地轻重亦相关，于气中厚浮薄降；于味中薄升厚降。在敦煌张仲景《五脏论》药对中，芎䓖-枳实，川芎辛温升散行气，枳实苦寒沉降下气，二者升降相合，调畅气机；白术-槟榔，白术升清健脾，槟榔降浊下气，一升清一降浊，散气消食；虻虫-水蛭，二药均苦咸沉降，然虻虫善飞，为降中之升，与水蛭下行成沉降中之一升一降，以沉降破血逐瘀为主，上下亦俱达。

3.3.4 补泻相配

补泻相配是指补虚药与消实药相配，扶正祛邪，攻补兼施，是补法与除和法外其他六法同用而成的相应药对。在敦煌张仲景《五脏论》药对中，白术-槟榔为补消合用，白术健脾益气，槟榔消积行气；葶苈-大枣，葶苈子主破水泻肺，大枣安中护脾，以泻肺而不伤脾。

3.3.5 气血相配

气血相配，是指气分药与血分药的配对，为气血俱病而组成，如气血虚衰时，则用此法配对以补益气血。此外，气血相配亦可指，以气分药引血分药入气或血分药引气分药入血，如敦煌张仲景《五脏论》药对中的当归-白芷，当归为血分药，白芷为气分药，以白芷引当归入气分，止阳明气分头痛。

敦煌张仲景《五脏论》药对临床应用

1 药对临床应用形式

1.1 药对成方单独应用

药对两味药本身即为完整的方剂，可在临床单独应用。如半夏-生姜成小半夏汤；紫菀-款冬花即款冬花散；高良姜-香附即良附丸；黄柏-苍术即二妙散；枳实-白术即枳术汤；人参-附子即参附汤；桂枝-甘草即桂枝甘草汤；百合-生地黄即百合地黄汤；黄连-吴茱萸即左金丸等。这类药对自身即为方剂，临床应用较广泛。

除此已为成方的药对外，还有大量的药对，未成为公认之成方，然其配伍理论合理，以发挥药物的更佳疗效为目的，由此可见，药对即为由两味药组成的小方。例如出自敦煌张仲景《五脏论》中的白术-槟榔，白术甘温健脾强胃，助脾运化，槟榔消积行滞，一药升清一药降浊，二者相伍，健脾消积行气，临床用于治疗呃逆、脘腹胀满等，行之有效。药对成方针对性强、组合严谨、方义明确、重点突出、精悍不杂，临证时较多地应用药对具有一定的积极意义。

1.2　药对在方剂中应用

1.2.1　药对组合成方

由于临床病症的复杂性，药对单独成方往往不能满足其临床需求，因此需要组成疗效更全面的方剂，以发挥出药物的更大作用。这类方剂或三味药，或四味药以上组成，均可分解为两个或两个以上药对，也就是说两个或两个以上药对的可组合为一定的方剂。

如虻虫-水蛭破血逐瘀，大黄-桃仁下瘀血，两组药对相合而成抵当汤以除瘀血癥瘕；如当归-川芎、熟地-白芍，两个药对组成补血代表方四物汤；又如理中丸为人参、甘草、白术、干姜四味药，可为多个药对的组合，白术-干姜助阳散寒、人参-干姜辛甘扶阳、人参-甘草大补元气、白术-甘草健脾和中、甘草-干姜振奋脾阳，四药组合为方，即为多药对相互组合成方，互增其效；再如《审视瑶函》定志丸，由远志、石菖蒲、人参、茯苓四药组成，茯苓-人参健脾以养气血、远志-石菖蒲祛痰开窍、远志-人参于敦煌张仲景《五脏论》中载其开心益智，三组药对组合成方，以补心安神开窍。药对的组合成方不是简单的药对相加，是根据中医药理论，针对一定病证的治疗需要，选择适当的药对组合而成。

1.2.2　药对配伍方剂

药对最常见的应用方式即为配入方剂中，或作为方剂中的主要部分，或作为方剂的次要部分，也可以成为方剂的衔接部分。

当药对为方剂之主要部分时，药对与方剂的功用相一致。如抵当汤中水蛭-虻虫药对为君臣药，破血行瘀除癥瘕；如药对人参-紫苏为《三因方》中参苏饮之主药，二药补散合用，扶正祛邪；又如竹叶-石膏之于竹叶石膏汤，二药清泻胃火，辛甘发散除热，于方中起主导作用；再如药对柴胡-黄芩，于小柴胡汤中为君臣，舍此不能构成和解之剂，也不能产生和解少阳的作用。

药对作为方剂中的次要部分，主要起加强该方的功用主治或辅助治疗作用。如药对甘草-大枣于半夏泻心汤中均衡扶正和祛邪的双向作用；如生姜-大枣在桂枝汤中，加强调和营卫作用。有时药对本身的功用与在方剂中发挥的功用具有一定差异性。如升麻-柴胡，作为使药应用于补中益气汤方中，在补中益气的基础上加强了升阳举陷的作用，然单独应用时，为解肌清热之药对，而不可能体现出升提中气的作用。

当药对作为方剂的衔接部分时，是把整体方剂融会贯通，起衔接作用。如三仁汤由杏仁、蔻仁、薏苡仁、通草、淡竹叶、厚朴、半夏、滑石组成，杏仁、半夏宣通上焦，薏苡仁、木通、滑石、淡竹叶清利下焦，蔻仁-厚朴药对，化湿和中治在中焦，由其衔接而使上、中、下三焦一气贯通，宣上畅中渗下，热清湿利。

2　敦煌张仲景《五脏论》药对临床应用

关于敦煌张仲景《五脏论》药对的临床应用，李爱国曾发表学术论文"李应存教授运用敦煌药对临床经验举隅"，对敦煌张仲景《五脏论》中6组药对以验案形式进行了举例论述，并未作全面研究，今系统总结李应存教授对敦煌张仲景《五脏论》中部分药对的临床应用。

敦煌张仲景《五脏论》中，共计药对 12 组，其中恒山-鳖甲、蛇蜕-绿丹、天鼠-草麻 3 组药对，或因具体药物不可考，或因药材在漫长的自然及社会发展中逐渐稀少，或因现实地域、价格等因素应用过少，临床应用经验及研究文献匮乏，在此不予论述。在余下的 9 组药对中，其中 5 组在跟随李应存教授出诊期间进行了临床经验总结，得出了些新的结论。白术-槟榔、当归-白芷、泽泻-茱萸、芍药-枳实四组药对，为敦煌张仲景《五脏论》之独载，无其他文献可供学习参考。此处以跟随李应存教授于甘肃中医药大学附属医院出诊期间的药对临床应用医案为例，加以说明。李应存教授为敦煌医学学科带头人，临床常应用敦煌医方进行治疗，疗效满意，通过整理导师应用敦煌张仲景《五脏论》药对的医案，我们进一步挖掘敦煌药对的临床应用，拓展其应用思路。其他 5 组药对根据相关文献总结归纳其临床应用，其中紫菀-款冬花药对为导师临床常用药对，亦附医案。

药对的功效多具有其针对性，然临床病症常较复杂，故药对多配伍应用于复方中或存在其来源方中，针对某一病症，为主药或辅药。如虻虫-水蛭临床常用其为主药于抵当汤中，较少单独为用；再如白术-槟榔可作为针对呃逆的辅药应用于敦煌大泻肝汤中。

2.1　白术-槟榔

2.1.1　临床应用及发挥

白术-槟榔的基本应用：白术-槟榔，其应用曾见于北宋《圣济总录》中的食疗方——白术猪肚粥，将白术、槟榔和生姜一并纳于猪肚中加粳米煮粥，补中益气，健脾和胃。

白术-槟榔基本应用的临床发挥：敦煌张仲景《五脏论》中记载有白术-槟榔的药对配伍，言其："有散气消食之效"。目前将白术-槟榔明确作为药对应用于临床者甚少，亦未寻得相关文献作为参考。李应存教授为敦煌医学学科带头人，善于研究挖掘敦煌医学内容并应用于临床，白术-槟榔为其临床常用药对之一。通过整理导师医案发现：白术-槟榔药对常见配伍应用于敦煌大泻肝汤中，无论虚证、实证或虚实夹杂，出现中焦阻滞不通的症状皆可用之。白术-槟榔二药根据不同患者临床症状有所侧重，虚证为主者则重白术，常用有效剂量比为 2∶1、3∶1；实证为主者则重槟榔，常用有效剂量比为 1∶2、1∶3、1∶4 不等；虚实夹杂者，可为 1∶1，或偏重槟榔，可为 1∶2、1∶3、2∶3。白术-槟榔，健脾和胃，散气消积，临床常用于治疗呃逆、胃胀反酸、脘腹胀满、便秘等。如脾虚腹胀者，白术、槟榔用量均为 10～30g，量比可为 1∶1、2∶1、3∶1，偏重白术以健脾益气。肝气横逆脾胃，气机失调，出现胸胁胃脘胀满疼痛、呃逆、呕吐、反酸嘈杂等症状时，根据患者体质强弱、病程长短、临床症状表现，以槟榔为侧重，白术为辅助，临证加减药对的用量，白术常用量为 10～20g、槟榔为 10～30g，以疏气机，若病症较重者或之前剂量效果轻微者，可重用槟榔 35～50g，取其性温而行滞下气，配伍白术以益气和中。气机郁滞而见便秘者，白术用量多为 6～12g，槟榔用量 12～30g，量比常用 1∶2、1∶3，若为顽固性便秘或便黏滞不爽甚重者，可重用槟榔 40～60g，量比为 1∶4、1∶5、1∶6、1∶7，以加强破气行滞之功。白术-槟榔药对亦可伍于敦煌大补肾汤、敦煌疗风虚方、敦煌大补肝汤等医方中，佐以少量在补益医方中以助行气，白术用量可为 6～12g、槟榔为 3～15g。下附李应存教授临床运用白术-槟榔药对验案一例。

2.1.2 医案举例

患者，女，17 岁，2015 年 9 月 12 日初诊。

主诉：晨起胃胀呃逆，便秘，面痤，月经后期量少，痛经，腰酸困。舌淡红苔根厚腻偏黄，脉沉细。辨证：肾虚兼肝郁气滞。治则：补肾泻肝，行气活血。方用敦煌大补肾汤合大泻肝汤加减。处方：白术 6g，槟榔 18g，黄芪 10g，熟地 15g，泽泻 6g，淡竹叶 12g，五味子 10g，桂枝 6g，枳壳 12g，白芍 10g，黄芩 6g，酒大黄 10g，焦神曲 30g，炒鸡内金 30g，当归 10g，川芎 10g，白芷 10g，乌药 12g，炙甘草 6g。3 剂，每日 1 剂，一日 3 次。

2015 年 9 月 15 日二诊：患者便秘症状减轻，呃逆，面痤。舌偏红苔根薄腻，脉沉细。上方中去枳壳，加栀子 20g，槟榔加至 24g，黄芩加至 10g，淡竹叶加至 15g，乌药加至 20g。

2015 年 9 月 19 日三诊：患者呃逆止，胃胀便干减轻，面痤减少。舌淡红苔根薄腻，脉细。上方槟榔加至 30g，黄芩加至 12g，栀子加至 25g，乌药加至 25g，淡竹叶加至 20g。

按语 此医案中白术-槟榔药对针对胃胀呃逆应用，在处方中起辅助治疗的作用。该患者肾虚精血不足，肝气郁滞，敦煌大补肾汤合大泻肝汤为主方以补肾泻肝，滋阴养血。肝郁气滞乘逆于胃，而出现胃胀呃逆，配伍白术-槟榔药对以健脾胃，行气消滞。初诊白术 6g，槟榔 18g，量比为 1：3，二诊患者呃逆未缓解，加大槟榔用量至 24g 以增下气之效，白术：槟榔为 1：4，三诊患者胃胀呃逆症状基本缓解，再次增加槟榔用量至 30g，白术：槟榔为 1：5，愈后进一步调畅气机。

2.2 当归-白芷

2.2.1 临床应用及发挥

当归-白芷的基本应用：当归-白芷的配伍应用于多个古医方中，但均未言明二者为相使配伍，如《医宗金鉴》的琼液膏，当归、白芷、闹羊花、蒲黄各 60g，以活血止痛，主治跌打损伤，其中当归-白芷量比 1：1；《沈氏经验方》通脉汤中，黄芪 30g，通草 6g，当归 15g，白芷 3g，主产妇少乳，当归-白芷量比 5：1；《救伤秘旨》蚕蛾散中蚕蛾、白芷、当归、石灰等分，以止血，定痛，生肌。

当归-白芷基本应用的临床发挥：敦煌张仲景《五脏论》中言："当归有止痛之能，相使还需白芷。"当归-白芷药对为相使为用，李应存教授临床诊疗中灵活运用该药对，若见血不调者则重用当归，白芷为辅佐；若见寒凝滞者则重用白芷，当归为辅佐。通过整理导师医案发现：当归临床常用剂量为 10～20g，白芷常用剂量为 10～30g，常见的量比为当归：白芷=1：1 或 1：2。当归-白芷药对临床应用范围较广，可用于治疗头痛、痛经、坐骨神经痛、产后身痛病、风湿痹痛等病证。如体虚外感风寒，头身疼痛者，可配伍当归-白芷，当归用量 10～15g，白芷用量 15～20g，量比多为 1：2，偏重白芷以祛风止痛；若见头痛甚者，可重用白芷至 30g，以加强祛风散寒之功。脾胃虚寒而见胃脘疼痛者，多为血虚寒凝，当归：

白芷=1∶1，以补血散寒。痛经者，若见血虚或气滞血瘀，当归用量 15～20g，白芷 10～15g，偏重当归活血止痛同时养营血；若见寒凝血瘀，则增白芷用量为 15～20g，当归活血止痛的同时增加散寒之力。产后身痛病见身痛肢凉膝冷，当归可用 15～20g、白芷 20～30g，量比 3∶4、2∶3，产后多血虚取当归补血活血，同时偏重白芷用量以增祛风散寒之功；若见虚寒、面斑者，当归可增其用量，以活血补血。痛风者，见关节冷痛而肿，则重白芷 30g，当归 15g，量比 2∶1，祛风温经散寒。下附李应存教授临床运用当归-白芷药对验案一例。

2.2.2　医案举例

患者，男，42 岁。2015 年 11 月 1 日初诊。

主诉：腰痛甚不敢久坐，右侧坐骨神经痛一年余。舌淡红胖舌尖红苔白腻，脉弦。腹部、泌尿系超声：胆囊壁毛糙，右肾囊肿。尿常规：潜血+-，肌酐＞26.4mmol/L，微量蛋白＞100mg/L。血常规：血红蛋白 167.00g/L。辨证：气滞血瘀，寒湿痹阻。方用敦煌大补肾汤加减。处方：当归 20g，白芷 20g，黄芪 20g，肉桂 20g，泽泻 12g，熟地 20g，川芎 15g，延胡索 15g，杜仲 20g，牛膝 30g，伸筋草 20g，淫羊藿 30g，五味子 10g，艾叶 20g，鹿衔草 20g，焦神曲 30g，炙甘草 12g，白芍 20g，防风 15g，淡竹叶 10g，玉米须 20g。6 剂，每日 1 剂，一日 3 次。

2015 年 11 月 8 日二诊：患者腰痛、右侧坐骨神经痛大减，舌淡红、边有齿痕，苔白厚腻，脉弦。复查尿常规各项指标正常。方中去淫羊藿，加路路通 30g，以下药量均增大：肉桂 30g，泽泻 15g，艾叶 30g，玉米须 30g，杜仲 30g，白芷 30g，当归 30g，五味子 12g，3 剂。

2015 年 11 月 11 日三诊：患者右侧坐骨神经痛大减，右下肢偶有麻木感，行走利。舌淡红、边有齿痕、苔中厚腻黄白，脉弦。上方去玉米须、延胡索，加透骨草 20g，泽泻增至 20g，伸筋草增至 25g，3 剂。

2015 年 11 月 15 日四诊：患者腰痛、右侧坐骨神经痛止，行走自如，右大腿偶有酸困感。舌淡红苔中厚腻，脉弦，上方中加桑枝 20g，透骨草增至 30g，鹿衔草减至 15g，伸筋草增至 30g，3 剂。

按语　当归-白芷于方中起止痛之功。肾主骨生髓，患者腰腿疼痛，当从肾论治，主方用敦煌大补肾汤，加减祛风通络之药，以行气血祛寒湿。初诊当归 20g、白芷 20g，量比为 1∶1，以活血止痛；二诊时当归-白芷量比虽然仍为 1∶1，然二药剂量均增至 30g，散寒与活血并重，加强止痛之功；三诊、四诊患者临床症状逐渐减轻，二药均运用 30g，药量未作减少，进一步活血通络止痛，愈后亦起防范作用。

2.3　泽泻-山茱萸

2.3.1　临床应用及发挥

泽泻-山茱萸的基本应用：泽泻-山茱萸药对能使耳目聪明，其最常见的配伍应用出自《小儿药证直诀》六味地黄丸中，泽泻三钱、山茱萸四钱，量比 3∶4，泽泻宣泄肾浊以济之，山茱萸滋少阴补肾水；《医部全录》麦味地黄丸中，泽泻两钱，山萸肉八钱，量比 1∶

4，以补肾水滋阴。

泽泻-山茱萸基本应用的临床发挥：敦煌张仲景《五脏论》中载："泽泻、茱萸能使耳目聪明"。泽泻-山茱萸药对临床多用于地黄丸中，较少单独明确应用。李应存教授常将其配伍应用于补益医方中，如敦煌疗风虚方、敦煌大补肾汤等，以起辅助治疗肾虚头晕耳鸣之功。泽泻利水清热而不伤阴，亦可养五脏、益肾气，药对应用中以泽泻为侧重，临床与山茱萸常见量比为 2∶1。肝肾不足兼肝火上扰，而见耳鸣头晕者，泽泻清热渗泄取 12g，山茱萸滋阴取 6g，量比 2∶1。肾虚水气不利者，见肢肿头昏，可重用泽泻以利水渗湿，用量可至 40～50g，佐以少量山茱萸 6～10g，通九窍助水藏。肾火煎熬见肾结石、耳鸣者，可用泽泻 20g 以清热利湿不伤阴，山萸肉 6g 取其酸温津润。肾虚髓海失养而见头昏耳鸣者，泽泻用量多为 12～15g，山茱萸为 6～10g，量比 2∶1 或 3∶2，升清益髓。产后虚劳健忘，偶有耳鸣，佐以少量泽泻、山茱萸各 6g，入肝肾清耳目。下附李应存教授临床运用泽泻-山茱萸药对验案一例。

2.3.2 医案举例

患者，女，45 岁。2015 年 10 月 13 日初诊。

主诉：耳鸣，失眠，月经先后不定期，行经 3～4 天量少，痛经，敏感易怒。舌淡红苔薄腻舌边红，脉弦。辨证：肾气不足，肝气郁结。方用敦煌大补肾汤加减。处方：泽泻 10g，山萸肉 6g，黄芪 15g，熟地 20g，肉桂 6g，五味子 15g，磁石 30g，牡蛎 30g，龙骨 15g，竹叶 20g，首乌藤 30g，合欢皮 20g，菖蒲 15g，神曲 30g，当归 10g，炙甘草 6g，3 剂，日一剂，每日 3 次。

2015 年 10 月 17 日二诊：服药两日后，于 15 日来月经，经量少，睡眠稍转佳，耳鸣声减。舌淡暗苔薄白，脉弦细。方中泽泻增至 12g，龙骨增至 20g，合欢皮增至 30g，菖蒲增至 20g，加白芍 12g，6 剂。

2015 年 10 月 24 日三诊：19 日月经干净，睡眠转佳，耳鸣减。舌淡红暗苔薄，脉弦。方中泽泻减至 10g，牡蛎增至 40g，竹叶增至 25g，6 剂。

2015 年 10 月 31 日四诊：耳鸣大减，睡眠转佳。舌偏淡红苔薄，脉弦细。方中黄芪增至 20g，泽泻减至 6g，牡蛎增至 60g，去神曲加麦芽 30g，加川芎 6g。

按语 方中运用泽泻-山萸肉以辅助治疗耳鸣。患者近年月经量减少，时间不规律，为更年期症状，肾气不足，精血亏虚，方用敦煌大补肾汤加减，以补肾养气血为主。初诊泽泻 10g，山萸肉 6g，量比 5∶3；二诊患者耳鸣症状虽有减缓，但并不明显，增加泽泻用量至 12g，量比 2∶1，以聪耳明目；三诊、四诊患者耳鸣逐渐改善，同时方中重用牡蛎以平肝潜阳，降低泽泻用量至 10g，量比 5∶3，再至 6g，量比 1∶1，取其药对补阴聪耳之功，减泽泻泄热之效。

2.4 川芎-枳实

2.4.1 临床应用及发挥

川芎-枳实的基本应用：川芎-枳实药对的配伍应用曾出现在《重订严氏济生方》的枳

芎散中，枳实、川芎各 15g，炙甘草 7.5g，治左胁刺痛，不可忍者；《医学入门》四味枳实散中，枳实 30g，川芎、人参、芍药各 15g，主肝气不足，两胁疼痛。

川芎-枳实基本应用的临床发挥：敦煌张仲景《五脏论》中载川芎-枳实的药对配伍，言其："芎劳、枳实心急即用加之。"李应存教授善于随证配伍药对应用于临床，川芎-枳实药对为导师常用药对之一，常配伍于敦煌大泻肝汤中，用于治疗心悸、胸痹心痛、胸下痞满等病证。若气血阴阳亏损兼有瘀滞者，以川芎为侧重，血中之气药，辛温活血化瘀行气通滞，用量 10～20g；若气血痰湿瘀滞为主，以枳实为侧重，破血利气以消痞止痛，用量多为 10～25g。如胸痹痞满，心慌心悸，川芎多用 10～15g，侧重枳实 10～20g，量比多为1：2、2：3、3：4，以枳实破气利胸膈，气行则痞胀消。胸闷心悸兼血瘀者，侧重川芎用量多为 12～20g，与枳实量比为 2：1、3：1，取川芎活血破瘀之功。胸痹心痛，而见憋闷疼痛、心悸者，侧重川芎以取其活血止痛之功，因人制宜，年老者不耐攻伐，川芎用量可为 12～18g，枳实 6g，量比 2：1 或 3：1。若见心悸，无明显胸闷或心痛症状，二药量比 1：1，用量可为 10～20g，相须为用，以行气活血宁心。若素体虚弱，心气不足见心悸者，可加川芎 12g，枳实 6g，以宽畅心脉气机。下附李应存教授临床运用川芎-枳实药对验案一例。

2.4.2　医案举例

患者，女，43 岁。2016 年 4 月 17 日初诊。

主诉：近日头晕，胸闷气短，心悸，疲乏。舌偏淡红苔薄白，脉细。腹部超声示：轻度脂肪肝，胆囊壁毛糙。心脏彩超示：左室顺应性减低，三尖瓣、主动脉瓣反流（少量）。胸部、颈部放射片示：双肺纹理增重，颈椎病。头部 CT 未见明显异常。辨证：心气虚。治则：益气补血，通阳行气。方用敦煌疗风虚方加减。处方：黄芪 20g，熟地 20g，桂枝 12g，白芍 10g，当归 10g，川芎 10g，葛根 20g，炙甘草 20g，枳壳 12g，丹参 10g，瓜蒌 10g，薤白 10g，焦神曲 30g。3 剂，日一剂，一日 3 次。

2016 年 4 月 20 日二诊：胸闷气短减，心悸，眼花，近日感冒头昏。舌淡红苔薄黄，脉细。上方去枳壳、丹参，川芎增至 12g，炙甘草增至 25g，加防风 15g，菊花 15g，谷精草 10g，枳实 6g。3 剂，日一剂，一日 3 次。

2016 年 4 月 24 日三诊：头晕胸闷大减，心悸，胃痞不适。舌淡红苔根白腻，脉细。上方去谷精草，炙甘草增至 30g，枳实增至 10g，加密蒙花 15g，白术 10g，焦麦芽 30g，海螵蛸 12g。3 剂，日一剂，一日 3 次。

2016 年 4 月 27 日四诊：患者感冒愈，心悸大减，眼花减，舌淡红苔薄白腻，脉细，上方加黄芩 10g，川芎增至 15g。

按语　方中用药对川芎-枳实辅助治疗患者胸闷心悸症状。患者心气虚，鼓动无力则心悸气短胸闷。方用敦煌疗风虚方加减化裁，益气养血，加薤白、瓜蒌以宽胸通阳。临证加减，患者外感风寒合玉屏风散；头昏眼花加菊花、密蒙花、谷精草以祛风明目；胃痞加海螵蛸、焦麦芽、焦神曲以健脾和胃制酸。初诊方中川芎 10g，枳壳 12g，未用枳实，用枳壳重理气宽胸；二诊患者胸闷虽有所缓和，心慌未改善，增加川芎用量至 12g，去掉枳壳，加枳实 6g，川芎-枳实量比 2：1，重活血行气；三诊川芎-枳实量比 6：5，枳实增至 10g，气行则痞胀消，缓心下闷胀，行气以安心；四诊患者心悸胸闷症状大减，方中川芎增至 15g，川芎-枳实量比 3∶2，川芎为血中气药，气行血调。

2.5 紫菀-款冬花

2.5.1 临床应用及发挥

紫菀-款冬花的基本应用：紫菀-款冬花是临床上医治咳嗽的常见药对，不论新嗽或久咳、外感或内伤，皆可用之。该药对初见于《金匮要略》射干麻黄汤中，量比为 1∶1 各三两，主降气润燥；《外台秘要》四物款冬丸中，与伏龙肝、桂心共组，主小儿夜咳，量比 1∶1 各一两半，取其温肺之功；《三因极一病证方论》款冬花散中比例为 1∶1 各一两，治疗咳嗽，痰涎不利；《医学入门》中与百部组方加味百花膏，其比为 1∶1 各一两，治久咳不愈。

紫菀-款冬花基本应用的临床发挥：敦煌张仲景《五脏论》中载："紫菀、款冬气嗽要需当用。"李应存教授临床常应用该药对治疗内伤咳嗽。通过整理导师医案发现：紫菀-款冬花药对多配伍应用于治疗肺病上气咳嗽或吐脓血之证的敦煌紫苏煎中，款冬花为该方之臣药，配伍紫菀以增化痰止咳之功。该药对之剂量随症加减，其常用量比为紫菀∶款冬花=2∶1、3∶1，内伤多日久化热，于药对中重用紫菀，取其清热之力。治疗小儿内伤咳嗽，小儿脏腑娇嫩未充，举药宜轻，紫菀、款冬用量均为 6～15g，如肺脾气虚兼痰热壅肺者，重清热化痰用紫菀 12～15g、款冬花 6～10g，量比可为 2∶1、3∶2。治疗老年咳嗽，老年患者脏腑亏损，卫外不固，咳嗽常缠绵难愈，用药宜轻亦宜重，即整体不宜重剂，然针对不同个体素质，随症可增剂量，紫菀用量多为 12～20g，款冬花多为 6～10g，如痰浊壅肺者，紫菀 20g，款冬花 10g，量比 2∶1；肺脾气虚者，痰多稀白，紫菀 12g，款冬花 6g，量比 2∶1。治疗顽固性咳嗽，咳嗽迁延反复发作，缠绵难愈，日久多阴虚内热，紫菀用量 12～20g、款冬花多为 6～15g，如兼痰多者，多用紫菀 12g，款冬花 6g，量比 2∶1；痰热壅肺者，可用紫菀 18g，款冬花 6g，量比 3∶1，若未缓解者，可重用紫菀至 30g，量比 5∶1，以增清热祛痰之力。紫菀-款冬花二药，临床多选用蜜制，以增滋阴润肺之功。下附李应存教授运用紫菀-款冬花药对于敦煌医方中治疗小儿内伤咳嗽的验案一例。

2.5.2 医案举例

患者，男，4 岁，2014 年 10 月 1 日初诊。

主诉：咳嗽一周余，痰少黏白。形体消瘦，面黄，家人叙述平日易感、食欲不振，偶有便干。舌红苔薄黄腻，脉细数。辨证：肺脾气虚。治则：宣肺止咳，益气健脾。处方：蜜紫菀 6g，蜜款冬花 6g，紫苏 12g，蜜桑白皮 12g，炒苦杏仁 6g，桔梗 6g，防风 6g，黄芪 12g，焦麦芽 15g，蜜枇杷叶 15g，炙甘草 12g，半夏曲 6g，黄芩 6g，炒白术 6g，焦神曲 15g，炒鸡内金 15g，淡竹叶 15g，陈皮 10g，大枣 6g，干姜 3g。7 剂，日 1 剂。

2014 年 10 月 8 日二诊：患者咳嗽症状减轻，仍有咳痰色白，食量增加。舌红苔薄白腻，脉细数。上方去炒白术、防风、黄芪、淡竹叶、陈皮，焦麦芽减至 12g，炒鸡内金减至 12g，蜜枇杷叶减至 12g，炙甘草减至 10g，蜜紫菀增加至 12g，加广藿香 12g，焦山楂 12g，浙贝母 6g，7 剂。

2014 年 10 月 19 日三诊：患者咳嗽症状已止，偶有少量白痰，舌红苔薄白，脉数。上方中加黄芪 6g，防风 6g，炒白术 6g，蜜枇杷叶增加至 15g，7 剂。

按语　紫菀-款冬花药对于方中均用蜜制，主润肺下气化痰止咳。此患者病机为肺脾气虚。治宜宣肺止咳，降气化痰，益气健脾。方用敦煌紫苏煎合玉屏风散加减，紫苏煎润肺止咳、疏降气机，营卫气虚加玉屏风散益气固表。初诊患者体弱脾虚，用药宜轻宜稳，紫菀 6g、款冬花 6g，量比 1：1，润肺下气；二诊观其症状减轻，精神转佳，去掉玉屏风散，增加健胃消食之药，然患者仍有咳嗽痰多之症，增加紫菀用量至 12g，与款冬花量比达 2：1，以加强化痰之功；三诊咳嗽止，痰量减少，紫菀-款冬花用量未增减，为愈后进一步润肺化痰。

2.5.3　相关临床应用研究

紫菀-款冬花为临床常用治疗肺系疾病的药对，其应用范围较广，以下根据相关文献进行总结归纳。

（1）咳嗽：牛小杰等总结刘尚义教授经验，其擅长治疗"咳嗽、咳痰、咳喘"肺系疾病，在紫菀-款冬花药对基础上，加入以润肺降逆、化痰止咳为著的百部，三者相须为用，润而不燥，可应用于外感内伤、寒热虚实的咳嗽。如风热犯肺咳嗽，三药配比为 1：1：1 各 20g 宣肺平喘、止咳化痰，加蜜麻黄 10g，冬凌草 20g，葎草 20g，桔梗 20g，冬瓜仁 20g，海浮石 20g；气阴亏虚型肺癌咳嗽，三药 1：1：1 各 20g 化痰止咳，随症加鳖甲 20g，莪术 10g，制白附子 10g，胆南星 10g，冬凌草 20g，蜈蚣 4 条。

（2）小儿内伤咳嗽：姚莉华自拟紫菀款冬汤治疗小儿内伤咳嗽，基础组方为紫菀 12g、款冬花 10g、桔梗 7g、枇杷叶 7g、杏仁 9g，其中紫菀与款冬花比为 6：5，二者相伍为用，具有强烈的止咳、润肺下气之效。该方以宣降肺气为主，辨证分型论治阴虚肺燥，基本方加沙参、麦冬、玉竹以养肺阴；肝火炽盛则基本方随症加减柴胡、青黛、海蛤壳；脾虚久咳，选加桔梗、莱菔子、贝母、陈皮、瓜蒌、半夏，以健脾化痰。

（3）小儿肺炎：小儿肺炎是婴幼儿时期的常见病，易合并心力衰竭，且主症和阳性体征不易消除治愈。张建亚运用款冬花、紫菀冰糖饮辅助治疗 120 例小儿肺炎，取得良好疗效。本组病例在西医常规治疗基础上加用 1：1 紫菀与款冬花及 2 倍量冰糖，紫菀与款冬花的用量于 0~6 个月婴幼儿为每天 3g，大于 6 个月未满 1 岁者为每天 6g，大于 1 岁未满 3 岁者为每天 9g，水煎服，每日 1 剂。平均治疗 3~5 天，其中治愈 64 例，患儿咳嗽气喘明显减轻，痰鸣音消失，肺部湿啰音明显减少或消失，显效 38 例，无效 18 例，总有效率为 85%。

（4）心源性紫绀：蒋有倩临床运用紫菀-款冬花药对治疗心血管疾患表现有紫绀症状，疗效满意。紫绀可归于中医"瘀血"范畴，以"气为血之帅"从肺论治，款冬花偏入血分，紫菀偏入气分，二者相须配伍。风湿性心脏病呈现紫绀者，处方：紫菀：款冬花=1：1 各 15g，桂枝 6g，丹参 15g，枣仁 4.5g，牡蛎 30g，党参 12g，7 剂后加赤芍 12g，3 周后紫绀改善；肺源性心脏病出现紫绀者，紫菀、款冬花各 10g 为 1：1，桂枝 10g，白术 15g，茯苓 30g，防己 10g，旋覆花 15g，5 剂后随症加减，去桂枝，加紫菀、款冬花至 15g，附子 10g，10 剂后咳嗽愈，紫绀改善。

（5）辅助治疗支气管哮喘：射干麻黄汤主治外感风寒，痰饮上逆之寒哮，方中紫菀-款冬花为佐，主温润除痰，下气止咳。临床常应用该方医治支气管哮喘，紫菀-款冬花于方中起辅助之功。

张学燕随机将支气管哮喘病人分组，治疗组 40 例在对照组西医基础治疗上，加处方为：紫菀、款冬花 1：1 各 9g 温肺止咳化痰，半夏、射干各 9g，麻黄 12g，五味子、细辛各 3g，苏子、茯苓、白芥子、陈皮、莱菔子各 15g，水煎服，日 3 次。观察 1 年内患者发热、咳嗽、喘息发作天数，22 例患者临床治愈，10 例患者以上症状均明显好转，6 例患者有改善，总有效率达 95%。

雍善晴运用射干麻黄汤加减治疗支气管哮喘，本组病例 66 例，病程 5 年至 20 年不等，处方：紫菀、款冬花 1：1 各 15g 温肺降气平喘、化痰，半夏、射干各 10g，细辛 4g，生姜 9g，麻黄、五味子各 5g，大枣 3 枚，每日 1 剂，每日 3 次，疗程 5 天。痰多者加三子养亲汤；痰黄者去细辛加杏仁 10g，生石膏 20g；伴口苦者去细辛加黄芩 10g，桑皮 15g；腰痛者加补骨脂 15g；气虚无力者加党参 10g。其中临床症状基本消失者 50 例，明显改善者 10 例，余下 6 例未改善，总有效率为 90.9%。

2.6　远志-人参

2.6.1　临床应用

远志-人参的基本应用：敦煌张仲景《五脏论》中载："远志、人参巧含开心益智。"远志-人参临床多配伍应用于养心安神方剂中，辅助治疗失眠、健忘、焦虑等。如《太平惠民和剂局方》定志圆中，远志、石菖蒲各二两，人参、茯苓各三两，远志-人参量比为 2：3，主心气不定，精神恍惚，喜怒无常等证；《审视瑶函》定志丸中远志 60g，人参 30g，石菖蒲 60g，茯苓 30g，远志-人参量比 2：1，补心养神，开窍明目；《备急千金要方》主治好忘的开心散中，远志、人参各四分，茯苓二两，菖蒲一两；出自《医学心悟》中的安神定志丸，其远志、人参用量各 30g，量比 1：1。

远志-人参药对中人参常由于价格等因素用党参代替，该药对未单独成方，亦未见其作为药对单独应用的文献，该药对为安神定志丸、定志丸、开心散等方的重要组成部分，其应用亦多为上述方剂的临床应用。

2.6.2　相关临床应用研究

（1）辅助治疗抑郁症：抑郁症的诱发因素多与情志有关，西药治疗抑郁症虽疗效确切，然其副作用较明显，中药治疗抑郁症的优势正在逐渐凸显。朱晨军认为抑郁症的主要病机之一为心胆气虚，随机将 60 例抑郁症患者分组，对照组每日一次给予氟西汀 20mg，治疗组运用安神定志汤剂加减，处方：党参 20g，白术 15g，茯苓 30g，白芍 30g，当归 20g，远志 15g，茯神 15g，龙齿 30g，石菖蒲 15g，日 1 剂，每日 2 次，疗程均为 6 周。处方中远志-党参的量比为 4：3，益心胆之气，安神定志。治疗 6 周后，对照组见不良反应者 3 例，治疗组未见不良反应者，临床控制者 9 例，明显改善者 12 例，改良者 2 例，总有效率 76.67%。

（2）辅助治疗失眠：失眠属于中医"不寐"的范畴，高旭阳对 45 例中医诊断为心胆气虚的失眠患者运用中药方剂进行治疗。主方为安神定志丸，合用酸枣仁汤加减。处方：人参、五味子、知母、川芎、甘草各10g，远志、茯苓、茯神、石菖蒲各15g，龙齿、酸枣仁、牡蛎各30g，日1剂，每日2次，疗程28天。方中远志-人参量比3：2，人参益气，远志开心气而宁神。治疗结果：45例患者中睡眠达6小时以上者20例，睡眠时间增加3小时以上者10例，睡眠时间增加但不足3小时者11例，睡眠无改善者4例，总有效率为91.1%。

2.7　虻虫-水蛭

2.7.1　临床应用

虻虫-水蛭的基本应用：敦煌张仲景《五脏论》中载："虻虫、水蛭，即有破血之功。"虻虫-水蛭为临床常用破血逐瘀药对，主治瘀血经闭、癥瘕积聚、狂证等。《伤寒论》抵当汤中二药均用30枚以除蓄血，合大黄、桃仁，主发狂，少腹硬满，喜忘，及妇女经闭，少腹硬满拒按者；该药对在《圣济总录》荡滞散中，与斑蝥、大黄共组，主治妇女经脉不通，量比为1：1各1分；《圣济总录》水蛭饮与抵当汤组成相同，药量增加，虻虫、水蛭增至80枚，主妇女月水不通，腹满有瘀血。

2.7.2　相关临床应用研究

（1）前列腺增生：是中老年男性常见病之一，随着年龄的增长，脏腑虚衰肾气亏虚，气虚日久则血瘀，血液于前列腺运行不畅，长期产生增生性病变。虻虫-水蛭破血逐瘀，在抵当汤中为君臣之协，临床常应用抵当汤治疗前列腺增生。

樊学中对185例患者运用抵当汤进行治疗，疗效满意。处方：水蛭15g，虻虫6g，西洋参10g，生大黄6g，穿山甲15g，桃仁12g，生牡蛎30g，鸡内金15g，生甘草3g。日1剂，早晚分服，疗程2个月，其中治愈者为63例，其临床症状基本消失、理化指标基本正常，96例临床基本治愈，18例尿频急症状明显改善，8例无改善。

俞勇运用抵当汤加味治疗前列腺增生42例，处方在抵当汤的基础上，加入炮山甲、山萸肉、乌药、琥珀、半枝莲、怀牛膝、沉香、菟丝子，其中水蛭10g，虻虫6g，量比为5：3，破恶血癥积。1个月1疗程，平均1~3个疗程，28例痊愈，11例好转。

（2）老年痴呆：在中医属"呆证""善忘"范畴，多认为瘀血与邪热互结上扰神明而致健忘、痴呆。李纪乐将80例早期老年痴呆患者随机均分两组，对照组为基础西药治疗，治疗组在此基础上增加抵当汤原方，方中水蛭：虻虫=1：1各9g，疗程16周。结果18例患者均明显改善，总有效率达85%。刘江随机将60例患者分为两组各30例，对照组为基础治疗，治疗组则给予抵当汤治疗，方为虻虫、水蛭各6g，桃仁、党参、当归各12g，大黄9g，茯苓18g，黄芪24g，炙甘草6g，日1剂，早晚分服，疗程8周。其中水蛭、虻虫量比为1：1，活血化瘀通窍。结果为临床控制7例，明显改善者8例，进步者9例，有效率为80.0%。

（3）药流不全：药流即药物流产，为结束7周内妊娠的药物流产方法，因各种因素影响，该方法往往造成宫腔内留有残存物，即药流不全。抵当汤主下焦蓄血证，应用于药流不全，疗效颇佳。朱朝萍运用抵当汤加味治疗 35 例药流不全，处方：大黄、水蛭各 6g，桃仁、人参、马齿苋、天花粉各 10g，虻虫 4g，取 5 剂，日 1 剂，一日 3 次。结果治愈 32 例，B 超宫腔无残存物，有效率 91.4%。方中水蛭、虻虫量比为 3∶2，生用研末冲服以增加破血之效。

（4）下肢深静脉血栓形成：下肢深静脉血栓形成多由气血运行不畅致脉络阻不通、营血瘀滞。马建波运用抵当汤为主方，配伍四妙勇安汤，取其清热解毒之功，对 19 例该病患者进行治疗，疗效满意。处方：水蛭 8g，虻虫 2g，大黄、萆薢、牛膝各 12g，桃仁、甘草各 10g，玄参、银花各 30g，当归 20g，每日 1 剂，疗程 2～4 周。方中水蛭与虻虫比达 4∶1，以破血逐瘀同时，缓和药效，生血不伤。结果显示为 16 例患者症状基本改善，2 例有所缓解，总有效率 94.74%。

（5）脑出血：孙岩等对 89 例脑出血患者随机分组，治疗组 40 例采用抵当汤治疗，方中诸药皆为 10g，虻虫∶水蛭为 1∶1 破血逐瘀。对照组 40 例患者运用常规西医治疗，两组疗程均为 4 周。治疗成果显示治疗组 7 例患者康复，9 例患者明显改善，21 例患者有良好的临床改善，较对照组 65.3%的总有效率，治疗组为 92.5%，差异明显，效果显著。袁丹桂等对 38 例急性脑出血患者在常规治疗的基础上，通过口服或鼻饲给予抵当汤合五苓散加味汤，方中虻虫 9g，水蛭 15g，量比 3∶5，日 1 剂，疗程 28 天。治疗总有效率 78.96%，死亡 3 例，其余 35 例中 24 例治疗后颅内血肿完全吸收，11 例基本吸收，临床疗效良好。

2.8 半夏-生姜

2.8.1 临床应用

半夏-生姜的基本应用：敦煌张仲景《五脏论》曰："半夏有消痰之力，制毒要借生姜。"半夏-生姜为临床常用降逆止呕、和胃化痰药对，多用于胃寒呕吐、少阳胆热气郁证、少阳阳明兼证。药对半夏-生姜的应用见于《金匮要略》小半夏汤，半夏 18g，生姜 15g，量比 6∶5，以降逆止呕；清代李文炳《仙拈集》姜半饮中，半夏五钱，生姜一两，量比 1∶2，除一切呕哕；元代曾世荣《活幼心书》定吐饮中半夏二两，生姜二两，官桂三钱，量比 1∶1，主吐逆；《医学入门》半附汤中半夏 7.5g，附子 7.5g，生姜 10 片，温胃化痰；《备急千金要方》下气汤中半夏 9g，生姜 9g，人参 4.5g，陈皮 9g，量比 1∶1，主脾虚气滞，胸满腹胀。

半夏-生姜药对在李应存教授的临床应用中，若痰浊甚者，可重用半夏 15～20g，多用姜制以减轻其毒性，同时，可兼顾调和胃气。兼具呕吐明显者，方中重用生姜 30g，以和胃止呕，临床疗效显著。

2.8.2 相关临床应用研究

（1）呕吐：半夏-生姜药对所组小半夏汤，是降逆止呕的代表方剂，刘宝瑛对 38 例以呕吐为主症的患者进行辨证，其中呕吐者 25 例，妊娠恶阻者 13 例，均运用小半夏汤加减治疗。临证加减，如兼脾胃虚寒者加制附子、干姜、党参、焦白术；兼胃痞食滞者加焦三仙、枳实、陈皮。疗程一周，25 例呕吐患者中，2 天治愈者 6 例，3 天治愈者 15 例；13 例妊娠恶阻患者中，2 天治愈者 3 例，3 天治愈者 8 例。

化疗所致呕吐：化疗是治疗癌症最有效的手段之一，其常伴有恶心、呕吐、脱发等副作用。由半夏-生姜药对组成的小半夏汤治疗化疗后呕吐效果良好，李晓玲等将 121 例肿瘤患者随机分组，64 例为观察组，两组使用相同的化疗方案，观察组于前 3 天至整个化疗过程中，在静脉推注西药甲氧氯普胺的基础上加小半夏汤。处方：制半夏 15g、生姜 20g，量比 3：4，日 1 剂，每日 3 次。结果表明观察组进食情况、恶心程度、止呕疗效均明显优于对照组。蒋淳琪等将 45 例肿瘤患者随机分组，20 例为治疗组，对照组与治疗组均使用含有顺铂的化疗方案，治疗组于静脉推注甲氧氯普胺 20mg 的基础上，在化疗前 2 天至化疗第 7 天服用小半夏汤：制半夏 20g、生姜 25g，量比 4：5，日一剂，每日 3 次。结果表明治疗组食欲分度、止吐疗效均明显优于对照组。付艳等随机将由于胃癌化疗所致恶心呕吐的 60 例患者分组，在相同的化疗方案下，化疗前 30 分钟，治疗组 30 例患者将甲氧氯普胺 10mg 注射于穴位足三里，同时服用小半夏汤，对照组采用昂丹司琼注射液静脉滴注联合注射足三里穴位 10mg 的甲氧氯普胺。小半夏汤组方：半夏 9g、生姜 15g，量比 3：5，日 1 剂，每日 2 次。两组呕吐分级结果表明，治疗组疗效显著，其总有效率为 87%。

腰椎术后所致呕吐：呕吐是全麻腰椎术后常见并发症之一，胡昌凯随机将 60 例腰椎术后患者分组，对照组 30 例采用每天 3 次肌内注射甲氧氯普胺 10～20mg，治疗组 30 例在此基础上加服小半夏汤。处方：制半夏 20g，生姜 10g，量比 2：1，以化痰降逆。日 1 剂，每日 3 次，疗程 7 天。治疗组中无恶心呕吐者 20 例，缓解者 9 例，总有效率 96.7%，高于对照组总有效率 66.7%。

急性心肌梗死所致呕吐：于占文通过超声雾化吸入，给予急性心肌梗死所致呕吐患者小半夏汤进行治疗。患者入院诊断为急性广泛前壁心肌梗死、急性肺水肿，西药治疗后，仍不能进食、食后即吐。肌内注射甲氧氯普胺无效，采用小半夏汤：半夏 10g、生姜 10g，量比 1：1，煎汁 30mL，每天 2 次通过超声雾化吸入。疗程 3 天，呕吐症状明显好转。

联合治疗妊娠恶阻：妊娠恶阻即妊娠呕吐，是指于妊娠初期出现恶心、呕吐、胸闷、眩晕、食入即吐等症状。中医辨证多为肝胃不和或脾胃虚弱，刘金艳以小半夏汤为主方，合橘皮竹茹汤，以调气和胃、降逆止呕，治疗该病效果良好。随机将 100 例患者进行分组，对照组采取基础治疗，治疗组在此之上，加服小半夏汤合橘皮竹茹汤，日一剂，每日 2 次，疗程 1 周。方中半夏 18g，生姜 15g，量比 6：5。治疗组 50 例患者中胚胎发育良好、恶心呕吐停止者 36 例，明显好转者 11 例，症状改善者 3 例，总有效率 94%，高于对照组总有效率 70%。

（2）眩晕：刘耕涛临床运用小半夏汤治疗眩晕，疗效良好。患者高温中暑致头晕呕吐十余天，服用藿香正气水、甲氧氯普胺及安定药物未缓解，头晕加重伴呕吐清水状液体。方用小半夏汤以化饮和胃，方中半夏 15g、生姜 10g，量比 3：2，取 3 剂，日 1 剂，每日 3 次。复诊头晕、呕吐大减，加茯苓 10g 继服 6 剂后痊愈。姚树田治疗眩晕以苓桂术甘汤为主，合用小半夏汤。患者主诉：头晕目眩，脘腹胀满，时吐清水，食少不欲饮。辨证：肝寒犯胃，水气上泛。方用苓桂术甘汤合小半夏汤加减疗效颇佳，方中法半夏用量 15g，生姜 6 片，以降逆和胃，温胃散水。

（3）反流性食管炎：当前临床多用药物医治反流性食管炎，常用药为强力抑酸药 PPI 及促动力药，但其复发率高，PPI 长期治疗会影响部分微量元素、维生素的吸收，造成如骨质疏松、骨折、贫血等一系列疾病的发生。刘宏等随机将 52 例患者随机分组，对照组 24 例给予多潘立酮 10mg，每日 3 次；兰索拉唑 15mg，每日 2 次。治疗组 28 例每日两次给予小半夏汤及兰索拉唑 15mg。治疗 6 周后，对两组患者进行胃镜检查，治疗组痊愈者 22 例，内镜下分级减轻者 6 例，治愈率为 78.5%，总有效率为 100%，高于对照组总有效率 95.83%。

（4）联合治疗梅尼埃病：梅尼埃病即美尼尔综合征，是一种特发性内耳疾病，临床主要症状为旋转性眩晕、耳鸣、耳聋、耳胀满感等。临床常应用西医药物进行治疗，柳巧红医治该病采用苓桂术甘汤为主方，联合小半夏汤，本组 40 例患者，病程从 2 天至 6 年不等，主要症状为突发性眩晕，伴有耳鸣、恶心呕吐等。基础处方：茯苓、白术、半夏各 15g，生姜、甘草各 5g，大枣 6g，桂枝 9g，临证加减，日 1 剂，一日 2 次，5 天为一个疗程。方中半夏-生姜量比为 3∶1，燥湿化痰、和胃止呕，以祛痰饮清头目。结果表明：临床痊愈者 20 例，症状明显改善者 15 例，症状减缓者 3 例，总有效率为 95%。

2.9　葶苈子-大枣

2.9.1　临床应用

葶苈-大枣的基本应用：敦煌张仲景《五脏论》曰："葶苈大枣除水。"葶苈-大枣泻肺行水，定喘消肿之功效显著，临床常用于治疗水饮迫肺之咳喘或肺气壅闭之面目浮肿、小便不利等证。《金匮要略》中主痰水壅实之咳喘胸满的葶苈大枣泻肺汤，组方即为葶苈子一丸，大枣十二枚；出自《外台秘要》卷二十引《崔氏方》的大枣葶苈丸，大枣四十枚，葶苈子五两，杏仁三两，主大腹水病。葶苈-大枣药对单独成方为葶苈大枣泻肺汤，其方的应用即为药对的临床应用。

葶苈-大枣在李应存教授的临床应用中，常用比例为 1∶2 或 1∶3，对于胸腔积液引起的咳喘患者，体质强壮者，葶苈子多用 15~20g，大枣 30g，体质弱者，葶苈子用量 10~15g，大枣 30~45g。

2.9.2　相关临床应用研究

（1）小儿肺炎：刘锋运用葶苈大枣泻肺汤加减治疗小儿肺炎，效果良好。本组 68 例小儿肺炎（包括支气管炎）患者，其中伴随心力衰竭者，应用西药强心剂予以纠正。基本处方：葶苈子 3~10g，大枣 2~3 枚，随症加减，日 1 剂，少量多服，疗程 5 天。临床症状全部消失及胸片正常者 49 例，临床症状减轻者 14 例，无效 5 例，总有效率为 93%。谢梅华将 86 例以小儿病毒肺炎入院的患者随机分组，治疗组 46 例。两组在西医基础治疗上，治疗组加服葶苈大枣泻肺汤，基础方：葶苈子 9g，大枣 4 枚。加金银花、车前子、麻黄、射干、地龙、鱼腥草等临证加减，日 1 剂，少量多服，疗程 3 天。结果表明：治疗组主要症状、体征消失者 42 例，临床症状减缓者 3 例，总有效率为 97.8%。

（2）心包积液：纪秀兰运用葶苈大枣泻肺汤加减治疗由心包炎引起的心包积液患者 15

例，基础方：葶苈子 10g，大枣 10 枚。加减麦门冬、五味子、党参、酸枣仁、车前子，日 1 剂，每日 2 次。平均疗程 1~3 个月后，患者临床症状全部消失，检查指标正常，之后随访 1~8 年，15 例患者均健在无复发。王铁民等将 22 例尿毒症心包积液患者，依据是否存在高钾、少尿或不耐中药的情况，分 7 例为对照组，15 例为治疗组。对照组采用西医治疗，治疗组在此之上加用葶苈大枣泻肺汤。处方：葶苈子 30g，大枣 10g，加减西红花、西洋参、车前子，日 1 剂，每天 2 次，疗程 3~4 周。治疗组心包积液明显减少者 9 例，积液较之前减少者 5 例，无变化者 1 例，总有效率为 93.3%。

（3）胸腔积液：黄建龙运用葶苈大枣泻肺汤治疗胸部手术后胸腔积液 15 例患者，疗效满意。随机将 30 例患者分组，治疗组 15 例在对照组常规治疗的基础上服用中药方剂，组方：葶苈子 20g，大枣 10 枚，日 1 剂，疗程 3 天。通过记录比较两组 24 小时、48 小时胸腔引流量及胸腔引流撤管时间，治疗组胸腔积液量减少速度及撤管时间均明显优于对照组。李复将 62 例患有结核性胸腔积液的住院患者随机分组，治疗组 32 例，在对照组西药治疗的基础上应用中药方剂，处方：葶苈子 15g，大枣 12 枚，日 1 剂，每日 2 次，疗程 1~2 个月。治疗组中症状、体征及胸腔积液消失者 20 例，病情减缓者 12 例，治愈率 62.5%，总有效率 100%。刘晓芳随机选取入院 46 例恶性胸腔积液患者，采用葶苈大枣泻肺汤进行治疗，基础方：葶苈子 12g，大枣 5 枚。随症加减黄芪、茯苓、陈皮、泽泻、荞麦、半枝莲、麦芽等，日 1 剂，每日 2 次，疗程 4~16 周不等。治疗结果：46 例患者中，胸腔积液基本消失者 30 例，病情缓解者 12 例，总有效率 90.9%。

（4）胸膜炎：陈海凤采用葶苈大枣泻肺汤加味治疗渗出性胸膜炎患者 26 例，疗效满意。处方：葶苈子 10g，大枣 3 枚，加枳壳、炙百部、桔梗、杏仁、陈皮、半夏、全瓜蒌、炙紫菀、云苓、炒麦芽、桑皮、甘草，日 1 剂。26 例患者中服药 12 剂胸水消失者 20 例，服药 15 剂痊愈者 5 例，服药 41 剂痊愈者 1 例，平均胸水消失天数为 8~12 天。

（5）肺源性心脏病：肺源性心脏病即肺心病，在中医范畴中属于喘证、心悸、水肿等，其发病与肺病经久不愈、反复发作有关，多为本虚标实，临床表现错综复杂。张晓杰将 90 例住院病人随机分组，45 例为治疗组给予葶苈大枣泻肺汤加味，每日 1 剂，每天 3 次。处方中葶苈子 15g，大枣 25g，量比 3：5。对照组给予常规西药治疗，疗程为 2 周。观察临床症状及相关生化指标，治疗组中 25 例患者症状明显好转，15 例有良好改善，总有效率为 88.89%。王昆以葶苈大枣泻肺汤为主方，加三子养亲汤对肺心病患者 40 例进行治疗。随机将 80 例住院患者分组，对照组给予西医常规治疗，治疗组采用中药方剂，处方：葶苈子、桂枝、莱菔子、车前子各 20g，大枣 5 枚，苏子、白芥子各 10g，日 1 剂，每日 2 次，疗程 3 周。结果表明：中医组临床症状完全消失者 20 例，改善者 17 例，总有效率达 92.5%。

结　　论

本研究对药对的源流、不同写本的敦煌张仲景《五脏论》药对内容进行了阐述，详细分析了敦煌张仲景《五脏论》中 12 对药对的组成及其配伍理论，并对其中的多组药对进行了临床应用规律性的总结。

1 敦煌张仲景《五脏论》药对理论

理论部分将敦煌张仲景《五脏论》12 对药对拆分，从单味药理论、应用、现代药理到两味药的组成、现代研究等，详细解析敦煌药对的理论基础。敦煌张仲景《五脏论》药对的配伍遵循阴阳学说为总纲、七情和合为原则、药性与治法为基础。七情者，相须 8 对、相使 3 对、相畏 1 对；药性者，四气相配 1 对、五味相配 1 对、升降相配 3 对，配合治法以补泻相配 2 对，气血相配 1 对。

2 敦煌张仲景《五脏论》药对临床应用

药对的临床应用形式主要分单独成方与配伍于方剂两种，配伍于方剂者或为主药或为辅药或作衔接之功。敦煌张仲景《五脏论》12 对药对在临床应用中的情况：

半夏-生姜、葶苈-大枣、紫菀-款冬花 3 对药对均有单独的成方，且常配伍应用于复方中，临床应用范围较广。

远志-人参、虻虫-水蛭 2 对药对为临床常用方剂的重要组成部分，前者多于补益方中起辅助作用，后者多为君臣药于方中使用。

蛇蜕-绿丹、恒山-鳖甲、天鼠-草麻 3 对药对，或因具体药物不可考，或因药材在漫长的自然及社会发展中逐渐稀少，或因现实地域、相应疾病的发生率、价格等因素应用过少，临床应用经验及研究文献匮乏，无法论述其临床应用。

当归-白芷、泽泻-茱萸、川芎-枳实、白术-槟榔 4 对药对为敦煌张仲景《五脏论》之独载，无相关文献可供参考，李应存教授为敦煌医学学科带头人，善于研究挖掘敦煌医学内容并应用于临床，以上 4 组药对及紫菀-款冬花为其临床常用药对。通过整理导师临床医案发现：紫菀-款冬花多配伍于敦煌紫苏煎中，用于治疗内伤咳嗽，该药对之剂量随证加减，其常用量比为紫菀：款冬花 2：1、3：1。白术-槟榔常配伍于敦煌大泻肝汤中，常用于治疗呃逆、胃胀反酸、脘腹胀满、便秘等病证，根据不同患者临床症状有所侧重，虚证为主者重白术，常用有效剂量比为 2：1、3：1；实证为主者重槟榔，常用有效剂量比为 1：2 至 1：4 不等；虚实夹杂者，可为 1：1，或偏重槟榔 1：2、1：3、2：3。当归-白芷可用于治疗头痛、痛经、坐骨神经痛、产后身痛病、风湿痹痛等病证，常见的量比为当归：白芷为 1：1 或 1：2。泽泻-山茱萸多配伍于敦煌疗风虚方、敦煌大补肾汤，以起辅助治疗肾虚头晕耳鸣之功，常见量比为 2：1。川芎-枳实常配伍于敦煌大泻肝汤中，用于治疗心悸、胸痹心痛、胸下痞满等病证，若气血阴阳亏损兼有瘀滞者，以川芎为侧重，常见量比 2：1；若气血痰湿瘀滞为主，以枳实为侧重，常见量比 1：2、1：3。

摘自：葛政.敦煌石室文献中张仲景《五脏论》药对理论与临床应用 [D].兰州：甘肃中医药大学，2017.

敦煌遗书外治法相关文献研究概况

杨佳楠，李应存，程佳莉

敦煌医药文献多为隋唐五代时期的手抄本，尘封千年，再度面世，本就是稀世珍宝，敦煌遗珠。除文物价值之外，亦有极高的文献和实用价值。其中有保存了许多简便效捷的外治方，可广泛施用于内、外、妇、儿到眼、耳、口、鼻等临床各科，涉及熨烫、灌注、纳塞、溻浴等多种外治法，充分利用了人体的皮肤黏膜、五官九窍，使药物直达病所，事半功倍。其丰富多样的外治疗法实为后世所难及，在临床亦颇具指导意义。现从论著、研究生学位论文、期刊论文 3 个方面，将近年来敦煌遗书外治相关文献研究成果概述如下。

1　研 究 论 著

2001 年，张景红编著《敦煌外治法与养生保健》一书，书中将敦煌外治法分为熏蒸、溻浴、涂敷等十二类，选取部分敦煌外治法古医方分原文、厘定、校注、按语四部分进行详细论述，同时介绍了敦煌火灸疗法和脐密疗法。该书为目前唯一一本论述敦煌外治法的专著，具有一定参考价值。

2　硕博研究生学位论文

2.1　文献研究

王雅平在《敦煌中医药文献医方研究》一文中，将外治法作为敦煌特色医术医方进行专题讨论，他认为敦煌外治法医方种类繁多，所治颇杂，十分值得研究。许霞的《宋以前方剂剂型的历史研究》一文中，提到《辅行诀脏腑用药法要》中舌下含化、鼻腔吹灌、眼部点滴等充分利用了黏膜给药剂量小、吸收快、无肝脏首过代谢等优点，对于当前研究和开发中药黏膜给药制剂具有重要的借鉴和启迪价值。

2.2　临床研究

郑吉元在进行敦煌消定膏治疗关节镜清理术后膝关节肿痛的临床研究后发现：敦煌消

定膏与复方七叶皂苷钠凝胶相比，对于缓解关节镜清理术后膝关节肿痛临床疗效更显著，且未出现不良反应和相关并发症，具有可行性和科学性，值得临床广泛应用。

3　期刊论文

3.1　文献研究

宋贵杰等从敦煌古医方中选取摩风膏方、神明白膏方、犀角膏方等进行研究，认为膏摩方相当于现在的外用搽擦剂，是一种外用药物配合手法按摩的治疗手段，可贵之处在于两者的有机结合。

豆永祥初步探讨了敦煌遗书中外治法的类型、常用药物及治疗病证，并举治头痛方病案一例。他认为这些外治方组方严谨，配伍合理，价廉易得，使用方便，临床疗效良好。

《敦煌遗书妇产科古医方的学术特点》中，从春雨提到敦煌遗书妇产科古医方表现出独特的外治方法，采用洗浴法，或涂敷法，或熨贴法，或摩擦法，或纳塞法等多种方法，对指导现代中医妇产科学的临床实践仍有重要意义。

高美凤辑录敦煌遗书中 15 种外治法，并将敦煌遗书外治法的特点归纳为：①内容丰富，应用广泛；②方法多样，用法独特；③精于辨证，用药精简；④外治美容，独树一帜。

从春雨认为敦煌古医方中有着大量外治方法的典型代表方剂，各有特色，并详细介绍了熏蒸等 12 种敦煌外治法。

刘喜平认为敦煌遗书中的古方具有剂型给药，独特多样的特点。其中最有价值的当属黏膜给药。他整理了口腔含贴、眼部滴点、鼻腔欠灌、阴道放置、直肠灌塞五种敦煌遗书中黏膜给药医方，认为其内容丰富，特色鲜明，对今天研究黏膜给药制剂很有启迪和借鉴作用。

李应存将敦煌写本医方中外治法分为 20 种，并用以引证原文的方法对其进行述要。

刘莹从点眼药方法治疗眼科疾病、眼病的其他外治方法和用点眼方法治疗其他疾病三方面论述了敦煌遗书中的眼部外治方法，在今天临床上仍有较大指导意义。

王波认为敦煌遗书中记载的外治法涉及了大量的护理方法，值得借鉴。

刘喜平的《敦煌遗书膏摩古医方探析》一文，从敦煌膏摩医方的源流、组方用药、制备用法、开发前景四个方面进行论述，认为敦煌卷子中收录的大量膏摩类医方，配方严谨，制备用法独特。对其的研究具有重要的史料意义，亦对中药新产品的研发有借鉴和启迪意义。

刘喜平认为敦煌地处丝路重镇，敦煌遗书真实记载了梵文香药在医方中的应用，梵文香药以单独组方、香药中药，交融配伍及广泛应用"三勒"为特色。梵文香药的应用对丰富中医药学术产生了积极影响。

严兴科等将敦煌石室文献中贴敷疗法从为皮肤、美容乌发等八个类别进行梳理，并总结其临床应用，发现贴敷疗法临床应用广泛，恰当合理的临床应用具有事半功倍的效果。

3.2 临床及实验研究

3.2.1 敦煌消肿镇痛膏

李振宇等进行敦煌消肿镇痛贴治疗骨折临床观察，选取青枝骨折、裂纹骨折、横斜形骨折、粉碎骨折患者共 270 例，双盲随机分为治疗组 210 例，对照组 60 例，治疗组用"敦煌消肿镇痛贴"，对照组用"消瘀止痛膏"。结果显示敦煌消肿镇痛膏治疗青枝骨折和裂纹骨折效果最明显，青枝骨折显效率 73.5%、总有效率 97.0%，裂纹骨折显效率 66.6%，总有效率 97.7%，疗效优于对照组，消肿止痛作用强。

李振宇等进行敦煌消肿镇痛贴治疗软组织损伤临床观察，结果显示其疗效明显优于消定膏，显效率可达 79.93%。曾昭洋等进行敦煌消肿镇痛贴治疗急性软组织损伤临床观察，结果显示敦煌消肿镇痛膏对急性软组织损伤中的疼痛、肿胀、瘀斑、功能障碍等症状均有确切疗效，认为其治疗急性软组织损伤具有明显优势。

胡妮娜等观察经手法治疗后，给予敦煌消肿镇痛膏外敷治疗髋关节一过性滑膜炎患儿 80 例，结果显示 80 例患儿均在敦煌消肿镇痛膏外敷 2~3 次后治愈，总有效率为 100%，疗效满意，为治疗小儿髋关节一过性滑膜炎的有效方法。

褚兵临床研究证实下肢骨折致膝关节功能障碍患者，早期康复锻炼加敦煌消肿镇痛膏外用，可促进膝关节功能的恢复，疗效优于单纯早期康复训练组。

曾昭洋等进一步研究发现敦煌消肿镇痛膏对腰椎间盘突出症有一定治疗作用，可能是通过调节腰椎间盘髓核中常量元素（K、Na、Ca、Mg）的含量，改善局部代谢，促进局部血液循环，延缓髓核的变性，从而使腰椎间盘突出症所致腰腿痛得以缓解，这可能是敦煌消肿镇痛膏治疗腰椎间盘突出症作用机制之一。同时发现敦煌消肿镇痛膏对于血瘀型腰椎间盘突出症疗效最佳，对于肝肾亏虚型亦有一定的改善作用。

任远等进行敦煌消肿镇痛贴的实验研究，发现敦煌消肿镇痛膏对组胺和二甲苯引起的动物急性炎症有明显抑制作用；可提高小鼠对热刺激的痛反应阈值；对外伤引起局部组织瘀血可加速吸收和消退；皮肤刺激性和过敏性实验表明该药使用安全，无明显刺激性和过敏性反应。

3.2.2 摩风消肿膏

陈列等对 1500 例患者进行了临床对照研究，发现摩风消肿膏在治疗骨伤科的筋骨骨缝损伤方面有较好的临床疗效。

3.2.3 神明白膏

张士卿等实验研究发现神明白膏局部涂抹可显著增加动物单位面积皮肤羟脯氨酸含量，使皮肤中胶原纤维和结缔组织增加、皮肤变厚，具有抗炎、止痒作用，局部用药安全可靠。张士卿等进一步观察敦煌古方神明白膏治疗老年性皮肤瘙痒病的临床疗效，130 例病人随机分为神明白膏治疗组 100 例，999 皮炎平软膏对照组 30 例，均以药物涂搽瘙痒部位，结果显示治疗组有效率显著优于对照组，神明白膏对老年性皮肤瘙痒病有一定疗效。

3.2.4 敦煌面脂方、面膏方

王俭在敦煌面脂方、面膏方的基础上研制敦煌美容痤疮膏，临床治疗 400 例痤疮患者，结果显示总有效率达 98.8%。

3.2.5 敦煌养颜面脂

王萍等实验研究发现，外用敦煌养颜面脂可明显增加衰老皮肤中羟脯氨酸含量，显著提高老龄大鼠皮肤中 SOD 与 GSH-Px 酶的活性，同时能明显降低老龄大鼠皮肤中 MDA 含量，对改善衰老皮肤细胞功能活性、提高皮肤防护能力、延缓皮肤衰老具有积极的意义。可延缓皮肤光老化过程中胶原纤维缩减、促进胶原纤维合成，延缓皮肤老化损伤。可提高老龄大鼠皮肤中成纤维细胞的含量，提高其分泌胶原蛋白和弹性蛋白的能力。同时利用健康 SD 大鼠进行皮肤急性毒性试验、皮肤刺激性试验和皮肤过敏性试验。结果显示敦煌养颜面脂对大鼠完整皮肤及破损皮肤均无急性毒性反应、无刺激作用，不影响伤口愈合；对大鼠完整皮肤也无致敏作用。敦煌养颜面脂用于预防和治疗皮肤粗糙、毛孔粗大、肤色萎黄以及皱纹早现等损容性病症具有较好的安全性。

3.2.6 硝石雄黄散

刘新等进行硝石雄黄散贴敷至阳穴防治冠心病心绞痛的临床研究 91 例，治疗组用硝石雄黄散加冰片，制成膏剂外贴至阳穴，对照组采用硝酸甘油治疗，结果显示，治疗组显效率、总有效率均显著优于对照组，观察发现敦煌遗方硝石雄黄散活血化瘀止痛、行气通络，可改善心电图 ST 段改变，降低血脂，证明敦煌遗方硝石雄黄散防治冠心病心绞痛疗效肯定。刘新等进行硝石雄黄散安全性动物实验研究，结果显示未见皮肤刺激和过敏反应，证明该疗法安全无毒。

3.2.7 敦煌 272 腹带

楚惠媛等通过对佩戴敦煌 272 腹带 500 例患者的观察，发现该腹带具有回阳育阴、生精养气、安神和血、升清降浊等功效，适用于慢性病、疑难病，尤其是对脾肾虚弱、肝脾不和、脾肾阳虚者疗效更佳。

王芝意等观察敦煌 272 腹带（男科型）治疗阳痿 32 例，总有效率 93.7%，该腹带温阳益肾、收涩固本，对肾亏阳虚、精关不固而致的早泄有较好疗效；观察敦煌 272 腹带（前列腺型）治疗慢性前列腺疾病 36 例，总有效率 88.9%，认为其对肾虚、湿浊、血瘀而致的慢性前列腺炎、前列腺肥大，有良好的治疗作用。

许治时观察 272 腹带治疗胃肠病临床疗效，发现该腹带具有疏肝理气、补气活血、健脾和胃、温中散寒之功，可明显改善胃痛、胃胀、便溏、食欲不振等症，尤其适宜肝胃不和、脾胃虚弱两型。

目前敦煌遗书外治法的研究主要集中于文献整理，个别医方的临床与实验研究，其中骨科、皮肤科使用较多，并进行了相关实验研究。但总体来说研究的系统性、深广度上仍有待提高。今后应进行系统文献整理，坚持以临床实践为主，进一步开展相关实验研究，提高成果转换率，造福人类健康，从而促进和推动敦煌医学的传播与发展。

摘自：杨佳楠.敦煌遗书外治法相关文献研究概况［D］.兰州：甘肃中医药大学，2019.

敦煌《辅行诀五脏用药法要》大、小补泻汤掐指推导组方规律研究

马骏，段永强，巩子汉

敦煌《辅行诀五脏用药法要》（以下简称《辅行诀》）大、小补泻汤方及救误大、小泻方凡 30 首，临床应用广泛而行之有效，但其组方用药易于混淆。本文根据敦煌《辅行诀》的组方内在规律，将相关方剂凡 25 味中药以五行互藏理论定位于手指，形成在手指上通过掐指推导组方配伍的简易方法，以期为有效推广和应用敦煌《辅行诀》凡 30 方提供新的掌握思路。

敦煌《辅行诀》组方规律应用，分为大、小补泻各五汤凡 20 首和救误大、小泻汤 10 首共 2 种。由于历史原因，《辅行诀》只在张大昌及其弟子中间传抄，并被视为秘藏。至解放后，张大昌将此秘藏本献出以飨医道同仁，这部千古著作一经问世便受到中医乃至各界的广泛关注。现在关于《辅行诀》的研究很多，多为理论方面，但涉及组方规律及方剂记忆的研究较少。为使学习者对《辅行诀》大、小补泻汤组方规律的掌握更加简便明了，笔者在原有组方规律的基础上，经过大量实践提炼并总结出一套容易掌握的组方规律记忆方法，只需结合二十五味药与手指对应关系，就能准确掐指推导出大、小补泻汤的组方，现将此方法总结如下。

1　补泻汤掐指组方时二十五味药在手指上的对应部位

五指本身具有完整的五行属性，合于五行，拇指为土，食指为木，中指为火，无名指为金，小指为水。拇指两节，代表阴阳，其余四指则为四季，而每指又有三节代表孟仲季三月。手指包含五行及五行之中复含五行，五五共二十五种，作为掐指组方之依据。因此，现将拇指命名为"1"，则食指为"2"，中指为"3"，无名指为"4"，小指为"5"。

《辅行诀》所列二十五味中药是大、小补泻汤组方的基础，其组方指导原则为："味辛皆属木，桂为之主。生姜为火，附子为土，细辛为金，干姜为水。味咸皆属火，丹皮为之

主。大黄为土，葶苈子为金，泽泻为水，旋覆花为木。味甘皆属土，人参为之主。甘草为金，茯苓为水，薯蓣为木，炙甘草为火。味酸皆属金，麦门冬为之主。枳实为水，芍药为木，萸肉为火，五味子为土。味苦皆属水，地黄为之主。黄芩为木，黄连为火，术为土，竹叶为金。此二十五味，为诸药之精，多疗五脏六腑内损诸病，学者当深契焉。"体味和用味是《汤液经法图》中的配位方式，体阴用阳，它们间隔出现，相生相克。而化味则是用味五行属性的所克一行。大、小补泻汤及大、小救误汤药物组成规律和内在理路均不出上二十五味之列。

因此，大、小补泻汤掐指组方时，二十五味药在手指上的对应部位固定不移。具体为：将"1"定位在五指的各指尖处，然后依次将"2""3""4"分别定位于五指的远端指关节横纹中点、近端指关节横纹中点和掌指关节横纹中点处，并假定拇指掌指关节横纹中点处为大鱼际部分。通过这种方法，每味药均有其固定的坐标序号，如生姜为"24"，附子为"23"，以此类推。为了简便、直观，故将二十五味药与其序号在手指上对应部位图示如下（图1）。

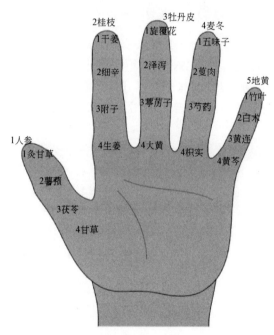

图1　二十五味药与其序号在手指上对应部位图示

2　《辅行诀》大、小补泻五脏汤及救误大、小泻汤组方规律对应手指

2.1　小泻五脏方

小泻方以本脏体味中与本脏属性相同者为君；以本脏体味中生君者为佐臣；以用味中

之君生者为监臣（佐、监臣之量与君同）。依小泻方组方规律对应手指见表 1。

表 1　小泻方组方规律对应手指

小泻五脏方	君（体）	佐臣（体）	监臣（用）
小泻肝方	芍药（43）	枳实（44）	生姜（24）
小泻心方	黄连（53）	黄芩（54）	大黄（34）
小泻脾方	附子（23）	生姜（24）	甘草（14）
小泻肺方	葶苈子（33）	大黄（34）	枳实（44）
小泻肾方	茯苓（13）	甘草（14）	黄芩（54）

小泻汤组方由本脏体味药（2 种）、用味（1 种）组成，而且均定位于五指的掌指关节横纹中点与近端指关节横纹中点。以小泻肝汤为例：芍药、枳实为体味，分别定为无名指近端指关节横纹中点（43）、掌指关节横纹中点（44），生姜为用味，定为食指掌指关节横纹中点（24），即为小泻肝汤组方。余皆仿此。因此，小泻方组方规律可总结为：体 3+体 4+用 4。也就是说，只需掐本脏体味所在指的近端指关节横纹中点、掌指关节横纹中点，和本脏用味所在指的掌指关节横纹中点，即可组成对应小泻方。

2.2　小补五脏方

诸小补方以本脏用味为君；以用味中之生君者为佐臣；以体味中之受本脏属克制者为监臣（佐、监臣用量与君同）；以化味中与本脏属同者为佐臣（用量为君三分之一）。以下与本脏用味同者简称"用"，与本脏用味不同者加序号，如"用*（*为 1、2、3、4），下同"；与子脏用味同者简称"子用"，与本脏用味不同者加序号，如"子用*"；与本脏体味同者简称"体"，与本脏体味不同者加序号，如"体*"；与子脏体味同者简称"子体"，与子脏体味不同者加序号，如"子体*"；另外，"体""用"均以相对应手指序号为序号，化味仅组方于大、小补五脏方，故简称为"化"。依小补方组方规律对应手指见表 2。

表 2　小补方组方规律对应手指

小补五脏方	君（用）	佐臣（用）	监臣（体）	佐使（化）
小补肝方	桂枝（2）	干姜（21）	五味子（41）	薯蓣（12）
小补心方	牡丹皮（3）	旋覆花（31）	竹叶（51）	萸肉（42）
小补脾方	人参（1）	炙甘草（11）	干姜（21）	白术（52）
小补肺方	麦冬（4）	五味子（41）	旋覆花（31）	细辛（22）
小补肾方	地黄（5）	竹叶（51）	炙甘草（11）	泽泻（32）

以小补肝方为例：桂枝、干姜为用味，分别定为食指（2）、食指指尖（21）；五味子为体味，定为无名指指尖（41）；薯蓣为化味，定为拇指近端指关节横纹中点（12）。余皆仿此。因此，小补方组方规律可总结为：用+用 1+体 1+化 2，即为小补肝汤。也就是说，只需掐本脏用味所在指、指尖，和本脏体味所在指的指尖，再加本脏化味所在指的远端指关

节横纹中点，即可组成对应小补方。

2.3 大泻五脏方

诸大泻五脏方由本脏小泻方加化味加子脏一体一用组成。依大泻方组方规律对应手指见表3。

表3 大泻方组方规律对应手指

大泻五脏方	君（体）	佐臣（体）	监臣（用）	化味（化）	佐臣（子体）	监臣（子用）
大泻肝方	芍药（43）	枳实（44）	生姜（24）	甘草（14）	黄芩（54）	大黄（34）
大泻心方	黄连（53）	黄芩（54）	大黄（34）	枳实（44）	生姜（24）	甘草（14）
大泻脾方	附子（23）	生姜（24）	甘草（14）	黄芩（54）	大黄（34）	枳实（44）
大泻肺方	葶苈子（33）	大黄（34）	枳实（44）	生姜（14）	甘草（14）	黄芩（54）
大泻肾方	茯苓（13）	甘草（14）	黄芩（54）	大黄（34）	枳实（44）	生姜（14）

由上表可见，大泻五脏方组方规律可总结为：体3+体4+用4+化4+子体4+子用4，即本脏小泻方加化味加子脏小泻方去体（君）味。通过掐指可以得出，大泻五脏方均为本脏体味所在指的近端指关节横纹中点与五指指尖组成。亦即，本组方只需掐本脏体味所在指的近端指关节横纹中点，以及各脏体味（或用味）所在指的掌指关节横纹中点，即可组成对应大泻方。

2.4 大补五脏方

诸大补五脏方由本脏小补汤加子脏小补汤去化味而来。依大补方组方规律对应手指见表4。

表4 大补方组方规律对应手指

大补五脏方	君（用）	佐臣（用）	监臣（体）	君（子用）	佐使（化）	佐臣（子用）	监臣（子体）
大补肝方	桂枝（2）	干姜（21）	五味子（41）	牡丹皮（3）	薯蓣（12）	旋覆花（31）	竹叶（51）
大补心方	牡丹皮（3）	旋覆花（31）	竹叶（51）	人参（1）	黄肉（42）	炙甘草（11）	干姜（21）
大补脾方	人参（1）	炙甘草（11）	干姜（21）	麦冬（4）	白术（52）	五味子（41）	旋覆花（31）
大补肺方	麦冬（4）	五味子（41）	旋覆花（31）	地黄（5）	细辛（22）	竹叶（51）	炙甘草（11）
大补肾方	地黄（5）	竹叶（51）	炙甘草（11）	桂枝（2）	泽泻（32）	干姜（21）	五味子（41）

由上表可见，大补五脏方组方规律可总结为：用+用1+体1+子用+化2+子用1+子体1，即本脏小补方加子脏小补方去化味。因此，本组方只需分别在指上掐出本脏小补方和子脏小补方去化味，即可组成对应大补方。或者，只需掐本脏与子脏用味所在指，本脏化味所在指的远端指关节横纹中点，以及除本脏化味所在指的其余四指指尖，即可组成对应大补方。

2.5　救误大、小泻方掐指组方规律

2.5.1　救误小泻方

　　救误小泻方组方由本脏二种体味药组成，而且分别定于五指的近端指关节横纹中点与掌指关节横纹中点。以小泻肝汤为例：掐无名指近端指关节横纹中点（43）、掌指关节横纹中点（44）分别为芍药、枳实。因此，小泻方组方规律可总结为：体3+体4。也就是说，只需掐本脏体味所在指的近端指关节横纹中点、掌指关节横纹中点，即可组成对应救误小泻方。依救误小泻方组方规律对应手指见表5。

表5　救误小泻方组方规律对应手指

救误小泻五脏方	君（体）	佐臣（体）
救误小泻肝方	芍药（43）	枳实（44）
救误小泻心方	黄连（53）	黄芩（54）
救误小泻脾方	附子（23）	生姜（24）
救误小泻肺方	葶苈子（33）	大黄（34）
救误小泻肾方	茯苓（13）	甘草（14）

2.5.2　救误大泻方

　　诸救误大泻方由本脏救误小泻方和子脏小补方去化味而来。依救误大泻方组方规律对应手指见表6。

表6　救误大泻方组方规律对应手指

救误大泻五脏方	君（体）	佐臣（体）	君（子用）	佐臣（子用）	监臣（子体）
救误大泻肝方	芍药（43）	枳实（44）	牡丹皮（3）	旋覆花（31）	竹叶（51）
救误大泻心方	黄连（53）	黄芩（54）	人参（1）	炙甘草（11）	干姜（21）
救误大泻脾方	附子（23）	生姜（24）	麦冬（4）	五味子（41）	旋覆花（31）
救误大泻肺方	葶苈子（33）	大黄（34）	地黄（5）	竹叶（51）	炙甘草（11）
救误大泻肾方	茯苓（13）	甘草（14）	桂枝（2）	干姜（21）	五味子（41）

　　由上表可见，救误大泻方组方规律可总结为：体3+体4+子用+子用1+子体1。因此，只需掐本脏体味所在指的近端指关节横纹中点、掌指关节横纹中点，子脏用味所在指、指尖，和子脏体味所在指的指尖，即可组成对应救误大补方。

　　综上所述，《辅行诀》五脏病证诸方的组方规律，蕴含五行互藏的理论，通过将二十五味药配合到手指中，依据其原有的组方规律，在手指上掐指推算，就能更快、更简单地推出诸方药味组成。以手之五行贯穿于二十五味中药的五行配属亦深合《辅行诀》之《汤液

经法图》的五行、五味组方思维，这种掐指组方的方法，为更好地理解掌握、临床应用和推广提供理论参考和新思路。

摘自：马骏，段永强，巩子汉，等.敦煌《辅行诀五脏用药法要》大、小补泻汤掐指推导组方规律研究［J］.中国中医基础医学杂志，2019，25（9）：1289-1291.

敦煌古遗书法藏"不知名医方"角药配伍研究

虎峻瑞，段永强

敦煌古遗书法藏"不知名医方"藏于巴黎法国国家图书馆，传世方共 545 方，其组方配伍法度严谨，寓意深刻，并重视八法的复合应用，如攻补兼施、升降结合、温清并用等，以适应疾病的复杂病机。本研究从角药层面对法藏"不知名医方"传世医方进行研究解读，依据角药特殊配伍之势揭示法藏"不知名医方"独特的配伍规律，诠释诸方"合群妙用"的配伍特点，为临床更好地应用敦煌古遗书方剂提供遣方用药思路。

方剂中药物的使用有单味药用（如单行）、两味药配伍即对药（如相须、相使为用），同时还有特定的三味药配伍即角药，角药在方剂配伍功效中具有重要的意义和临床用途。本文研究内容源于敦煌古遗书法藏"不知名医方"，藏于巴黎法国国家图书馆，文卷编号为"P"，因其无书名标题，定名为不知名医方。传世方共 545 方，其组方配伍法度严谨，寓意深刻，并重视八法的复合应用，如攻补并用、汗下并用、温清并用等，以适应疾病的复杂病机。本研究从角药层面对法藏"不知名医方"传世医方进行研究，通过诸方角药特殊配伍规律以诠释诸方"合群妙用"的配伍特点，为临床应用敦煌古遗书方剂提供遣方用药思路。

1 敦煌古遗书法藏"不知名医方"概况

敦煌古遗书法藏"不知名医方"传世方共 545 方，其中，《不知名医方第六种》（P.2882）全卷无书名标题，首尾均缺，共存 153 行文字，记载各类病症药方共 42 方；《不知名医方第七种》（P.3144）全卷亦无书名标题，首尾均缺，共存 32 行文字，记载赤眼、天行、大小便不通等药方共 13 方；《不知名医方第八种》（P.3201）全卷亦无书名标题，首尾均缺，共存 60 行文字，记载脚气、心痛及疟病药方共 19 方；《不知名医方第九种》（P.3596）全卷亦无书名标题，首尾均缺，共存 247 行文字，记载内、外、妇、儿、五官等药方共 212 方；《不知名医方第十种》（P.3930）全卷亦无书名标题，首尾均缺，存 15 个半页，共存 187 行文字，记载产病、五官等药方共 187 方；《不知名医方第十四种》（P.5549）全卷亦无书名标题，首尾均缺，正、背两面书写，均为医方著作，原文较多，今仅存正面 3 行文字，背面 4 行文字，无复方。《不知名医方第十六种》（P.2662）全卷亦无书名标题，首尾均缺，共存 111 行文字，记载产病、黄病、天行热病、咽喉病等药方共 61 方；《不知名医方第二十种》（P.3885）全卷亦无书名标题，首尾均缺，共存 27 行文字，记载髓病、赤眼病、天行热病等药方共 11 方；法藏不知名医方 8 卷，在古医籍迹簿录均未见记载，据考证均为唐时期写本，与传世医书无类同。本文就其主治、症状、药方完整者以"角药"配伍的角度进行研究。

2　角药的内涵

角药介于中药与方剂之间，是在中医基础理论指导下，以辨证论治为前提，针对病因病机，根据药物的四气五味、性味归经、升降沉浮、归经引经及七情为配伍原则，将 3 种药物有机组合而成的一种用药配伍形式。3 味药或为方剂主要组成部位，或为次药融入全方，或单独成方，其核心正如《素问·至真要大论》所言的"君一臣二，制之小也，君一臣三佐五，制之中也，君一臣三佐九，制之大也"。从而形成"三足鼎立，互为犄角"角药组方。其特点：相互辅助、相互制约、相互激发而达到相辅相成、减毒增效之功，可提高临床辨证用药的精准性、合理性、科学性及实用性，进而提高临床疗效，对临床辨证用药具有一定的指导作用。敦煌古医方中的角药配伍精妙，组药灵活，彰显以奇制胜及七情和合深层次的配伍意义。

3　敦煌古遗书法藏"不知名医方"角药研究

3.1　《不知名医方第六种》（P.2882）

3.1.1　巴豆+干姜+大黄

原文："巴豆仁五百粒，熬令发熟，去心中膜；干姜三两；大黄三两。"三药具有温经止痛、活血化瘀、通腑导滞的作用。巴豆和大黄相配则开通闭塞、利水谷道、泻下攻积、逐瘀通经；巴豆、大黄得干姜回阳通脉、通腑导滞。三药形成角药，相配辛开苦降，消补并用、攻补兼施、相反相成，相激相制，斡旋气机，化瘀通络，通腑导滞，且"干姜，大热无毒，守而不走"（《本草求真》），防巴豆和大黄通泻太过。"觉心腹刺痛，烦冤困苦，取吐不得，求利不得，手脚逆冷，唇口焦然，过久不通，或堪致死，有如此，催急用此方。"

3.1.2 黄芪+磁石+肉苁蓉

原文："黄芪十二分；磁石四大两，引针者，捣碎，绵裹；肉苁蓉二大两。"具有温肾壮阳，滋肾填精之效。《黄帝内经》云"气大衰而不起不用"；《诸病源候论·虚劳阴痿候》云"劳伤于肾，肾虚不能荣于阴器，故痿弱也"。故无火者宜温则黄芪和肉苁蓉配伍补气益精，温肾壮阳，相互促进，补气益血、壮阳益精。黄芪、肉苁蓉、磁石三药配伍，寒温相拥，多脏兼顾、温而不燥，补而不峻。甘咸相合，能补能和，能缓能得，共达养肾脏，强骨气，益精除烦，平肝潜阳，纳气平喘，补气益精之功。"冬初之后腰肾多冷，阳事不举，腹肋有气，久儿不补，颜容渐疲，宜服此者。"

3.1.3 人参+干姜+橘皮

原文："人参一两；干姜一两；橘皮一两；甘草一两。"具有温胃散寒，理气调中，益气健脾之效。本方用于治疗运化无权，中焦阳虚，脾胃虚寒，升降无力，脾虚满与脾虚不运，易生气虚、气滞为主要病机的病证。干姜温中散寒，人参益气健脾，二药相配人参益气助阳，使干姜破阴回阳之力更加，如《医学启源》载："橘皮，去胸中寒邪，破滞气，益脾胃。"防干姜守而不走，滞而不行之弊。共达《本草拾遗》："去气调中。"且人参有补气生津之效，亦防干姜燥烈太过而伤胃阴。三药相配辛开苦降，湿浊得除，补脾和胃，散寒调中，燥湿理气。故用于治疗脾胃气滞，脘腹胀满，呕吐，或湿浊中阻所致胸闷、纳呆、便溏。"治一切气兼不下食者方。"此方名为"理中丸"，和仲景之理中丸同名而异方。仲景之理中丸橘皮为白术，两方功效相近。

3.1.4 生干地黄+黄芪+菟丝子

原文："地骨白皮三两；生干地黄三两，江宁；牛膝三两，河内；枳壳三两，炙，高州；覆盆子三两，华山；黄芪三两，原州；五味子二两；桃仁四两，微煎之，去皮，以鹿角锥于瓮碗中研之，如膏，如粉；菟丝子四两，潞州，以清姜酒浸三宿，去酒，叶捣之，筛下；蒺藜子四两，澜州，捣去尖，簸去土草，然后称之。"名为三等丸方。三药作为方剂主要部分之角药，补肾益肝，健脾益气，补肾填精。其主要治疗脾肾两虚，气血不足，髓海失养为主要病机的病证。正如《素问·五常政大论》所云："太阳司天，寒气下临，心气上从……热气妄行，寒乃复，霜不时降，善忘。"另如《灵枢·海论》记载："髓海不足，则脑转耳鸣，胫酸眩冒，目无所见，懈怠安卧。"因此，黄芪、菟丝子配伍健脾补肾，固精益肝。又因黄芪归脾、肺、肝、肾经，先后天同补，助菟丝子补肾益元。先天又温煦后天，两药相伍，相得益彰。干地黄助菟丝子益阴，正如《本草纲目》载："填骨髓，长肌肉，生精血，补五脏、内伤不足，通血脉，利耳目，黑须发。"三药形成角药，气血同调，阴阳互求，既可补阳气，又可益精血，具有温而不燥，补而不滞的特点。共奏健脾益气，补肾填精之效。另如《圣济总录·鬓发门》论曰："足少阳血气盛则发美。"故用于"疗丈夫腰膝冷疼，脚气，痃癖，疝气，一切风蛊，邪气，鬼魅，瘟瘴，时气，疟，痢，少精，宽肠，余沥，盗汗，痒湿，少心力，健忘。鬓发先黑者，服后身不（变白），但加黑乌润。已黄者，服六十日变黑。若已白者，一如漆。坚牙齿，益筋力，四时常服三等丸方"。

3.2　《不知名医方第七种》（P.3144）

黄芪+牛膝+鹿角屑

原文："人参三两；防风三两；黄芪五两；慈毛六两；桂心三两；牛膝六两；枳壳三两，炙；蒺藜子半升；桃仁半升；石斛半升；肉苁蓉四两；独活三两；天门冬四两；茯苓三两；生姜三两；生干地黄五两；鹿角屑五两。"三药作为方剂主要部分之角药，健脾益气，温补脾肾，填精益髓。其主要治疗以脏腑亏损，气血阴阳虚衰，久虚不复成劳为主要病机的病证，正如《临证指南医案·虚劳》云"然以后天为急"，黄芪、鹿角屑二药配伍补益脾肾，益气温阳，补肾阳、生精血，脾肾交补。如《医宗必读》所云："大虚之证，法当大温大补""气血俱要，而补气在补血之先；阴阳并需，而养阳在滋阴之上"。牛膝补肝肾、强筋骨，引药下行而益下焦，三药皆为固本之药，使阴阳互求，气血共生，共奏温补肝肾，益精养血，温补脾肾之功。故用于："疗积年多冷，日久风劳，饮食不佳，阳道微弱，长服益智补髓身轻，积冷自除，风劳日退，用牛膝酒疗，大验。"

3.3　《不知名医方第八种》（P.3201）

3.3.1　半夏+生姜+独活

原文："半夏六两，汤洗去滑；生姜六两；犀角二两半；独活二两；青木香一两半；吴茱萸三两；茯苓三两；汉防己二两；射干二两；橘皮一两半；杏仁六十枚，去皮切；贝齿五枚，烧碎；乌梅七枚。"三药作为方剂主要部分之角药，温阳散寒，祛风除湿，培土制水，降逆平冲。其主要治疗以阳虚寒逆，水饮内动为主要病机。正如《灵素节注类编》中言"肾之积也……皆下焦阳虚，阴邪郁闭故也"，而《本草》云"独活，能散脚气，化奔豚"，《本草经疏》云"肾经为风寒乘虚客之，则成奔豚，此药本入足少阴，故治奔豚"。半夏、独活二药温中降逆，补虚化饮，散寒止呕，生姜且制半夏有解毒之功，助半夏除湿消痞，温中降逆。三药相配，升降相依，表里相合，攻补兼施，共达祛风除湿，痛痹止痛，温阳散寒，培土制水，降逆平冲之效。故用于："疗脚气毒发冲心，急闷，呕逆吐沫，遍身痹满，气奔喘者，独活半夏汤方。"

3.3.2　人参+紫苏茎+青木香

原文："茯苓二两；人参二两；青木香一两；大槟榔七枚，皮切，子碎；紫苏茎叶两；生姜三两，去皮。"三药作为方剂主要部分之角药，扶正补虚，补脾益气，祛湿活络。其主要治疗以脾胃虚弱，运化无力，痹阻经络为主要病机的病证。《诸病源候论·风身体手足不随候》曰："手足不随者……脾主一身之肌肉……，以养身体四肢。脾气弱，即肌肉虚……致四肢肌肉无所禀受。"清代郑寿权言："法宜大辛，大甘，以守中复阳，中宫阳复，输转正常，则痿证可立瘳矣。"《素问·痿论》云："治痿独取阳明。"人参补一身之气，逆转乾坤；紫苏，性味辛，温，归肺、脾经。功能散寒理气和营。人参、紫苏二药健脾祛湿，益气助阳，《本经逢原》云："青木香，辛苦微寒，无毒。苦寒香细，入足少阴。善降阴气上逆，故治风湿。"因此，三药共达扶正补虚，补脾益气，祛湿活络之效。故用于："疗脚弱久不能立，面目黄（食不下方）。"

3.4　《不知名医方第九种》（P.3596）

3.4.1　黄连+瓜蒌根+生地黄

原文："黄连、瓜蒌根捣为末，牛乳、生地黄汁分和为丸，食后服三十九丸。"三药作为方剂主要部分之角药，清热润燥，养阴生津。其主要治疗以阴津亏耗，燥热偏盛为主要病机的病证。方中瓜蒌根能够荡涤胸中郁热，生津止渴，《本草纲目》云："栝楼根，味甘微苦酸，酸能生津，故能止渴润枯，微苦降火，甘不伤胃。"生地黄滋阴凉血，李杲云："生地黄，治手足心热及心热，能益肾水而治血。"瓜蒌根、生地黄二者为养阴要药。黄连燥湿开郁，解渴除烦，《本草新编》："可升可降，阴也，无毒。入心与胞络。最泻火，亦能入肝。大约同引经之药，俱能入之，而入心，尤专经也。止吐利吞酸，善解口渴。"三药相合清补相伍，补泻兼施，共达清热凉血，益阴生津之效，为治疗消渴显著角药之佳配。

3.4.2　麻黄+干葛+葱白

原文："麻黄去节，三两；干葛二两，湿者用五两；小麦一升；葱白一握，留须去渍；豉一升。"三药作为方剂主要部分之角药，辛温解表，升津舒筋，疏经通络。其主要治疗以风寒束表、太阳经输不利为主要病机的病证。麻黄辛温，发汗解表，宣肺平喘，利水消肿；葱白，"通上焦之阳，下交于肾"（《金匮要略》），辛温发散，散寒除闭，宣通上下。《本草纲目》言："葱，所治之症，多属太阴、阳明，皆取其发散通气之功。通气故能解毒及理血病。气者，血之帅也，气通则血活矣。"二者配伍葱白得麻黄可透营达卫，麻黄得葱白可增强发汗解表之功。葛根辛凉以升津舒筋。诸药相合，寒热并用，散通相宜，以辛温解表，升津舒筋，疏经通络。故用于："疗伤寒，非头痛脉快，即是时气。世人病多是伤寒。三日内发汗，四日内须吐，五日后须利。三日内取汤方。"

3.4.3　当归+桑寄生+白胶

原文："当归；寄生；白胶各等份，煮汁饮，差。"三药作为方剂主要部分之角药，以求气血同补、肝肾同调，亦达祛瘀生新之效。其主要治疗以元气虚乏，精血不足为主要病机的病证。《傅青主女科·妊娠》云："是补后天之脾，正所以补先天之肾也；补先后二天之脾与肾，正所以固胞胎之气与血。脾肾可不均补乎!方用安奠二天汤。"当归，味甘而重，归肝、心、脾经，补血活血；为补血第一药，阿胶，味甘，平。补命门水火，温煦督脉，《神农本草经》云："主心腹内崩，劳极洒洒如疟状……女子下血。安胎。"桑寄生，补肝肾，强筋骨，除风湿，通经络，益血，安胎。《本草再新》云：补气温中，治阴虚，壮阳道，利骨节，通经水，补血和血，安胎定痛。三者配伍气血同补、肝肾同调，亦达祛瘀生新之效。肝脾肾并补，各有其长，互促其能治疗妇人损娠。

4　结　　语

总之，角药配伍理论渊远流长，其义理深奥规矩绳尺。经中医学长期临床实践证明其有很好的临床应用价值，是临床方剂配伍规律中重要的组成部分。角药为 3 味中药组合应用，其用药精炼，构思巧妙，药力集中，治病力专，药效叠加，疗效卓著。角药是在中医方剂阴阳配伍基础上的融会贯通，是"通变烛微"诊治疾病在方药上的具体体现。笔者认为，探索角药的理论基础，熟悉角药的临床应用，有利于剖析方剂配伍的精髓；有利于提高中医临床疗效。对药味较多的传统方剂之角药部分进行有目的取舍，一则使临床执简驭繁，减毒增效且有灵活的权宜变化，二则也是传统方剂"一方多法""辨证精准""依法选药""法随证立"，有的放矢。当然，角药其中的药物机理还有待我们今后做进一步的研究。逐步形成了一整套理论体系，使角药的配伍更加细致化、具体化，更适应临床应用。

摘自：虎峻瑞，段永强. 敦煌古遗书法藏"不知名医方"角药配伍研究［J］. 中华中医药杂志，2019，34（12）：5821-5823.

临床经验与基础研究

脾胃系疾病

王道坤教授治疗脾胃病的经验

陈珺明，张春燕，段永强，虎峻瑞

本文从王道坤教授的师法《内经》，注重养生；效法东垣，慎调脾胃；顾护胃气；辨证论治，攻补自如；病证结合，方证论治；重视用药 6 个方面探析了王道坤教授治疗脾胃病的临证经验。

1　师法《内经》，注重养生

导师王道坤教授对《素问·上古天真论》中的"其知道者，法于阴阳，和于术数，食饮有节，起居有常，不妄作劳，故能形与神俱，而尽终其天年，度百岁乃去"的观点十分推崇，认为《内经》中的理论非常适用于养生和对脾胃病的调护，并对此观点有自己的见解。其认为法于阴阳即通天气，是说人们掌握和顺应自然界的阴阳变化规律，使人体同外界保持协调平衡。和于术数可以防早衰，可以防止人体在生命活动过程中阴阳失去相对平衡而发生各种各样的病变，导师认为，术数包括医药和运动两个方面，做到未病先防，既病积极治疗，并通过运动导引等方式来健身保健。和于术数，不仅指按照养生保健的正确方法进行调养锻炼，还包括养心收心，即调整心态，因情绪与健康的关系非常密切，凡是开朗、乐观、心胸豁达的人，不但机体各种功能健康运转，而且机体的免疫力与抗病能力也明显增强，因此调整心态是养生保健和调整脾胃所应当注意的。食饮有节，可保护脾胃，导师深化了"有节"的范围，认为"有节"应包括节食量、适寒温、广食源及不偏嗜这 4 个方面的含义。起居有常，以保阳气，意思是指工作和休息要有一定的规律，因为劳则耗伤阳气，阳气耗伤则气下，不能发挥卫外而为固的作用，所以导师强调生物节律在治疗中的重要性，无论饮食起居或服药都要"有常"，从而保证机体的健康。导师在临证时，既强调药物治疗的重要性，又不忽视饮食、情志等护理调节。以辨治慢性萎缩性胃炎及癌前病变为例，导师把告知患者饮食禁忌作为临床工作的一个重要环节，告知患者应注意不食辛辣刺激之物，忌食生冷难消化之物，忌用易致胃肠过敏之物及对胃肠有损害的药物；同时又注重情志因素对于病情的影响。多数患者皆谈癌色变，如果突然得知病情，往往加重症状或不能配合治疗，针对这种情况，导师则徐徐图之，使患者树立战胜疾病的信心和对待癌症的正确观念。另外，处方用药之余，导师经常传授患者一些有针对性的食疗方法，作为药物治疗的重要补充，往往能起到很好的效果。

2　效法东垣，慎调脾胃

导师在临证时，格外注重脾胃，遣方用药无不谨护胃气，治疗时往往以脾胃为重，从调和脾胃入手。导师通过数十年临床实践，总结出了治疗脾胃病的 12 大法，现概述如下。①益气升阳法：以补中益气汤为基本方，用治脏腑脱垂属脾气虚陷者，并可治疗长期低热证属脾胃气虚者，皆可获得较好的疗效。②益气补脾法：以六君子汤为基本方，施治于胃窦部癌、食管鳞癌、乳腺低分化癌都可明显延长患者的存活时间。③温运脾肾法：以理中汤为主方，用治慢性肾炎及肾病综合征水肿期证属脾肾阳虚者，随症加减疗效显著。④健脾渗湿法：多以参苓白术散加减，常用于脾湿泄泻，亦对妊娠中毒之水肿证属脾虚湿盛者有一定疗效。⑤补火生土法：以桂附理中汤为基本方，常用于迁延日久不愈之腹泻证属脾肾阳虚者。⑥疏表和胃法：以藿香正气散为主方加减，用于外感寒湿、内伤生冷之腹痛、腹泻、呕吐。⑦滋润胃阴法：用枳壳益胃汤治疗慢性萎缩性胃炎证属火盛灼津、胃阴不足者数百例，疗效显著。⑧滋养脾阴法：自拟补脾阴汤，用治脾阴虚诸证，补虚不留邪，除湿不伤阴，经临床实践，疗效显著。⑨消食和中法：以保和丸为基础方随症加减，施治于饮食积滞、脾胃不和之证。⑩清利湿热法：以甘露消毒丹或茵陈蒿汤为主方，治疗中焦湿热诸证。⑪通里攻下法：以三一承气汤加减治疗胃腑实积、痞满燥坚或高热神昏等症，收效甚佳。⑫收敛温补法：用真人养脏汤合桃花汤治疗脱肛久痢、迁延不愈、形体消瘦者。

3　顾护胃气，以决死生

《素问·玉机真脏论》曰："五脏者，皆禀气于胃；胃者，五脏之本也。"说明胃气之盛衰有无事关五脏安危。故《景岳全书·杂证谟·脾胃》曰："凡欲察病者，必须先察胃气；凡欲治病者，必须常顾胃气。胃气无损，诸可无虑。"王教授勤承古训，遣方用药无不谨护胃气，并提出对胃气的保护应分为"未病先防"和"已病慎治"两种情况。"未病先防"是指对胃气尚健的患者，一方面在用药时要慎防伤胃，尽量不用或少用苦寒或金石类药，以防"服寒药过多，致脾胃虚弱，胃脘作痛"（《证治汇补·心痛》）。另一方面在治疗其他疾病特别是肝病时勿忘先健脾，勿使胃气因治疗其他病而受损，诚如《难经·七十七难》云："所谓治未病者，见肝之病，则知肝当传之于脾，故先实其脾气，无令得受肝之邪。""已病慎治"是指对于胃气已伤的患者要分虚实两种，虚者应先用补而不滞之品补胃气，胃气健则诸症易除；实即邪实，如气滞、气逆、血瘀、湿热等，针对这些致病因素治疗时必须酌加护胃之品，以防投用峻猛之剂时损伤胃气。

4 辨证论治，攻补自如

王教授认为，方之组合，是以病证为依据的。有是证，则制是方。诚如《素问·至真要大论》云："气有多少，病有盛衰，治有缓急，方有大小。"具体方药的配伍决定于治法的确立，制方的适宜与否，主要看药物四气五味的配伍是否恰当。用方之要，意贵圆通，用嫌执滞。圆通宜从三思，执持须有定见，既能执持，又能通变，方为上策。纵观脾胃病之病机大致可分为气虚、阴虚、湿阻、气滞血瘀 4 型。

4.1 气虚型

气虚型宜采用异功散加减以健脾益气和胃。方中党参补中益气、生津养血为君；炒白术、陈皮理气运脾、调中快膈为臣；茯苓甘淡渗湿健脾为佐；炙甘草甘温调中为使。气虚甚者可酌加炒山药、黄芪、炒扁豆、太子参等；湿邪甚者可加苍术、泽泻健脾渗湿；若腹泻者可加木香、藿香、葛根（名曰七味白术散）健脾止泻。

4.2 阴虚型

阴虚型宜用益胃汤或一贯煎加减。益胃汤中用生地、麦冬甘寒养阴清热、生津润燥，共为君药；伍北沙参、玉竹养阴生津为臣，以助生地、麦冬益胃养阴之力。如纳呆者加焦三仙，大便燥结、心下痞满者加川军、当归、黄连、枳壳，兼气滞者加青皮、陈皮、木香，心下痞者加肉桂，腹痛者加草蔻、益智仁。

4.3 湿阻型

湿阻又分湿热阻滞、寒湿阻滞和痰湿阻滞 3 类。湿热阻滞者用茵陈蒿汤加柴胡、虎杖、荷叶，方中茵陈清热利湿为君，栀子清热降火通利三焦为臣，大黄泻热逐瘀，柴胡、虎杖、荷叶清热利湿为佐；寒湿阻滞者用胃苓汤，方中寓平胃散燥湿运脾、行气和胃，五苓散利水渗湿、温阳化气；痰湿阻滞者用二陈汤，方中半夏辛温燥湿化痰为君，陈皮理气化痰为臣，茯苓健脾渗湿为佐。上述 3 种情况中若兼有食滞者，均可合用保和丸或枳实导滞汤作辅助治疗。

4.4　气滞血瘀型

气滞血瘀型宜用化瘀消痞汤（自拟方）。方中党参、白术、茯苓、炙甘草益气健脾，厚朴、枳壳、炒莱菔子行气消痞，丹参、当归、莪术活血化瘀。若肝气郁结之征明显者加柴胡、郁金；泛酸者加煅瓦楞子、海螵蛸、甘松、苏梗。若仅以气滞为主要指征者，用自拟排气汤（枳壳、厚朴、木香、陈皮、乌药、藿香、香附）施治。

5　病证结合，方证论治

王教授强调：随着西医学和药理学的发展，对疾病和中药的认识也更加深入，我们应该将这些研究成果迅速地应用于临床，为患者服务。比如西医学将幽门螺杆菌感染、自身免疫机制和遗传因素、十二指肠液反流作为慢性胃炎的病因和发病机制。在具体的治疗过程应将西医的辨病施治与中医的辨证论治相结合，如不可一见有幽门螺杆菌便予以清热解毒，殊不知苦寒之品极易伤胃。因此临证时应以辨证与辨病相结合而以辨证为主、宏观与微观相结合而以宏观为主、抓主症与抓兼症相结合而以抓主症为主，既要重视机体的整体调节，又要中和胃酸，抑杀幽门螺杆菌或削弱其攻击因素，以达到治疗目的。其临床的突出特点为"衷中参西，辨证论治"。"衷中"就是运用中医传统的四诊八纲进行诊治，根据不同的证型，确立基本处方；"参西"就是参考西医如胃镜、活检的微观病理变化，进行有针对性的用药治疗，逆转其病理状态。这种融西医的辨病与中医的辨证为一体的诊断治疗思维模式，可明显提高临床疗效。同时，导师在临证时，将方证论治作为自己的诊治特色。方证论治源于《伤寒论》，至唐代孙思邈正式形成理论体系。方证论治的"方"是指有明确应用指征的药物组合，"证"是指用方的证据、指征，"方证"则为方剂的适应证。其主旨为"用是方，治是证"，是"有是证，用是方"的逆向思维。如导师的自拟方疏肝和胃汤，导师经过长期的临床实践证明此方适用于一些特定症状，便将这一系列的病症提炼、凝固为"疏肝和胃汤证"，其主症为口苦咽干、胸胁苦满、脘腹胀痛、不思饮食、舌苔黄腻、脉弦滑数，但凡见上述症状，便可使用疏肝和胃汤。但值得注意的是，在方证论治过程中，"抓主症"是尤为重要的一点，是否能够抓住和抓准主症是方证论治能否显效的关键，导师在临床带教中亦时时提醒我们"凡治病，抓主症，内外伤，辨端详"，只有这样，才能准确有效地运用方证论治。导师认为"以方类证"不仅可以"方不拘经"，也可以不拘病，这就使得方证论治这一思想在临床的实际应用中，尤其是用于治疗西医理论无法明确诊断的疾病中具有重要的理论和现实意义。

6　根据药性，灵活加减

王叔和曰："通乎药性，然后可以为医。"王教授常告诫我们，作为一名中医大夫应熟悉和重视药物的炮制、药材的产地和汤药的煎服法。一味药，往往由于炮制和产地的不同而药效大相径庭，如白术与炒白术、莱菔子与炒莱菔子、甘草与炙甘草，半夏与旱半夏、北沙参与南沙参、栀子与焦栀子等。汤药应尽量采用传统方法煎煮，前人谓"急煎取其生而疏荡，久煎取其熟而停留"。《本草纲目》曰："先武后文，如法服之，未有不效者。"相比之下，现代化的煎药机虽然方便，但尚存在对于先煎、后下、煎煮时间及武火、文火不易掌控等弊端。服法也应煎一次服一次，若两煎合一，在第 2 次服药前热药时往往会使部分有效成分损耗。

摘自：陈珺明. 王道坤教授治疗脾胃病的经验［J］. 国医论坛，2004，19（2）：11-12.

张春燕，段永强，虎峻瑞，等. 王道坤教授治疗脾胃病临证经验探析［J］. 甘肃中医学院学报，2010，27（2）：1-2.

胃脘痛中疑难重症诊治体会

王道坤

我在临床上治疗胃脘痛中疑难重症时，常遵循《内经》"谨守病机，各司其属，有者求之，无者求之，盛者责之，虚者责之。必先五胜，疏其血气，令其调达，而致和平"的宗旨，详审病情，抓准病机，随证治之，收到了比较满意的疗效，现将体会略述如下，供同道们指正。

1　久郁化火

凡起病因情志不遂，郁久而发为胃痛者，初用疏肝和胃之法，方如逍遥散、四逆散、柴胡疏肝散等，每每有效。但如长期受精神刺激，或素体肝旺，久而化火，火情急迫，犯胃则胃痛胁痛，刺痛甚剧，烦躁易怒，呕吐酸水、口干口苦，舌红少津，脉弦细带数。此时再用上述方药，不但无效，反而加剧。原因是理气药多香燥，愈用则愈伤阴液，致使缠绵难愈，因此应慎用香燥之品。我临床常遵叶天士先生之"忌刚用柔"的法则，喜用张介宾的化肝煎合朱丹溪的左金丸加大量的丹参进行治疗，常能收到立竿见影之效。方中青陈皮、杭白芍疏肝敛肝；丹皮、山栀清泄肝热，黄连苦寒清火降逆，佐吴茱萸辛以散郁，郁散则火随之得泄；丹参活血止痛、除烦安神；共有达肝清火、辛开苦降之效。如痛势缓解之后，我常改用治本之法，喜用魏玉璜的经验方一贯煎加延胡粉。实践证明，该方确是滋水养肝治本之良方。

2　气病及血

胃痛日久，往往容易气病及血，络脉损伤，出现吐血便黑。胃痛出血，是最严重的并发症，如仅见大便隐血试验阳性者，还易于治疗，倘若上见吐血暗淡，下见便黑如柏油，来势急暴，量多不止，最易导致虚脱，危在顷刻。因此，尽早控制出血，是十分重要的环节。我在临床观察到，凡血热实证易治，气不摄血难已。凡气不摄血，症见血色暗淡，量多且猛，面色萎黄，四肢不温，乏力汗多，舌淡白苔薄白，脉象沉细无力者，我习用《金匮》黄土汤加乌贼骨、白及、侧柏炭，每能应手取效。临床所见，有的人一味止血，结果是很难见效。我体会，脾气虚寒的失血，若徒恃止血之品，不从病机上着手，虽迭进止血敛血之品亦很难奏效；惟有温中健脾与清肝止血同施，标本同治，收效始捷。其中的伏龙肝常用 60～120g，加炮姜，以加强温中止血之效，地黄、阿胶补血止血；四药同用，能很快使出血停止，焦术、甘草、附片温阳健脾，以复脾胃统血摄血之权，虽本身无止血作用，却是止血之治本之法。方中黄芩，有人认为是"反佐"药——制约诸温燥之品。我体会，不仅如此，更主要的是黄芩有清肝宁血之功。另再加敛血止痛的乌贼骨和止血生肌的白及，确能收到良效。如有瘀血见证，加三七粉、蒲黄、炒五灵脂，收效也捷。

3　寒热错杂

此型也为临床所常见，治疗也颇棘手，除胃脘疼痛外，多见上有呕吐，下有泻利，中见痞满，不思饮食，脘中灼热，口干口苦，舌淡苔腻，脉濡数者。宜寒热并调，辛开苦降，我喜用半夏泻心汤加朱砂、枣仁、公英等。方中芩连、公英苦寒泄热以清中焦之热；姜夏辛温燥热，以除中焦之湿；参、草、枣补养脾胃，加朱砂、枣仁安神养心，如此寒热互用以和其阴阳；苦辛并进以复其升降；补泻兼施以调其虚实，这样则血气调达，中焦得畅，痞满除，吐泻止。

4　久痛入络

凡久病不愈或过服香燥的药物，耗伤胃阴，致胃脘灼痛，嘈杂似饥，或饥而不能食，终日感到痞满不舒，日渐食少形瘦，倦怠嗜卧，常属于西医学所说的慢性萎缩性胃炎等。

不少患者由于对该病缺乏正确的认识，每每担心癌变而忧虑重重，日渐消瘦、眠食不安。我多按叶氏"病久入络"学说诊治此型患者。以"辛"为主，以"润"为辅。遵"通补最宜"之旨，自拟通络汤为基本方（当归、桂枝、白芍、甘草、旋覆花、代赭石、仙鹤草、大黄、丁香）加减治疗，收到了较好的效果。

案例 患者赵某，男性，46岁，1976年6月5日初诊，主诉：上腹部胀满不舒，食少半年多。初因心情不遂，情志抑郁，日渐脘满，饮食减少，肢体疲乏，后经某医院检查，确诊为慢性萎缩性胃炎（中度）。胃黏膜活检提示：中度萎缩性胃炎，肠上皮化生呈散在小岛状。胃酸分泌功能检查：定为胃酸缺乏。医院建议手术切胃治疗。因本人不同意做手术，后改服中药。先在某医院服活血化瘀药，连服50多剂，不见好转，且日渐加重。以后又到另一医院诊治，因胃酸缺乏，主要服乌梅、五味子、山楂等"增酸"药。初服似有小效，但服到二十七八剂时，不仅不效，反而病情加剧，乃来就诊。当时在某医院复查病情依然。刻见患者面色㿠白，形体消瘦，述上腹隐痛，食后饱胀，尤以午后或黄昏时加重，轻按则舒，重按则拒，纳极少，一日只能食3~4两粮，不能安眠，疲乏无力，大便溏薄，手足心热，舌淡白有齿痕，苔白而腻，脉沉弦。证属脾胃气虚，湿阻中焦，损伤胃络。法宜辛温通络，佐以健脾利湿。方用党参9g、旋覆花9g、代赭石18g、桂枝12g、白术、茯苓、生谷稻芽各12g、陈皮9g、藿香12g、鲜荷叶30g，水煎服，3剂。上方略施加减连服一周，自觉想进食，舌苔略腻，脉弦。上方服至7月初，患者自觉睡眠安然，饮食大增，日进7~8两，疲乏减轻，大便已成形，脘腹略感不适，惟五心烦热，傍晚尤甚，舌质稍红，脉象沉细。此脾胃之气回复，湿邪欲尽，阴虚之象显露。改辛温通络为清润通络法。处方：玉竹9g、石斛12g、怀山药15g、云苓15g、太子参12g、鲜荷叶15g、生芪24g、枳壳9g、女贞子9g、旱莲草12g，水煎服。上方服后，烦热减，痞满减轻，自觉很好。服至9月份，体胖饭量增，一日一斤左右。舌质淡红，苔薄白，脉缓。上方略有加减，迭进120余剂，自觉全身无不适。12月底在某医院复查：胃酸分泌接近正常；胃镜检查见整个胃黏膜颜色红活接近正常色，血管个别清晰，黏膜颗粒状增生不明显，但胃窦部仍显粗糙不平；胃黏膜活检见腺体呈局灶性增多，但结构接近正常。1983年因工作限制，在国外做胃镜复查，来信说：情况良好，十分感激。

摘自：王道坤. 胃脘痛中疑难重症诊治体会[J]. 甘肃中医学院学报，1987，(4)：49-50.

王道坤治疗胃痛的经验

尚海平，杨跃青，王东强，王韶康，姜 玥

胃腑是五脏六腑之大源，以通为用，以降为顺，胃脘痛是以上腹胃脘部近心窝处疼痛

为主症的病证，常伴有胃脘胀满不适、泛酸烧心、纳差恶心等症状。胃脘痛是临床上常见的脾胃病之一，起病或缓或急，发病前常有明显诱因，多有反复发作病史。根据其临床表现，西医学中的胃及十二指肠溃疡、急慢性胃炎、功能性消化不良、胃痉挛等以上腹胃脘部疼痛为主要症状的疾病，均可按胃脘痛治疗。笔者有幸跟随王教授学习，受益良多，现将王教授论治胃脘痛经验总结如下。

1　病　因　病　机

《灵枢·邪气脏腑病形》曰："胃病者，腹䐜胀，胃脘当心而痛。"《临证指南医案·胃脘痛》曰："夫痛则不通，通字须究气血阴阳，便是看诊要旨矣。"王教授认为胃失和降、不通则痛是发生胃脘痛病机之关键，胃痛的病变部位在胃，与肝、脾密切相关，病理性质有虚、实两类，胃痛初期多由外邪、饮食、情志所伤，多属实证，若久治不愈，反复发作，则可由实转虚，而且亦会出现虚实相兼、寒热错杂、气滞血瘀等复杂的病理变化。王教授认为脾胃虚寒、胃阴亏虚、肝胃不和、湿阻中焦、瘀阻脉络是胃脘痛常见的病因病机，现总结如下。

1.1　脾胃虚寒，因虚不通

脾胃为五脏六腑之海，人体气血生化之源，脾胃同居中焦，一脏一腑，互为表里，共主升降。若先天禀赋不足，后天失养，或饮食生冷，或劳倦过度，以及久病体虚等因素，均可导致脾阳不足，虚寒内生，胃失温养，运化失司，气机不畅可生胃痛。脾胃虚损是其病理基础，气机阻滞是其病机症结。临床表现为胃痛隐隐，绵绵不断，喜温喜按，空腹痛甚，得食痛减，泛吐清水，遇冷加重，纳差，神疲乏力，甚则手足不温，大便溏薄，舌质淡嫩，或有齿痕，苔薄白，脉沉细。根据"气为血帅，血为气母，气行血行，气滞血凝"的机理，气不和则滞，滞则不通而痛；故治疗上当以"理气止痛"为通用大法。虚寒性胃脘痛属中虚气滞者，治疗时应在温中补虚之方中加入理气养血、活血化瘀诸药，使气血流畅，升降和调，脏腑经络气血恢复而病解。胃痛迁延日久而成溃疡者，多表现为中阳不足，故治以温补为主，佐以收敛，兼以调和气血，从而促使溃疡面早日愈合。

1.2　胃阴亏虚，胃失润降

胃失和降、不通则痛是发生胃脘痛的关键病机，临床上不乏有因胃阴亏虚，胃气不能通降引起的胃脘痛。胃阴虚型胃脘痛的病变部位在胃，但与肝、脾密切相关。临床表现为胃脘灼痛或隐隐作痛，空腹时加重，不思饮食，口干咽燥，泛吐酸水，大便干结，手足心发热，舌红少苔或苔花剥，少津或裂纹，脉细弦或细数。王教授认为其常见病因有 3 种，总结如下。

1.2.1 肝胃失和

胃气以降为顺，胃气调畅有赖于肝之疏泄。《血证论》云："肝为起病之源，胃为传病之所。"若患者情志不舒，肝气横逆犯胃，则可致胃失和降，再者气有余便是火，火热可伤及胃阴，更会影响胃气的和降，则发为胃脘痛。

1.2.2 感受燥邪

金代刘完素之《病机论》记载："诸涩枯涸，干劲皴揭，皆属于燥。"《素问·阴阳应象大论》述："燥胜则干。"热之邪传于中焦，耗伤脾胃之津液，脾润不及，胃阴耗伤，脾胃气机郁滞，致胃腑不通而发为胃痛。

1.2.3 药食所伤

《医学正传·胃脘痛》云："致病之由，多由纵恣口腹，喜好辛酸，恣饮热酒煎煿，复餐寒凉生冷，朝伤暮损，日积月深……故胃脘疼痛。"过食辛辣香燥食物、过用辛温理气药物导致胃肠积热，胃燥太过，蕴热伤胃阴，胃失濡养，胃气不能润降，发为胃脘痛。

1.3 肝胃不和，胃气阻滞

《素问·至真要大论》曰："木郁之发，民病胃脘当心而痛。"《杂病源流犀烛·胃病源流》云："胃病，邪干胃脘病也。惟肝气相乘为尤甚，以木性暴，且正克也。"若情志不遂，肝气郁结，失于疏泄，横逆犯胃，脾失健运，胃气阻滞，均可致胃失和降，发为胃脘痛。临床表现为胃脘胀痛，攻及两胁，嗳气频繁，矢气痛减，或大便不爽，嘈杂泛酸，每因情志因素而作或加重，舌质红，苔薄白，脉弦。

1.4 湿阻中焦，胃气痞阻

《三因极一病证方论》言："在天为雨，在地为土，在人脏为脾，故湿喜归脾，脾虚喜中湿。"脾为太阴湿土之脏，喜温燥而恶湿，若湿邪阻滞中焦，湿为阴邪，易阻滞气机，便会损伤阳气，正如《温病条辨·外感温热篇》曰："湿胜则阳微，寒湿相合困脾。"日久致脾胃虚弱，失于运化，津液代谢失司，聚湿生痰，虚实夹杂，而湿邪以中焦脾胃为病变中心，常阻遏脾胃升降之气机，使胃气痞阻，痰湿壅滞于胃脘，发为胃脘痛。临床表现为胃脘闷痛或胀痛，吐酸嘈杂、脘痞腹胀、纳呆恶心、小便不利，大便稀溏，舌苔白厚腻，脉滑。

1.5 瘀阻脉络，胃络壅滞

《临证指南医案·胃脘痛》曰："胃痛久而屡发，必有凝痰聚瘀。"胃气郁滞日久，由气及血，必现血瘀，久痛入络，胃络血瘀而发为胃脘痛。气滞与血瘀互为因果，相互影响。

临床表现为胃脘疼痛持久，痛若针刺或刀割，痛有定处而拒按，食后或夜间痛甚，或痛时牵涉胸背，或呕血、便血，舌质紫暗或有瘀斑，脉象弦或涩，抑或迟缓。在针对个体的治疗过程中，其发病的病理机制亦会有所不同，如肝胃不和的患者，因气有余便是火，常因郁化火而伤及胃阴，从而转变为肝胃不和、胃阴亏虚、阴虚内热之证，此种情况应在疏肝和胃的基础之上，佐以甘润滋养胃阴之品为宜。再如初起时脾虚湿滞的患者，经过常规的治疗，湿邪症状不明显而遗留脾阳虚弱的症状，或者因治疗失当过用苦寒清热的药物而损伤脾胃阳气，从而发展为中气不足或者脾阳虚衰。所以要治其本，预防其反复发作是关键。当病证有所变化时，治法亦应随之变化。

2　"以通为用"为治疗大法

基于胃脘痛的常见病机，王教授认为中医辨治应注重胃腑"以通为用"理论，《素问·五脏别论》谓："五脏者，藏精气而不泻也，故满而不能实。六腑者，传化物而不藏，故实而不能满。"《类证治裁·内景综要》云："五脏藏精不泻，满而不能实，故以守为补焉；六腑传化而不藏，实而不能满，故以通为补焉。"叶天士在《临证指南医案·胃脘痛》中对"通"的解释是："通者，非流气下夺之谓，作通阴阳训则可。""痛则不通，通字须究气血阴阳，便是看诊要旨。"可见叶氏主张疏通的是胃腑的气血阴阳，这既包括有形之邪，也包括无形之邪，亦即所有可能导致胃腑功能失调的致病因素。王教授分型论治胃脘痛，立足健中温通、滋阴润通、调气疏通、燥湿助通、化瘀通络之法，具体如下。

2.1　健中温通止痛

《医学真传·心腹痛》曰："夫通则不痛，理也。但通之之法，各有不同。调气以和血，调血以和气，通也；虚者助之使通，寒者温之使通，无非通之之法也。"王教授认为脾胃虚寒型胃脘痛出现的胃痛隐隐，绵绵不断，喜温喜按，神疲乏力、泛吐酸水、纳呆等临床表现，法当建其中脏，温补中焦气血，使脾胃健旺，气机运化正常，终使得胃气通降。治法：健中补脾，温通止痛；运用温补脾胃可达到气血通畅，温通止痛之目的。王教授常选用自拟温中愈溃汤加减治疗，药用红景天、黄芪、白芍各15g，桂枝、吴茱萸、黄连各6g，蒲公英15g，海螵蛸、浙贝母各12g，甘草6g。本方由小建中汤合左金丸及乌贝散，健脾益气之红景天及黄芪组成。方中用生黄芪，取其补气升阳，更重要的是生黄芪有很好的托毒排脓之功，能加快溃疡面的愈合；红景天主产于青藏高原地区，有益气活血、通脉止痛之功效，二者合用增强益气补虚之力；桂枝与吴茱萸相伍，辛甘化阳，健中温通；白芍酸苦，既补营血之亏虚，又可柔缓止痛；海螵蛸味咸涩性温，入脾胃经，具有制酸和胃，敛疮止痛之功，浙贝母具有和胃消痛，软坚化痰之效，两药合之，实为制酸和胃，敛疮止痛之佳品。黄连、蒲公英清解胃中邪毒，现代药理研究表明，黄连提取物中小檗碱对革兰氏阴性菌和革兰氏阳性菌均有抑制作用，能抗消化性溃疡，抑制胃酸分泌，保护胃黏膜，抑制幽门螺杆菌。纵观全方，药证合拍，标本兼治，共奏温中健脾、调胃和营、制酸止痛、生肌敛疡之功。临证中凡胀痛明显者加香附、乌药、高良姜、延胡索；刺痛明显者加生蒲黄（包煎）、炒五灵脂、参三七、川牛膝；遇寒痛重者加干姜、附子；口干欲饮大便干属胃阴不足者加北沙参、麦冬、石斛；口苦心烦者加黄连、黄芩；便血者加阿胶（烊化）、藕节炭或白及；脘腹胀满者加炒枳实、苍术、砂仁、木香；胃镜检查见黏膜糜烂或幽门螺杆菌阳性者加蒲公英、败酱草以清热解毒，促进溃疡面愈合。每日 1 剂，水煎，早晚饭后 1 小时分服。通过多年临床应用观察，证实其疗效肯定，不失为治疗胃痛较好的中药方剂。

2.2　滋阴润通止痛

王教授在诊疗胃阴虚型胃脘痛时十分重视胃腑"以通为补"的生理特性。叶天士在《临证指南医案·胃脘痛》中对"通"的解释是："通者，非流气下亲之谓，作通阴阳训则可。'痛则不通'，通字须究气血阴阳，便是看诊要旨。"可见叶氏主张疏通的是胃腑的气血阴阳，这既包括有形之邪，也包括无形之邪，亦即所有可能导致胃腑功能失调的致病因素。此与泻法专攻热结肠腑、燥屎下闭等局限性的有形之邪明显有别。胃阴虚型胃脘痛常见的临床表现为胃脘隐痛或灼痛，空腹时加重，时有胃脘胀满或胀痛，不思饮食，口干咽燥，泛吐酸水、大便干结，手足心发热，舌红少苔或苔花剥，少津或裂纹，脉细弦或细数等。王教授在治疗上形成了滋、润、通并用的治疗原则，滋中有润，润中有通，形成治疗胃中津液亏耗，阴虚内热，腑气不通之养阴愈溃汤组方。药用当归、白芍、北沙参、麦冬、甘草各12g，生地黄 30g，枸杞子、黄连各 10g，川楝子、炒枳壳各 12g，浙贝母、海螵蛸、蒲公英各 15g。方中生地黄、当归、白芍、枸杞子滋阴养血，兼以润肠通腑为主药；北沙参、麦冬甘寒滋润，功善清热生津，正如中医学家董建华教授讲到："只有津液来复，胃气才能下行。"盖胃腑以降为顺，以通为用，方中运用辛行苦降之枳壳、川楝子，实为通降胃腑之关键药物，又可去补养药之滋腻；浙贝母、海螵蛸、蒲公英、黄连和胃制酸止痛；甘草调和诸药。诸药共奏滋阴益胃、和胃润通之功。若见骨蒸潮热，五心烦热，遗精盗汗，属阴虚火旺者，酌加醋龟甲、地骨皮、制鳖甲；若见胃脘痛连及胸胁，心烦易怒，泛吐酸苦，属肝胃不和者，酌加佛手、香橼、延胡索、川楝子；若见食后胃脘胀痛，属食滞胃脘者，酌加炒鸡内金、焦六神曲、焦山楂；若见气短乏力，自汗频频，属气虚者，酌加太子参、西洋参、醋五味子；若见腹部胀痛，大便秘结不通，属热结津亏、肠燥便秘者，宜加大生地黄用量，酌加大黄（后下）、玄明粉（烊化）、玄参、白芍。王教授认为应避免过度运用"通"之法，防止大量耗伤人体胃气，正如《黄帝内经》所言："人以胃气为本，有胃气则生，无胃气则死。"

2.3　调气疏通止痛

《景岳全书·心腹痛》曰："胃脘痛证，多有因食、因寒、因气不顺者所以治痛之要……但察其果属实邪，皆当以理气为主。"对于肝胃不和型胃脘痛，王教授遵循"木郁达之"的原则，重在疏肝理气，和胃降通。王教授常运用自拟疏肝愈溃汤加减治疗，药用柴胡、枳实、白芍、香附、沉香、元胡、川楝子、白及、炙甘草各 10g，煅瓦楞子、海螵蛸、蒲公英各 15g，黄连 6g。方中柴胡、香附、枳实、沉香疏肝理气；白芍酸苦，柔肝缓急止痛，甘草甘缓调和，即芍药甘草汤之意，能于补土中泻木；川楝子、元胡名为金铃子散，有行气活血止痛之效；煅瓦楞子、海螵蛸和胃止酸；黄连、蒲公英性味苦寒，功善清解邪毒；白及生肌敛疡止痛。诸药共奏调畅气机、疏通止痛之功。

2.4　燥湿助通止痛

王教授认为对于湿阻中焦、胃气痞阻所致的胃脘痛，治当以燥湿运脾、行气助通为大法，正如《临证指南医案》曰："故治之之法，当以燥湿运脾为主，辅之行气和胃，使气行而湿化。"常选用胃苓汤加减治疗，药用苍术、炒白术、泽泻、猪苓、茯苓、姜厚朴各 15g，桂枝、陈皮各 12g，甘草 6g。方中重用苍术辛香温燥，功善燥湿健脾，陈皮辛行温通，长于理气和胃，燥湿醒脾，二者为燥湿运脾之关键药物；茯苓、泽泻、猪苓、炒白术运化水湿，桂枝温阳化气，以助利水；姜厚朴辛温而散，长于行气除满，气行则湿化；甘草既可益气补中，又可调和诸药。全方主以燥湿运脾、辅以行气助通，淡渗以利水湿，行气以助通降。全身气机调畅，湿邪自散，胃痛自止。

2.5　化瘀通络止痛

王教授强调，在治疗瘀血阻络型胃脘痛时保持气血通畅是核心，《临证指南医案·胃脘痛》曰："初病在经，久痛入络，以经主气，络主血，则可知其治气治血之当然也。"胃痛日久且以胃脘刺痛为主症，或具有明显瘀血阻络者，治宜活血化瘀、疏通气机，对瘀血阻胃络者，化瘀即所以通，通而胃痛止。治法：活血化瘀、通络止痛。常运用自拟化瘀愈溃汤加减治疗，药用蒲黄、五灵脂、刘寄奴、黄芪、山药、蒲公英各 15g，血竭（冲服）3g，煅瓦楞子 20g，威灵仙、枳壳各 10g，黄连 3g，鸡内金 6g。方中生蒲黄与五灵脂相须为用，配合刘寄奴、血竭，均为治疗瘀滞胃脘疼痛之要药；与枳壳配伍，活血不忘行气，推陈致新；威灵仙温通胃络，络通瘀除，盖所以瘀血去则新血生；在重用活血药的同时，配伍生黄芪、怀山药等补气之品，意在活血而不伤正；蒲公英、黄连清解胃中瘀毒；煅瓦楞子和胃制酸止痛；鸡内金健胃消食化积。

3　病 例 介 绍

病例 1　万某，男，43 岁，2016 年 3 月 8 日就诊。主诉：反复胃脘冷痛 1 年余，受凉后加重。伴嗳气频频，口干喜热饮，食纳少，睡眠可，二便调，舌淡红、边有齿痕，苔白厚腻，脉细弱。自诉：2015 年 3 月于外院行胃镜检查示：胃溃疡。中医诊断：胃脘痛。辨证：脾胃虚寒，胃失和降。选用温中愈溃汤加减。组方：生黄芪 15g，红景天 15g，白芍 15g，桂枝 12g，吴茱萸 10g，枳壳 15g，海螵蛸 30g，浙贝母 15g，煅瓦楞子（先煎）60g，甘松 12g，高良姜 10g，三七粉（冲服）6g，蒲公英 15g，生姜（自备）3 片，大枣（自备）

3 枚。7 剂，每日 1 剂，水煎服，早晚饭后 1 小时服。嘱饮食清淡，忌食刺激之品，畅情志。2016 年 3 月 17 日二诊：胃脘冷痛明显减轻，嗳气减少，食纳好转，睡眠可，大便调，舌淡红、边有齿痕，苔白厚，脉细弱。药已对症，守方加苏梗 15g，改桂枝为 15g，吴茱萸为 12g。继服 14 剂。2016 年 4 月 1 日三诊：胃脘冷痛已不明显，仍时有嗳气，纳眠可，二便调。舌脉如前。将良姜、桑叶改为 6g，加枳实、厚朴各 12g。继服 21 剂。2016 年 4 月 24 日四诊：胃脘冷痛消失，嗳气明显减少，纳眠可，近 2 日大便稍干，2 日 1 次，舌淡红、边有齿痕，苔黄偏厚，脉细。上方去甘松、桑叶，苏梗改为 20g，枳实改为 15g，并加炒槟榔 20g，炒白术 10g，焦六神曲 30g。继服 15 剂，以善其后。

按语 胃痛的病理性质可分为虚、实两类，本案患者素体脾阳亏虚、寒自内生，胃失温养，气机不畅，发为胃痛。在临证用药时以建中补虚、温通止痛为主，选用温中愈溃汤加减治疗，方中黄芪、桂枝、红景天、制吴茱萸等益气温通止痛，炒白芍缓急止痛，枳壳、甘松行气止痛，海螵蛸、浙贝母和胃制酸止痛，蒲公英、黄连合用清解胃中邪毒，少佐三七粉以活血、化瘀、止痛。全方共奏温中补虚、理气和胃，温通止痛之功。二诊时加紫苏梗，加强理气宽中之力。三诊时因仍时有嗳气，故枳实、厚朴加大用量，以加强通降胃腑、理气止嗳之力。四诊时疗效明显，加炒白术益气健脾以治本，加炒槟榔、焦六神曲消食导滞治其标。根据患者的具体病情变化灵活化裁，最终疗效满意。

病例 2 患者，女，58 岁，2010 年 1 月 23 日初诊。主诉：反复胃脘痛 10 余年。现症：胃脘痛，连及右胁背部，情志不舒后加重，伴晨起泛酸，时有烧心、嗳气，口气重浊，纳食较少，睡眠可，大便偏干，1～2 日 1 行，舌红，少苔，脉弦细。西医诊断：①胃窦部溃疡；②十二指肠球部溃疡。中医诊断：胃脘痛，证属胃阴亏虚、肝胃不和、胃气阻滞。治宜滋养胃阴，疏肝和胃，疏通止痛。给予枳壳益胃汤合四逆散加减，处方：北沙参 15g，麦冬 12g，生地黄 15g，玉竹 10g，海螵蛸 30g，浙贝母 15g，柴胡 15g，白芍 15g，枳实 15g，川牛膝 12g，蒲公英 15g，炙甘草 6g，生姜（自备）3 片，大枣（自备）3 枚。7 剂，水煎服，1 日 1 剂，早晚饭后 1 小时服。嘱其劳逸结合，舒畅情志，饮食清淡。2010 年 1 月 30 日二诊：胃脘痛及晨起泛酸减轻，食纳好转，大便通畅，舌脉如前。药已对症，原方加制何首乌、石斛各 15g，加强益胃滋阴之功。继服 7 剂。2010 年 2 月 10 日三诊：胃脘痛及晨起泛酸明显减轻，食纳可，大便调，舌淡红，苔薄白，脉细。原方继服 14 剂。上方加减服用 2 个月后，患者胃脘痛及泛酸等症状基本消失，食纳正常，二便调。临床疗效明显，嘱其舒畅情志，劳逸结合，饮食清淡，预防复发。

病例 3 支某，男，52 岁，2016 年 3 月 12 日初诊。胃脘灼痛 1 年，伴胸部闷胀，偶胃胀，夜间口干不欲饮，纳差，1 年内消瘦 10 余斤，早醒，大便质可，每日 2 次，舌淡红、苔黄厚欠润，舌面裂纹，舌下静脉曲张重度，2015 年 1 月 4 日兰州大学第二附属医院胃镜示：慢性萎缩性胃炎（胃窦，中度）并增生，反流性食管炎（A 级），考虑巴雷特食管。病理检查示：（胃窦）慢性萎缩性胃炎轻中度，伴上皮肠化轻度，急性炎症活动，（贲门）慢性黏膜炎。方用养阴愈溃汤加减，处方：海螵蛸、浙贝母各 60g，北沙参、生地黄、佛手、苏梗、白芍、枸杞子各 15g，蒲公英、当归、麦冬各 12g，炙甘草 6g，生姜 3 片，大枣 3 枚。7 剂，每日 1 剂，水煎服，每日 2 次。

2016 年 3 月 22 日二诊：药后症减，仍时有胃胀，偶有胃脘烧灼。初诊方加柴胡 15g，枳实、白术各20g，郁金12g。7剂，每日1剂，水煎服，每日2次。

2016年3月29日三诊：药后症减，偶有胃脘烧灼，乏力甚，后半夜口干不欲饮，现咽喉不适。继二诊方加白术至30g，加黄芪、夜交藤各15g，柏子仁12g。7剂，每日1剂，水煎服，每日2次。

2016年4月12日四诊：药后平稳，仅偶有胃脘烧灼，仍乏力，纳少，时便溏，每日2~3次，舌红、舌面裂纹、苔黄，舌下静脉曲张中度，脉沉细。处方：海螵蛸、浙贝母各60g，白术、酸枣仁各30g，枳实、白术、苏梗、香附、黄芪、夜交藤各20g，北沙参、生地黄、柴胡、白芍、枸杞子、补骨脂、香橼各15g，蒲公英、当归、麦冬、柏子仁、远志各12g，炙甘草6g。7剂，每日1剂，水煎服，每日2次。

2016年4月21日五诊：药后平稳，仍偶有胃脘烧灼，食纳睡眠好转，舌红舌面裂纹、苔薄白，脉沉。继四诊方加煨葛根20g，煨诃子15g，桔梗6g。7剂，每日1剂，水煎服，每日2次。

2016年4月30日六诊：药后平稳，继服上方，并配以王教授自拟配方姜胃灵1号、2号胶囊以巩固疗效。

病例4　某女，55岁，2006年6月16日初诊。胃脘胀痛时发时止10余年，加重2周，伴有两胁及背部胀痛，时有嗳气，口苦，平素心烦易怒，纳少，眠差不易入睡，大便偏干，排时不畅，舌淡胖苔薄白，舌下静脉（+），脉沉弦。王师辨证论治：患者平素心烦易怒，致肝气郁结，疏泄失司，肝气横逆犯胃则胃脘痛作；胁乃肝之络，气易走窜，故脘痛攻撑连胁、背部；肝气犯胃，胃气不降而上逆，则嗳气；肝与胆相表里，肝气不疏，致胆气上溢，则口苦；胃不和则卧不安，故眠差不易入睡；气滞肠道传导失司，则大便偏干，排时不畅；舌淡胖苔薄白乃病在气分；脉沉弦乃病在里而肝主痛。故四诊合参辨证属于肝气犯胃；治宜疏肝理气，和胃止痛；选用王师自拟方疏肝和胃汤加减。处方：柴胡12g，枳实15g，杭白芍15g，炙甘草6g，陈皮12g，半夏15g，茯苓15g，焦栀子6g，淡豆豉12g，苏梗12g，消痞散30g，甘松10g，化瘀散（分冲）10g（本文方中散剂均为王师根据多年临床经验自制而成，下同），酸枣仁30g，远志15g。方中四逆散疏肝解郁；陈皮、半夏、茯苓、炙甘草燥湿理气和中；焦栀子、淡豆豉清心除烦；苏梗、甘松二者合用以开郁醒脾；消痞散和胃散结。化瘀散化瘀理气。诸药合用共奏疏肝理气，和胃止痛之效。予以7剂，每日1剂，姜、枣引，水煎，每日2次，早晚饭后1小时服。2006年6月23日二诊，胃脘胀痛明显减轻，稍有呃逆，大便偏稀，眠较前好转，舌淡苔薄，脉弦。上方去枳实，加枳壳12g，煅瓦楞子15g，使破气消积之力缓和，同时加强止胃痛作用。予以7剂，服法同上。2006年6月30三诊，胃脘稍胀，余无明显不适，继予10剂以巩固治疗。

病例5　张某，女，36岁，2016年6月18日初诊。主诉：反复胃脘刺痛5年余，刻下症见：胃脘痛如刀割，夜间加重，时有胃脘胀闷不舒，平素嗜食辛辣刺激食物，近1周因食辛辣刺激食物后诱发。现纳呆，睡眠可，大便调，舌淡暗，苔白，舌下静脉中度迂曲怒张，脉弦。2015年胃镜检查示：胃溃疡（多发）。辨证属瘀血阻络，胃失和降；治以化瘀通络，和胃通降；方选化瘀愈溃汤加减。组方：生蒲黄（包煎）12g，五灵脂（包煎）12g，刘寄奴15g，丹参15g，三七粉（冲服）6g，檀香12g，黄芪30g，威灵仙12g，炒枳实15g，鸡内金10g，煅瓦楞子（先煎）40g，生姜（自备）3片，大枣（自备）3枚。7剂，每日1

剂，水煎服，早晚饭后 1 小时服。嘱饮食清淡，忌食刺激之品，畅情志。2016 年 6 月 26 日二诊：胃脘刺痛明显减轻，食纳好转，睡眠可，大便转调，舌淡红，苔白偏厚，舌下静脉迂曲怒张中度，脉弦滑。守方去檀香，加焦六神曲 12g，改三七粉为 10g，继服 14 剂。2016 年 7 月 12 日三诊：无明显不适，食纳可，睡眠可，二便调。舌淡红，苔白，舌下静脉迂曲怒张轻度，脉滑。原方继服 15 剂，以善其后。

摘自：尚海平. 建中愈溃汤辨治胃痛探析 [J]. 实用中医内科杂志，2008，22（9）：58-59.

王东强，王韶康，董延伟，等. 王道坤教授从胃腑"以通为补"理论运用枳壳益胃汤治疗胃阴虚型胃脘痛经验 [J]. 中医研究，2018，31（10）：28-30.

杨跃青. 王道坤教授治疗胃痛的经验 [J]. 中医药临床杂志，2007，19（6）：541-543.

姜玥，段永强，王韶康，等. 王道坤运用养阴愈溃汤治疗阴虚津亏型胃脘痛医案 3 则 [J]. 新中医，2018，50（2）：182-184.

王韶康，殷世鹏，段永强，等. 王道坤从胃腑"以通为用"论治胃脘痛经验 [J]. 中医药信息，2018，35（6）：85-88.

王道坤教授辨治慢性浅表性胃炎113例

韩文均，李易蓉

慢性浅表性胃炎（CSG）属于中医"胃脘痛""胃痞"等范畴，在胃病患者中占据比例颇高，若失治或误治，极易转变为慢性萎缩性胃炎（属于癌前状态或进展成癌前病变）。国家级名中医、甘肃省首批"甘肃省名中医"、硕士研究生导师王道坤教授从医执教数十年，学验俱丰，尤其是在使用中医药治疗胃肠病方面有自己独到的见解，疗效显著，各地前来求医者络绎不绝。笔者有幸随师临诊，抄方问难，受益颇深。现将其辨治的慢性浅表性胃炎 113 例总结报告如下。

1 临 床 资 料

1.1 一般资料

本组 113 例全部为门诊病例，其中男 60 例，女 53 例；最小年龄为 15 岁，最大年龄为 72 岁，20 岁以下 3 例，21～30 岁 13 例，41～50 岁 22 例，50 岁以上 37 例，平均年龄为 46.8 岁；病程最短 7 个月，最长 30 年。治疗前全部经过纤维胃镜检查及病理活检确诊。

1.2　辨证分型

113 例中脾胃虚弱、气滞血瘀者 26 例；脾胃虚寒、痰阻气滞者 25 例；肝气郁滞、横逆犯胃者 18 例；脾胃气虚、气机郁滞者 9 例；胃阴不足者 8 例；中阳不运、痰湿在胃者 8 例；胆胃不和、痰热内扰者 7 例；脾胃气虚、清阳不升者 5 例；中阳不足、虚劳里急者 5 例；胃中郁热、胃火炽盛者 2 例。

2　治 疗 方 法

2.1　脾胃虚弱、气滞血瘀型

此型辨证要点：心下痞满胀痛、以胀为主、嗳气打嗝、不欲饮食、食则胀甚、倦怠乏力、大便不调、舌质暗淡、舌下静脉迂曲紫暗、脉沉细。治则：行气化瘀，健脾消痞。方选化瘀消痞汤加味。药用：化瘀散（三七为主）、枳实、白术、党参、茯苓、炙甘草、半夏、厚朴、炒莱菔子、干姜、川黄连。加减：热象明显者加蒲公英；泛酸者加海螵蛸、浙贝母；腹胀明显者加佛手、槟榔；睡眠差者加酸枣仁、远志、夜交藤。

2.2　脾胃虚寒、痰阻气滞型

此型辨证要点：脘腹胀痛、痞满不舒、不思饮食、面色苍白、便溏、舌淡苔白、脉虚弱。治则：益气化痰，行气温中。方选香砂六君子汤加味。药用：木香、砂仁、党参、白术、茯苓、炙甘草、陈皮、半夏、草豆蔻。加减：食积者，加焦三仙；腹泻者加炮姜、防风。

2.3　肝气郁滞、横逆犯胃型

此型辨证要点：胃脘不舒、不欲饮食、胀及胸胁、恶心呕吐、每因情志不遂而加重、舌暗淡、苔薄白、脉沉弦。治则：疏肝理气，除湿和胃。方选疏肝和胃汤加味。药用：柴胡、枳实、炙甘草、杭白芍、陈皮、半夏、茯苓。加减：兼肝郁化火者加牡丹皮；兼热郁胸膈者加淡豆豉、焦栀子；兼失眠者加龙骨、牡蛎；气滞明显者加木香、砂仁；胃脘嘈杂者加海螵蛸、浙贝母。

2.4　脾胃气虚、气机郁滞型

此型辨证要点：胃脘痞满、隐隐作痛、食少纳呆、身体消瘦、神疲乏力、面色无华、舌淡胖、苔薄、脉细弱。治则：健脾益气，行气化滞。方选异功散加味。药用：陈皮、党参、茯苓、白术、炙甘草。加减：兼食积化热者加蒲公英、连翘；兼食积者加炒莱菔子、焦三仙；纳呆者加炒山药、枳壳、鸡内金。

2.5　胃阴不足型

此型辨证要点：胃脘嘈杂而灼痛、口渴喜饮、咽干口燥、大便秘结、舌红少津、苔花剥、脉细数。治则：养阴清热，益胃生津。方选益胃汤加味。药用：北沙参、生地黄、麦冬、玉竹。加减：泛酸者加海螵蛸、浙贝母；口渴甚者加石斛、芦根、天花粉；汗多者加浮小麦、桑白皮；纳差者加炒白术；食滞不化者加焦三仙；胃热明显者加白花蛇舌草、蒲公英。

2.6　中阳不运、痰湿在胃型

此型辨证要点：脘腹胀满、食少乏味、肢软重坠、神疲懒言、舌淡胖、苔白厚腻、脉沉细或滑。治则：燥湿祛痰，和胃理气。方选陈平汤加味。药用：陈皮、半夏、茯苓、炙甘草、苍术、厚朴。加减：湿偏重者加藿香、草豆蔻、佩兰；湿郁化热者加滑石、竹叶、生薏苡仁；失眠者加石菖蒲、远志、酸枣仁；兼水饮停胃者加猪苓、桂枝。

2.7　胆胃不和、痰热内扰型

此型辨证要点：恶心呕吐、泛苦吞酸、头眩心悸、虚烦不眠、舌苔白腻微黄、脉弦滑。治则：清胆和胃，理气化痰。方选温胆汤加味。药用：枳实、竹茹、陈皮、半夏、茯苓、炙甘草。加减：呕恶严重者加代赭石、旋覆花；胃胀者加大腹皮、木香、砂仁；五心烦热者加养阴散（西洋参为主）、地骨皮；兼肝肾阴虚者加女贞子、旱莲草；睡眠差者加酸枣仁、远志、生龙骨、生牡蛎。

2.8　脾胃气虚、清阳不升型

此型辨证要点：胃脘坠胀、隐痛不适、不思饮食、打嗝不利、体倦乏力、舌淡胖、质嫩、苔薄、脉弱。治则：健脾升阳，行气和胃。方选补中益气汤加味。药用：白术、陈皮、党参、当归、升麻、柴胡、黄芪、炙甘草。加减：胃胀甚者加枳实、槟榔；兼有汗出者加桑白皮、地骨皮；乏力甚者加益气散（人参为主）；兼头晕者加桑叶、菊花、钩藤。

2.9　中阳不足、虚劳里急型

此型辨证要点：胃脘疼痛、喜温喜按、不敢进食，胃镜下常见伴发溃疡，舌淡苔白、脉细弱。治则：温中补气，和胃缓急。方选黄芪建中汤加味。药用：黄芪、桂枝、白芍、炙甘草。加减：兼寒邪犯胃者加高良姜、香附；泛酸者加煅瓦楞子、浙贝母、海螵蛸；兼气滞者加甘松、苏梗、佛手；兼有血瘀者加丹参、化瘀散；脘腹冷痛者加川乌、小茴香；幽门螺杆菌阳性者加蒲公英、川黄连，倍用桂枝。

2.10　胃中郁热、胃火炽盛型

此型辨证要点：胃脘热痛、烦渴易饥、喜冷恶热、口舌糜烂、口气热臭、舌红苔黄、脉滑数。治则：清胃热，散胃火。方选清胃散加味。药用：升麻、黄连、当归、儿茶、牡丹皮、生甘草。加减：胃脘热势较甚者加生石膏、白花蛇舌草、蒲公英；大便秘结者加大黄、玄明粉。

3　疗　效　判　定

3.1　判定标准

参照《实用内科诊疗规范》中慢性浅表性胃炎的近期疗效评估拟定。痊愈：临床症状消失，胃镜复查及病理活检正常，随访 3 个月未见复发。好转：临床症状明显减轻，饮食、睡眠均正常，胃镜检查胃黏膜炎症明显减轻。无效：临床症状无明显改善，胃镜及病理活检未见好转。

3.2　疗效观察

痊愈 39 例，好转 69 例，无效 5 例，痊愈率 34.5%，好转率 61.1%，总有效率 95.6%。

4　体　　会

慢性浅表性胃炎是一种胃黏膜的慢性炎症性疾病，胃镜下可见胃黏膜肿胀充血，色泽为红白相间，以红为主，病理活检可见炎细胞浸润。临床表现变化多端，使用中医药治疗时，应注重四诊合参，明确病因、病机，准确辨证。在选方遣药时，应根据病情遵循"有是证，用是方"的原则，准确选方用药。在治疗的整个过程中，不仅要注意脾胃互为表里的关系，而且还应注意"胃腑以通为补"的特点，从而更有利于获得显著疗效。同时，在调护方面应予以高度重视，在治疗期间应忌食辛辣刺激性食物和不易消化的食物以及对胃黏膜有损伤的药物。调畅情志在本病的调护过程中亦占据非常重要的位置。此外，慢性浅表性胃炎为西医病名，在选用中药治疗时，应按照中医理论进行辨证遣药，切忌不行辨证、草率选用寒凉之品进行消炎抗炎。

摘自：韩文均，李易蓉，王道坤. 王道坤教授辨治慢性浅表性胃炎 113 例［J］. 甘肃中医学院学报，2006，23（3）：25-26.

王道坤教授通络法治疗慢性胃炎经验总结

马义斌，王道坤

慢性胃炎病程长，病因复杂，目前还没有能消除其病理改变的药物，且易反复发作。王道坤教授对慢性胃炎的诊治经验丰富，见解独到，运用络病学说并发掘敦煌医方研制成的萎胃灵系列方剂，不仅可使患者病情稳定，还能促使病灶修复，萎缩的胃腺体得以再生，临床疗效显著。王教授认为常见络脉病病机有脉络气滞、脉络瘀阻、脉络挛急、热毒滞络、脉络损伤及络虚不荣等，笔者现将通络6法总结如下。

1　温阳益气活血通络法

本法为温阳药加补气药，再加补血活血药而成，以达到胃之血脉温通流畅而不滞的效果。《兰室秘藏·中满腹胀论》云："脾湿有余，腹满食不化……或多食寒，及脾胃久虚之人，胃中寒则生胀满，或脏寒生满病。"外感寒邪，脘腹受凉，则寒邪客于胃，过服寒凉饮食，寒邪伤中，则使气机凝滞，胃气不和，收引作痛。《素问·举痛论》曰："寒气客于肠间，膜原之下，血不得散，小络急引，故痛。"这里的小络指胃络。患者多因食寒饮冷、气候变凉、居住寒冷地带，使慢性胃炎急发或加重。王教授用敦煌古医方平胃丸为主方加减变化，研制出萎胃灵系列纯中药制剂，治疗慢性萎缩性胃炎，效果满意。平胃丸具有寒热并用、攻补兼施的功效，方中大黄、当归、䗪虫为补血、和血通络药，人参补脾胃之气，干姜、附子温阳通络，再加苦参、玄参养阴，藁本、防风、桔梗调脾胃气机，诸药合用可达补脾胃之气、温脾胃之阳、胃络畅通的效果，特别是䗪虫更具搜剔络中瘀血之功效。人参最早载于《神农本草经》，为补虚第一要药，凡一切气、血、津、液不足之证皆可用之。大黄苦寒沉降，峻下实热，荡涤肠胃，为调中化食、安和五脏之良药，能增强病变部位的微循环，减少胃酸分泌，降低胃蛋白酶活性及具有很好的止血作用。附子出自《神农本草经》，味辛、甘，大热，有毒，归心、肾、脾经，有回阳救逆、散寒除湿之功，《伤寒蕴要》中提到：附子乃阴证要药，凡伤寒传变三阴，及中寒夹阴，虽身大热而脉沉者，必用之，或厥冷腹痛，脉沉细，甚则唇青囊缩者，急须用之，有退阴回阳之功，起死回生之效。

2　辛香理气和血通络法

叶天士创立辛柔和血之法，在《临证指南医案·胃脘痛》中说："初病在胃，久病入络，以经主气，络主血，则可知其治气治血之当然也，凡气既久阻，血亦应病……而辛香理气，辛柔和血之法，实为对待必然之理""胃痛久而屡发，必有凝滞聚瘀"。慢性萎缩性胃炎经久不愈，常与瘀血凝滞于胃络密切相关，症见胃脘刺痛，痛有定处，或如刀割样，舌质紫暗或有瘀斑等。王教授认为，络病的形成是一个慢性过程，又具有难治性及缠绵性的特点，易于复发，以辛香通络汤［桂枝10g、当归12g、五灵脂10g、蒲黄（包煎）8g、化瘀散（冲）10g、延胡索15g、乳香6g、郁金15g、枳壳15g］急除大络中瘀邪，然小络中瘀邪非汤剂所能及，丸药缓图，攻邪而不伤正，服用简单易行。方中桂枝温通胃络及健胃助运，乳香辛香通络、调气活血，甘松出自《本草拾遗》，味辛、甘、温，归脾胃经，理气止痛、醒脾健胃，主治脘腹胀痛，不思饮食。《本草汇言》曰："甘松，香，入足太阳，阳明经……"《开宝方》载："主心腹卒痛，散满下气，皆取温香行散之意。"络病日深，王教授临床常配合九香虫、穿山甲、全蝎等虫蚁之类搜剔络邪，符合络病之难治性、缠绵性及复发性的特点。

3　活血化瘀搜剔通络法

王教授认为活血化瘀搜剔通络法可搜剔络脉，松透病根，符合脉络瘀阻的病机。如叶天士所言："病之新久，有在经在络，在血在气之分。"胃病初期，邪气表浅，久则深入，这是胃病发展的常见规律，胃病初期，气机升降失常，多见气分在经，病久胃络受伤，多见血分在络。症见刺痛，拒按，夜间痛，或呕血、便血，舌质暗紫或有瘀斑，脉涩等，王教授自拟化瘀愈溃汤（生蒲黄15g、五灵脂15g、刘寄奴15g、黄芪15g、山药15g、蒲公英15g、煅瓦楞子20g、威灵仙10g、枳壳10g、黄连3g、鸡内金6g、血竭3g），且常在活血药中加入搜剔药，如失笑散、血竭、刘寄奴、三棱、三七、蜈蚣、穿山甲、全蝎等。自拟萎胃灵4号（大黄、黄芩、生薏苡仁等），具有调气和胃、通络消痞功效，尤其对慢性萎缩性胃炎伴有肠化或异型增生而属中虚气滞，幽门螺杆菌阳性者，疗效更为显著。䗪虫为虫类搜剔化瘀代表要药，传统常用于虚劳干血内存，妇人血枯经闭，瘕积痞块，现代用于慢性萎缩性胃炎伴增生及肠化；水蛭、虻虫也有化瘀通络、破血逐瘀之功，对于肠化伴异型增生，常合用三棱、莪术、半枝莲、白花蛇舌草等以活血散瘀，解毒防变。

4   祛湿化痰清热通络法

王教授用三仁汤、平胃散、二陈汤等治疗湿热内蕴，气机受阻的慢性胃炎时，加用具有祛湿化痰通络作用的药物，如石菖蒲、白芥子、枳实、枳壳，以达到气机畅则胃络自和的目的。他认为湿热之邪初在气在经，久则亦可弥散三焦，而入于血络。白芥子为祛痰通胃络之代表药，《本草纲目》曰："白芥子辛能入肺，温能发散，固有利气豁痰，温中开胃，散痛消肿，辟恶之功。"《本草求真》曰："辛能入肺，温能散表，痰在胁下皮里膜外，得此辛温以搜剔，则内外宣通，而无阻隔裹囊留滞之患矣。"石菖蒲可以温脾和胃，开窍豁痰，醒神益智，主治脘痞不饥。《本草汇言》曰："若中气不足，精神内馁，气窍无阳气为之运动而不通者，屡见用十全大补汤，奏功极多，石菖蒲不必问也。"

5   益气养阴活血通络法

叶天士创立了胃阴学说，极大地丰富了脾胃学说的理论体系，明确了脾胃分治原则，更提出了"甘寒濡润、以养胃阴"的原则。慢性萎缩性胃炎常有胃腺体萎缩，胃酸分泌减少，上皮中-重度非典型增生及不完全肠上皮化生，患者多见胃脘灼热疼痛、口干舌燥、大便干结、饥不欲食等症。王教授认为，慢性胃炎演变成胃癌，有一个渐进过程，因此抓住这个渐进过程并积极开展中医药逆转胃癌前病变非常关键，他认为本病多因慢性胃炎日久损伤脾胃，在正虚情况下气滞血瘀，内毒由生。治疗宜益气养阴，行气活血，祛瘀解毒。正气充足，阴阳调和，气血通畅，癌前病变就会逆转。自拟方枳壳益胃汤（沙参15g、麦冬12g、生地黄12g、玉竹12g、白芍15g、山药12g、枳壳15g、蒲公英15g、甘草10g）具有益气养阴功效，同时常配合活血通络药，如山楂、丹参、木瓜、当归等，或甘草配白芍以酸甘化阴，或选用甘温补气药，如人参、黄芪，配伍酸味养阴药，佐以活血药以达到酸甘化阴、胃络通畅的目的。山楂始载于《本草经集注》，味酸、甘，性微温，入脾、胃、肝经，能健运脾胃，促进消化，尤能消肉食和油腻积滞，兼以入血，活血化瘀。木瓜能舒筋活血，除湿和胃，可缓和胃肠肌痉挛，临床用于胃酸缺乏、消化不良的慢性萎缩性胃炎患者，常与乌梅合用；丹参活血化瘀，对胃黏膜有保护作用，主要通过改善微循环来实现，对于丹参，王教授在自拟方化瘀散及化瘀通络汤中均用到，且常与三七粉同服。

6   清热解毒凉血通络法

王教授认为，胃为多气多血之腑，火热炽盛，火毒壅胃，必有动血之疑，治疗此种出血，不在于收涩止血，而在于清热解毒兼以凉血通络，因而白虎汤、玉女煎等加减方为王老师所喜用。若胃镜下见到胃黏膜有充血、水肿、浸润、出血，甚至糜烂等，多为热证，可选用金银花、连翘、苦参、黄连、黄芩、白花蛇舌草、虎杖、半边莲、牡丹皮、赤芍等清热解毒、凉血活血之品；若见胃黏膜表面呈颗粒样或节状隆起，病检多有肠上皮化生或不典型增生表现者，多属中医学瘀热交阻或痰热互结，可选用八月札、生薏苡仁、半枝莲等清热化湿解毒之品；不典型增生者加丹参、三七、三棱、莪术、穿山甲等软坚散结、活血化瘀之品。

摘自：马义斌，王道坤. 王道坤教授通络法治疗慢性胃炎经验总结［J］. 甘肃中医学院学报，2014，31（3）：17-19.

王道坤教授治疗慢性萎缩性胃炎的临床思路与经验

段永强

慢性萎缩性胃炎（chronic atrophic gastritis，CAG）属中医"痞满""胃胀""痞证"等范畴，是由外邪内陷、饮食不节、情志失调、脾胃虚弱等导致中焦气机不利，升降失常而形成的以脘腹满胀不舒为主症的病症。世界卫生组织已将CAG列为胃癌癌前状态，如伴发不完全型肠上皮化生和（或）中、重度异型增生则被视为癌前病变。由CAG导致的胃癌是临床常见的消化道恶性肿瘤之一，是我国西北地区最常见的恶性肿瘤。王道坤教授根据CAG"脾胃失调、气机失常、本虚标实、痰瘀互阻"的病机特点，运用"虚实必辨、分型明晰、痰瘀细审、病证结合"的主导思想辨证用药，疗效显著。

1　诊治四要素

王教授倡导对CAG及胃癌前期病变患者诊治过程一要始终贯彻"治未病"思想，做到早发现、早诊断、早治疗、防恶变，抓住运用中医药诊治CAG及胃癌前期病变的治疗窗口期，防止其恶变；二是临证时强调衷中参西，将中医学的四诊合参、辨病辨证与西医学检查手段紧密结合，做到"虚实必辨、分型明晰、病证参合"；三要身心同治，正如《青囊秘录》所云："善医者先医其心，而后医其身。"充分了解患者心理状态，消除恐癌心理，让患者坚定信心，配合诊疗。临床实践证明患者心情舒畅，则全身气机条达，气血调畅，有利于疾病的康复，诚如《素问·举痛论》云："喜则气和志达，荣卫通利。"此亦符合从"脑-肠轴"相关胃肠激素角度防治 CAG 的新理念；四要规范治疗，CAG 的形成和发展是缓慢渐进过程，失治或误治将会带来不良后果，正确治疗需要按疗程持之以恒，一般需要坚持治疗 3 个疗程（以 3 个月为 1 个疗程）以上再行胃镜和病理活检复查。

2 病机枢纽

前贤论述 CAG（痞满）的病因虽有外感内伤之分，但王教授认为其病机特点多为脾胃素虚，内外之邪乘袭，致脾之清阳不升，胃之浊阴不降，纳运失调，升降失司；其病位主要在脾与胃；病性有虚实之分，但以虚实错杂多见。王教授认为脾胃虚弱既是 CAG 的内在成因，亦是 CAG 发展恶变的重要病机，而痰湿瘀血为其病理进一步发展的基础。诚如清代沈金鳌《杂病源流犀烛》云："痞满，脾病也，本由脾气虚，及气郁不能运行，心下痞塞。"说明脾胃虚弱，气机失调，湿毒内生是 CAG 的基本病机。

2.1 CAG 脏腑病机以脾胃虚弱为本

脾胃主要生理功能为脾主运化水谷，胃主受纳腐熟水谷；脾主升清，胃主降浊；通过受纳、腐熟、运化、升降以化生气血津液而奉养周身，故称之为气血生化之源。王教授认为在 CAG 病程中，由于脾气虚损不能运化，胃络受损不能受纳，水谷之精无以化为气血，内不能濡养脏腑，外不能充养肌肤，脏腑皆虚，形体渐损，故临床常见胃脘痞满胀痛、嗳气纳呆、面色萎黄或苍白、舌淡、神疲乏力、眩晕消瘦、便结或便溏等脾胃虚弱症状，正如《素问·玉机真脏论》云："五脏者，皆禀气于胃，胃者五脏之本也。"金元李东垣《脾胃论》云："元气，乃先身之精气也，非胃气不能滋之""况脾全借胃土平和，则有所受而生荣，周身四脏皆旺，十二神守职，皮毛固密，筋骨柔和，九窍通利，外邪不能侮也"。故王教授认为 CAG 的脏腑基本病机多以脾胃虚弱，纳运失常为本。

2.2 CAG 以气机升降失常为主

脾胃位居中焦，脾主升清胃主降浊，为人体气机升降的枢纽，正如《素问·六微旨大论》云："非出入，则无以生长壮老已；非升降，则无以生长化收藏。是以升降出入，无器不有。"故脾胃功能的发挥必依赖脾升胃降气机的正常发挥，若脾胃气机升降失调，不仅纳运功能发生紊乱，而且波及他脏，变生多种病证。

王教授认为 CAG 主要因为脾胃气机升降失常，受纳、运化功能减弱，清浊之气升降无力，日久中焦脾胃气机痞塞不通、升降失常、气机阻滞而生"痞满"之证，甚者水谷精微化生不足，不能充养胃腑，则"胃虚而萎"并波及他脏。诚如脾胃大家李东垣曰："若胃气一虚，无所禀受，则四脏经络皆病""夫脾者，行胃津液，磨胃中之谷、主五味也。胃即伤，则饮食不化、口不知味、四肢困倦、心腹痞满、兀兀欲吐而恶食，或为飧泄，或为肠澼，此胃伤脾亦伤明矣""脾既病则胃不能独行津液，故从而病焉，是谓脾胃精气不足，不能升发以养神、荣筋、润肌达四末，浊阴不化的脾胃气机升降失调"。故王教授认为 CAG"痞满"之证候多因脾胃虚弱，中焦气机升降失调所致。

2.3　CAG 的病理转归以燥湿失济，痰瘀交阻为变

脾胃虽同属土，但脾为阴土，胃为阳土；脾喜燥恶湿，胃喜润恶燥。脾属至阴，主运化水湿，如《素问·经脉别论》云："饮入于胃，游溢精气，上输于脾。脾气散精，上归于肺，通调水道，下输膀胱。水精四布，五经并行。"说明脾在水液（湿）代谢中起关键作用。根据同气相求之理，湿邪极易困脾，所以有"脾恶湿"之说。而且脾病症状多与湿病相一致，多见纳呆运迟、大便溏泄、四肢及头身困重乏力等重浊、黏滞之象，甚者可见肌肉萎软或肢体浮肿等症状。临床上多数 CAG 患者可表现不同程度的消瘦、乏力、倦怠甚至贫血等症状，舌体可见淡白、水滑之象，或伴大便溏泄、干结等，王教授认为此与中医学脾虚湿浊内生密切相关，而 CAG 患者胃镜特点如"黏膜变薄、红白相间，以白相为主，血管显露，色泽灰暗，黏膜皱襞变平"也是萎缩性胃炎"脾虚湿阻、血行不畅、胃腑失养"病理的宏观表现。故王教授认为 CAG"黏膜腺体萎缩"之变多为脾胃虚弱，运化失司，从而湿毒内生，血运不畅，胃络失养之"燥湿失济"所致的病理转归。

研究表明幽门螺杆菌（Hp）感染是 CAG 的主要诱因。王教授从中医角度将 Hp 作为广义的毒邪来认识，毒邪乘而袭之，脾升胃降失调，气血运行失和，病久则气滞血瘀，使胃体失其濡养，甚则痰瘀内阻胃络，如若毒邪为患日久，毒腐成疡，瘀结成积，便可深入胃络。正如叶天士《临证指南医案·胃脘痛》所云："初病在经，久病入络，以经主气，络主血……凡气既久阻，血亦应病，循行之脉络自痹""胃痛久而屡发，必有凝痰聚瘀"。故王教授将 CAG 中、后期病机归纳为"脾胃虚弱，痰瘀交阻"，认为脾胃虚弱是 CAG 发病的根本内因，痰瘀互阻是 CAG 发展的病理趋势和恶变结果，且二者互相影响。

3　辨　证　要　点

"辨证务必抓主证"，王教授认为 CAG 的临床表现虽纷杂繁乱，但有一定规律性及特点可循。从症状而言：CAG 一般以"痞、满、胀、痛、不敢吃"为主症。①痞满：上腹部痞闷、嗳气频作，或见胃脘堵塞感，或胃脘部不适无可名状；②胀：胃脘或腹部、胁部、胸部胀满，每因情志不遂而加重；③痛：胃脘部疼痛，呈隐痛、胀痛、钝痛，急性发作时也可见剧痛或绞痛，疼痛可放射至胁部、背部、腹部或胸部，有局部压痛或深压不适感；④"不能食"：食欲减退，甚无食欲，或虽有食欲，但稍有进食后即感胃脘部胀满不适加重；⑤大便不调：大便秘结，数日 1 次；或便溏一日数次，但不通畅；⑥日久可见虚弱诸症：口淡无味、纳呆少食、疲乏无力等。从体征而言，CAG 患者一般多见面色萎黄或苍白，形体消瘦（病重者体重会急剧下降），舌质淡暗苔白微厚，脉弱或沉细无力。王教授在四诊合参的基础上尤其注重诊舌验苔，通过诊舌验苔测知胃气强弱、胃阴荣枯、寒热痰瘀的有

无。同时注重舌下脉络的诊察，根据其迂曲度、粗细及颜色深浅不同，分为轻、中、重 3 度，以判断机体瘀血程度，进而判断人体正气盛衰、脏腑强弱、病邪浅深和转归预后，此法正合"五脏六腑之脉皆循系舌，其精气汇聚于舌"之理。

4 治 法 特 点

针对 CAG 本虚标实的病机特点，王教授认为 CAG 病变部位虽在脾胃，但常波及其他脏腑，故强调辨病辨证应着眼于整体而细顾局部（脾胃）的病理改变，谨守病机，将调治脾胃融入调理整体之中，遵循"脾宜升则健，胃宜降则和"的治疗大法，遣方投药以健脾益气、和胃扶正为主，兼疏肝理气、益气养阴、清热化湿、活血化瘀等法。

4.1 寓通于补，补虚健运

中医强调"脾以健为用、胃以降为和"。CAG 病症以痞满胀痛为主，此谓"浊气在上，则生䐜胀"。王教授认为治脾胃之法，平补通降为要，提出"平补不滋腻，通降不伤正"原则，忌用滋腻甘补和峻攻猛烈之品，常用平补、调胃宽肠之药。如补脾益气酌加小剂量党参、白术、黄芪之时常佐木香、砂仁、蔻仁、藿香、厚朴、甘松等芳香之品以醒脾开胃，使补中有通、补而不滞；通降胃气常用炒枳壳、炒莱菔子、槟榔、甘松之品，一旦胃气通降，则痞满自消。由于 CAG 病程较长，久病多虚，脾胃虚弱运化功能减退，则水反为湿，谷反为滞，气滞、湿阻、食积、瘀血等相因为患，导致虚中夹实的病理状态，故兼气滞者常佐陈皮、木香、佛手、砂仁以健脾理气；兼湿阻者加藿香、佩兰、苏梗之属以醒脾利湿；兼有食滞者佐鸡内金、炒谷芽、炒麦芽等消食健脾和胃之品；若气滞日久，瘀血内阻者则加三七、血竭、当归、延胡索等活血和血；兼便秘者稍加枳实、麻仁、当归、大黄之品以求"陈莝去而肠胃洁，癥瘕尽而荣卫昌，不补之中，真补存焉"。

4.2 调畅气机，理气疏肝

"脾主升清胃主降浊；脾以升为健，胃以通为用，以降为顺"，这是脾胃气机运动的特点。胃气降则和，不降则滞，反升则逆，所以通降法是治疗胃病的大法。王教授认为慢性萎缩性胃炎病位虽在脾胃，但病机演变与肝密切相关。从生理上分析，肝与胃关系密切，土得木而达，木赖土而荣，肝胃之气本相通。正如唐容川所言："木之性，主于疏泄，食气入胃，全赖肝木之气以疏泄之，而水谷乃化。"从病理上分析，肝木过盛可克脾伤胃，即"木旺乘土"；而肝木不及亦不能疏泄脾胃，使受纳、腐熟受阻，病情迁延可致中焦郁而生热，导致肝胃不和；或病情绵延日久，肝失所养，胃失通降，生化无权，气血俱虚。所以治疗 CAG 贵在求通，而疏通气机，恢复脾胃正常的升降功能是通降胃气的根本治疗原则。临床上见肝气郁结横逆犯胃之肝实为主者，重在疏肝抑肝，佐以健脾胃，方以四逆散合二陈汤加减；以脾虚为主者，重在健脾益气，方以四君、六君子汤少佐香附、郁金、白芍等疏肝柔肝之品。

4.3　燥润相济，化痰祛瘀

《临证指南医案》云："纳食主胃，运化主脾……盖太阴之土，得阳始运；阳明胃土，得阴自安。"胃为多气多血之腑，若胃气壅滞，则气滞血瘀；脾主统血，若脾气不足，则因虚致瘀；脾虚气滞，致水谷腐熟运化输布失调，痰湿内生。《诸病源候论》云"劳伤之人，脾胃虚弱，不能克消水浆，转为痰饮也"，进而痰瘀互结，留着为病。因此，王教授常用适量药性平和的行气药以应"脾喜刚燥，胃喜柔润"之性，如甘松、郁金、佛手、苏梗等理气宽中。对于脾胃虚寒者，则用丁香、砂仁、蔻仁等温中行气，强调不可妄投辛香温燥之品，过用香燥，虽气机得解，但胃阴更伤；对于脾胃阴虚者，喜用沙参、麦门冬、玉竹、石斛等凉润滋阴，强调不可过用滋腻之品，过用滋腻，虽胃阴得补，但易助湿滞气；对于痰浊内阻者，应明辨痰之寒热，温化寒痰多选温而不燥之半夏、天南星、白前等；清化热痰多选凉而不腻之贝母、瓜蒌、昆布、海藻等；对于瘀血内阻者，常用赤芍、三七粉、当归、莪术活血养血，而且切忌一味攻破，伤及中气。同时王教授认为 Hp 作为胃黏膜损害的攻击因子之一，在发病机制中，除与 Hp 的菌株毒力有关外，胃黏膜的保护和防御因素同样重要，即中医理论"正气存内，邪不可干""邪之所凑，其气必虚"，王教授强调应在辨证的基础上扶正祛邪，既能增强机体保护机制，又能抑杀 Hp，以削弱其攻击，达到抑制 Hp，改善症状的目的，如临床多以党参、白术、蒲公英、连翘相佐为用，临证用药既体现辨证论治原则，又发挥辨病用药优势。

5　分　型　论　治

5.1　中虚气滞证

辨证以形瘦乏力、面色萎黄、脘腹痞胀、吐泻便溏、舌淡嫩边有齿痕、舌下脉络迂曲怒张、脉沉弱为主。治以扶养脾胃，理气散寒，消痞止痛。方用香砂六君汤合化瘀消痞汤，药物组成：党参、白术、茯苓、炙甘草、厚朴、半夏、炒莱菔子、炒枳实、三七、血竭等为主。若气虚甚者酌加少量沙参、黄芪之类，佐以木香、砂仁、甘松等；兼气滞者佐陈皮、木香、佛手、川芎；兼湿阻当加藿香、佩兰、苏梗之属；兼有食滞者佐鸡内金、炒谷芽、炒麦芽等；兼便秘者酌加枳实、火麻仁、大黄、当归。

5.2　脾胃阴虚证

辨证以饮食不化、吐泻下利、脘痛嘈杂、枯瘦如柴、口苦干渴、舌红少苔、脉细数无力为主。治以滋养胃阴，健脾益气，和胃止痛。方用叶氏益胃汤加减，药物组成：太子参、北沙参、生地黄、麦冬、玉竹、石斛、枳壳、半夏、茯苓、甘松等为主。此方具有扶养脾胃、滋补胃阴、理气消痞之作用。若胃脘灼热明显者选加石斛、生地黄、蒲公英；胀满不适者加麦芽、莱菔子、川厚朴、腹毛；大便干结者加制首乌、肉苁蓉、当归、麦冬、玄参。

5.3 湿热阻络证

辨证以胃脘嘈杂、疼痛胀满、胃呆纳少、拒按难忍、舌质暗红、苔黄厚腻、脉滑数为主。治以清热燥湿、健脾化痰、通络消痞。方用三仁汤合半夏泻心汤化裁，药物组成：杏仁、半夏、薏苡仁、白豆蔻、厚朴、陈皮、苍术、滑石等为主。此方具有清泻胃热、燥湿化痰、通络止痛之作用。若痛甚者加佛手、甘松、川芎、木香；便血者加大黄炭、白及、侧柏炭等；呕血加大小蓟、藕节炭、血余炭等；热甚者加黄芩、黄连等；湿盛者加藿香、佩兰、薏苡仁等；痰多加竹茹、贝母、瓜蒌之属。

5.4 肝胃不和证

辨证以胃脘痞满、口苦嘈杂、牵涉胁肋、情志不畅、舌质淡红、苔厚、脉弦细为主。治以疏肝理气、和胃止痛、健脾化痰。方用疏肝和胃汤，药物组成：柴胡、白芍、炒枳实、陈皮、半夏、茯苓、炙甘草、紫苏梗、厚朴等为主。肝气郁结者加青皮、香附、川楝子；反酸者可选用左金丸、煅瓦楞子、海螵蛸、煅龙牡；兼瘀血疼痛者加蒲黄、五灵脂；胆汁反流者加郁金、金钱草；胃胀甚者加莱菔子、川厚朴；肝胃郁热者加栀子、连翘、郁金；有热口苦甚者加龙胆草、炒栀子；呃逆、呕吐剧者加旋覆花、代赭石；对于 CAG 伴肠化及增生者，王教授在扶养脾胃的基础上善用三棱、莪术、苦参、全蝎、白花蛇舌草等，以求固本祛邪、活血化瘀、预防癌变之功效。

6 护 理 要 务

王教授倡导运用中医药诊治 CAG 过程中要注重护理。医护结合，务求根治，力倡"三分药治，七分食养，治养结合"。在诊疗过程中详嘱患者饮食宜清淡而具营养之品，饥饱适中。宜食高蛋白、高热量、维生素丰富、易于消化的食品，油腻厚味不宜过食；谷物中糯米黏滞难消，甜食易产气，豆类干炒食之皆易致腹胀，不可多食；薯类虽能益气健脾亦不可多食，否则滞气而致腹胀；辛辣刺激之品如辣椒、胡椒、大蒜、浓茶、咖啡、酒等当忌之；忌食硬固煎炸烤烙之物，以防助火为毒，硬固伤胃；忌空腹服用对胃肠具有刺激性的药品如非甾体类消炎药和激素类药等；由于 CAG 患者的不少繁杂症状并非源于胃病本身，而是源自惧癌的心理因素，故常常劝慰患者应保持乐观情绪，增强治疗信心，切忌忧思焦虑。同时王教授认为要达到远期疗效，逆转或根治此病，不但要辨证准确，灵活遣药，用药精当，更重要的是按疗程守方坚持治疗，治疗 CAG 及其胃癌前期病变 3 个月为 1 个疗程，应坚持 3 个疗程以上，最终才能取得满意疗效。

摘自：段永强，王道坤. 王道坤教授治疗慢性萎缩性胃炎的临床思路与经验［J］. 西部中医药，2014，27（11）：46-49.

王道坤教授从"脾胃失调"论治慢性萎缩性胃炎病机要素分析

段永强，王道坤

王道坤教授从事临床及教学四十余年，学验俱丰，善治脾胃系疾病，尤其对慢性萎缩性胃炎、萎缩性胃炎癌前病变诊疗颇有建树，代表著作有《医宗真髓》、《新脾胃论》等。笔者有幸跟师临证学习，亲聆教诲，尤其在以中医药理论指导下辨治慢性萎缩性胃炎方面有所心悟。现将王教授关于慢性萎缩性胃炎发病规律的认识整理分析如下。

1　遵经典，识疾病

慢性萎缩性胃炎并无特定的中医名称，但根据其"痞（满）、胀、痛，消瘦"的临床表现，可归于中医"痞满""胃痞""痞证"等范畴，"痞"为痞塞不通、升降失常、气机阻滞之意；"痞满"证是指上腹胃脘部近心窝处痞闷满胀不舒，但触之无形，或胀痛交作为主证的病证。回溯文献记载，早在《黄帝内经》（以下简称《内经》）中就有否（通"痞"）、满、否塞、否隔、胃脘痛等记载，如《素问·异法方宜论》云"脏寒生满病"，《素问·至真要大论》亦云"太阳之复，厥气上行，心胃生寒，胸膈不利，心痛否满"；《素问·五常政大论》的"备化之纪……其病痞"，以及"卑监之纪……其病留满痞塞"。如《灵枢·经脉》云："脾足太阴之脉……是动则病舌本强，食则呕，胃脘痛，腹胀，善噫。"《灵枢·邪气脏腑病形》云："胃病者，腹膜胀，胃脘当心而痛。"《伤寒论》对本病的理法方药论述颇详并提出了痞的基本概念；如谓"但满而不痛者，此为痞""心下痞，按之濡"；金元医家李东垣《兰室秘藏·中满腹胀论》中谓"脾胃久虚之人，胃中寒则生胀满，或脏寒生满病"。以上中医文献记载内容均是指心下痞塞，胸膈胃脘满闷的病症。

从中医学的角度来看，慢性萎缩性胃炎病因病机虽较为复杂，但王教授认为本病发病基本病机多为脾胃受损，外邪乘而袭之，使脾之清阳不升、胃之浊阴不降所致，病久则胃黏膜血运障碍，营养匮乏，导致胃黏膜固有腺体萎缩，肠上皮化生及炎性反应等胃络失养之病变。所以脾胃素虚是慢性萎缩胃炎发病和恶变的根本内因，虚则纳运异常，运化失职，气机失调而表现为胃脘痞满、疼痛、纳呆等；虚则水湿不化，湿毒内生，阻滞气血，则胃腑失养，胃络枯萎，表现为胃黏膜固有腺体萎缩、肠上皮化生及炎性反应，或有胃脘痞满、胀痛等症。

2　重脏腑，辨病机

慢性萎缩性胃炎常见症状包括呃逆、嗳气、食欲不振、上腹部胀满、疼痛、乏力，甚至消瘦、贫血等。本病病因病机复杂，从历代主要文献来看，古人论述痞满的病因虽有外感内伤之分，但多侧重于论述内伤，其病机特点归纳起来多为脾胃素虚，内外之邪乘袭，致脾之清阳不升，胃之浊阴不降，纳运失调，升降失司；结合萎缩性胃炎的脏腑病证特点和发病部位，其病位主要在脾与胃；病性有虚实之分，但以虚实错杂多见。王教授认为脾胃虚弱既是慢性萎缩性胃炎的内在成因，亦是萎缩性胃炎形成的重要病机，而痰湿瘀血为其病理进一步发展的基础。诚如清代沈金鳌《杂病源流犀烛》云："痞满，脾病也，本由脾气虚，及气郁不能运行，心下痞塞……"说明脾胃虚弱，气机失调，湿毒内生是"痞满"的基本病机。王教授认为，慢性萎缩性胃炎病机总不离"脾胃相关"理论之"纳运结合""升降相因""燥湿相济"生理功能的紊乱或失调，而且从"脾胃相关"理论角度认识萎缩性胃炎的病机演变规律具体坚实的藏象理论基础。

2.1　脾胃虚弱，纳运失常是慢性萎缩性胃炎发生的脏腑基本病机

脾胃主要生理功能是：脾主运化水谷，而胃主受纳腐熟水谷；脾主升清，胃主降浊；通过受纳、腐熟、运化、升降以化生气血津液而奉养周身，故称脾胃为气血生化之源。正如《素问·经脉别论》云："饮入于胃，游溢精气，上输于脾，脾气散精，上归于肺，通调水道，下输膀胱。水精四布，五精并行，合于四时五脏之阴阳，揆度以为常也。"另如《素问·玉机真脏论》云："五脏者，皆禀气于胃。胃者，五脏之本也。"金元时期李东垣《脾胃论》云："元气，乃先身之精气也，非胃气不能滋之""况脾全借胃土平和，则有所受而生荣，周身四脏皆旺，十二神守职，皮毛固密，筋骨柔和，九窍通利，外邪不能侮也"。以上论述说明脾胃是以"脾运化胃受纳"为其功用。

从临床发病规律分析，脾胃虚弱固是慢性萎缩性胃炎发生发展的内在因素，导致正气亏虚的原因除上述"因病致虚"的因素外，也与年高体衰，素体脾胃亏虚等因素有关。《素问·阴阳应象大论》云"年四十而阴气自半也"，李东垣在《脾胃论·脾胃胜衰论》中也强调"百病皆由脾胃衰而生也"，正不御邪，则病邪滞留难去，缠绵难愈，终至胃黏膜萎缩或消失，此为"因虚致病"。王教授认为在萎缩性胃炎病程中，由于胃络受损则不能受纳，脾气虚损则不能运化，水谷之精无以化为气血，内不能养脏腑，外不能充肌肤，脾胃虚则脏腑皆虚，形体渐损，故临床常见胃脘痞满胀痛、嗳气纳呆、面色萎黄或苍白、舌淡、神疲乏力、眩晕消瘦、便结或便溏等脾胃虚弱症状，故慢性萎缩性胃炎的脏腑基本病机多为脾胃虚弱，纳运失常。正如研究表明中、重度萎缩性胃炎病人胃排空延迟，受纳水谷和运化水谷之功用均减退，临床宜用香砂六君子汤加减治疗。

2.2 脾胃虚弱，升降失常是慢性萎缩性胃炎发生的气机病理基础

脾胃位居中焦，为人体气机升降的枢纽。脾胃气机的运动特点是：脾主升清，胃主降浊；通过受纳、腐熟、运化、升降以化生气血津液而奉养周身，故称脾胃为气血生化之源。《素问·六微旨大论》云："非出入则无以生长壮老已；非升降则无以生长化收藏，是以升降出入，无器不有。"故脾胃功能的发挥必依赖脾升胃降气机的正常发挥，若脾胃气机升降失调，不仅纳运功能发生紊乱，而且波及其他脏腑，变生多种病证。

王教授认为慢性萎缩性胃炎临床诸多症状多由中焦气机失调所致，其发生机理在于脾胃虚弱则脾胃气机升降失常，受纳、运化功能减弱，清浊之气升降无力，日久中焦脾胃气机痞塞不通、升降失常、气机阻滞而生"痞满""胀痛""憋闷"之症，甚者水谷精微化生不足，不能充养（胃腑），则"胃虚而萎"并波及他脏。诚如脾胃大家李东垣曰："若胃气一虚，无所禀受，则四脏经络皆病"；"夫脾者，行胃津液，磨胃中之谷、主五味也。胃即伤，则饮食不化、口不知味、四肢困倦、心腹痞满、兀兀欲吐而恶食，或为飧泄，或为肠澼，此胃伤脾亦伤明矣"。脾既病则胃不能独行津液，故从而病焉，是谓脾胃精气不足，不能升发以养神、荣筋、润肌达四末，浊阴不化的脾胃气机升降失调。故王教授认为慢性萎缩性胃炎痞满之证多为脾胃虚弱，气机升降失和所致。亦有研究表明慢性萎缩性胃炎及萎缩性胃炎癌前病变患者不同程度存在胃动力紊乱和排空延缓，胃蠕动减弱，而且胃体、胃窦的基础压力均较正常人为低，胃窦蠕动波振幅也低于正常人，提示慢性萎缩性胃炎患者平滑肌张力及蠕动功能减弱，而且许多研究在探讨慢性萎缩性胃炎的发病原因时，都观察到萎缩性胃炎的发生与胃肠运动功能紊乱有密切关系。这正如脾胃升降功能受损，气机升降失调，湿毒内生之病机特点，而且湿毒积滞中焦，阻碍气血津液运行输布，进一步影响脾胃升降，使"浊气在上，则生䐜胀"（类似于西医学所论萎缩性胃炎胃节律紊乱、胃排空障碍和肠胃反流的病理机制）。

2.3 脾胃虚弱，燥湿失济是慢性萎缩性胃炎发展的基本病理转归

脾胃虽同属土，但脾为阴土，胃为阳土；脾喜燥恶湿，胃喜润恶燥。脾属阴，为湿土，其性却又喜燥恶湿。脏腑秉天地之气而生。《素问·阴阳应象大论》谓："其在天为湿，在地为土，在体为肉，在脏为脾。"脾脏即秉天之湿气、地之土气以生，脾为湿所生，故为湿土，二者关系密切。脾为湿土，首先生理功能主湿，主要表现在对水谷、水湿的运化方面。《素问·经脉别论》云："饮入于胃，游溢精气，上输于脾，脾气散精，上归于肺，通调水道，下输膀胱，水精四布，五经并行。"这是脾主水湿的主要功能。同气相求，湿易伤脾，所以"脾恶湿"。脾病的病状常与湿病相一致，多见纳呆运迟、大便溏泻、四肢头身的困重乏力等重浊、黏滞之象，甚者可见肌肉萎软或肢体浮肿等症状。临床上大部分慢性萎缩性胃炎患者可表现不同程度的消瘦、乏力、倦怠甚至贫血等症状，舌可见淡白、水滑之象，或伴大便溏泻、干结等，以上诸症类似西医学观察到的萎缩性胃炎患者存在的胃黏膜屏障功能障碍（胃黏膜水肿、微循环破坏、上皮间隙增宽、黏液分泌减少等）黏膜

免疫功能低下，部分患者细胞及血清免疫功能低下，细胞器超微结构改变（如线粒体肿胀可广泛发生在胃黏膜、小肠、肝胆等组织），王教授认为此与中医学脾虚湿浊内生密切相关，而胃黏膜的胃镜特点如黏膜变薄、色泽苍白或灰白也是"萎缩性胃炎"脾虚湿阻，血行不畅，胃腑失养的宏观表现。故王教授认为慢性萎缩性胃炎"黏膜腺体萎缩"之变多为脾胃虚弱，运化失司，从而湿毒内生，血运不畅，胃络失养之"燥湿失济"所致的病理转归。

3　顺应脾胃生理特性和气机升降特性选方用药

基于以上文献回顾和王教授对慢性萎缩性胃炎脏腑病机认识的分析，可归纳本病脏腑之"虚"主要责之于脾（胃），"萎缩"之病变在胃。概言之，萎缩性胃炎的脏腑病机和证候基础主要在于脾胃虚弱，纳运失常，升降失司，而后导致湿毒变生，血运不畅，胃络失养。故王教授认为运用中医药防治此病应该注重动态辨证论治，更应紧扣脾胃之脏腑生理特点、生理特性和气机升降特性，"方证相符"以求良效。譬如慢性萎缩性胃炎初期多为脾胃虚弱所致，治当健脾养胃，恢复其纳运功能，可选用补中益气汤、四君子汤、六君子汤之属；病程发展中"痞满"之证多为气机升降失和所致，治当理气化浊，调节升降之枢机，可选用香砂六君子汤、枳实消痞汤、半夏泻心汤之属；病程中后期"黏膜腺体萎缩"之变乃因脾胃虚弱，运化失司，湿毒内生，从而血运不畅，胃络失养所致，治当健脾化浊，理气和胃，兼以活（养）血润燥，以顺脾胃燥湿相济之特性，可选用香砂六君子汤合麦门冬汤、半夏泻心汤合益胃汤之属并酌加活血养血之品。同时王教授认为，由于慢性萎缩性胃炎是慢性迁延性疾病，临床治疗不可急于求功，亦当脾胃同治，气血并调，虚实兼顾，足疗程治疗，一定能取卓效。

4　验 案 举 隅

患者，女，70岁，2007年6月21日初诊。胃脘痞满，纳呆少食1个月。初诊：述胃脘痞满，纳呆少食1个月（2007年5月17日在兰州陆军总院行胃内镜检查为慢性萎缩性胃炎-轻度）。目下症见胃脘痞满而胀，后背胀痛，纳呆少食，面色萎黄，兼有进食不易消化，稍有恶心，嗳气频作，少气懒言，精神疲惫，舌淡红苔薄白，舌下静脉迂曲（中度），大便稍有干结，脉沉细无力。中医诊断为痞证，证属脾胃虚弱，中焦气滞，处方以香砂六君子汤合枳实消痞汤加减：党参15g，茯苓15g，生白术15g，陈皮12g，枳实15g，木香（后下）6g，砂仁（后下）6g，炒莱菔子10g，半夏12g，厚朴15g，生姜3片，大枣3枚。7剂，日1剂，水煎服，早晚饭后1小时服。

二诊（2007年6月28日）：药后症减，面色较前好转，精神较前转佳，恶心较前减轻，纳食稍有增加，但目下出现两胁作胀，尤以右胁为胀，舌质略转红润，苔微黄腻，脉沉细较前有力，以前方去厚朴、砂仁，加黄芩10g，柴胡10g，甘松10g，15剂，日1剂，水煎服，早晚饭后 1 小时服。

三诊（2007 年 7 月 12 日）：药后胃脘及两胁胀痛大减，但稍有进食则胃胀加重，余无明显异常，故与前方酌加焦三仙各 10g，并嘱咐少食多餐，食宜清淡。守方服用 9 月，后于兰州陆军总院行胃内镜检查为浅表性胃炎。

按语 慢性萎缩性胃炎属中医学"胃脘痛""胃痞"范畴，病变以脾胃虚弱，气机失常，纳运失调为本，正如《金匮要略》中所言"痿者萎也，如草木之萎而不荣"，其治应以健脾益气，理气消痞为主。香砂六君子汤中党参甘温益气，健脾养胃；白术甘温而兼苦燥之性，甘温补气，苦燥健脾，守而不走；半夏、陈皮行气化痰；砂仁长于行气化湿，木香长于行气止痛，二药配入六君子汤中，则行气温中止痛，燥湿健脾和胃之功显著，炙甘草甘温益气，又能调和诸药；合方枳实消痞汤实际亦蕴含六君子之义，更用枳实行气消痞，厚朴行气燥湿、消胀除满，炒莱菔子理气消胀，即所谓"六腑以通为补"之意，两方合用共奏健脾益气、和胃止痛、理气消痞之功并终获良效。

摘自：段永强，王道坤. 王道坤教授从"脾胃失调"论治慢性萎缩性胃炎病机要素分析［J］. 时珍国医国药，2014，25（7）：1715-1717.

基于"脾胃相关"的慢性萎缩性胃炎的病机演变规律及中医药防治

成映霞，徐海荣，段永强，王道坤

慢性萎缩性胃炎发病率高，病程长，病情复杂，尤其伴有不典型增生和肠上皮化生时，是胃癌的癌前状态中最常见的一类，其癌变率高达 10%。而且本病发病经历"慢性胃炎-胃黏膜萎缩-肠化生-异型增生-胃癌"这一癌变模式，加之胃癌发生病因尚未完全明确，实施针对病因的一级预防比较困难，近年来胃癌的二级预防——积极防治慢性萎缩性胃炎并阻断其向胃癌发展的研究越来越受到医学界的重视，亦是中医学"治未病"学术思想在防治重大疾病中的具体应用。

1 中医学关于慢性萎缩性胃炎病因病机的基本认识

慢性萎缩性胃炎并无特定的中医名称，但根据其"痞（满）、胀、痛，消瘦"的临床表现，可归于中医"痞满""胃痞""胃胀"等范畴。"痞"为痞塞不通、升降失常、气机阻滞之意；"痞满"证是指上腹胃脘部近心窝处痞闷满胀不舒，但触之无形或胀痛交作为主症的病证。早在经典医籍《黄帝内经》中就有否（通"痞"）、满、否塞、否隔、胃脘痛等记载，《素问·异法方宜论》云"脏寒生满病"，《素问·至真要大论》亦云"太阳之复，厥气上行，心胃生寒，胸膈不利，心痛否满"；《素问·五常政大论》的"备化之纪……其病痞"及"卑监之纪……其病留满痞塞"。《灵枢·经脉》云："脾足太阴之脉……是动则病舌本强，食则呕，胃脘痛，腹胀，善噫。"《灵枢·邪气脏腑病形》云："胃病者，腹䐜胀，胃脘当心而痛。"《伤寒论》对本病的理法方药论述颇详，如谓"但满而不痛者，此为痞"，"心下痞，按之濡"，提出了痞的基本概念；金元医家李东垣《兰室秘藏·中满腹胀论》中谓"脾胃久虚之人，胃中寒则生胀满或脏寒生满病"。以上中医文献记载内容均是指心下痞塞，胸膈胃脘满闷的病症。

从中医学的角度来看，本病的病因较为复杂，但发病基本病机多因脾胃受损，外邪乘而袭之，使脾之清阳不升、胃之浊阴不降所致，病久则胃黏膜血运障碍，营养匮乏，导致胃黏膜固有腺体萎缩，肠上皮化生及炎性反应等胃络失养之病变。所以脾胃素虚是慢性萎缩性胃炎发病和恶变的根本内因，虚则纳运异常，运化失职，气机失调而表现为胃脘痞满、疼痛、纳呆等；虚则水湿不化、湿毒内生、阻滞气血、胃腑失养、胃络枯萎，表现为胃黏膜固有腺体萎缩、肠上皮化生及炎性反应或有胃脘痞满、胀痛等症。

2　基于"脾胃相关"理论的慢性萎缩性胃炎病机演变规律

慢性萎缩性胃炎常见症状包括呃逆、嗳气、食欲不振、上腹部胀满、疼痛、乏力甚至消瘦、贫血等。本病病因病机复杂，从历代主要文献来看，古人论述痞满的病因虽有外感内伤之分，但多侧重于论述内伤，其病机特点归纳起来多为脾胃素虚，内外之邪乘袭，致脾之清阳不升，胃之浊阴不降，纳运失调，升降失司；结合萎缩性胃炎的脏腑病症特点和发病部位，其病位主要在脾与胃；病性有虚实之分，但以虚实错杂多见。脾胃虚弱既是痞满的内在成因，亦是痞满形成的重要病机，而痰湿瘀血为其病理发展的基础。诚如清代沈金鳌《杂病源流犀烛》云："痞满，脾病也，本由脾气虚及气郁不能运行，心下痞塞……"说明脾胃虚弱，气机失调，湿毒内生是"痞满"的基本病机。从其临床症状特点来看，萎缩性胃炎病机总不离"脾胃相关"理论之"纳运结合""升降相因""燥湿相济"生理功能的紊乱或失调，而且大量文献和临床实践提示，基于脾胃并从"脾胃相关"理论角度认识萎缩性胃炎的病机演变规律具体坚实的藏象理论基础。

2.1　脾胃虚弱，纳运失常是慢性萎缩性胃炎发生的脏腑基本病机

脾胃主要生理功能是：脾主运化水谷，而胃主受纳腐熟水谷；脾主升清，胃主降浊；通过受纳、腐熟、运化、升降以化生气血津液而奉养周身，故称之为脾胃为气血生化之源。正如《素问·经脉别论》云："饮入于胃，游溢精气，上输于脾，脾气散精，上归于肺，通调水道，下输膀胱。水精四布，五精并行，合于四时五脏之阴阳，揆度以为常也。"《素

问·玉机真脏论》云："五脏者，皆禀气于胃。胃者，五脏之本也。"金元时期李东垣《脾胃论》云："元气，乃先身之精气也，非胃气不能滋之""况脾全借胃土平和，则有所受而生荣，周身四脏皆旺，十二神守职，皮毛固密，筋骨柔和，九窍通利，外邪不能侮也"。以上论述说明脾胃以"脾运化胃受纳"为其功用。

临床实践表明，脾胃虚弱是慢性萎缩性胃炎发生发展的内在因素，导致正气亏虚的原因除上述"因病致虚"的因素外，也与年高体衰，素体脾胃亏虚等因素有关。《素问·阴阳应象大论》云"年四十而阴气自半也"，李东垣在《脾胃论·脾胃胜衰论》中也强调"百病皆由脾胃衰而生也"，正不御邪，则病邪滞留难去，缠绵难愈，终至胃黏膜萎缩或消失，此为"因虚致病"。由于胃络受损则不能纳，脾气虚损则不能化，水谷之精无以化为气血，内不能养脏腑，外不能充肌肤，脾胃虚则脏腑皆虚，形体日损，常见胃脘痞满胀痛、嗳气纳呆、面色萎黄或苍白、舌淡、神疲乏力、眩晕消瘦、便结或便溏等脾胃虚弱症状。随着对萎缩性胃炎及其胃癌前病变发病机制探讨的深入，胃动力障碍和电生理紊乱已成为一个重要的研究方向。陈垦等利用 ^{99m}Tc 标记 717 树脂固体试验餐对 10 例正常者、25 例萎缩性胃炎病人进行胃半排空时间测定，结果发现中、重度萎缩性胃炎病人胃排空延迟，受纳水谷之用减退。故慢性萎缩性胃炎的脏腑基本病机多为脾胃虚弱，纳运失常。

2.2　脾胃虚弱，升降失常是慢性萎缩性胃炎发生的气机病理基础

脾胃位居中焦，为人体气机升降的枢纽。脾胃气机的运动特点是：脾主升清，胃主降浊；通过受纳、腐熟、运化、升降以化生气血津液而奉养周身，故称脾胃为气血生化之源。《素问·六微旨大论》云："非出入则无以生长壮老已；非升降则无以生长化收藏，是以升降出入，无器不有。"故脾胃功能的发挥必依赖脾升降气机的正常发挥，若脾胃气机升降失调，不仅纳运功能发生紊乱，而且波及其他脏腑，变生多种病症。

脾胃虚弱则脾胃气机升降失常，受纳、运化功能减弱，清浊之气升降无力，日久中焦脾胃气机痞塞不通、升降失常、气机阻滞而生"痞满"之证，甚者水谷精微化生不足，不能充养（胃腑），则"胃虚而萎"并波及他脏。故李东垣曰："若胃气一虚，无所禀受，则四脏经络皆病"；"夫脾者，行胃津液，磨胃中之谷、主五味也。胃即伤，则饮食不化、口不知味、四肢困倦、心腹痞满、兀兀欲吐而恶食，或为飧泄，或为肠澼，此胃伤脾亦伤明矣"。脾既病则胃不能独行津液，故从而病焉，是谓脾胃精气不足，不能升发以养神、荣筋、润肌达四末，浊阴不化的脾胃气机升降失调。

现代研究表明胃的运动功能紊乱可表现为胃动过速、胃动过缓、胃节律紊乱、胃排空障碍和肠胃反流等。其中过度肠胃反流发生时，十二指肠内容物破坏胃黏膜屏障而导致胃炎。若破坏较重，极易发展为萎缩性胃炎癌前病变。近年来随着胃肠运动的病理生理研究的不断深入，人们逐渐认识胃窦-十二指肠协调运动障碍也可产生自发性肠胃反流。另有研究显示，慢性萎缩性胃炎及萎缩性胃炎癌前病变病人存在胃动力紊乱和排空延缓，胃运动减弱，胃体、胃窦的基础压力均较正常人为低，胃窦蠕动波振幅也低于正常人，提示慢性萎缩性胃炎患者平滑肌张力及蠕动功能减弱，而且许多研究在探索慢性萎缩性胃炎的发病原因中，都观察到萎缩性胃炎的发生与胃肠道运动功能的异常有着很

大关系，胃动力障碍也是其临床主要病理基础之一。这正如脾胃升降功能受损，气机升降失调，湿毒内生病机特点，而且湿毒积滞中焦，阻碍气血津液运行输布，进一步影响脾胃升降，使"浊气在上，则生膜胀"（类似于西医学所论萎缩性胃炎胃节律紊乱、胃排空障碍和肠胃反流的病理机制）。故慢性萎缩性胃炎"痞满"之证多为脾胃虚弱，气机升降失和所致。

2.3 脾胃虚弱，燥湿失济是慢性萎缩性胃炎发生的基本病理转归

从脏腑阴阳五行学说而言，脾胃属土。脾为阴土，胃为阳土；脾喜燥恶湿，胃喜润恶燥。脾属至阴，为湿土，其性却又喜燥恶湿。脏腑秉天地之气而生《素问·阴阳应象大论》谓"其在天为湿，在地为土，在体为肉，在脏为脾"，脾脏即秉天之湿气、地之土气以生，脾为湿所生，故为湿土，二者关系密切。脾为湿土，首先生理功能主湿，主要表现在对水谷、水湿的运化方面。《素问·经脉别论》云"饮入于胃，游溢精气，上输于脾，脾气散精，上归于肺，通调水道，下输膀胱，水精四布，五经并行"，这是脾主水湿的主要功能。同气相求，湿易伤脾，所以"脾恶湿"。脾病的病状常与湿病相一致，多见纳呆运迟、大便溏泻、四肢头身的困重乏力等熏浊、黏滞之象，甚者可见肌肉萎软或肢体水肿等症状。临床中大部分慢性萎缩性胃炎患者可表现不同程度的消瘦、乏力、倦怠甚至贫血等症状，舌可见淡白、水滑之象，或伴大便溏泻等。从西医学观察到的萎缩性胃炎患者存在胃黏膜屏障功能障碍（胃黏膜水肿、微循环破坏、上皮间隙增宽、黏液分泌减少等）黏膜免疫功能低下，部分患者细胞及血清免疫功能低下，细胞器超微结构改变（如线粒体肿胀，不仅表现在胃黏膜组织，也表现在小肠、肝胆等组织），与中医学脾虚湿浊内生密切相关，胃黏膜的胃镜特点如黏膜变薄、色泽苍白或灰白也是"萎缩性胃炎"脾虚湿阻，血行不畅，胃腑失养的宏观表现。故慢性萎缩性胃炎"黏膜腺体萎缩"之变乃因脾胃虚弱，运化失司，从而湿毒内生，血运不畅，胃络失养之"燥湿失济"所致的病理转归。

3 中医药防治慢性萎缩性胃炎思路

基于以上分析，本病脏腑之"虚"主要责之于脾（胃），"萎缩"之病变在胃。萎缩性胃炎的脏腑病机和证候基础主要在于脾胃虚弱，纳运失常，升降失司，而后导致湿毒变生，血运不畅，胃络失养。故中医药防治此病应该注重动态辨证论治，更应紧扣脾胃之脏腑生理特点、生理特性和气机升降特性"方证相符"以求良效。譬如慢性萎缩性胃炎初期多为脾胃虚弱所致，治当健脾养胃，恢复其纳运功能，可选用补中益气汤、四君子汤、六君子汤之属；病程发展中"痞满"之证多为气机升降失和所致，治当理气化浊，调节升降之枢机，可选用香砂六君子汤、枳实消痞汤、半夏泻心汤之属；病程中后期"黏膜腺体萎缩"之变乃因脾胃虚弱，运化失司，湿毒内生，从而血运不畅，胃络失养所致，治当健脾化浊，理气和胃，兼以活（养）血润燥，以顺脾胃燥湿相济之特性，可选用香砂六君子汤合麦门冬汤、半夏泻心汤合益胃汤之属。由于慢性萎缩性胃炎是慢性迁延性疾病，临床治疗不可

急于求功，亦当脾胃同治，气血并调，虚实兼顾。本文阐述萎缩性胃炎的病机规律和防治思路主要是从脾胃脏腑生理特点和气机升降特性的基本病机角度展开的，临床治疗本病还应在"万变不离其宗"的基础上灵活加减用药，突出个体化诊疗优势。

摘自：成映霞，徐海荣，段永强，等. 基于"脾胃相关"的慢性萎缩性胃炎的病机演变规律及中医药防治［J］. 中国老年学杂志，2015，35（5）：1430-1432.

王道坤教授辨治慢性萎缩性胃炎经验

徐杰，贾育蓉

慢性萎缩性胃炎是一种慢性消耗性疑难病，世界卫生组织将其列为癌前状态之一，属中医的"脘痛"和"胃痞"等范畴。王道坤教授对本病有独到见解，其选方用药别具一格。

1　四诊合参　尤重舌脉

王老师临证中四诊合参，在望舌质、舌苔的同时，重视对"舌下脉络"的诊察。认为五脏六腑之脉皆循系于舌，其精气汇聚于舌，舌象能反映出人体正气之盛衰，病邪之浅深。而"舌下脉络"是人体观察微循环的窗口，可准确地反映出机体气血运行的状况和"血瘀"的程度。同时，他也注重脉象的辨析。正如《内经》所说："善诊者，察色按脉，先别阴阳；审清浊而知部分；视喘息、听声音而知所苦；观权衡规矩而知病所主；按尺寸，观浮沉滑涩而知病所生。以治无过，以诊则不失也。"在疾病的诊治中脉症结合，当脉症相悖时多舍症从脉，以脉断病。

2　脾虚为本　痰瘀为标

王老师认为本病病变部位在胃，与肝脾关系密切，其发病的根本在于脾胃虚损。"虚"主要是脾胃气虚和气阴两虚。"邪之所凑，其气必虚"。脾胃学说的创始人李东垣在其《脾胃论·脾胃虚实传变论》中说："元气之充足，皆由脾胃之气无所伤，而后能滋养元气。若胃气之本弱，饮食自倍，则脾胃之气伤，元气亦不能充，而诸病之所由生也。"生理上胃主通降，以降为顺；肝主疏泄，调畅气机；脾主升清，以升为健，脾统血，血之运行上下全赖乎脾。病理上脾虚失运，胃失和降，肝失疏泄，均可影响气机的通畅。气郁、气虚则血行不畅而瘀凝；精微不化而湿滞。由此得出痰浊和瘀血为标，是在脾胃虚损的基础上产生的病理产物。本虚标实，痰瘀互阻是本病的主要病机。虚损和痰瘀二者相互影响，因虚致瘀，因瘀致病，形成恶性循环。

3 扶正固本 贯穿始终

本着脾胃为后天之本，气机升降之枢纽，及"脾旺不受邪"的原则，王老师在治疗的过程中，将扶正固本之大法贯穿始终。一是遣方用药时注重护养脾胃：以党参、人参、黄芪、茯苓等补气扶正之品健脾益气；以北沙参、炒山药、玉竹、石斛、麦冬、细生地等甘平或甘凉濡润之品滋养胃阴。他认为慢性萎缩性胃炎多因久病不愈，或过服香燥，损伤胃络易见胃阴耗损之证。"胃为阳明之土，非阴柔不肯协和"。"脾喜刚燥，胃喜柔润"。胃易燥，滋阴时强调以薄味清养，用药轻灵为原则，忌温燥、苦寒、滋腻，因温燥助火劫津，苦寒损伤胃气，滋腻有呆滞之弊。二是注重调护脾肾，因脾胃为后天之本，肾为先天之本。脾胃气血生化之源，肾受五脏六腑之精而藏之，为元阴元阳之府。脾与肾关系密切，脾运化水谷精微，须借肾中阳气的温煦、生化，而肾所藏之精气，有赖于脾之所运的水谷精微不断补充与化生，即人体精气血的产生全赖乎脾肾。

4 治胃之法 通降为要

王老师认为治胃关键在于一个"降"字，以降为顺，以通为用。降则通，通则用。《素问·五脏别论》指出："六府者，传化物而不藏，故实而不能满""六府以通为用"。胃为六腑之一，水谷之海，宜动不宜滞，宜行不宜守，若胃失和降，壅滞不通，则诸症蜂起。因而疏其壅塞，消其瘀滞，并承胃腑之性推陈出新，导食浊壅滞下降，给邪以出路是治疗本病的原则之一。但强调"通降"并非指单一的泻下，调畅气血、平和阴阳也为"通法"。正如《医学传真》中云："但通之法，各有不同，调气以活血，调血以和气，通也；下逆者使之上行，中结者使之旁达，亦通也；虚则助之使通，寒者温之使通，若处以泻下为通则妄也。"故选方用药始终贯穿着通调而不伤正的原则。用药特点：通而不破，善用润燥，慎用大黄、三棱等，而善用元参（用量在 15～30g）、炒枳实、炒莱菔子、当归等濡润宽肠药物。

5 病证结合 注重化瘀

王老师在临床上将慢性萎缩性胃炎分为脾胃虚弱型、肝胃气滞型、胃阴亏虚型、脾（胃）虚湿热型。脾胃虚弱型常选方为香砂六君子汤；肝胃气滞型常选方为疏肝和胃汤（自拟）；

胃阴亏虚型常选方为益胃汤；脾（胃）虚湿热型常选方为枳实消痞汤。西医学认为本病的发生与幽门螺杆菌感染、胆汁反流有关，基本病变是炎症性改变。他结合这一观点，在临床上将"证"和"病"有机地统一起来，在辨证施治的同时，参照胃镜，注意辨"病"用药。当胃镜报告有"充血""糜烂"等炎性反应时，处方中多加入蒲公英、败酱草、生薏苡仁、浙贝母等清热解毒之品，从"炎症"论治；有"红白相间""以白相为主"及"肠化""增生"等瘀血痰浊胶着的状况时，结合病机，遵叶氏"病久入络""久病多瘀"学说，以辛通为主，活血化瘀，多选用以三七、血竭为主的"化瘀散"系列药物。有资料表明：活血化瘀药物可增加胃黏膜血流量，改善微循环，供给病变局部较多的氧、葡萄糖等营养物质，可促进胃内产生黏液，保护黏膜屏障，促进胃黏膜基底细胞腺体的再生，提高疗效。

6　发掘古方　创制新药

王老师根据祖国医学"同病异治""异病同治"的原则以及"四时百病，胃气为本"的理论，结合慢性萎缩性胃炎病程长、复发率高、易癌变的特点，经过多年的临床探索，发掘敦煌秘方研制成萎胃灵系列纯中药制剂。

以党参、茯苓、白术、厚朴、枳壳、当归为基础方的萎胃灵 1 号，具有扶养脾胃，理气消胀，和血止痛的作用。适用于慢性萎缩性胃炎、慢性浅表性胃炎属脾胃虚弱者，症见：体瘦乏力、面色萎黄、脘腹痞胀、纳呆便溏、舌质淡嫩、舌边齿痕、舌苔薄白、脉濡等。

以"益胃汤"为基础方的萎胃灵 2 号，具有滋养胃阴，和胃止痛的作用。适用于慢性浅表性胃炎、慢性萎缩性胃炎或伴有异型增生属胃阴虚弱者，症见：脘痛嘈杂、口渴欲饮、食少形瘦、舌红少苔、脉细数等。

以人参、三七、三棱、莪术等为主的萎胃灵 3 号（胶囊，又名"回生丹"），具有固本祛邪，预防癌变的作用，主治慢性萎缩性胃炎伴有肠上皮化生及异型增生等癌前病变者，症见：脘痞不舒、食后加重、纳差消瘦、神疲乏力、面色萎黄、舌质暗、有瘀斑点、舌下脉络青紫迂曲三度、脉弱或沉涩等。

以黄芩、黄连、大黄、生薏苡仁为主的萎胃灵 4 号，具有调气和胃，通络消痞的作用。适用于各型慢性胃炎，尤其对慢性萎缩性胃炎伴有肠化或异型增生、幽门螺杆菌阳性而属湿热者疗效更为显著。

以补肾滋脾的血肉有情之品为主的萎胃灵 5 号（又名敦煌大宝冲剂），具有温阳益气，填精补血，强肾健脾，调和五脏的作用，主治各种虚损证。适用于内伤久病、各种手术后以及恶性肿瘤在放疗、化疗过程中出现头晕心悸、神疲乏力、食少吐泻、腰痛脱发、血象骤减及体虚反复外感者。经药理实验证明：大宝冲剂有改善萎缩的腺体细胞、抗幽门螺杆菌、逆转肠上皮化生和提高机体免疫功能的作用。

7　典型病例

赵某，男，50岁，1999年8月7日初诊。胃脘冷痛10年，加重1年。伴体瘦神疲、气短乏力、面色萎黄、脘腹胀满、呃逆纳差、舌胖质暗、舌边齿痕、舌苔白腻、舌下脉络青紫迂曲三度、脉沉弱无力。1999年8月2日经某医院胃镜检查诊为慢性萎缩性胃炎。病理活检：（重度）慢性萎缩性胃炎伴胃窦重度肠化；胃体重度慢性萎缩性胃炎，伴中度肠化，个别腺体中度异型；胃角慢性萎缩性胃炎（重度），伴重度肠化，腺体轻度异型。辨证：脾胃虚弱，寒凝瘀滞。治则：健脾益气，温阳化瘀。

方用：四君子汤合萎胃灵1号方化裁：党参15g，茯苓15g，炒白术15g，炒枳实15g，厚朴10g，炒麦芽15g，炙甘草6g，炮干姜各6g，炒莱菔子15g，化瘀散（分冲）10g，三棱6g，生薏苡仁15g，生姜3片，大枣3枚。7剂。

煎服方法：水煎取汁，饭后1小时温服，每日2次。

辅以萎胃灵1号（丸），1次1丸，萎胃灵3号（胶囊），1次3粒，各1日3次，饭前30分钟温水送服。

8月14日二诊：服药后食欲微增，胃脘仍胀痛喜温，大便次数较前增加，每日2次，微溏。乏力明显，余症及舌脉如前。原方加入以人参、黄芪为主的益气散10g，以加强益气的作用。21剂，水煎服。同时服用萎胃灵1、3号。

9月16日三诊：服药后脘痛大减，食纳增，大便调，偶遇冷胃腹胀满，乏力，面色萎黄，舌质淡嫩，舌苔薄白，舌下脉络淡紫迂曲，减为二度，脉沉弱。继守原法则。加减：莱菔子12g、炒薏苡仁15g、浙贝母12g，30剂。在服用萎胃灵1、3号的同时，加服萎胃灵5号，1次1包，1日2次。

10月30日四诊：诊见患者面色红润，精神状态佳，诸自觉症状显著好转，舌质淡红，舌苔薄白，舌下脉络迂曲一度。11月17日经某医院胃镜检查：慢性萎缩性胃炎伴窦部轻度糜烂，胃角体部黏膜光滑。病检：萎缩性胃炎1级。

按语　初治以健脾益气的四君子汤和萎胃灵1号方为主，辅以干姜温阳；三棱、化瘀散、炒枳实、炒莱菔子化瘀通腑，体现了扶正、通腑、化瘀的主导思想，药后积瘀得下，腑气以通，效不更方。同时结合西医学的观点，在方中加入生薏苡仁、浙贝母清热解毒软坚以"消炎"。加入益气散补气扶正。三诊时症状大减。原方加服萎胃灵5号以增强温阳益气、填精补髓、强肾健脾、调和五脏的作用。取得了满意的疗效。

王道坤教授在治疗慢性萎缩性胃炎这一具有癌前病变之说的疑难病症时，从病因、病机、方药等方面进行了较为深入的探讨、研究和实践，为治疗慢性萎缩性胃炎开拓了新的方向。

摘自：徐杰，贾育蓉，王道坤. 王道坤教授辨治慢性萎缩性胃炎经验［J］. 甘肃中医学院学报，2001，18（1）：5-7.

王道坤运用敦煌医方大补脾汤治疗胃痞经验

王韶康，殷世鹏，巩子汉，段永强

甘肃中医药大学教授王道坤主任医师系首批甘肃省名中医，全国第三、五、六批老中医药专家学术经验继承工作指导老师，从医 50 载，临证善用敦煌医方治疗多种脾胃相关疾病，并对胃痞的治疗形成自己独特的学术思想体系，取得显著的疗效。现将王教授运用敦煌医方大补脾汤治疗胃痞经验介绍如下。

1　敦煌医方大补脾汤

大补脾汤源自《辅行诀五脏用药法要》："治脾气大疲，饮食不消，时自吐利，其人枯瘦如柴，立不可动转，口中苦干渴，汗出，气急，脉微而时结者方。人参、炙甘草各三两，干姜三两，白术、麦门冬、五味子、旋覆花各一两。上七味，以水一斗，煮取四升，温分四服，日三夜一服。"元气大衰，中焦气机升降失司，阴火上乘，则上焦阴津亏虚。以患者胃脘胀满，饮食不化，呕吐下利，消瘦乏力，口苦干渴，气急汗出，脉微而结等为主要临床特点。李东垣倡脾胃内伤学说，认为"脾胃之气既伤，而元气亦不能充，而诸病之所由生也"，因脾胃为元气之本，脾胃健而元气充，则阴火收敛，留于肾位；若脾胃受损，元气不生，则阴火不居本位，上冲为病，导致阴火病，阴火上升又助长心火，心火暴盛，则乘其土位，脾胃元气更受其害。大补脾汤方中重用人参、炙甘草为主药，人参味甘性温，大补元气、复脉固脱；炙甘草味甘性平，补脾益气；干姜味辛性热，可入脾胃，温中散寒；白术味甘性温，益气健脾、燥湿止汗；麦冬甘寒养阴、益胃生津；五味子味酸收敛，益气生津止渴；旋覆花味苦，所谓"诸花皆升旋覆独降"，其善降胃气、消痞止呕。全方大补脾气，使元气充、阴津复，兼潜降阴火。

2　辨治经验

临床上，胃痞近似于西医学慢性萎缩性胃炎（chronic atrophic gastritis，CAG）。王教授认为，CAG 病变部位虽在脾胃，但常波及其他脏腑，故强调辨病辨证应着眼于整体而兼顾局部（脾胃）的病理改变，谨守病机，将调治脾胃融入调理整体之中，遵循"脾宜升则健，胃宜降则和"的治疗原则,遣方投药以健脾益气、和胃扶正为主,兼疏肝理气、益气养阴、清热化湿、活血化瘀等法。脾胃为滋养元气的本源,脾胃内伤必然导致元气不足而产生各种病变。王教授采用大补脾汤加减治疗胃痞,意在大补元气、滋阴生津、行气消痞。若兼脾胃气滞甚者,加枳壳、紫苏梗增强理气消痞之力;兼血虚者,加当归、白芍养血调血;兼肝气郁结者,加佛手、香橼疏肝理气而不伤阴;若兼不寐者,可加酸枣仁、柏子仁养心安神。

3 典型病例

案例1 患者,女,65岁,2014年6月12日就诊。1年半前,患者于某院在胃镜下行"胃息肉夹除术",术后胃脘痞满不适,稍食即饱,消瘦甚,口干喜热饮,畏寒肢冷,难以入睡,大便稀溏,每日2次,舌淡红胖大,苔薄白,脉细。辨为元气亏虚、津亏痞结之证,拟大补元气、养阴生津、行气消痞之法。方用大补脾汤加减:党参15g,炮姜6g,麸炒白术30g,麦冬10g,五味子6g,山药30g,焦六神曲12g,葛根15g,藿香(后下)30g,木香(后下)12g,砂仁(后下)8g,茯神30g,炙甘草6g,生姜3片,大枣3枚。7剂,每日1剂,水煎服。嘱不宜过饱,忌食生冷及辛辣刺激之品。

2014年7月1日二诊:胃脘痞满减轻,食纳好转,仍不易入睡,口干喜热饮,畏寒喜暖,大便偏溏、每日1~2次,舌淡红,苔薄白,脉细弦。守方加酸枣仁40g、远志12g、首乌藤15g以养心安神,炮姜改10g以温中止泻,五味子改12g加强涩肠止泻之力。继服7剂。

2014年7月12日三诊:胃脘痞满显减,食欲增加,大便有不尽之感、每日1~2次,舌暗红,苔薄白,脉细。守方去首乌藤,加柏子仁12g以润肠通便,改焦六神曲为15g加强消食导滞之功。继服7剂。

2014年7月20日四诊:偶有胃脘痞满,时有凌晨脘腹不适,下肢及面部浮肿,背部及四肢发凉,纳可,眠可,大便调,舌红,苔白腻,脉沉。凌晨时分阳气来复,正邪交争明显,因患者阳气不足,故凌晨脘腹不适,背部及四肢发凉,阳虚水泛而现下肢及面部浮肿。守方加黑附片12g以温阳散寒。继服7剂。

2014年7月27日五诊:无胃脘痞满,下肢及面部浮肿显减,纳佳,入睡稍有困难,大便调,舌暗红,苔薄黄,脉细。守方改茯神为40g、酸枣仁50g以加强养血安神之功。守方继服21剂巩固疗效。

按语 本案患者行"胃息肉夹除术",脾胃元气受损,故胃脘痞满不适、消瘦甚,故用党参、麸炒白术等补脾胃元气;口干喜热饮,可知阴津亏虚,故用麦冬、五味子、葛根等生津止渴。《脾胃论》云:"元气,乃先身生之精气也,非胃气不能滋之。"胃气为后天之本,元气为先天之本,治疗既要培补后天胃气,更要温补先天元气,故选用大补脾汤加减治疗,取得满意效果。

案例2 患者某,男,68岁,2016年7月21日就诊。1周前,患者因食管癌在某院行食管癌支架手术。刻下:食后胃脘痞满,呕吐频频,面黄肌瘦,胸骨后隐隐作痛,手足心发热,口干喜温饮,纳呆,眠浅易醒,近5天大便未行,舌红,苔黄厚腻,舌下静脉中度迂曲,脉沉细无力而微滑。辨证:元气衰竭,阴虚津亏。治法:温补元气、养阴生津。方以大补脾汤加味：红参（兑服）20g，西洋参（兑服）20g，党参 15g，白术 30g，五味子 10g，麦冬12g，旋覆花（包煎）30g，代赭石（先煎）30g，仙鹤草（煎汤代水）120g，茯苓 30g，槟榔 15g，枳实 10g，当归 15g，炙甘草 6g，生姜 3 片，大枣 3 枚。7 剂，水煎服，每日 1 剂。嘱不宜过饱，适寒热，注意保暖。

2016 年 7 月 28 日二诊：胃脘痞满及呕吐减轻，食纳及睡眠均好转，大便质可、三日一行，咯黄黏痰、夹有血块。守方加肉苁蓉 30g 以润肠通便、三七粉（冲）6g 以化瘀止血、姜半夏 12g 降气化痰。继服 21 剂。

2016 年 8 月 20 日三诊：胃脘痞满及呕吐明显好转，仍时咯黄黏痰、夹血块，舌暗红，苔厚腻、欠润有裂，舌下静脉中度迂曲，脉细数。守方加芦根 30g、浙贝母 15g、薏苡仁 40g 以清肺化痰、逐瘀排脓，改三七粉 12g。继服 30 剂后，患者病情稳定，守方继服 30 剂巩固疗效。

按语　恶性肿瘤多为本虚标实之证，治宜攻补兼施。《素问·六元正纪大论》云：“大积大聚，其可犯也，衰其大半而止。”本案患者因食管癌行食管癌支架手术，元气大衰，又见食积肠腑，故以大补脾汤扶正为主，加槟榔、枳实以消食导滞。临床研究表明，仙鹤草单味或复方对消化道癌如直肠癌、胃癌、肝癌、肺癌及白血病等具有明显抑制瘤体增殖、促进瘤体消散作用。故大剂量使用仙鹤草以补虚抗癌。正如张元素所谓“养正积自除”，待人体元气增强，邪气自会消去。

4　结　语

胃癌发病缓慢，病情顽固，迁延难愈。王教授认为本病辨证总属本虚标实，是一种虚实相兼的病变，并依据 CAG 发病规律、临床特征及病理特点，认为脾胃虚弱贯穿发病之始终，是其发生、发展的关键环节。大补脾汤大补脾胃元气，恰中胃癌病机，故疗效显著。

摘自：王韶康，殷世鹏，巩子汉，等．王道坤运用敦煌医方大补脾汤治疗胃癌经验［J］．中国中医药信息杂志，2018，25（6）：112-114.

王道坤从气虚痰瘀论治慢性萎缩性胃炎经验

王韶康，段永强

CAG 是以病变至胃腺体深部，腺体破坏、数量减少，固有层纤维化，黏膜变薄为主要病理改变的消化系统疾病。CAG 导致的胃癌是临床常见的消化道恶性肿瘤之一，是我国西北地区最常见的恶性肿瘤。CAG 属中医"痞满""胃胀""胃脘痛"等范畴。王教授通过 30 多年的深入研究，观察与总结两万多例患者，重视西医学对 CAG 的认识，胃镜及病理检查所见萎缩的黏膜明显红白相间，以白相为主，胃黏膜变薄及损伤，黏膜皱襞变平或消失，萎缩初期可见黏膜内小血管，后期可见大血管暴露呈树枝状，有时萎缩的黏膜上可见肠上皮化生、不典型增生等病理改变，从微观辨证而言，属脾胃虚损、胃络血瘀之候。从宏观辨证而言，CAG 属本虚标实，是一种虚实相兼的病变，依据 CAG 发病规律、临床特征及患病人群，认为脾胃虚弱贯穿发病之始终，是造成 CAG 的病理基础，是其发生、发展的关键环节，久则致痰瘀交阻，中焦气机不利而成痞满。笔者有幸跟随王教授学习，受益匪浅，现将王教授从气虚痰瘀论治 CAG 经验介绍如下。

从气虚痰瘀论 CAG 病机。气虚痰瘀理论基于气血津液学说，中医学认为气为血之帅，血为气之母。血能载气，气依赖血的运载而运行全身，血为气的生成提供营养；气能行血，推动与调控血在脉中稳定运行。《素问•调经论》云："血气不和，百病乃变化而生。"《医林改错•论抽风不是风》云："元气既虚，必不能达于血管，血管无气，必停留而瘀。"若气虚推动无力，则可导致瘀血。气推动和调控津液的正常输布运行，脾为生痰之源，脾气虚推动作用减弱，气化失司，会引起津液输布、排泄障碍，痰浊内生。气虚在痰、瘀的形成过程中起重要作用，而痰浊、瘀血合而为病，更会加重气虚。王教授从气虚痰瘀论 CAG，若脾气衰弱，运血无力，血行瘀滞，气机升降失常，客于胸胃之间，与有形之痰血饮食搏结一处为患，日久痞结成块。正如《丹溪心法》云："气不能做块成聚，块乃有形之物，痰与食积死血而成也。"韦丽荣等认为气虚痰瘀致病不是简单的气虚、痰浊、瘀血相加，应是气虚、痰浊、瘀血三者杂至，合而为病，痰浊、瘀血凝滞于同一脏腑、同一部位，两者不可分割。脾气虚弱，痰浊和瘀血凝滞于胃腑，虚实夹杂，相互影响，最终可以导致 CAG。

辨治经验对于 CAG 而言，王教授认为：脾胃虚弱为 CAG 的病理基础，"治病求本"，故首先要健脾益气，脾胃健运，气血生化有源，脾胃为气机升降之枢纽，气机调畅，气行则痰自消，正如《丹溪心法》云："善治痰者，不治痰而治气，气顺则一身之津液亦随气而顺矣。"气行则血行，血行则瘀去，正如《血证论•阴阳水火气血论》云："运血者即是气。"其次对于这种痰瘀互结所致的病证，单一的化痰或祛瘀往往疗效欠佳，更多的时候需痰瘀同治，理气化痰及祛瘀通络的药物同用，以疏其痰壅，消其瘀滞治标，则中焦痞塞得除矣。王教授在敦煌古医方大调中丸（白术十二分，人参十二分，干姜十二分，炙甘草十二分，橘皮六分，枳实■分）的基础上，又根据自己多年的临床实践经验制成化瘀消痞汤，其组成为白术 15g，党参 12g，干姜 6g，炙甘草 6g，枳实 12g，黄连 6g，半夏 15g，黄芪 12g，茯苓 12g，麦芽 12g，厚朴 10g，三七粉（冲服）6g。对由于脾虚气滞、痰瘀交阻所致的 CAG 而症见胃脘胀满或胀痛、食入不化、恶心呕吐、嗳气频作、身体懒倦、形瘦多梦、舌下静脉迂曲怒张、右手关脉弦等。化瘀消痞汤以大调中丸为主方，正如《素问•评热病论》云："邪之所凑，其气必虚。"加黄芪、茯苓增强其益气健脾之力，然痞结于中焦，气机阻滞，必渐与痰食交阻，故以干姜、黄连并用，辛开苦降，无论寒热之邪，皆可开泄，厚朴散湿，麦芽化食，久必痰瘀互结，故用半夏化痰，三七粉化瘀通络。纵观全方，消补兼施，寒热并用，气血并调，共奏益气健脾、化痰祛瘀、和胃消痞之功。在治疗CAG 的用药上，王教授认为贵在轻灵、流通、活泼，凡味厚甘腻，辛温燥烈，气味不纯，有碍胃气之品，皆非所用。用药力求清润不腻，寓流通之性，甘补不壅，具展运之用，以平淡轻灵之法治之，诚如清代医家费伯雄所言："天下无神奇之法，只有平淡之法，平淡之极，乃为神奇；否则眩异标新，用违其度，欲求近效，反速危亡，不和不缓故也。"甘温益气以健脾，燥湿和中以化痰，辛香通络以祛瘀。用药总以平淡轻灵来顾护胃气，体现了"平、运、通"的原则。CAG 此类疾病病情顽固，病程较长，以虚为主，《医宗必读·辨治大法论》云："虚实者，虚证如家贫，室内空虚，铢铢累积，非旦夕间事，故无速法。"王教授认为本病在治疗上，3 个月为 1 个疗程，治疗过程中应劝告患者树立信心，坚持治疗。平素饮食宜规律，切忌饥饱无度，应选择易消化无刺激性食物，进食宜细嚼慢咽，忌食浓茶、烟酒、咖啡等。嘱患者舒畅情志，勿忧愁恼怒。

验 案 举 隅

　　患者，男，29 岁，2015 年 11 月 22 日初诊。反复胃脘胀满 2 年余，时有胃脘隐痛或刺痛，伴嗳气频作，反酸，神疲乏力，时有口苦。纳少，不敢多食，眠浅易醒，大便夹有食物残渣，每日 1～4 次。舌淡红胖大边有齿痕，苔白腻，舌下静脉中度迂曲怒张；脉沉细。2015 年 11 月 21 日外院胃镜示：慢性萎缩性胃炎（窦轻度）伴增生、糜烂。西医诊断：慢性萎缩性胃炎。中医诊断：胃痞病。辨证：脾气虚弱，痰凝血瘀。选用化瘀消痞汤加味，方药：麸炒白术 15g，党参 15g，干姜 6g，枳实 15g，茯苓 15g，半夏 15g，黄连 6g，鸡内金 10g，焦六神曲 15g，三七粉（冲服）6g，厚朴 30g，海螵蛸 30g，浙贝母 15g，三棱 12g，莪术 12g，自备生姜 3 片、大枣 3 枚。21 剂，水煎分服，日 1 剂，早晚饭后 1 小时服。医嘱：不宜过饱，忌食生冷辛辣刺激之品，注意保暖，适寒热。二诊（2015 年 12 月 15 日）：胃脘胀满及隐痛减轻，仍嗳气，食后易反酸，口干喜饮，纳少，不敢多食，消瘦乏力，眠浅易醒，大便夹有食物残渣，每日 1 次，舌脉如前。守方改茯苓为 30g，改鸡内金为 20g加强益气健脾、消食导滞之力；改海螵蛸为 40g，改浙贝母为 20g 加强和胃制酸之功；加当归 12g 以期养血活血。继服 21 剂。三诊（2016 年 1 月 12 日）：胃脘胀满及隐痛明显减轻，现偶有反酸，仍时有乏力。食纳可，不敢多食，睡眠可，大便调。舌淡红略胖边有齿痕，苔白，舌下静脉轻度迂曲怒张；脉沉细。守方改三七粉 12g，改当归为 15g 以加强活血化瘀之功。继服 21 剂。四诊（2016 年 3 月 31 日）：无明显不适，纳眠可，二便调，舌脉如前。2016 年 3 月 29 日外院胃镜检查示：慢性非萎缩性胃炎。原方继服 30 剂，以巩固疗效。嘱其慎饮食，畅情志，避免复发，并于 6～12 个月后再次复查胃镜。

　　按语　《证治汇补·痞满》云："大抵心下痞闷，必是脾胃受亏，浊气夹痰，不能运化为患。"本案患者脾气虚弱，气机阻滞，则现胃脘胀满，不能充精养神而致神疲乏力；化津乏源，津液不能上呈于口，则现口苦；运化失司，故大便中夹有食物残渣；痰凝血瘀则现胃脘隐痛或刺痛，舌苔白腻，舌下静脉迂曲怒张；胃失和降，胃气上逆则现嗳气反酸，胃不和则卧不安；故选用化瘀消痞汤加味，方中用党参、麸炒白术、干姜、茯苓等温补脾胃元气，枳实、厚朴、半夏、黄连消痞化痰，三七粉活血化瘀通络，海螵蛸、浙贝母和胃制酸，三棱、莪术、鸡内金消积止痛。药证相符，疗效显著。西医学目前尚无防治 CAG 的有效手段，而中医药防治该病具有明显优势，在临床中应用前景广阔。朱日等研究 CAG 伴肠化不同中医证型与 Hp 感染、COX-2、p53 表达的相关性得出结论：CAG 伴肠化中脾胃虚弱证是一个应予以特别重视的证型。潘从清等通过分析中药治疗脾虚型 CAG 疗效的影响因素后得出结论：重视 CAG 的病理生理特点和合理应用活血化瘀疗法是提高本病疗效的重要途径之一。程若东等运用循证医学方法原理，为系统评价益气活血法治疗 CAG 的有效性与安全性，全面搜索有关益气活血法治疗 CAG 的临床研究报告，加以总结，结果表明在中医症状、胃镜检查、黏膜病理、Hp 转阴治疗等方面，益气活血法均显示出较好的临床疗效，而且治疗 CAG 安全有效。王道坤教授从气虚痰瘀论治 CAG，以健脾益气、化痰祛瘀为治疗原则，标本兼治，中焦痞塞得除，终使人体阴平阳秘，气血调和。该临床经验和遣方用药思路值得学习和推广。

摘自：王韶康，段永强. 王道坤从气虚痰瘀论治慢性萎缩性胃炎经验［J］. 中华中医药杂志，2018，33（7）：2920-2922.

"脾胃互藏五脏" 理论在慢性萎缩性胃炎中的应用探析

马骏，段永强

"脾胃互藏五脏" 对阐述脾胃虚弱导致互藏失调之疾病提供了重要的理论和实践依据，在慢性萎缩性胃炎治疗中具有重要指导作用，针对慢性萎缩性胃炎久治不愈或效不显著者，可在脾胃为核心基础上兼顾他脏，常可收到较好疗效，兹阐述如下。

1 "脾胃互藏五脏" 理论

"五脏互藏" 概念源于 "五行互藏" 说。在中医理论中，五脏分别对应五行，故 "五脏互藏" 又被称为 "五行互藏"。《类经图翼·五行统论》曰："凡五脏之气，必互相灌濡，故五脏之中，必各兼五气。"指出五脏之气互相作用，每脏均有他脏之气，这是 "五脏互藏" 学说雏形。脾胃为后天之本，气血生化之源，对他脏气血运化及其生长收藏功能具有调控作用，因此脾胃在五脏互藏中具有重要地位。后世医家重视脾胃，并形成一套以脾胃为核心的理论，如《慎斋遗书·阴阳脏腑》"脾胃为后天五脏之成""胃中阳气贯于五脏之内"，若五脏有一脏不能秉生成之气则病，如"心之脾胃虚""脾之脾胃虚""肾之脾胃虚""肝之脾胃虚""肺之脾胃虚"，其"脾胃之五脏"揭示了脾胃互藏五脏的观点，认为五脏之脾胃虚，因其虚而调理之，即治病必先重视脾胃。脾胃为后天之本，每一脏都有类似脾胃的功能。

　　笔者认为，"脾胃互藏五脏"本义是指脾胃调控本脏功能外，同时具有作用其他四脏的功能。首先，脾胃为气血生化之源，濡养五脏六腑，故其他四脏皆有脾胃之气，即《素问·玉机真脏论》所谓"五脏皆禀气于胃，胃者五脏之本也"。胃与五脏生理上密切相关，病理上相互影响，胃的病变常牵连五脏，而五脏病变又常与胃腑相关。其次，人体是以五脏为核心的有机整体，五脏内部及五脏之间存在多维度联络，从而维持机体正常生理功能，故治疗上通过脾胃可调理他脏，治疗他脏疾病亦可通过调理脾胃之法，《景岳全书·杂证谟·脾胃》所谓"善治脾者，能调五脏，即所以治脾胃也；能治脾胃，而使食进胃强，即所以安五脏也"。五脏之间联系紧密，相辅相成，病理上相互影响，故单从脾胃论治慢性萎缩性胃炎具有一定的片面性和局限性。而从"脾胃互藏五脏"辨治慢性萎缩性胃炎可提高疗效。

2　从"五脏之脾胃虚"认识慢性萎缩性胃炎发病机制

2.1　肺之脾胃虚

　　脾为肺之母，脾气健运，则肺脾功能正常，《素问·经脉别论》云："饮入于胃，游溢精气，上输于脾。脾气散精，上归于肺，通调水道，下输膀胱。水精四布，五经并行。"《灵枢·口问》："谷气入胃，胃气上注于肺。"脾胃之气不能上传于肺，即肺之脾胃虚，则肺既不能承其降下之令，又必见脾与胃气机升降乖违，不但导致脾胃运化失常而引起胃病，进而使肺金失养而致肾水衰败。《灵枢·营卫生会》曰："人受于谷气，谷入于胃，以传于肺，五脏六腑皆以受气。"根据脾升胃降特点，气机不畅易引发胃胀胃痛等症，故胃病常兼以理气，使脾胃气机通降功能正常。肺为一身之气所主，故治气者，皆当理肺。对某些肺气虚者，常用"子病治母"之法，可收到不直接治肺而获良效之效；又慢性萎缩性胃炎症见咳嗽发热、不思饮食、大便干、舌红少津、脉细数等，乃邪热犯肺、胃阴亏耗而致肺胃同病，法当清肺泻热、养阴益胃为主。

2.2　肾之脾胃虚

　　肾之脾胃虚是指脾胃之气不能传输于肾，可通过温肾达到补脾目的。脾胃之运化腐熟水谷，赖肾阳温煦功能，故临证可通过从肾治胃之法。《慎斋遗书》曰："一人六脉沉阴，重按又无力不清，肾虚也。胃脘痛即泻，痛一阵，泻一阵，肾之脾胃虚火浮于上也。补脾则肾水亏，滋阴则水来侮土，治法惟温肾即可温脾。"《素问·水热穴论》："肾者，胃之关也。关门不利，故聚水而从其类也。"其意是指肾为水脏，为津液蒸腾气化代谢之门户；脾胃主运化水谷精微，为津液气血之源。若肾"关门不利"，会影响脾胃功能，脾升胃降不利，从而引起胃痛、胃痞、恶心、反酸、嗳气等症。基于此，对临床某些胃肠疾病从肾论治，或调理脾胃同时兼以补肾，往往可收到较好的疗效。

2.3 肝之脾胃虚

《素问·保命全形论》有"土得木而达"，《素问·六元正纪大论》言"木郁之发……民病胃脘当心而痛"。五行不克则不生，木克土正说明脾胃化生之气血能濡养肝木，同时脾胃正常功能又赖肝之疏泄。《慎斋遗书》云："肝之脾胃虚也，胃气不能到肝，则肝木挟邪上克脾土，故肝强而脉弦，弦者减也，减者中和之气少也，此虚在脾，脾当扶也。然扶脾不制木，无益也。"指出了肝与脾胃在生理和病理上的相关性。《景岳全书·痞满》曰："怒气暴伤，肝气未平而痞。"《血证论》云："木之性主于疏泄，食气入胃，全赖肝木之气以疏泄之，而水谷乃化。"肝主疏泄，其疏泄功能主要在于调畅肝胃气机，维持正常的脾胃气机升降功能。胆汁反流可破坏胃和食管黏膜屏障，与慢性萎缩性胃炎等疾病有密切关系，因此可通过疏肝和胃之法，调节肝胆疏泄功能，进而达到治疗慢性萎缩性胃炎目的。

2.4 心之脾胃虚

心属火，脾属土，心火能生脾土；肾属水，心属火，肾水能克心火，脾胃居中央以制水，心成其君主之令，气归于肾，则肾水不能上凌于心。若脾胃之气不能上达于心，谓为心之脾胃虚，则心不交肾，反被水克而作奔豚。另外，心主血脉，脾主统血，血为阴，血的生成又赖胃阳之温煦，故"脾气行则心有所奉而血生。心、脾二经皆生血之原也。血者，阴也，阴生于阳，胃阳既病而无生发之气，则阴血所生之原病矣，焉能不及于心脾哉？"（《慎斋遗书》）。因此，心气伤则脾胃伤，气血生化乏源，久则胃体失养而腺体萎缩，胃痛作矣。临床多见脾胃虚弱者往往兼血不养心之证，表现为胃脘隐痛、心悸少寐、口干不渴、便溏、舌淡有齿痕、苔白、脉沉细等，是为母病及子。方用归脾汤化裁，以达健脾养心之功；又心阴暗耗者常致胃阴不足，症见胃痛隐隐、绵绵不休、心烦不寐、舌红少苔、脉细数等，法当滋补心阴、益胃生津为主。有资料显示，胃肠道疾病常为心绞痛等心脏疾病的重要表现。这表明从心论治慢性萎缩性胃炎或心胃同治，有助于提高疗效。

2.5 脾之脾胃虚

《素问·刺禁论》曰："脾为之使，胃为之市。"《素问释义》注解曰："中枢旋转，水木因之而左升，火金因之而右旋。"其中"使"和"市"就是指联络和交换，可引申为"转枢"之意。《灵枢·本神》曰："天之在我者德也，地之在我者气也，德流气薄而生者也。"指出人依靠天地交合，而脏腑气机运行则赖脾胃斡旋。胃气之降源于脾之升清，"胃中阳气，贯于五脏"，故胃病多累及于脾。脾为后天之本，气血生化之源，临床多以虚证为主，故脾气健运与胃肠发病关系密切。《脾胃论·补脾胃泻阴火升阳汤》所谓"胃乃脾之刚，脾为胃之柔，表里之谓也。饮食不节，则胃先病，脾无所禀则后病；劳倦则脾先病，不能为胃行气而后病"。临床上，脾病多虚多寒，胃病多实多热，总归脾升胃降功能失调，"醒其脾则胃阳通而身和矣"（《慎斋遗书》）。脾胃为"后天之本"，在机体生命活动中具有重要地位，因此，从脾论治或脾胃同治，往往可收到较好疗效。

3 慢性萎缩性胃炎从五脏分型论治

3.1 脾胃虚寒，从心肾与脾胃论治

脾胃虚寒症见胃痛隐隐，绵绵不休，喜揉喜按，空腹痛甚，得食则缓，神疲乏力，倦怠嗜卧，甚则手足不温，常泛吐清水，劳累或遇冷加重，纳呆少食，大便溏薄，舌质淡胖、有齿痕，苔白，脉弱。因胃中水谷精微必赖肾火充足方能腐熟，若肾水不足而相火离位，则化为邪火，不但不能腐熟水谷，且脾胃亦不得温养；血是胃（脾）与心相互作用产生的，心生血，脾统血，血为阴，故血的生成必赖胃阳之温煦。慢性萎缩性胃炎出现的胃痛隐隐、绵绵不休、喜揉喜按、手足不温等，其病机为中阳不足，脾胃失养，虚则气血生化乏源，不荣则痛；寒凝胃脘则中焦气机不得宣通，不通则痛。故法当建其中脏，兼补肾阳以温脾和胃，使其温通，纳运健则气血自生。

3.2 肝郁脾虚，从肝与脾胃论治

肝郁脾虚症见胃脘及两胁胀满疼痛、拒按，常随情志而加重，嗳腐吞酸，或呕吐未消化食物，烦躁易怒，矢气少，大便不爽，舌苔腻，脉弦或弦数。又慢性萎缩性胃炎患者常因情志不舒，肝郁气滞，横逆犯胃，从而形成肝胃不和之证。黄元御指出"木生于水而长于土，土气冲和，则肝随脾升……木荣而不郁，土弱不能达木，则木气郁塞""木之能泄，赖己土之升，升则气达也……土湿脾陷，抑遏己土生发之性，疏泄不畅"。一般情况下，木克土利于脾胃生发，但若肝气郁滞或疏泄不及，则克伐脾胃太过，脾胃伤而运化不及，气血生化乏源，胃络失养，以致腺体萎缩。此时宜疏肝和胃。

3.3 寒邪客胃，从肺与脾胃论治

寒邪客胃症见胃脘暴痛、痛势剧烈、得温则缓，恶心，泛吐清水，腹部胀满，面色青晦，舌暗苔白，脉弦紧。胃以通降为顺，气血化生须经胃气清肃通降而实现，并有赖肺肃降之性完成。肺与大肠相表里，若肺寒失其宣降之令，则胃肠之气寒亦不能降，气血不能运行，滞结于胃肠则病矣。故宜用温通之法，补其不足，温其凝寒，使气得宣通而痛自止。且肺为脾胃之子，《素问·阴阳别论》"所谓阳者，胃脘之阳也"，明确指出阳气就是胃脘之阳，通过温补中焦即可恢复肺的正常功能。肺为一身之气所主，脾胃为气机升降之枢纽，

故凡治气者，皆当理肺，寒邪客肺，从肺治胃，或肺胃兼治，不失为妙法。

4 小 结

"脾胃互藏五脏"理论突破单纯从脾胃论治慢性萎缩性胃炎的局限，建立以脾胃为核心的脏腑理论体系，更切合中医整体辨证观念，在临床治疗中具有重要指导意义。因此，对"脾胃互藏五脏"理论进行探析，通常达变，不仅拓展了思路，而且能较好提高临床治疗慢性萎缩性胃炎疗效。

摘自：马骏，段永强，等."脾胃互藏五脏"理论在慢性萎缩性胃炎中的应用探析［J］.中国中医药信息杂志，2020.

王道坤运用枳实消痞汤辨治老年慢性萎缩性胃炎经验介绍

段永强，王君，成映霞

慢性萎缩性胃炎（chronic atrophic gastritis，CAG）属中医"痞满""胃胀""胃脘痛"等范畴，是由外邪内陷、饮食不节、情志失调、脾胃虚弱等导致中焦气机不利、升降失常而形成的以渐进性纳呆少食、运化迟滞、脘腹满胀或胃脘胀痛为主症的病症。临床上，老年人群是罹患慢性萎缩性胃炎的好发人群，此与萎缩性胃炎慢性迁延、增龄性衍生有密切关系。

1 病 因 病 机

慢性萎缩性胃炎的病因病机有外感内伤之别，但鉴于临床上中老年人群罹患CAG的人数逐年增加，王教授临证中尤其重视老年人群体质特征与CAG病因病机的有机结合，理法方药以求精准无误。CAG病位虽在胃腑，但从中医病因病机角度分析，CAG与脾、胃密切相关。老年人因年龄增加，纳食运化，不免失节，日久胃腑受累，脾胃虚弱，气机（气血）失调而易发为CAG，《临证指南医案》指出"高年阳明气衰"，即老年人脾胃虚弱，其运化功能减退。同时老年人群可因脾虚而导致痰湿内生，肾虚而导致元气不足，气虚而导致瘀血内生，这些亦是加重CAG老年患者症状突出、迁延难愈的主要因素。王教授认为

CAG病机特点多为脾胃素虚，内外之邪乘袭，致脾之清阳不升，胃之浊阴不降，纳运失调，升降失司。结合CAG的脏腑病证特点和发病部位，其病位主要在脾与胃，病性有虚实之分，但以虚实错杂多见。王教授认为脾胃虚弱既是CAG的内在成因，亦是CAG发展恶变的重要病机，而痰湿瘀血为其病理进一步发展的基础。故王教授将老年人群CAG患者病机归纳为"脾胃虚弱，气机逆乱，痰瘀交阻"，认为脾胃虚弱是CAG发病的根本内因，气机逆乱是CAG发生的主要特点，痰瘀交阻是CAG发展的病理趋势和恶变结果，强调治疗老年性CAG应从脾胃、气机和痰瘀入手，随症立法处方。

2　重视脾胃功能失调与CAG发生发展的相关性

CAG常见临床症状包括呃逆嗳气、口干口苦、纳呆少食、稍食则饱、食后胀甚、胃脘胀痛、脘腹胀满、严重者胀痛牵连两胁及后背，或神疲乏力、大便溏结不调、形体消瘦等。诚如清代沈金鳌《杂病源流犀烛》云："痞满，脾病也，本由脾气虚，及气郁不能运行，心下痞塞……"说明脾胃虚弱，气机（血）失调是痞满的基本病机。王教授认为脾胃生理功能（特性）失调与CAG的病理变化具有密切的相关性，具体而言，CAG证候要素反映出的病机内涵主要是脾胃生理功能的失调，纳呆少食、稍食则饱、食后胀甚提示脾胃虚弱，纳运失常是CAG发生的基本病机；呃逆嗳气、胃脘胀痛、脘腹胀满、严重者胀痛牵连两胁及后背提示升降失常，气机逆乱是CAG发生的主要特点；口干口苦、舌苔厚腻欠润、大便干结以及病理活检胃黏膜变薄，腺体萎缩或肠化增生提示痰瘀互阻、毒邪侵袭是CAG发展甚至恶变的主要症结。故王教授治疗老年CAG疾病，强调要重脾胃，守病机。

3　重视脾胃兼顾肝肾，消补兼施以求五脏安和

王教授临证尤其重视固护脾胃功能，力倡"脾胃是气血阴阳生化之源，四时养生，五脏安和皆以胃气为本"，鉴于CAG脏腑病证特点，其病性虽有虚实之分，但老年患者以虚实错杂多见。王教授在临证中强调既重视脾胃之生理特性，又重视脾胃之病理变化，既重视辨病与辨证相结合，又重视辨证与遣药相吻合。故临床选方遣药遵此心得，活用具有健脾和胃、消痞除满之功的枳实消痞汤加减化裁，效如桴鼓。枳实消痞丸出自金元医家李杲《兰室秘藏》，原方主治心下痞满、不欲饮食、倦怠乏力、大便不畅等属虚实相兼、寒热错杂之证。方中枳实苦辛微寒，行气消痞为君；厚朴苦辛而温，行气除满为臣，两者合用，以增行气消痞除满之效；黄连苦寒清热燥湿而除痞，半夏曲辛温散结而和胃，少佐干姜辛热温中祛寒，三味相伍，辛开苦降，平调寒热，共助枳实、厚朴行气消痞除满之功；麦芽甘平，消食和胃；人参、白术、茯苓、炙甘草（四君子汤）益气健脾，祛湿和中，共为佐药；炙甘草亦为使药，全方用药有消有补，有寒有热，体现了消补兼施、辛开苦降的配伍特点。

　　王教授在治疗 CAG 过程中除重视脾胃之外，结合"肝气郁则胃气滞，肝气通则胃气和""土得木则达"的理论要旨，并遵金元医家李东垣"脾胃-元气"理论，针对 CAG 本虚标实病机特点及老年患者人群体质特点，善用枳实消痞汤加减化裁，遣方用药兼顾肝肾之性，譬如兼有肝气郁滞者，善用柴胡、枳壳、佛手、郁金等疏肝理气之品；兼有肝阴虚者，喜用白芍、当归、酸枣仁、枸杞子等滋补肝阴之品；兼有肝火旺者，善用延胡索、川楝子、焦栀子等清泄肝火之品；兼有肾阳虚者，善用仙茅、淫羊藿、盐杜仲、肉苁蓉等温肾助阳之品；兼有肾阴虚者，善用生地黄、旱莲草、女贞子等滋补肾阴之品；兼有肾精不足者，善用鹿角胶、鳖甲、龟板、阿胶等疏肝理气之品，但必配伍陈皮、枳壳、甘松、木香等理气消滞之品，疗效屡显。

4　化痰祛瘀以求气机畅达

　　临证中，王教授不但重视脾胃肝肾相关特点，同时亦重视痰、瘀病理产物对机体的影响。王教授认为老年人群 CAG 发生发展过程中，尤其是伴有不典型增生者（病理活检提示有肠上皮化生者），每可见到不同程度痰瘀的病理变化。从病因病机来看，无论是外邪犯胃、饮食不节，还是情志不畅、体虚久病均可使脾胃气机升降失司，气血失畅，水津失布而致痰瘀互生。作为一种病理产物，痰瘀又可进一步阻碍中焦气机，导致脾胃运化功能紊乱，二者互为因果，形成恶性循环，致使本病迁延，反复难愈，甚至恶变，诚如清代叶天士在《临证指南医案》中指出"胃病久而屡发，必有凝痰聚瘀"。故 CAG 辨证兼有血瘀者，王教授善用化瘀消痞汤治疗，即在枳实消痞汤的基础上加用活血化瘀之品，譬如血瘀轻证，加用红花、三七、川芎；血瘀重证，加用丹参、血竭、三棱；更甚者加用莪术、藤梨根、土鳖虫、全蝎、蜈蚣、水蛭等破血逐瘀之品。对于瘀血，王教授并非一味活血，其在活血化瘀药中必加黄芪、党参以培中扶正，其次必加木香、砂仁、枳壳、槟榔以行气消瘀；如兼有痰浊者，善用茯苓、制半夏、瓜蒌皮（便秘者改用瓜蒌仁）、藿香、薏苡仁等化痰消浊之品（剂量多为 20～30g），借此以求"痰瘀消而气机调，气机畅而脾胃安"。笔者在跟师临床实践中体会到，只要辨证准确，谨守病机，对老年 CAG 患者依法用药后痰瘀渐消，使得气机畅达则痞满胀痛减轻，疗效显著。

5　病　案　举　例

　　刘某，女，67 岁，2013 年 8 月 13 日初诊。主诉胃脘胀痛 3 月余，加重 4 天。现症见胃脘胀痛，晨起即有早饱感，稍有进食则胀甚，兼及两胁胀痛（且生气时则有加重），伴有口干口苦，纳呆少食，神疲乏力，大便微干，1～2 天 1 次，舌淡红微暗，舌边略有齿痕，舌苔白而微黏腻，舌下静脉轻度迂曲，色微暗淡，脉沉细。2013 年 7 月 29 日在兰州大学第一医院胃镜检查提示：①胆汁反流性胃炎；②慢性萎缩性胃炎Ⅰ级（胃窦）伴糜烂。自诉近半年体重下降 8 斤，平素无不良嗜好，44 岁绝经，家族无消化道肿瘤病史。辨证为肝胃不和，脾胃虚弱，中焦气滞。治法：健脾和胃，疏肝理气，消痞除满。以枳实消痞汤合四逆散加减，处方：枳实、姜半夏各 15g，党参、炒白术各 18g，茯苓、藿香（后下）各 20g，炒麦芽、六神曲、厚朴、白芍各 12g，柴胡 10g，炙甘草、黄连各 6g，生姜 3 片，大枣 3 枚。7 剂，每天 1 剂，水煎取汁 500mL，分早晚饭后 1 小时服用，嘱忌生冷刺激之品，调畅情志，保持愉悦。

2013 年 8 月 20 日二诊：服药后胃脘胀痛、口干口苦稍有减轻，晨起仍有早饱感，稍有进食则胀甚，兼及两胁胀痛，偶有手足心热，大便调，每天 1 次，舌淡红微暗，舌边略有齿痕，舌苔白而微腻，舌下静脉轻度迂曲，色微暗淡，脉沉细。上方加甘松、苏梗各 12g，醒脾理气，加川楝子、延胡索各 10g，清泄肝热，柴胡加量至 15g 以增疏肝理气之功。生姜 3 片，大枣 3 枚。7 剂，每天 1 剂，水煎取汁 500mL，分早晚饭后 1 小时服用，嘱忌生冷辛辣刺激之品，调畅情志，保持愉悦。

2013 年 8 月 27 日三诊：服药后胃脘胀痛及两胁胀痛减轻，口干口苦、手足心热大减，晨起仍有早饱感，稍有进食则胀甚，大便调，每天 1 次，舌淡红微暗苔薄白，舌边略有齿痕，舌下静脉轻度迂曲，色微暗淡，脉沉细。上方甘松、苏梗各加量至 15g 以加强醒脾理气之力，加刘寄奴 15g 活血化瘀、消食化积，生姜 3 片，大枣 3 枚。14 剂，每天 1 剂，水煎取汁 500mL，分早晚饭后 1 小时服用，嘱忌生冷辛辣刺激之品，调畅情志，保持愉悦。

2013 年 9 月 10 日四诊：药后胃脘胀痛及两胁胀痛大减，口干口苦，手足心热消失，晨起偶有早饱感，稍有进食则胀甚，大便调，每天 1 次，舌质淡红微暗苔薄白，舌边略有齿痕，舌下静脉轻度迂曲、色微暗淡，脉沉细。上方去藿香，加木香（后下）、砂仁（后下）各 6g，加强理气消胀之力。14 剂，每天 1 剂，水煎取汁 500mL，分早晚饭后 1 小时服用，嘱忌生冷辛辣刺激之品，调畅情志，保持愉悦。

2013 年 9 月 24 日五诊：药后胃脘胀痛及两胁胀痛大减，纳食增加，精神转佳，偶有多食则胃脘胀痛，大便调，每天 1 次，舌淡红苔薄白，舌边齿痕减轻，舌下静脉轻度迂曲、色微暗，脉沉而有力。守方继续服用 9 月余，期间随症灵活加减用药，但立法处方总不离健脾和胃、消痞除满、疏肝理气之法。服药方法及医嘱同前。2014 年 8 月 14 日在兰州大学第一医院胃镜检查提示：慢性浅表性胃炎。后随访了解，患者反馈胃脘胀痛、晨起早饱感及两胁胀痛消失，纳食增加（但不能饱食），精神好转，大便调，每天 1 次，且日常生活自理，无胃脘胀痛之扰而情绪愉悦。

按语　本例患者胃脘胀痛兼及两胁胀痛，且生气时则有加重，伴有口干口苦，纳呆少食，神疲乏力，大便微干，1～2 天 1 次，提示脾胃虚弱，肝胃不和，中焦气滞；舌淡红微暗，舌边略有齿痕，舌苔白而微黏腻，舌下静脉轻度迂曲，色微暗淡，脉沉细，提示脾胃虚弱，兼有湿浊，故辨证为肝胃不和，脾胃虚弱，中焦气滞，治则治法以健脾和胃，消痞除满，兼以疏肝理气为主，选方以枳实消痞汤合四逆散化裁，治疗中或加甘松、苏梗以醒脾理气，或加川楝子、延胡索以清泄肝热，或加柴胡、刘寄奴、木香、砂仁以疏肝理气，行气消滞，方证相应，按疗程治疗后由慢性萎缩性胃炎转为浅表性胃炎，疗效显著。

摘自：段永强，王君，成映霞，等. 王道坤运用枳实消痞汤辨治老年慢性萎缩性胃炎经验介绍［J］. 新中医，2016，48（11）：153-155.

王道坤教授治疗少年慢性萎缩性胃炎举隅

杨晓轶，王道坤，李应存

王道坤教授对敦煌医学经卷颇有研究，并就形成"敦煌医学流派"率先提出构想，其于临床时发掘敦煌古医方研制成医院内部制剂"萎胃灵"系列中成药，治疗脾胃疾病疗效显著。王道坤教授临证十分重视脾胃，推崇李杲"内伤脾胃，百病由生"的观点，善于通过调理脾胃治疗多种疑难病症。现将导师治疗少年慢性萎缩性胃炎的经验介绍如下。

1 病 因 病 机

慢性萎缩性胃炎（chronic atrophic gastritis，CAG）是消化系统常见病、多发病，系指胃黏膜上皮遭受反复损害导致固有腺体减少，伴或不伴纤维替代、肠腺化生和（或）假幽门化生的一种慢性胃部疾病。具有发病过程缓慢，病情复杂且顽固，病势缠绵，证候多有潜变，病理改变不易恢复，易癌变，施治棘手等特点。长期以来人们认为 CAG 的发生与 Hp 感染、胆汁反流、免疫、年龄、饮食（高盐、过热、低维生素）及遗传因素有关，是多种因素综合作用的结果。

CAG 属于中医学"胃脘痛""痞满"的范畴，其病因无外饮食劳伤、寒热失衡、肝气犯胃。《兰室秘藏·卷二》立"胃脘痛"一门，论述了病机，多系饮食劳倦而致脾胃之虚，又为寒邪所伤导致。对于其治法，不外益气、温中、理气、和胃等。《丹溪心法·心脾痛》谓："大凡心膈之痛，须分新久，若明知身受寒气，口吃冷物而得病者，于初得之时，当与温散或温利之药；若病之稍久则成郁，久郁则蒸热，热久必生火。"

2 经 验 特 色

针对 CAG，王道坤教授宗东垣之说，认为：正虚是 CAG 发生、发展中的根本内因，饮食不慎为其外因，寒热两邪贯穿始末，就此提出了"脾胃虚弱为本、气滞痰凝络瘀为标"的病机观点。就儿童及少年时期而言，患 CAG 相对较少见，其身体值生长发育阶段，脾胃为后天之本，易受邪侵，易虚易实，辨证分型可参照成人，分为中虚气滞型、脾胃阴虚型、湿热阻络型、肝胃不和型4型。治疗中虚气滞证可用化瘀消痞汤加减治疗，脾胃阴虚证则用枳壳益胃汤加减，湿热阻络证选用三仁汤加减，肝胃不和证用疏肝和胃汤加减。处方用药时强调剂量严谨、汤丸结合的原则。

3　验 案 报 道

　　患者申某，女，15岁，2010年1月7日初诊。患者母亲协诉：胃脘部出现阵发性绞痛，无规律性，反复4年，加重2个月，伴有恶心、脊背胀痛，睡前明显，纳食不馨，大便5~7天一解，质地干结，平素易疲乏、易患感冒，手足冰凉。望诊：形体清瘦，面色苍白，神倦懒言，舌淡红、苔白，脉沉细。2009年11月9日于兰州某医院做胃镜示：萎缩性胃炎Ⅱ级。胃窦黏膜呈中等颗粒状、皱襞变平、血管连续均匀透见，多发灰色肠上皮化生结节。病检：黏膜小凹增生扩张，较多炎性细胞浸润。曾多处就医，服用奥美拉唑、克拉霉素、枸橼酸莫沙必利、中成药等，症状改善不明显，遂请王道坤教授诊治。王教授诊断为"胃脘痛"，辨证为"化瘀消痞汤证"，方用化瘀消痞汤加减，处方：化瘀散（分冲）10g，消痞散30g，党参12g，白术12g，茯苓15g，炙甘草6g，陈皮12g，半夏12g，厚朴12g，炒麦芽15g，神曲15g，枳实15g，生大黄（后下）10g，白花蛇舌草12g，开胃散（包煎）30g，附片（先久煎）10g，高良姜3g。姜枣引，水煎，早晚饭后1小时服，7剂。另给予萎胃灵1号丸，每次1丸，1日3次；萎胃灵3号胶囊，每次3粒，1日3次，饭前0.5小时温开水送服。嘱咐患者及家属精神不要过于紧张，按时服药，忌食辛辣刺激和冷硬食物。

　　患者二诊和三诊服药平稳，症状逐渐减轻，舌脉如前，上方续服14剂。至2010年3月11日四诊时，患者诉胃脘阵发性拧绞痛、恶心消除，食欲稍好转，偶于天冷时稍觉腹部隐隐坠痛感，大便稍干，3天一解，仍易疲乏，舌淡红、苔白厚，脉沉细。处方稍作调整：化瘀散（分冲）10g，消痞散30g，党参12g，茯苓15g，炙甘草6g，陈皮12g，半夏12g，厚朴12g，枳实15g，大黄（后下）6g，开胃散（包煎）30g，益气散（兑入）10g，槟榔12g，连翘12g，焦三仙各12g，14剂。续服萎胃灵1号丸、萎胃灵3号胶囊。嘱咐坚持服药。2010年9月15日于兰州某医院复查胃镜示：萎缩性胃炎Ⅰ级，胃窦部黏膜呈粗颗粒状、皱襞变平、血管部分透见。病检：黏膜组织散在炎性细胞浸润。胃部微环境大为改善。后随访，患者已无明显症状，饮食、精神均好。

　　按语　本案患者为一少年，15岁，发病无明显原因和诱因，无不良饮食嗜好，无家族遗传史，病情迁延反复，王道坤教授认为该患者属脾胃阳气虚弱，证属虚寒，不荣则胃痛，气血生化乏源，所以症见乏力懒言、面色苍白、形体消瘦等。辨证为"化瘀消痞汤证"，处方裁用化瘀消痞汤，该方以陈夏六君子汤为基础健运脾胃，升举清阳，理气化痰；化瘀散由三七、丹参等组成，常用剂量是10g，功主活血化瘀、通络止痛；消痞散由枳实、白术等组成，用量为30g，健脾消胀；开胃散由白豆蔻、木香等构成，行气开胃，常用量为30g；厚朴、炒麦芽、神曲宽中消食；大黄通腑泄浊；白花蛇舌草现代药理学研究具有抗炎、调节免疫力作用，对预防癌变有一定功效；附片、高良姜温胃散寒；萎胃灵1号丸功用为抚养脾胃、理气消胀、化瘀消痞、和胃止痛；萎胃灵3号胶囊针对慢性萎缩性胃炎肠化增生而配制，功主扶正、预防癌变。我们所做的动物实验研究结果表明：萎胃灵 1 号丸能够显著升高实验大鼠血清白细胞介素-2（IL-2）、超氧化物歧化酶（SOD）水平，显著降低实验大鼠血清丙二醛（MDA）水平，因而具有提高机体抗氧化、清除自由基能力，调节机体免疫能力，是治疗 CAG 癌前病变的有效药物。动物长期毒性试验研究结果表明：大于人临床用药量 15 倍以上（最大 60 倍）连续给药 6 个月，未引起病理性和器质性改变，停药 30 天后也未见蓄积毒性后遗效应，因此可以认为该药是有较高安全性的。综观本案汤、丸、胶囊联合的治疗方案，无不体现王教授的"分型明确、虚实必辨、痰瘀细审、汤丸结合、未变先防"的治病主导思想。

摘自：杨晓轶，王道坤，李应存，等. 王道坤教授治疗少年慢性萎缩性胃炎举隅［J］. 中医儿科杂志，2012，8（2）：3-4.

王道坤教授治疗慢性萎缩性胃炎癌前病变经验

党民卿，段李桃

慢性萎缩性胃炎（CAG）胃癌前病变（PLGC）是一个病理学概念，是指胃镜及病理组织学检查胃黏膜颜色发生变化，由正常橘红色转为灰白、灰黄、灰绿色，萎缩早期可见黏膜内小血管，后期可见黏膜下大血管，并且腺体减少，伴有假幽门腺化生、肠上皮化生（IM）和异型增生（Dys）。中医学中没有 PLGC 的概念，根据其临床症状可归属于"胃脘痛""痞满""嘈杂"等范畴。1989 年 10 月全国脾胃病学术交流会议上将 CAG 归属于中医"胃痞"。王教授提出："安全有效控制和逆转 CAG 胃癌前期病变向胃癌转化是中医药的最大优势。"笔者有幸随诊王教授，得其言传身教，对其诊治 CAG 胃癌前病变经验略有心悟，现将其临床经验介绍如下。

1　病因、病机的研究

王教授结合胃镜病理检查，认为 PLGC 病因主要是六淫侵袭，情志不遂，饮食不节，劳逸失度，病机关键为"脾胃虚弱，元气不足，痰瘀互阻，气机阻滞，胃络血瘀"。脾胃虚弱，元气不足为本，痰瘀互阻，气滞血瘀为标。CAG 迁延日久，缠绵难愈，致元气亏虚，瘀阻络脉，脾胃气机升降失调，运化失常，气机壅塞中焦胃脘，上下不通而成痞满。脾胃运化失常，水谷精微不能化生气血反而形成湿浊，湿浊久居中焦胃脘，又阻碍气血的运行，导致气滞血瘀，湿浊日久郁而化热，形成热毒，湿浊、气滞、食积、热毒、瘀血互结壅塞于脘腑，损伤胃络，使胃黏膜上皮细胞组织形态结构发生变化，血败肉腐，细胞异型增生或肠上皮化生，向不正常的方向发展，而形成本病。慢性萎缩性胃炎伴异型增生是病理变化，经胃镜与病理组织活检确诊，用中医学的微观辨证属于瘀血证。综合中医学和西医学的认识，借助胃镜和病理组织活检确诊，结合临床，王老师将该病分为脾胃阴虚，瘀阻络脉；肝胃不和，瘀阻络脉；湿困中焦，瘀阻络脉；气虚挟滞，瘀阻络脉等证型，并提出"滋养胃阴，疏肝和胃，健脾化湿，补虚消滞，活血化瘀"的治疗方法，且活血化瘀之法贯穿于诸法之中，临床达到预期的疗效。

1.1　六淫外袭

外感风邪、寒邪、暑邪、湿邪、火邪、燥邪等邪气，均可以损伤脾胃而形成痞满。《素问·至真要大论》提出人体感受风邪，风邪进一步侵犯脾胃，导致脾胃升降失调，运化失常，可致胃脘痞闷不适，呕吐泄泻，腹胀肠鸣。诸多的古代文献论述说明外感六淫均可致脾胃气机升降失调，运化失常导致胃脘胀满或痞闷不适，不思饮食等而成痞满。如汉代张仲景的《伤寒论》，金元时期李东垣的《脾胃论》，明朝时期张景岳的《景岳全书》等著作都描述了外感风寒暑湿燥火六淫之邪均可引起痞满，阐明外邪侵袭，直中胃肠而致气机升降失常，壅塞中焦形成痞满。外邪侵袭，加之失治误治，用药不当，亦可导致痞满。阐述了外感邪气，循经入里，或因失治误治使正虚邪陷，阻碍气机，升降失常，从而发为痞满的理论。

1.2　情志不遂

《脾胃论·脾胃胜衰论》云："喜怒悲恐惊，扰乱人体的气机，使气机升降出入紊乱，耗伤人体的正气，暗耗心血，资助心火，气机不畅形成痞闷不适。"说明情志损伤均可导致气机升降失调，运化失常，而致痞满。肝与脾为木土乘克的关系，忧思郁怒，致使肝气郁结，气机不调畅克犯脾胃，发生脘腹胀满不适。《丹溪心法》指出："痞者与否同，不通泰也。脾气不和，气机升降失调，气机壅塞中焦不通畅，中州痞塞，皆为肝气郁结，木旺克犯脾土所形成也。"叶天士《临证指南医案·木乘上》亦指出：肝调畅气机疏泄功能的正常，有助于脾的升清，胃的降浊功能的正常发挥，若情志不遂，肝气郁结，气机不畅，逆行犯胃则胃气不降，克脾则脾不升清，清浊混淆，气机逆乱，水液和血液运行不畅，则气滞血瘀，最终导致痞满的形成。

1.3　食饮不节

胃主受纳，脾主运化，脾胃为后天之本。常因饮食不节，或暴饮暴食，或恣食生冷、辛辣炙烤食品等因素引起损伤脾胃，纳化失常，气机升降失调而成痞满。如《素问·痹论》

中言："饮食自倍，肠胃乃伤。"形成痞满。说明暴饮暴食，饥饱失常，导致脾胃损伤，运化失常而成痞满。《伤寒论》《寿亲养老新书》《丹溪心法》《脾胃论》中均论述起居无常，饮食不规律，饥饱失常，或饮食自倍而损伤脾胃。或嗜食肥甘厚味，贪凉生冷，辛辣刺激导致脾胃损伤气机升降失调，纳运失常而成痞满。另外，过嗜五味也可导致痞满。

1.4 劳逸失度

由于生活所迫，过于艰辛，劳伤气血，损伤脾胃生化气血的功能，久则伤其脾胃本脏。或是生活富足，过于奢逸，则肢体怠惰，气血运行不畅，影响脾胃的运化水湿的功能，久则影响脾胃本脏。《景岳全书》曰：虚寒痞满，大多思虑或劳倦过度，重病或大病后脾胃运化功能尚未恢复，或饮食不节，或大量用寒凉之品损伤脾胃阳气，以致脾胃被伤者，皆能形成痞满。可见过度劳累，耗伤脾胃之气，脾胃气虚，运化无力，则饮食入胃，不能化生精微，充养周身，水谷停留，反为积滞，而致痞满。

1.5 久病多瘀

清代叶天士认为："阳气虚损，鼓动无力，久病血瘀，胃痛久而屡发，必有凝痰聚瘀。"PLGC 患者临床常见脘腹部有刺痛或固定痛，拒按，面色暗，舌质或暗或紫，舌下脉络瘀紫、增粗、迂曲、延长等瘀血阻络之征；胃镜下可见胃黏膜呈颗粒状，胃黏膜变薄，血管显露，色泽灰暗等。"痿者萎也"，胃黏膜色泽灰暗，变薄，血管网显露，乃脾胃气虚、气血生化乏源导致胃体失养之象，胃黏膜充血、水肿、糜烂、增厚，表面粗糙、颗粒或结节状凸起，为萎缩性胃炎胃络瘀阻的客观表现，是胃镜下微观辨证的"标实"之瘀的表现；病理活检可见固有腺体萎缩，或伴肠化生、异型增生等，为 PLGC 气虚血瘀、本虚标实、虚实夹杂的表现。《血证论》曰："瘀血在里则口渴，所以然者，血与气本不相离，内有瘀血，气不得通，不能载水津上升，是以发渴，名曰血渴，瘀血去则不渴矣。"本病多有口干症，亦多为血瘀所致。

2 诊 疗 思 路

2.1 衷中参西　病证结合

王老师在辨治慢性萎缩性胃炎及癌前病变时，既辨证论治，又参考胃镜及活检的诊断，临床突出特点为"衷中参西，辨证论治"。"衷中"就是运用中医传统的四诊八纲进行诊断、辨治，根据不同的证型，确立基本处方；"参西"就是参考西医胃镜及活检的微观病理变化，进行有针对性的用药治疗，预防慢性萎缩性胃炎及癌前病变的进一步发展，以使肠化生、异型增生消失，逆转其病理状态。如果胃镜及活检显示慢性萎缩性胃炎伴肠化生及异型增生，提示为癌前病变。王教授认为中医学的病，一个病包含西医学的几个病。中医学的证，是根据临床表现的综合归纳，同一种病可以出现完全不同的证。CAG 癌前病变须借助于胃镜和病理活检诊断。在临床上，胃镜和病理活检因检测方式不同而会出现诊断反差。如在胃黏膜取材准确的前提下，则以病理活检诊断为依据。王教授认为，明确病理活检诊断以后，我们不但不会误诊，反而能够准确地掌握患者目前的病情。本病临床表现的宏观辨证，气虚夹滞，肝胃不和，脾胃阴虚，湿困中焦证型，结合胃镜和病理检查结果的微观辨证，各型均有瘀阻络脉。符合《临证指南医案》所云："其初在经在气，其久入络入血。"宏观辨证结合微观辨证，这是深一层次的病证结合。

2.2　四诊合参　重视舌下络脉

《丹溪心法》："能合色脉，可以万全。"望诊，导师指出本病多病程日久，消化功能低下，机体营养匮乏，多表现为面色萎黄，形体消瘦，表情抑郁，或若有所思。舌质多见暗红或胖大，舌下脉络瘀阻。闻诊，湿浊困中焦日久化热者口有异味。问诊，多有暴饮暴食，嗜食辛辣生冷，有长期负面情绪史等。切诊，脉多见沉细、弦细，脉象可反映出机体气血的盛衰和运行的状况。临证要四诊合参，才能更精准地辨证，更有效地施治。舌诊中更重视对"舌下脉络"的诊察，舌下脉络瘀阻的程度与病情的轻重，胃镜和病检结果大体一致，故可作为诊断此病轻重和疗效评估的重要参考。

2.3　扶正为主　祛邪为要

《内经》曰："邪之所凑，其气必虚。"仲景在《伤寒论》中言："四季脾旺不受邪。"王教授认为慢性萎缩性胃炎癌前病变的病机关键为"脾胃虚弱，元气不足，痰瘀互阻，气滞血瘀"，PLGC 大多数由脾胃虚弱，元气不足，气血阴阳虚弱时发病，故治疗上当以扶正为主。PLGC 病程长、病情反复难愈，初期脾胃气虚，脾虚气机升降功能失调，运化失常，水谷精微不能化生气血反而生成痰湿水饮，湿浊久居阻碍气血运行，气血流通不畅造成血瘀。因虚致实，所谓初病在气分，久必在血，形成痰湿瘀血，因此临床治疗当以祛邪为要。

2.4　辨证分型

王教授认为 PLGC 的临床表现以"痞满、餐后胃脘胀痛、不敢吃"为主症。痞满：以胃脘部胀满，或嘈杂，或反酸烧心为主；胀痛以脘腹及胸胁疼痛为主，多兼隐痛、胀痛、钝痛，时有剧痛、绞痛。不敢食：以食欲正常，食后胀满不适、呕吐、腹泻为主，患者多有面色㿠白、头晕乏力等症状，检查多有贫血或伴有重度肠化生或（和）异型增生。王教授按临床表现的不同，将 PLGC 大致分为 5 型。

肝胃不和证：胃脘胀痛，连及两胁，嗳气频作为主症，兼见口苦，嘈杂反酸，舌质红、苔薄白，脉弦。

中虚气滞证：食少乏力，胃脘胀满，以"想吃而不敢吃"为显著特点，兼见纳少，餐后胃脘胀满不适加重，舌质淡暗、舌苔薄白，脉弱无力。

脾胃阴虚证：胃脘灼热疼痛，口干欲饮，大便干结为主症，兼见口舌生疮，饥不欲食或手足心热，舌红少苔或有裂纹，或花剥，脉细数。

湿热蕴阻证：胃脘胀满或痞满，口干口黏为主症，兼见嘈杂不适，纳呆，大便不爽，舌边尖红，苔黄腻，脉滑数。

瘀血阻络证：胃脘刺痛，痛有定处为主症，兼见刀割样、针刺样疼痛，疼痛拒按，或见吐血，黑粪，面色晦暗，舌质紫暗或有瘀斑。

2.5 通降为要 温补见长

中医学理论"腑以通为用""腑以通为补""胃以降为和"提出了腑病的治法。CAG胃癌前病变病位在胃，病症以痞满胀痛为主，病理为脾寒胃热，寒热互结，中宫痞塞，以致升降失常，胃气失和。王教授认为治胃之法，通降为要，重降胃气，提出"调降而不伤正"原则，忌用峻攻猛烈之品，常用调降宽肠之药，如炒枳壳、炒莱菔子、槟榔、当归等，胃气降，痞满消。正如金代张子和所曰："陈莝去而肠胃洁，癥瘕尽而荣卫昌。不补之中，真补存焉。"

《素问·生气通天论》曰："阳气者，若天与日，失其所，则折寿而不彰。"前贤张介宾云："天之大宝，只此一轮红日，人之大宝，只此一息真阳。"PLGC患者大多数由脾胃虚弱，阳气不足贯穿本病的始终。时时以保护胃气为主旨。经云："胃者，五脏六腑之本也。"阳主升清，主运化。脾胃虚弱，升清运化功能减弱。正如《素问·异法方宜论》中云："脏寒生满病。"故王老师常常用香砂六君子汤、补中益气汤、化瘀消痞汤（自拟方）、温中愈溃汤健脾益气，补养元气，以恢复脾主升清和运化的功能，消除胀满。

2.6 内病外治

王老师在辨证用药同时，根据中医"内病外治"理论，针对许多患者素体脾肾亏虚、体质虚弱、先后天不足之情况，研制出具有补益先后天功能的健胃带、健肾带。佩戴腰部，通过神阙穴、左右肾俞穴对中药的吸收，以达温肾健脾、激发先后天正常生理功能的目的，以利于局部病变的治疗。

2.7 饮食护理

大多数 PLGC 患者因精神高度紧张，往往出现焦虑失眠，烦躁易怒等症状，吾师遵"欲治其病，必先治神"的古训，在治疗 PLGC 的过程中，既强调药物治疗的重要性，又不忽视饮食、情志等护理调节。告知患者应注意忌食辛辣刺激之物（辣椒、酒、咖啡、浓茶、烟等），忌食生冷难消化之物（元宵、年糕、苞谷面、牛羊肉、韭薹、蒜薹、蒜苗等），忌用易致胃肠过敏之物（鸡、鸭、鱼、虾、牛奶等）及对胃肠有损害药物（如阿司匹林、去痛片、安乃近、扑热息痛、消炎痛、泼尼松、地塞米松等）。同时，详细解释病情，从思想上开导患者，让患者放下思想包袱，不要过于紧张，只要坚持服药，一定会治愈的。要保持乐观情绪，积极向上，要有战胜疾病的信心和决心。PLGC 病程长，萎缩的胃黏膜短时期不能够恢复，要有打持久战的思想准备。一般需要半年，甚至会更长时间，不要急于求成，不要"得病乱投医"。要科学就医。还要定期复查胃镜和病理检查。时刻掌握病情的变化。肝郁脾虚者吾师常常用逍遥散加减；肝气郁结，气机不畅者常用四逆散加减；心情烦躁者加栀子豉汤；失眠者加酸枣仁、远志；心情抑郁，闷闷不乐者加合欢花、郁金、佛手。

2.8　服药方法

由于慢性萎缩性胃炎及癌前病变多由各种急性胃病、慢性胃炎和失治、误治、延治发展而来，其病程长、病情复杂，故治疗较困难。王教授认为要达到远期疗效，根治此病，不但要辨证准确，遣药灵活，用药精当，而且要按疗程守方坚持治疗。王老师治疗 CAG 须长时间服药，多以 3 个月为 1 个疗程，若伴肠化生、异型增生者为癌前病变则需更长时间（多在 3 个疗程以上）。另外，丸剂、胶囊（萎胃灵系列）要求在每天 3 餐前 0.5 小时服用，而汤剂则需 1 日 1 剂，分别在早晚饭后 1 小时服用，如此则药效可充分吸收，持久发挥作用。

3　用药特点

3.1　汤、丸结合

导师针对本病的病程长，治疗时恢复慢等特点，采用汤丸并用。中药汤剂能够根据患者治疗中病情的变化，随时调整药味药量，能够更切合病情，为治疗疾病的主要措施；中药丸剂，针对本病瘀阻络脉，起渐消缓散之功，配合汤剂，以期尽快地解除患者的疾苦。

3.2　顾护胃气

导师王道坤教授用药无不顾护胃气，对本病患者用药时要慎防药物伤胃，尽量不用或尽量少用苦寒或金石类药，以防苦寒药败胃，金石刺激胃，必须用这类药时，也要添加佐治药物，以降低其不良反应。同时嘱咐患者注意饮食宜忌，忌食辛辣生冷刺激之物，防止在治疗中病情迁延，治愈后复发。

3.3　发掘敦煌药方，创制萎胃灵系列

吾师在治疗 PLGC 时，谨守病机，辨证论治，创拟治疗有脾虚气滞证的化瘀消痞汤、治疗有肝胃不和证的疏肝和胃汤、治疗有湿热壅滞证的加味三仁汤、治疗有胃阴不足证的枳壳益胃汤、治疗有胃络血瘀的辛香通络汤。并潜心研究敦煌药方，结合慢性萎缩性胃炎

癌前病变病程长、易癌变的特点，又经多年临床观察，研制成萎胃灵系列纯中药制剂。在临床运用二十多年，疗效显著。

3.3.1 萎胃灵 1 号

以敦煌医方平胃丸（P.3287）"蜀大黄十分，去皮　当归五分，马尾者，生布拭　䗪虫五分，去足，熬香用　防风五分，生布拭去土　蜀附子八角者三分，清酒渍半日，炮坼，去皮及心称之　干姜五分　人参五分，拭去土　藁本五分，去皮称　玄参五分，去土　苦参五分，去皮　桔梗五分，去土"为基础方，化裁而成的萎胃灵 1 号，具有益气活血，温里升阳的作用。适用于 CAG 癌前病变气虚夹滞者，症见：胃脘痞满、消瘦乏力、面色萎黄、纳呆便溏、舌质胖淡有齿痕、苔薄白、脉细等。

3.3.2 萎胃灵 2 号

以石龙芮丸（P.2565）"石龙芮六分　葳蕤四分　枳壳十六分（炙）　麦门冬四分（去心）　甘草十六分（炙）　菌桂（官桂）一分　薯蓣四分　干地黄六分　石斛四分　女麹八分（熬香）"为基础方，化裁而成的萎胃灵 2 号，具有滋胃阴，理气止痛的作用。适用于 CAG 癌前病变脾胃阴虚者，症见：胃脘隐痛、嘈杂、口干不欲饮、饥不欲食、乏力消瘦、舌红少苔、脉细等。

3.3.3 萎胃灵 3 号

以大补脾汤"人参　甘草炙各三两　干姜　三两　白术　麦门冬　五味子　旋覆花各一两"为基础方，萎胃灵 3 号，具有温中补脾，补气化痰之功。治疗 CAG 癌前病变，症见：胃脘痞满，纳呆消瘦。符合导师王道坤教授常说，养正积自除。

3.3.4 萎胃灵 5 号

以敦煌医方神仙定年法为基础方研制成萎胃灵 5 号（又名敦煌大宝冲剂），此方具有温阳益气、填精补血、强肾健脾、调和五脏之作用。萎胃灵 5 号还可用于内伤久病、各种手术后以及各种肿瘤放疗、化疗过程中出现的各种症状。

实验研究证明萎胃灵 5 号胶囊具有如下作用：

1）萎胃灵具有细胞保护作用。可显著升高氨水实验性 CAG 大鼠胃黏膜 PG 含量，提示萎胃灵可促进 PGE_2 的分泌，具有细胞保护作用。

2）具有黏膜营养作用。萎胃灵可显著升高氨水实验性 CAG 大鼠血清促胃液素含量，提示萎胃灵可促进促胃液素的分泌，具有黏膜营养作用。

3）能促进胃酸分泌，在胃黏膜从正常到癌前至癌变过程中起重要作用。肠化生时胃酸缺乏明显，尤其是无酸率显著高于无肠化者。本实验经直接测实验大鼠胃液的 pH 值以反映胃酸分泌的情况，证明萎胃灵能显著恢复胃泌酸功能。

4）有抗氧化，清除自由基作用。研究表明，大鼠受 MNNG 攻击的早期反应主要是过氧化反应增强。自由基可以导致胃黏膜的损害，是引起炎症、萎缩、肠化生的重要因素，本实验中，萎胃灵可明显升高治疗组 SOD，降低治疗组 MDA，提示其可以对抗过氧化反应，清除自由基，保护胃黏膜。

5）能调节机体免疫功能。研究结果提示 CAG 各证型发生机理与免疫功能紊乱有密切关系。萎胃灵能明显升高治疗组脾脏指数，升高治疗组血清 IL-2 含量，降低治疗组血清 CEA 的含量。提示萎胃灵可调节机体免疫功能，防止 CAG 的癌变。同时该药物在临床治疗中也取得了显著疗效。

3.4　标本兼顾，辨证用药

CAG 胃癌前病变以脾胃虚损为本，痰热互结为标，虚实错杂、寒热互结为其主要病理特点。王教授指出要针对病机，标本兼顾，辨证用药。其治法以补虚和胃贯穿于治疗的始终，兼以理气散寒、化痰通络、活血化瘀、清热解毒等法灵活选用，以切准病机为要。王老师认为其标为痰、瘀、热互结，导致中焦枢机不利，气机升降失常，"气机不通，万病由生"，故善用行气散（木香、砂仁、降香）以疏通畅达中焦气机，消胀散（大腹皮、乌药、沉香）、消痞散（枳实、白术）以消痞满胀闷，助消散（内金、炒枳壳）、开胃散（藿香、砂仁、枳壳）、和胃散（白蔻仁、木香）以助食纳。又善用浙贝、瓜蒌等清热化痰散结，丹参、当归、失笑散等活血化瘀通络，血瘀重者加用化瘀散（三七、血竭）以促进胃黏膜血液循环、改善供血供氧状态，蒲公英、黄连、黄芩等清热燥湿解毒。继而用敦煌医学文献中发掘出的萎胃灵（人参、白术、枳实、厚朴、半夏、生姜、三七、蒲公英、白花蛇舌草、炙甘草等）标本兼治。具体如下。

3.4.1　中虚气滞证

辨证以形瘦乏力、面色萎黄、脘腹痞胀、吐泻便溏、舌淡嫩边有齿痕、舌下脉络迂曲怒张、脉沉弱为主。治以扶养脾胃，理气散寒，消痞止痛。方用化瘀消痞汤：化瘀散（自制方）、党参、白术、茯苓、炙甘草、厚朴、半夏、炒莱菔子、炒枳实等，同时配合服用萎胃灵 1 号丸。萎胃灵 1 号丸由敦煌医方平胃丸化裁而来，此方具有温中散寒、理气消胀、和血止痛之作用。

3.4.2　脾胃阴虚证

辨证以饮食不化、吐泻下利、脘痛嘈杂、枯瘦如柴、口苦渴、舌红少苔、脉细数无力为主。治以滋养胃阴，健脾益气，和胃止痛。方用叶氏益胃汤加减：太子参、北沙参、生地黄、麦冬、玉竹、石斛、枳壳、半夏、茯苓等，同时配合服用萎胃灵 2 号丸。萎胃灵 2 号丸是以敦煌医方石龙芮丸化裁而来，此方具有扶养脾胃、滋补胃阴、理气消痞之作用。

3.4.3　湿热阻络证

辨证以胃脘嘈杂、疼痛胀满、拒按难忍、胃呆纳少、舌质暗红、苔黄厚腻、脉滑数为主。治以清热燥湿、健脾化痰、通络消痞。方用三仁汤合半夏泻心汤化裁：黄连、黄芩、半夏、薏苡仁、白豆蔻、厚朴、陈皮、苍术、滑石等，同时配合萎胃灵 4 号丸。萎胃灵 4 号丸由敦煌医方大泻心汤化裁而来，此方具有清泻胃热、燥湿化痰、通络止痛之作用。

3.4.4　肝胃不和证

辨证以胃脘痞满、口苦嘈杂、牵涉胁肋、情志不畅、舌质淡红、苔厚、脉弦细为主。治以疏肝理气、和胃止痛、健脾化痰。方用疏肝和胃汤：柴胡、白芍、炒枳实、陈皮、半夏、茯苓、炙甘草、紫苏梗、厚朴等，同时配合姜胃灵 1 号丸。

3.5　根据临床表现

3.5.1　痞、满、胀

痞、满、胀为慢性萎缩性胃炎的主要临床表现，包括胀闷感、胀满感。慢性萎缩性胃炎日久气虚（脾胃虚弱）、气滞（情志不舒，肝郁气结）、食滞（脾虚运化无力）、血瘀（气滞血瘀，气虚血瘀）等均可导致脾胃升降功能紊乱，运化功能减弱，中焦通利功能失调而致胃脘部及脐周（脐为脾区）胀闷之症状。王教授善用消胀散（大腹皮 15g、槟榔 15g、乌药 12g）、消痞散（枳实 20g、白术 12g）、行气散（木香 15g、砂仁 12g），各研为粗末，包煎，以达行气解郁、消痞除满、疏通中焦气机之效。

3.5.2　滞

滞，主要为气滞、食滞。患病日久，脾胃运化功能大减，故水谷停滞于胃脘而不消，即西医所谓消化液分泌不足及胃肠蠕动功能差，中医则为脾不运化，胃不降浊。另外，慢性萎缩性胃炎患者多忧思过度，思则气结伤脾，故气滞于内。"胃喜利而恶滞"（吴昆），王教授常用助消散（焦三仙各 15g、枳壳 15g、鸡内金 15g）共为粗末包煎，并合"行气散"，以使脾胃健运，气食郁结消散，症状解除，正是"治胃病不理气，非其治也"。

3.5.3　少

少，即食少纳呆。脾主运化，胃主受纳，"脾宜升则健，胃宜降则和"，升降有度，纳化有常，共同完成饮食的受纳、消化、吸收及精微物质的输布。慢性萎缩性胃炎因消化液分泌不足，加之胃的功能减弱，使患者产生不欲食或食少纳呆的症状。王教授善用气味芳香之药以醒脾开胃，使脾胃功能转为正常，脾胃"喜香而恶秽""喜动而恶静"，故制开胃散（藿香 15g、蔻仁 12g、佩兰 12g、炒枳壳 15g）共为粗末包煎，以运化脾胃，开启脾胃之气，恢复其纳化功能，正所谓"健脾不如运脾"。

3.6　根据病程

慢性萎缩性胃炎病程长，恢复慢，病情复杂，多由各种急性胃病失治、误治、延治而转化为慢性浅表性胃炎、萎缩性胃炎，此后又失治、延治，从轻、中度发展到重度，导致肠化生、异型增生，成为癌前病变。中医有"急则治其标、缓则治其本""标本宜兼治"之原则。故从本（脾胃虚弱）、标（痰瘀互结）出发，王教授根据"汤者荡也，去大病用之""散者散也，去急病用之""丸者缓也，舒缓而治之"的原则，临床用中药汤剂以解除患者当前最痛苦之症状；配以上所提之各种散剂，以尽快消除各种急迫之症，继用从敦煌医学文献中发掘出的萎胃灵胶囊，汤、丸、散并用，以汤、散开其路，以丸剂善其后，达标本兼治之功效，使萎缩之腺体如枯木之遇甘霖，以恢复逆转，不但达到临床治愈，即各种症状消失，脾胃功能恢复，而且也达到病理改变的好转或消失。胃镜示：萎缩腺体、肠化生或异型增生恢复正常或消失。打破"萎缩之腺体不可逆转"之定论，充分显示了中医药在治疗医学难题方面的优势和潜力。

3.7　药物加减

王教授不但擅长辨证，而且用药颇有研究，加减灵活，不拘一格。气虚甚用益气散（西洋参、黄芪）；血瘀舌暗用化瘀散（三七粉、血竭等）；热毒炽盛用半枝莲、白花蛇舌草；湿阻苔腻用藿香、佩兰；呃逆频作用旋覆花、代赭石；失眠甚用炒酸枣仁、远志；暑天用黄柏、滑石；冬季用吴茱萸、丁香。

临床上有些 PLGC 患者病机比较复杂，有的患者以脾胃虚寒症状为主，即以空腹或凌晨胃脘隐痛嘈杂不适，反酸嗳气，四肢不温，喜食热饮，恶寒喜暖等阳虚症状为主，但又有口干欲饮，舌燥舌红苔少等阴液不足的表现，此时吾师在用温阳健脾的黄芪、党参（或太子参）、桂枝、白术等药的同时，又加北沙参、白芍、麦冬等养阴润燥药。有的 PLGC 的患者以胃阴不足为主要临床表现，胃脘隐痛胀满不适，头晕耳鸣，伴有口干欲饮，手脚心发热，舌红苔薄等一派阴虚症状，但又有大便稀溏，稍食生冷腹泻等阳虚症状，故吾师在用滋阴养阴药北沙参、麦冬、乌梅、生地、太子参的同时又用白术、茯苓、砂仁温阳健脾益气治疗腹泻。若患者又有舌质暗，舌下脉络迂曲有瘀的表现，加三七、丹参活血化瘀。胃镜及病理检查有肠化生和（或）异型增生者加行气止痛，活血化瘀的三棱、莪术，加清热解毒，燥湿和胃的白花蛇舌草、半枝莲、半边莲、藤梨根等药。

王教授组方用药，贵在轻灵、流通、活泼，凡味厚甘腻，辛温燥烈，气味不纯，有碍胃气之品，皆非所用。组方力求清润不腻，寓流通之性，甘补不壅，具展运之用。所以，他自拟的散剂如行气散（木香，砂仁）、消胀散（大腹皮，乌药，槟榔）、开胃散（藿香、佩兰、枳壳、豆蔻）等都体现了以上用药特点。其次，他用药还注重"升降"相宜，脾喜刚燥，宜升则健，胃喜柔润，宜降则和，治疗上应顺其阴阳升降之性。甘温益气以健脾，甘凉滋润以和胃，辛香通络以化瘀。用药总以平淡轻灵，利于胃气润利活跃为要。体现了升、运、润 3 字。在治疗上灵活应用，打破了西医学认为 CAG 萎缩的腺体不可逆转的束缚。

4　常 用 药 物

4.1　益气健脾类

吾师认为：PLGC 的基本病机是脾胃虚弱，元气不足，由于脾胃虚弱，脾不升清，胃不降浊，气机壅塞中焦而形成胀满疼痛，故健脾益气，补养元气，使脾胃升降功能得以恢复正常，纳运正常，气血旺盛，脾胃得养，元气充足，正气内存，邪不可干，则 PLGC 无从而来。吾师临床上常用党参、太子参、白术、茯苓、黄芪、仙鹤草、半夏、陈皮等甘平之品以健脾补气，祛湿化痰，使脾气旺盛，运化正常。吾师用太子参，因其性平和，能健脾益气而不助热，以其能补脾肺之气兼能养阴生津润燥，为益气养阴之佳品。黄芪性微温，味甘，归肺、脾经，具有健脾益气、消肿利尿之功效；主要用于脾胃虚弱引起的胃脘隐痛，胀满不适，乏力食少，脱肛久泻久痢，阳气不足，气血虚弱证。研究表明，黄芪有治疗肿瘤作用。黄芪可温阳补气，提高人体的免疫功能，使癌症患者免疫功能增强。人体免疫功能增强直接抑制肿瘤细胞的生长和增殖，促进肿瘤细胞的凋亡；仙鹤草临床上主要用于寒热虚实引起的身体各部位出血，有很好的收敛止血作用，还有很好的扶正补虚的作用。吾师认为仙鹤草具有强壮补虚的作用，可治疗各种恶性肿瘤所致的免疫功能低下所形成的神疲乏力，头晕目眩等症状，在临床上吾师用大剂量仙鹤草治疗胃癌免疫功能低下，取得了很好的效果。大量研究表明，仙鹤草具有提高人体免疫功能，治疗癌症的作用。

4.2　活血化瘀，理气消痞类

PLGC 的形成非一朝一夕，久病多虚多瘀，胃黏膜萎缩，肠化生和异型增生大多数与瘀血的形成有关系，故吾师在辨证治疗的同时，常常用三七、血竭、三棱、莪术等，以活血化瘀，通络止痛。三七具有活血化瘀，止血定痛等功效。现代药理学研究认为其具有改善微循环障碍、抗菌消炎的作用。三七味甘、微苦，温，化瘀血而不伤正气，止血而不留瘀血，《本草纲目》："大抵此药，气味温甘微苦，乃阳明，厥阴血分之药。能治疗一切血病。"现代药理研究表明其成分三七总皂苷可明显增加肠系膜血流量，改善微循环，有抗菌消炎作用，对氧自由基有一定的清除作用，能降低癌基因的异常表达，达到治疗胃癌前病变的作用。慢性萎缩性胃炎胃镜下见胃黏膜萎缩变薄或减少，网状血管纹透见显露，伴异型增生者黏膜表面凹凸不平，呈颗粒样增生，或呈结节隆起，可视为瘀血癥瘕之象。药对三棱、莪术常用于胃肠道肿瘤、气滞血瘀患者。二药功效大体相同，但各有侧重，活血化瘀之力三棱优于莪术，理气之力莪术比三棱作用强，效果好。二药常常配伍使用，破血祛瘀、行气消积，止痛效果好。大量研究表明三棱、莪术都具有行气止痛，活血化瘀，治疗肿瘤的作用。枳实苦、酸、辛、温，具有破气消痞，化痰消积作用。善破气行滞，用于治疗各种原因形成的胃脘及胸胁胀满疼痛，若气机不畅，肝气郁结，则配伍柴胡、陈皮、木香、香附、郁金、佛手、白芍等药物，若脾胃虚弱气机升降失调形成胀满不适，则配伍党参、白术、茯苓、黄芪、半夏等药物。枳实破气行气以通为主。白术健脾益气，燥湿利尿，主要以补为主。吾师临证将二药打碎合用则消补兼施，攻不伤正，补而不滞，实为补中有通，通中有补，相辅相成，共奏健脾开结，消痞除满之功。王老认为，二药对 PLGC 脾虚气滞形成的胃脘痞胀效果很好。

4.3　清热解毒，燥湿化痰类

PLGC 病程长，脾胃虚弱，运化失常，水谷精微不能化生气血津液而生成湿浊，湿浊内蕴，日久郁而化热，若再感受外界环境湿热之邪，易于同气相求触感内湿而致发病。另外，随着现代生活水平的提高，人们嗜食肥甘油腻之物，皆可损伤脾胃，脾胃运化失常而湿热内蕴。吾师认为，不可过于清热祛湿，如湿热的形成是因脾胃虚弱，湿浊郁而化热，可在健脾理气的基础上加祛湿清热的药物，健脾可用茯苓、白术、太子参、半夏、陈皮、枳实等药物。清热解毒除湿常用黄芩、黄连、藿香、佩兰、荷叶等。过用清热解毒药损伤脾胃，过用祛湿化痰药易温燥助热，用温佐凉，用凉佐温，须辨证用药。临床治疗时常化湿理气健脾并用，脾胃功能正常湿邪自除。白花蛇舌草味微苦，性寒，归胃、大肠、小肠经。以全草供药用，可利湿通淋，清热解毒。临床广泛用于治疗各种疮疡肿毒，毒蛇伤害，咽喉肿痛等症，吾师主要用于治疗各种恶性肿瘤有湿热毒邪蕴积体内的患者。半枝莲功效主要是清热解毒，活血化瘀，因此两药配伍，临床上广泛用于各种疾病湿热蕴积，兼有瘀血的患者。大量研究表明，半枝莲主要活性成分是多糖，多糖能够增强人体的免疫功能，治疗癌症。

5　典　型　病　例

病案 1　仲某，男，57 岁。住址：兰州市大沙坪。初诊日期：2014 年 12 月 2 日。

主诉：胃脘痞满连及两胁，伴嗳气频作，反酸烧灼 1 年余。

现病史：胃脘及两胁肋胀满，伴有胃脘及胸骨后烧灼，嘈杂不适，嗳气频作，反酸，疲乏无力，大便稀溏，1 日 1～2 次，眠差梦多，舌淡红苔薄白，脉细涩。

西医诊断：慢性萎缩性胃炎（窦中度）并增生糜烂。病理诊断：（胃窦）萎缩性胃炎中-重度，有活动，伴腺体轻度肠化生及低级别上皮内瘤变，个别腺体呈高级别上皮内瘤变（中-重度异型增生）（于 2014 年 11 月 24 日兰州大学第二医院胃镜及活检报告诊断为上述疾病）。

中医诊断：胃痞恶化（肝郁脾虚）。

治法：疏肝理气，健脾和胃。处方：疏肝和胃汤加减。

柴胡 15g，白芍 15g，消痞散 30g，半夏 15g，消胀散 30g，神曲 15g，陈皮 12g，炙甘草 6g，茯苓 30g，化瘀散（分冲）12g，佛手 15g，和胃散（包煎）50g，党参 15g，白术 15g，开胃散（包煎）60g，生姜 3 片，大枣 3 枚。

15 剂，冷水煎 2 次，早晚饭后 1 小时服。

同时服"萎胃灵胶囊"和"治萎防变胶囊"，1 次各 3 粒，一日 3 次，饭前半小时温开水送服。

二诊：2014 年 12 月 28 日。药后诸症减轻，仍有胃脘及两胁肋胀满，胸骨后烧灼不适。嗳气时作，偶尔反酸，大便稀溏。眠差梦多，舌淡红苔薄白，脉细涩。

上方加黄芪 40g，三棱 12g，莪术 12g，蒲公英 12g，益气散（兑入）20g，白花蛇舌草 15g，将党参 15g 改为 30g，将白术 15g 改为 20g。

15 剂，冷水煎，早晚饭后 1 小时服。

在此方的基础上守法不变，灵活加减，服药 3 个多月后临床症状基本消失。于 2015 年

4月20日在兰州大学第二医院查胃镜示：慢性萎缩性胃炎（窦轻度）并增生。病理检查示：（胃窦）萎缩性胃炎轻-中度。

按语 患者胃脘及两胁肋胀满不适是肝气郁结，气机不畅，肝木乘犯脾胃所致，脾胃为气机升降枢纽，肝气犯胃，气机升降失调，故胃脘及两胁肋胀满不适，嗳气频作。肝气郁结，乘脾犯胃，故胃脘及胸骨后烧灼反酸。脾虚运化无力，湿浊下注，水走肠间，故大便稀溏。吾师认为PLGC病程长，由气及血，久病入络，再加上患者精神高度紧张，一般多有气滞血瘀。组方针对本病患者脾胃气虚，气滞血瘀互阻之病机。选柴胡为君药，辅陈皮和佛手疏肝理气，调畅气机，故药后胃脘及两胁肋胀满减轻；肝体阴而用阳，故用白芍养血柔肝疏肝，肝血充足，才能发挥它正常疏肝理气，调畅气机的功能；气机不畅，湿浊内生，故用半夏、茯苓、陈皮健脾理气，燥湿化痰；肝气郁结，气机不畅，气逆而上，故嗳气频作，用开胃散（旋覆花、代赭石）降逆和胃；消痞散由枳实和白术组成，枳实功能破气行气，化痰除痞，以通为主，白术补脾益气，燥湿利尿，以补为主，二药合用则通中有补，补中有通，动中有静，静中有动，相辅相成，共奏健脾益气，行气消痞之功。吾师认为，二药对PLGC胃脘胀满疼痛有很好的效果。神曲消食导滞，开胃化积；白花蛇舌草、蒲公英清热燥湿，解毒；三棱、莪术、化瘀散（三七，丹参）活血化瘀，通络消痞。用黄芪、党参、益气散健脾益气，补养元气；全方共奏健脾益气，理气消胀，清热消痞，活血通络之功。

病案2 郭某，女，52岁，住址：陇南市。初诊日期：2014年3月8日。

主诉：胃脘疼痛不适，反酸近1年。

现病史：胃脘疼痛伴反酸，头疼头晕，耳鸣。多食寒凉药物腹泻，多饮后小便多，自诉易上火，大便干结，3~4日1次，舌淡红苔黄腻，脉细滑。

西医诊断：萎缩性胃炎并增生（胃窦中度）及糜烂（胃底）。病检：慢性萎缩性胃炎轻度肠化生，轻度低级别上皮内瘤变，Hp(-)。超声：胆囊炎并胆囊腔内结石。（2014年2月28日甘肃省中医院胃镜及病检报告诊断为上述病症）

中医诊断：胃痞恶化（胃阴不足）。

治法：滋阴养胃，制酸止痛。处方：枳壳益胃汤加减。

枳壳15g，北沙参15g，麦冬12g，生地30g，芦根30g，石斛15g，养阴散（兑入）10g，神曲30g，消胀散（包煎）30g，和胃散（包煎）50g，青蒿（后下）15g，元明粉（烊化）6g，7剂，冷水煎2次，早晚饭后1小时服。

二诊：2014年4月12日。药后诸症减轻，仍有胃脘疼痛，时有反酸，空腹时胃脘稍有嘈杂不适，舌淡苔白，脉弱。在上方的基础上减掉元明粉（烊化）6g，再加上助消（分冲）20g，三棱12g，莪术15g，丹参15g，佛手15g。7剂，冷水煎2次，早晚饭后1小时服。

三诊：2014年4月26日。药后反酸减，仍空腹胃脘嘈杂，时心慌。舌淡暗，齿痕，苔白略厚。上方生地30g减为15g，将芦根30g减为15g，改黄芪30g为生黄芪15g，再加益气（兑入）20g，五味子10g，将玉片18g增为玉片20g，再加化瘀散（分冲）6g，用此方加减服药5个月后上述症状基本消失。2014年7月3日甘肃省陇南市一院胃镜示：胃窦浅小溃疡，浅表萎缩性胃炎。

按语　胃喜润恶燥，胃阴不足，受纳腐熟功能减退，故胃脘胀满疼痛，胃阴不足，受纳食物功能减退，饮食减少，水谷精微减少，气血生化不足，日久人体阴液亏虚，肠道津液不足，故大便干结，3～4 日一次，阴虚精血不足无以上承，故头疼头晕，耳鸣；阴血亏损，阴虚内热，虚火内炽，则见舌红苔黄腻，脉细。吾师用北沙参、麦冬、生地、芦根、石斛、养阴散（兑入），养阴润燥，益胃生津。滋阴药易腻膈碍胃，故吾师用枳壳、佛手、陈皮、消胀散等理气和胃，伍焦楂曲、炙鸡内金等消食和胃以助运化；伍以黄芪、益气散（红参）益气养阴，阳中求阴。正如张景岳在《景岳全书·新方八阵·补略》中所言："善补阴者，必于阳中求阴，则阴得阳升而泉源不竭，善补阳者，必于阴中求阳，则阳得阴助而生化无穷。"全方配伍体现了阳中求阴，阴阳互根的原理。

病案 3　伍某，男，70 岁，初诊日期：2012 年 4 月 27 日。

主诉：胃脘胀痛 2 年余，加重 1 个月。

现病史：胃脘胀痛以凌晨尤甚，伴有嗳气，口干欲热饮，眠差易醒，疲乏无力，饮食尚可，大便稍干，每日 1 次，舌暗红，苔黄根厚，脉弦数。

西医诊断：慢性萎缩性胃炎伴肠化生和异型增生。病理示：（胃窦）慢性萎缩性胃炎重度伴部分腺上皮腺瘤样增生及中度异型增生及灶性肠化生。（2012 年 4 月 23 日兰州大学第一附属医院胃镜及病检报告诊断为上述病症）

中医诊断：胃痞（中虚气滞，痰瘀互阻，浊毒内生）。

治法：健脾养胃，理气化痰，化瘀解毒。处方用化瘀消痞汤加减。

化瘀散（分冲）10g，消痞散 30g，党参 15g，炒白术 15g，半夏 15g，云茯苓 15g，神曲 15g，炒麦芽 15g，干姜 6g，川黄连 6g，厚朴 15g，益气散（兑入）20g，三棱 12g，莪术 12g，白花蛇舌草 15g，炙甘草 6g。7 剂。每日 1 剂，姜枣为引，水煎分服。同时，配服萎胃灵胶囊，每日 3 次，每次 3 粒。

二诊：2012 年 5 月 5 日。药后胃脘胀痛减轻，口干减，仍有嗳气，眠差易醒，疲乏无力，食欲尚可，舌暗红，苔根厚，脉略弦。上方加酸枣仁 40g、生黄芪 15g、半枝莲 15g，7 剂，每日 1 剂，姜枣为引，水煎 2 次，早晚饭后 1 小时分服。

三诊：2012 年 5 月 12 日。

药后胃脘胀痛减轻，空腹时胃脘隐痛，仍有嗳气，食欲倍增，睡眠好转，下肢稍有水肿，夜尿多，舌暗红、苔黄腻。上方加红花 10g、桑螵蛸 30g，30 剂。后以基本治疗方法不变，灵活加减服药 1 年半，临床症状消失，纳佳眠安，精神好。于 2013 年 10 月 22 日在兰州大学第一附属医院行胃镜检查示：萎缩性胃炎（轻度）。

按语　慢性萎缩性胃炎是由气及血，由经入络的渐进性的过程，脾虚络阻毒损是其基本病机。胃络瘀血阻滞，局部血行不畅，毒邪内生是慢性萎缩性胃炎向肠化生、异型增生及癌变方向发展的病机关键。李佃贵认为因脾胃气机失调，水反为湿，谷反为滞，湿浊中阻，蕴积成热，热壅血瘀成毒，形成"浊""毒"内壅之势。浊毒进一步影响脾胃运化，使胃黏膜变薄，固有腺体减少，日久成萎，肠化生、异型增生亦随之产生，毒邪内蕴，异象转化，血败肉变，败坏形体，甚至渐渐发展成为癌症。本案患者辨证属于脾虚气滞，痰瘀互阻，湿浊内生，中焦气机升降失常，故胃脘胀满疼痛，用四君子汤健脾益气，升发清阳。厚朴、枳实、半夏、陈皮疏肝理气，降气化痰，消痞散结；化瘀散（三七、丹参）、三棱、莪术化瘀止痛；黄连、白花蛇舌草、半枝莲清热解毒，化湿和胃。王道坤教授在辨证分型治疗慢性萎缩性胃炎的过程中，病检报告出现肠化生和（或）异型增生者，加三棱、莪术、三七、丹参等药活血化瘀，祛瘀止痛。现代研究表明活血化瘀药能增加胃黏膜血流量，改善微循环，并能抗菌、抑制炎症反应，故对促进胃黏膜的再生，消除肠化生、异型增生，恢复胃黏膜的正常屏障作用有重要意义。加半枝莲、白花蛇舌草、半边莲、藤梨根、蜂房等化湿和胃驱邪解毒，可逆转病机，截断病情向胃癌发展，临床疗效显著。总之王教授将祛邪不忘扶正，扶正不忘祛邪的思想贯穿于整个疾病治疗的过程。

病案 4 张某，男，60 岁，初诊日期：2011 年 4 月 8 日。

主诉：胃脘胀隐痛，发作性酸烧，反复发作 3 年。

现病史：胃脘胀隐痛，发作性酸烧，平素常觉胃凉，反复发作 3 年。口干欲热饮，二便调，舌暗红，脉弦细。

西医诊断：慢性萎缩性胃炎伴糜烂；病检为慢性萎缩性胃炎伴增生。（白银市人民医院胃镜及病检报告诊断为上述病症）

中医诊断：胃痞（脾胃阴虚，气血不足）。

治法：温补脾胃，制酸止痛。处方：黄芪建中汤加减。

红景天 15g，桂枝 12g，白芍 15g，黄芪 15g，炙甘草 6g，浙贝母 12g，海螵蛸 15g，吴茱萸 6g，蒲公英 15g，炮姜 6g，甘松 12g，九香虫 12g，和胃散（包煎）40g，麦冬 12g，焦三仙各 15g，15 剂，姜枣为引，水煎服。

二诊：2011 年 4 月 23 日。药后痛减，余症存，在上方基础上加白花蛇舌草 15g，12 剂，姜枣为引，水煎服。2011 年 5 月 10 日三诊：痛止，余症如上，原方加白及 15g，上方加减同时配合中成药萎胃灵 1 号、3 号续服 3 个月。停药休息 1 个月，2011 年 8 月 15 日在原医院胃镜复查，提示正常。

按语 本证为脾胃虚寒，平素胃脘觉凉，喜热饮，运化不利，水湿滞留中焦则生胀作酸。水停气滞，不通则痛，气虚湿滞，久则血流不畅，郁积局部为增生。故用黄芪建中汤温脾健胃，以治其虚，和胃散治其酸，九香虫行气止痛，萎胃灵系列中成药治其增生。

摘自：路志鹏. 王道坤教授诊治慢性萎缩性胃炎胃癌前期病变经验［J］. 甘肃中医学院学报，2004，21（3）：2-4.

梁海生，王道坤. 王道坤教授治疗慢性萎缩性胃炎及癌前病变用药经验［J］. 甘肃中医学院学报，2007，24（2）：3-4.

梁海生，王道坤. 王道坤辨治慢性萎缩性胃炎及癌前病变经验［J］. 实用中医药杂志，2007，23（4）：243.

党民卿，段李桃. 王道坤教授治疗慢性萎缩性胃炎癌前病变经验［J］. 甘肃中医药大学学报，2016，33（1）：22-25.

常建平，王道坤. 王道坤教授治疗慢性萎缩性胃炎癌前病变经验举隅［J］. 光明中医，2014，29（3）：599-600.

常建平. 王道坤教授治疗慢性萎缩性胃炎癌前病变经验［D］. 兰州：甘肃中医学院，2014.

党民卿. 王道坤教授治疗慢性萎缩性胃炎癌前病变用药规律探讨［D］. 兰州：甘肃中医药大学，2015.

段李桃. 王道坤教授运用宣通气机法治疗慢性萎缩性胃炎癌前病变的经验［D］. 兰州：甘肃中医药大学，2016.

党民卿，王道坤. 王道坤教授治疗慢性萎缩性胃炎癌前病变的经验［J］. 西部中医药，2015，28（2）：37-39.

王韶康，段永强，王道坤. 王道坤运用化痰消痞汤治疗慢性萎缩性胃炎癌前病变经验［J］. 中国中医药信息杂志，2019，26（1）：122-124.

王道坤教授治疗胃癌经验

李小牛，党民卿

中医学虽无"胃癌"病名的记载，但根据胃癌的临床症状将其归属于中医"积聚""胃痛""噎膈""反（翻）胃""胃反"等范畴。胃癌具有起病隐匿，早期常因无明显症状而漏诊，易转移与复发，预后差等特点。我国胃癌发病率高，其死亡率又高，应引起重视。笔者有幸侍诊于王道坤教授左右，受益匪浅。现将王老师在临证治疗胃癌的经验总结如下。

1　病　因　病　机

1.1　元气不足，阴痰凝滞

王教授认为，素体肾阳不足，脾胃失于温煦，或因过用苦寒之品而脾胃阳气受损者，其病因病机特点为阳气不足，阴寒内盛，结块不散。胃癌为重病，其形成非一日之事，患者多有长期的肾阳不足，脾胃虚弱，气血不足或湿毒瘀血阻滞中焦，邪气久踞伤正，正气日渐耗损而无力驱邪外出，正如《医宗必读》曰："积之成也，正气不足而后邪气踞之。"《外证医案汇编》亦言："正气虚则岩。"又因考虑胃癌癌毒内盛多用寒凉解毒之品，久则易伤阳气，阳虚则生内寒，凝滞津血，导致痰瘀凝聚。《灵枢·百病始生》言："积之所生，得寒乃生，厥乃成积也。"《素问·阴阳应象大论》曰："阳化气，阴成形。"阳气无形而津血有形。脾肾阳虚不能消散阴邪，有形物质积聚体内局部形成肿块，阳愈虚则阴愈盛，成为癌毒瘤疾，难以消散。

1.2 情志不畅，肝气郁结

王教授认为：过度或异常的情绪刺激是胃癌发生的重要病因，由于肝主疏泄，调畅情志，长期的不良情绪易致肝气郁结，全身气机不畅，继而造成种种病变，正如朱丹溪《丹溪心法·六郁》所言："气血冲和，万病不生，一有怫郁，诸病生焉。"《素问·举痛论》曰："百病皆生于气也""怒则气上，喜则气缓，悲则气消，惊则气乱，思则气结"。《灵枢·邪气脏腑病形》言："若有所大怒，气上而不下，积于胁下则伤肝""内伤于忧怒……而积聚成矣"。

1.3 饮食不节，痰毒内生

起居无常，饮食不节，或饥饱无度，纵情食欲，必损伤脾胃。或过食生冷寒凉，寒积中焦，气血凝滞，胃脘冷痛；或恣食肥甘厚味辛辣刺激腌制食品、过饮烈酒，脾胃损伤，湿热内生，津液耗竭，痰气互结，渐成痞块；或过食黏腻难化之物，积于中宫，生湿生痰，损伤脾胃，脾伤而不运，胃伤而不降，脾失健运升清，胃失和降传导，中焦气机升降失常，湿邪痰毒壅滞，渐成痞块，甚则脘腹胀满，嗳气呃逆，吞酸哕腐，梗噎不通，进食疼痛，食入返出，乃成反胃。如明代《景岳全书》说："（反胃）或以酷饮无度，伤于酒湿，或以纵食生冷，败其真阳……致损胃气而然。"喻嘉言在《医门法律》中指出："过饮滚酒，多成膈症。"清代何梦瑶《医碥》说："酒客多噎膈，好热者尤多，以热伤津液，咽管干涩，食不得深入也。"

综上所述，王教授认为内外两种因素引起胃癌的发病，其内主要为脾胃虚弱，正气亏虚，精气不足，痰湿内生，肝气郁结，气机不畅，行血无力，则致气滞、痰凝、血瘀、湿毒互结脘腑，其外是饮食不节，嗜好辛辣烟酒，腌烤食品，情志失调，感受外邪等，内外结合而生积块。

2 治 疗 大 法

2.1 首重脾胃机能恢复

胃癌属中医"癥瘕""积聚"等病证范畴。脾胃为后天之本，气血生化之源。一旦胃产生癌变，除了其本身受到影响外，对水谷精微的运化功能也出现障碍。导师认为，如果不能及时调整脾胃气机，恢复脾胃的功能，则机体内水谷精微生化不足，不能化生为人体的气血，导致人体气血亏虚，抗邪能力不足，加上胃本身也得不到气血的充养，使患者愈加虚弱，进一步导致疾病的恶化。再加上手术及放、化疗对脾胃的损伤，患者临床多表现为脾胃气血亏虚。临床症见：面色苍白、神疲乏力、少气懒言、纳差、舌淡胖苔薄或者白腻、脉细弱或者沉细无力。因此导师临证时着重扶助正气、调理脾胃功能。方多用六君子汤加减。常用黄芪、党参、太子参、炒白术、炒山药、炒扁豆、制黄精、灵芝等益气健中、调理脾胃。若兼见嗳气脘胀，加用枳实、郁金、木香、砂仁等；放、化疗后，患者常常会出现恶心、呕吐、纳差等脾失健运、胃失和降的症状，可用半夏、陈皮、竹茹等。李东垣在《脾胃论》中指出："内伤脾胃，百病由生。"说明脾胃在机体发病中的重要作用。脾胃为后天之本，气血生化之源。只有脾胃功能健旺才能使患者气血生化有源，正气得以逐渐恢复，机体免疫力加强，生活质量得以提高。导师指出，基础组方应中正平和，时时注意顾护胃气。西医学研究亦表明，健脾益气法能够增强消化道腺体的分泌，增强胃的消化和小肠的吸收功能，提高患者的机体免疫力。

2.2 祛瘀攻邪齐举并重

胃癌患者每每多有皮肤甲错干燥，舌下静脉曲张的明显瘀象，活血化瘀则是当务之急。导师常采用三七与血竭组成的化瘀散加上三棱、莪术、失笑散等活血化瘀药来活血化瘀，每每收到良效。攻邪除了采用活血之药外，行气攻邪之品也应该注意使用。理气之品除了能够加强活血药的作用外，还能够使脾胃郁结之气得以行散，对恢复脾胃本身气机功能有很大帮助，导师临床常采用枳实、厚朴等健胃理气之药。除此之外，还可采用白花蛇舌草、山慈菇、藤梨根等化痰散结攻邪之品。此类药物临床药理研究表明对癌瘤有较强的杀灭作用。通过对患者的观察，使用此类药物，患者的病情很快稳定，胃部疼痛不适的感觉通过一段时间的服药缓解比较明显。

2.3 汤药、散剂缓急兼施

临床上导师常采用汤药和丸、散剂（胶囊）结合的方法来治疗胃癌，这也是导师的独特的治疗方法。汤剂取其起效快，能够较快缓解病情，同时又能照顾到患者的个体差异。丸、散剂一方面取其缓性，另一方面减少用量、降低成本，也可以有效减低毒性，充分发挥其抗癌的作用，因丸、散剂中有些药物较为贵重，有些或多或少有一定的毒副作用。导师每用自己研制的大宝胶囊和加味犀黄胶囊结合治疗，临床上疗效确切。据笔者观察，凡是按时服药的患者临床存活时间均比较理想。大宝胶囊是导师根据对敦煌医学的潜心研究而研制出来的方剂，导师常教诲，人之气血为一身之大宝，大宝胶囊即是根据此来命名。此方采用八珍汤为基础方药加入西洋参、黄芪、红景天等补益气血之品，通过大补气血来提高人体免疫力，达到延长患者存活时间、减轻病痛的目的。加味犀黄胶囊则是导师治疗癌症的主要方药，该药采用犀黄丸为基础加味而成，犀黄丸载于《外科全生集》，药有牛黄、麝香、乳香、没药、黄米饭，用来治疗乳岩、痰核、流注等病。功效为解毒消痈、化痰散结、活血化瘀。导师在此基础上去黄米饭，加入山慈菇、白花蛇舌草、莪术，增加了化痰散结之力。

2.4 重视饮食情志调理

中医学认为，胃为水谷之海，主受纳和腐熟水谷，与脾相合，一阴一阳，一升一降，共同完成腐熟水谷、化生气血、营养全身的作用。患者如果长期饮食不慎，则容易损伤胃的正常功能，导致胃运化水谷的能力下降。因此，饮食调理对胃癌患者尤为重要。另外，情志失调亦可影响脾胃功能。忧思太过伤脾，脾虚则运化失司；大怒则肝气不舒，横逆犯胃。同时，癌肿多由气血痰郁结而致，如果心情开朗乐观，则气机畅通，有利于疾病的好转，胃的功能恢复；如果情绪低落，则人体气机郁滞，癌肿会因为气机的进一步郁滞而出现恶化的倾向。临床也表明，开朗乐观的精神，是战胜癌症的有力武器。导师在给胃癌患者开方用药的同时，还关注并指导患者的生活饮食，鼓励患者树立战胜疾病的信心，消除患者对疾病的恐惧心理，要求患者保持良好心态。提醒患者避免过分疲劳，适量运动，生活起居有规律。嘱咐患者按时、按量进食，少量多餐，饮食宜清淡、富有营养、容易消化，忌辛辣刺激、生冷硬、腥臭、海鲜发物。

胃癌是常见的癌症之一，采用放、化疗对身体损伤较大。导师根据胃癌病变特点，采用汤剂和丸、散剂（胶囊）结合的方法，攻补兼施，在临床上疗效确切，值得进一步深入研究，其在治疗中重视脾胃功能恢复、调节饮食情志也是治疗胃癌的重要方面，临床上应给予充分重视。

3 用 药 经 验

3.1 三棱、莪术

此药对常用于肠道肿瘤、气滞血瘀患者，正如《医学衷中参西录》所云："三棱气味俱淡，微有辛意；莪术味微苦，气微香，亦微有辛意，性皆微温，为化瘀血之要药。"若细核二药之区别，化血之力三棱优于莪术，理气之力莪术优于三棱。二药配对，则相须为用，破血祛瘀、行气消积、止痛之力更雄。三棱和莪术虽然其药用植物来源不同，但二者具有极为相似的药理作用，故临床上二者常作为对药，相须为用。三棱、莪术都具有抗血栓形成、升高白细胞、抗肿瘤的作用。此外，莪术还可抑菌抗炎、调节免疫功能、保肝、增加动脉血流量。

3.2 黄芪、仙鹤草

此药对常用于胃肠道肿瘤，元气不足，气血亏虚患者，黄芪的应用始载于东汉《神农本草经》，在传统中医理论中，黄芪性微温，味甘，归肺、脾经，具有补气升阳、固表止汗、托毒生肌、利尿退肿之功效；主要用于治疗气血虚弱，神倦食少，久泻脱肛，表虚自汗不止，血虚受风，肌肤麻木，痈疽疮毒不溃或溃久不敛及皮肤水肿等证。近年来有研究报道，黄芪在体内和体外均有抗肿瘤作用。黄芪可增强 T 淋巴细胞的功能，使 CD4，CD4/CD8明显提高，从而起到调节癌症患者免疫功能的作用；直接抑制肿瘤细胞的生长和增殖，促进肿瘤细胞的凋亡；抑制肿瘤血管生成；影响机体氨基酸代谢。仙鹤草（Herba Agrimoniae）为蔷薇科龙芽草（*Agrimonia pilosa* Ledeb.）的干燥地上部分，又称金顶龙芽、龙芽草、脱力草、狼牙草等。其性微甘、平，味苦、涩，归肺、肝、脾、大肠经；临床上主要用于寒热虚实引起的身体各部位出血，可治疗疮痈肿、痔疮，常用于各种血症及痢疾。现代中医药研究发现，仙鹤草还具有较强的抗癌功效。临床研究表明，仙鹤草单味或复方对消化道癌如直肠癌、胃癌、肝癌以及肺癌和白血病等具有明显抑制瘤体增殖，促进瘤体消散作用，可加速癌症康复。

3.3 白花蛇舌草、半枝莲

白花蛇舌草和半枝莲二药主要功效为清热解毒，白花蛇舌草清热解毒兼消肿止痛，半枝莲清热解毒又具有化瘀活血作用，两药配伍用，可增强抑癌、排毒作用。白花蛇舌草为茜草科耳草属植物，别名蛇舌草、蛇针草、二叶律、白花十字草、龙舌草、鹤舌草等。其性甘寒、微苦，以全草供药用，具有清热解毒、利尿消肿、活血止痛的功能。临床应用广泛，主治恶性肿瘤、胃肠炎、阑尾炎、扁桃体炎、肺炎、泌尿系感染等病症。半枝莲为唇形科黄芩属植物半枝莲的全草，临床多用于治疗肝癌、肺癌、胃癌、直肠癌和鼻咽癌。鉴于白花蛇舌草有清热解毒兼消肿止痛的作用，半枝莲具有清热解毒又有活血化瘀作用，因此两药配伍，将有似中药七情配伍中的相须之用，可增强抑癌、排毒作用。多糖是半枝莲和白花蛇舌草的重要活性成分之一，多糖具有增强免疫力、抗肿瘤、降血糖、抗氧化和抗衰老等功能。

3.4 蜂房、九香虫

蜂房为一传统中药，始载于《神农本草经》："主惊痫瘈疭，寒热邪气癫疾，肠痔。"《本草汇言》解其："能驱风攻毒，散疔肿恶毒。"《本草求真》曾指出："蜂房为清热软坚散结要药。"目前研究已发现其具有抗菌、抗炎、抗病毒、抗肿瘤、抗溃疡、镇静麻醉等作用。现代研究显示，蜂房提取物对多种肿瘤细胞均有抑制作用。九香虫（Aspongopus）为常用中药，始载于《本草纲目》，性味咸温，入肝、脾、肾经，"治膈脘滞气，脾肾亏损，壮元阳"。传统用于胃寒胀痛，肝胃气痛，肾虚阳痿，腰膝酸痛等证。现代药理研究显示，九香虫对多种肿瘤细胞具有抑制作用，可诱导人结肠癌细胞凋亡，影响凋亡相关因子的表达。

4 病 案 举 例

孙某，男，56 岁，2012 年 8 月 28 日初诊。胃脘部胀痛不适 1 年余，口干不欲饮，疲乏无力，面色无华，肢体消瘦，食欲不振，便溏，眠可，舌质红苔腻，左脉弱，右脉滑。于 2012 年 2 月 27 日在兰州军区兰州总医院胃镜示：①慢性萎缩性胃炎Ⅰ级，②胃小弯隆起性病变，癌变？病检示：（胃窦）低分化腺癌。辨证：中虚气滞，痰毒凝滞。治疗：健脾理气，化痰散结，抗癌解毒。方以异功散为基础加减，药用：党参 15g，陈皮 12g，炒白术

15g，炙草6g，茯苓30g，益气散（兑入）20g，养阴散（兑入）10g，三棱30g，莪术30g，藤梨根30g，半枝莲15g，半边莲15g，白花蛇舌草50g，仙鹤草150g，15剂，冷水煎，早晚饭后1小时服。大宝胶囊3瓶，每次3粒，每日3次。加味犀黄胶囊3袋，每次3粒，每日3次。饭前30分钟服用。上述方案治疗半个月后胃脘胀满稍减，精神好转，继续以此方为基础加减治疗以观后效。

2013年7月25日就诊，服药近1年，药后病情平稳，胃脘部胀满减轻，上腹部疼痛亦减，食欲增加，精神好转，仍有口干不欲饮，面色无华，余无不适。脉弦。舌红苔腻，舌下V（+）。治疗：健脾理气，化痰散结，抗癌解毒。药用：异功散加减，党参15g，陈皮12g，炒白术30g，炙甘草6g，茯苓30g，益气散（兑入）30g，养阴散（兑入）20g，三棱50g，莪术50g，藤梨根15g，白花蛇舌草50g，生芪100g，延胡索30g，台乌15g，麦冬15g，仙鹤草150g（煎水煎药），虎杖15g，当归15g，玄参15g。30剂，冷水煎，早晚饭后1小时服。大宝胶囊3瓶，每次3粒，每日3次。加味犀黄胶囊3袋，每次3粒，每日3次。饭前30分钟服用。

按语 《医宗金鉴》曰："形虚病盛先扶正，形证俱实祛病急，大积大聚衰其半，须知养正积自除。"本例患者正气亏虚，精气不足，正虚无力抗邪，故当扶正为主；脾胃为后天之本、气血生化之源，故以健脾和胃之法；脾失健运，痰毒内生，气血生化不足，血行不畅，瘀血凝滞，痰瘀交阻，气机升降失调，故见胃脘胀痛不适，食欲不振，便溏，故用党参、白术、茯苓、益气散（红参、西洋参、黄芪）健脾益胃，益气化痰；三棱、莪术行气止痛，活血化瘀，软坚散结；藤梨根、半枝莲、半边莲、白花蛇舌草抗癌解毒，清热利湿；陈皮、乌药温中行气，燥湿化痰；养阴散（麦冬、龟板、鳖甲、石斛）养阴益胃；仙鹤草益气补虚，扶助正气。全方健脾益气，和胃化湿，消痰散结，活血化瘀，抗癌解毒，扶正祛邪，提高患者免疫功能，抑制肿瘤细胞增殖。

摘自：李小牛. 王道坤教授治疗胃癌临床经验［J］. 甘肃中医学院学报，2008，25（1）：4-5.

党民卿，王道坤. 王道坤治疗胃癌经验［J］. 辽宁中医杂志，2015，42（6）：1209-1210.

王道坤教授治疗消化系统癌症经验探讨

王道坤教授是甘肃省首届名中医，北京中医药大学特聘教授。从事中医医疗、教学、科研50余年，中医理论功底深厚，医道精醇，仁心仁术，学验俱丰，擅长治疗各科疑难病症。在消化系统方面的造诣尤为突出，有"西北胃王"之誉。学生有幸随师跟诊，收获颇多，兹就侍诊所见，对老师临证治疗消化系统癌症的经验予以整理，以探讨其学术思想及方药运用，以飨同道。

1　重视健护脾胃

脾胃为后天之本，营卫气血化生之源，李东垣云"脾胃为血气阴阳之根蒂也"，又说"元气之充足，皆由脾胃之气无所伤，而后能滋养元气"。反之，"脾胃之气既伤，而元气也不能充，而诸病之所由生也"（《脾胃论》）。故中医治疗各种病症都应特别注意对脾胃的保护，消化系统病症尤应重视脾胃功能的调治。

癌症属于"癥瘕""积聚"等病证范畴。消化系统某一脏腑如果癌变，除其本身受到影响外，脾胃的水谷精微运化功能也会受到影响。王老师认为，治疗消化系统癌症应重视脾胃的调护。王老师多用敦煌医方大补脾汤加减以健脾益气，强心和胃。若见嗳气脘胀，加枳实、木香、砂仁等；放化疗后病人出现恶心、呕吐、纳差等症状，加旱半夏、生姜、竹茹等。

王老师在治疗消化系统癌症时特别注意顾护胃气。中医有"有胃气则生，无胃气则亡"的古训。现代医学实验研究表明，健脾益气法能够增强消化道腺体的分泌，增强胃的消化和小肠的吸收功能[1]，进而提高机体免疫力[2]。消化系统癌症治疗中，王老师不仅对于脾胃功能尚好的患者，处方用药很谨慎，在扶正补虚为主的处方中，常配伍理气醒脾之品，以无碍胃气；而且在攻邪为主的处方中，亦常配伍健脾益胃之品，以保护胃气。

2　补肾培元固本

肾为先天之本、人体阴阳之根。王老师认为，消化系统癌症之发生亦是由体内阴阳失调引起。随着癌瘤生长，进一步耗伤人体气血；若再同时采用放、化疗手段治疗，大伤人体元气而损及根本。元气是人体最基本、最重要的气，是人体生命活动的原动力，其主要由先天之精化生而来，即元气根于肾，通过三焦流行于全身。肾藏精，主生长发育与生殖，肾在体为骨，主骨生髓，肾亦主水液，与其他组织器官有密切的关系。临床上当消化系统肿瘤持续生长，或伴其他脏腑转移时，其内在因素与元气损伤有密切关联。因此在消化系统癌症治疗中，补肾培元固本对于控制癌瘤生长及向其他部位扩散具有重要意义。

治疗消化系统癌症时，王老师十分重视培护肾元，即使脉症没有明显外在肾虚见症，王老师在处方时亦会少加益肾药味，如鹿茸、鹿角、熟地、菟丝子、巴戟天、肉苁蓉、淫羊藿、枸杞子、龟板、女贞子等，并配合用其精心研制的敦煌石室大宝胶囊和滋阴降火丸，根据肾脏阴阳互根关系以及"精者，生之本也"（《素问·金匮真言论》），治疗中注意阴阳互求，配伍中或于阴中求阳，或于阳中求阴。

3　汤丸（散）并用

王老师常用汤药和丸散剂结合的方法来治疗消化系统癌症，这也是王老师治疗癌症的特色之一。他说，"汤者荡也，去大病用之。"汤剂取其起效快，能够较快缓解病情，同时又能照顾到患者的个体差异，可以把辨证论治这个法宝用得淋漓尽致。而丸、散剂一方面取其作用持久和便于久服，另一方面由于有细料和一些毒性较大的药物，这样可以减少用量、降低成本，也可以减低毒性，充分发挥其抗癌的作用。因此大宝胶囊、理中丸及消痞散、和胃散、化瘀散是其常用之品，而疗效也很确切。

4　重视心理疗法

王老师认为：情志失调是消化系统癌症发生的重要原因之一。由于肝主疏泄，调畅情志，长期的不良情绪易致肝郁气结，气机不畅，继而造成气滞、痰凝、血瘀种种病变。正如《素问·举痛论》"百病生于气也"，《灵枢·本脏》"志意和则精神专直，魂魄不散，悔怒不起，五脏不受邪矣"。

临床可见有些患者知悉自己所患病症为癌症后，极其焦虑紧张，于是食纳不香，眠寐不安，进而形体日渐消瘦，正气耗伤，邪气嚣张，这种负面情绪非常不利于机体的抗邪力，直接影响药物疗效的发挥，所谓"精神不进，志意不治，故病不可愈"（《素问·汤液醪醴论》）。如果病患能一直保持心情开朗乐观，则气机畅通，有利于疾病的康复。临床研究也表明，开朗乐观的精神，是战胜癌症的有力武器。王老师在给消化系统癌症患者开方用药的同时，非常关注并指导病人树立战胜疾病的信心，消除病人对疾病的恐惧心理，鼓励病人保持良好心态积极面对现实。

5　病 案 举 例

患者高某，男，76 岁。兰州人。2019 年 5 月 11 日初诊。2019 年 4 月 9 日在甘肃省人民医院检查报告显示：胃恶性肿瘤、急性上消化道出血、2 型糖尿病、下肢静脉血栓形成、腮腺肿瘤、低蛋白血症、腹腔积液、腹腔感染、肝囊肿、单纯性肾囊肿、胸腔积液、结肠息肉、前列腺增生、前列腺钙化灶、内痔、贫血、室性早搏 17 种病变。遂做胃全切术，病理报告显示高分化腺癌。刻下：形瘦，面色苍白，纳差，呕恶，易惊，汗多，神疲乏力，舌淡少神苔薄腻，脉弱。证系脾胃虚弱，神不安。治从补益脾胃安神立法，以大补脾汤（敦煌医方）加减。处方：生黄芪 12g，红参（另煎兑入）、旋覆花（包）各 10g，干姜、炒白术、麦冬、枳壳各 6g，五味子、炙甘草各 3g，生姜 3 片，大枣 2 枚为引，7 剂，水煎温服，每日 1 剂，分上下午。同时为患者释疑解惑，并告知该病中医可治，并交代其家属隐瞒病情，切勿慌乱。期间以上方加减治疗近 3 月，于 2019 年 7 月 1 日术后三个月，在甘肃省人民医院复查结果如下：

电子胃镜：基本正常；超声检查：胸水、腹水全消失；生化全套：白蛋白（ALB）39.9g/L（参考范围 40.0~55.0g/L）；谷氨酰转肽酶（GGT）8.2U/L（参考范围 10.0~60.0U/L），高密度胆固醇（HDL-C）1.00mmol/L（参考范围 1.04~1.68mmol/L），低密度胆固醇（LDL-C）

1.38mmol/L（参考范围 2.07～3.12mmol/L）；血常规：红细胞计数（RBC）3.33×1012/L（参考范围 4.00～5.50×1012/L），血红蛋白（HGB）99.0g/L（参考范围 120.0～160.0g/L）。整体情况较好。

8月3日四诊。药后诸证稳妥，食纳睡眠均佳，且体重增加3斤，甚喜，舌淡苔薄，脉细。治从前法。生黄芪、灵芝各20g，红参（另煎兑入）、炒白术、当归、熟地、制黄精、炒神曲各 15g，陈皮、木香（后下）、三七粉（分冲）12g，醋三棱、醋莪术、西洋参（另煎兑入）各10g，生姜3片，大枣2枚为引，14剂，水煎温服，每日1剂，分上下午。上法续治至今，目前患者健在，可事日常轻体力劳作。

按语　此例患者来诊胃癌全切术后，根据其形瘦，面色苍白，神疲乏力，纳差，呕恶，易惊，汗多，舌淡少神苔薄腻，脉弱。辨为脾胃气虚，神不安证，治从补益脾胃安神立法。

方中红参、黄芪、西洋参、灵芝、白术、甘草补益脾胃之气；麦冬、黄精益养胃阴；五味子纳气安神，与人参、麦冬，肺胃兼补。旋覆花味咸能软坚，尚能治惊悸、补中下气（《神农本草经》）。木香、陈皮理气化痰健胃，当归、熟地、三七养血祛瘀。三棱、莪术相须为用，理气散结。神曲、生姜、大枣调补脾胃，增进食欲，还能促进药力的吸收，提高治疗效果。诸药合用，共奏健脾益气安神之功。因方药对证，同时通过心理疏导建立患者信心。结果服药后，证情很快即得缓解，复查报告结果整体情况较好。

参 考 文 献

[1] 彭成，雷载权. 四君子汤对消化、运动、吸收作用的实验研究[J]. 中药药理与临床，1995（5）：6-8.

[2] 聊俊婷. 健脾益气法联合早期肠内营养对胃癌患者术后营养状况和免疫功能的影响[J]. 中国疗养医学，2020，29（1）：50-52.

王道坤教授辨治十二指肠巨大溃疡举隅

尚海平

柴某，女，57岁。2007年12月9日初诊。主诉：间断上腹部疼痛1年，加重1个月。行胃镜示：食管：距门齿 24cm 起至食管下段全周可见弥漫充血糜烂，上覆白苔。贲门：齿状线清晰，进镜顺利。胃底：可见多发小溃疡。胃体：多发糜烂。胃角：见一 0.3cm×0.5cm 的溃疡，底覆白苔，周围黏膜充血。胃窦：近幽门前区小弯侧见一 0.2cm×0.5cm 的溃疡，周围黏膜水肿。幽门：变形狭窄，镜身可通过。十二指肠球部：前壁侧见3cm×4cm 的巨大溃疡，底覆污苔周围黏膜水肿，球腔高度充血水肿狭窄，镜身未通过。Hp（-）。肿瘤标志物均为阴性。病理学诊断：①消化性溃疡；②炎性浸润。西医诊断：食管炎（D级）、复合性多发性溃疡（A1-A2 期）、糜烂性胃炎。曾以西药对症治疗 20 余日，但疗效较差，因有邻居介绍，故慕名特来请王教授诊治。目下主要症状是：胃脘部灼热疼痛、泛酸，伴小腹胀痛，进食前后和夜间尤为明显，时轻时重，胃脘部略有按压痛；慢性病容，面色晦暗无华，精神不振，声音不扬；食量少、恶心，睡眠略差；大便稀溏，每日 3 次。舌淡白苔白厚腻，舌下静脉（＋）。脉沉细。证属脾胃虚弱，气血失和，湿毒壅滞于中。拟温中和胃、制酸止痛佐以祛湿化浊之法。处方：生黄芪 15g，杭白芍 12g，苏梗 12g，桂枝 10g，浙贝母 15g，海螵蛸 15g，甘松 10g，煅瓦楞子 30g，半夏 15g，陈皮 12g，茯苓 15g，和胃散（包煎）30g，藿香（后下）15g，佩兰（后下）15g，草果 12g，苍术 12g。每日 1 剂，姜枣引，水煎，每日 2 次，早晚饭后 1 小时服。服药 5 剂后，胃痛明显减轻，胃脘胀满、恶心泛酸及烧灼感亦有减轻，唯后背及腰部肋间略有胀痛；食量可，睡眠较前好转，面色晦暗；大便软，每日 1 次；舌脉同前。再守上方，稍事变动，加延胡索 12g，改生黄芪为 30g，浙贝母 12g，藿香 30g，佩兰 30g。7 剂，服法如前。随后继以前方辨证加减再服 35 剂后，胃痛、背胀、肠鸣诸症均已消失；但口中无味，食眠可，二便调；舌淡白，苔白厚腻，脉沉缓。患者因前次胃镜检查时感觉特别痛苦拒绝再行胃镜复查，故行胃肠 B 型超声复查示：①胆囊增生性炎症；②反流性胃炎（轻度）；③十二指肠球炎。观其诸症均除，为巩固疗效，故叮嘱患者继服前方 14 剂后，加服资生丸和愈溃灵冲剂 1 个月。并告知注意饮食禁忌，避免劳累，重视精神调养；随访至今病未复发。

按语 处方中所用和胃散为王教授自拟散剂，经多年临床应用功效卓著。王老师认为消化性溃疡若病程迁延日久，多导致脾胃虚弱；又由于脾胃虚弱，精微不化，中阳不振，水反为湿，谷反为积，气反为滞，气滞不能推动血液运行而为瘀，木旺土衰，气机逆乱而致郁，就形成了脾胃虚寒、胃气壅滞、痰湿停阻、肝胃不和、瘀血等病理性损害；这些因素交相作用，促使溃疡的形成，又因脾胃虚弱，运化无力，生化无源，气血不足，而使溃疡难以愈合。本例患者已近花甲之年，老年体弱再加胃痛日久、迁延不愈，终致脾胃虚弱，气血失和，湿毒壅滞于中；故方中用生黄芪，是取其补气升阳，更重要的是生黄芪有很好的托毒排脓之功，能加快溃疡面的迅速愈合；中药黄芪素有"疮家要药"之美称；经现代药理研究证实，黄芪能增强特异性和非特异性免疫功能，能降低胃液、胃酸的分泌量；且有报道称凡具有助阳补气功效的中药方剂都有提高机体免疫功能，保护胃肠黏膜屏障，使损伤的胃黏膜很快恢复，促使溃疡愈合的作用；故应首选黄芪补元气，益中气，托疮生肌，提高机体免疫功能，增强营养胃壁黏膜，促进溃疡愈合。桂枝、白芍、大枣、生姜温中补虚，酸甘化阴，和里缓急；海螵蛸、浙贝母、煅瓦楞子制酸止痛，且能固摄止血，生肌敛疡，更助生黄芪一臂之力，促使溃疡面的愈合，实为一举多得；甘松、苏梗起行气止痛之功；陈皮、半夏、茯苓三药共用取二陈汤理气和中祛湿之义；藿香、佩兰、草果、苍术共用以化湿运脾。综观全方，药证合拍，标本兼治，共奏温中和胃、制酸止痛、祛湿化浊之功。

摘自：尚海平，王道坤. 王道坤教授辨治十二指肠巨大溃疡举隅［J］. 光明中医，2008，23（7）：1003.

王道坤以自拟愈溃系列经验方治疗消化性溃疡验案拾萃

王韶康，姜玥，段永强

1　愈溃系列经验方概述

1.1　温中愈溃汤

症见胃痛隐隐，绵绵不断，喜温喜按，空腹痛甚，得食痛减，泛吐清水，遇冷加重，纳差，神疲乏力，甚则手足不温，大便溏薄，舌质淡嫩，或有齿痕，苔薄白，脉沉细。治法：温补脾胃、抑酸止痛。药用：红景天、黄芪、白芍各15g，桂枝、吴茱萸、黄连各6g，蒲公英15g，海螵蛸、浙贝母各12g，甘草12g。该方乃王教授根据敦煌医学古医方中的建中补脾汤（炙甘草二两、大枣十二枚、生姜三两、黄饴一升、芍药六两、桂枝二两）合《金匮要略》小建中汤加减而成。王教授认为，消化道溃疡出现的脘腹胀痛、神疲乏力、泛吐酸水、纳呆等临床表现，其病机为中阳虚弱，脾胃失养，故法当建其中脏，使饮食增而阴血旺。寒凝于胃则气机壅塞不通，不通则痛。然通不必以下泄为通，如虚者助之使通，寒者温之使通，调气和血，亦通之之法；温法能化寒凝，宣通气机，故能治痛。治中阳虚弱之胃痛，用温补法可达到以补促温、以温助补之目的。

1.2　养阴愈溃汤

症见胃脘隐隐作痛，空腹时加重，不思饮食，口干咽燥，大便干结，手足心热，舌红少苔或苔花剥，少津或裂纹，脉细弦或细数。治法：生津和胃、理气止痛。药用：北沙参、当归、麦冬、白芍、甘草各12g，生地黄30g，枸杞子、黄连各10g，川楝子、麸炒枳壳各12g，浙贝母、海螵蛸、蒲公英各15g。《临证指南医案·脾胃》有"知饥少纳，胃阴伤也"，胃阴亏耗，易出现咽干、便秘、舌红少苔、脉细数等。王教授认为，阴虚型消化性溃疡多因饮食辛辣，或脏腑积热，或虚热内生，耗伤胃阴，而胃腑喜润恶燥，胃阴耗损，胃腑失养，不荣则痛。选用养阴愈溃汤，旨在滋阴生津、和胃止痛。

1.3 化瘀愈溃汤

症见胃脘疼痛持久，痛若针刺或刀割，痛有定处而拒按，食后或夜间痛甚或痛时牵涉胸背，或呕血、便血，舌质紫暗或有瘀斑，脉涩。治法：活血化瘀、敛疡止痛。药用：蒲黄、五灵脂、刘寄奴、黄芪、山药、蒲公英各15g，血竭（冲服）3g，煅瓦楞子20g，威灵仙、枳壳各10g，黄连3g，鸡内金6g。王教授认为，胃痛日久且以胃脘刺痛为主症，或有明显瘀血阻络者，治宜疏通气机、活血化瘀，通而痛止。故对瘀血阻胃络者，化瘀即所以通，可使胃痛止。

2 典 型 病 例

案例1 患者，女，36岁，2016年3月20日初诊。胃脘隐痛6年余，凌晨甚，食后缓解，伴脘腹冰凉，泛酸，消谷善饥，自汗盗汗，眠浅梦多，口干喜热饮，排便不爽、每日1次，舌淡红、边有齿痕，苔白厚，脉细。2014年10月10日外院行胃镜示"十二指肠球部多发溃疡（A1期），慢性萎缩性胃炎"。辨证：脾胃虚寒，胃失和降。治以温中补虚、和胃止痛，选用温中愈溃汤加减：黄芪15g，红景天15g，制吴茱萸6g，黄连5g，海螵蛸30g，浙贝母15g，蒲公英12g，桂枝10g，儿茶12g，炙甘草6g，麸炒白芍15g，刘寄奴15g，生姜3片，大枣3枚。14剂，每日1剂，水煎，早晚饭后1小时服。嘱其清淡饮食，忌食刺激之品，畅情志。2016年7月24日二诊：胃脘隐痛大为减轻，2个月前因食不慎后引发胃脘绞痛，经外院治疗（具体用药不详）后好转。现仍时胃脘隐痛，口干欲热饮，纳可，眠浅，排便不爽、每日1次，舌淡红，苔白花剥，脉滑细。守方改黄芪为30g，加当归12g增强益气养血之功。继服7剂。

2016年7月31日三诊：无明显不适，纳眠可，大便调，舌淡红，苔白，脉细。守方改黄芪为40g、当归为15g，加血余炭15g以增强生肌敛疮、养血活血之力。继服21剂善后。

按语 王教授认为，本案证属脾胃虚寒，胃失和降。凌晨乃阳气来复之时，正邪交争明显，故胃脘隐痛甚。因其病久，"阴损及阳，阳损及阴"，故现盗汗、消谷善饥等；舌淡红、边有齿痕，苔白厚，脉细，为一派脾胃虚弱之象，故治以温中补虚、和胃止痛。方中黄芪、桂枝、红景天、制吴茱萸等益气温阳，麸炒白芍养阴，刘寄奴、儿茶敛疡，海螵蛸、浙贝母和胃制酸止痛，蒲公英、黄连合用清解胃中邪毒。全方温中补虚、和胃止痛，最终诸症皆愈。

案例2 患者，女，28岁，2014年7月20日初诊。反复胃脘灼痛3年余，饥饿时明显，食辛辣刺激食物易呕吐，口干欲冷饮，舌红胖大，少苔，脉细数。2013年3月6日外院行胃镜示"十二指肠球部多发溃疡"。辨证属胃阴亏虚。治以养阴生津、和胃止痛。方用养阴愈溃汤加减：麦冬12g，北沙参15g，生地黄15g，当归12g，白芍15g，枸杞子15g，海螵蛸40g，浙贝母15g，蒲公英15g，黄连6g，白及10g，煅瓦楞子（先煎）40g，炙甘草6g，生姜3片，大枣3枚。7剂，每日1剂，水煎，早晚饭后1小时服。嘱其清淡饮食，忌食辛辣刺激之品。2014 年 7 月 27 日复诊：胃脘灼痛明显减轻，偶有空腹时胃脘烧心，舌淡红，苔染，脉细数。守方加玄参、黄芪各 15g 加强养阴生津、生肌敛疮之力。继服 15 剂以巩固疗效。

按语 本案患者胃脘灼痛、口干欲冷饮、舌红少苔、脉细数，乃一派阴虚内热之象，因其胃脘虚热明显，故食辛辣刺激食物易呕吐。《素问·调经论》："帝曰：阴虚生内热奈何？岐伯曰：有所劳倦，形气衰少，谷气不盛，上焦不行，下脘不通，胃气热，热气熏胸中，故内热。"董建华认为，只有津液来复，胃气才能下行。故治以养阴生津、和胃止痛为法，选用养阴愈溃汤加减治疗，投之辄效。

案例 3 患者，男，30 岁，2016 年 7 月 17 日初诊。胃脘刺痛 4 年余，反复发作，近 1 周因食辛辣食物诱发。时有胸骨后憋闷不适，纳呆，眠可，大便溏、每日 2 次，舌淡暗、边有齿痕，苔白根厚腻，舌下静脉迂曲怒张中度，脉弦细。2014 年外院行胃镜检查示："胃溃疡"。辨证属瘀血阻络。治以化瘀通络、理气和胃。方选化瘀愈溃汤加减：丹参 15g，檀香 12g，木香（后下）12g，砂仁（后下）8g，蒲黄（包煎）10g，五灵脂（包煎）10g，刘寄奴 12g，黄芪 30g，威灵仙 12g，枳壳 15g，三七粉（冲）6g，鸡内金 10g，瓦楞子（先煎）40g，生姜 3 片，大枣 3 枚。7 剂，每日 1 剂，水煎，早晚饭后 1 小时服。嘱饮食清淡，忌食刺激之品，畅情志。2016 年 7 月 26 日二诊：胃脘刺痛显减，纳眠可，二便调，舌淡暗、边有齿痕，苔白偏厚，舌下静脉迂曲怒张轻度，脉滑。守方去檀香，加姜黄 12g、桂枝 10g、改三七粉为 12g、鸡内金 15g 加强行气化瘀、通络止痛、消食导滞之功，继服 14 剂善后。

按语 本案患者胃脘刺痛日久，瘀阻胃络，《临证指南医案·胃脘痛》云："初病在经，久痛入络，以经主气，络主血，则可知其治气治血之当然也。"血络瘀滞，气机升降失调，故予以化瘀愈溃汤加减。方中丹参、蒲黄、五灵脂、三七粉、刘寄奴等活血化瘀止痛，威灵仙通络，檀香、木香、砂仁、枳壳疏通气机。全方共奏行气活血、化瘀止痛之功，故取效甚捷。

3 结 语

《脾胃论》言"内伤脾胃，百病由生"，可见脾胃的健运对人至关重要。王教授在数十年对消化性溃疡的临床治疗中重视固护胃气，调畅气机。依据对敦煌医学的整理和挖掘，并结合自身临床经验，独出心裁，自拟温中愈溃汤、养阴愈溃汤、化瘀愈溃汤治疗消化性溃疡，疗效显著，值得临床借鉴。

摘自：王韶康，姜玥，段永强，等. 王道坤以自拟愈溃系列经验方治疗消化性溃疡验案拾萃［J］. 中国中医药信息杂志，2018，25（8）：111-113.

王道坤运用自拟温中止泻汤治疗脾泄经验探析

安小平，王韶康，段永强

笔者有幸成为王教授学术经验继承人，现将其运用温中止泻汤治疗脾泄经验总结如下。

1　病因病机

"脾泄"病名首见于《难经》，是指以腹部胀满、泻下如水、进食呕吐为主要临床特征的一类病症，与《内经》"濡泄"及后世医家所言之"湿泄"相似。脾胃为气血生化之源，承载五谷变化；脾胃气虚，脏腑百骸弱而不强，水谷精微滞而不得布，完谷而下，即成脾泄。王教授认为，脾泄主因脾胃阳虚、气机不利、湿浊内停所致，病位在脾，与胃、肾密切相关。脾胃阳气虚弱，脾失健运，使脾胃气机升降失司，津液代谢失常，湿浊内停，而湿浊内停又影响脾运，故脾胃阳虚与湿浊内停相互影响，互为因果。

1.1　脾胃虚弱

调摄失宜，或久病，或年老体弱，均可导致脾胃虚弱、脾运失常，或肾阳不足、命门火衰、脾失温煦，不能受纳水谷和运化精微，水谷停滞，湿滞内停，阻碍气机，升降失调，清浊不分，混杂而下，遂成脾泄。

1.2　饮食失节

长期饮食不节，贪食过量肥甘厚味，损伤脾胃，致食滞不化，宿食内停，损伤脾气，或恣食寒凉之物，寒食交阻，寒气客于胃肠，均可使脾失健运，升降失调，肠道泌别、传导失司，清浊不分，混杂而下，形成本病。正如《景岳全书•泄泻》所云："若饮食失节，起居不时，以致脾胃受伤，则水反为湿，谷反为滞，精华之气不能输化，乃致合污下降，而泻痢作矣。"

2　温中止泻汤方解

温中止泻汤是王教授化裁于理中丸合七味白术散而来。其中理中丸源于《伤寒论•辨霍乱病脉证并治》，主治太阴脾虚寒证，太阴病以吐、利、腹痛、腹满为特征，治法是"当温之"；而七味白术散由钱乙创制，主要用于治疗脾胃久虚，湿浊内停，津液内耗所致呕吐、泄泻频作、烦渴多饮等。温中止泻汤主要由干姜、炮姜、党参、煨诃子、麸炒白术、茯苓、煨葛根、仙鹤草、藿香、木香、石榴皮、砂仁、炙甘草等组成。其中干姜性热，味辛，温中散寒，回阳通脉，主治脘腹冷痛、呕吐泄泻，炮姜辛热，温脾暖胃，配合干姜加强温中止痛止泻之力，《本草分经》曰："炮姜辛苦大热，除胃冷而守中兼补心气，祛脏腑沉寒痼冷，去恶生新。"二者实为治疗虚寒性泄泻之佳品；党参补益脾胃之气、鼓舞清阳、振动中气，《本草正义》云"党参力能补脾养胃，润肺生津，健运中气，本与人参不甚相远。其尤可贵者，则健脾运而不燥，滋胃阴而不湿，润肺而不犯寒凉，养血而不偏滋腻，鼓舞清阳，振动中气，而无刚燥之弊"；茯苓、麸炒白术健脾益气、淡渗利湿；藿香芳香而不燥烈，温煦而不燥热，能化里湿而醒脾开胃、芳化湿浊；木香、砂仁行气消胀，煨葛根可使脾胃清阳之气上升，使其既有生津止渴之功，又有止泻痢之效；煨诃子、石榴皮、仙鹤草味涩收敛，功善涩肠止泻；炙甘草补脾和中，调和诸药。全方共奏温中健脾、调畅气机、化湿止泻之功。主治脾胃阳虚，气机不利，湿浊内停所致脾泄，症见肠鸣泄泻、腹部胀满、脘腹冷痛喜温喜按、呕恶频频、烦渴欲饮、面色无华、气短乏力、形体消瘦、舌淡或淡胖、边有齿痕，苔白腻，脉沉迟或虚缓无力等。

3　辨治经验

王教授认为，临床上病程较长，大便时溏时泻，常呈水样便，脘腹胀满，恶心呕吐，兼有食少纳呆，神疲肢冷，面色萎黄，舌苔白腻，脉细弱或濡缓，证属虚寒之泄泻都可归于"脾泄"范畴，相当于西医慢性结肠炎、肠易激综合征等。其治当以温中健脾、调畅气机、化湿止泻为基本法。脾虚久泻必致胃阴耗伤，胃阴失滋，纳运迟滞，可进一步阻碍脾胃运化，故治应重视胃阴的养护。脾虚久泻亦会累及肾，肾藏先天水火，水不足则干，火不足则湿。肾火不旺，不能温化积水，蒸腾寒气，导致肠中多水而成泄泻，故临证须顾护肾阳。肾中元阳可激发五脏六腑之阳，行使脏腑功能。若肾病寒，作强功能减退，伎巧难出，上不能助脾阳化饮食物，下不能司二阴之开合。《医贯》有"是肾虚失其闭藏之职也……故令人水泻不止"。若见五更泄，日久不愈，腰酸膝冷属脾肾阳虚者，酌加黑附片（久煎）、补骨脂、肉豆蔻、菟丝子、杜仲；腹部胀满、冷痛属阳虚气滞者，酌加小茴香、乌药；大便赤白相兼、里急后重、肛门灼热、舌苔厚腻微黄属湿郁而化热者，酌加少量黄连、黄芩；若见胸胁胀闷、嗳气及矢气频作、腹泻因情绪紧张或抑郁恼怒诱发而属肝郁脾虚者，酌加柴胡、麸炒枳壳、炒白芍；若见嗳腐吞酸、泻下臭秽如败卵属食积肠腑者，酌加焦六神曲、焦山楂、焦槟榔；若见便血属脾不统血者，宜加大仙鹤草、炮姜用量，酌加灶心土、棕榈炭。

4　典型病例

案例1　患者，女，55岁，2017年5月23日初诊。2016年3月，患者因胃癌行胃切除术（2/3切除）后饮食稍有不慎即出现腹泻，尤以进食寒凉后为甚、日行七八次，近1年体质量下降近14kg。刻下：水样便、日行六七次，脘腹胀满不适，腰酸膝冷，稍进油腻、寒凉之物则加重，面色萎黄，精神萎靡，肢倦乏力，不思饮食，眠浅易醒，舌淡，苔白厚腻，脉细弱。中医诊断：泄泻（脾泄），证属脾肾阳虚，气机不畅，湿浊内停。治以温补脾肾、调畅气机、渗湿止泻。方用温中止泻汤加减：干姜10g，炮姜10g，党参15g，麸炒白术30g，茯苓30g，藿香（后下）30g，木香（后下）12g，煨葛根30g，煨诃子（捣碎）15g，杜仲15g，菟丝子40g，黑附片（先煎）15g，生晒参（兑入）20g，生姜3片，大枣3枚。15剂，每日1剂，水煎，早、晚饭后1小时温服。嘱患者慎饮食，畅情志，避风寒。

2017年6月13日二诊：大便明显好转、日行三四次，仍嗳气、反酸，肢软乏力，眠浅易醒，近日自觉口干、口渴，舌质淡，苔白腻，脉细。守方加黄芪30g以增强健脾益气之功，麦冬20g、五味子10g以助生津止渴，酸枣仁20g、茯神20g以安神助眠。继服15剂。

2017年7月2日三诊：大便成形、日行三四次，脘腹胀满明显减轻，精神较前好转，食纳增加，睡眠改善，仍口干欲饮，舌脉如前。守方加黄精12g、芦根15g以加强生津止渴之力，神曲12g、炒麦芽15g以健胃消食。继服15剂。

2017年7月22日四诊：口干明显缓解，余症不显，大便质可、每日1次，食纳可，睡眠可，舌淡红，苔薄白。守方继服7剂善后。半年后电话随访，已恢复正常。

按语　本案乃久病损脾，脾气亏虚则不能升发，水谷不化，清阳下陷，升降失调，清浊混杂而下，故见大便溏薄；脾气虚弱，则油腻食品更不易消化，故稍进油腻则便次增多；气虚运化失司，则脘腹胀满不适、纳差食少；久病不愈，耗伤肾阳，则现腰酸膝冷；精神萎靡、肢倦乏力、舌淡苔白腻、脉细弱，乃脾胃虚弱之象。王教授运用温中止泻汤温中健脾止泻，又患者久病气虚体弱，故二诊加黄芪益气健脾、固表，佐以酸枣仁、茯神安神助眠。药证相符，故疗效颇佳。

案例2　患者，男，86岁，2017年10月16日初诊。4个月前，患者因腹泻半个月至外院就诊，肠镜示"慢性结肠炎，肠易激综合征"。西医治疗半个月，效果不显。刻下：晨起肠鸣、泄泻，大便夹有不消化食物、日行四五次，腹部胀满，腰膝酸软，脐腹冷痛，喜温喜按，睡眠尚可，舌暗，苔薄白、根厚腻，脉沉细。中医诊断：泄泻（脾泄），证属脾肾阳虚，湿浊内停。治以温补脾肾、固肠止泻。方用温中止泻汤加减：干姜10g，炮姜10g，党参15g，麸炒白术30g，茯苓30g，藿香（后下）30g，木香（后下）12g，菟丝子30g，山药20g，山萸肉15g，煨葛根30g，煨诃子（捣碎）15g，生姜3片，大枣3枚。7剂，每日1剂，水煎，早晚饭后1小时温服。嘱患者慎饮食，畅情志，避风寒。

2017 年 11 月 2 日二诊：腹泻减为日行二三次，肠鸣减轻，脐腹仍觉冷痛，腰膝酸软，乏力，睡眠可，舌脉如前。守方加牛膝、补骨脂各 15g，吴茱萸、五味子各 12g，菟丝子改为 40g，以加强温补脾肾之功，继服 21 剂。

2017 年 11 月 30 日三诊：腹泻减为日行一二次，偶有夹杂不消化食物，腹痛明显减轻，腰膝酸软好转，睡眠可，舌脉如前。守方加黑附片 15g 以补火助阳，继服 10 剂。

2017 年 12 月 12 日四诊：大便成形、每日 1 次，脐腹冷痛及肠鸣皆不显，睡眠可，舌淡，苔白，脉沉细。守方去黑附片，继服 15 剂善后。随访半年，患者病情平稳。

按语　本案患者年老体弱，肾阳不足，命门火衰，不能温煦脾土，致脾运失司，清晨阳气未振，阴寒较盛，故见晨起腹痛肠鸣泄泻；命门火衰，不能助脾腐熟水谷，故大便夹有不消化食物；肾阳亏虚，脾阳不足，故脐腹冷痛，喜温喜按。因脾肾阳虚导致命门火衰，故温补脾肾最为重要，遂在二诊时加补骨脂、吴茱萸、牛膝、五味子。其中补骨脂辛苦大温，补肾壮阳、暖丹田、固下元；吴茱萸辛热，温中止痛、理气开郁，兼调肝，性既善上，鼓舞胃气上腾，又善暖下焦；牛膝滋补肝肾、强筋骨；五味子酸温补肾，敛精强阴，能收肾中耗散之气，且能助脾阳。本案脾肾同补，疗效显著。

摘自：安小平，王韶康，段永强，等. 王道坤运用自拟温中止泻汤治疗脾泄经验探析［J］. 中国中医药信息杂志，2018，25（11）：112-114.

王道坤教授治疗泄泻的经验

朱建东，张雪琴

王道坤教授对泄泻的辨证治疗，有着丰富的临床经验并取得了良好的效果。

1　病因病机

王师认为治疗疾病应首先认清其病因病机，以病证的临床表现为依据，通过分析疾病的症状、体征来辨清病因病机，为遣方用药提供根据。泄泻的主要病变部位在胃肠，常由外感淫邪、内伤饮食、情志失调、脾胃虚弱、命门火衰等因素引起脾胃功能失常而发生泄泻，脾虚湿盛是导致本病发生的重要因素。王师认为外因与湿邪关系最为密切，经常强调"湿邪胜，泄泻生"。内因与脾虚关系最为密切，脾主运化水谷和运化水湿，如脾失健运则谷反为滞，水反为湿，合污下降而作泻。脾虚与湿盛相互影响，互为因果。

2 辨 证 要 点

王师认为治疗泄泻应辨清其轻重缓急，虚实寒热。若饮食如常，属轻证；若泄泻无度不能食或久泻滑脱不禁，属重证；若发病缓慢，病程较长，每因饮食不慎而复发，以脾虚为主或久病及肾，属慢性腹泻；若发病急骤，病程短，以湿盛为主，属急性腹泻；若病程较长，腹痛不甚，喜温喜按，神疲肢冷，属虚证；若泻下腹痛，痛势急迫拒按，泻后痛减，多属实证；若大便清稀，完谷不化，多属寒证；若大便色黄褐而臭，泻下急迫，肛门灼热，多属热证。临床往往虚实兼夹，寒热并见，辨证时应全面分析，治疗时要灵活变通，处方遣药时应有所侧重，不可胶柱鼓瑟。

3 分 型 论 治

3.1 急性泄泻

临床可见大便清稀，甚如水样，腹胀痛，肠鸣，胸闷，尿少，肢体倦怠，舌苔白腻。常选用《丹溪心法》中的胃苓汤，胃苓汤乃平胃散与五苓散合方，平胃散燥湿运脾、行气和胃使湿浊得化，气机调畅，脾胃复健，胃气和降；五苓散重在渗湿利水，兼有健脾化气之功，两方合用健脾燥湿，淡渗分利。

3.1.1 虚寒型

临床可见泻下稀水，色白无臭，或完谷不化，鸭溏清澈，兼有肠鸣切痛，喜温喜按，畏寒，面白肢冷，舌质淡苔白，脉沉迟。因中焦寒盛，脾胃阳虚不能腐熟水谷、蒸化津液，故清浊不分，轻则便溏，重则完谷不化。治疗常用理中汤加肉桂、吴茱萸、煨葛根以温中祛寒，健脾升阳。方中以辛热之干姜为君，温中焦脾胃而祛里寒；人参为臣药大补元气，助运化而正升降；白术健脾燥湿；炙甘草益气和中，白术与炙甘草并为佐使。四药合用，中焦之寒得辛热而去，中焦之虚得甘温而复，清阳升而浊阴降，运化健而中焦治。

3.1.2 湿热型

临床可见泄泻腹痛，泻下急迫或泻而不爽，大便色黄褐而臭，肛门灼热，烦热口渴，小便短黄涩痛，舌苔黄腻，脉濡数或滑数。因湿热之邪伤及脾胃，传化失常而发生泄泻。治疗选用葛根芩连汤清热利湿，方中黄芩、黄连苦寒清热燥湿；葛根解肌清热，升清止泻。

3.1.3 肝气乘脾型

临床可见泻时腹痛肠鸣，泻后痛止，腹部较舒，兼有胁痛，痞闷，嗳气，纳少，每因愤怒，腹痛泻泄立即发生，舌质淡红少苔，脉弦。因七情所伤，气机不利，肝气横逆犯脾，脾失健运，脾气不升，清气下陷出现泄泻。治疗选用痛泻要方以补脾泻肝，方中白术健脾；白芍养血柔肝；陈皮理气健脾；防风升清止泻。

3.1.4　食滞胃肠型

临床可见腹痛肠鸣，泻下稀便夹有不消化食物，臭如败卵，泻后痛减，矢气频多，兼有嗳腐吞酸，胸腹饱闷，不思饮食，舌苔垢浊或厚腻，脉滑。因多食过饱，损伤胃肠，使其受纳、腐熟、传化功能紊乱导致泄泻。治疗选用保和丸消食导滞，方中神曲、山楂、莱菔子消食导滞，宽中除满；陈皮、半夏、茯苓和胃祛湿；连翘解食滞之郁热。

3.2　慢性泄泻

3.2.1　脾胃虚弱型

临床可见大便时溏时水，水谷不化，进油腻之物则大便次数增多，兼有不思饮食，食后脘闷不舒，面色萎黄，神疲，舌质淡苔白，脉细弱。长期饮食失调或劳倦内伤或久病缠绵导致脾胃虚弱，不能受纳水谷和运化精微，水谷停滞，清浊不分，混浊而下，遂成泄泻。治疗常选用七味白术散或参苓白术散健脾止泻，两方均以四君子汤加味，七味白术散加入藿香辛温芳香、化浊祛湿而和中止呕；木香辛苦，温行气而止痛；葛根甘辛平，鼓舞胃气上行而止泻；参苓白术散配以白扁豆、薏苡仁、山药之淡渗，莲子之干涩，加入砂仁芳香醒脾，佐四君更能促中焦运化使上下气机贯通，桔梗载药上行达于上焦以益肺。

3.2.2　肾阳虚衰型

临床可见泄泻便溏或有完谷不化，泄泻在黎明之前腹部作痛，肠鸣即泻，泻后则安，形寒肢冷，腰膝酸软，舌质淡苔白，脉沉细。土赖火生，子丑五更之后，阳气未复，阴气极盛之时，若肾中阳气不足，命门火衰，可见黎明定时泄泻。治疗选用四神丸温肾健脾，固涩止泻，方中补骨脂辛苦，性热而补命门为壮火益土之要药，肉豆蔻温脾肾而涩肠止泻，吴茱萸暖脾胃而散寒除湿，五味子温涩之品，生姜散寒利水，大枣滋养脾胃。

3.2.3　脾阴虚型

临床可见泄泻反复发作，经久难愈，大便黏滞不畅，腹不痛或隐痛，食少纳呆，腹胀，咽干唇燥，倦怠乏力，形体消瘦，面色不华，舌质淡红少苔或花剥，脉细无力。脾阴为脾赖以运化的物质基础，脾阴虚则脾的运化功能受损，以致升降失常，水谷并走于下而作泄。治疗运用王师自创方瓜梅汤滋阴理脾，方中乌梅涩肠止泻；木瓜化湿和胃；人参须、白术、山药、白扁豆健脾止泻；葛根升阳止泻；白芍缓急止痛；甘草补脾益气，缓急止痛，缓和药性。

3.2.4　寒热错杂型

临床可见大便稀薄，胸中烦热，频欲呕吐，腹痛喜暖，舌苔黄白相兼，脉弦数。邪犯肠胃，寒热错杂，升降失常而导致泄泻。治疗常选用乌梅丸加石榴皮、白头翁祛寒清热止泻，方中乌梅涩肠止泻；蜀椒、细辛、干姜、桂枝、附子温脏祛寒；黄连、黄柏清上热；人参、当归补养气血，与温中药相配具有益气温中的作用。

王道坤教授认为对于泄泻应该辨证地去看待，分清其中的轻重缓急、虚实寒热。若是患者能够正常饮食便为轻症；若是泄泻严重，无法正常饮食，或是久泄不止，不能自制便为重症。那种久治不愈、发病时间较长、发病缓慢，因饮食不当而复发、以脾虚或是伤及肾部的为慢性腹泻；若发病时间较短、发病急促的，属于急性腹泻。对于那些发病时间较长、腹部疼痛难忍、四肢僵冷、易疲惫的属于湿证；而对于那些泄前泄后腹部疼痛、痛时较急，泄前疼痛难忍，泄后疼痛减少的多属于实证；对于那些泄时大便清稀、食物难以消化的多属于虚证；对于那些大便恶臭、呈黄褐色肛门感到灼热的多为热证。泄泻的临场表现多为寒热并发、虚实相和，在对泄泻进行治疗时应该全面具体地进行分析，找出发病原因，在进行泄泻治疗时应该灵活地选择方案，对证治疗。

4　病　案　举　例

案例1　患者，女，82岁，2005年7月12日初诊。自述腹泻1个月余，质稀，泻而不爽，肛门灼热，小便烧灼，舌质暗苔黄腻，脉滑数。辨证属于湿热内盛，治宜清热利湿，选用葛根芩连汤，处方：葛根15g，黄芩10g，黄连6g，旱半夏15g，栀子10g，藿香（后下）15g，槟榔10g，白术15g，车前子15g，北沙参15g，开胃散（包煎）30g，助消散（分冲）10g（本文使用散剂均为王师自创方）。5剂，每日1剂，水煎服，每日2次，早晚饭后1小时服。患者于2005年7月17日二诊，泻已止，大便恢复正常，肛门灼热消失，小便已无烧灼感，喜饮，舌质暗苔白，脉滑数。以上方去栀子、助消散，减旱半夏为12g、藿香（后下）为12g，加茯苓15g、神曲10g、焦山楂10g，7剂以巩固疗效。

案例2　患者，男，43岁，2005年9月29日初诊。自述腹泻7年余，加重2年，肠鸣腹痛，大便不成形，每日2～3次，无黏液脓血，口干喜饮，纳差，舌淡红苔白厚腻，舌边有齿痕，脉滑弱。辨证属脾虚湿胜以脾虚为主，治宜健脾利湿，选用七味白术散合胃苓汤治疗，处方：党参15g，白术15g，茯苓15g，炙甘草6g，木香10g，藿香15g，葛根15g，厚朴10g，陈皮10g，苍术12g，泽泻12g，猪苓12g，桂枝10g，佩兰15g。7剂，每日1剂，水煎服，每日2次，早晚饭后1小时服。因路途遥远，患者未能及时复诊，自行抓药30剂，于2005年11月5日三诊。患者腹痛消失，纳好，大便已成形，每日2次，肠鸣，排便时自觉有下坠感，舌淡红苔薄白，舌边有齿痕，脉滑弱。以初诊方为基础去苍术、桂枝，加蒲公英15g、黄芪15g，增葛根至20g、厚朴12g。服用14剂后，诸症皆除，患者无不适感。2个月后随访，患者腹泻未作，现大便每日1次，纳好，无不适感。

案例3　患者，男，52岁，2005年11月10日初诊。自述腹泻5日，大便每日4～5次，泄下如水，肠鸣，食欲不振，食则恶心，呃逆，口干不喜饮，舌质淡红苔白厚，脉弦。辨证属脾虚湿胜，治宜健脾利湿，选用胃苓汤治疗，处方：厚朴12g，苍术12g，陈皮12g，炙甘草 6g，茯苓 15g，猪苓 12g，泽泻 12g，白术 30g，桂枝 6g，藿香（后下）30g，苏梗 12g，助消散（分冲）10g，行气散（后下）10g。5 剂，每日 1 剂，水煎服，每日 2 次，早晚饭后 1 小时服。患者于 2005 年 11 月 15 日二诊，纳好，肠鸣消失，大便正常每日 1 次，自感乏力，汗多，舌质淡红苔薄白，脉沉滑。上方去苍术、藿香，减厚朴为 10g、白术 15g，加黄芪 15g、浮小麦 100g、益气散（兑服）10g 服用 7 剂，巩固疗效。

案例 4　患者，女，55 岁，2005 年 10 月 18 日初诊。自述腹泻 7 个月余，进食即登厕，肠鸣，形体消瘦，纳差，乏力，舌质淡红苔薄白，脉细。辨证属脾胃虚弱，治宜健脾止泻，选用参苓白术散治疗，处方：党参 15g，白术 30g，茯苓 15g，炒白扁豆 15g，陈皮 12g，莲子 12g，炒山药 30g，砂仁（后下）10g，炒薏苡仁 15g，桔梗 6g，炙甘草 6g，炮姜 6g，益气散（兑服）10g。7 剂，每日 1 剂，水煎服，每日 2 次，早晚饭后 1 小时服。患者于 2005 年 10 月 25 日二诊，自觉胃脘胀满，头晕，仍食后即泻，舌质淡红苔白厚，脉细。以初诊方为基础减莲子，加黄芪 15g、藿香（后下）15g、助消散 10g（分冲）。14 剂，每日 1 剂，水煎服，每日 2 次，早晚饭后 1 小时服。患者于 2005 年 11 月 15 日三诊，自觉好转，胃脘胀满消失，头晕减轻，纳增，食后即泻缓解，舌质淡红苔白，脉细。处方：党参 12g，白术 12g，茯苓 15g，陈皮 12g，炒山药 15g，炒薏苡仁 12g，炙甘草 6g，炮姜 6g，黄芪 15g，藿香 15g，益气散（兑服）10g，行气散（后下）12g。14 剂，每日 1 剂，水煎服，每日 2 次，早晚饭后 1 小时服。患者于 2005 年 11 月 29 日四诊，大便已正常，头已不晕，纳可，不觉乏力，舌质淡红苔白，脉细。以三诊方为基础方减炮姜为 3g，加白豆蔻 12g，服用 7 剂，以巩固疗效。

摘自：张雪琴. 王道坤教授治疗泄泻经验［J］. 中医研究，2007，20（1）：46-47.
朱建东. 王道坤教授治疗泄泻的经验［J］. 大家健康，2014，8（5）：49-50.

王道坤运用自拟温中止泻汤治疗腹泻型肠易激综合征经验

巩子汉，段永强，付晓艳

肠易激综合征属于胃肠功能紊乱性疾病，是包括排便习惯改变、大便性状异常、腹部不适甚至腹痛等临床表现，并且持续存在或间歇发作，而又缺乏可解释的生化学异常的一组临床证候群。其中临床上以腹泻型肠易激综合征最为常见。近年来医学界不断提出各种阐明肠易激综合征的发病机制假说，目前较为公认的观点包括肠道慢性低度炎症、胃肠道动力异常、内脏过敏（胃肠神经敏感）、脑-肠轴异常以及心理障碍等因素；而迄今现代医学对肠易激综合征的治疗尚无特效药。

1 腹泻型肠易激综合征的发病机制

从腹泻型肠易激综合征的腹泻腹痛症状特点分析，其可归属于中医"泄泻"范畴，病位主要在肠，但也与脾（胃）关系密切。同时中医认为"脾主运化""脾主升清"均是依赖脾之"阳气"气化功能，诚如《素问·阴阳应象大论》所云："阳化气，阴成形"；一旦脾之"阳气"虚弱，气化无权，或寒邪、湿邪侵袭困阻脾土，脾胃气虚，气化无权，升降失调，清浊不分，水谷杂下而发生泄泻。而脾虚型肠易激综合征是以排便次数增多，粪质稀溏或完谷不化，甚至泻出如水样为主症的病证，辨证多有脾虚者，此如《素问·脏气法时论》所云："脾病者……虚则腹满肠鸣，飧泄食不化。"另如《素问·阴阳应象大论》记载："湿盛则濡泄。"可见脾气受损，气化失司，脾病湿盛，肠道分清泌浊、传导功能失司而易致泄。中医临床认识脾虚型肠易激综合征腹泻腹痛不但具有"脾虚生湿""湿盛则濡泻"之机理，亦有"健脾渗湿"治泻之论。从中医理论来看，一则脾胃乃气血生化之源，脾（阳）气健运，则正气充足，气化有力，五脏安和；脾（阳）气虚弱，气化无权，渐生湿浊，发为泄泻；诚如《素问·生气通天论》所云："阳气者，若天与日，失其所，则折寿而不彰"，而气是维持人体生命活动的最基本物质，气化是人体最基本的生命活动。这种生命活动的表现形式即是气的升降出入运动，正如《素问·六微旨大论》所言"故非出入，则无以生长壮老已；非升降，则无以生长化收藏。是以升降出入，无器不有"，只有气化功能正常，才能使生命生生不息。二则脾气健运，则气血旺盛，正气充足，故"脾之为卫"功能正常，"正气存内，邪不可干"，反之，脾胃虚弱，正气不足，易被外邪侵扰，气化无权，则易变生湿浊而为泄泻，从"阳化气，阴成形"理论来分析，病理情况下即由于"阳化气"失权（即阳气虚弱，气化不足），便出现水湿渐生，湿浊为泄，或舌体胖大、舌苔白腻等有形物质增加的"阴成形"变化（即脾气脾阳虚，水饮湿浊内生），此如《黄帝内经素问集注》所云："故阳化万物之气，而吾人之气由阳化之；阴成万物之形，而吾人之形由阴成之"，可见气的升降出入推动了人体脏腑气化；三则脾喜燥而恶湿，脾气健运，水湿得化，若脾之阳气虚弱，阴寒渐盛，湿浊内阻，脏腑气机不通，容易因中焦腑气不通而作胀作痛，诚如《素问·举痛论》所云："寒气客于小肠，小肠不得成聚，故后泄腹痛矣。"

2 温中止泻汤

温中止泻汤由王教授依据四君子汤合理中汤化裁而来，由人参、茯苓、白术、炙甘草、干姜、炮姜、葛根、藿香、木香、诃子、石榴皮等组成，其中四君子汤出自《太平惠民和剂局方》，由人参、白术、茯苓和甘草四味中药组成，是治疗脾气虚的经典方剂，方中人参性甘大补脾胃之气；白术苦温，助君药燥湿健脾；茯苓甘淡健脾，渗湿利水；炙甘草味甘性微温，和中益气，四药相辅，具有益气健脾之功效，亦能体现通过益气健脾以助脾之"气化"功效；诚如《医方集解·补养之剂》所云"此手足太阴、足阳明药也；人参甘温，大补元气为君。白术苦温，燥脾补气为臣。茯苓甘淡，渗湿泻热为佐；甘草甘平，和中益土为使也"；而理中丸（汤）出自《伤寒论》，是治疗脾阳虚的经典方剂，由人参、白术、干姜和甘草四味中药组成，方中干姜温运中焦，以散寒邪为君；人参性甘大补脾胃之气，协助干姜以振奋脾阳为臣；佐以白术健脾燥湿，以促进脾阳健运；使以甘草调和诸药，而兼补脾和中，诸药合用，使中焦阳气重振，脾胃健运，升清降浊机能得以恢复，则吐泻腹痛可愈。诚如清代医家程应旄所言："理中者，实为燮理之功，予中焦之阳也，阳气复，寒气去，中气得补，健运有权，中焦虚寒诸证可除矣"。又《本草分经》云："炮姜辛苦大热，除胃冷而守中兼补心气，祛脏腑沉寒痼冷，去恶生新。"故用炮姜温脾暖胃以合干姜温中止泻之力，二者共奏治疗虚寒性泄泻之力；藿香芳香化湿、醒脾开胃；木香、砂仁行气止痛，煨葛根可使脾胃清阳之气上升，使其既有生津止渴之功，又有止泻痢之效；煨诃子、石榴皮涩肠止泻，全方共奏温中健脾、调畅气机、化湿止泻之功。

3 典型病例

案例1 患者，男，47岁，2018年6月23日就诊。腹痛2年余，胆结石术后引起全腹痛，受凉则易腹泻，阴囊潮湿。素神疲乏力，舌淡胖苔薄白，边有齿痕，舌下静脉（＋），脉沉细，某三甲医院诊断为肠易激综合征。王教授认为脾（阳）气虚弱、湿浊内盛、气机失调是导致本病的主要原因，治宜温中健脾、化湿止泻、调畅气机。方用温中止泻汤加减：党参15g，麸炒白术15g，茯苓15g，干姜6g，炮姜6g，附片（先煎）12g，肉桂粉（冲服）3g，藿香（后下）15g，木香（后下）15g，葛根12g，诃子12g，石榴皮12g，炙甘草6g，生姜3片，大枣3枚。7剂，每日1剂，水煎，早晚饭后1小时服。嘱舒畅情志，饮食清淡，忌食油腻刺激之品。

2018年6月30日二诊：药后症状减轻，现觉阴囊潮湿，神疲乏力，舌淡苔薄黄，边有齿痕，舌下静脉（＋），脉细。守方改麸炒白术为30g、易茯苓为茯神30g以增强补益之效；改附片为15g以加强温中之功；加延胡索15g以缓腹痛。继服7剂。

2018年7月7日三诊：腹痛明显减轻，现有阴囊潮湿，小便色黄，大便质软，舌淡苔薄白，脉细。守方改干姜为8g、附片18g以增温里之效，加柴胡15g、三七粉（冲服）3g以调气活血。继服7剂。

2018年7月14日三诊：药后腹泻症状基本痊愈，刻下觉阴囊潮湿大减，神疲乏力，舌淡苔白腻，舌下静脉（－），脉细。守方加杜仲12g以补肾阳。用法同前，继服21剂以巩固疗效。

2019年3月2日路遇，治愈后体健，纳眠均可，身无不适。

按语 中医认为肠易激综合征的病机为脾（阳）气虚弱、湿浊内盛、气机失调。另脾胃的腐熟和运化依赖肾阳的温煦，肾阳虚衰，不能为其滋养，亦可致脾阳虚弱，脾运不健，生湿、生热、生痰，也可形成寒热互结虚实错杂的证候。该患者受凉后则易于导致腹泻，说明患者体内阳气虚弱，因而用药时加入炮姜以温中焦之阳，肉桂、附片以温煦肾阳。肾阳为一身之元阳，故温肾阳可加强脾阳的力量；患者神疲乏力，舌淡苔白腻、边有齿痕，脉沉细，说明患者脾虚有痰湿，王教授认为治宜温中健脾、化湿止泻、调畅气机，选用温中止泻汤加减治疗，药证相符，故疗效颇佳。

案例2　患者，女，63 岁，2018 年 3 月 9 日就诊。食后即便，大便完谷不化 2 年 7 个月。刻下便中夹有白色黏冻，形寒肢冷，嗳气，小腹痛，盗汗，不敢多食，眠浅易醒，舌淡嫩苔薄白，脉弱，某外院诊断为肠易激综合征。胆结石、高血压病史。辨证属脾（阳）气虚弱、湿浊内盛，方用温中止泻汤加减：人参 10g，炒白术 15g，诃子 12g，煨葛根 12g，砂仁（后下）15g，肉豆蔻 10g，五倍子 10g，炙甘草 6g，茯神 30g，干姜 8g，炮姜 8g，附片（先煎）10g，藿香（后下）15g，生姜 3 片，大枣 3 枚。3 剂，每日 1 剂，水煎，早晚饭后 1 小时服。嘱舒畅情志，饮食清淡，忌油腻刺激之品。

2018 年 3 月 12 日二诊：药后泻止，腹无不适。嗳气止，形寒症减，舌淡苔白，脉弱。效不更方，再进 4 剂。

2018 年 3 月 16 日三诊：药后精神转佳，纳可，眠可但多梦，盗汗，小腹痛，舌淡，脉细。处方：上方去葛根，增五倍子至 12g，加山萸肉 12g 以增温补脾肾、固涩止泻之功；减炮姜至 6g，附片至 10g。4 剂，服法同前。

2018 年 3 月 21 日四诊：药后腹痛症减，盗汗减少，腰痛甚。食欲转佳，纳少，多梦，大便 2~3 日 1 行。舌淡红苔白根腻，舌下静脉（＋），脉细。处方：增炮姜至 10g、白附片至 12g、山萸肉至 15g，加杜仲 15g，以温补肾阳；加炒山药 30g 以健脾止泻；加焦山楂 12g 消食止泻。

2018 年 3 月 21 日五诊：药后泻止、腰痛症大减、盗汗减。纳可眠佳，舌淡红苔薄白，脉弱。守方继服 7 剂以巩固疗效。另嘱患者用红参 100g、炒白术 150g、生黄芪 100g、枸杞 120g、干姜 60g、山药 150g，煎汤代水饮 1 周。

2018 年 8 月 4 日随访：药后腹泻症消，身体无明显不适。

按语　《素问·脏气法时论》云："脾病者……虚则腹满肠鸣，飧泄，饮食不化""阳虚则寒"。肾阳不足，不能温煦脾阳，则见形寒，大便完谷不化。《伤寒论》云："少阴病，脉沉者，急温之，宜四逆汤"，又《小儿药证直诀》云："食不消，脾胃冷，故不能化，当补脾"。王教授认为本案患者病情延久，故用炮姜、附片、炒白术、人参、炙甘草等温阳益气；诃子、肉豆蔻、五倍子涩肠止泻；"清气在下，则生飧泄"，故用葛根升阳止泻生津；藿香、砂仁化湿和中。此方意如《金镜内台方义》中云："今此四逆汤，乃治病在于里之阴者用也。且下利清谷，脉沉无热，四肢厥逆，脉微，阳气内虚，恶寒脉弱。"患者三诊后药对症合，故加山萸肉以温补脾肾、固涩止泻；眠多梦，夜多汗，恐姜、附过热，扰动心神，故减量用之。患者四诊腰痛甚，腰为肾之府，故增炮姜、附片、杜仲以温补肾阳强腰，诸药合用，标本兼治，故收效显著。

4　结　语

肠易激综合征在临床上具有反复发作，缠绵难愈等特点，王教授认为明辨肠易激综合征的病因病机是关键，临证时须遵循辨证施治原则，灵活加减治疗，所谓"观其脉证，知犯何逆，随证治之"。并将中医辨证与辨病相结合，对因脾（阳）气虚弱、湿浊内盛而成的腹泻型肠易激综合征，常运用温中健脾、化湿止泻之法，选用自拟温中止泻汤加减治疗，同时注重配合情志疏导、饮食指导等多种疗法治疗肠易激综合征，疗效颇佳，值得临床推广。

摘自：巩子汉，段永强，付晓艳，等. 王道坤运用自拟温中止泻汤治疗腹泻型肠易激综合征经验［J］. 时珍国医国药，2019，30（12）：182-184.

王道坤教授运用枳壳益胃汤经验举隅

常建平，火明才

现举病案 3 例，介绍王道坤教授运用枳壳益胃汤的经验，以飨同道。

1　病　案　举　例

1.1　便秘

患者，男，7 岁，2012 年 4 月 20 日初诊。主诉：便秘 2 个月。症见：大便干结，3～4 天 1 次，如羊屎状，形体消瘦，脘腹胀满，食欲差，夜卧不安，盗汗，感冒则加重，舌红苔薄，脉细。西医诊断：便秘。中医诊断：便秘，证属胃阴不足、腑气不降。治宜滋养胃阴，通降腑气。给予枳壳益胃汤加减。处方：枳壳 12g，沙参 15g，麦冬 30g，玉竹 15g，炙甘草 6g，焦麦芽 15g，焦神曲 15g，焦山楂 15g，生地黄 15g，槟榔 10g，芦根 15g，白芍 10g，石斛 10g。7 剂，水煎服。4 月 27 日，二诊：服上方后，患者大便变软，2 天 1 次。原方加厚朴 6g、苍术 6g、木香（后下）6g、砂仁（后下）9g，续服 7 剂。4 月 27 日，三诊：服上方后，大便通畅，1 天 1 次，食欲增加，舌质淡红，舌苔变薄。继服 7 剂，以巩固疗效。

按语　便秘是大便秘结不通，或排便时间延长，或排便不爽的病症，病因多为各种原因造成的肠道传导不力，或是津液匮乏，肠道失于濡养。临床表现为大便次数减少，经常 3～5 天甚或 6～7 天 1 次，甚至更长时间；或大便干硬不易排出，或是大便不干，或只是排出不爽。本证型属津液匮乏，肠道失于濡养。从主症及伴随症状，再结合舌脉表现，辨证为胃阴不足、腑气不降。感冒发热则火热耗阴，故便秘加重。因小儿为稚阴稚阳之体，虽见阴虚，但一派纯阴之剂，又虑其妨碍阳气和滞碍胃气，故二诊加行气之木香、砂仁，运脾化湿之厚朴、苍术，行气化湿药亦可化解滋阴药滋腻困脾碍胃之弊。三诊时已基本痊愈，再处 7 剂，以巩固疗效。

1.2 胃痞

患者，男，60 岁，2012 年 5 月 20 日初诊。主诉：胃脘痞满伴烧灼不适 2 个月。现症：胃脘痞满，饥不欲食，伴烧灼或嘈杂，口干不欲饮，梦多，心烦，大便干，舌红少苔，脉细。患者发病后曾就诊于西医，西医给予抑制胃酸、保护胃黏膜、增加胃动力等药物治疗，疗效不佳。胃镜检查示：慢性萎缩性胃炎。西医诊断：慢性萎缩性胃炎。中医诊断：胃痞，证属胃阴不足。治宜滋养胃阴。给予枳壳益胃汤加减。处方：枳壳 15g，北沙参 12g，麦冬 12g，生地黄 20g，玉竹 12g，白芍 12g，甘草 6g，石斛 15g，芦根 15g，栀子 6g，淡豆豉 10g，酸枣仁 40g。7 剂，水煎服。5 月 28 日，二诊：服上药后，诸症略有好转，原方加陈皮 6g，再续服 15 剂。此后一直以上方为主加减化裁，前后共服药 3 个月余。患者于 2012 年 9 月 20 日行胃镜复查，提示为慢性浅表性胃炎。后嘱服王道坤教授自拟配方胃萎灵 2 号和胃痛灵胶囊 1 个月，以巩固疗效。

按语 胃痞是指心下痞塞，胀满，触之无形，按之绵软，压之不痛，心下痞，即胃脘部痞满，故可称胃痞。病因多为感受外邪，内伤饮食，情志失调。初期多实，外邪、食滞阻滞中焦，气机不利，升降失司，久则伤气伤血，虚实寒热夹杂。本病例以胃脘部痞满不适为主，当属胃痞。时伴饥不欲食、口干舌红苔少为津液不足，津液匮乏胃气不升则少苔，阴精不能濡养心神则心烦梦多。王道坤教授以枳壳益胃汤为主，稍作化裁守方治疗 3 个月余，津液渐复，胃腑得以濡养，诸症徐减。又配以王道坤教授自拟配方萎胃灵 2 号和胃痛灵胶囊巩固疗效，嘱患者服药期间调畅情志，忌食生冷刺激食物，故取得理想的疗效。

1.3 血证

患者，男，58 岁，2012 年 7 月 12 日初诊。主诉：浑身疼痛 2 年余。现症：患者周身疼痛，伴口干欲饮，饮不解渴，大便略干，烦躁易怒，舌红苔薄黄，脉细数。血小板计数：934×10^9/L。西医诊断：血小板增高。中医诊断：血证，证属阴津不足、筋络失于濡养。治宜滋养阴液，和络止痛。给予枳壳益胃汤加减。处方：枳壳 15g，沙参 12g，麦冬 12g，生地黄 20g，玉竹 12g，白芍 12g，甘草 6g，石斛 15g，芦根 10g，枸杞子 10g，山茱萸 15g，独活 10g，桑寄生 12g。7 剂，水煎服。2012 年 7 月 19 日，二诊。服上药后，浑身疼痛难受明显好转，原方继服 10 剂，药后原医院复查血象，血小板计数：420×10^9/L。2012 年 7 月 31 日复诊。病情好转，原方去独活、桑寄生，加焦山楂、焦神曲、焦麦芽各 15g，续服 15 剂，药后复查血小板计数：250×10^9/L。后服用王道坤教授配方胃萎灵 2 号，以巩固疗效。

按语 本病西医学诊断不明确，唯血小板增高。王教授辨证为阴液不足，不能濡养全身肌肉筋骨，不荣则浑身疼痛。全身肌肉筋骨及各分部，虽在内脏各有所属，然一身之阴精为先天肾所主，亦需后天水谷之滋养，且胃为五脏六腑之大海。从胃补养阴津，后天滋先天，肾阴充盛，脏腑经络才能得以充养。治以枳壳益胃汤，充养阴津；佐以辛散通络之独活、桑寄生。脏腑经络得以濡养，内则脏腑阴柔阳舒，外则经通络疏，故疼痛之疾消于无形。三诊时去独活、桑寄生以防其耗散阴津，加焦三仙助脾胃运化。王道坤教授用药之精细，临床疗效自然显著。王道坤教授初期以汤药治病祛疾，后期常用自拟配方成药巩固疗效，正应"汤者，荡也；丸者，缓也"。

2　小　　结

枳壳益胃汤为王道坤教授常用药方，以《温病条辨》的益胃汤和《伤寒论》的芍药甘草汤再加芦根、枳壳、石斛、天花粉而成。方中生地黄、麦冬为君药，《神农本草经》言："生地主治伤中，逐血痹，填骨髓，长肌肉。麦冬主心腹结气，伤中伤饱，胃络脉绝，羸瘦短气。"二者合而为君，滋养脾胃阴液；沙参、玉竹、天花粉、芦根养阴生津助君为臣；枳壳通降胃气，又去补养药之滋腻。诸药配伍，共奏和胃养阴之效。胃为五脏六腑之大海，胃阴得养，诸脏之阴得养，阴液有余，肾有所藏。

通过以上 3 个病例，体会到王道坤教授临床精心辨证、细心用药的思路。在长期医疗实践中，王道坤教授亦善于总结，自拟出许多疗效确切的经验方。以上对于枳壳益胃汤的运用做一详细介绍，以便与同行进行交流，更期望能够共同提高。

摘自：常建平，火明才，王道坤. 王道坤教授运用枳壳益胃汤经验举隅［J］. 中医研究，2014，27（1）：33-34.

王道坤教授枳壳益胃汤异病同治举隅

段李桃，党民卿，张星华

枳壳益胃汤是王道坤教授临床治疗慢性萎缩性胃炎及便秘等病证常用的一首自拟方，本方是在《温病条辨》益胃汤的基础上加减化裁而来，由枳壳（或枳实）、北沙参、麦冬、玉竹、石斛、生地、天花粉、芦根、甘草（或冰糖）组成。功在养阴清胃、增液通腑，用于胃阴不足、失于润养证，症见胃脘灼热疼痛，口干舌燥，渴喜冷饮，嘈杂易饥，大便干结，舌红少苔，或有裂纹，或花剥苔，脉细数。笔者从异病同治的角度就王道坤教授对该方的临床运用情况总结如下。

1 便　　秘

张某，女，45 岁，兰州市人。初诊时间：2014 年 11 月 18 日。主诉：便秘 30 年，加重 3 月余。便干难下，手心多热，月经量少。查：舌暗红边有齿痕、苔薄黄，脉滑。证候诊断：阴血两亏、阳明燥热证。治法：滋阴养血，清热润燥。处方以枳壳益胃汤合四物汤加减：枳实 15g，北沙参 15g，麦冬 12g，生地 30g，石斛 15g，当归 30g，川芎 12g，白芍 30g，西洋参（另煎兑入）10g，地骨皮 10g，神曲 15g，麦芽 15g，厚朴 15g，香附 12g，鲜生姜 3 片，大枣 3 枚。7 剂，每日 1 剂，水煎两次，将两煎药液混匀，早晚饭后 1 小时各服 1 次。嘱禁食辛辣温燥之物。

二诊：药后症减，便干好转，偶见少量痔疮出血。舌淡嫩、有齿痕，苔白腻，脉沉细。予上方当归减至 15g，加元参 15g、槐花 12g，续服。

随后继以前方辨证加减，共服 30 余剂，至今未再便秘。

按语　此患者便干难下为津亏，苔黄为有热，月经量少且手心多热为血虚生热，王教授辨为阴血俱亏，虚热内生之便秘。并认为女子用血，女性在临床上常见血虚之证，故常以四物汤作为女性处方的基础方，合枳壳益胃汤以治女性阴血俱虚之便秘。王道坤教授认为多种原因皆可导致便秘，对于长期习惯性便秘者当责之以体质，辨别气血阴阳之损益，不可徒以承气为法。若为气血阴阳虚损所致之便秘，当以补为通，法宗增液汤。另外，王教授对治疗期间的饮食宜忌尤为重视，对阴虚津亏肠燥者，嘱忌食辛辣温燥之物，以免更伤其阴。

2 便　　血

刘某，男，23 岁，兰州某高校学生。初诊时间：2014 年 11 月 4 日。主诉：便血 1 月余。血色红黑夹杂，粪干如羊屎，日一行。时有腹胀、乏力，口干欲饮，手足心热，纳食、睡眠可。查：舌深红，苔薄白，脉弦。证候诊断：肠燥津亏、阳明腑实证。治法：清热润燥，通腑泻下。处方枳壳益胃汤合大承气汤加减：枳壳 15g，北沙参 15g，麦冬 12g，生地 30g，芦根 30g，天花粉 12g，玉竹 10g，石斛 15g，地骨皮 10g，神曲 15g，麦芽 15g，厚朴 15g，香附 12g，大黄（后下）10g，鲜生姜 3 片，大枣 3 枚。7 剂，每日 1 剂，水煎两次，将两煎药液混匀，早晚饭后 1 小时各服 1 次。嘱禁食辛辣温燥之物。

二诊：药后症减。现仍偶有便秘及便中带血，血色仍为红黑夹杂。食后脘胀痛，口干不欲饮，双眼干涩，全身乏力，口唇青紫。舌暗红，舌体胖大，舌边齿痕显，苔白腻，脉弦。予上方厚朴减至 12g，香附减至 10g，加侧柏炭 20g，藕节炭 20g，槐米 15g，生黄芪 30g，续服 7 剂。

药后症减，随后继以前方辨证加减，至四诊，便血止。再治月余，诸症尽消，如常人。

按语　此患者粪干如羊屎，口干欲饮，为典型的阴虚症状。综合余症，辨为肠燥津亏、热伤血络之便血。肠燥津亏为本，燥屎不行，热灼血络为标。治以清热润燥、通腑泻下为主，凉血止血为辅，以标本兼顾。方以枳壳益胃汤清热润燥兼以导滞，合大承气汤以急下存阴。方中生地、大黄又兼能凉血止血。二诊效不更方，仅在原治法基础上作更精细的调整，加强其止血之力。

王道坤教授强调治病要谨守病机，抓住根本，遇便血当辨清寒热虚实及原因。血热出血当以清热凉血为本，不能只是单纯止血。热因去除，则妄行之血自然归经。

3　反　　酸

齐某，女，68岁，兰州市人。初诊时间：2014年4月3日。主诉：胃脘烧灼反酸1年半。伴后背及胃脘不适，时有疼痛，食不慎易腹泻，食欲尚可，口干欲饮，眠浅易醒。于2014年3月7日行胃镜检查示：慢性萎缩性胃炎（窦-轻度）并增生、糜烂。查：舌暗红、舌下静脉稍有迂曲，脉弦。证候诊断：胃阴不足，肝气横逆。治法：滋养胃阴，疏肝理气。处方枳壳益胃汤合四逆散加减：枳壳15g，沙参15g，玉竹12g，石斛15g，麦冬12g，花粉12g，芦根15g，柴胡12g，白芍12g，海螵蛸40g，浙贝母15g，煅瓦楞子（先煎）40g，白及10g，炙甘草6g，鲜生姜3片，大枣3枚。7剂，每日1剂，水煎两次，将两煎药液混匀，早晚饭后1小时各服1次。嘱禁食辛辣温燥及作酸之物。

二诊：药后症减，仍口苦欲饮，入睡困难，眠浅易醒，头晕。舌暗红、苔黄腻，脉弦。予上方加三棱10g、莪术12g、酸枣仁40g、蜜远志12g，续服。

三诊：药后胃脘烧灼反酸未发，晨起或夜间口苦，右胁隐痛，晨起睑肿，畏寒，近日头脑昏沉，眠差易醒。舌红、苔中厚腻，脉虚弦。予上方加生龙骨（先煎）30g、生牡蛎（先煎）30g，续服。

随后继以前方辨证加减，前后共服百余剂，至2014年8月30日十二诊，药后几愈，诸症悉除，嘱再服7剂停药，至今未发。

4　噎　　膈

邹某，女，47岁，兰州城关区人。初诊时间：2014年10月4日。主诉：吞咽不畅（如物梗阻）1年余。食后有反酸，伴手足心发热，口干欲饮。查：舌红，苔少干燥，脉沉细。证候诊断：阴虚火旺，胃失和降。治法：滋阴降火，和胃降逆。处方枳壳益胃汤合四逆散加减：炒枳壳15g，北沙参15g，麦冬12g，石斛15g，芦根30g，半夏12g，柴胡15g，白芍30g，旋覆花（包煎）30g，代赭石（先煎）30g，地骨皮12g，龟板30g，太子参15g，炙甘草6g，葛根15g，鲜生姜3片，大枣3枚。7剂，每日1剂，水煎两次，将两煎药液混匀，早晚饭后1小时各服1次。嘱禁食辛辣温燥及作酸之物。

二诊：药后症减。仍有反酸，时有嗳气。舌红、苔少，脉沉细。予上方太子参增至30g，续服。

随后继以前方辨证加减，历经月余，诸症悉除。

5 食道烧灼痛

鲁某，男，31岁，临夏市人。初诊时间：2014年9月27日。主诉：咽喉至胃脘部烧灼疼痛半年余。伴手足心发热，口干欲饮，平素烦躁易怒，纳可，二便调。胃镜检查示：反流性食管炎。查：舌淡红，苔黄欠润，脉沉细。证候诊断：胃阴不足，升降失常。治法：滋养胃阴，降气平逆。处方枳壳益胃汤合四逆散加减：炒枳壳15g，北沙参15g，玉竹12g，天花粉12g，石斛12g，麦冬12g，生地黄15g，芦根15g，龟板30g，地骨皮12g，柴胡15g，白芍15g，炙甘草6g，海螵蛸40g，浙贝母15g，旋覆花（包煎）30g，代赭石（先煎）30g，鲜生姜3片，大枣3枚。7剂，每日1剂，水煎两次，将两煎药液混匀，早晚饭后1小时各服1次。嘱调畅情志，禁食辛辣温燥之物。

二诊：药后咽喉至胃脘部烧灼减轻，仍有胸骨后疼痛。手足心干热，夜甚。纳食、睡眠可，二便调。舌淡红，舌边有齿痕，苔白腻，脉沉细。予上方将白芍增至30g，加鳖甲（先煎）30g，续服。

随后在此方基础上加减变化，连服3月余，食道烧灼感及手足心热等临床症状完全消失，遂停药，至今未见再发。

按语 以上三案例所见之口干欲饮、胃脘烧灼、舌红苔黄欠润等皆是胃热津亏之表现，三案皆以胃肠阴虚津亏为本，伴见肝气不疏，胃气上逆的反酸或食物反流。故以枳壳益胃汤以滋养胃阴治本，以四逆散疏肝理气，和胃降逆治标。反酸甚者加海螵蛸、浙贝母以制酸；气逆甚者加旋覆花、代赭石以降逆气。

6 胃 脘 痛

马某，女，54岁，白银市人。初诊时间：2014年10月16日。主诉：胃脘疼痛2月余。胃脘疼痛喜按，伴口干欲饮，纳少，便干2~3日一行。胃镜检查示：慢性萎缩性胃炎（Ⅰ级）伴糜烂（Ⅱ级）并胆汁反流。查：舌红，苔薄欠润，脉细弦。证候诊断：胃阴不足。治法：滋养胃阴。处方枳壳益胃汤合调胃承气汤加减：枳壳15g，北沙参15g，麦冬12g，芦根30g，焦神曲15g，白芍12g，玉片15g，大黄（后下）10g，元明粉6g，炙甘草6g，海螵蛸40g，浙贝母15g，高良姜6g，炒枳实20g，炒白术12g，鲜生姜3片，大枣3枚。7剂，每日1剂，水煎两次，将两煎药液混匀，早晚饭后1小时各服1次。嘱禁食辛辣温燥之物。

二诊：药后诸症悉减，食纳增。仍有晨起脘稍痛，夜间口干不欲饮。二便转调，舌红、苔薄黄，脉弦。予上方将大黄（后下）减至6g，元明粉（烊化）减至3g，加煅瓦楞子（先煎）40g，旋覆花（包煎）30g，代赭石（先煎）30g。续服 7 剂。大便亦转调后，遂去大黄、元明粉。随后以上方加减，先后共进 90 余剂，直至诸症皆除。

按语　此案口干欲饮、舌红欠润为阴津不足，痛处喜按者多为虚证，综合辨之为胃肠津亏为本，便干难下为标。故以枳壳益胃汤养阴为主，合以调胃承气汤以通腑助下治标。

7　胃　胀

席某，女，58 岁，兰州市人。初诊时间：2014 年 11 月 30 日。主诉：胃胀半月余。伴口干欲饮，便干 4～5 日一行，纳食、睡眠可。胃镜检查示：慢性浅表性胃炎伴胆汁反流，HP（＋）。查：舌淡胖边有齿痕，苔薄微黄，脉弦数。证候诊断：胃阴不足，肠燥便秘。治法：滋养胃阴，泻下通腑。处方枳壳益胃汤合调胃承气汤加减：枳实 15g，北沙参 15g，麦冬 12g，生地 30g，芦根 30g，天花粉 12g，玉竹 10g，石斛 15g，地骨皮 10g，神曲 15g，麦芽 15g，玉片 15g，大黄（后下）10g，元明粉 3g，鲜生姜 3 片，大枣 3 枚。7 剂，每日 1 剂，水煎两次，将两煎药液混匀，早晚饭后 1 小时各服 1 次。嘱多饮水，室内加湿，关小暖气，禁食辛辣温燥之物。

二诊：药后症减，胃脘偶有烧灼不适，口干欲热饮，舌淡红，苔白欠润，脉弦。予上方将天花粉增至 15g，神曲增至 20g，麦芽增至 20g，大黄（后下）减至 6g，加白芍 15g，续服。

三诊诸症继减，并在此方基础上加减变化续服 14 剂后，胃胀消，肠腑通。

按语　此案患者久病伤津，加之暖气过热进一步耗伤津液，阳明津亏、运化失职而致便秘、胀满诸症。治以枳壳益胃汤滋阴益胃，兼以行气。以调胃承气汤泻下通腑。两方合用标本兼顾，阴复腑通则胃胀自除。

枳壳益胃汤是王道坤教授临床常用之方，用以针对胃肠津亏、失于润养这种临床常见证型。临床中胃肠津亏者多伴有肠燥便秘之证，故滋阴与泻火、通下并用已成为治疗胃肠津亏证之常法。王道坤教授据此在益胃汤基础上加入泻火生津之芦根及行气助下之枳壳（或枳实），在临床中逐渐形成了滋、清、下并用，治疗阳明津亏肠燥证之枳壳益胃汤组方。方中生地、麦冬养阴清胃，兼以润肠通便为君药。北沙参、玉竹、石斛、天花粉、芦根助君药清胃生津为臣药。枳壳通降胃气而助下，为佐药。盖胃肠以降为顺，以通为用。甘草（或冰糖）调和诸药，为使药。全方滋中有清，清中有通，诸药共奏养阴清胃、增液通腑之功。临床切合实用，疗效显著，诚如方歌所云："枳壳益胃治津伤，沙参玉竹斛冰糖，麦地花粉及芦根，养阴益胃是良方。"

摘自：段李桃，党民卿，张星华，等. 王道坤教授枳壳益胃汤异病同治举隅［J］. 陕西中医药大学学报，2017，40（2）：21-23，29.

疏肝和胃汤临床应用体会

张秀习，杨晓轶

疏肝和胃汤出自《新脾胃论》，是国家第三批名老中医王道坤教授经验方，其药物组成包括柴胡 15g，枳壳 12g，白芍 12g，陈皮 12g，半夏 15g，云苓 12g，炙甘草 6g，香附子 10g，川芎 12g，苏梗 6g。笔者于临床学习应用王教授疏肝和胃汤治疗消化系统病症，均获得较好疗效，现举数例总结体会如下。

1　呃　　逆

金某，女，42 岁，务农。2010 年 6 月 12 日初诊。主诉呃逆 3 天。3 天前因吵架生气后出现呃逆频作，嗳气声响，稍有臭味，偶自觉有气从少腹或胁肋部上窜咽喉。自感胸闷憋气，纳食减少，稍多吃即感不舒。形体适中，性情易急躁；二便通畅，舌红苔微腻，脉细弦。辨证为肝胃气逆。治以疏肝和胃降逆。方用疏肝和胃汤加减：柴胡 20g，枳壳 12g，白芍 12g，香附子 10g，苏梗 10g，陈皮 15g，半夏 15g，云苓 120g，炙甘草 6g，苏子 10g，黄连 5g，陈皮 10g，代赭石 30g，旋覆花（包煎）10g，炒麦芽 10g。5 剂，水煎服，1 天 1 剂。2011 年 6 月 17 日二诊，呃逆已基本不作，气上冲窜症状消除，纳食转正常。又予 3 剂巩固善后。

按语　《景岳全书·呃逆》云："然致呃之由，总由气逆。气逆于下，则直冲于上，无气则无呃……"本例患者，性情易急躁，外加情志气郁，因事不遂，引起肝气上逆，胃气失降而呃。因肝经循行少腹胁肋，厥气上逆，所以自觉有气从少腹或胁肋上冲。胸中气机不畅逆乱，故胸闷憋气，纳食减少。食物不化，湿热中阻，故口中异味。辨证考虑方用疏肝和胃汤，以二陈四逆为基础加入代赭石、旋覆花、半夏、苏子降肝气之逆，黄连清肝经之热，陈皮理肝气之郁，白芍柔肝止痛，炒麦芽、茯苓、甘草，健脾消积。

2　十二指肠球部溃疡

展某，男，45 岁，农民，2011 年 3 月 2 日初诊。患者诉胃脘部胀痛，反酸灼痛 2 年，加重半个月。2 年前经常性上腹疼痛，以空腹及餐前明显，曾在我卫生院门诊就诊，给以"奥美拉唑""香砂养胃丸""阿莫西林胶囊"等，自觉症状较前稍有减轻，但停药后常有发作。半个月前劳累、生气后胃痛加重、反酸、嗳气，食欲不振，面色白，头晕乏力，舌暗红，苔黄腻，脉弦细。于兰州大学第二医院做胃镜提示，十二指肠球部大弯侧见 0.6cm×0.8cm 的椭圆形溃疡。因经济原因未住院治疗。根据患者的证候表现，辨证为肝胃不和、气滞血瘀。思用王教授疏肝和胃汤较为妥帖，在原方基础上加白及 15g、三七粉（冲服）5g、煅瓦楞子 30g、生地 10g，并予奥美拉唑胶囊 20mg 口服，1 日 1 次。服药 1 周后，疼痛逐渐减轻，后以疏肝和胃汤加减，服药 30 剂，诸症消失，再巩固一疗程后建议胃镜复查。

按语　十二指肠球部溃疡，属中医胃脘痛范畴。其病因病机无不与肝胃相关。本案患者，病程历久，外有劳累、气怒，而致肝气不疏，横逆犯胃，胃气失和降出现胃脘疼痛、反酸，嗳气。肝郁化火犯胃，耗伤胃阴，可见食欲不振，胃脘灼热。面色白，头晕乏力，为气血耗伤表现，当密切观察，防止溃疡穿孔出血而致严重病情。本人结合王教授医方，经过临床治疗观察认识到，肝胃不和，气滞血瘀，为本案十二指肠溃疡的基本病理改变，故治以疏肝理气、和胃化瘀为原则。用名医名方疏肝和胃汤随症加减，效果满意。方中四逆散疏肝解郁、调和肝脾，二陈汤理气和中，三七、白及、煅瓦楞子制酸止血止痛。

3　食　管　炎

靳某，女，66 岁，农民，2011 年 4 月 6 日初诊。患者诉：胃脘及食管烧酸灼痛反复 6 年，每年春季发作频繁，生气劳累后加重，近期症状明显，1 月余。胃脘疼以白天明显，嗳气，大便干，排便困难。舌淡苔白，边齿痕，脉弦。分别长期服用健脾丸、香砂养胃丸、胃必治、雷尼替丁片等药物，症状时轻时重。2011 年 3 月 21 日于省人民医院做胃镜检查提示：①食管炎；②浅表萎缩性胃炎；③十二指肠球部炎。因经济条件原因未住院治疗，遂于卫生院中药调理治疗。辨证为肝胃不和证，予以疏肝和胃汤加减，处方：柴胡 9g、陈皮 9g、枳壳 9g、厚朴 10g、云苓 15g、苏梗 10g、白芍 10g、炙甘草 6g、乌贼骨 30g、煅瓦楞子 30g、白及 12g、鸡内金 9g、清半夏 9g、代赭石 15g、旋覆花 30g、党参 15g、白术 30g、川芎 10g、大黄（后下）6g。先予 7 剂，嘱 1 日 1 剂，分 3 次温服。同时给予奥美拉唑 20mg，1 日 1 次。2011 年 4 月 14 日二诊，患者胃脘烧酸灼痛缓解，嗳气减少，大便转软，仍排出欠畅。舌淡苔白，边齿痕，脉弦。辨证同前，予以 15 剂继续治疗。至三诊时患者诉诸症减轻明显，胃痛发作次数减少，因家境困难要求制配散剂长期服用以巩固疗效。处方同上，研末，嘱一次 8g，一日两次，饭后面汤冲服用。

按语　本案患者为老年女性患者，病久症状反复，其病机为肝郁气滞，脾胃不和，因为春季为肝气之应，肝气郁滞，气机欠畅，故春季症状明显，肝郁化火犯胃，耗伤胃阴，可见胃脘及食管灼热，大便干，舌淡苔白边齿痕为脾气虚表现。《新脾胃论》说："治疗上不能见炎消炎，一味使用清热之品，而应当强调辨证论治，紧抓肝郁气滞，脾胃不和的病机关键，着重疏肝解郁，健脾和胃。"方选疏肝和胃汤，加乌贼骨、煅瓦楞子制酸止痛，鸡内金消食健脾，代赭石、旋覆花降逆止呃，党参、白术健脾，大黄通下。

4　体　会

笔者所在农村，当地居民因于繁重农活、饮食不洁、摄入失时、情志不畅，消化系统疾病较为常见，尤以情志不畅发病为多，以上三病，共有特点：①情志抑郁失于调畅；②病情迁延失于护养；③经济困难失于根治。针对以上情况：①每以诊病，对患者先予宽慰，后处汤药。②临床尝试应用名医名方，常选王道坤教授疏肝和胃汤治疗此类疾病，疏肝和胃汤是针对肝气郁滞、脾胃不和而制，王道坤教授将其方证总括为："疏肝和胃有二陈，四逆芎香和苏梗，口苦咽干胸胁满，不思饮食苔腻宏。"笔者于临床学习应用时，未等患者悉具口苦咽干胸胁满，不思饮食的症状才处方用药，而是抓其病机，加减应用，所以疗效显著。③中西结合，汤散替用，根据患者实际病情，予以西药治其标证，汤散交替使用，长治久安。

摘自：张秀习. 疏肝和胃汤临床应用体会［J］. 内蒙古中医药，2012（20）：11.

王道坤教授运用自拟方温中愈溃汤治疗胃溃疡经验

白敏，段永强

胃溃疡（gastric ulcer，GU）为消化系统常见疾病，是一种深达胃黏膜层甚至黏膜肌层的、缺血引起的坏死性缺损，好发于中老年患者，临床上以周期性、节律性的上腹部疼痛为主要表现，严重者可出现胃出血甚者胃穿孔等症状，预后较差，复发频繁，迁延不愈而易成慢性病。现代医学治疗胃溃疡的方案主要分为抑制胃酸分泌、根除幽门螺杆菌（Hp）和保护胃黏膜三种，治疗时采用三联及四联（三联加铋剂）疗法，即以质子泵抑制剂（PPI）或铋剂为基础加两种抗菌药物联合，但近年来随着抗菌药物广泛不规范应用，甚至滥用，导致Hp耐药率不断提高，联合用药后根除率不断下降，故寻求长久有效治疗胃溃疡的方案至关重要。中医药为中华民族的顶级瑰宝，其疗效显著、作用持久，可为胃溃疡的治疗提供重要思路。中医学中并无胃溃疡病名，常以其主症并入中医胃脘痛一病，并认为脾胃虚弱、气血失调为本病发生的主要病机之一。临床对辨证属脾胃虚弱、气血失调者，王道坤教授运用温中愈溃汤加减治疗效果显著，现结合脾胃虚寒理论对该病进行系统探讨。

1　基于"脾胃虚弱"探讨胃溃疡发病机制

胃溃疡是以周期性、节律性的上腹部疼痛为主，可伴有腹胀嗳气，反酸烧心，纳差少食等症状的疾病。《黄帝内经》首次提出胃脘痛之病名。如"胃病者，腹䐜胀，胃脘当心而痛""脾，足太阴之脉……入腹属脾络胃……是动则病舌本强，食则呕，胃脘痛，腹胀善噫，得后与气则快然如衰"及"民病胃脘当心而痛"。中医学认为脾胃虚弱是胃溃疡的基本病因之一，诚如《东垣试效方》言："夫心胃痛及腹中诸痛，皆因饮食失节，中气不足，寒邪乘虚而入客之，故卒然而作大痛"，认为脾胃虚弱、中气不足、卫外无力、外邪则乘虚入侵机体，克于胃腑则痛，中医学认为痛有虚实之分，实者，不通则痛，虚者，不荣则通。中医学家秦伯未老先生关于本病疼痛之机理认为"胃及十二指肠溃疡病的疼痛多为久痛，发作在空腹，得食则减，并有喜温喜按等特点，倘若把这些特点联系起来，可以初步得到一个概念，溃疡病的疼痛多属于胃痛中虚寒一类"。《太平圣惠方》言："夫脏腑气虚，脾胃虚弱，阳气不足，阴气有余，邪冷之气内搏于足太阴之经……正气与邪气交争，上下相击，故令心腹疼痛也。"认为脾胃虚弱，阴阳相搏是胃脘痛发病的重要原因之一。《景岳全书》言："气血虚寒不能营养心脾者，最多心腹痛证，然必以积劳积损及忧思不遂者乃有此病，或心脾肝肾气血本虚。"指出脾胃虚寒，机体失其温养，气、血、津、液、精等生理物质的供应不足，胃腑不荣则痛，症状表现以胃脘痛且以喜温喜按为主。《儒门事亲》言"胃为水谷之海，不可虚怯，虚怯则百邪皆入矣"，正如李东垣所言"百病皆由脾胃衰而生"，均认为脾胃乃后天之本，为气血生化之源，脾胃健运，气血化生有源，五脏六腑、四肢百骸得以奉养，则百病不生，正如《黄帝内经·素问》所言："正气存内，邪不可干。"若脾胃虚弱，运化失调，气机失常，则内致五脏不安，外致卫外不固，百病尤生。又胃腑为六腑之一，上通口咽，下通后阴，易受外邪，如《圣济总录》言"虚劳之人，气弱胃虚，饮食伤动，冷气乘之，邪正相干……故令心腹俱痛也"，指出若脾胃虚弱，则饮食寒邪等均可致胃脘痛。又有《金匮要略心典》言："里急者，里虚脉急，腹中当引痛也。诸不足者，阴阳诸脉并俱不足。"认为脘腹拘急疼痛责之于阴阳气血匮乏，理当调阴阳补气血。综上而言，胃脘痛者，理当责于脾胃虚弱，虚弱则气血津液化源不足，而胃腑无以荣，则见拘急不舒，痉挛疼痛。

2　温中愈溃汤方

温中愈溃汤为国家名中医王道坤教授自拟方，由《金匮要略》中黄芪建中汤化裁而成。症见胃痛隐隐，绵绵不断，喜温喜按，空腹痛甚得食则减，泛吐清水，遇冷加重，纳差，神疲乏力，甚则手足不温，大便溏薄，舌质淡嫩边有齿痕，苔薄白，脉沉细。治法：温补脾胃，抑酸止痛。药用：红景天 15g，黄芪 15g，白芍 15g，桂枝 6g，炙甘草 6g，吴茱萸 6g，川黄连 6g，蒲公英 15g，海螵蛸 12g，浙贝母 12g，木香 12g，三七粉（冲服）6g，生姜 3 片，大枣 3 枚。方中红景天味苦酸性平，可主大热大疮，补诸不足；黄芪味甘性温，可温分肉，补元气，托疮疡促进胃部肌肉气血运行而助溃疡之愈合，桂枝宣散温通，其功用可助阳气，通经络；芍药补血养阴，缓急止痛；吴茱萸、川黄连清肝泻火，降逆止呕；海螵蛸、浙贝母和胃止酸；木香、三七粉行气活血；蒲公英清胃中之毒；大枣养血和胃，顾护中焦，以滋化源；甘草和中缓急，调和诸药。诸药合用功可健脾补中、和胃抑酸，主治中焦虚寒型消化性溃疡。

3 典型病例

案例1 患者，男，50 岁，2018 年 6 月 5 日初次就诊。胃脘隐痛 5 年余，半年前于某医院消化科就诊并行胃镜检查，胃镜诊断：糜烂性胃炎，胃溃疡多发 H2-S1 期。刻下症见：胃痛近一月加重，夜间一点左右时觉针刺样疼痛，反酸，嗳气，时觉心悸，精神状况差，手足冷，口干不欲饮，纳差，不欲食，食不慎则痛胀，入睡困难，大便溏，舌质淡暗苔白水滑，舌下静脉迂曲（++），脉弱，重按无力。辨证为脾胃虚寒，中气不足，当以温胃补脾，建中补虚立法。方用温中愈溃汤加减：红景天 15g，黄芪 20g，桂枝 12g，白芍 15g，旋覆花（包煎）6g，煅赭石 15g，白及 12g，海螵蛸 12g，浙贝母 12g，煅龙骨（包煎）30g，煅牡蛎（包煎）30g，吴茱萸 12g，川黄连 6g，桃仁 10g，茯神 30g，三七粉（冲服）6g，甘草 10g，生姜 3 片，大枣 3 枚。7 剂，每日 1 剂，水煎，早晚饭后 1 小时服。嘱舒畅情志，饮食清淡，忌食油腻刺激之品。

2018 年 6 月 13 日二诊：药后症减，胃痛时轻时重，精神状态改善，腹胀明显，手足冷，纳眠差，大便溏，舌淡苔水滑，舌下静脉迂曲，脉弦细。初诊药后胃脘痛时轻时重，故加大黄芪剂量，温分肉，益元气；苔水滑，便溏等症状，提示中焦气滞，水湿不运，故守方加木香（后下）5g，砂仁（后下）5g 以行气化湿，手足冷，加良姜 3g 以温中；眠差改茯神 20g，夜交藤 15g；腹胀明显，加厚朴 15g，继服 7 剂。

2018 年 6 月 22 日三诊：药后效显，胃中隐痛症减，腹胀缓解，手足冷改善，纳食增加，但仍难以入眠，大便成形，舌脉同前。守方改煅龙骨 10g，煅牡蛎 10g，改茯神 40g，夜交藤 30g，继服 7 剂。

2018 年 7 月 1 日四诊：药后效显，诸症均见减轻，胃痛偶发，腹胀基本消失，纳可，睡眠质量有改善，大便成形，舌淡苔白，脉弦。守方继服 7 剂。

2018 年 7 月 9 日五诊：目下已无明显不适，纳眠可，二便调，舌淡苔薄，舌下轻度迂曲（+），脉沉有力。守方去龙骨、牡蛎、桃仁，继服 7 剂以巩固疗效。

2018 年 10 月 23 日介绍其他患者就诊于王师，随访其身无不适。

按语 本案患者胃溃疡 5 年余，时有隐痛，提示该患者病久已成虚证。脾胃居中焦，为人身气机升降之枢纽，化水谷以生气血，润脏腑，濡肌肉，养周身。脾胃虚弱，肌肉不能禀水谷气，日久缺乏津液濡润致拘急不舒，隐隐作痛；脾胃虚弱，无以受承运化水谷，气血精微生化无源，故纳差，精神差，眠差。脾胃虚弱，气机运转失司，气无以通达行走，阴不升阳不降，故反酸、嗳气、腹胀；脾胃虚弱，无以"散精"，向心肺输送营养物质，故心慌心悸；脾胃虚弱，气血生化乏源，新血不生，旧血不去，日久则瘀，故而舌下静脉屈曲怒张。便溏，手足冷，舌淡苔水滑，脉弱，一派脾胃虚寒之征象。治当建中补虚，益气止痛为主，以温中愈溃汤化裁，方中用甘温之黄芪，建固中焦，补脾益气，芍药、甘草相合以止痛；桂枝温通助阳化气，合红景天益气活血通脉；旋覆花、代赭石相合复气机斡旋以降胃之浊气；吴茱萸、黄连平肝制酸，加煅龙骨、煅牡蛎以制酸止痛，敛疮生肌。三七粉、桃仁以活血祛瘀，茯神以助眠安神，该案例疗效明显，提示我们要治病求本，严格辨证，精益求精，主症主药，兼症兼药，以应仲景"观其脉证，知犯何逆，随证治之"的辨证思维。

案例 2　患者，女，43 岁，2017 年 4 月 22 初诊。胃脘痛 3 年余，2017 年 3 月 28 于某医院电子镜检查报告：十二指肠球炎（糜烂性）；胃溃疡（A2 期）；慢性萎缩性胃炎（窦-轻度）。刻下症见胃脘疼痛伴有恶心，进食生冷刺激则痛甚，喜温喜按，呃逆泛酸，纳食不佳，睡眠浅短，神疲乏力，大便质可日 1 行，经带可，舌淡红苔薄白，舌下静脉迂曲（+），脉沉细。辨证为脾胃虚寒，胃失和降。治宜温补脾胃，调畅气机。方用温中愈溃汤加减：红景天 15g，生黄芪 15g，桂枝 12g，白芍 12g，炙甘草 6g，苏梗 12g，陈皮 12g，旱半夏 10g，旋覆花（包煎）15g，代赭石（先煎）15g，神曲 12g，海螵蛸 15g，浙贝母 15g，吴茱萸 12g，川黄连 6g，煅瓦楞子 15g，蒲公英 12g，神曲 12g，茯苓 15g，生姜 3 片，大枣 3 枚。7 剂，每日 1 剂，水煎，早晚饭后 1 小时服。嘱舒畅情志，饮食清淡，忌食油腻刺激之品。

2017 年 4 月 29 日二诊：药后胃脘痛症大减，泛酸症减，纳食增，乏力症减，刻下胃脘偶有针刺样疼痛，时有泛酸呃逆，心烦易怒，二便可，舌淡红苔薄白，舌下静脉迂曲（+），脉沉细。效不更方，原方加三七粉（冲服）6g，竹茹 12g，丹参 12g。因疗效佳，又患者路途较远，取 14 剂，每日 1 剂，水煎，早晚饭后 1 小时服。嘱舒畅情志，饮食清淡，忌食油腻刺激之品。

2017 年 5 月 15 日三诊：药后胃脘痛症消，泛酸症消，刻下乏力，二便调，舌淡红苔薄白，舌下静脉迂曲轻度，脉细。守方去海螵蛸、浙贝母，取 7 剂以巩固疗效。

2017 年 6 月 3 日电话至王师处，咨问饮食是否禁忌，诉其无胃脘痛、无呃逆泛酸，身无不适。

按语　本案患者胃脘疼痛属脾胃虚寒，胃失和降，气滞瘀结之证，不通则痛，故胃脘疼痛不适；寒为阴邪，生冷之品易伤阳气，中虚而阳气不足，故进食生冷之品则痛甚；气机阻滞，胃失和降则呃逆泛酸，故治疗时应谨守病机，以益气温阳、和胃止酸、理气消瘀为法，在治疗过程中用温中愈溃汤灵活加减，方中红景天、生黄芪、桂枝合用益气温阳散寒；苏梗、半夏、陈皮等合用共奏和胃行气消瘀之功；竹茹、三七、丹参活血止痛除烦；吴茱萸、川黄连平肝抑酸，浙贝母、海螵蛸制酸和胃；神曲、茯苓健脾消食；蒲公英用于除胃中邪毒，诸药合用，药证相对，有补中阳、调气机、和胃酸之效，药证相对，疗效甚佳。

4 结 语

胃溃疡中医辨证为胃脘痛,其发生发展与情志、饮食所伤、脾胃虚弱等均密切相关。本病病位在胃,但脾与胃有脏腑表里关系;脾运胃纳,升降相因、纳运结合共主消化,在消化过程中,又有肝的疏泄,脾与肝有互相制约的关系,故本病与胃、肝、脾三脏的功能状态有关。在治疗过程中王教授认为明辨胃溃疡的病因病机是关键,临证时须遵循辨证施治原则,灵活加减治疗,所谓"观其脉证,知犯何逆,随证治之"。并将中医辨证与辨病相结合,对因脾胃虚弱、气血失调而成的胃溃疡,常运用温补脾胃,抑酸止痛之法治之,选用自拟温中愈溃汤加减治疗,同时注重配合情志疏导、饮食指导等多种疗法治疗肠易激综合征,疗效颇佳,值得临床推广。

摘自:白敏,段永强,马骏,等. 王道坤教授运用自拟方温中愈溃汤治疗胃溃疡经验[J]. 中医研究,2020,33(8):44-46.

温中愈溃汤

殷世鹏,万婷,马金英

王道坤发掘敦煌医方而研制成的萎胃灵系列纯中药制剂,治疗了2万6千余例慢性萎缩性胃炎患者,其中治愈癌前病变200多例,并追访10~30年,未见复发,改变了"萎缩的腺体、肠化、增生不可逆"的观点。

主要论著有《医宗真髓》《决死生秘要》《中医各家学说》《中国医学史》《现代中医内科学》《新脾胃论》。

组成:红景天15g,生黄芪15g,炒白芍15g,桂枝6g,吴茱萸6g,川黄连6g,煅瓦楞子20g,蒲公英15g,海螵蛸12g,浙贝母12g,化瘀散(三七粉、血竭等)6g,炙甘草12g,鲜姜2片,大枣3枚。功效温补脾胃,抑酸止痛。

主治:症见胃痛隐隐,绵绵不断,喜温喜按,空腹痛甚,得食痛减,泛吐清水,遇冷加重,纳差,神疲乏力,甚则手足不温,大便溏薄,舌质淡嫩,或见齿痕,苔薄白,脉沉细。

用法:每日1剂,水煎2次,早晚饭后1小时服,6周为1疗程。

　　方解：本方由黄芪桂枝五物汤合左金丸及乌贝散，加制酸止痛之煅瓦楞子、健脾益气之红景天及化瘀散而成，以"温中愈溃"为主旨。黄芪桂枝五物汤虽为"血痹"而设，但其性仍偏温补；左金丸清泻肝火、降逆止呕；"无酸不成溃疡"，乌贝散制酸止痛，收敛止血。消化性溃疡具有周期性、长期性、反复发作性的特点，久病多瘀，最终会造成"因瘀致虚"的病理状态，所以在抑酸、温补脾胃的基础上加用化瘀散，既能活血止痛，又可破解"虚""瘀"之互结。但对于阴虚内热型的消化性溃疡，则非本方所宜。

　　加减：出血、解黑粪者加血余炭、白及、地榆炭；兼胃脘胀者加内金、神曲；脾胃虚寒者加炮姜、肉桂；瘀血偏重者加五灵脂、元胡。也可以结合微观辨证，调整药味。如：胃镜检查溃疡面色红、充血者加牡丹皮、黄芩；出血明显者加茜草、蒲黄；溃疡边缘凹凸不平者加半枝莲、薏苡仁；色灰白、水肿者加法半夏、猪苓、茯苓等。溃疡面大有恶变倾向者，加白花蛇舌草、蒲公英。

　　临床观察，按疗程服用此方，对于脾胃虚弱、气血失调型的消化性溃疡（胃溃疡、十二指肠溃疡、食管溃疡），均有良效。

　　摘自：殷世鹏，万婷，马金英.温中愈溃汤［N］.中国中医药报，2012-06-14.

萎胃灵 1 号对慢性萎缩性胃炎癌前病变患者中医证候及病理组织学的影响（节录）

党民卿

　　慢性萎缩性胃炎癌前病变（precancerous lesion of chronic atrophic gastritis，PLGC）是病理学概念，指较易转变为胃癌组织的病理学变化，包括肠上皮化生（intestinal metaplasia，IM）和异型增生（dysplasia，Dys）两种形式。Correa 模式认为，胃癌是一个逐步形成的过程，即慢性浅表性胃炎（chronic superficial gastritis，CSG）-慢性萎缩性胃炎（chronic atrophic gastritis，CAG）-IM-Dys-胃癌，目前这种模式已被广泛接受。西医学认为 PLGC 萎缩的黏膜是不可逆转的，只能对症治疗，中、重度不典型增生时采取手术治疗。萎胃灵 1 号为王道坤教授治疗 PLGC 的经验方，本方具有健脾益气、理气化湿之功效。

　　中医学虽然没有慢性萎缩性胃炎（CAG）伴 IM 和（或）Dys 的概念。但根据临床症状将 CAG 归属"胃脘痛""痞满""嘈杂"等病证范畴。1989 年 10 月全国第五届脾胃病学术交流会议在江西召开，参会专家经充分讨论，将 CAG 定名为"胃痞"。由于 IM 和（或）

Dys 为胃癌前病变，PLGC 常由 CAG 进一步发展而来，故将其归于"痞结"范畴，或称为"胃痞恶化"。因此，目前多数学者将 PLGC 归入中医"痞满"进行研究。

王道坤教授从传统中医理论出发，并经多年临床实践和研究，结合中医宏观与西医镜下微观辨证，指出慢性萎缩性胃炎癌前病变的病机关键为"脾胃虚弱，元气不足，痰瘀互阻，气机阻滞，胃络血瘀"。强调脾胃虚弱，元气不足为其主要病理基础，脾以升为和，胃以降为顺，脾胃虚弱则中焦气机升降失司；气机阻滞，胃失和降为本病的主要病机及重要环节。胃为冲繁要道，易为外邪所侵，气滞湿阻食积等内外邪均可导致气机不畅而造成血行瘀滞，进而形成胃络血瘀。叶天士《临证指南医案·卷八·胃脘痛》谓"初病在经，久痛入络，以经主气，络主血……凡气既久阻，血亦应病，循行之脉络自痹"，血瘀是在 PLGC 的长期慢性病变发展过程中逐渐形成的，同时也是其发展甚至恶变的主要病理因素。故王道坤教授针对 PLGC 的基本病机提出了"健脾益气，理气化痰，和胃降逆，通络消痞"的基本治疗大法。

萎胃灵 1 号主要由党参、白术、茯苓、枳实、陈皮、木香、半夏、厚朴、鸡内金、砂仁、当归、蒲公英、炙甘草等组成。药用四君子汤健脾益气，补养元气；陈皮、半夏、茯苓理气化痰；枳实、厚朴、木香、砂仁疏肝理气，和胃降逆；当归养血活血，化瘀；诸药合用健脾益气，理气化痰，和胃降逆，通络消痞。脾胃功能健旺，元气充足，纳运正常、脾升胃降，气机升降有序，胃脘胀满疼痛、纳少、肠鸣嗳气诸症皆消，痞满自除。脾虚气滞证加用化瘀消痞汤加减治疗，药用四君子汤加黄芪健脾益气，升发清阳；黄连、干姜、枳实、厚朴辛开苦降，理气和胃；三七、丹参活血化瘀，通络止痛，全方共奏健脾益胃，行气止痛，化瘀通络，和胃消痞之功。肝胃不和证加用疏肝和胃汤，药用柴胡、枳壳、白芍、香附、苏梗疏肝理气，半夏、茯苓、陈皮和胃化湿。胃脘气胀甚者加木香、砂仁以加强理气和胃消胀；泛酸甚加黄连、吴茱萸辛开苦降；食滞纳呆、大便不畅加厚朴、玉片行气消胀；口干舌红为气郁化火，加黄芩、蒲公英、山栀以清泄郁热。中焦虚寒加用温中愈溃汤加减治疗，黄芪、红景天温中健脾，补养元气；桂枝、吴茱萸温阳健脾，散寒止痛；海螵蛸、浙贝母制酸止痛，消痈散结；白芍合甘草酸甘化阴，缓急止痛。脾胃湿热证加用三仁汤，药用杏仁、厚朴、白豆蔻行气化湿；生薏苡仁、半夏健脾化湿；通草、竹叶、滑石利水渗湿。胃阴不足证加用枳壳益胃汤，药用沙参、麦冬、玉竹、生地黄、白芍、山药滋阴润燥，养胃生津；枳壳疏肝理气，使诸药滋阴而不腻。

本研究结果显示，以中医辨证论治和西医学的微观辨证为指导思想，从整体上调节机体功能和体质状况，使 PLGC 患者临床症状得到改善，病理结果显示 85.25% 的患者有效。打破了西医学认为萎缩性胃炎萎缩了的黏膜不可逆转的定论。

摘自：党民卿，王道坤. 萎胃灵 1 号对慢性萎缩性胃炎癌前病变患者中医证候及病理组织学的影响［J］. 西部中医药，2016，29（7）：1-3.

王氏萎胃灵长期毒性实验研究（节录）

郑保平

王氏萎胃灵方剂是王道坤教授针对慢性萎缩性胃炎及胃癌前病变"本虚标实、痰瘀互阻"的基本病机，在发掘敦煌医方并结合近四十年临床经验研制而成的纯中药复方制剂。临床治疗上取得满意疗效。为保证临床长期用药的安全性，我们对王氏萎胃灵进行了长期毒性研究，现报道如下。

1　一般状况及死亡情况

除正常组有 1 例动物死（系灌胃不当所致）外，连续灌胃给药 6 个月和停药 1 个月后大鼠的一般情况良好，毛发、饮食、大小便、分泌物和排泄物以及行为活动等均无异常。

2　对大鼠体质量增长的影响

每 10 天称 1 次体重，各组动物体质量均有明显增加，各给药组及对照组动物体质量净增长值之间无显著性差异（$P>0.05$）。

3　血液常规检查结果

两次检查结果表明，给药组与对照组比较，大鼠白细胞（WBC）、红细胞（RBC）、血红蛋白（HGB）、血小板（PLT）及 WBC 分类：淋巴细胞（L）、中性粒细胞（N），经统计学处理组间无显著差异（$P>0.05$）。

4　对血液生化的影响

两次检测大鼠总蛋白（TP）、球蛋白（G）、白蛋白（ALB）、丙氨酸氨基移移酶（ALT）、天门冬酸氨基移移酶（AST）、碱性磷酸酶（ALP）、血糖（GIXJ）、总胆红素（TBIL）、总胆固醇（CHO）、肌酐（Cr）、尿素氮（BUN）、甘油三酯（TC）、肌酸磷酸激酶（CK）、钠离子浓度（Na^+）、钾离子浓度（K^+）、氯离子浓度（Cl^-）等的结果表明：各剂量组动物不同时期上述指标与对照组相比无显著性差异（$P>0.05$）。

5　对主要脏器重量和脏器系数及病理切片的影响

给药 6 个月及给药 6 个月后停药 1 月，解剖动物取其心、肝、脾、肺、肾、脑、垂体、气管、子宫、卵巢、肾上腺、睾丸、附睾、食管、胸腺、胃、大小肠、胰腺、乳腺、脊髓、坐骨神经、膀胱、淋巴结、颌下腺、甲状腺、甲状旁腺、主动脉、骨髓、前列腺等主要脏器，先肉眼观察其大小、形状、色泽、质地、包膜等与对照组比较均无异常改变，再将各脏器称重，计算脏器系数（各占体质量的百分比），病理检查（固定于 10%甲醛液中常规脱水、石蜡包埋，切片、HE 染色、光镜下观察），各用药组与对照组比较镜下均未见有意义的病理变化及中毒性病理改变，给药 6 个月及给药 6 个月后停药 1 月的脏器重量、脏器系数组间比较无显著性差异（$P>0.05$）。

6　结　　论

王氏萎胃灵采用大（3.6g/kg）、中（1.8g/kg）、小（0.9g/kg）3 个剂量经 180 天每日灌胃给药 1 次，长期毒性实验观察。给药期间，各组动物的活动、毛色、饮水、摄食、粪便及体质量增长、常规血液学与血液生化指标检测均正常，与空白对照组比较无显著性差异（$P>0.05$）。

给药 180 天及停药 30 天后，分别处死各组动物，对其心、肝、脾、肺、肾、脑、垂体、气管、子宫、卵巢、肾上腺、睾丸、附睾、食管、胸腺、胃、肠、胰腺、乳腺、脊髓、坐骨神经、膀胱、淋巴结、颌下腺、甲状腺、甲状旁腺、主动脉、骨髓、前列腺等进行肉眼观察及病理切片检查，上述器官均未见异常。

以上结果表明，在大于人临床用药量 15 倍以上连续给药 6 个月，未引起大鼠病理性改变，剂量增至人用药量 60 倍时，也未引起器质性改变，而且停药 30 天后也未见蓄积毒性引起的后遗效应，因此可以认为该药是有较高安全性的。

摘自：郑保平，王道坤. 王氏萎胃灵长期毒性实验研究［J］. 时珍国医国药，2009，20（12）：3157-3159.

愈溃灵促进大鼠冰乙酸胃溃疡愈合及抗复发的实验研究（节录）

李小牛

1　实验过程

1.1　各组大鼠胃黏膜组织 SOD 含量比较

与空白组比较，模型组胃黏膜组织 SOD 的水平显著降低，其余组经雷尼替丁、愈溃灵治疗后，SOD 水平显著升高。尤以愈溃灵小剂量组最为明显。

1.2　各组大鼠胃黏膜组织 MDA 含量比较

与空白组比较，模型组胃黏膜组织 MDA 水平明显下降，经治疗后，治疗组 MDA 水平明显降低。作用尤以愈溃灵小剂量组最为明显。

1.3　溃疡指数比较

治疗后胃溃疡指数显著降低，尤以愈溃灵小剂量组最为明显。

1.4　肉芽组织新生血管数、炎性细胞密度计数

治疗后各治疗组大鼠再生黏膜肉芽组织炎性细胞密度计数明显低于模型组（$P < 0.05$）；新生血管数显著多于模型组（$P < 0.05$），小剂量最为明显，其与雷尼替丁组比较有明显差异（$P < 0.05$）。

1.5　各组大鼠病理组织学改变比较

HE 染色结果：各造模组经 3 周灌胃治疗后，病理切片显微镜下观察，均有新生肉芽组织形成，并可见新生血管生成及炎性细胞浸润（主要为淋巴细胞和中性粒细胞）。

空白组：黏膜及黏膜肌层结构完整，无坏死，无炎性细胞浸润。

模型组坏死图片：溃疡坏死达黏膜肌层，提示溃疡造模成功。

模型组：再生黏膜肉芽组织新生血管数量少，有大量炎性细胞浸润。

雷尼替丁组：再生黏膜肉芽组织新生血管数较多，炎性细胞较少。

YKL 小剂量组：再生黏膜肉芽组织新生血管数多，炎性细胞少。

YKL 大剂量组：再生黏膜肉芽组织新生血管数较多，炎性细胞较少。

1.6 胃内 pH 值

可以看出中药大、小剂量组最为接近正常值，小剂量组较空白组稍偏于碱性。提示溃疡不易复发。

2 实 验 结 论

本实验成功复制冰乙酸大鼠胃溃疡模型，证明愈溃灵具有提高胃黏膜组织 SOD 水平，降低组织中 MDA 的水平的作用。调节胃内酸碱度使之接近正常或稍偏碱性（与空白组大鼠胃内 pH 值对比而言），显著降低溃疡指数（UI），降低再生黏膜炎性细胞数量、提高肉芽组织新生血管数的能力，从而改善胃黏膜微循环，促进黏膜修复，提高溃疡愈合质量。提示抗溃疡复发有效。

3 讨 论

3.1 导师的学术思想

3.1.1 病因病机

王教授认为胃溃疡属于中医学"胃脘痛"范畴，主要是肺脾气虚，复因六淫内侵，饮食伤胃，情志不遂、肝气犯胃，脾胃虚弱导致胃失和降，胃络瘀滞，不通则痛而发病。其病位在胃，脾胃虚弱是其发生的病理基础，痰凝、瘀血是发病的重要因素。其高复发率的主要原因在于脾胃阳气虚，阳气虚则清阳敷布不充，浊阴排泄无力，运化呆钝，血行衰减，难以推陈致新，促进创面高质量愈合，溃疡愈合质量差，易复发。

3.1.2 辨证论治

王教授集近四十年临床治疗胃溃疡的经验，辨病与辨证相结合，认为反复发作、胶固难愈的胃溃疡的病因病机为脾胃虚寒、痰瘀热互结、胃络不通。治疗要针对病机，辨证用药，提出益气温中、化痰祛瘀、清热解毒、制酸止痛的治疗方法，并结合现代药理研究，于组方中加入抑杀 Hp、抑酸、保护胃黏膜中药，则更加符合病情，可促进溃疡愈合，减少复发，验之临床效如桴鼓。

根据本病的病因病机和临床表现，将胃溃疡辨证分型为脾胃虚寒证、肝胃不和证、阴虚胃痛证、寒凝胃痛证、瘀血胃痛证进行治疗，分述于下：

（1）脾胃虚寒证：症见胃痛隐隐，绵绵不休，喜温喜按，空腹痛甚，得食痛减，泛吐清水，遇冷加重，纳差，神疲乏力，甚则手足不温，大便溏薄，舌质淡嫩，或见齿痕，苔薄白，脉沉细。证属脾胃虚寒、气血失调。治以温补脾胃、抑酸止痛。习惯用自拟经验方温中愈溃汤（黄芪、红景天、白芍、桂枝、苏梗、川黄连、煅瓦楞子、海螵蛸、甘松、丹参、甘草）每日1剂，水煎2次，早晚饭后1小时服，21天为1个疗程。

加减：出血、黑便加血余炭、白及、地榆炭；兼胃脘胀者加内金、神曲；脾胃虚寒加炮姜、肉桂；瘀血偏重加灵脂、元胡。溃疡面大有恶变倾向者，加白花蛇舌草、蒲公英。

（2）肝胃不和证：症见胃脘胀痛，攻窜两胁，嗳气频繁，得矢气痛减，或大便不爽，嘈杂泛酸，每因情志因素而作或加重，舌质红苔薄白，脉弦。证属肝郁气滞，胃失和降。治以疏肝和胃，理气止痛。习惯用经验方疏肝愈溃汤（柴胡、白芍、枳实、陈皮、半夏、元胡、川楝子、炙甘草、瓦楞子、乌贼骨、黄连、蒲公英）治疗。

（3）阴虚胃痛证：症见胃脘隐隐作痛，不思饮食，口干咽燥，大便干结，舌红少苔或苔花剥，少津或裂纹，脉细弦或细数。证属津亏气滞，胃失濡养。治以滋阴、理气止痛。习惯用自拟经验方养阴愈溃汤（北沙参、当归、麦冬、白芍、甘草、生地、枸杞子、川楝子、炒枳壳、浙贝、海螵蛸、蒲公英）治疗。本方生津和胃、理气止痛，主治阴虚型消化性溃疡，效果很好。

（4）寒凝胃痛证：症见胃脘疼痛暴作，遇冷而发或加重，得热痛减，不欲饮食，食则喜热，口淡无味，泛吐清水，大便溏薄，小便清长，舌质淡红，苔白脉弦紧。证属素体阳虚，感受寒邪。治以散寒止痛。习惯用自拟经验方散寒愈溃汤（炙黄芪、桂枝、干姜、炙甘草、煅瓦楞子、当归、良姜、甘松、大枣）治疗。

（5）瘀血胃痛证：症见胃脘疼痛持久，痛若针刺或刀割，痛有定处而拒按，食后或夜间痛甚，或痛时牵涉胸背，或呕血、黑便，舌质紫暗或有瘀斑，脉涩。病机属瘀血内停。治以活血化瘀、敛疡止痛。习惯用自拟经验方化瘀愈溃汤（生蒲黄、五灵脂、刘寄奴、黄芪、山药、蒲公英、血竭、煅瓦楞子、威灵仙、枳壳、黄连、鸡内金）治疗。

3.1.3　抗复发

对于如何防止胃溃疡的发生及治愈后的复发，导师指出"脾胃之病，虚寒者居多"。此病多由肺脾之气不足所致，肺气虚则不能固表，脾气虚则易感邪而发病。肺脾气虚，复因外感、七情内伤、饮食所伤，则易发生胃溃疡。溃疡病冬春多发，其原因即是气候变化剧烈，表气不固，外邪入侵。慢性反复发作，也正是由于正气不足。导师根据"四季脾旺不受邪"的理论，立法从补肺补脾入手，来预防溃疡的复发，有其独到的理论见解。同时从他多年临床效果来看，愈溃灵也发挥出抗复发的显著效果。从而充分验证了该立法组方理论的严谨性、科学性。此外导师还提出：除治疗预防用药外，还应当调节情志，保持乐观；饮食有节，戒避烟酒；劳逸结合，起居有节。因为情志不调、饮食不节、劳逸失度均可导致胃溃疡的发生或复发。

3.2 组方特点

愈溃灵胶囊是导师王道坤教授根据近四十年的临床经验，针对慢性及反复发作性胃溃疡的病因病机，并结合西医学的研究成果，精心选药，合理配伍而成，具有益气温中、化痰祛瘀、清热解毒、制酸止痛之功效。临床验证有很好疗效。此方出自《金匮要略》"血痹虚劳病脉证并治第六"十四条："虚劳里急，诸不足，黄芪建中汤主之"。用黄芪加红景天，益气补虚固本，托毒生肌，针对脾胃虚弱之病机，是为君药；桂枝、甘草辛甘化阳、温通胃络；芍药、甘草酸甘化阴，以缓急止痛；浙贝清化痰热；海蛸制酸止痛，以除泛酸、吐酸之症；桂、芍、贝、蛸共为臣药，共奏化痰制酸，温通胃络之功；酌加公英、丹参以清热解毒、化瘀通络为佐药，炙甘草补益中气、调和诸药，是为使药。诸药合用有益气、化痰、祛瘀、制酸、解毒、通络、止痛、愈疡之功效，标本兼治，虚实共调之特点。去黄芪建中汤原方中之饴糖，因其有甘甜产酸之弊也。

3.3 处方分析

黄芪味甘，甘温升补，归脾、肺经。益气、升阳固表、托疮生肌。素有"疮家之圣药"的美称。《神农本草经》言其"主痈疽，久败疮，排脓止痛"。《医学心悟·卷下》："善治脾胃虚弱，内托阴证，为疮疡必用之药。"《本草备要》："生用固表，无汗能发，有汗能止。温分肉，实腠理，益元气，温三焦，壮脾胃。生血生肌，排脓内托。"现代药理研究表明，黄芪精对多种实验性动物胃溃疡有抑制作用，对95%乙醇所致小鼠胃黏膜损伤及大鼠幽门结扎所致胃黏膜损伤具有显著的抑制作用，可减少损伤面积，降低损伤指数。本方中用其补气、敛疮生肌的功效；针对脾胃虚弱（主要为气虚）之病机，导师指出胃溃疡胃黏膜的破损，应属于"内部疮疡"。黄芪能增强胃黏膜的再生能力，促进溃疡愈合，提高溃疡愈合质量。

红景天味甘、苦，性凉，归脾、肺、心经。活血消肿，补脾胃之气。现代药理研究有抗疲劳、耐缺氧、提高免疫功能、抗肿瘤防恶变的作用。本方主要用其扶正补虚、促进溃疡愈合的作用。其和黄芪共为君药，除了补肺脾气促愈合和抗复发外，尚有抗肿瘤防恶化的作用。保证胃溃疡疗效的同时，起到防止并发症产生的作用。充分体现出中医"治未病"的思想精髓。

白芍味苦、酸，性微寒，归肝、脾经。功能柔肝止痛，养血敛阴。在本方中用其止痛敛阴之功效，与甘草相配酸甘化阴，以针对胃溃疡之长期反复发作性腹痛。药理研究证明白芍具有保肝、镇痛、镇静、解痉、抗炎、增强免疫功能、抗应激等药理作用，物质基础主要为白芍总苷。实验证明白芍对大鼠应激性胃溃疡及幽门结扎引起的胃溃疡均有保护作用。

桂枝味辛、甘，性温，归心、肺、膀胱经。功能解肌调营，温通经脉，化气助阳。在本方中用其温通经脉之功效，以改善胃黏膜微循环，促进黏膜供血供氧，提高溃疡愈合质量。实验研究显示，桂皮油能扩张血管，改善血液循环。与芍药配伍可治疗胃十二指肠溃疡。

海螵蛸味咸、涩，性微温，归肝、肾经。功能固精止带，收敛止血，制酸止痛，收湿敛疮。本方中用其制酸止痛，收敛止血之功效。现代药理研究表明海螵蛸主要碳酸钙含量为 87.35%～91.75%，能中和胃酸，改变胃内容物 pH 值，降低胃蛋白酶活性，促进溃疡面愈合。另外，其所含壳角质与胃中有机质和胃液作用后，可在溃疡面上形成保护膜，促进溃疡的愈合，减少溃疡的复发。

浙贝母味苦、性寒，归肺、心经。功能清热化痰，降气止咳，散结消肿。本方用其清热散结作用，以消除溃疡周围黏膜的红肿炎症，减轻溃疡的病理反应，促进溃疡的愈合。实验研究浙贝母醇提物（相当于生药 2.49/kg），可抑制水浸应激性和盐酸性小鼠胃溃疡的形成。

蒲公英味苦、甘，性寒，归肝、胃经。有清热解毒，消痈散结，利尿通淋的功能，药理研究证明有抑杀 Hp、抗溃疡，提高免疫功能及抗肿瘤作用。

丹参味苦，性微寒，归心、心包、肝经。功能祛瘀止痛，活血通经，清心除烦。具有改善微循环，促进组织的修复与再生等药理作用。本方用其活血通经止痛的作用，以改善胃黏膜血液循环，提高供血供氧能力，加快溃疡愈合速度。研究表明丹参注射液能扩张胃黏膜血管，降低胃酸度，抑制胃蛋白酶活性，促进溃疡愈合。

甘草味甘，性平，归心、肺、脾、胃经。功能补脾益气，清热解毒，祛痰止咳，缓急止痛，调和诸药。本方中用其补脾益气，清热解毒，缓急止痛，调和诸药的作用。

3.4　模型的复制与评价

本实验采用冰乙酸性大鼠胃溃疡造模法，此法模型可靠，重复性好，溃疡深而大，与人类的慢性胃溃疡极为相似，为目前实验文献中使用最为广泛的大鼠胃溃疡造模方法，在造模过程中，将冰乙酸注射于胃浆膜下，使胃壁的微循环发生障碍，破坏了胃黏膜屏障的功能，从而造成了胃黏膜的损伤，形成溃疡。

3.5　愈溃灵的作用机制探讨

3.5.1　对侵袭因素的作用

（1）调节胃酸、胃蛋白酶分泌，调控胃内环境稳态：胃溃疡是一种常见病、多发病，复发率较高，属于中医"胃脘痛""吞酸"之范畴。根据中医的"久病必虚，久病必瘀"理论，导师认为脾胃虚寒是绝大多数消化性溃疡发生和复发的病理基础，痰瘀热互结是溃疡缠绵难愈、疼痛加剧及复发的重要因素。故愈溃灵组方中的海螵蛸、甘草等起到调节胃酸分泌，中和过多胃酸的作用，同时也调节了胃蛋白酶的过度分泌，是愈溃灵治疗胃溃疡的可能机制之一。

（2）抑杀 Hp：自从 1983 年 Warren 和 Marshall 从慢性胃炎患者黏膜中检测出 Hp 以来，大量的临床与实验研究证实，Hp 感染是消化性溃疡发生和复发的相关因素之一。清除 Hp 是治愈胃溃疡及减少溃疡复发的关键之一。愈溃灵组方中的公英、丹参、甘草现代药理研究表明其具有较强的杀 Hp、抑菌作用，这可能是愈溃灵治疗胃溃疡，提高溃疡愈合质量的机制之一。

3.5.2 对防御修复因素的作用

（1）增加胃壁抗氧化物的浓度，减少消化液等因素对胃壁氧化损伤。

SOD 是清除体内氧自由基的一种重要的酶，其活性下降会导致氧自由基代谢产物在体内的堆积。MDA 是氧自由基氧化生物膜多不饱和脂肪酸所产生的降解产物，其含量升高，反映了体内氧自由基代谢产物的增多。超氧化物歧化酶（SOD）与丙二醛（MDA）分别作为胃黏膜脂质氧化过程的指标，通过药物治疗提高 SOD 的含量达到阻止或减少胃黏膜脂质氧化过程，增加胃黏膜抗氧化能力，防止氧自由基损害，影响细胞氧合作用及黏膜防御能力，保持黏膜完整性和微血管屏障的正常功能的目的。

（2）提高溃疡愈合质量。对再生黏膜组织学成熟度的评价包括：①上皮组织：用再生黏膜的厚度、上皮细胞群、上皮细胞数与结缔组织细胞数的比值、上皮细胞与腺管数的比值、腺体的高度和数量、腺体囊状扩张程度及腺细胞形态、分化程度衡量。②肉芽组织：用成纤维细胞数量、新生血管数及分布构相、神经支配状况、胶原纤维及黏膜肌层的再生情况、炎症细胞浸润程度来衡量。故愈溃灵可能通过提高肉芽组织再生血管数，降低炎性细胞数，从而提高再生黏膜组织结构成熟度来提高溃疡愈合质量，减少溃疡的复发。从以上实验分析可见，中药复方的作用不是单一途径的，它是多途径、多靶点的综合作用。愈溃灵胶囊既能提高再生黏膜组织结构成熟度，又能提高胃黏膜组织抗氧化能力，又能加速溃疡面的愈合速度（降低 UI）。故愈溃灵胶囊在治疗胃溃疡、提高溃疡愈合质量，进而减少胃溃疡复发方面，显示出它的比较优势。

4 结 语

（1）愈溃灵胶囊能显著提高大鼠胃溃疡再生黏膜的组织结构成熟度。

（2）愈溃灵胶囊能显著提高大鼠胃溃疡黏膜组织的 SOD 的含量，降低 MDA 含量。减少胃黏膜脂质氧化过程，增加胃黏膜抗氧化能力，防止氧自由基损害，影响细胞氧合作用及黏膜防御能力，保持胃黏膜完整性和微血管屏障的正常功能。

（3）愈溃灵胶囊能显著调节大鼠胃壁 pH 值（即胃在排空状态下的 pH 值，胃壁的自消化多发生于此时期），使之接近正常值，提示可以调节胃酸分泌，间接调节胃蛋白酶的分泌。从而恢复胃内环境稳态，既治疗胃溃疡，又保护了胃组织的自营养过程。既治病，又不因胃酸减少而导致萎缩性胃炎发生。

（4）愈溃灵胶囊能显著加快大鼠胃溃疡的愈合速度。

摘自：李小牛. 愈溃灵促进大鼠冰乙酸胃溃疡愈合及抗复发的实验研究［D］. 兰州：甘肃中医学院，2008.

景芪愈溃胶囊对大鼠胃溃疡愈合质量及 PGE_2、EGF 的影响（节录）

李红艳，段永强，李琼

胃溃疡（gastric ulcer，GU）是内科常见病、多发病。流行病学调查显示人群中约 10% 在其一生中患过此病。目前溃疡病的近期愈合率显著提高，但复发率仍居高不下。流行病学调查显示，溃疡病愈合后一年内的复发率在 50%～70%，而 5 年内的复发率则达 80%～100%。因此，有效防治胃溃疡的发生发展，对于缓解患者痛苦，提高生活质量等都具有十分重要的意义。景芪愈溃胶囊（JingQiYuKuiCapsule，JQYKC）是经多年临床实践证明的有效的纯中药制剂，在治疗胃溃疡的近期疗效及防止溃疡复发的远期疗效方面，都得到了比较肯定的证实。本实验通过观察 JQYKC 对乙酸诱导的大鼠胃溃疡愈合情况及前列腺素 E_2（prostaglandin E_2，PGE_2）、表皮生长因子（epidermal growth factor，EGF）的影响，探讨其作用机制并为其治疗 GU 提供实验依据。

1　大鼠一般情况

除空白组大鼠外，其余大鼠于造模后均出现精神减弱，嗜睡倦卧，主动活动减少；食欲减退，进食减少；被毛欠泽，结缕成穗；粪便干溏不调，粪便颗粒大小不均。以上情况均于造模后第五日开始逐渐好转。

2　大体标本观察

正常组：胃内基本无残留食物；胃黏膜呈淡红色，皱襞连续，光整无破坏。

模型组：腹腔可见明显胃肠胀气，范围至回肠末端，浆膜面有明显组织粘连；胃内潴留物量约占 4/5 胃容量、有明显异味；胃窦处黏膜均有一圆形或椭圆形溃疡，溃疡中心苍白，表面覆污浊腐苔，周围明显充血水肿。

雷尼替丁组：腹腔可见较明显胃肠胀气，较模型组为轻；浆膜面少许粘连；胃内潴留物量约占 2/3 胃容量、有异味；胃窦区黏膜皱襞不连续，周围可见糜烂点及小范围瘢痕收缩。

JQYKC 高剂量组：腹腔无明显胃肠胀气；浆膜面无明显组织粘连；胃内潴留物量约占 1/5 胃容量，胃窦区黏膜皱襞欠完整，可见少量瘢痕收缩。

JQYKC 中剂量组：腹腔未见明显胃肠胀气，浆膜面光滑、无组织粘连；胃内无明显潴留物，可见少量淡黄色液体；胃窦黏膜皱襞欠完整，周围可见小范围瘢痕收缩。

JQYKC 低剂量组：腹腔可见较明显胃肠胀气，范围达回肠末端，但程度较模型组为轻；浆膜面少量组织粘连；胃内潴留物量约占 2/3 胃容量，有明显异味；胃窦区黏膜可见溃疡（3/10）及皱襞明显破坏，周围可见明显充血水肿。

3　光学显微镜下观察

正常组：胃窦黏膜层结构完整，腺体排列整齐，黏膜下层未见炎性细胞浸润，浆膜层完整。

模型组：溃疡造模处黏膜缺损，部分已及肌层，腺体正常结构消失；表层可见坏死组织，其下上皮细胞及腺体增生；溃疡边缘黏膜炎性细胞浸润严重；黏膜下层可见瘢痕纤维生成，新生血管数量较少，部分小动脉渗血，血管内可见血栓或炎性栓塞。

雷尼替丁组：溃疡病灶处可见大量的新生胃上皮细胞和腺细胞覆盖，但排列不整齐；黏膜全层均有炎性浸润，但较模型组为轻；黏膜下层新生血管较多，部分血管内皮肿胀、增生，可见少量血栓；浆膜层偶见炎性浸润。

JQYKC 高剂量组：溃疡病灶及周围胃上皮细胞和腺细胞增生数量较多，可见轻度不典型增生，少量炎性细胞浸润；黏膜下炎性细胞浸润仍较严重，新生血管较多，小部分血管内皮可见肿胀。

JQYKC 中剂量组：胃窦黏膜基本完整，胃上皮细胞与腺细胞形态良好、分布整齐，腺体细胞增生数量较多；黏膜下层仅见少量炎性细胞浸润，新生血管扩张、数量明显较其他组标本多；浆膜层完整，少量炎性细胞浸润。

JQYKC 低前量组：溃疡处黏膜可见大量新生胃上皮细胞和腺细胞覆盖，但形态欠佳、排列不齐，大量炎性细胞浸润，但较模型组为轻；黏膜下层新生血管较少，部分小动脉周围渗血，血管内皮肿胀、增生，可见少量血栓或炎性栓塞。

4　溃疡面积测量

各用药组大鼠溃疡面积与模型组大鼠胃溃疡面积比较，均有重复显著性差异（$P < 0.01$）；中剂量组大鼠溃疡面积与雷尼替丁组及低剂量组大鼠溃疡面积比较，有统计学意义（$P < 0.05$）；而与高剂量组比较无明显差异（$P > 0.05$）。

5　讨　论

古代中医文献中并无"胃溃疡"的记载，据其临床症状，多属中医学"胃脘痛"范畴，亦与"痞满""吞酸"等病证相关。对本病病因的认识，历代文献多有记载，大体可归纳为三类：六淫伤中、饮食不节、情志内伤。如《素问·举痛论》："寒气客于胃肠之间，膜原之下，血不得散，小络急引故痛。"指出寒邪致病的特点。对于饮食不节的病因认识，如李东垣在《东垣试效方》中指出："夫心胃痛及腹中诸痛，皆因劳役过甚，饮食失节，中气不足，寒邪乘虚而入客之，故卒然而作大痛。"但纵观历代中医文献，对该病病因的认识，外因中以"寒邪"立论居多，内因中以"饮食不节"立论为主。

对胃脘痛的辨证治疗，首位医家当推汉代张仲景。《金匮要略·腹满寒疝宿食病脉证治》以"按之不痛为虚，痛者为实"的原则辨其虚实，来确定证治大法。"腹满时减复如故，此为寒，当与温药"；"按之心下满痛者，此为实也，当下之，宜大柴胡汤"。其确立的虚、实两大辨证原则均为后世治疗本病的准绳，创制的许多方剂如黄芪建中汤、小建中汤、芍药甘草汤等皆为后世治疗胃脘痛的常用效方。

景芪愈溃胶囊由红景天、生黄芪、桂枝、白芍、高良姜、白及、浙贝母、蒲公英、延胡索、甘草组成，方中以红景天、生黄芪共为君药，甘温益气、健脾补中；以桂枝、白芍、高良姜为臣，温中、和络、止痛；以白及、浙贝母、蒲公英、延胡索、甘草为佐，敛疮止痛、清热解毒；以甘草为使，缓急止痛、调和诸药。全方共奏益气温阳、健脾和胃、敛疮止痛之效，尤以治疗虚寒性胃脘痛为长。

动物实验研究的关键是建立理想而稳定的动物模型。根据人体胃溃疡的发病机理，在动物实验中相应设计了许多实验性胃溃疡模型的制备方法。这其中以冰乙酸性胃溃疡方法最可靠，重复性好，溃疡深而大，与人类的慢性胃溃疡极为相似，最适用于观察药物促进溃疡修复愈合的作用，作为筛选治疗慢性胃溃疡药物的实验模型。卢文丽等指出，乙酸法模型出现气损、阳竭，以及精血虚少的证候。

PGE_2 是首先被发现具有细胞保护作用的内源性物质，可通过增加胃黏膜黏液分泌、促进表面活性磷脂的释放及清除氧自由基等多种机制来保护胃黏膜。而胃壁黏液与碳酸氢盐一起构成的"黏液-碳酸氢盐屏障"则是保护胃黏膜的"第一道防线"，使胃壁的上皮细胞避免胃酸的侵蚀。PGE_2 还可通过保护血管结构完整和正常血液供应，来减轻和防止由酒精、强酸、强碱或其他药物对动物胃黏膜造成的急性损伤。

EGF 是一种重要的生物活性肽，不仅在血液中能检出，还广泛存在消化道内，能抑制胃酸分泌和促进组织、细胞内 DNA、RNA 及蛋白质的合成，加速适应性溃疡的愈合。同时 EGF 具有促进上皮增殖，组织修复和细胞保护作用，在保护胃黏膜免受损伤因子破坏，维持胃肠黏膜完整性方面起着非常重要的作用。

本实验证明，景芪愈溃胶囊可通过提高组织 PGE_2 及血 EGF 的含量，作为保护性因子，加快溃疡愈合速度，提高组织修复能力，保证溃疡愈合质量。尤以相当于临床等效剂量的中剂量组治疗效果最显著，效果优于雷尼替丁及高、低剂量组。但在测量溃疡面积所得的结果中显示，中剂量组与高剂量组的差异无统计学意义，这有可能是因为高剂量组用药量大，直接作用于胃黏膜的药物有效成分高，故溃疡表层修复加快。

综上所述，JQYKC 可提高实验乙酸性大鼠胃溃疡愈合质量，对于气损阳虚型胃溃疡有显著的治疗效果。

摘自：李红艳，王道坤，段永强，等. 景芪愈溃胶囊对大鼠胃溃疡愈合质量及 PGE_2、EGF 的影响［J］. 中医临床研究，2013，5（5）：4-7.

抑郁状态对大鼠胃溃疡愈合质量的影响（节录）

李红艳，段永强

胃溃疡（gastric ulcer，GU）是内科常见病、多发病。有调查显示：人群中约 10% 在其一生中患过此病。抑郁症是一种以显著而持久的心境低落为主要临床表现的精神疾病，给患者带来极大的痛苦和心理伤害，造成巨大的生活负担，严重影响患者的生活质量。随着生活节奏的日益紧张，社会竞争的日益增加，抑郁症的患病率呈逐年上升趋势。西医学认为：胃溃疡形成后，如果不良情绪刺激仍未解除，病情会进一步加重。本实验通过观察大鼠胃溃疡愈合情况及检测胃组织中前列腺素 E_2（prostaglandin E_2，PGE_2）、血清中表皮生长因子（epidermal growth factor，EGF）水平，欲探讨抑郁状态对实验大鼠胃溃疡愈合质量的影响机制。

1　实　验　结　果

1.1　一般情况对比

除空白对照组大鼠外，其余大鼠造模后均出现精神差，嗜睡倦卧，主动活动减少；食欲减退，进食减少；被毛欠泽，结缕成穗；粪便干溏不调，粪便颗粒大小不均。以上情况均于造模后第 5 天开始逐渐好转。

1.2　大体标本观察

空白对照组：未见明显胃肠胀气，胃内基本无残留食物；胃黏膜呈淡红色，皱襞连续，光整无破坏。模型对照组腹腔偶见明显胃肠胀气（2/10），较抑郁状态组为轻；浆膜面少许粘连；胃内潴留物量约占 1/5 胃容量，有轻度异味；胃窦区黏膜皱襞欠完整，周围可见糜烂点及小范围瘢痕收缩，部分可见溃疡周围黏膜水肿（1/10）。抑郁状态组：腹腔可见明显胃肠胀气（6/10），范围至回肠末端，浆膜面有明显组织粘连；胃内潴留物量约占 3/5 胃容量、有明显异味；胃窦处黏膜均有一个圆形或椭圆形溃疡，溃疡中心苍白，表面覆污浊腐苔，周围明显充血水肿（8/10）。

1.3　光学显微镜下观察

空白对照组：胃窦黏膜层结构完整，腺体排列整齐，黏膜下层未见炎性细胞浸润，浆膜层完整。模型对照组：溃疡病灶处可见大量的新生胃上皮细胞和腺细胞覆盖，但排列欠整齐，病灶周围偶见少量坏死组织；黏膜全层有少量炎性细胞浸润；黏膜下层新生血管较多，部分血管内皮肿胀、增生，可见少量血栓；浆膜层偶见炎性细胞浸润。抑郁状态组：溃疡造模处黏膜缺损，部分已及肌层，腺体正常结构消失；表层可见大量坏死组织，其下可见上皮细胞及腺体增生；溃疡边缘黏膜炎性细胞浸润严重；黏膜下层可见瘢痕纤维生成，新生血管数量较少，部分小动脉渗血，血管内可见血栓或炎性栓塞。

1.4　溃疡面积对比

模型对照组大鼠溃疡面积较抑郁状态组缩小，差别有统计学意义（$P<0.05$）。

1.5　胃组织 PGE_2 及血清 EGF 检测

模型对照组大鼠胃组织中 PGE_2 含量、血清 EGF 含量均较空白对照组、抑郁状态组增高，差别有统计学意义（$P<0.05$）。

2　讨　　论

抑郁症属西医学中精神病的范畴，在中医古代文献中无本病名记载。根据抑郁症临床表现，一般将其归于"郁证""脏躁""百合病""不寐"等病的范畴中。对于本病病因的认识，《素问•疏五过论》中将其总结为："离绝菀结，忧恐悲怒，五脏空虚，血气离守。"认为本病是因为情志因素刺激的情况下，五脏不养，气血亏虚离散而致。对于本病对其他疾病的影响，历代医家多有著述。如《丹溪心法•六郁五十二》中记载："气血冲和，万病不生，一有怫郁，诸病生焉。故人生诸病，多生于郁。"朱丹溪认为，郁病主要是由气血郁结不和引起，还可以引起很多疾病。唐容川在《血证论•脏腑病机论》中指出："木之性主乎疏泄，食气之胃，全赖肝木之气以疏泄之，则水谷乃化。设肝木不能疏泄水谷，渗泄中满之证在所不免。"认为肝主疏泄，可以帮助胃气纳运水谷，但肝气郁结，则会出现中满不消、腹胀、泄泻等一系列胃肠道消化性疾病。这说明抑郁状态的持续存在会影响胃肠道正常生理功能，从而产生一系列疾病或加重已有的胃肠道症状。故本实验采用现在医学研究方法，运用分子生物学技术，进一步揭示抑郁状态对胃溃疡愈合质量影响的作用机制。

本实验证明：抑郁状态下的大鼠胃组织 PGE_2 及血 EGF 的含量明显低于模型对照组；胃溃疡面积明显大于模型对照组。PGE_2 及 EGF 作为保护性因子，可加快溃疡愈合速度，提高组织修复能力，保证溃疡愈合质量。在胃黏膜经冰乙酸烧灼形成溃疡后，无应激刺激的大鼠机体内 PGE_2 及 EGF 明显增高，从而加速溃疡愈合速度与质量。

综上所述，抑郁状态可降低乙酸性大鼠胃溃疡愈合质量，延长胃溃疡愈合时间。通过证型分析，抑郁状态可降低气损阳虚型胃溃疡的愈合质量。本研究突出中医学中的"整体观念"和"情志致病"的原始创新，揭示中医学在认识疾病过程中，从整体出发，重视机体各组成部分之间的联系，即在生理活动中相互协调、在病理变化中相互影响的特点；重视情志致病，即情志太过或波动可影响病情变化的特点，为临床认识和治疗疾病提供一定的实验研究依据。

摘自：李红艳，王道坤，段永强. 抑郁状态对大鼠胃溃疡愈合质量的影响［J］. 中医研究，2013，26（9）：64-66.

厌食康丸对幼龄厌食症大鼠 CCK-8 及 β-EP 的影响（节录）

刘鹏飞，王道坤

厌食康丸是甘肃中医学院王道坤教授治疗小儿厌食症的经验方，由太子参、山药、茯苓、玉片、神曲、焦山楂、甘草组成。我们观察了厌食康丸对幼龄厌食大鼠模型血浆和胃窦黏膜中 CCK-8 和β-EP 含量变化的影响，总结如下。

一般情况：空白组大鼠饮食、活动、大便性状及毛发均无异常，体质量逐渐增加。其余四组在造模 7 天后均出现饮食及活动减少、毛发枯槁、体质量增加缓慢。灌胃 21 天后模型组大鼠出现饮食及活动明显减少、毛发明显枯槁、弓背、体质量明显下降、喜扎堆、大便稀溏。厌食康丸大、小剂量组和消食片组大鼠的一般症状及消化道症状均有不同程度的改善，尤以大剂量组大鼠的接近正常组。

幼鼠脾常不足，加之肥甘厚味损伤脾气、脾阴，故造成脾虚积滞不化模型。实验结果提示，幼龄厌食大鼠模型血浆 CCK-8 浓度增高，血浆和胃窦黏膜 β-EP 的浓度降低。用厌食康丸后，β-EP 的分泌增加，CCK-8 分泌减少，食量、体质量增加。张氏对小儿厌食症动物模型 CCK-8 含量研究表明，CCK-8 的增多可能正是抑制动物摄食的主要因素。崔瑾等认为捏脊疗法的作用机制可能与调节模型中枢及外周 CCK-8 的分泌与释放有关。彭玉等发现运脾散能改善厌食大鼠进食量，可能是通过调节中枢与外周血中的 CCK-8 分泌，从而影响中枢功能，增强摄食行为，起到防治小儿厌食症的作用。张月萍等认为β-EP 在小儿厌食症发病中有一定作用。舒章华等认为外周 β-EP 含量下降，可使摄食行为减少，引发厌食症。

吴局鑫等研究发现捏脊或中药均能在一定程度上防治小儿厌食症，两者疗效相近，捏脊的作用机制与调节模型外周 CCK-8 和 β-EP 的分泌与释放有关，CCK-8 与β-EP 的比例失调可能是导致动物摄食量减少的原因之一。厌食康丸能调节 CCK-8 与β-EP 的比例失调，可能是治疗厌食症的作用机制之一。

摘自：刘鹏飞，王道坤.厌食康丸对幼龄厌食症大鼠 CCK-8 及β-EP 的影响［J］.实用中医药杂志，2012，28（8）：630-632.

其他系疾病

中药防治肾上腺皮质激素副作用的实验研究概况

王君，仝小林，王道坤

肾上腺皮质激素对多种疾病具有良好的治疗作用，但同时又产生诸多严重的副作用。诸如感染的诱发和加重、消化道症状、精神、中枢神经障碍、类固醇糖尿病、急性肾上腺功能不全、骨质疏松症、缺血性骨坏死、类固醇肌病等。采用中药与激素联合应用，不仅可以取得卓越的疗效，还可以有效地减轻激素的各种副作用。那么，中药防治激素副作用的机制是什么？通过哪些途径发挥作用？本文将系统回顾有关这方面的实验研究资料。

1 中药对垂体–肾上腺皮质系统功能和系统的影响

邝安坤等给小白鼠肌注醋酸皮质素（0.25mg/d），第 9～10 天后出现病理征象：竖毛、毛不光洁、弓背少动、反应迟钝、不规则的深迟呼吸，严重时爬行困难，类似肢体瘫痪，不能运动，抗冻力下降，证明大剂量激素有促使动物耗竭作用。在合用助阳药的动物组中（附子、肉桂、肉苁蓉、淫羊藿煎剂）多不出现衰竭现象，体重减轻不明显，抗冻力亦加强。而相同剂量的助阳药对正常动物不产生提高机体抵抗力的作用。助阳药的作用机制不明。

杨连卿等以地塞米松混悬液（7.5μg/100g 体重）给大鼠灌胃，建立动物下丘脑–垂体–肾上腺（HPA）轴功能受抑模型，模拟临床，从激素对人体影响的不同阶段进行滋肾阴和温肾阳两组药物作用观察。分不同阶段进行：7 天实验以地塞米松和滋阴药（生地、知母、生甘草）同用，30 天实验以地塞米松和温肾阳药（附子、肉桂、肉苁蓉、淫羊藿、补骨脂）同用。观察肾上腺皮质束状带超微结构变化。实验表明，7 天实验的滋阴药+地塞米松组、30 天实验的温肾阳药+地塞米松组束状带细胞功能未受外源性地塞米松负反馈抑制的影响。而在用药后 7 天和 30 天，单用地塞米松组的动物的血浆皮质酮水平平均低于空白对照组，表明动物的 HPA 轴功能已明显受抑。动物实验还观察到，长期大剂量喂饲激素可引起肾上腺皮质明显萎缩，而以滋阴泻火或温补肾阳中药与激素同时喂饲，则可在一定程度上对抗激素对肾上腺皮质的抑制作用，使皮质的萎缩程度明显减轻。7 天实验的地塞米松+滋阴药组的拮抗功能亦明显优于地塞米松+温肾阳药组；而 30 天实验的地塞米松+温肾阳组的作用亦优于地塞米松+滋阴药组，进一步提示中药拮抗地塞米松对肾上腺皮质功能的抑制功能，对动物的 HPA 轴有一定保护作用。滋阴中药的保护作用，在配合激素应用的早期（7天）为好，在后期（30 天）以温肾阳中药突出。但早期、后期无确切期限。张丽丽等对长期（60 天）用激素的动物模型（地塞米松 12μg/只喂饲大白鼠）采用生化及病理方法，观察滋阴泻火药（生地、知母、甘草）、温补肾阳药（附子、肉桂、菟丝子、淫羊藿）对内分泌、免疫腺体与脏器的作用。结果表明，滋阴泻火药与激素同用，有拮抗激素对心、肝、肺的蛋白质合成作用，但是加强了激素对淋巴组织的抑制作用，对肾上腺却有一定的保护作用，免于腺体萎缩。查良伦等研究了生地对家兔糖皮质激素受抑模型（地塞米松 0.75mg/片，研碎后加蒸馏水 15mL，喂兔量 1mL/kg）的影响，结果发现中药生地能减轻糖皮质激素对兔垂体-肾上腺皮质系统功能和系统的影响。查良伦等将 39 只豚鼠用地塞米松 0.1mg/mL、0.5mg/mL 灌胃 10 周，分别同用滋阴药（生地、知母、甘草）、温阳药（附子、肉桂、菟丝子、淫羊藿），观察脑垂体、肾上腺皮质的细胞形态、皮质厚度、细胞内脂质含量等变化。结果滋阴药与激素同时使用，肾上腺皮质的束状带厚度及细胞内脂质含量均与生理盐水对照组相仿，未见明显异常。提示滋阴中药有减轻或防止较长期应用皮质激素所引起的肾上腺皮质萎缩的作用。而温补肾阳药有类似激素作用，但无激素副作用。可能与HPA 功能有关。蔡定芳等用皮质酮（CORT）造成大鼠下丘脑-垂体-肾上腺-胸腺（HPAT）轴抑制模型，观察到 200%的右归饮灌胃可以有效保护 CORT 对 HPAT 轴的抑制。

2　中药对代谢的影响

上海中医学院正常人体教研组以醋酸氢化可的松（0.50～1.25mg）给小白鼠肌注造成"阳虚"模型，体重减轻，出现萎靡不振、竖毛的症状。加用助阳药（附子、肉桂、肉苁蓉、淫羊藿）组无此现象。观察表明：阳虚动物肝、脾的核酸含量下降，加用助阳药可使其含量上升；阳虚动物肝的琥珀酸酶活性下降，加用助阳药可使其活性上升。阳虚动物肝糖原含量增加，加用助阳药可使之下降。同时也发现炎热季节对助阳药应用不利。他们还以甲状腺素片每日 3mg 及利血平 0.02mg 喂服小白鼠，数日后体重减轻，身体瘦长，躁动不安，有些动物眼睛瞇或两眼不张。在 8～10 天后，大部分动物非常瘦小，行动缓慢，有的死亡，并有核酸合成上升、痛阈下降等机能亢进现象，类似阴虚表现，认为造成阴虚模型。加用滋阴药（生地、元参、麦冬、龟板）的治疗阴虚动物组，阴虚动物的肝、脾核酸合成率升高时，滋阴药使之下降，反之，阴虚组动物肝脏核酸合成率下降时，滋阴药使之升高。滋阴药并能使降低的肝糖原上升，使降低的痛阈上升。张家庆等用醋酸氢化可的松 0.75mg/（只·天）肌注小白鼠连续 10 天，造成"阳虚"动物模型，观察到其脱氧核糖核酸（DNA）合成率下降，"阳虚"+助阳药（附子、肉桂、肉苁蓉、淫羊藿）组 DNA 合成率增加到接近正常水平。"阳虚"+益气助阳药（黄芪、党参、附子、肉桂）DNA 合成率完全正常。陈泽群等研究了滋阴泻火药对阴虚内热证的作用机制。选用知母为代表考察滋阴泻火药对动物钠泵的作用。结果表明知母菠荠苷元对 Na^+-K^+-ATP 酶有明显的抑制效应。张家庆以醋酸氢化可的松 2mg/100g 体重给 Wistar 大鼠肌注 20 天，造成"阳虚"模型，测定肝细胞液中糖皮质激素受体（GCR）减少，助阳药（附子、肉桂、肉苁蓉、淫羊藿）对此种 GCR 改变无影响。赵洪均用地塞米松、泼尼松龙、丙基硫氧嘧啶分别造成小鼠"肾虚"模型，检测血清 K^+、Na^+、Cl^-、CO_2CP、ANIOGAP（阴离子系）、Ca^{2+}、GIU、BUN、Cr 等 9 项，并用补阳一号方及二号方实验性治疗，结果地塞米松造模动物血清 Ca^{2+} 明显升高，Cl^-、BUN浓度升高，GAP 浓度降低，补阳一号方总的加重地塞米松造模动物的病理改变。反映地塞米松模型动物可能以"阴虚"为主。窦德强等发现人参叶总皂苷（GSL）对于醋酸泼尼松所致（泼尼松 10mg/kg/d，连续 15 天）兔的血清总脂、总胆固醇、三酰甘油的升高和皮质醇的下降具有显著的抑制作用。

3 中药对免疫功能的影响

施玉华等以补肾中药（附子、肉桂、党参、淫羊藿、熟地、鹿角）对小白鼠氢考模型进行实验性治疗，研究小肠 IgG 及腹膜肥大细胞的变化，初步发现补肾中药能促使受氢考影响的下降的小肠 IgG 及腹膜肥大细胞量上升。耿排力等用醋酸泼尼松龙 100mg/20g/d，用生理盐水稀释成 0.1mL 给小白鼠肌注造成阳虚动物模型，用皮质激素 5～7 天后出现萎靡、蜷曲、毛发不荣、眼睛不开、尾部突出、死亡率增加等。实验结果表明：温阳药煎剂（附子、肉桂、肉苁蓉、淫羊藿）对阳虚动物的体液和细胞免疫功能均有增强作用。骆保等发现益气助阳药（黄芪、淫羊藿）、养血滋阴药（当归、地黄）对氢化可的松琥珀酸钠（HCSS）作用下的小鼠腹腔巨噬细胞 Fc、C3b 受体活性均有保护作用。马克玲等研究了具有补脾益气作用的中药对糖皮质激素所致的小鼠免疫功能减退的保护作用。结果表明，"强力"煎剂对免疫损伤后小鼠的白细胞数、淋巴细胞数及免疫器官重量均有显著的恢复作用。而其对正常状态下免疫系统未发现明显的影响。郭培京等研究发现，中药"强盾"冲剂（黄芪、枸杞、牡蛎等）可有效地保护小鼠免疫不受损伤和激素作用后免疫损伤的恢复。

4 中药对骨质疏松的影响

吴铁等发现由黄芪、淫羊藿、白术组成的壮骨肾宝及淫羊藿水提液对长期用肾上腺皮质激素所致肾上腺萎缩与骨质疏松有显著防治作用。

5　讨　　论

中医认为，激素为助阳、生热之药，久用有生热耗津、亢阳伤阴之弊。实验观察表明在应用激素过程中，不论外象如何，其内在实质早期属于"阴虚内热"。不少学者认为长期或大量使用激素可造成机体的三潜证即瘀血证、肾虚证及正气耗伤。临床上主要针对大剂量应用激素阶段出现类肾上腺皮质功能亢进症状，辨证为阴虚火旺证；针对激素撤停阶段出现肾上腺皮质功能不全症状，辨证为肾阳虚证。杨连卿等提出的大鼠下丘脑-垂体-肾上腺皮质轴受抑模型提法较为科学，不应将激素副作用一概统之为"阳虚"证，这也和临床实践所观察到的现象不符或者有很大的局限性。既往的实验已证明，地塞米松和氢化可的松琥珀酸钠作用于动物后，并无"阳虚"表现，应用助阳药后加重，反映出有中医"阴虚"证的一面，但缺乏进一步的实验研究。另外，文献中造模方法不一，给药途径不一（肌注、灌胃）、时间长短不一，这些都需进一步摸索、完善，为更好地探索中药防治激素副作用的实验研究铺平道路。既往实验较多地观察了助阳药对抗激素副作用，但目前随着激素服用方法的改进，更多的临床观察表明，足量激素应用阶段，病人出现面色潮红、心悸，烦躁，脉细数等，中医辨证为阴虚内热，认为药毒伤阴，唯有用滋阴润燥、养阴益气之药，才能保证激素的疗效，减少其毒副作用的发生。实验研究有必要揭示足量激素应用阶段应用养阴药物的实验基础。这是一个新的亟待解决好的课题，也是临床用药的一大变革，值得深入观察研究，认真总结。

摘自：王君，仝小林，王道坤. 中药防治肾上腺皮质激素副作用的实验研究概况［J］. 甘肃中医学院学报，1999，16（3）：36-39.

一方三法治肺炎——用活血定喘汤治疗小儿肺炎体会

尹婉如，王道坤

肺炎是儿科最常见的疾病之一。一年四季均可发生，但在春冬季节发病率最高。治疗多用抗生素、磺胺等药，但效果欠佳。多年来通过对临床数千例病例诊治，我们从实践中摸索出一些治疗该病的方药规律，归纳为"一方三法治肺炎"，即用活血定喘汤为主方，按照初期、中期和末期，分别结合汗、清、调三法来进行辨证论证，疗效显著。现介绍如下，供同道参考。

小儿肺炎，多为衣食过丰，正虚邪伏所致。小儿多衣被过厚，兼之小儿稚阴稚阳之体，多动而少静，"凡动皆属于火"，故自汗多而肌膜疏，而致阴虚内热。又素食肥甘，助湿生痰，加之小儿有痰难以咳吐，所以同时又造成肺胃不和，痰浊内蕴。一旦风温乘袭，肺卫失和，则最易形成肺失宣降，肺气闭塞，痰火内炽。肺气闭则津血壅滞，气郁为热，炼液为痰，血塞为瘀。因此笔者认为：气郁、痰阻、血滞是产生小儿肺炎的病理基础。遵《内经·至真要大论》"谨守病机"之旨，详察有无盛衰，紧紧抓住外邪乘袭，血瘀痰阻，气机不利这个关键，在古今名医诊治该病经验的基础上，总结出宣肺开闭，活血涤痰，清热解毒之治则。自拟"活血定喘汤"作为治疗小儿肺炎的主方。

药味组成：炒桃仁 6～10g，炒甜葶苈子 6～10g，炒杏仁 6～10g，人工牛黄（冲服）0.1～2g，紫菀 6～10g，款冬花 6～10g，炙麻黄 3～6g，生石膏（先煎）12～24g，炙甘草 3～6g。

煎服法：每日 1 剂，每 6 小时服 1 次。每剂用水 1500mL。先煎生石膏 30 分钟，而后下诸药。煮取 30 分钟滤过药液 120mL，再将药渣放水 300～500mL，煮取 20 分钟，滤出药液 80mL，然后将两次煎出液混合温服，分作 4 次服完。每 12 小时冲服二分之一人工牛黄粉。

方义：桃仁、葶苈子苦寒润降，桃仁行血破瘀，葶苈子下气涤痰，二者均能润肠通便，可使郁热从肺府之大肠而去，从而使瘀行痰涤而定喘。炒而用甜者，意在泻肺气之实而不伤胃气。人工牛黄，味苦微寒，是凉血豁痰，清热解毒之要药。虽前人多不用及，笔者认为其治喘效果较好。紫菀、款冬花下气止咳，温润不燥，寒热虚实均宜。麻仁、杏仁、石膏、甘草四味辛凉宣肺，是治喘之效剂。但由于它只适宜"汗出而喘，身无大热"者，故配桃仁、葶苈子、牛黄等，共奏宣肺开闭，活血涤痰，清热解毒之效。

1　分　期　论　治

由于小儿肺炎，病情复杂多变，因此在临床具体运用时，又当根据发病的初期、中期、末期，结合汗、清、调三法辨证论治，方可无虞。

1.1　初期：分辨外邪用汗法

小儿外感，当用汗法，但需分辨风温、风寒、风湿。若症见发热较重，面赤，口渴，喘咳气急，咽红，乳蛾肿痛，舌质红，苔薄黄，脉滑数，三岁以下幼儿，指纹浮而紫红达气关者，多属风温闭肺。风为阳邪，善行而数变，内舍于血，笔者常在主方的基础上，加银花、连翘、淡豆豉、薄荷等，发越郁热，多能应手取效。若症见发热无汗恶寒，不渴，咽痛不红，咳痰白稀，呼吸气急，舌苔薄白，脉浮紧，或指纹浮而青，在风关者为风寒闭肺，应在主方基础上加荆芥、防风、僵蚕、橘红等。若症见发热不高，夜暮加重，咳喘气急，喉中痰鸣，声如拽锯，流涕，咽红，便秘，苔黄厚腻者，为痰湿（食）郁肺，肺胃不和，宜在主方基础上加芦根、滑石、炒莱菔子、枳壳、全瓜蒌、川军等。

1.2　中期：火热炽盛用清法

只要按上述方法，早期精心治疗，一般均可治愈。若一旦小儿肺炎发展到中期，则病情凶险，宜高度警惕。此期常常表现为火热炽甚，痰热内羁，治疗时当辨火毒偏盛或痰浊偏重之别。

凡症见发热较高，持续不退，喘憋明显，气急鼻煽，喉中痰鸣，口周青紫，口唇发绀或有神昏谵语，涕泪俱无，舌绛起刺，脉洪数，或指纹青紫，直达命关者，为火毒偏盛。治疗时，须在吸氧的前提下，服活血定喘汤，并重用生石膏 60～120g，合犀角地黄汤加减，以清营凉血。若青紫严重者，去杏仁，重加桃仁、牡丹皮；若兼见精神差，心音低钝，而肝脏未见进行性增大者，加西洋参、麦冬、五味子；若面色灰白，呼吸微弱者，加阿胶（烊化）；若神昏谵语，加安宫牛黄丸；便秘者，加生大黄（后下）；若神志不清，抽风者，加服紫雪丹或羚羊角粉（冲服）。

痰浊偏重，主要表现为咳嗽剧烈，痰涎壅盛，痰声辘辘，气促鼻煽，苔厚腻或黄腻。治疗时，以涤痰利气为主，原方重用葶苈子，并加大黄、二丑、生姜汁。

1.3　末期：结合体质用调法

肺炎后期，多由危重症经过抢救转危为安，进入恢复期。此期的特点多见阴伤或气阴两伤。在调理中应结合平素体质以善后，不应一味滋阴。这还涉及杜其根源，防止复发的问题。调理要点有二：

若素体消瘦，症见午后低热，咳唾黄痰，睡眠不安，纳少，舌红少苔，脉细略数者，为阴虚邪恋，宜养阴和胃。取叶氏益胃汤加白薇、川贝、芦根、内金等。

若素体肥胖，食少便溏，喘满已平，惟感腹胀纳少，神疲乏力，自汗多，舌淡苔水滑者，宜二陈汤加炒麦芽、白芍、桂枝、内金调补脾胃。若素有佝偻病，易患感冒者，宜益气固表，调补脾肺，方用异功散合玉屏风散。若汗出体疲，微咳痰多，两肺啰音经久不消者，宜五味异功散加桔梗、枳壳、桂枝等。同时应配合外敷法，方法是：每次取莱菔子 60g，打碎，炒热，装白纱布口袋里，热敷背部湿啰音所在处，每天 2 次，每次 20 分钟，一般三四天即愈。我们认为外敷用药，炒莱菔子较白芥子为优。

2　验案举例

邱某，男，4.5 岁，1987 年 11 月 8 日初诊。以发热、咳喘、喉中痰鸣两天伴便干为主诉就诊。患者经常受凉后发生咳喘，近日病情加重，昨晚发烧高达 40℃，今晨测体温为 39℃。咳喘较多，气急鼻煽，口渴，烦急尿赤。曾静点抗生素等药物效果不显。查体：急性病面容，面色潮红，精神欠佳，发育中等，形体消瘦，舌红苔微黄厚腻，脉滑数。咽红，乳蛾红肿。

听诊两肺可闻及湿啰音，以右肺底为重，心率 102 次/分，律齐，未闻及杂音。肝脾未及。血常规化验：白细胞 $12×10^9$/L，中性粒细胞 0.83，淋巴细胞 0.27。诊为"小儿肺炎"。辨证分析小儿素体阴虚卫弱，屡遭外感，导致温邪入里，阳热亢盛，热壅肺胃，波及大肠，故出现高热，喘急，烦渴便秘等症。须以清热解毒，宣肺化痰法治之。用活血定喘汤加减。处方：炒桃仁 10g，葶苈子（甜，炒）6g，人工牛黄（分冲）0.2g，鱼腥草 15g，炙麻黄 9g，炒杏仁 6g，生石膏（先煎）20g，僵蚕 9g，川贝 9g，全瓜蒌 12g，炙甘草 6g，3 剂，煎服法同前。

11 月 11 日，二诊。发热渐退，体温 37.5℃，咳喘顿减，喘促不明显，痰仍多，大便偏干，排便不利，两肺底可闻及大水泡音，舌红苔薄黄，脉滑小数。效不更方，上方改全瓜蒌为 15g，去人工牛黄、葶苈子，加焦三仙各 10g。3 剂，煎服方法同前。

11 月 14 日，三诊，服药后再未发热，咳嗽次数减少，呼吸较平稳，痰少易咳出，大便通畅，精神好转，饮食有增，只在右肺底闻及散在湿啰音，舌质淡红，苔薄白，脉细略滑。上方川贝、生石膏减为 15g，炙麻黄减为 3g，炒杏仁加至 10g。3 剂，水煎服。

11 月 17 日，四诊，咳喘偶尔发作，痰少，面色萎黄，汗多，食欲可，舌淡红苔白，脉细，肺部听诊，两肺清晰。喘咳基本告愈，为杜绝其复发，改补土生金法，作为善后调理。处方：太子参 12g，炒白术 9g，茯苓 12g，桔梗 6g，生黄芪 15g，防风 9g，煅龙牡各（先煎）18g，炙甘草 6g，5 剂，水煎 2 次，分 3 次口服。

11 月 22 日，五诊。患儿精神好，已不咳嗽，面色红润，饮食、二便正常。1991 年 8 月随访，患儿身体恢复很好，再未发生过咳喘，亦不感冒。现为小学二年级，智力发育良好。

摘自：尹婉如，王道坤. 一方三法治肺炎——用活血定喘汤治疗小儿肺炎体会 [J]. 陕西中医学院学报，1992，15（4）：12-13.

王道坤运用六味汤合养阴清肺汤治疗虚火喉痹经验介绍

王韶康，姜玥，张作良

1　六味汤及养阴清肺汤

1.1　方剂来源

六味汤见于清代医家张宗良所著的《喉科指掌》。六味汤原方组成为："荆芥穗三钱，薄荷三钱（要二刀香者妙），炒僵蚕二钱，桔梗二钱，生粉草二钱，防风二钱。"用法：上为末，煎数滚去滓，温好，连连漱下，不可大口一气吃完。如煎不得法，服不得法，则难见效。倘要紧之时，用白滚水泡之亦可。在《喉科指掌》中列喉科病症 73 种，其中咽喉 11 症、乳蛾 7 症、喉痹 7 症、喉风 12 症、喉痈 11 症、大舌 13 症、小舌 5 症及杂喉 7 症。张氏在治疗此 73 症时，大部分运用六味汤加减治疗，该方被称为"喉科七十二症总方"，"治一切咽喉不论红白，初起之时，漱一服可愈"。养阴清肺汤见于清代著名喉科医家郑梅涧所著的《重楼玉钥》，此书论述咽喉诸症多为火热证，有虚实之分。郑氏对白喉病的认识在于："缘此症发于肺肾，凡本质不足者，或遇燥气流行，或多食辛热之物，感触而发……经治之法，不外肺肾，总要养阴清肺，兼辛凉而散为主。""此症属少阴一经，热邪伏其间，盗其肺金之母气。"因白喉病可表现为喉间起白如腐，不易拭去，反复咽喉肿痛，初期发热抑或不发热，鼻干唇燥，或咳或不咳，呼吸有声，似喘非喘，脉数无力或细数，故白喉系邪伏少阴而发，肺燥失养，属喉科本虚标实之证，与喉科实热之证不同，故不能以常法治之，治则既要养阴扶正，亦要清肺解毒，养阴清肺汤由生地黄、麦冬、生甘草、玄参、贝母、牡丹皮、薄荷、白芍八味药组成，是古今治疗白喉病的要方。

1.2 方剂功效及方解

张氏六味汤方中桔梗、甘草为治疗喉科病的要药，桔梗味苦辛性平，清肺热以除痈痿，通鼻塞而理咽喉，为脾肺达气之要药也（《医宗必读》）。甘草味甘性平，补脾以和中，润肺而疗痿，解一切毒，和一切药。桔梗配伍甘草即《千金翼方》之桔梗汤，主治风邪热毒客于少阴之证，具有祛风利咽解毒之功。荆芥味辛，主瘰疬结聚，瘀血湿温，散风热，清头目，利咽喉，消疮毒。防风味甘辛，风药中润剂，疮科多用之。荆芥与防风相须为用，可加强祛风利咽消疮之功。薄荷味辛，祛风热，清头目。白僵蚕味咸、辛，化风痰，消瘰疬，拔疔毒，灭瘢痕。诸药合用，达祛风止痒、解毒利咽、化痰散结之功。养阴清肺汤方中生地黄苦寒，能滋肾水以救肺燥，重用为君药。麦门冬甘微寒、微苦，可养阴润肺，益胃生津，润喉利咽；玄参苦咸，滋阴清热，解毒散结，启肾水上达于咽喉，二药共助生地黄养阴清热解毒，共为臣药。白芍敛阴和营泄热；牡丹皮凉血活血消肿；贝母润肺化痰散结；薄荷宣散利咽，共为佐药。生甘草清热解毒，调和诸药，为佐使之药。全方养阴扶正与清肺解毒合用，标本兼治，共奏养阴清肺、解毒利咽之功。

2 临 床 运 用

虚火喉痹可归属西医学所论的慢性咽炎，本病多见于成年人，常为急性咽炎转化而来慢性咽炎，发病率较高，且逐年上升。王道坤教授认为虚火喉痹虽不是大病，但其患病人群数量庞大，且缠绵难愈，对人们的工作和生活影响较大，故应及早治疗。王教授认为虚火喉痹的常见病机是"肺肾阴虚，虚火上炎"，喉属肺系，正如《灵枢·经脉》云："肾足少阴之脉，其直者，从肾，上贯肝、膈，入肺中，循喉咙，挟舌本。其支者，从肺出，络心，注胸中。"足少阴肾经因循喉咙系舌本，故若肺肾阴虚，虚火上炎，炼津灼液，则表现为咽喉干燥疼痛，或有灼痛，抑或复感燥邪疫毒之热上蒸致咽喉布生假膜，起白如腐，不易拭去，表现为咽部有异物感或觉有黏痰附着，似喘似咳。从临床实践看，王教授认为虚火喉痹的病因病机主要有以下三点。①饮食失节：特别是随着社会经济的飞速发展，人民生活水平的提高，很多人嗜食辛辣刺激性食物，热能摄入过多，脾胃积热日久，上蒸于咽喉，耗伤津液，进一步会致肺肾阴亏，虚火上炎，由实转虚，缠绵难愈。②嗜食烟、酒之品：烟雾具有火热之性，白酒性湿热，《重楼玉钥》指出咽喉为呼吸、消化之门户，嗜食烟、酒，长期刺激咽部，燥邪火毒之热壅塞咽喉，耗伤津液。③劳损多言者：因肺主一身之气，肺气将津液布散于周身，劳损多言者，损耗肺气，津液布散失司，肺怯金亏，咽喉失于津液的濡养。六味汤合养阴清肺汤恰中虚火喉痹主要病机，在治疗中药证相投，故临床疗效显著。临床运用要点：患者多有过劳伤气及饮食不节的病史，且多见舌尖红，查其咽喉，可见布生假膜，起白如腐，诊脉可知脉象多细数或数而无力，因肺阴亏虚，虚火上炎则舌尖红，脉细数；燥邪疫毒之热上蒸致咽喉布生假膜，起白如腐。加减运用如下：若肺气虚弱者，可合用参苓白术散加减，以培土生金，益气养阴；若咽部灼痛及口干甚者，可加北沙参、天花粉等养阴清热；若咽痒甚者，可重用防风、木蝴蝶以祛风止痒；若咽喉有异物感可加入山豆根、秦艽、射干等利咽解毒。

3　病案举例

案例1　谭某，女，61岁，2016年6月14日初诊。患者反复咽痛5年余，伴口干喜凉饮，左侧耳痛，重听。近1周感冒，初愈，现乏力嗜睡，口干甚，饥不欲食，眠浅梦多，大便偏干，每天2~3次。舌淡红苔厚有染，脉细数。证属肺肾阴亏，虚火上炎。治疗宜滋养肺肾之阴，清热解毒利咽。方选六味汤合养阴清肺汤加减。处方：生地黄、玄参、浙贝母、白芍各15g，荆芥、防风、麦冬、牡丹皮、桔梗各12g，薄荷（后下）、僵蚕各10g，生甘草6g，生姜3片，大枣3枚。7剂，每天1剂，水煎服，服法：嘱其连连漱下，不可大口一气喝完。嘱患者饮食清淡，忌辛辣刺激之品，畅情志。

2016年6月21日二诊：药后咽痛及口干明显减轻，食纳好转，舌苔略厚，继原方加白术15g，五味子10g，加西洋参20g兑服，增强益气养阴之功，继服7剂。3个月后患者因胃痛前来就诊，告知咽痛已大有改善，余症皆不显。因其病久，王教授嘱其含服中成药养阴清肺丸以巩固疗效。

按语　患者年事已高，本已肺肾阴虚，肺津肾液不能上承咽喉，虚火上炎，而现咽喉痛，口干喜凉饮，脉细数；肾精不足，髓海空虚，肾精不能上荣清窍，故见左侧耳痛，重听；又因感冒初愈，中焦气阴两伤，故见乏力嗜睡，口干甚，饥不欲食，大便便质偏干。故选用六味汤合养阴清肺汤加减，方中用生地黄、麦冬、玄参、白芍、西洋参、五味子养阴生津清热；牡丹皮、浙贝母、薄荷、僵蚕化痰散结，利咽解毒；荆芥、防风祛风利咽；

白术、生姜、大枣健脾益气，药证相合，故取效捷。

案例 2　徐某，男，41 岁，2016 年 9 月 3 日初诊。咽部哽噎 2 年余，刻下患者自觉咽部有黏痰难咯，腰膝困痛，乏力疲倦，纳眠可，二便调。舌红苔厚有染，舌下静脉中度迂曲怒张，脉滑数。询问患者生活史：平素嗜食烟、酒。证属肺肾阴液亏虚，燥热邪毒壅塞咽喉。治宜滋养肺肾之阴，解毒利咽散结，方选六味汤合养阴清肺汤加减，处方：生地黄、玄参、白芍、浙贝母各 15g，麦冬、牡丹皮、桔梗各 12g，薄荷（后下）、荆芥、防风、僵蚕各 10g，蝉衣、生甘草各 6g，生姜 3 片，大枣 3 枚。7 剂，每天 1 剂，水煎服，服法：嘱其连连漱下，不可大口一气吃完。嘱患者要饮食清淡，忌食烟、酒，舒畅情志。

2016 年 9 月 10 日二诊：药后咽部哽噎感减轻，舌红苔黄厚，舌下静脉迂曲怒张中度，脉滑数，原方加茯苓 18g，厚朴 12g，紫苏子 15g，以增强化痰降气之力，继服 7 剂。嘱患者要忌烟、酒，饮食清淡。此后数诊皆在此基础上随症加减，服中药 1 月余，同时配合含服中成药养阴清肺丸，最终疗效满意。

按语　烟雾具有火热之性，伤津生燥，白酒本性湿热。患者平素嗜食烟酒，致燥邪火毒之热壅塞咽喉，耗伤津液，而见咽部哽噎，自觉咽部有黏痰难咯，舌红苔厚，脉数，长此以往会致肝肾阴精亏损，故见腰膝困痛、乏力疲倦。选用六味汤合养阴清肺汤加减，养阴扶正与清肺解毒合用，标本兼治，针对病机遣方用药，终获良效。

西医学病理研究示：咽黏膜肿胀或有树枝状充血，咽后壁呈颗粒状隆起，黏膜腺管堵塞可发生感染，继发慢性炎症而出现一系列的临床症状，目前西医治疗常使用抗生素，甚至使用激素。虚火喉痹是反复发作的疾病，若长期使用激素及抗生素，弊大于利，王教授认为虚火喉痹的常见病机是肺肾阴虚，虚火上炎，其中六味汤合养阴清肺汤治疗虚火喉痹，切合病机，随症灵活加减，疗效甚佳。

摘自：王韶康，姜玥，张作良. 王道坤运用六味汤合养阴清肺汤治疗虚火喉痹经验介绍［J］. 新中医，2017，49（9）：171-172.

中西医结合治疗肝硬化的研究

郑保平，王道坤

肝硬化是严重危害人类健康的疾病之一，同时也是我国消化系统的常见病，年发病率为 17/10 万，主要累及 20～50 岁男人。中医学认为，肝硬化属"胁痛""积聚"和"臌胀"等范畴。由于其病理演变过程颇为复杂，治疗十分困难，故在肝纤维化疾病临床及科研中，注重中西医结合、综合治疗，形成较为固定的诊治方法，对提高临床疗效、改善患者的预后大有裨益。笔者在"十五"国家科技攻关计划"基于信息挖掘技术的名老中医临床诊疗经验及传承方法研究——周信有学术思想及临证经验研究"的研究中有幸跟随周老进行为期近一年的学习和从事肝硬化的诊治，对肝硬化的诊治深有体会，见解如下。

1　中西医结合，早诊早治

肝硬化作为一种慢性、弥漫性、进行性发展的肝脏病变，具有起病隐匿、早期症状缺如或不典型的特征。因此，在临床上为了很好地控制，甚至有效地逆转病变的进行性发展，改善患者的症状，提高患者的生活质量，我们采用了"中西医结合，早诊早治"的思路。

1.1　以西医诊断为主结合中医辨证，力争早期诊断

该病起病隐匿，早期缺乏特异性的临床症状，而到出现明显临床症状时已是中晚期、错失了治疗时机。若能早期对致肝纤维化的疾病如慢性病毒性肝炎等做出早期诊断并及时针对原发病进行治疗就能更有效预防肝硬化的发生。而中医在该病的诊断上，必须借助西医学先进的影像学、实验室、病理组织学等检测手段才能做出早期的明确诊断。当然，此处并不是说中医诊断不重要，在该病的治疗上必须要通过中医辨证论治才能充分发挥中医的优势。为此，我们常将宏观辨证与微观辨证相结合。既重视望、闻、问、切所得出的宏观指标，又不忽视借助现代诊疗技术所得出的微观指标。在分析证情时，将两者有机结合起来，以使证型分类更加准确和深入。如血胆红素及 SGPT 的增高多与湿热有关；而胁下痛和积的形成，是由于肝络阻塞、结缔组织增生及假小叶生成、肝血流障碍而导致肝脾肿大；这些方面的深入分析，使我们在治疗肝硬化，尤其是病情危重时，更能把握全局，用药更有针对性。

1.2　中医治疗为主、辅以西医治疗，力争早期治疗

就肝硬化来说，早期的肝纤维化是可逆的，但到后期有再生结节形成时则不可逆，因此早期治疗是决定疗效和患者预后的关键。我们主张肝硬化的临床治疗，应注重病名，重视病症结合。病，既包括中医的病症，也包括西医的病理。着眼于"肝体、肝用"，在确定病的基础上中西医结合、辨证论治，以病为纲，以证为目，病下系证，证下列方，方随证出，结合病理及病理生理改变，以提高证对应的针对性，从而提高临床疗效。在必要时辅以西医治疗，如支持疗法、调节免疫、清除病因、减少毒素生成等。这些措施也隐含着中医"补肝体，益肝用"的作用，与中医调治并用，能达相辅相成之效。

总之，中西医结合对肝硬化的治疗既要结合西医学检查所得出的结果进行全面分析、综合评价、制定合理的治疗方案，又要突出中医特色、辨证选方用药。

2　祛因调免，有效逆转

祛除病因、调节免疫功能，并在早期有效逆转或阻断肝纤维化的发生与发展是我们治疗该病的根本目的。西医学研究证明肝纤维化的逆转途径有：①清除致病因子，保护肝组织和阻止肝损伤；②抑制 ECM 生成；③促进纤维降解；④抑制 HSC 活化。因此，我们在治疗时将病因治疗与阻止肝纤维化同时进行，详分主次。我们认为肝硬化系慢性肝病日久，邪毒阻滞肝脉，深伏血分、肝失调达、气滞血瘀，肝病日久、子耗母气、脾肾虚弱，脏腑失调、血脉失养，久而酿成癥瘕之证所得。一方面耗伤机体正气，使脏腑功能严重受损；另一方面，可致肝脾肾受损，气机阻滞，肝脏失和，脉络痹阻，或产生痰浊、瘀血等病理因素进一步消耗正气使正愈虚而邪愈实。其病机不外"虚、毒、瘀、痰"。正虚邪实，虚实夹杂是其病理特点。正气虚弱、免疫功能紊乱是肝炎病毒和（或）湿热邪毒长期存在并促使肝纤维化发展的关键。正虚邪实、虚实夹杂的病理共性与症状特点，贯穿了疾病的全过程。因而我们吸取张元素"养正积自除"的经验，制定了"扶正补虚、清解祛邪、活血化瘀、化痰理浊"的治疗方法。扶正补虚增强正气，提高并纠正免疫功能为主。我们在临床上以"肝病传脾""肝肾同源"等理论为指导，注重培补脾肾，使气血生化有源、正气健旺，以达提免驱邪之目的，根据张子和"病由邪生，攻邪已病"之经验，即可清除病因、抑制肝炎病毒、促使表面抗原转阴、减轻肝实质炎症、防止肝细胞坏死、促使肝细胞修复和再生等，根据叶桂"久病入络"创见，故加入活血化瘀之品，它可改善肝脏微循环、清除自由基、改善肝功能及调整机体免疫功能、缓解肝脏的缺血缺氧状态、降低门脉压，并在此基础上防止肝细胞坏死和纤维结缔组织形成，促使肝细胞修复和再生。此外，化痰理浊则针对痰浊而设。我们临床观察发现肝纤维化除虚瘀等证候外，尚可表现为明显的纳差，身体困重，食少便溏，腹胀，恶心呕吐，厌油，苔厚腻或浊，脘闷，脉缓滑等痰浊证候，这表明痰浊作为一种病理因素，参与了肝纤维化的病程。对此古代医家也有同样的认识，如《张氏医通》所云："痰挟瘀血，遂成窠囊""瘀血久化为痰水"。另外《苍生司命·积聚痞块瘕痃癖肠覃石瘕》亦提到："血之所积……皆痰饮、食积、死血所为也。"因此，我们将痰也作为本病的基本病机，并在辨证论治和选取用药时注重对痰浊的治疗，实践也表明该法在治疗肝病中确能起到意想不到的效果。

3　合理遣方，伍用效药

"立足整体、全面兼顾、重点施治、体用同调"是中医遣方用药的出发点，我们在临床上将肝硬化分为代偿期与失代偿期两个阶段治疗，代偿期多为肝硬化初期，临床以肝郁、脾虚、血瘀为主，主要表现为胁下癥瘕、面黧舌暗、乏力、纳呆等症。我们本着《内经》"血实者宜决之"的原则与张洁古"养正积自除"的思想，针对邪实正虚的特点，给予攻补兼施之法，以舒肝化癥汤为基础方，加减施治。舒肝化癥汤由柴胡、虎杖、茵陈、板蓝根、当归、赤芍、丹参、莪术、党参、白术、黄芪、醋鳖甲、五味子、茯苓等组成。具有疏肝健脾，活血化瘀，清热解毒之功效。失代偿期多为肝硬化的中后期，临床以脾肾两亏、虚瘀痰水互结为主，主要表现胁下癥瘕、腹水积聚、身体虚羸等。所以我们本着《内经》"去宛陈莝"和《金匮要略》"血不利则为水"的思想，根据其虚实夹杂的特点，以消癥利水汤为基础方，加减施治。消癥利水汤由柴胡、茵陈、丹参、莪术、党参、白术、黄芪、淫羊藿、醋鳖甲、五味子、大腹皮、茯苓、猪苓、泽泻等组成。具有补益脾肾，活血化瘀，利水消肿之功效。以上两方系全国著名老中医周信有教授集六十余年治疗肝病的临床经验，结合西医学对肝纤维化认识的基础上总结而成。对该病的治疗无论是在病因方面，还是在改善症状方面都有很好的疗效，且有执简驭繁之益，为了更切合临床实际，临证必须灵活加减，疗效才能进一步提高。如腹水重者，重用党参、白术 30～50 克；偏肾阳虚者加附子、桂枝；瘀黄者，加生水蛭另服；偏阴虚者，加沙参、芍药、麦冬、生地等；有痰湿者，加二陈汤等；有湿热者，加用三仁汤、碧玉散、黄连解毒汤等；有血热者，加用犀角地黄汤、化斑汤等。我们一般是在上方的基础上，每重用和增加培补脾肾和活血之品，如淫羊藿、仙茅、巴戟天、丹参、黄芪、白术、鳖甲、鹿角胶、三棱、水蛭等，常取得满意的效果，长期合理的遣方用药常可使患者保持较好的生活质量。

我们在对肝硬化的临床治疗中不仅辨证用药注重成方，又注重结合现代药理研究选用效药。如三七甘温、微苦，《得配本草》云："治一切血病。"现已肯定其有明显的抗肝纤维作用。桃仁、红花、三棱等可改善肝脏微循环，清除自由基，改善肝功能及调整机体免疫功能；黄芩、金钱草、茵陈等能增强巨噬细胞功能等，这些药物在临床上都可根据需要选用，伍用效药是指辨证论治加特效方药，其目的在于效药针对病机、运转枢机，针对靶点作用性强，故临床取效迅速。

4　复功重体，促康延寿

肝硬化的形成是一个慢性过程，如能抓住肝纤维化期、肝功能代偿期，坚持长期用药固然能阻断、逆转病情发展，但临证上大多患者就诊时已是肝硬化中后期，并有肝功能不同程度的损害，门脉高压等一系列临床表现；甚者会出现肝性脑病、消化道出血等，因此，我们在对这些患者治疗过程中常着眼于功能的恢复和整体状况的改善，以使其尽可能康复并延长寿命。具体思路是，"急则治其标，积极对症治疗、消除并发症，促进肝功能恢复"。此外，要充分重视患者的体质类型和整体状况，这是辨证施治、立法处方的重要依据，只有这样才能提高患者的生活质量，加快患者早日康复，达到延长患者寿命的目的。

肝硬化腹水是常见的症状，同时也是肝功能严重损害、门脉高压的结果。我们对此的治疗是，在中医辨证施治原则的指导下，在用中药温阳化气、利水渗湿、祛瘀利水的基础上，酌情配合使用利尿剂。因中药消除腹水作用缓和，治疗中等以上或大量腹水时需与利尿剂配合使用，以加强腹水消退。对初次出现或少量至中等量的腹水，可单独应用中药，对顽固性腹水或伴有严重低蛋白血症的患者要适当输注白蛋白，同时加服利下补虚的中药，肝硬化腹水的治疗要循序渐进，渐消渐磨，切不可急于求成。此外，肝硬化后期因正气衰弱、抵抗力下降，易并发感染，临床以自发性腹膜炎最为常见。并发感染可诱发肝性脑病等危重并发症，致使变症百出、险证叠现，应尽早配合抗生素治疗，如出现消化道出血、肝性脑病等危重并发症，应用西医学有效手段积极救治，待症情稍稳后即应加用中药，综合治疗，我们对该病后期治疗的认识是"治病不如补体"，因为该病后期机体全面衰竭，单纯针对某一方面或某几方面治疗还是不足，很难面面俱到。而补体可使诸多症状和变证在体质恢复中得到很改善甚至消失。

5 结 论

西医学研究证明，肝纤维化的形成与发展是极其复杂的病理过程，系日积月累而成。早期阶段准确做出诊断并加以干预是极其重要的，如能阻断、减轻乃至逆转肝纤维化，就能在很大程度上改善该病的预后，使其不发展为肝硬化，对于已发展为肝硬化的患者，早期、长期用药，阻止病情发展是关键。对于这类病症，应当中西医结合，权衡正虚与邪实的主次，全面兼顾、整体调节、攻补有度。正虚为主或危及生命时，以补为先，并结合西医学有效手段积极抢救；瘀结较甚，病情较急者，祛邪为要，待病情稍缓，继用补法或攻补兼施，只有这样，才能保持气血不亏，而痼疾可渐消渐缓或可带病延年，另外，适当的护理和生活调摄也相当重要，首先，要让患者树立战胜疾病的信心，其次，注意调整饮食结构，保持心情舒畅，适当活动，避免过度劳累，预防感染等。

摘自：郑保平，王道坤. 中西医结合治疗肝硬化的研究［J］. 西北民族大学学报（自然科学版），2007（2）：67-69.

"以方统证"论治肝硬化

郑保平，姚乃礼，王道坤

肝硬化是由不同病因引起的在肝细胞广泛变性和坏死基础上产生肝脏纤维组织弥漫性增生、肝小叶正常结构和血管解剖破坏伴有再生结节和假小叶形成的慢性、进行性、弥漫性肝脏严重疾病。我国以乙型病毒性肝炎所致的肝硬化最常见。本病逐渐进展，晚期出现肝功能衰竭、门静脉高压和多种并发症，治疗棘手，病死率高。我们临床上以中医为主治疗该病取得了较好的临床疗效，根据临床实际情况，习用"以方统证"法，谨守肝硬化代偿期和失代偿期的病理变化分为五大方证论治。试阐述如下。

1 病 机 治 则

　　肝硬化早期属中医学的"积聚"范畴，晚期属"臌胀"范畴，多由疫毒、酒毒、药毒、浊毒等邪外侵，内入血分，深藏肝脏，固着不去，迁延反复，加之正气不足以及情志不遂、肝气郁结等，渐致肝、脾、肾功能失调，气血运行不畅，致气血凝滞，肝络瘀阻，是一个由实转虚、由聚至积、由气入血及络的动态病变过程。疫毒、酒毒、药毒、浊毒等是肝纤维化的始动因素和持续的致病因素，而体内正气不足难以御邪，湿热疫毒瘀滞肝络血分，肝络受伤，毒邪致瘀，血瘀不化又助湿热，湿热瘀毒积于肝络，正是肝纤维化形成和加重的主要因素，正如李中梓《医宗必读》认为的："积之成也，正气不足而后邪气踞之。"肝为藏血之脏，需要充足的阴血濡养，湿热瘀毒持续存在，又损伤正气，导致脾气虚弱，肝肾阴虚，继而脾肾阳虚，以致阴血逐渐亏损，肝体由是失养，肝属木，犹如树木失去水分灌溉，日久则枯萎变硬，最终形成臌胀难治之证。这与西医学认为的"肝内胶原生成与降解失衡，使过多的胶原在肝内沉积，肝内纤维组织异常增生、再生结节和假小叶形成的病理过程"是一致的。

　　基于以上认识，我们认为本病的病位以肝脾为主，病理过程常由气及血，基本病机是"本虚（脾为后天之本、气血生化之源；肾为先天之本、阴阳之根本；肝藏血，肾藏精，精血互化，肝肾同源。脾病日久，气血生化乏源，必有气血亏虚；肾气不足，精血亏损，无以化生阴阳，定有阴耗阳虚）标实（'肝病传脾'，久病及肾，三脏受邪），最终影响各脏腑功能及气血津液运行，由此而产生气滞、血瘀、痰浊、水停、湿热等病理变化，虚实交错"。基本治疗原则是"攻补兼施，补虚不碍实，攻实不忘虚"。

2 方 证 论 治

2.1 肝硬化代偿期

疏肝健脾汤证（临证验方，下同）

　　主症：胁下疼痛或痞胀，腹大胀满，胀而不坚，口苦咽干，不思饮食，食后胀甚，大便不爽，屎气夹杂，舌苔白腻，脉弦。

　　病机：气滞湿阻。

　　治法：疏肝理气，除湿消满。

　　方药组成：柴胡 15g，川芎 10g，白芍 12g，枳壳 15g，香附 10g，厚朴 12g，陈皮 12g，半夏 15g，茯苓 15g，炙甘草 6g，苍术 12g，白术 30g，猪苓 15g，泽泻 15g，桂枝 10g。

　　方解：方中柴胡、枳壳、白芍、川芎、香附疏肝解郁；半夏、苍术、厚朴、陈皮理气和中，除湿消满；白术健脾燥湿；茯苓、猪苓、泽泻淡渗利湿；桂枝通阳利水，甘草调和中气。全方可疏畅肝经郁滞之气，宣通脾经困窘之湿。

加减：若单腹胀大，面色晦滞，尿黄而少，此气滞夹热，宜用王肯堂的排气汤加白茅根 15g、车前草 15g，以理气消胀、清热利水；气滞夹寒得温胀减者，合良附丸；气滞夹热者加金铃子散；尿少者加车前子 10g，以利小便；泛吐清水者加半夏、干姜和胃降逆散寒；腹胀甚者加木香 6g、槟榔 10g，以行气消胀。舌苔腻微黄，口干而苦，脉弦数，属气郁化热，加丹皮 12g、栀子 10g；胁下刺痛不移，面青舌紫，脉弦涩，属气滞血瘀，加延胡索 12g、莪术 10g、丹参 15g；舌苔黄腻，口苦口干而不欲饮食，小便短少，脉弦滑而数，属湿阻化热，加栀子 15g、茵陈 30g；精神困倦，大便溏薄，舌质淡体胖、苔白腻，脉缓，属寒湿偏重，加干姜 6g、砂仁 6g；兼苔厚食滞者加麦芽 10g、鸡内金 15g。

2.2 肝硬化失代偿期

2.2.1 温脾消胀汤证

主症：腹大胀满，按之如囊裹水，甚则颜面微浮，精神困倦，畏寒懒动，下肢浮肿，得热稍舒，食少便溏，尿少，舌苔白腻或白滑，脉缓。

病机：寒湿困脾，气滞水停。

治法：温中散寒，行气利水。

方药组成：熟附子（先煎）10g，黄芪 60g，当归 10g，白术 50g，干姜 10g，木瓜 10g，茯苓 15g，厚朴 10g，木香 10g，草果 6g，炒薏苡仁 15g，车前子（布包）15g，大腹皮 30g，大枣 3 枚，生姜 10g，炙甘草 6g。

方解：方中以白术、熟附子、干姜温阳散寒除湿；木瓜、炒薏苡仁、车前子、大腹皮、茯苓渗湿利水；厚朴、木香、草果宽中理气化湿；黄芪、当归助气补血；甘草、生姜、大枣调和胃气。全方能使寒去阳复湿自化，气化水行肿自消。

加减：面色灰暗，祛寒畏冷，神疲倦怠，脉细无力，肾阳偏虚者，可酌加胡芦巴 12g、巴戟天 12g、仙灵脾 12g，以增强温肾之力；水湿过盛者，加桂枝 10g、猪苓 15g、泽泻 15g，助膀胱之气化而利小便；气虚息短，加黄芪至 90g、红参 15g，以补脾肺之气；胁腹痛胀，加郁金 15g、砂仁 6g 等，以理气宽中；四肢面目俱肿，水邪泛滥者，可与导水丸同用；腹壁青筋显露等血瘀兼证，加赤芍 10g、桃仁 10g、莪术 6g。

2.2.2 除热护肝汤证

主症：腹大坚满，拒按，脘腹绷急，外坚内痛，小便赤涩，大便秘结，烦热口苦，舌边尖红、苔黄腻或兼灰黑，脉弦数，或面目金黄。

病机：湿热蕴结，水泛为患。

治法：清热利湿，攻下逐水。

方药组成：黄芩 10g，黄连 6g，白术 10g，厚朴 10g，枳实 10g，陈皮 10g，茯苓 12g，猪苓 15g，泽泻 15g，茵陈蒿 30g，栀子 12g，大黄（后下）10g，牵牛子（研末冲）3g，甘草 6g。

方解：黄芩、黄连苦寒清热燥湿；猪苓、茯苓、泽泻淡渗利水；枳实、厚朴、陈皮宽中行气导滞；白术运脾化湿；茵陈蒿清热利湿；栀子清利三焦湿热；大黄降泄瘀热；牵牛子攻下逐水；甘草调和诸药。全方可起到热清邪退胀可消，气畅滞化水能泄的作用。

加减：热毒炽盛，黄疸鲜明，加半边莲15g、龙胆草10g；热迫血溢，吐血、便血，去厚朴，加水牛角（先煎）30g、生地30g、牡丹皮10g、生地榆15g；烦躁失眠，狂叫不安，逐渐转入昏迷，为热入心包，可配服或鼻饲安宫牛黄丸，以清热凉营开窍，每次0.5～1丸，每日1～2次；静卧嗜睡，语无伦次，转入昏迷者，可配服或鼻饲苏合香丸，以芳香化湿开窍，每次1丸，每日2次；小便赤涩不利，加陈葫芦30g、玉米须60g；腹胀甚，大便秘结，加商陆6g。

2.2.3　化瘀保肝汤证

主症：腹大坚满，按之不陷而硬，青筋怒张，胁腹攻痛，面色黑，头颈胸部红点赤缕，唇色紫褐，大便色黑，舌紫暗或瘀斑，脉细涩或芤。

病机：气滞水停，肝脾血瘀。

治法：活血化瘀，行气利水。

方药组成：川芎10g，当归10g，赤芍10g，延胡索15g，莪术10g，大黄（后下）10g，土茯苓10g，葶苈子9g，瞿麦10g，二丑10g，槟榔15g，大腹皮15g，陈皮10g，肉桂5g，甘草6g。

方解：方中当归、川芎、赤芍、大黄、延胡索、莪术活血化瘀理气；二丑、葶苈子、瞿麦、槟榔、大腹皮、土茯苓行气利湿宽腹；陈皮行气；肉桂通阳温化水湿；甘草调和诸药。全方共奏活血化瘀、行气利水之功。

加减：若胸胁痞胀，舌苔浊腻，痰瘀互结，加郁金、白芥子、法半夏以化瘀祛痰；腹水胀满过甚，脉弦数有力，体质尚好，标急者，可暂用导水丸或十枣汤以攻逐水气；瘀结明显，加炮山甲6g、水蛭6g；有出血倾向者，破瘀之药要慎用；若肿块明显者，可加服鳖甲煎丸或大黄蟅虫丸，拟方缓图。

2.2.4　养阴益肝汤证

主症：面色黧黑，唇紫口燥，五心烦热，腹大坚满，甚则青筋暴露，形体消瘦，齿鼻有时衄血，小便短赤，舌质红绛少津，脉弦细数。

病机：肝肾阴虚，虚热灼烁。

治法：滋养肝肾，凉血化瘀。

方药组成：生首乌15g，生地黄12g，当归10g，白芍12g，枸杞子12g，牡丹皮12g，桃仁12g，红花12g，女贞子20g，旱莲草30g，赤芍12g，延胡索12g，香附12g，枳壳10g，知母12g。

方解：生首乌、生地黄、当归、白芍、枸杞子滋阴养血；桃仁、红花、牡丹皮、赤芍、延胡索活血化瘀；香附、枳壳行气宽中；女贞子、旱莲草、知母滋阴清热。全方共奏滋养肝肾、凉血化瘀之功。

加减：腹胀甚，加莱菔子10g、大腹皮15g，以行气消胀；小便少，加猪苓15g、玉米须30g，以淡渗利尿；小便短赤涩少，湿热留恋不清者，加知母12g、黄柏10g、金钱草15g、茵陈蒿20g，以清利湿热；潮热，烦躁，失眠，加银柴胡12g、枣仁30g、炒栀子10g、远志15g，以清泄虚热，养肝安眠；齿鼻衄血，加仙鹤草 30g、藕节 15g、茜草 10g、白茅根 30g，以凉血止血；阴亏阳亢，耳鸣颧红，加龟板 30g、紫河车 10g、鳖甲 30g、牡蛎 30g，以滋阴潜阳。

3　治疗体会

　　肝硬化的形成与发展是极其复杂的病理过程，系日积月累而成，临床上很难见到典型的某方某证，常表现为虚实寒热错杂、气滞血瘀水停等数方证并见的病理状态，因此对于这类病症的辨证原则应根据患者症状、病理和体质的不同而各异。治疗原则应按积聚、臌胀病证论治。聚证以疏肝解郁、理气导滞为主；积证则应根据正邪盛衰的变化予以活血化瘀、祛邪消积、攻补兼施为治。臌胀形成后要根据肝、脾、肾三脏的功能予以疏肝运脾、温补脾肾、滋补肝肾之法，但也要结合气、血、水三者的偏盛偏衰采取理气、活血、逐水等法。在临床上，要从各方面来分析患者自觉症状及复杂的机能病变，应权衡正虚与邪实的主次，全面兼顾、整体调节、攻补有度，或单方或复方，总以切准病机为要。瘀结较甚，病情较急者，祛邪为要，待病情稍缓，继用补法或攻补兼施，只有这样，才能保持气血不亏，而痼疾可渐消渐缓或可带病延年。我们对该病后期治疗的认识是"治病不如补体"，因为该病后期机体全面衰竭，单纯针对某一方面或某几方面治疗似嫌不足。而"补体"可使许多症状和变证在体质恢复中得到很大改善甚至消失。本病虚实错杂，并有并发黄疸、大出血、昏迷病证的可能，必须严密观察证候的变化。如并发门脉高压症、脾大、大量腹水，或出现消化道大出血、腹腔感染、肝昏迷等并发症，应进行必要的手术和止血措施，抢救肝昏迷病人等。另外，适当的护理和生活调摄也相当重要。

　　摘自：郑保平，姚乃礼，王道坤."以方统证"论治肝硬化［J］.江苏中医药，2009，41（4）：29-30.

王道坤教授治疗重症乙型肝炎举隅

李应存

1　临证施治

乙型肝炎是由乙型肝炎病毒引起的传染病，临床上主要表现为乏力、纳差、恶心、胁痛、腹胀、肝脏肿大及肝功能损害，甚者可出现黄疸、发热等。王师对乙型肝炎的治疗有丰富的临床经验，他认为本病的主要病变在肝、脾、肾、胃。肝经湿热、气郁血瘀、肾气不足、脾虚湿阻是本病的主要原因，因此清热利湿、疏肝化瘀、益肾利水、健脾开胃是治疗的关键。王师常用茵陈五苓散随证加减，疗效显著。方中用茵陈蒿、大黄、虎杖、佩兰清热利湿排毒；柴胡、郁金、泽兰、化瘀散、丹参疏肝化瘀；泽泻、猪苓益肾利水；助消散、开胃散、茯苓、白术健脾开胃。

2 典 型 病 例

李某，男，32岁，2004年2月15日初诊。患者下肢肿胀、小便欠畅、目睛黄染半年余，既往有慢性乙型肝炎病史。半年前因过度饮酒，自觉下肢肿胀，脘腹胀满，纳差，厌油腻，食后困乏，形体偏瘦，经积极治疗仍效果不显，2003年11月查ALT（谷丙转氨酶）79U/L，AST（谷草转氨酶）93U/L，TBIL（总胆红素）61μmol/L，DBIL（直接胆红素）18.1μmol/L，IBIL（间接胆红素）42.9μmol/L，总蛋白66g/L，A/G（白蛋白/球蛋白）1.32：1。现除上症外，目睛黄染，舌尖红，质偏暗，苔略黄腻，脉弦细。治以清热利湿、疏肝化瘀、益肾利水、健脾开胃之法。方以茵陈五苓散加味：茵陈蒿（后下）30g，大黄（后下）9g，泽泻15g，茯苓15g，白术15g，猪苓15g，泽兰叶15g，柴胡15g，化瘀散（分冲）10g，郁金12g，丹参30g，开胃散（包煎）30g，虎杖12g，佩兰15g，助消散（分冲）10g。每日1剂，水煎，早晚饭后1小时温服（注：化瘀散、开胃散、助消散为王教授自制散剂）。7天后下肢肿胀、小便欠畅、目睛黄染减轻，继以前方加减。服药2个月后，临床症状基本消失，肝功能、生化指标明显改善，嘱其继续服药以巩固疗效。

摘自：李应存. 王道坤教授治疗重症乙型肝炎举隅［J］. 中国中医急症，2005，14（10）：995.

王道坤教授治疗慢性肾炎经验

李应存

1 典 型 病 例

案例1 患者，男，14岁，2003年3月6日初诊。因外感引起腰痛乏力、浮肿3年，经治疗现仍腰痛，活动后加重，休息后减轻，大便干结，小便欠畅，饮食尚可，舌淡红，苔薄白，脉细弱。尿常规示：BIL（++），BLD（+++），PRO（+++）。血常规示：PLT 57×10^9/L，PCT 0.60，RDW 20.6%。治以补肾利湿、凉血消瘀、益气解毒。方以济生肾气汤加减：牛膝15g，车前子12g，生地黄15g，赤芍12g，白茅根30g，白花蛇舌草15g，金银花15g，赤小豆15g，泽泻12g，枸杞子12g，黄芪15g，仙鹤草30g。7剂，水煎服，每日1剂，早晚饭后1小时服。药后便畅，腰痛已止。前方去白花蛇舌草，加丹参、陈皮。服药1个月后，临床症状消失。尿常规示：BIL（-），BLD（-），PRO（+）。嘱其继续服药以巩固疗效。半年后复查尿常规、血常规均正常。

案例2　患者，男，13岁，2003年5月18日初诊。3个月前因脸肿、尿短赤、腰痛、血压高而被诊为慢性肾炎，经治疗后好转。自诉起初口服泼尼松，每次4片，每日3次，现改为每天8片，隔天1次。自觉乏力，汗出，身困重，尿欠畅。5月17日，某院尿检示：BIL（+），BLD（+++），PRO（+++）。舌淡红，苔黄白相间而腻，脉弦数。治宜补肾利湿、凉血化瘀、益气利水。方以济生肾气汤合防己黄芪汤加减：牛膝10g，车前子10g，生地黄15g，炒山药15g，赤芍12g，白茅根30g，芦根30g，玉米须15g，生黄芪15g，汉防己12g，益母草15g，浮小麦30g，知母10g，草果6g。水煎服，每日1剂，早晚饭后1小时服。3剂后，症状有所好转，小便较前通畅，尿量增多，后以上方加减服药2个月后，临床症状基本消失，BIL（-），BLD（+），PRO（+）。继以上方加减治疗，1年后尿常规和血常规均已正常。

2　讨　　论

慢性肾炎即慢性肾小球肾炎，临床上指蛋白尿、血尿、管型尿、水肿及高血压等肾小球肾炎症状迁延不愈超过1年以上伴有肾功能减退者。本病起病缓慢，以水肿（或高血压）为首现症状，同时有尿蛋白及血尿，后期出现贫血及肾功能减退，肌酐清除率降低。本病属中医"水肿""腰痛"等范畴。王教授认为，肾气不足、外感六淫及疮毒等病邪乘虚而入是本病的主要病因。因此，疏风宣肺、补肾利湿、凉血消瘀、益气解毒便成为本病治疗的关键。临床上常以济生肾气汤或济生肾气汤合防己黄芪汤加减治疗，常用枸杞子、牛膝、车前子、泽泻、赤小豆、防己、益母草、玉米须、草果等以补肾利湿、行水消肿；生地黄、赤芍、白茅根、仙鹤草以凉血消瘀止血；黄芪、白花蛇舌草、金银花、知母、芦根以益气解毒。若有表证者加少量麻黄疏风宣肺；若大便不通加大黄以通腑排毒。

摘自：李应存. 王道坤教授治疗慢性肾炎经验［J］. 中国中医药信息杂志，2005，12（12）：89.

王道坤教授治疗"精神性烦渴"经验

殷银霞，吴玉泓

精神性烦渴主要表现为烦渴、多饮、多尿及低比重尿，与尿崩症极相似，但抗利尿激素并不缺乏，主要是由于精神因素引起烦渴、多饮，这些症状可随情绪而波动，并伴有其他神经官能症的症状。诊断性试验均在正常范围内，西医无特殊药物治疗，暗示疗法收效甚微。王道坤教授运用"白虎加人参汤"加减治疗"精神性烦渴"38例，治愈率达95%。

王道坤教授认为，本病不外气阴两虚，阴虚为本，燥热为标。治当益气养阴、清热生津，皆用张机的"白虎加人参汤"治疗。选方遣药体现了两个特点：一为主选甘寒甘平之品，一为强调用生药。方中以辛甘大寒之生石膏为君清泻肺胃之火，以其舌红、渴饮决定剂量之轻重，配苦寒、质润的知母为臣，伍性偏寒凉之西洋参益气生津，加生山药、生黄芪健脾益气，在这五味首选药物的基础上，再根据病性，予以加减：口渴甚者加粉葛根、花粉以生津、养阴、润燥；腰膝困乏加女贞子、旱莲草平补肝肾；小便频多加鸡内金、桑螵蛸敛溺固下；潮热盗汗加地骨皮、青蒿，纳佳者加龟板；夜卧不安、失眠多梦者，加生枣仁、麦冬、莲子；虚烦懊恼者加焦栀、淡豆豉；牙龈肿痛者加升麻、川牛膝。且谆谆告诫：此病禁用苦寒之品，如芩、连等；也不宜下夺，否则，热未退而胃已败，渴未解而燥愈加，此为本方配伍之又一特点。

典型病案 李某，女，21岁，未婚，1990年3月21日就诊。主诉：渴饮、多尿7月余，加重1个月。现病史：患者于7个月前，因情志不遂，抑郁少言，出现多饮、多尿、烦渴症状，同时伴消瘦、乏力、腰困、体重日减。每24小时饮水2~3瓶（约3600mL），约2小时排尿一次，日尿量6000毫升余，夜间渴饮、尿频与白昼无异。近一月来，上述症状日渐加重。

中医见症：烦渴、多饮、尿频、尿多、消瘦、乏力、纳差、腰酸腰困、骨蒸潮热、五心烦热、两颧淡红如妆、无汗、大便干、舌质红、少苔、脉细数。

实验室检查：尿比重1.006，色清白如水，尿糖、尿蛋白均为阴性。血糖、肾功能、血清电解质均在正常值范围内。^{131}I放射性同位素测定双肾图结论：双肾功能正常。X线蝶鞍平片报告无异常。

各项化验结果排除糖尿病及急慢性肾脏疾病引起的多饮、多尿；简化盐水试验（＋），注射垂体后叶素后，尿量减少，尿比重达到1.02，排除肾性尿崩症；禁水加压试验结果表明：尿量减少，尿比重超过1.02达1.022，说明体内抗利尿激素并不缺乏，故诊断为"精神性烦渴"。

患者因事不遂心，日久思虑不解，气郁化火，消烁肺胃阴津，故见烦渴多饮。肺主治节，燥热伤肺，治节失职，水不化津，直趋于下，则尿频、量多；阳明火盛，耗伤津血，无以充养肌肉，故形体消瘦；火盛耗气，则疲乏无力；病程日久，影响到肾，则肾阴亏损，虚火妄动，见五心烦热，颧红如妆；津伤肠道失濡则便干。舌质红，少苔，脉细数为一派阴虚火旺之象。治则：益气养阴，清热润燥。方药：白虎加人参汤加减。生石膏（先煎）200g，西洋参（兑服）15g，知母10g，地骨皮15g，生山药100g，北沙参15g，生黄芪20g，葛根15g，桑螵蛸15g。服8剂后渴饮、乏力症状大减，夜晚不再饮水，夜尿0～1次。颧赤如妆及手足心热基本消失，但仍纳差，调方如下：北沙参15g，知母10g，天花粉10g，太子参20g，生黄芪15g，鸡内金10g，茯苓10g，炙甘草6g。

服3剂后，食欲大增，并可进少量盐汤，嘱其继服5剂，病愈。随访3年未复发。（注：本文经王道坤教授本人同意并加以指导，在此深表谢意）。

摘自：殷银霞，吴玉泓. 王道坤教授治疗"精神性烦渴"经验［J］. 甘肃中医学院学报，1996，13（3）：53-54.

王道坤教授治疗糖尿病思想探究

徐杰

糖尿病是多种病因引起的以慢性高血糖为特征的代谢紊乱。高血糖是由胰岛素分泌或作用的缺陷，或两者同时存在而引起。本病属中医学"消渴"的范畴，以多饮、多食、多尿、形体消瘦或尿浊、尿带甜味为特征。王道坤教授结合自己多年的临床经验，对本病的病因病机及辨治提出了独特的见解。

1　病机不拘阴虚燥热　治疗着眼调补脾肾

王道坤教授宗"五脏皆柔弱者，善病消瘅"（《灵枢·五变》）之旨，指出糖尿病的病机不可拘泥于阴虚燥热。他认为其病本在脾与肾，而气血俱虚、阴阳损伤是消渴的重要发病基础。正如《素问·调经论》所言："气血不和，百病乃变化而生。""血糖"乃机体所必需的精微物质，化生于水谷，统摄于脾肾。脾为后天之本，是气血精微生化之源；肾为先天之本，主藏精，脾之健运化生精微，须借助于肾阳的温煦。精血又互生，因此，脾肾二者在消渴的发病机理中占重要地位。

临床治疗上王道坤教授依据"人水火得其平，气血得养，何消之有"的理论，把健脾和中与补肾摄精作为治疗糖尿病的主要治疗原则。其首选处方为异功散和薯蓣丸。常用药物：党参、茯苓、生白术、陈皮、山药、山茱萸、桑螵蛸、芡实、苍术、知母、葛根、玄参、黄芪等。常重用生黄芪、山药（30～90g）。他在此基础上所创拟的"调糖2号"即是代表方。实验研究证实，健脾益气方药能增加胰岛B细胞的数目，恢复胰岛B细胞的功能，并能提高其对葡萄糖的反应性和应激性，增加B细胞储备功能；补肾疗法通过其整体作用尚可增加组织对胰岛素的敏感性，促进组织细胞对葡萄糖的利用。

2　着眼于消渴夹瘀　辨治崇活血调气

王道坤教授认为消渴的发病和久治不愈与瘀血密切相关，提出顽疾皆生于瘀。认为瘀血促进消渴的发生发展，消渴致使瘀血的形成，即所谓"因瘀致病，因病致瘀"。其形成原因：一是气虚血运无力为瘀；二是燥热耗灼营阴，阴虚血少运行不畅而成瘀；三是医者拘泥阴虚燥热的病机在治疗中偏于滋阴清热，过用苦寒伤阳，寒甚血脉凝滞而致瘀；四是病久入络，营卫之行涩而血脉失疏成瘀。

临床上糖尿病患者常出现的口干但漱水而不欲咽、颜面部黄褐斑、色泽晦暗、肌肤甲错、舌质紫暗瘀斑、舌下脉络青紫迂曲等症状，以及出现肢体麻木刺痛、女子月经不调、体表血管异常以及顽固性皮肤瘙痒、疮疡疔肿、化脓溃烂、动脉硬化、中风偏瘫等并发症，都属于内有瘀血的表现。正如《血证论·发渴》所指出的："瘀血在里，则口渴，所以然者，血与气本不相离，故气不得通，不能载水津以上行，是以发渴，名曰血渴，瘀血去则不渴也。"西医学研究提示，糖尿病患者的全血黏度和血浆黏度升高，血液常成高凝状态和血栓前状态，是形成糖尿病血管神经并发症的一个重要因素。这一观点则进一步证实糖尿病与"瘀血"的相关性。基于此，王道坤教授在辨证论治中多加用当归、丹参、虎杖、泽兰、赤芍、三七、益母草、桃仁、红花等活血化瘀之品。

3　重七情与消渴关系　坚持辨证辨病结合

"气有余便是火""壮火食气"。关于七情对消渴的影响早在《灵枢·五变》中就有"怒则气上逆，胸中蓄积，血气逆流，转而为热，热则消肌肤，故为消瘅"的记载。在《临证指南医案·三消》中亦曾有"心境愁忧，内火自燃，乃消症大病"的论述。王道坤教授认为：情志过极，气机逆乱不仅是糖尿病的重要诱发因素，而且对治疗起着极大的影响，治疗过程中血糖和尿糖值阈往往随其情绪的波动而升降变化。因此，在辨治中王道坤教授多加用白芍15g、佛手10g、郁金12g等，并且把对患者情志的疏导放在与治疗同等重要的位置。

临证中王道坤教授重视辨证与辨病治疗相结合，取类比象，以脏补脏，常在自拟降糖成方中加入干燥猪胰粉以强化对血糖的控制作用，使糖尿病的治疗取得满意的临床效果。

4　擅用血肉有情之品　饮食调理独标新见

糖尿病患者在临床症状上大多以中医"虚证"的形式出现，尤其疾病后期出现错综复杂的并发症时这一特征更为突出。往往见到阴阳气血俱虚的证候：面色苍白浮肿或萎黄无华、体虚胖无力、倦怠喜卧、气短懒言、腰膝酸软、小便清长、自汗多汗、形寒肢冷、四肢末梢麻木、食少便溏、视物不清；或日渐消瘦、五心烦热；舌质淡胖或有齿痕、苔薄白润或舌质暗红、舌苔花剥或舌红无苔少津、脉沉缓或沉弱无力。治疗中王道坤教授以《内经》"形不足者温之以气，精不足者补之以味"的理论为依据，在辨证施治的同时，方剂中常加入血肉有情之品如紫河车、龟板、鳖甲、鹿茸、鹿角胶、阿胶等，直补脏腑气血，其作用迅捷而疗效持久。并且在药物治疗的同时嘱患者使用西洋参、生黄芪、全当归、野灵芝、冬虫夏草等和乌鸡、鸽子、羊肉、甲鱼等调制成药膳配合治疗，取得满意的临床疗效。

数年来中西医学对糖尿病的认识有一个共同点：该病和饮食习惯有着极为密切的关系。因此传统疗法十分强调对饮食的"严格"控制，被列为禁忌之品不胜枚举，久之患者因为各种营养物质的匮乏使诸多脏器处于饥饿虚损状态，反而加剧了疾病的发展，加速了多种并发症的产生，犯所谓"虚虚之戒"。王道坤教授针对这一点并结合大量的临床经验，对糖尿病患者的饮食提出了自己独特的观点："优而杂，量适中。"所谓"优"指饮食的营养质量要好；所谓"杂"指饮食的种类丰富，不可局限于荞面、南瓜、蔬菜之类；"量适中"是指每次进餐不可过多，也不可过少，以六七成饱为度。这与近年来医学界关于糖尿病新饮食观点相吻合，即正确的饮食治疗应是协调三大物质的比例，其中碳水化合物占50%～55%；蛋白质占 15%～25%；脂肪占 30%～35%。其饮食应以动植物蛋白和粗纤维食物为主，除哈密瓜、香蕉、水蜜桃等糖分含量过高的水果外，还可以食用一些糖分少、水分多的水果，以维持体内营养的均衡。

王道坤教授在糖尿病的病因病理、治法方药、情志饮食等方面提出的独特见解和思想，为中医辨证治疗糖尿病提供了新的理论和临床路径。

摘自：徐杰. 王道坤教授治疗糖尿病思想探究［J］. 甘肃中医学院学报，2002，19（1）：1-2.

王道坤治贫血发热案

殷世鹏，段永强

患者安某，男，55 岁，2011 年 3 月 28 日初诊。患者弓背而行，面色萎黄，眼睑、爪甲及牙龈苍白，衣着厚重。舌淡苔黄腻，舌下脉络（＋）。患者自诉近一月来，时常发热，体温最高达 41℃。遂至甘肃中医学院附属医院入院治疗，入院已一周有余，但疗效欠佳，现患者仍痰多，且咳痰不利，重度之力，动则气喘，心慌、心悸，舌色淡，苔黄厚，舌下脉络迂曲，脉数。

理化检查：X 线胸片示右肺间质性纤维化；双肺弥漫性肺气肿。血象、骨髓象示贫血伴血小板减少性骨髓象。分析：患者贫血貌，近一月来，反复发热，痰多，咳吐不利，咳痰后不发热，结合理化检查，王道坤教授辨证为：邪居少阳、浊痰停肺，瘀而发热，治当和解少阳、逐瘀化痰兼以扶正。方药予以小柴胡汤合千金苇茎汤、生脉饮加味。处方：柴胡 18g，黄芩 12g，党参 15g，半夏 15g，干姜 6g，芦根 15g，桃仁 12g，生薏苡仁 30g，莱菔子 15g，白芥子 12g，紫苏子 12g，陈皮 12g，川军 3g，枳实 12g，炙甘草 10g，生晒参（兑入）12g，麦冬 12g，五味子 6g。3 剂，水煎服。患者入夜即烧起，21 时服药一次，热势减退，当夜即安卧，次日晨起续服一次，白天热起，仅行物理降温，体温便恢复正常。

2011 年 3 月 30 日复诊：患者服药 3 剂，病势较前大为好转，心慌、心悸之症亦获缓解，舌苔转为薄黄。体温监测最高时为 38.5℃，自诉咳痰通利则不发热，咳痰不利则自感发热。遂在原方基础上增黄芩为 15g，生薏米为 50g，生晒参为 15g，加用生石膏 40g。7 剂，水煎服，日 1 剂。

回访家属，此后患者住院仅内服中药汤药，再未行输血及其他特殊治疗，发热止，饮食、睡眠均好转，一周后出院，回家调养。

按语 王道坤教授时常强调：临床辨证，始终要贯穿抓主证的思想，要用中医思维去认识疾病，用中医的独特角度去看待问题，不能被西医的"病名"所牵绊。该例患者，典型的贫血貌，且经权威西医医院确诊为贫血，理化检查示右肺间质性纤维化；双肺弥漫性肺气肿。反复发热一月余，西医抗生素治疗罔效，考虑输血治疗，但患者处于发热病态，属输血之禁忌！西医技止于此，转求中医治疗。该患发热当属外感而发，痰多，咳吐不利，自述咳痰后不发热，不咳痰则热，其病位在肺，浊痰停肺，瘀而发热；反复发热近一月，寒热往来，六经辨证，属邪居少阳。故方药选用和解少阳之经方——小柴胡汤；化痰除浊方选千金苇茎汤合用三子养亲汤以增其力；患者贫血，本气虚血弱，加之发热足月，气津两伤，酌情选用生脉饮益气生津以扶正。肺与大肠相表里，加用川军、枳实为取承气之义。

摘自：殷世鹏，段永强. 王道坤治贫血发热案［N］. 中国中医药报，2013-03-06.

王道坤教授运用小柴胡汤合四物汤治疗少阳头痛验案一则

王韶康，段永强，梁相强

兹选录王教授运用小柴胡汤合四物汤治疗少阳头痛验案一则，以飨同道。

1 验案分析

谢某，男，11 岁，2016 年 4 月 5 日就诊。头两侧太阳穴附近疼痛 2 年余，兼头晕乏力，自汗甚，迁延难愈，反复发作。平素嗜睡懒言，健忘，易外感，感冒后诸症加重。纳呆，夜卧不安，大便质溏，每日 1 次。舌淡胖苔白，脉滑。其父代诉：患病两年来，时常休学在家，影响学业，家人甚是担忧。先后辗转西安及兰州多家知名医院就诊治疗，多次行脑部 MRI、脑部 CT、脑部多普勒等检查均未见明显异常。近期于西安一家知名三甲医院住院治疗 1 周，疗效甚微。出院诊断：血管性头痛。万般无奈之下，四处求医，经人介绍遂携子求诊于王教授。王教授经过细致的诊察后，认为该患者头痛证属"邪在少阳，气血亏虚"。该患者素体气血两虚，受邪后客于少阳经脉，少阳枢机不利，经络阻滞不通而出现头两侧太阳穴附近疼痛；兼见神疲乏力，头晕健忘，嗜睡懒言，舌淡胖，脉滑，俱是气血亏虚之象；故以"和解少阳，益气养血"为治疗大法，选用小柴胡汤合四物汤加减治疗。处方：柴胡 15g，黄芩 12g，半夏 12g，炙甘草 6g，生晒参（兑入）10g，灵芝 15g，当归 12g，熟地 15g，白芍 15g，川芎 12g，白芷 12g，生姜（自备）3 片，大枣（自备）3 枚。10 剂，水煎服，每日 1 剂。医嘱：饮食清淡，忌食刺激之品，注意保暖，适寒热。

2016 年 4 月 14 日二诊：药后头痛、头晕明显减轻，精神转佳，食纳及睡眠均好转，现活动后时有胸闷气短，乏力，仍健忘。大便偏干，2～3 日 1 次，舌淡红胖大苔白偏腻，脉滑。药已对症，继原方加减，将生晒参加至 20g，加黄芪 15g，加强益气健脾、增智安神之功，加柏子仁 12g 以润肠通便，15 剂，水煎服，每日 1 剂。

2016 年 5 月 2 日三诊：因患儿正值上学期间，故其父前来代诉：药后平稳，现头痛头晕已消失，精神明显好转，纳眠可，二便调。原方继服 15 剂，以善其后。

2016 年 8 月 19 日电话随访，其父诉：现患儿已痊愈，近 1 年多来，未再复发，身体健康。

按语 《冷庐医话•头痛》云："头痛属太阳者，自脑后上至巅顶，其痛连颈；属阳明者，上连目系，痛在额前；属少阳者，上至两角，痛在头角。"该患者头痛在头角部，头痛在少阳经脉循行部位；又见其神疲乏力，嗜睡懒言，头晕健忘，俱是气血亏虚之象，故选用小柴胡汤合四物汤加减。柴胡与黄芩合用，一疏一清，共解少阳之邪，疏通经络，以止头痛。《冷庐医话》记载："少阳头痛在两头角或颞部，用柴胡为引经药；方中用半夏交通阴阳，调和阴阳；生晒参配伍生姜、大枣、炙甘草、灵芝等益气健脾，培补中州；熟地黄味甘滋腻，补血滋阴，益精填髓。"《珍珠囊》记载熟地黄"大补血虚不足"；当归味辛性温，养血活血，《本草纲目》谓其可"和血"；白芍味酸性寒，养血敛营；川芎辛温走窜，秉性升散，血中之气药，能活血行气止痛，《本草汇言》谓其能"上行头目"，为治疗头痛之要药。全方共奏"和解少阳、益气养血"之功。药证相合，故疗效满意。

2 结　语

《黄帝内经》称头痛病为"首风""脑风"。《伤寒论》中论及太阳、阳明、少阳、厥阴病头痛的症状，金元医家李东垣则主张头痛分经用药，为头痛分经用药奠定了基础。少阳为人体阳气运行的枢纽，少阳经具有升发条达之特性，具有疏泄作用，而人体之气也正是需要依靠少阳之疏泄调节，才能贯通上下内外。若外邪犯少阳，阻遏经气，则可引起少阳头痛。小柴胡汤源自张仲景所著《伤寒论》，原为和解少阳而设。《伤寒论》云："血弱气尽，腠理开，邪气因入，与正气相搏……小柴胡汤主之。"该方"攻补兼施，寒热并用，有和解少阳，疏利三焦，调达升降，宣通内外，运行气血的功效"。《素问·评热病论》曰："邪之所凑，其气必虚。"阐述了正气不足是疾病发生的内在根据。王教授通过深入研究经典，认识到"血弱气尽"，是发生少阳病的内因，外邪直入少阳，使少阳枢机不利，属半虚半实、半表半里之证，唯宜和解之法。王教授谨守病机，在治疗少阳头痛上以"和解少阳，益气养血"为大法，标本兼治，消补兼施，选用小柴胡汤合四物汤加减治疗，从而达到"和解"之功效，并且疗效颇佳，值得临床借鉴。

摘自：王韶康，段永强，梁相强，等. 王道坤教授运用小柴胡汤合四物汤治疗少阳头痛验案一则［J］. 亚太传统医药，2018，14（5）：136-137.

王道坤教授治疗顽固性头痛经验

路志鹏

王道坤教授认为顽固性头痛病因错杂，多由脏腑功能紊乱，气血失调，情志不畅，痰瘀阻络所致，其病程缠绵，治疗时不仅要辨证准确，用药精当，而且要因人因时制宜，整体调节，才能获得良效。

1 辨证用药经验

王老师钻研仲景、东垣、叶桂等医家之著作，创立"风火痰瘀"辨证方法诊治疑难怪症，其在慢性顽固性头痛的治疗上辨证用药经验如下：若证见痰阻脑络，伴情志不畅者，用温胆汤化裁，病程久者用导痰汤，药用枳实（壳）、竹茹、菖蒲、郁金、茯苓、半夏、陈皮、柴胡、黄芩、川芎等；证见气血亏虚，因劳累而加重，伴有乏力心悸、失眠者，用补中益气汤化裁，药用党参、黄芪、白术、升麻、柴胡、酸枣仁、木香、远志、当归、蔓荆子、川芎等；证见肾精亏损，年迈久病，伴有腰膝酸软、目涩视弱者用三甲复脉汤化裁，并兼顾脾胃，药用生熟地黄、麦冬、白芍、茯苓、山茱萸、鹿角胶、龟板、鳖甲、砂仁等；证见瘀血阻络，痛有定处，或刺痛难忍，或有外伤史者，结合舌下络脉瘀滞情况，常用通窍活血汤化裁，药用麝香、丹参、川芎、桃仁、红花、生地黄、全蝎等。王老师认为久病常入血入络，在治疗过程中常运用虫类药如蜈蚣、全蝎、炮山甲，每获良效。

2　验案举例

谭某，女，52岁，2002年6月23日初诊。患头痛20余年，间断性发作，近日头痛如裂，以两侧为甚，伴头晕目眩，心悸烦躁，不寐，舌质淡暗，苔薄白少，脉沉弱，舌下络脉迂曲怒张色暗。某医院诊断为：脑供血不足。2002年6月10日多普勒脑动脉血流检查未见异常。前后经过中医、西医多次治疗，效果不佳。王老师认为该患者属肝肾阴亏、瘀阻脑络，治以滋养阴血，活血通络。用四物汤合酸枣仁汤化裁：酸枣仁60g，川芎12g，当归12g，知母12g，茯神15g，丹参15g，蔓荆子15g，白芷12g，远志12g，细辛6g，珍珠母（先煎）30g，炙甘草10g，小麦30g，大枣10枚，地骨皮10g。14剂。煎服方法：水煎取汁约250mL，饭后1小时温服，每日2次。

2002年7月7日二诊：头痛失眠均减，仍感心悸，舌象脉象同前。上方加白芍30g、丹参30g，去掉酸枣仁、地骨皮、细辛。7剂。

2002年7月14日三诊：诸症悉减，但见眼睛干涩，小便灼痛，舌尖变红。上方加木通6g、生地黄30g、淡竹叶12g、甘草10g，去掉炙甘草、白芷、蔓荆子。7剂。

2002年7月21日四诊：诸症大减，精神转佳。更方为：酸枣仁60g，川芎12g，当归15g，知母12g，茯神15g，丹参30g，蔓荆子15g，远志12g，珍珠母（先煎）30g，炙甘草10g，小麦30g，大枣10枚，白芍30g，全蝎6g，砂仁（后下）6g。30剂。

2002年8月20日五诊：症情平稳。上方加化瘀散（自制方）10g冲服。服30剂后，头痛愈，精神佳，舌淡红，苔薄白，脉沉细。守方继服7剂，以巩固疗效。随访半年，病愈未发。

按语　头为精明之府，神明之主，又内藏脑髓，而为髓海。机体诸精，上聚于头，五脏精华之血，六腑清阳之气上注于脑，以滋养脑髓，活跃神机，维持机体的平衡。慢性顽固性头痛，病位在头，与肝脾肾三脏密切相关。因于肝者，一是肝阴不足，或肾阴素亏，肝阳失敛而上亢；二是郁怒而肝失疏泄，郁而化火，日久肝阴被耗，肝阳失敛而上亢。清窍受伤，脉络失养导致头痛。因于脾者，多因饮食所伤，劳逸失度，脾失健运，痰湿内生，致使清阳不升，浊阴不降，清窍痹阻，痰瘀互结，髓失清阳、精血失充，络脉失养而成。因于肾者，多因禀赋不足，肾精亏虚，或劳欲所伤，阴精耗损，或肝乏疏泄之力，少阳生发之气不能疏泄于中，中焦呆滞，或肝郁疏泄失司，横乘于中，化源不足，终致脑髓失养，络脉失荣而成。王老师认为风、火、痰、瘀、虚为其致病因素，脉络阻闭，神机受累，清窍不利为其主要病机。临证时，要取得远期疗效，必须要从根本上予以调理，不但要辨证准确，抓准病机，用药精当，还要守方坚持治疗，方可达到根治之目的。

摘自：路志鹏. 王道坤教授治疗顽固性头痛经验［J］. 甘肃中医学院学报，2003，20（4）：47，61.

止痉散合芍药甘草汤治疗原发性三叉神经痛 58 例

刘鹏飞，王道坤

三叉神经痛是指在三叉神经分布区反复发作的阵发性、短暂剧烈的疼痛，又称痫性抽搐。我们用止痉散合芍药甘草汤治疗原发性三叉神经痛取得满意疗效，总结如下。

1 一般资料

共 58 例，男 20 例，女 38 例；年龄 30~72 岁，平均 53 岁；病程 6 个月~6 年，平均 3.2 年。中医诊断参照《中药新药临床研究指导原则》相关诊断标准，并排除颅内肿瘤。西医诊断参考《神经系统疾病鉴别诊断学》中"颜面痛国际诊断标准"有关内容。面和额部的阵发性疼痛，疼痛沿三叉神经 1 支或几支分布，疼痛突然发作，有剧烈、尖锐、浅表、刀割样或烧灼样特点，触及扳机点或日常活动而诱发，发作间歇期完全无症状。无神经系统体征。

2 治疗方法

用止痉散合芍药甘草汤。蜈蚣（冲服）4g，全蝎（冲服）4g，白芍 40g，炙甘草 20g。若疼痛分布在第 1 支（眼及额部）加羌活、白芷；若分布在第 2 支（面颊、上唇及上齿槽）加柴胡、川芎；若分布在第 3 支（下颌、下唇及下槽）加熟地、牛膝，风寒袭络加川芎、细辛、白芷、羌活，风热袭络加桑叶、菊花、薄荷，风湿阻络加羌活、蔓荆子、防风；肝经风火者加天麻、菊花、石决明、苦丁茶、夏枯草、钩藤、地龙、牡丹皮；肝火偏亢者加山栀、龙胆草、黄芩；瘀血阻络者加桃仁、红花、赤芍、当归、老葱；痰湿阻络者加陈皮、半夏、茯苓、苍术；风痰阻络者加天麻、半夏、僵蚕、钩藤、南星；寒甚者加附子、干姜、吴茱萸、细辛；热甚者加生石膏、黄芩、山栀子；阴虚者加麦冬、沙参、知母、女贞子、旱莲草；气虚者加黄芪、人参。每日 1 剂，水煎 2 次，共约 400mL，分 2 次早晚饭后 1 小时温服。服药期间避免劳累、生气，勿饮酒吸烟，忌食生冷、黏腻、辛辣之品。1 个月为一疗程。

3　疗效标准

依照《中药新药临床研究指导原则》。临床治愈：临床症状体征消失且持续 3 个月以上。显效：临床症状体征明显减轻或症状体征消失不足 1 个月而又复发的。有效：临床症状体征有所减轻。无效：服药后无变化或症状有加重倾向。

4　治疗结果

经治疗 1 个疗程后，治愈 30 例，显效 15 例，有效 8 例，无效 5 例，总有效率 91.38%。

5　典型病例

患者，男，65 岁，2005 年 5 月 16 日就诊。1 年前因大怒后发生三叉神经痛，服用中、西药物疗效均不佳。右侧面部灼痛，时有电击样剧痛，偶尔同侧牙痛，有时抽搐。时有心烦易怒，口苦咽干，恶心、纳呆，舌边尖红苔黄腻，脉弦细滑。诊断为三叉神经痛。用止痉散合芍药甘草汤加天麻、菊花、石决明、夏枯草、钩藤、黄连、半夏、栀子、白芷。治疗 1 周后症状明显减轻，1 个疗程后症状消失，随访 1 年未复发。

6　讨　论

阳经经脉皆上头面，其中手足阳明经在面部，手足少阳经在头侧，手太阳经在颊部，足太阳经起于目内眦、上额交会于巅顶。三叉神经痛的病因不外外感和内伤，病机为风、寒、火、痰、瘀阻滞于三阳经脉。其自外而发者多为风邪夹寒、湿、热之邪外袭，瘀滞经脉，面部气血运行受阻。自内而发者多因忧虑、抑郁、恼怒而致情志不舒，肝郁气滞，气郁化火；或阴血内耗，筋失濡养，或肝风夹痰浊，瘀血逆上，经络随之阻遏，不通则痛。本病好发于老年人，女性多于男性，且女性多发于绝经期后，常有情志不遂之表现，所以三叉神经痛的发病与肝密切相关。止痉散祛风通络、解痉止痛。全蝎含蝎毒，有抗惊厥、镇痛降压等作用；全蝎、蜈蚣祛风通络，镇痛止痛。现代研究证明全蝎、蜈蚣有抑制血管运动中枢，扩张血管的作用。白附子祛风化痰，祛头面之风。芍药甘草汤中白芍平抑肝阳，养血敛阴，柔肝止痛；甘草益气补中，清热解毒，缓急止痛，调和诸药。药理研究证实，甘草具有镇静、抑制末梢神经的作用，可直接作用于平滑肌和骨骼使其弛缓，消除挛急；白芍则对疼痛中枢和脊髓反射弓有镇静作用。芍药与甘草配合可提高芍药苷及甘草次酸的溶出率和利用率，且在镇痛、解痉和抗炎方面有明显的协同作用。芍药甘草汤既能抑制外周神经末梢引起的疼痛，又能抑制继发的炎性反应所致的疼痛。生白芍的镇痛效果大于炒白芍，大剂量芍药、甘草的解痉止痛效果优于常用量。因此，解痉祛风止痛之止痉散合酸甘化阴解痉镇痛之芍药甘草汤治疗原发性三叉神经痛疗效确切。

摘自：刘鹏飞，王道坤. 止痉散合芍药甘草汤治疗原发性三叉神经痛58例［J］. 实用中医杂志，2008，24（1）：14-15.

王道坤从脾肾虚损论治低钾性
周期性麻痹经验探讨

白敏，段永强，虎峻瑞

低钾性周期性麻痹临床变现为四肢酸软无力以及不同程度的神经肌肉系统的松弛软瘫，尤以下肢最为明显，逐步向上，并累及上肢，该病起病隐匿，常反复发作，严重时可累及呼吸肌，危及生命。而该病的治疗至今是世界性的难题。西医学临床常以补钾为主要治疗方法对临床症状进行改善，无其他特效疗法以根治该病。相反，中医药治疗该病有着良好临床疗效，在缓解临床症状和改善生活质量方面有着独特优势。王教授认为低钾性周期性麻痹患者多是先天禀赋不足，后天又失于所养而致脾胃虚弱，日久积虚成损，脾脏与其他脏腑相互影响而致病，其中尤以脾肾受累虚损为其主要原因，是故王教授强调脾肾虚损乃该病的基本病机。

1 基于脾肾虚损探讨其发病机制

脾乃后天之本，运五谷以化生气血精微，输布营养五脏六腑、四肢百骸。故言四肢不用，法当责脾。诚如《素问·太阴阳明论》云："帝曰：脾病而四肢不用何也？岐伯曰：四肢皆禀气于胃，而不得至经，必因于脾，乃得禀也。今脾病不能为胃行其津液，四肢不得禀水谷之气，气日以衰，脉道不利，筋骨肌肉，皆无气以生，故不用焉。"详细阐明了脾病所致四肢不用之病理机制，脾主运化，主升清，为胃行其津液，胃腐熟五谷，游溢精气，上输于脾，然脾病功用失司，无以散精，不能为胃通行五谷之气，故精气不得至于四肢之各经，四肢不得禀于五谷气则筋衰肉疲而不得举。亦如《素问·阳明脉解》云："四肢者诸阳之本也，阳盛则四肢盛，实则能登高也。"四肢乃诸阳之本，其功能活动赖于脾脏所升之清阳之气，脾气运则精气盛、阳气壮，四肢得于温养则强劲，反之，脾虚失其健运，清阳升举无力，则四肢肌肉痿软。

肾乃先天之本，内舍元阴元阳，为"元气"之根，主骨、藏精，而所藏之精乃化生骨髓的重要物质基础，决定着骨骼的生长以及功用。诚如《素问·上古天真论》云："三八，肾气平均，筋骨劲强……四八，筋骨隆盛，肌肉满壮；五八，肾气衰，发堕齿槁；六八……"则是《黄帝内经》对肾与骨之密切关系的规律性认识，系统地阐释了肾对骨的主宰作用。生理情况下，肾气盛壮，肾精充足，则髓化有源，髓充骨得其养则壮，诚如《四圣心源·天人解·形体结聚》云："髓骨者，肾水之所生也，肾气盛则髓骨坚凝而轻利。"而病理情况下，肾虚不能做强，精亏髓无所化，筋骨不得养而痿软无力不得行，诚如《医学衷中参西录·肢体废痿方》云："有筋非拘挛，肌肉非搏木，惟觉骨软不能履地者，乃骨髓枯涸，肾虚不能作强也。"

基于此，王教授表示，脾、肾之虚损均可导致肌肉筋骨痿软无力而不能行，然五脏本于一体，而脾肾分别为先后天之根本，关系尤为密切。临床上，该病病因病机复杂，先后天相互影响，先天禀赋不足是发病之前提，而后天饮食劳倦等致使脾气虚损乃主要病机，脾气虚损日久累及于肾，脾肾俱虚而为病。诚如《脾胃论·脾胃胜衰论》云："大抵脾胃虚弱，阳气不能生长，是春夏之令不行，五脏之气不生。脾病则下流乘肾，土克水，则骨乏无力，是为骨痿。"则细述脾病及肾而骨乏无力之病理机制。此外，王教授强调该病病机关键在于"力"之不足，而"力"皆由"气"所化生，气虚则机体痿软无力，而气又无外先天元气以及后天水谷之气，故该病治当培补脾肾，脾健肾实则五脏六腑、四肢百骸得其所养，筋骨强肌肉劲，疾病向愈。

2　温补脾肾汤方义阐释

温补脾肾汤是王教授结合多年临床实践所创制的培补脾肾之经验方，方药组成为党参、干姜、白术、炙甘草、熟地、桂枝、制附子、杜仲、菟丝子、怀牛膝、枸杞子、鹿茸粉、生姜、大枣。该方以理中丸与右归丸合而为用，重在培补脾肾，温阳化气。理中丸方出《伤寒论》，功在温中补脾，助阳化气，诚如《伤寒论后辨》云："阳之动，始于温，温气得而谷精运，谷气升而中气赡，故名曰理中。实以燮理之功，予中焦之阳也。若胃阳虚，即中气失宰，膻中无发宣之用，六腑无洒陈之功，犹如釜薪失焰，故下至清谷，上失滋味，五脏凌夺，诸症所由来也。参、术、炙草，所以固中州，干姜辛以守中，必假之以焰釜薪而腾阳气。是以谷入于阴，长气于阳，上输华盖，下摄州都，五脏六腑皆以受气矣。此理中之旨也。"详细阐述了理中丸温脾以助阳化气，进而使五脏六腑、四肢百骸得气之所养而功用正常。此外，右归丸方出《景岳全书》，张介宾在金匮肾气丸基础上去茯苓、泽泻等渗泄之药，加菟丝子、杜仲、枸杞子等大队补肾填精之药，取金匮肾气益肾温阳之意而不用其方，功在峻补真阳、填精益肾以助先天肾气。两方合用，功在补益脾肾之气，以达其"力"之功用。因此，王教授临床面对该类患者常以此方加减进行治疗，收效颇丰。

3　经　典　案　例

孙某，男，29 岁，临洮人，2019 年 1 月 12 日初诊。

初诊：双下肢软弱无力 1 年余，偶感上肢软弱无力，前臂肌肉有萎缩，眠差梦多，手脚冷，纳可，晨起腹泻日三四行，小便量多，舌淡薄白水滑，脉沉弱。西医诊断：低钾性周期性麻痹。中医诊断：痿症。辨证：脾肾两虚，气化不足。治当补脾益肾，温阳止泻。方选温补脾肾汤加味。

方药：党参 15g，干姜 6g，白术 15g，炙甘草 6g，茯神 30g，熟地 15g，桂枝 12g，制附片 15g，杜仲 30g，菟丝子 30g，怀牛膝 15g，枸杞子 15g，鹿茸粉（分冲）4g，生姜 3 片，大枣 3 枚。7 剂，每日 1 剂，常法煎服，早晚饭后一小时服。嘱其不宜过饱，适寒温，悦情志。

2019 年 1 月 20 日二诊：药后双下肢无力缓解，在家时可稍自由活动，上下楼困难，活动稍量大则感无力，纳眠可，手脚冷，大便如前，小便量多，舌脉同前。药效明显，方以对症，故守方加补骨脂 15g、煨肉蔻 15g，继服 30 剂，医嘱服法同前。

2019 年 2 月 23 日三诊：药后双下肢无力明显缓解，腹泻缓解，自述可独立上七八楼，但仍觉痿软，夜间及晨起鼻干，咽干，舌脉同前。药后疗效大显，效不更方，守方加肉桂 4g，怀牛膝加至 50g，继服 15 剂，医嘱服法同前。

患者前后治疗两月余，活动基本正常，告愈。半月后随访，患者精神状态佳，仍食不慎易发腹泻，舌淡胖苔薄，脉沉细，嘱其以王教授自拟大理中丸继服 1 个月，以巩固疗效，避免着凉，多食温性易消化食物。

按　本案患者双下肢痿软无力 1 年余，上肢亦觉无力，并伴有肌肉萎缩。西医临床诊断为低钾性周期性麻痹，而中医据其临床症候群从脾肾论治该病，认为脾气既虚，不能为胃行其津液，四肢不得禀水谷气故而不用；肾气虚，主骨生髓之功用减退，百骸溪谷，皆失所养，故宗筋弛纵，骨节空虚。故言脾肾损伤则骨肉痿弱，功用不司，诚如《素问·痿论》云："思想无穷，所愿不得，意淫于外，入房太甚，宗筋弛纵。"思想无穷而致脾虚，房劳甚则肾精不足，肾气亏虚，脾肾俱虚，终致宗筋不得用，肢体不能行。脾肾气虚，阳亦不足，不得荣达四末，故手足冷；脾肾阳虚，中焦虚寒，腐熟无力，故见泄泻；肾阳不足，无以蒸化膀胱水液，故见尿多；舌脉亦是阳虚湿盛的表现。

综上述关于其病因、病机以及整体症状的认识，王师辨证其为脾肾两虚，气化不足，治当补脾益肾，温阳止泻，故选用其自拟方温补脾肾汤方为底方，该方先以理中汤和右归丸合用，直击病症要点，功专温补脾肾之阳气，以化"气力"。再在此基础上易肉桂为桂枝，以增其助阳化气、通利关节之功，诚如《陈修园医学全书》云："桂助君火之气，使心主神而出入机关，游行于骨节，故利关节也。补中益气者，补中焦而益上下之气也。久服则阳气盛而光明，故能通明。三焦通会元真于肌腠，故轻身不老。"加茯神安神定志，补劳乏以助眠安；加怀牛膝以补肝肾，强腰膝，壮筋骨。全方共奏温补脾肾，助阳化气之功。患者二诊疗效初显，故守方继服，手脚冷，大便如前，故加补骨脂、煨肉蔻以增温阳止泻之功。患者三诊，药效大显，诸症向愈，但觉夜间及晨起鼻干，咽干，此乃虚火上浮于外，故加肉桂、怀牛膝以引其下趋，肾火重归于肾。前后治疗两月余，活动基本正常，告愈。精神状态佳，但舌象仍是阳虚之象，而且腹泻仍偶发，此乃素疾，无法速效，嘱其以王教授自拟大理中丸继服1个月，功专温阳止泻，以巩固疗效。

4　小　　结

本文基于"脾肾"相关理论探讨中医治疗低钾性周期性麻痹一病，王师从脾肾之不足辨证论治，采用自拟温补脾肾汤方加减进行治疗，疗效显著。王师认为痿即手足痿弱以致无力运动，而"力"乃气之所化，然《黄帝内经》又云："阳化气，阴成形。"是故临床诊疗多从阳论治，尤其重视脾肾阳气的培护，故自拟温补脾肾汤，功专温补脾肾以助阳化气，则"力"不乏其源，痿弱自消。笔者跟师特总结此临床辨证论治之经验，并剖析其拟方用药之思路，以供同仁参考。

摘自：白敏，段永强，虎峻瑞，等. 王道坤从脾肾虚损论治低钾性周期麻痹经验探讨［J］. 中医研究，2020，33（4）：37-39.

王道坤治疗面肿经验

杨晓轶，王道坤，李应存

"面肿"是指颜面浮肿。《素问·平人气象论》载"面肿曰风"。敦煌医学卷子张仲景《五脏论》提出"面肿关脾"。《医学入门》卷五载："面肿乃食后冒风所致，能食者风虚，面麻木，牙关急搐，升麻胃风汤；不食者风热，面唇黑，心悬如饥，防风通圣散；内伤气促者，升麻顺气汤。"以上文献对面肿的病机证治作了阐述，导师遵"面肿关脾"的辨证思路，强调治疗面肿重在"理脾护胃"，现举病案说明之。

1　典型医案

案 1　患者李某，女，48岁，2010年12月12日初诊。主诉：晨起颜面浮肿反复出现20年。患者诉20年间无明显原因反复出现颜面浮肿，以晨起较重，下午缓解，严重时双下肢沉重肿胀，按之没指，偶伴有头晕，但无乏力体重下降等症状，纳食可，饮多喜凉，大便干，小便黄，舌淡胖、有裂纹、少白苔，舌下静脉曲张（－），脉沉滑，颈前瘿肿。各项生化、影像、体检均无异常。患者为此辗转多处求诊，效果不显。王道坤教授从脾胃着手论治，辨证为脾肾虚兼有湿热，予以实脾饮加减，处方：制附片（先煎1小时）10g，干姜6g，苍术12g，厚朴12g，木瓜15g，大腹皮15g，草果10g，炙甘草6g，川军（后下）10g，香附12g，元明粉（烊化）6g，茯苓30g，车前子（包煎）10g，先服5剂。至二诊时，患者诉晨起颜面浮肿明显好转。依上方调整治疗一个半月症状消失。

按语　本案患者女性，颜面浮肿病程较长，反复20年之久，迁延不愈。王道坤教授辨此面肿为脾肾虚兼有湿热，虚实错杂。治以实脾饮，方中干姜、附片、草果温阳散寒，大腹皮、木瓜、茯苓、车前子利水祛湿，川军、元明粉通腑泄热，厚朴、香附、大腹皮行气，气行则水行。全方共收温运脾肾、利水消肿之效。

案2　马某，男，74岁，回族，2010年1月12日初诊。其子代诉：患者颜面泛黄浮肿，双下肢浮肿，按之凹陷，反复黑便3年，时有大便干结，5~6天1行，伴有腹痛，腹胀，形体日渐消瘦，饮食一般。兰州大学第二医院曾诊断为结肠癌。王道坤教授认为顾护脾胃、扶正祛邪为治病之本，故方裁实脾饮，以图温阳健脾、行气利水、活血化瘀，处方如下：茯苓15g，白术12g，炮姜6g，木瓜15g，大腹皮15g，附片（先煎1小时）12g，厚朴12g，川军6g，败酱草15g，玉片12g，益气散（兑入）20g，养阴散（兑入）20g，生芪15g，白花蛇舌草15g，全蝎粉（分冲）3g，三棱15g，莪术10g。予7剂。

至二诊时，患者自行来诊，精神转佳，症状大幅减轻，面色萎黄虚浮，查舌脉见舌紫暗苔白，舌面水滑，脉大无根。依上方加减，并用萎胃灵1号丸和加味犀黄胶囊，饭前服用。坚持服用上药至2011年4月16日复诊时，患者上述症状均较前减轻，颜面萎黄，但浮肿消除，乏力明显，大便色褐，1日1次，劳累后下肢浮肿。建议维持治疗，延长寿命，提高生活质量。

按语　本案患者的面肿源于结肠癌，是脏腑虚衰的一个表现，颜面及下肢浮肿是标证，脾肾虚损是本病的关键，以实脾饮为基础加益气散、养阴散以扶正，全蝎、三棱、莪术活血祛邪，白花蛇舌草、败酱草清热解毒。其中益气散由人参、黄芪等组成，养阴散由西洋参、龟板等组成，功主益气养阴，散剂用量均为10g，另煎兑入。萎胃灵1号丸和加味犀黄胶囊为导师自拟配方制剂。综观全方，祛邪不伤正，顾护脾胃为要，固本治标。

案3　张某，女，19岁，学生，2011年4月16日初诊。晨起颜面拘肿紧绷感，午后减轻，时逾半年。平素略觉脘腹胀满，大便排出无力，后重感，7日1行，乏力，舌淡苔白，舌下静脉曲张（+），脉弱。未做血液、尿液等常规生化检查。王教授认为该患者为湿滞脾胃，治以燥湿运脾，行气和胃，方裁陈平汤，处方：厚朴12g，苍术12g，陈皮12g，炙甘草6g，半夏15g，云茯苓15g，大腹皮15g，槟榔15g，生黄芪12g，消胀散（包煎）30g，消瘀散30g。予以7剂。

4月23日二诊，面部拘肿紧绷感消失，脘腹胀满明显减轻，乏力缓解，大便稍干，5日1行，上方加柴胡12g、神曲12g、当归12g，嘱继续服用14剂。

按语　患者系学生，面肿源于饮食失调，湿滞脾胃，浊气不降，蕴结面部，方选陈平汤，加消胀散（大腹皮、槟榔等）、消瘀散（枳实、白术等）燥湿运脾消面肿，行气和胃除胀满，治疗桴鼓相应，面肿和脘胀均治愈。

2　讨　论

"面肿关脾"的证治思想一是面肿从脾胃论治，二是在治疗面肿这一证候的过程中注重顾护脾胃后天，即导师所强调的"理脾护胃"。所举 3 例病案，第 1 例为不明原因所致颜面浮肿，第 2 例为恶性肿瘤所致颜面和下肢浮肿，第 3 例为饮食不调所致颜面拘肿，皆从脾胃论治而获全效。在跟师研读敦煌医学卷子并在临证中观察到诸如慢性萎缩性胃炎、胆汁淤积性黄疸、缺铁性贫血、黏液性水肿、恶性肿瘤等疾病所出现的局部和全身水肿从脾论治效果均很显著。

2.1　"面肿关脾"的句意

"面肿关脾"一词出自敦煌医学卷子张仲景《五脏论》中，该卷子编号为 P.2115，现藏于法国国家图书馆，正背面书写，正面为佛典《穷诈辨惑论卷下·答警迷论》，背面连续抄录二书，即张仲景《五脏论》一卷及《平脉略例》。"面肿关脾"在敦煌卷子残句中记述为"骨假筋立肉假皮存面肿关脾皮因骨长故知骨患由肾筋患则由肝肉患则伤心皮患则由肺"。《敦煌古医籍考释》根据旧抄本（清代浙江名医张艺成抄录的复抄本）将"血患由心"加于"骨患由肾"之前。《敦煌中医药全书》和《实用敦煌医学》根据《医方类聚》将"筋借肉行"置于"骨假筋立"之后，经过多本参考文献厘定后的句子为："骨假筋立，筋借肉行，肉假皮存，面肿关脾，皮因骨长。故知血患由心，骨患由肾，筋患则由肝，肉患则由脾，皮患则由肺。"以上书中除《敦煌中医药全书》对"面肿关脾"作注解外，其他诸书均未作注释。《敦煌中医药全书》根据《医方类聚》中无"面肿关脾"故认为"宜删去"。笔者认为不可删，在基于敦煌卷子张仲景《五脏论》文献残句"骨假筋立肉假皮存面肿关脾皮因骨长故知骨患由肾筋患则由肝肉患则伤心皮患则由肺"之上，笔者调整词序，试将其改为"骨假筋立，筋借肉行，肉假皮存，皮因骨长。故知血患由心，骨患由肾，面肿关脾，筋患则由肝，肉患则由脾，皮患则由肺"。所作修改是为了更容易理解敦煌文献残句所欲表达的关于人体生理解剖结构、病理状况、诊治依据的表述，文献考证尚在进行中。

敦煌卷子张仲景《五脏论》之"骨假筋立，筋借肉行，肉假皮存，皮因骨长。故知血患由心，骨患由肾，面肿关脾，筋患则由肝，肉患则由脾，皮患则由肺"，其中"骨假筋立，筋借肉行，肉假皮存，皮因骨长"言人体之生理解剖结构和骨、筋、肉、皮的相互关系，即生理状态。"血患由心，骨患由肾，面肿关脾，筋患则由肝，肉患则由脾，皮患则由肺"言病理状况。心生血，故血患由心；肾主骨，故骨患由肾；"诸湿肿满，皆属于脾"，故面肿关脾；肝者，其充在筋，故筋患由肝；脾之合肉，故肉患则由脾，肺生皮毛，故皮患由肺。

2.2　面肿关脾的证治

敦煌卷子张仲景《五脏论》中"面肿关脾"所提出的面肿是和脾相关的一个证候，

反映的是面肿和脾的关系。导师认为：①面肿和脾相关，所以在治疗面肿时从脾论治；②《素问·水热穴论》指出水肿的治疗"故其本在肾，其末在肺"，"面肿"若是由肺脾肾引起的全身性疾病的一个反映，那么治面肿从脾论治更多反映的是从顾护脾胃后天这点出发的。所以治疗面肿，脾气虚症见面色㿠白浮肿，舌淡苔白，少气懒言，四肢倦怠，治以补气健脾，方用四君子汤、参苓白术散加减。若为脾阳虚衰，症见颜面浮肿反复消长，脘腹胀闷，纳少便溏，小便短少，神疲肢冷，面色萎黄，舌质淡，苔白腻或白滑，脉沉缓或沉弱，治以健脾温阳，利水消肿，方选实脾饮加减。湿热蕴脾，症见面肿，皮肤绷急光亮，烦热口渴，苔黄腻，脉濡数者，治以分利湿热，方选疏凿饮子。寒湿困脾，症见面肿头身困重，胸闷，纳呆，泛恶，苔白腻，脉沉缓，治以健脾化湿，通阳利水，方裁五皮饮、胃苓汤。

摘自：杨晓轶，王道坤，李应存. 王道坤治疗面肿经验［J］. 中医文献杂志，2011（6）：33-35.

王道坤治疗顽固性风疹的经验

李应存

现将王道坤教授治疗顽固性风疹的经验介绍如下。

1　病因病机与治法方药

王教授对顽固性风疹的治疗有丰富的临床经验，他认为肝郁血虚，外感风热邪毒乘虚与气血相搏，邪毒郁于肌肤是本病的主要病因。"治风先治血"，因此疏肝理气，凉血清火，疏风清热，养血调血便成为本病治疗的关键，运用小柴胡汤合消风汤加减，疗效显著。方中用柴胡、枳壳、半夏疏肝理气和中，生地、沙参、藕节、侧柏炭、黄芩、川军凉血清火，蝉衣、芥穗、白鲜皮疏风利湿止痒，当归、首乌养血调血。若心中烦躁，睡眠欠佳，可加黄连、酸枣仁、远志以清心安神。若大便不干结，可去川军；湿不重，可去白鲜皮；气滞痰浊不甚，可去枳壳、半夏。

2　验案举例

例1　慕某，女，23岁，2003年5月11日初诊。

风疹反复发作近 1 年。曾服"扑尔敏"等药，时好时坏，病变波及全身皮肤，夜甚昼轻，大便干结，小便偏黄，饮食尚可，平素烦躁易怒，舌边尖红、苔薄黄略腻，脉弦细略数。治以疏肝理气，凉血清火，疏风清热，养血调血，滋阴降火之法。方以小柴胡汤合消风汤加减。药用：柴胡、生地、半夏、沙参、白鲜皮、生首乌、枳壳各 15g，黄芩、藕节炭、赤芍、侧柏炭各 12g，当归 30g，生甘草 6g，川军 3g，蝉衣、炒芥穗各 10g。7 剂，每日 1 剂，水煎服，早晚饭后 1 小时服。另外加服滋阴降火丸，每次 1 丸，每日 2 次。

5 月 18 日二诊：药后便畅，风疹减少，继以前方加减。服药 1 个月后，临床症状消失，嘱其继续服丸药以巩固疗效。

例 2　白某，女，15 岁，2003 年 5 月 18 日初诊。

全身反复出疹 20 余天。无明显过敏物接触史，疹点细小淡红，出没较快，退后无疹痕，多个成群，全身皮肤均可出现，夜间瘙痒明显，睡眠欠佳，自觉心中烦躁易怒，曾服抗过敏西药，效果欠佳，大便略偏干，小便偏黄，饮食尚可，舌边尖红、苔薄略黄，脉弦细略数。治以疏肝清心，凉血疏风，养血调血，滋阴安神之法。方以小柴胡汤合消风汤加减。药用：柴胡、杭芍、侧柏炭、赤芍、炒芥穗、炒防风、远志各 12g，黄芩、生首乌、蝉衣各 10g，当归、生地、酸枣仁各 15g，藕节炭 30g，黄连 6g，姜枣为引。7 剂，每日 1 剂，水煎服，早晚饭后 1 小时服。

5 月 23 日二诊：药后风疹减少，睡眠转佳，继以前方加减，服药 2 周后，临床症状消失。

摘自：李应存. 王道坤治疗顽固性风疹的经验［J］. 陕西中医，2005，21（4）：12.

王道坤教授用调理脾胃法治疗皮肤病经验

贾育蓉

脾胃为后天之本，是维持人体生命活动的重要器官，是供给脏腑营养，生化气血的源泉。张仲景在《内经》《难经》的基础上提出"脾旺不受邪"的著名论点，突出了脾胃在防病治病方面的重要性。王道坤老师多年来从事脾胃学说的研究，深悟脾胃在中医治疗疾病中的重要性。在跟师临证中，体会到王老师调理脾胃法不仅在脾胃病中应用自如，而且在临床各科中都得心应手。下面介绍几例运用调理脾胃法治疗皮肤病的典型案例。

1　复发性口疮

王某，男，26 岁，于 2000 年 1 月 7 日初诊。患者两年来反复发作口腔溃疡，近 3 个月来每晨溏泻，偶伴腹痛，肠鸣。目下症见：舌缘多处黏膜溃烂，形体消瘦，口唇干红，口渴喜热饮，纳可寐安。舌质偏红，边尖赤，苔薄白微腻，舌下络脉紫红，迂曲Ⅱ度，脉关弦尺弱。辨证：中虚脾弱，肾阳不足。治则：生阳益气，醒脾化湿。处方：益气散 10g，党参 30g，茯苓 15g，白术 15g，助消散 10g，葛根 12g，木香 6g，藿香 15g，佩兰 12g，锁阳 20g，菟丝子 30g，炮姜 6g，儿茶 12g，甘草 6g。服药 5 剂，口腔溃疡及溏泻均好转，遂法不离方，随证调治 2 月余，诸症改善。

按语　前人言："脾不及，则令九窍不通。"此患者脾胃气虚，运化失职，蕴湿化火，脾开窍于口，虚火上炎导致口疮多年不愈。加之肾阳不足，肾经虚寒，不能温土，以致中气更虚。肾主闭藏，肾虚时封闭之令不行，肾主五更，故晨起即泻。方中以益气散、党参、茯苓、白术、葛根、炙甘草益气升阳，调补脾胃；助消散、木香、藿香、佩兰醒脾化湿；锁阳、菟丝子、炮姜温补脾肾以止泻。诸药配伍，补泻合理，故能药到病除。

2　湿　疹

田某，女，22 岁，学生，于 1999 年 5 月 9 日初诊。患者颈部、躯干、四肢屈侧对称分布斑丘疹 4 年，伴瘙痒，冬季加重。严重时抓破流水，曾多次口服及外用药物，时轻时重，迁延未愈。近日因进食麻辣烫，皮损增多，瘙痒加重。自觉口渴不欲饮，二便尚调。舌质淡暗，边红，苔薄白，脉滑数。辨证：脾虚运化失职，水湿蕴阻肌肤。治则：健脾除湿，润肤止痒。处方：陈皮 12g，党参 15g，茯苓 15g，白术 15g，薏苡仁 30g，枳壳 12g，泽泻 15g，车前子 12g，苦参 10g，防己 10g，黄芩 10g，连翘 15g，白鲜皮 15g，当归 12g，首乌藤 30g，丹参 15g，甘草 10g。药进 14 剂，瘙痒减轻，皮损变薄，无糜烂渗出。上方去车前子、白鲜皮，加鸡血藤 15g，又进 28 剂，皮损基本平复。嘱其继服六君子丸及龙胆泻肝丸月余，而告痊愈。

按语　本例患者发病与加重和脾胃功能失调有关，脾虚湿滞为本病之本，湿热中阻为本病之标。根据"脾欲缓，急食甘以缓之"和"脾苦湿，急食苦以燥之"的理论，采用健脾消导之陈皮、党参、茯苓、白术、枳壳药物治其本，又以清热除湿解毒之薏苡仁、泽泻、车前子、苦参、防己、黄芩、连翘、白鲜皮、甘草药物治其标，虑其久病缠绵脾虚血燥，故在健脾消导基础上辅以养血润燥之当归、首乌藤、丹参等。从而标本兼治，而获痊愈。

3　脓疱型银屑病

李某，男，12 岁，学生，于 2000 年 12 月 8 日初诊。患儿 1 年前患"上呼吸道感染"，发热咽痛，全身不适，经治缓解。但四肢躯干渐现红色点、片状皮疹，表面少许白屑，曾诊为"银屑病"。多方求治，疗效不显。因不规则服用泼尼松，两月前全身皮肤弥漫潮红肿胀，躯干四肢密布粟粒状脓疱，毛发稀疏呈束状。身体矮小，纳少，大便偏干。舌质红，苔白厚，脉数。查：T 37℃、P 92 次/分，神志清楚，心肺叩听诊无明显异常。诊断：脓疱型银屑病。辨证：正虚邪客肌肤，毒热伏于血分。治则：健脾益气，清热凉血，佐以辛散透表。处方：陈皮 12g，太子参 15g，茯苓 12g，炒白术 10g，甘草 6g，牡丹皮 10g，紫草

10g，木贼草 10g，桔梗 10g，桑白皮 10g，防风 10g，荆芥 8g，白芷 10g，杏仁 9g，蝉衣 6g，连翘 15g。药进 5 剂，皮肤潮红肿胀明显减轻，皮损中间出现正常肤色，脓疱减少。上方加砂仁、木香各 6g，又进 15 剂，皮肤潮红、肿胀、脓疱消失，仅散在斑丘疹，轻微瘙痒。上方去牡丹皮加玄参 10g、蛇衣 6g，再服 15 剂痊愈。

按语　小儿具有"脏腑娇嫩，行气未充"和"脾常不足"等生理病理特点。现代研究发现，脾的功能与多系统多器官功能有关。调理脾胃可以提高机体免疫力，促进疾病向愈。本例患儿通过异功散健运脾胃，培补正气，驱毒外出；以牡丹皮、紫草、连翘清热凉血，佐以辛散解毒透表药木贼草、桔梗、桑白皮、防风、荆芥、白芷、杏仁、蝉衣等，使毒有去处。

4　顽固性荨麻疹

郭某，女，27 岁，于 2000 年 6 月 12 日初诊。近 3 年常感皮肤阵发性瘙痒，抓后起大片红斑，凸出皮肤，扪之灼热，时起时落，尤以阴天下雨为重，但平日亦不间断。曾多方求治，内服过皮质激素及各种抗组胺药物，均无显效。平素易患感冒，怕冷恶风，乏力纳少，面色苍白，夜寐欠佳，二便尚调。舌质淡胖，边有齿痕，苔薄白，脉细弱，舌下络脉淡红，无瘀滞。辨证：气血两虚，寒客肌表。治则：补血益气，疏风散寒。处方：黄芪 15g，党参 15g，茯苓 15g，白术 15g，山药 12g，当归 12g，丹参 15g，麻黄 6g，桂枝 9g，白芍 10g，羌活 9g，焦三仙各 12g，合欢皮 12g，钩藤 9g，白蒺藜 15g，生姜大枣为药引。药进 5 剂，患者述其服药期间皮疹出现频率明显减少，再予原方 5 剂，皮疹未再出现。遂嘱其服当归九月余，调补气血，巩固疗效。

按语　脾胃为气血生化之源。方中黄芪、党参、茯苓、白术、山药、焦三仙益气健脾养胃，从而化生气血，以治病本；当归、丹参养血和血，并佐以羌活、合欢皮、勾藤、白蒺藜等祛风镇静药，达到"治风先治血，血行风自灭"的目的。据现代药理研究发现，丹参可降低毛细血管通透性并有抗组胺作用，因此是治疗荨麻疹的良药。麻黄、桂枝、白芍、姜枣疏表散寒，以治其标。诸药共奏补血益气，疏风散寒之效。

摘自：贾育蓉. 王道坤教授用调理脾胃法治疗皮肤病经验［J］. 2001，18（4）：7-8.

王道坤教授辨治血管性皮肤病验案举隅

韩文均

血管性皮肤病是一类原发于皮肤血管管壁的炎症性疾病，治疗颇为棘手，为皮肤病疑难病证之一。现代名中医王道坤教授从医执教数十年，学验俱丰，临床上辨证准确，选方遣药精当,沉疴顽疾,每获良效。笔者有幸随师左右,亲历其诊治过程,并得其指点。现报告两则血管性皮肤病验案如下,以供临床参考。

1 过敏性紫癜

赵某,女,9岁,于2004年4月17日初诊。主诉:全身紫癜7天。患者7天前全身出现红斑,继则发紫,伴有瘙痒,以下肢为多见,遇风则加重。遂送往当地医院诊治,实验室检查:毛细血管脆性试验阳性;血象正常;血小板计数,出、凝血时间,凝血因子等均在正常范围内;尿液检查未见蛋白尿、血尿和管型尿。医院诊断为"单纯性过敏性紫癜"。住院治疗1周,使用糖皮质激素治疗为主,未服用任何中药,症状缓解。出院后,当天下午随即复发,且症状较前为重,遂求治于王教授。诊见:全身上下斑疹密集,红紫相间。患者伴有大便干结,口渴欲饮,手足心热,舌质鲜红,尤以边尖为甚,苔薄微黄,脉弦数有力。辨证为风热之邪,侵犯机体,热羁血分,迫血妄行。属于中医"肌衄"范畴。治宜清解邪热,凉血止血。方用犀角地黄汤。处方:水牛角(久煎)10g,生地黄15g,牡丹皮10g,赤芍12g,茜草10g,黄连6g,黄芩10g,生石膏(先煎)30g,大黄(后下)5g,紫草12g,炒荆防各10g。取7剂,水煎服,每次取汁约150mL,每日2次。

二诊:2004年4月24日,斑疹大部分消退,又有少许新斑疹出现,以下肢为主,便干,手心热,舌淡偏红,脉数有力。前方已明显见效,此次加大清热凉血之力。生地黄加至30g,黄连加至10g,生石膏加至60g,大黄加至6g,紫草加至15g,同时,炒荆防由各10g变为各6g,以防止因诸药寒凉太过,而致止血留瘀。再加羚羊角粉(分冲)3g以加大清热之力。取7剂,服法同上。

三诊:2004年5月15日,药后仅下肢偶有新斑疹出现,大便二三日一行,质略干,手心热,舌苔薄白,舌质淡边尖略红,脉弦数。斑疹已十去八九,针对此患者年龄尚小,更应注意顾护胃气,故去黄连,加入健胃之焦三仙各10g,再将炒荆防易为藕节炭12g以防血止瘀留。取7剂,服法同上。

四诊:2004年6月5日,紫癜消失,食欲不佳,乏力,大便正常,手心略热,但较前为轻,舌苔薄白,质淡红,脉象偏弦数,但可见缓和之象。病之后期,尤恐伤胃,故去黄芩苦寒之品,生地黄减为15g,石膏变为40g,同时,焦三仙加至各12g,再加丹参12g,使血止而无留瘀之弊。续服14剂,服法同上。

2004年8月22日随诊:自上次服药14剂后再未复发,余无不适。舌体质润,色淡红,苔薄白,脉细缓。嘱停药,饮食调理。随访至今,未见复发。

2 结节性红斑

计某,女,60岁,于2004年8月3日初诊。主诉:双下肢疼痛9个月。患者2003年11月开始出现阵发性双小腿抽掣样疼痛,以夜间为甚,伴有沉重感,双下肢可见红色结节及红斑，小腿伸面为重。发作时热敷可使疼痛自行缓解。起初一周发作一次，遇劳则加重。近两月逐渐加重，发作时双下肢不敢着地，亦不能自行缓解。患者 2004 年 6 月 14 日就诊于当地某医院。实验室检查：血常规正常，血沉 20mm/h，抗 O（－），类风湿因子（－）。诊断为"结节性红斑"。使用抗炎消肿止痛类西药与清热解毒类中药治疗未效，且症状有加重之势，遂求诊于王教授。诊见：双下肢多处红色结节及红斑，大者如核桃，小者如铜币，局部无溃疡，但疼痛明显，拒按，不敢着地，双下肢略显浮肿，手足心热，舌淡苔薄，脉沉。辨证为阴寒内盛，寒痰凝聚，气滞血瘀。属于中医的"瓜藤缠""痰核"等范畴。治宜温阳散寒，化痰散结，活血通络。方用阳和汤。处方：炙麻黄 10g，熟地黄 30g，鹿角霜 15g，炮姜 6g，桂枝 10g，白芥子 12g，炙甘草 6g，全蝎 6g，乌梢蛇 15g，当归 30g，化瘀散（自配方，三七为主）10g，蜈蚣 2 条。5 剂，水煎服，每次取汁约 200mL，每日 2 次。

二诊：2004 年 8 月 8 日，药后下肢硬块基本消失，疼痛也较上次大为减轻，患者自觉服药后下肢肌肉"咚咚"作跳，浮肿亦减轻。查：舌淡红，苔薄白，脉沉迟。原方加入茯苓 10g，续服 7 剂，服法同上。

三诊：2004 年 8 月 15 日，药后下肢结节已经全部消散，疼痛止，原结节处可见消散后的痕迹，脚背稍有浮肿，患者余无不适。查：舌淡红，苔薄，脉沉迟少力。将守而不走之炮姜易为能走能守之干姜，先温而后散之，其效益彰。同时，为了防止辛温燥烈之品劫阴之弊，上方加麦冬 12g，并将桂枝减为 6g。全方再加入紫草 15g、丹参 15g，以增强其活血之力。5 剂，服法同上。

四诊：2004 年 8 月 22 日，双下肢再未发现疼痛及硬块，原有硬块全部消散，余无不适。舌淡红，苔薄，脉沉缓。病已近痊愈，为防止停药后复发，诸药缓减其量：鹿角霜减为 12g，白芥子减为 10g，当归减为 15g。与此同时，茯苓则增为 15g，加强其淡渗之功，亦有健脾之用。服 5 剂，并嘱此次服药后停药，以饮食调养。跟踪访问至今，未见复发，恢复良好。

按语　两例患者同为实证，但本质各异，一者属阳热证，一者属阴寒证。前者治宜清热凉血止血，以"清"法为主，后者治宜温寒散凝通络，以"温"法为先。针对过敏性紫癜，西医一般采用糖皮质激素、免疫抑制剂为主进行治疗。在治疗期间效果明显，但停药后经常复发。赵某早晨出院，下午即复发，且症状较前为重，正是较典型者。但经王教授准确辨证，在顾护胃气的前提下，遵叶天士"入血直须凉血散血"之旨，对证施药后，不但使患者症状消失，而且停药后长期未复发，饮食起居如常。第二验案为一结节性红斑患者，症见有红斑、肿块、疼痛等，表面看似热证，但我们了解到患者起初虽有疼痛、肿块等，但能用热敷进行缓解，再结合舌脉及其用药，仔细分析，其实质为寒证，法当解其寒凝，方选阳和汤。若用抗炎消肿、清热解毒等寒凉之品，对患者无疑是雪上加霜，可见准确辨证是使沉疴顽疾应手而起的关键。

摘自：韩文均. 王道坤教授辨治血管性皮肤病验案举隅[J]. 甘肃中医学院学报，2005，22（4）：3-4.

王道坤教授按部位辨治湿疹经验

王凤仪

部位辨证是指按疾病发生的上、中、下部位进行辨证的方法，又称"外科三焦辨证"。其理论源于《素问·太阳阳明论》："伤于风者，上先受之。伤于湿者，下先受之。"清代高锦庭将吴鞠通的《温病条辨》以三焦为纲、以病为目的辨证纲领引申到外科而正式提出部位辨证的思想。他在《疡科心得集·例言》中云："盖疡科之证，在上部者，俱属风温风热，风性上行故也；在中部者，多属气郁火郁，以气火之俱发于中也；在下部者，俱属湿火湿热，水性下趋故也。"将部位辨证与其他辨证方法互相补充、互相联系，对临床应用具有指导作用。何炳元认为外科部位辨证，既与内科三焦辨证相联系，又具有鲜明的外科特点，临证时如能抓住要害，应用得法，可达事半功倍之效。孙文等以中医"部位辨证"思想为指导，以西医水痘–带状疱疹病毒所侵犯神经分布规律为线索，将带状疱疹的病位分为上、中、下三部，上部包括三叉神经、面神经、颈神经所支配的区域，中部包括肋间神经支配区域，下部为腰骶神经支配区域，按部位辨证论治取得了良效。湿疹是一种由多种内外因素引起的过敏性炎症性皮肤病，反复发作、易成慢性是其临床特征。中医称之为"湿疮""浸淫疮"。由于此病缠绵难愈，治疗比较困难，对患者的身心健康易产生严重的影响。王道坤教授认为其中"湿"是湿疹发病的关键因素，按湿邪停留在上、中、下部位进行辨证论治可执简驭繁而获良效。

1   湿在上部，宣气化湿

人体上部包括头面、颈项及上肢，按照经络循行图分析，人体上部属于阳位，阳气有余，阴精不足。因风性向上，易袭阳位，且湿邪多依附于风邪，常夹杂合而袭上。风湿袭表犯肺，遏制气机，导致肺气郁闭难以宣降，湿邪不透，浸淫肌肤而发湿疮。王老师即以治肺为先，宣气化湿。因肺居上焦，主一身之气，惟肺气宣畅，则一身之气布达，风、湿邪自无容留之地。通过宣通肺气，可使三焦气机和水湿运行上下畅通而达到化湿的目的。正如吴鞠通所说："治上焦如羽，非轻不举。"王老师常用药如荆芥、防风、蝉蜕、桑白皮、薄荷、豆豉、藿香、杏仁、羌活、牛蒡子等辛散轻扬，宣气化湿之品，疏通腠理，使腠理通达，湿去气通，布津于外，自然病解。王老师常用方如消风散、藿香正气散、三仁汤等。消风散以荆芥、防风、牛蒡子、蝉蜕祛除在表在上之风邪，辅以苍术、苦参、木通除湿清热，临证应用以风湿或风热之邪侵袭人体上部为辨证要点。藿香正气散重用藿香，既能辛散风寒，又能芳香化浊，配以桔梗宣肺利膈，既利于解表，又益于化湿，临证对外感风寒、内伤湿滞者最为适宜。三仁汤重用杏仁宣利上焦肺气，开水之上源，盖肺主一身之气，使气化则湿亦化；白蔻仁芳香化湿，畅行中焦气机；薏苡仁味淡渗利湿热，健脾兼疏导下焦；三药宣上、畅中、渗下，共为君药，是临证治疗湿疹初起，邪在气分，湿重于热的常用方剂。

2　湿在中部，理气燥湿

人体中部包括胸、腹、腰、背，是五脏六腑所居之处，也是十二经所过部位，是人体气机升降出入的枢纽，也是气血化生、运行、转化的场所。王教授认为，发于中部的湿疹，绝大多数与脏腑功能失调有关，其中尤与肝、脾关系密切，气郁、火郁是其病机关键。因肝主疏泄，肝气郁滞则易致水停，气郁化火生热则易湿热胶着；脾为湿土，喜燥恶湿，湿浊困脾，脾运失常，更易导致水湿内生不运，泛溢肌肤而成湿疮。王教授以治肝脾为主，理气燥湿。通过调肝理气、运脾燥湿，疏通水湿运化的枢纽，使气畅湿化，以归于平。王教授强调在用药时须分辨湿热之偏盛程度，注重分解湿热：如湿重于热者，兼见身热不扬、脘痞腹胀、便溏纳差、苔白腻、脉濡缓，则选藿香、厚朴、槟榔、草果等，代表方如雷氏芳香化浊方；如湿热并重者，症见发热口渴、胸痞肢倦、小便黄赤、苔黄腻、脉滑数，宜选半夏、黄连、栀子、石菖蒲、薏苡仁等，代表方如王氏连朴饮；如热重于湿者，可现高热汗出、面赤气促、口渴欲饮、苔黄微腻、脉象滑数，即选石膏、知母、黄芩、苍术等，代表方如白虎加苍术汤。

3　湿在下部，化气利湿

人体下部指臀、前后阴、腿、胫、足，其位居下，阴偏盛，阳偏弱，阴邪常袭。而湿为阴邪，重浊趋下，故下部湿疹多夹湿邪。王教授认为，虽然湿邪多从热化而成湿热证，但从寒化而成的寒湿证亦不少见。尤其一些久治不愈的慢性顽固性湿疹多属寒湿证，此乃湿因抑气而不化，困阻内滞，阳气渐耗，肾失温煦之职，不能司三焦之气化所致。此类湿疹症状虽表现在皮肤，但其病根内联脏腑，因肾处下焦，有蒸化水液、分清泌浊的职责。究其病理机制，实为卫气内陷而营血寒湿不能外透为患。盖阳气内虚致卫不外发，阴寒内盛致营郁不达，卫陷营郁则成寒湿顽疹。然湿归于脾，寒司于肾，脾肾阳虚不能温化内外寒湿，寒湿郁滞经络肌表，卫气内虚无力温营透邪外出，此乃形成顽固性湿疮缠绵不愈之关键。湿为阴邪，非阳不运，非温不行。自当用辛热药温通阳气为主，配合适当的利湿药，达到通阳以化水湿的目的。正如吴鞠通所说："治下焦如权，非重不沉。"王教授常用药如附子、干姜、桂枝、黄芪、白术、猪苓、泽泻、赤小豆等。王老师除了习用经验方补脾益肾汤外，还推崇真武汤、五苓散、黄芪桂枝五物汤等。共奏温阳化气、行水利湿之功，使湿浊从小便外泄，则一些慢性化、顽固难治的湿疹即有根除之冀。王教授辨治湿疹均按湿邪所居上、中、下部位不同而施以不同的治法，正如沈金鳌在《沈氏尊生书》中概括："湿在上，宜防风，风能胜湿，犹衣悬透风处则易干也；湿在中，宜苍术，犹地上有湿，灰多则渗干也；湿在下，宜利小便，犹欲地干，必开水沟也。"临证只要深悟此含义，可极大地提高辨证论治的精准性。

摘自：王凤仪. 王道坤教授按部位辨治湿疹经验［J］. 西部中医药，2017，30（10）：38-39.

对高龄妊娠恶阻患者的治验

李红艳，王道坤

妊娠恶阻，即妊娠早期，出现严重的恶心呕吐，头晕厌食，甚则食入即吐。又称"妊娠呕吐""子病""病儿""阻病"等。其轻者相当于西医学中的早孕反应，一般从闭经6周开始，约12周前后自然消失，不需特殊处理；重者相当于西医学的妊娠剧吐，严重影响孕妇的工作生活，甚至危及生命。随导师王道坤教授门诊学习过程中，遇一高龄妊娠恶阻的病例。经导师精心诊疗后，患者呕吐症状很快消失。

患者谭某，女，56岁。曾因"慢性胃炎"就诊，治疗2个月后，病情好转，停止治疗已有半年。2011年7月9日，又来诊。主诉：纳差、呕吐1月余。现病史：食欲差，得食后恶心，呕吐、泛酸严重，食、饮即入即吐。咽堵不利，有少量白色黏痰。双下肢拘紧不适、偶浮肿，手、足心烧，每晨起眼前一层白翳。舌淡胖，边齿痕，苔白，舌下静脉轻度迂曲；脉细数。妊娠已14周，服它药（具体不详）症状未见明显好转，遂来诊。因其子2010年车祸去世，欲求子嗣，通过辅助生殖技术受孕成功。

处方：党参12g，茯苓15g，白术15g，陈皮12g，旱半夏10g，黄芩10g，砂仁（后下）6g，炙甘草6g，3片鲜姜、3枚大枣为引，水煎两次，早晚饭后1小时服。取3剂。嘱中药浓煎，少量多次温频服，如有呕吐，则吐后再服。

2011年7月12日二诊：呕吐明显缓解，泛酸减轻。食欲略好转，食量仍少；食后偶有恶心、进油腻食物后加重。手、足心烧减轻，眼前白翳亦减少。唯觉周身困乏，双下肢困软无力；舌淡胖，边齿痕，苔根白腻，舌下静脉轻度迂曲；脉弦细。

处方：上方增旱半夏至12g，茯苓至20g，加和胃散包煎30g，余药不变；3片鲜姜、3枚大枣为引，水煎两次，早晚饭后1小时服。取7剂。

7日后，患者诉前症基本消失，予停药观察。继以少量西洋参、黄精泡水代茶饮。

2012年2月初，患者爱人特向导师报喜，谭某已产一女、母女均平安，婴儿重6斤余，一切正常。

本案治疗遵《女科秘旨·卷二·恶阻》中"治先脾胃而清火，化痰"为则，以《女科指要·卷之三·胎前门》中"流湿化气以治其标，健脾和血以疗其本，寒宜温调，热当清降，气虚血虚补养滋培"为具体治法。选方用异功散合小半夏汤加减。

本例患者年过五旬，气血亏虚，素体脾胃虚弱。孕后经血停闭，血聚冲任以养胎；胞宫内实，冲脉气盛；冲脉隶于阳明，若胃气素虚，冲脉挟胎气上逆，胃失和降，而致恶心呕吐。脾胃虚弱，运化失职，五味不化，中气壅实，则见不思饮食；水湿不运，则见双下肢拘紧不适、浮肿，咳白痰。气血积聚，以养胎元，精血内郁，郁久生热，则见泛酸、手足心烧，睛前白翳。舌淡胖，边齿痕，苔白，脉细，为脾胃虚弱之征；脉数为内有郁热之象。

选方以异功散合小半夏汤加减，有健脾益气，理气化湿清热之功。异功散为四君子汤加陈皮，意在健脾益气的基础上增行气化滞，醒脾助运之力，有补而不滞的优点。小半夏汤由半夏、生姜组成，功效化湿蠲饮；方中用旱半夏增强降逆止呕之效。黄芩泻火除湿，清热安胎；砂仁化湿和中，理气安胎。

3剂后，患者症状大减。唯身困、腿软独显，增旱半夏，加强化湿、止呕之力；增茯苓，加强健脾渗湿之力。7剂后患者诸症消失，停药即止。而吐定之后，须用大补，则继以西洋参生津降火，补益肺胃；黄精益气生津，补脾滋肾；泡水代茶饮。

古有妊娠忌用半夏之说，但事实上，很多医家对"半夏动胎"多持否定态度。如薛立斋认为："半夏乃健脾气、化痰滞之主药也。"陈修园论："半夏得人参，不惟不碍胎，反而固胎。"均指出药物配伍的妙用。本例方中用旱半夏与党参为伍，停药后继以西洋参为补，而成化湿、止呕、安胎之效。

在对本病病因与病机的认识上，众多医家认为"胃弱"是妊娠恶阻发生的根本，病机多为冲任挟胎气上逆于胃，胃失和降。如《景岳全书·三十八卷·妇人规上·胎孕类》："凡恶阻多由胃虚气滞，然亦有素本不虚，而忽受胎妊，则冲任上壅，气不下行，故为呕逆等证。"孕后经血停闭，胞门闭塞，脏气内阻，血聚冲任养胎；胎元初凝，胞宫内实，冲脉气盛；冲脉隶于阳明，若胃气素虚，冲脉挟胎气上逆，胃失和降而恶心、呕吐；脾胃虚弱，运化失职，而纳差，不思饮食。《备急千金要方·卷二·妇人方上·妊娠恶阻第二》中记载："凡妇人羸，血气不足，肾气又弱，平时喜怒不节……欲有妊而喜病阻。"指出了有一部分人妊娠后，易患恶阻病，其是一种妇产科的常见病。认识本病，应抓住"本虚"之根本。而所论"本虚"，应以胃弱为主，还应包括脾、肾不足。

《素问·上古天真论》记载："女子……七七，任脉虚，太冲脉衰少，天癸竭，地道不通，故形坏而无子也。"本例患者56岁，已过七七，血气俱弱，脾肾不足。若非借助辅助生殖技术，实难有子；而精血不足、后天失养，更易出现脾失运化、胃失和降，而见纳差、呕吐。

对于妊娠期用药的认识，历代医家多有著述，本草中亦独列专门。早在《素问·六元正纪大论》中即载："妇人重身，毒之何如？岐伯曰：有故无殒，亦无殒也。"意为孕妇确有病患，则用药治之无害；但应不损于胎儿。《医学入门·外集·卷五·妇人门》指出："凡胎家有病，亦不必太攻也。如阴阳调和者，不可妄服药饵。"其强调孕身有恙，确要用药者，遣药不可太过，中病即止；而孕身无恙，则不应服用他药，徒增祸患。《万氏女科·

胎前章》中记载："孕妇有疾，必择其专门平日无失者用之。若未试之，医有毒之药，不可轻用，以贻后悔。"其教诲医家诊治妊娠病时，用药要特别谨慎。本患治疗中，导师悉心调理、小心处方、谨遵前贤教诲。待症状基本消失，立即停药，中病即止，防止贻害孕妇及胎儿。

通过学习本案，强化了对妊娠呕吐病证的认识。尤其结合本案患者高龄的特点，认识到本病的发生过程中，要注重脾胃、气血亏虚为本；痰浊、胞胎阻滞为标。在本病的治疗过程中，要注重初期标本同治，后期以培补本元为主；主证与兼证并举，灵活加减处方；疗疾与安胎同行，祛邪不碍胎、培补以固胎。这其中特别要注意妊娠用药安全，防止贻害胎儿。

摘自：李红艳，王道坤. 对高龄妊娠恶阻患者的治验［J］. 求医问药，2013，11（2）：624-625.

王道坤教授临证验案两则浅析

李应存

本文仅对王道坤教授治疗农药中毒性肝炎、舌面渗血2种病症的验案进行浅析。

1　农药中毒性肝炎

典型病例　瞿某，男，50岁，2005年2月27日初诊。纳差、乏力、体重下降1年，近年体虚易感，形体消瘦，食油腻则恶心，舌偏红，苔黄厚腻，脉沉细。患者系某农药厂工人，系农药操作工。该厂生产四烯、二烯、五气、胺等农药，有农药接触史。2005年1月14日在某化学工业公司职工医院查肝功能，谷丙转氨酶（ALT）118U/L↑（正常0～40U/L），直接胆红素（DBIL）7.0μmol/L↑（正常0～6.5μmol/L），间接胆红素（TBIL）17.00μmol/L（正常3.42～20.52μmol/L），总蛋白（TB）86g/L↑（正常60～80g/L），白蛋白（ALB）39.8g/L（正常35～55g/L），球蛋白（GLB）46.2g/L↑（正常20～30g/L），白蛋白（A）/球蛋白（G）为0.86↓（正常1.5～2.5）。初步诊断为"农药中毒性肝炎"（脾虚肝郁，气虚毒阻）。治以健脾益气，滋肝补肾，疏肝解毒。方用异功散合二至丸等加减。处方：陈皮12g，太子参30g，云苓15g，白术15g，炙草10g，女贞子12g，旱莲草15g，桑椹15g，桂枝10g，杭芍12g，柴胡15g，郁金10g，生芪15g，助消散10g（分冲），公英15g，野菊花15g，姜枣引。7剂，水煎服，每日1剂，早晚饭后1小时服。

二诊：药后症减，舌偏红，苔黄厚腻，脉沉细。以前方去桂枝，加黄芩10g、泽泻15g。

经上方加减服药至5月17日，在某附属医院复查肝功能明显好转，显示：谷丙转氨酶（ALT）75U/L↑（正常0～38U/L），直接胆红素（DBIL）4.1μmol/L↑（正常0～6.8μmol/L），间接胆红素（TBIL）10.3μmol/L（正常3.42～20.52μmol/L），总蛋白（TB）83.6g/L↑（正常62～85g/L），白蛋白（ALB）43.7g/L（正常35～53g/L），球蛋白（GLB）39.9g/L↑（正常20～30g/L），白蛋白（A）/球蛋白（G）为1.1↓（正常1.5～2.5）。嘱其继续服药以巩固疗效，注意休息，不能饮酒，勿再接触农药。

浅析　农药中毒性肝炎是由患者长期接触农药而导致的慢性肝功能损害。王教授认为本病的主要病变在肝、脾、肾，肝肾不足、毒聚邪壅、脾虚湿滞是本病的主要病因。因此健脾益气、滋肝补肾、疏肝清毒是治疗的关键。本案运用异功散合二至丸等加减，疗效显著。方中太子参、云苓、白术、炙草、生芪等健脾益气，女贞子、旱莲草、桑椹等滋肝补肾，柴胡、郁金、公英、野菊花等疏肝清毒。

2　舌面渗血

典型病例　陈某，男，54岁，2005年3月3日初诊。舌面上有出血兼口咽干涩1年，稍饮不当则易腹泻，舌偏红，苔薄少，脉细。治以养阴益胃，凉血止血之法。方以益胃汤合犀角地黄汤加味。处方：沙参15g，玉竹12g，麦冬12g，生地20g，芦根15g，白茅根30g，藕节炭30g，僵蚕10g，开胃散（包煎）30g，川牛膝15g，炒山药30g，知母10g，姜枣引。7剂，水煎服，每日1剂，早晚饭后1小时服。

二诊：晨起舌面仍有出血，口咽干涩减轻，夜间睡眠欠佳，舌偏红，苔薄少，脉细。以前方去知母，加枣仁30g、夜交藤15g、水牛角（先煎）15g、牡丹皮12g。

三诊：舌面上偶有出血，睡眠转佳，舌面干，舌红少苔，脉细。以前方去枣仁，加赤芍12g、陈皮12g、砂仁10g（后下）。

四诊：舌面出血基本已止，咽干已愈，唯舌面略干，舌红少苔，脉细。以前方去山药、陈皮，加竹叶10g、灯芯6g。

五诊：舌面出血已止，咽干已愈，唯舌面略干，晨起舌面略有咖啡样分泌物，舌红少苔，脉细。以前方去僵蚕、灯芯、水牛角，加茜草12g而治愈。嘱其继续服药以巩固疗效，注意不能饮酒，勿食辛辣刺激之品。

浅析　舌面渗血是以舌面有出血点为特征。他认为本病的主要病变在心胃，心胃阴液不足、阴虚血热是本病的主要病因。因此养阴益胃清心、凉血止血是治疗的关键。其运用益胃汤合牛角地黄汤加味，疗效显著。方中沙参、玉竹、麦冬、生地等养阴益胃；芦根、白茅根、藕节炭、川牛膝等凉血止血、引血下行；水牛角清心凉血；另外妙用开胃散、山药、生姜、大枣等温中调胃，以防寒凉之药伤胃，使滋而不腻，凉而不寒。

摘自：李应存.王道坤教授临证验案两则浅析［C］//中华中医药学会医史文献分会.全国第十一届中医医史文献学术研讨会论文集.南宁：中华中医药学会，2008.

王道坤教授破格用药治疗疑难杂症经验

刘宝琴

跟随王教授实习的过程中，有幸收集并观察到王道坤教授破格用药治疗疑难杂症的临床病例，启迪颇深。现将其破格用药的经验总结如下，供同道参考。

1　破药物用量格

中药临床用药剂量即指临床应用的药物分量，一般是指每一味干燥后的生药在汤剂中成人 1 日内服量；其次是指方剂每味药物之间比较的分量，即相对剂量。以《中华人民共和国药典》（简称《药典》）规定的用量为依据。一般而言，剧毒药物或作用峻猛的药物应严格控制剂量，可逐渐加量，中病即止；花、叶、皮、枝等量轻质松、药味浓厚、作用较强及干品的药物，用量宜小；矿物、介壳等质重沉坠、性味淡薄、作用温和及鲜品药物，用量宜大。此外根据剂型、配伍、患者年龄、体质以及季节变化，在药物剂量的使用上均有不同。

病案 1　患者刘某，男，37 岁，2009 年 4 月 15 日初诊。患者自述夜间手足、腰间出现红疹伴奇痒，咽部红痒，自汗，采用中、西药久治不愈，历时 40 余天。舌淡、苔厚，脉弦。平时嗜烟酒。王教授经过仔细辨证后，认为患者所患为风团。因其平素嗜烟酒，损伤脾胃，湿热内生，风寒外侵，化热生风，内不得疏泄，外不得透达，郁于皮肤腠理而发病。治宜疏风散寒、清热止痒，选用麻黄桂枝各半汤加味。处方：炙麻黄 10g，杏仁 12g，桂枝 6g，炙甘草 10g，白芍 15g，生石膏（先煎）60g，血余炭 15g，藕节炭 15g，炒荆芥 12g，炒防风 12g，紫苏梗 15g，白鲜皮 15g，蝉蜕 6g，当归 12g，神曲 12g，全蝎 6g。7 剂，1 日 1 剂，分 2 次温服。2009 年 4 月 22 日二诊：患者药后疹退，出汗，受凉后均无疹出，咽干，口渴欲饮，舌红，舌根少苔、舌尖苔腻，脉弦。根据患者病情，王教授酌情将石膏加至 100g，其余药物不变。患者服药 3 剂后疹退，口渴、咽干消失，收效良好。

按语　生石膏为大寒之品，性寒可清热泻火、除烦止渴，辛寒可解肌透热。用量为 15～60g。脾胃虚寒、阴虚内热者忌用。二诊时患者仍有咽干、口渴欲饮等症状，说明患者体内热盛未减，考虑初诊石膏用量对于此患者偏小，因而加大用量到 100g，以增强解肌透热之功。王教授打破常规用药模式获得了显著的疗效。

病案 2　患者郑某，男，72 岁，1988 年 3 月 23 日就诊。主诉：咳嗽、咯血 1 年余。曾于西医院确诊为右肺肺癌晚期。诊见：咳嗽，咯血，痰血夹杂，胸部闷痛，舌紫暗、苔白滑，右手脉弦无力、和缓，左脉沉细。诊断为肺痈，方用苇茎汤加减。处方：生薏苡仁100g，瓜蒌45g，山药30g，白茅根15g，苇茎30g，沙参12g，防风10g，茯苓12g，白及12g，白术10g，杏仁10g，滑石12g。10剂，1日1剂，水煎分2次温服。1988年4月3日二诊：患者服药后痰中带血减少，咳嗽、咳痰、胸闷较前明显好转，舌紫暗、苔白滑，右手脉弦细、左脉沉细。考虑患者服药后治疗效果明显，无不适，故嘱其继服上方。患者持续服药至1988年10月13日，肿瘤医院拍片复诊示：右肺肿块明显缩小。三诊时患者气不短，偶有咳嗽，无咯血，舌暗、苔薄白，脉沉细。后多次随访，患者饮食睡眠均好，二便通调，精神矍铄，至1999年车祸去世前，其间12年一直病情稳定。

按语　该患者病属晚期癌肿，且病邪已深入膏肓，因疾病迁延日久，正气大虚，则应着重扶正，适当地加一些祛邪药物。王教授十分推崇金元大家张元素"养正积自除"的观点，通过辨证以苇茎汤为基础结合四君子汤治疗。方中使用薏苡仁以达清肺热、排脓消痈之效，《本草纲目》记载："薏苡仁，阳明药也，能健脾益胃，虚则补其母，故肺痿、肺痈用之。"现代药理学研究表明，薏苡仁提取物对癌细胞有明显的抑制作用，《药典》规定用量为9～30g。同时使用全瓜蒌以清肺热，《药典》规定用量为9～15g。处方中破格使用生薏苡仁100g、瓜蒌45g以祛邪，共奏清肺热、排痰抗癌之效。患者持续服药180余剂后，基本治愈，疗效显著。

病案3　患儿高某，男，5岁，1987年4月16日初诊。主诉：发热伴咳嗽、咯血、咳痰半年余。半年前确诊为肺含铁血黄素沉着症，于甘肃省人民医院儿科反复住院治疗3次，不见好转，现口服泼尼松以缓解病情。诊见面色萎黄，口唇紫绀，精神萎靡，乏力，其母代诉痰中有棕色小颗粒，时有血痰，因口服泼尼松故饭量很好，便干，二三日一行，舌淡白、苔薄黄，脉滑数。治以清热凉血、宣肺止咳，予麻杏石甘汤合犀角地黄汤加减。处方：炙麻黄6g，杏仁10g，生石膏（先煎）100g，水牛角（先煎）12g，生地黄15g，赤芍12g，虎杖10g，白茅根30g，芦根30g，生甘草10g，炙百部30g。3剂，1日1剂，水煎2次，分4次温服。1987年4月20日二诊：患者自诉服药3剂后，热退身凉，剧烈阵咳次数减少，现仍有咯血，咳痰色白质黏，便干，舌质淡白、苔薄黄，脉滑数。考虑患者肺火未清，仍有咯血，故上方加生大黄6g，水牛角改为50g。患者持续服用此方20天，于1987年5月10日三诊，诊见：剧咳缓解，咯血止，便畅纳佳，面色转红少泽。考虑患者病情好转嘱强的松减半量，现患者肺热已清，上方石膏减为30g、水牛角减为15g，加当归10g。后予此方加减，患者连续服用半年后一切正常，遂停药观察。经多次随访，一直未复发，现已硕士毕业参加工作2年，身体健康。

按语　综观脉症，发热、剧咳、咯血系肺热火升、肃降无权、伤气损络、迫血妄行而致，治宜清肺凉血、止咳止血，选用麻杏石甘汤宣肺清热、犀角地黄汤凉血止血，其中重用生石膏100g以清肺火，是其小儿常用量的3倍左右。三诊时患儿热退血止、咳减，故石膏减量至30g。本病病程长，反复发作，预后不良。然而王教授应用中药仅仅半年时间即彻底治愈，真谓奇迹。

病案4　患者李某，女，40岁，2008年6月7日就诊。主诉：腰膝关节疼痛半年。诊见：患者手指关节及肌肉剧痛，畏寒较重，盛夏需身着棉衣、棉裤，伴自汗、心慌、眠差、纳可，二便正常，舌淡胖有齿痕、苔白腻，舌下静脉迂曲，脉沉细无力。诊为痛痹，方用独活寄生汤加减。处方：独活 10g，桑寄生 15g，杜仲 12g，怀牛膝 15g，秦艽 12g，防风 10g，细辛 6g，当归 15g，党参 15g，云茯苓 15g，炙甘草 6g，肉桂 6g，熟地黄 15g，白芍 12g，川芎 12g，附子（先煎）60g，益气散（兑服）10g。患者持续服药 30 剂后，于 2008 年 7 月 8 日二诊，诊见：腰膝关节疼痛较前好转，畏寒症状明显减轻，自汗止，心慌减轻，舌淡胖有齿痕、苔白腻，舌下静脉迂曲，脉沉细无力。因患者痹证日久，阳气极虚，故将方中附子加至 120g 以温阳散寒，易肉桂为 10g、熟地黄 30g，其余药物不变。2008 年 12 月 15 日复诊，患者持续服药 180 余天，累计使用附子 877g，临床未见不良反应，腰膝关节痛除，畏寒心慌皆去，自汗症状消失，舌淡红、苔白，脉细有力。嘱其停药观察，后患者自诉 2008 年 11 月 10 日体检报告显示患者身体各项化验指标均无异常。

按语　附子首载于《神农本草经》，《名医别录》中提出附子"大热，有大毒"。《本草新编》论之更详，曰："味辛，气温，大热，浮也，阳中之阳，有大毒……无经不达，走而不守，但可为臣使，佐群药通行诸经，以斩关夺门，而不可恃之镇静也。去四肢厥逆，祛五脏阴寒，暖脚膝而健筋骨，温脾胃而通腰肾，真夺命之灵丹，回春之仙药也。"附子是散寒回阳之第一要药，其性至偏，"用之当，则立刻重生；用之不当，则片时可死。畏之不敢用者，因循观望，必有失救之悲；轻之而敢于用，孟浪狂妄，又有误杀之叹。要在人辨寒热阴阳，而慎用之也"。该患者属于阳虚寒湿偏盛，寒湿之邪痹阻经络重症，王教授在治疗过程中辨证准确，大胆用药，收效良好。

2　破药物配伍禁忌格

配伍禁忌为在复方配伍中，有些药物应避免合用。《神农本草经》称这些药物之间的关系为"相恶"和"相反"。金元时期概括为"十八反"和"十九畏"。中药配伍十九畏：硫黄畏朴硝，水银畏砒霜，狼毒畏密陀僧，巴豆畏牵牛，丁香畏郁金，川乌、草乌畏犀角，牙硝畏三棱，官桂畏石脂，人参畏五灵脂。中药配伍十八反：甘草反甘遂、大戟、海藻、芫花，乌头反贝母、瓜蒌、半夏、白蔹、白及，藜芦反人参、沙参、丹参、玄参、细辛、芍药。《神农本草经·序例》指出"勿用相恶、相反者""若有毒宜制，可用相畏、相杀者"。"十八反"和"十九畏"诸药，有一部分同实际应用有些出入，历代医家也有所论及，引古方为据，证明某些药物仍然可以合用。如甘遂半夏汤以甘草同甘遂并列，散肿溃坚汤、海藻玉壶汤等均合用甘草和海藻，十香返魂丹是将丁香、郁金同用，大活络丹中乌头与犀角同用等。

病案 5　患者门某，女，26 岁，2010 年 8 月 20 日初诊。主诉：头晕五六月，伴胃胀作痛。诊见：头晕，胃脘胀痛，嗳气，腹痛作泻，平素畏寒肢冷较重，右背部有沉重感，眠可，食欲不佳，大便溏薄，舌淡白、边有齿痕、苔薄白，脉沉细。诊为眩晕，予半夏白术天麻汤加减。处方：旱半夏 12g，白术 30g，天麻 10g，茯苓 15g，炙甘草 6g，陈皮 12g，生黄芪 20g，石决明（先煎）15g，和胃散（包煎）30g，川芎 12g，当归 15g，附子（先煎）10g，防风 12g，桂枝 12g，焦山楂 10g，炒莱菔子 10g。患者连续服药 20 剂后，于 2010 年 9 月 10 日复诊，诊见：头晕未再发作，无胃脘胀痛，无腹泻，无畏寒，纳眠可，二便调，食欲较前明显好转，舌淡红、苔白，边有齿痕，脉沉。

按语　王教授认为，患者之眩晕属于风痰上扰、痰湿中阻，治疗当以化痰息风、健脾祛湿为主。患者因为有胃胀作痛、食入不化、嗳气等痰阻气滞的症状，故选用半夏以化痰降逆，行中焦之气滞。患者平素畏寒肢冷明显，说明患者阳虚较重，故在使用半夏的同时加入了与之相反的附子以温阳散寒。患者服药后在眩晕消失的同时，畏寒症状锐减。

病案 6　患者王某，女，47 岁，2010 年 3 月 11 日初诊。主诉：痞满纳呆 2 月余。患者既往有浅表性胃炎病史 3 年余。诊见：自感食后食物停于咽喉，难以下咽，伴口酸，时有口苦，不欲饮食，呃逆嗳气，舌淡、苔白，脉弦细。诊为痞满，方用疏肝和胃汤（王教授自拟方剂）加减。处方：柴胡 15g，枳实 15g，白芍 12g，炙甘草 6g，陈皮 12g，旱半夏 15g，厚朴 12g，紫苏梗 15g，茯苓 30g，附子 15g，蒲公英 15g，槟榔 12g，行气散 20g，开胃散 30g。患者服药 21 剂后，于 2010 年 4 月 1 日复诊，自述食后食物停留感消除，食欲增强，口酸不明显，呃逆、嗳气除，舌淡、苔白，脉沉。

按语　痞满患者的处方中直接使用紫苏梗、厚朴、枳实等行气药物宣通中焦气机，以达到行气消痞的作用。由于患者素体阳虚，寒邪上逆，痰气交阻停于咽喉故难以下咽。中药用药十八反中半夏、附子（乌头）一般不能同时使用，以上 2 个病案是王教授继承孙思邈的用药经验将附子、半夏同用的范例，临床经常使用，每获良效。现代毒理研究和动物实验也证实相畏、相反中药配伍并非绝对禁忌，有毒中药只要掌握了配伍规律、煎煮方法，也可变毒为宝。实际上有毒中药和相畏、相反中药的应用体现了辨证论治的精髓，即有是证用是药。王教授经常教导我们说："《素问·通评虚实论》云，有故无殒，亦无殒也。所以临床上我经常将附子与半夏同用，白及与甘草同用，党参与五灵脂同用。只要辨证准确，不仅疗效显著，而且安全。"

摘自：刘宝琴，王道坤. 王道坤教授破格用药治疗疑难杂症经验［J］. 甘肃中医学院学报，2013，30（1）：5-7.

王道坤教授运用温补脾肾汤治疗眩晕证经验探析

王斑，段永强

王道坤教授认为现今人们工作压力大，生活不规律，喜食肥甘厚腻等，常造成眩晕发生。此病症病机复杂，病情轻重缓急不一，需从虚实两端辨证论治。王教授临证中对于眩晕辨证为虚者，认为其多为脾肾亏虚，精髓不足，气血乏源，不能上充脑府而致眩晕复作，治法多遵循温补脾肾，填精益髓，益火助阳之法。笔者有幸跟师侍诊，获益颇多，现将王老师运用温补脾肾汤治疗眩晕证的经验总结如下：

1 眩晕证病因病机

眩晕轻者闭目即止，重者如坐车船，多以眼花和头晕并见，旋转不定，站立困难，甚至伴有汗出、恶心、呕吐、昏厥等症状，其中急发、偶发者多为实，缓发、复作者多为虚，而且临证中眩晕以虚证更为常见，诚如明代张介宾《景岳全书·眩运》云"眩运一证，虚者居其八九，而兼火、兼痰者不过十中一二耳"，强调"无虚不能作眩"的理论要旨，本病的发生以虚者居多，其次可由痰浊壅盛或化火上扰导致。王老师认为其发生的病因多又与脾肾关系密切，如《素问·五脏生成》云："头痛巅疾，下虚上实，过在足少阴巨阳，甚则入肾；徇蒙招尤，目瞑耳聋，下实上虚，过在足少阳厥阴，甚则入肝。下虚者，肾虚也，故肾虚则头痛；徇蒙者，如以物蒙其首，招摇不定，目瞑耳聋，皆晕之状也。"亦如明代龚信《古今医鉴》眩晕之症，人皆称为上盛下虚所致，而不明言其所以然之故。盖所谓虚者，血与气也；所谓实者，痰涎风火也。原病之由，有气虚者，乃清气不能上升，或汗多亡阳而致，当升阳补气；有血虚者，乃因亡血过多，阳无所附而然，当益阴补血。此皆不足之症也。有因痰涎郁遏者，宜开痰道郁，重则吐下；又如清代尤怡《金匮翼》云："肾阴不足，三阳之焰，震耀于当前，中土虚衰，下逆之光，上薄于巅顶，阴虚而眩者，目中时见火光，土虚而眩者，必兼恶心呕吐也。"由此可见，中土虚衰之时，脾精不能下荫真阳，亦有中虚肝气动而晕者，则为土薄不能滋养而致木摇也。大抵眩晕多从肝出，故有肝虚头晕，肾虚头痛之说，虽亦有肝病头痛者，要未有眩晕而不兼肝者也。王老师在继承发展的基础上认为：眼花为眩，头旋为晕。责之或火，或痰，或血虚、气虚，或阴虚、阳虚，或脾肾虚，或肝肾虚，务须分辨明白，治乃无误。说明了虚是造成眩晕的主要原因之一，所虚部位及性质不同，临证时需辨析准确，方可遣方用药。

2 温补脾肾汤

王教授根据临证诊治眩晕的心得和经验，自拟温补脾肾汤：党参、干姜、白术、砂仁、熟地黄、桂枝、制附片（先煎）、杜仲、菟丝子、怀牛膝、枸杞子、姜枣为引而治。本方适用于素体阳虚，肾精不足引起的眩晕，疗效显著。方中党参甘平，入肺、脾经，补中生津，益气健脾；杜仲、菟丝子补益肝肾，温煦肾阳，熟地滋阴补血，益精填髓，三者合用温而不助火，辛甘俱足，可解肝肾之苦；砂仁化湿开胃，温脾理气，可载血药上行；干姜入肾中燥下湿，止而不行，专散里寒，附子之辛热壮其少火，真阴益，则阳可降；少火壮，则阴自生。后佐以桂枝温通经脉，助阳化气；姜枣气血同补，共奏温补脾肾，填精益髓，益火助阳之功。王老师认为脾肾二脏为人身之根本，若脾气虚则健运失职，难以布化津血，调和脏腑；肾阴亏则封藏无力，不能藏精益髓，充荣脑窍，导致眩晕。而欲使脾脏生化无穷，必得先天之赞育，而要肾脏源泉不竭，亦须赖后天之补充。且现代药理研究亦证明，党参有健脾作用，可以明显改善脾胃虚弱的症状，党参提取物可降低脑组织耗氧量，对脾脏代偿造血功能有促进作用；而附子在现代药理研究中被证明有明显降压、改善冠状动脉血流量情况，且可提高免疫，延缓衰老等。

3　脾肾阳微致眩

眩晕是以头晕、眼花为主要临床表现的一类病证，多见于中老年人，亦可发于青年人。而致病原因多与脾肾阳微相关，诚如《灵枢·口问》所云"上气不足，脑为之不满，耳为之苦鸣，头为之苦倾，目为之眩"，皆提示了眩晕病机多以虚为主。由是可见，先后天之本的不足，是眩晕的疾病发展过程中重要的致病因素，而体虚久病、失血劳倦及外伤、手术、不良的生活作息习惯及饮食等原因致虚是造成眩晕的重要原因。

王老师认为由虚致眩主要有两方面原因：其一，眩晕可由久病不愈，虚体难复而致，因脾为气血生化之源，气血亏虚，脏腑经脉不得气血濡养，难以上达头窍，且脾胃虚弱，不能运化水谷，而导致气血两虚，气虚而清阳无以升，血虚则脑府失于养而致眩晕，血不能濡养心脏，则心神不宁，继而心悸少寐，气虚则懒言，纳呆食少，此如《证治汇补》所云"脾为中州，升腾心肺之阳，堤防肾肝之阴。若劳役过度，汗多亡阳，元气下陷，清阳不升者，此眩晕出于中气不足也；而血为气配，气之所丽，以血为荣，凡吐衄崩漏产后亡阴，肝家不能收摄荣气，使诸血失道妄行，此眩晕生于血虚也"，故临床上多见眩晕动则加剧，劳即复发，伴有面色㿠白，唇甲无华，发色失泽，心悸少寐，神疲懒言，饮食减少，舌质淡，脉细弱等。

其二，王老师认为精髓不足，无法上充脑府，亦可造成眩晕，精神萎靡。因其水火者，为阴阳之征兆也，肾为坎卦，一阳居二阴之间，故须阴平阳密，若阴精早泄，此则可多生他病，壮年时，血气方刚，尚不觉其所苦，人四十而阴气自半，起居日衰，精神不充，蝉联疾作。肾虚则心肾不交，故出现少寐，多梦及健忘，日久致虚而发眩晕。如《景岳全书·眩晕》中所云："头眩虽属上虚，然不能无涉于下。盖上虚者，阳中之阳虚也；下虚者，阴中之阳虚也。阳中之阳虚者，宜治其气……所以凡治上虚者，犹当以兼补气血为最。"而腰为肾之府，故肾气不足时，眩晕可伴随腰膝酸软、耳鸣等症。本病可反复发作，妨碍正常工作及生活，严重者可发展为中风、厥证或脱证而危及生命。西医常认为此病是由高血压、短暂性脑缺血发作、梅尼埃病等导致，治疗常以降血压，增加脑部供血，营养脑血管等对症治疗。王老师认为若素体正气充足，先后天之本充盈，阴阳调和，气血畅达，则血荣眩止。

4　案　例　举　隅

何某，男，45岁，河南人，2019年1月5日初诊，患者于两月前无诱因出现头晕，严重时眼花无法站立，过劳时加重，纳可眠浅，多梦易醒，小便淋漓不尽，夜尿频，偶可出现睾丸疼痛，大便可，平素乏力，四肢困重，腰膝酸软较甚，畏寒、自汗，轻微手足冰凉，焦虑，舌淡红，苔薄微黄，舌体胖大边有齿痕，舌下脉络轻微迂曲怒张，脉沉弦。中医诊断：眩晕。证属肾精不足之肾阳虚证。立法：温补脾肾，益火助阳。处方：温补脾肾汤加减（经验方）。药物如下：党参15g，干姜6g，白术15g，砂仁10g，熟地黄15g，桂枝12g，制附片（先煎）20g，杜仲30g，菟丝子30g，怀牛膝15g，枸杞子15g，生姜3片，大枣3粒。7剂，水煎服，每日1剂，早晚饭后1小时分服。

2019年1月13日二诊：患者自述药后疗效佳，头晕症状明显缓解，仅过劳后出现该症状，睾丸痛止，纳可眠浅，仍诉多梦，小便淋漓不尽缓解，但稍有涩痛，大便可，乏力减轻伴腰膝酸软，偶见焦虑，舌淡红，苔薄白，舌体胖大边有齿痕，舌下脉络轻微迂曲怒张，脉弦，效不更方，继用前法，前方去干姜，更炙甘草为生甘草12g，熟地黄为生地黄15g，加川木通10g，淡竹叶10g，共7剂，服法同前。

2019年1月20日三诊：药后效显，诸症锐减，小便酣畅，涩痛止，腰酸乏力明显减轻，纳可眠浅，大便可，仅诉仍偶有畏寒，手足冰凉，但病情仍随情志变化加减，轻微口疮，舌淡红，苔薄白，舌边稍有齿痕，脉弦，嘱效不更方，加柴胡15g，枳实15g，白芍15g，共7剂，服法同前。

2019年1月30日四诊：患者自述服药效果较好，仅诉偶有腰酸乏力，畏寒，轻微烦躁，纳眠可，二便调，舌淡红，苔薄白，脉弦，继服前方15剂，患者一般情况良好，嘱其增强锻炼，畅情志，饮食规律，治疗后回访，患者已痊愈，未诉其他不适。

按语 该患者初诊时头晕严重，过劳加重，多梦易醒，小便淋漓不尽，夜尿频，偶可出现睾丸疼痛，乏力，腰膝酸软较甚，畏寒、自汗，轻微手足冰凉，烦躁焦虑，舌淡红，苔薄微黄，舌体胖大边有齿痕，舌下脉络轻微迂曲怒张，脉沉弦，提示其虽有虚火，但其本为肾阳虚弱，肾精不固，则应先温其肾阳，固其脾肾，肾精充盛，阳复则眩止。此如清代陈修园《医学从众录·眩晕》云："究之肾为肝母，肾主藏精，精虚则脑海空虚而头重，故《内经》以肾虚及髓海不足立论也。其言虚者，言其病根；言其实者，言其病象，理本一贯。"由是可以看出肾精虚损，则无法充养脑府，久而成虚，眩晕一病，以虚为主，即使部分有实证表现，亦可能是本虚标实，故给予自拟温补脾肾汤以温补脾肾，益火助阳，方中党参、白术，益气以健运脾气，升举脾阳；熟地以滋水阴，用淮药入脾，以输水于肾，然水中一点真阳，又恐其不能生化也，故用附、桂以补之。菟丝子、牛膝固精缩尿，逐瘀通经，通淋，诸药合用，共奏补益脾肾，利水通淋之功，然小便利眩止。二诊时诸症减轻，但仍有虚火，可见心火上炎及烦躁稍甚，予同药生用，加木通、竹叶下利心火，则火从小便遗，小便酣畅，痛止。三诊时仍诉轻微手脚冰凉，且烦躁缓解不显，王老师认为患者本身素体虚弱，故在补益脾肾，益火助阳的同时，增加了柴胡、枳实、芍药等行气解郁之药，意在扶正的基础上透邪外出，从而从整体上达到阴阳平，清阳升，浊阴降，外邪出，眩晕止之功效，充分地贯彻了"小病治气血，大病治水火。盖气血者，后天有形之阴阳也，水火者，先天无形之阴阳也。太极之理，无形而生有形，是治大病，可不以水火为首重耶"的思想。

王道坤治疗杂症验案举隅

巩子汉，段永强

王道坤教授创立温补脾肾汤、枳壳益胃汤、疏肝和胃汤及萎胃灵系列治疗杂病时疗效甚佳，兹结合案例介绍如下。

1　典型病例

案例 1　患者，男，29 岁，2019 年 1 月 12 日初诊。患者四肢萎软无力 1 年余，双下肢尤甚，不能自理。刻下：面色萎黄，消瘦，四肢萎软无力，神疲乏力，纳食少，眠浅多梦易醒，恶寒，双足冰冷，便溏，日 1 行，小便清长量多，舌嫩、舌下静脉迂曲中度，苔薄白水滑，脉弱。外院诊断为"重症肌无力"。辨证：脾肾两虚、精血亏虚，治宜温中健脾、滋阴补肾。方用温补脾肾汤加减：生晒参（另煎兑服）15g，干姜 6g，炒白术 15g，炙甘草 6g，木香（后下）15g，砂仁（后下）15g，熟地黄 15g，桂枝 12g，制附片（先煎）15g，杜仲 30g，菟丝子 30g，怀牛膝 15g，山药 30g，山萸肉 15g，生姜 3 片，大枣 3 枚。7 剂，每日 1 剂，水煎，早晚饭后 1 小时服。嘱舒畅情志，饮食清淡，忌食油腻刺激之品。

2019 年 1 月 20 日二诊：双下肢无力明显好转，可在家短时间自由活动，仍不可上下楼梯，纳食稍可，眠转佳，夜间鼻干，脚凉，大便先干后溏，每日 1 次，小便量多，舌淡红、舌下静脉迂曲中度，苔薄白，脉沉细。药已对症，守方改桂枝 15g、熟地黄 30g、怀牛膝 20g，加续断 15g、桑寄生 15g、三七粉（冲服）12g、枸杞子 15g、鹿茸粉（冲服）3g。继服 14 剂。

2019 年 2 月 6 日三诊：患者自行前来就医，精神较佳，可于平地自由活动，亦可自行上下楼梯 3～4 层，但活动时间稍长则双腿酸软，纳可，不敢多食，强食则脘满，夜间腹胀，四肢冰凉，便溏，每日 1～2 次，舌淡红、舌下静脉轻度迂曲，苔薄黄，脉沉细。守方改桂枝 12g，加枳实 12g、厚朴 12g、柴胡 12g。继服 14 剂。

2019 年 2 月 21 日四诊：精神佳，无双腿酸软，可上下楼梯 7～8 层，纳眠可，大便溏薄，每日 1～2 次，舌淡红、舌下静脉轻度迂曲，苔薄黄，脉细。守方继服 7 剂善后。嘱其饮食清淡，注意保暖。

按语　本案患者肢体筋脉弛缓，痿软无力，不能随意运动，且主要表现为下肢痿软，王教授辨为痿证之"痿躄"。《证治汇补·痿躄》云："治痿独取阳明，因阳明经为水谷之海，主化津液，变气血，以渗溪谷，而润经脉者也……则宗筋弛纵，带脉不引而为痿。"肾藏精，有赖于肝血补充；肝藏血，有赖于肾精化生滋养；然精血皆由脾胃运化水谷之精生养，故治当脾肾同治，王教授运用自拟方温补脾肾汤治疗。方中干姜、制附片辛热，归脾、胃、肾经，温中祛寒、扶阳抑阴，为君；生晒参甘温补脾益气，为臣；白术苦甘而温，健脾燥湿以运中州，正合脾喜燥恶湿之性，熟地黄、山萸肉、山药、桂枝、杜仲、牛膝补肾气，共为佐；炙甘草补脾益气，并调和诸药以为使。全方共奏温中健脾、滋阴补肾之功。二诊时加桂枝以温阳气，续断、桑寄生、枸杞子、鹿茸粉补肝肾、强筋骨。三诊时有胃痞之证，故加柴胡、枳实、厚朴以疏肝理气、行气消痞。后守方继服善后。

案例 2 患者，男，58 岁，2019 年 2 月 21 日初诊。患者自诉怪病 3 年余，平素体弱但无不适，然至季节交替前后数日诸症现，发作时不可纳食，强食及运动则剧烈呕吐，胸闷气短，口干不欲饮，盗汗，目视物不清，四肢乏力，下肢起白屑，眠轻浅易醒，便秘、六七日不行，患者于每次季节交替时静卧于床，季节交替后则诸症皆愈。刻下：纳眠可，二便调，舌紫、舌下静脉迂曲重度，苔黄腻，脉沉细。王教授诊断为交节病，认为瘀血乃主要病机，治宜活血祛瘀。方用膈下逐瘀汤加减：当归 15g，川芎 15g，五灵脂（包煎）12g，桃仁 12g，牡丹皮 12g，赤芍 12g，乌药 12g，延胡索 12g，炙甘草 6g，香附 12g，红花 12g，枳壳 12g，陈皮 12g，法半夏 15g，茯苓 30g，蒲黄（包煎）15g，三七粉（包煎）12g，生姜 3 片，大枣 3 枚。7 剂，每日 1 剂，水煎，早晚饭后 1 小时服。嘱舒畅情志，饮食清淡，忌食油腻刺激之品。

2019 年 3 月 1 日二诊：无明显不适。因 3 月 6 日为"惊蛰"节气，患者心忧而旧病复发，就诊时情绪较为紧张，舌红略紫、舌下静脉迂曲重度，苔厚腻，脉弦。王教授对其进行心理疏导，守方加柴胡 12g，继服 10 剂。

2019 年 3 月 11 日三诊：患者精神大好，无明显不适，偶有口干，舌红、舌下静脉迂曲中度，苔腻，脉弦。守方继服 7 剂。

2019 年 5 月 23 日四诊：患者无明显不适，舌淡红、舌下静脉迂曲轻度，苔薄白，脉弦。守方改法半夏为姜半夏 12g。继服 15 剂善后。

按语 本案患者素体弱，五脏虚损，阴阳失衡，体有宿疾伏邪，不能适应季节自然变化，致疾病发作。《医林改错》云："无论何病，交节病作，乃是瘀血。何以知其是瘀血？每见因血结吐血者，交节亦发，故知之。"指出"交节病"是指在季节交替时易发作或加剧的疾病，并立活血化瘀法治疗，认为打通人体气血经脉通道，使患者顺应自然界阴阳消长规律，可达到治疗目的。王教授谨守病机，处以膈下逐瘀汤治疗。方中当归、川芎、赤芍养血活血，与逐瘀药同用，可使瘀血去而不伤阴血；牡丹皮清热凉血、活血化瘀；桃仁、红花、五灵脂破血逐瘀；加三七粉、蒲黄以助诸药行血之力；配香附、乌药、枳壳、延胡索行气止痛；尤其川芎不仅养血活血，更能行血中之气，增强逐瘀之力。因患者年老体虚，脾失健运，湿无以化，湿聚成痰，故用法半夏燥湿化痰、和胃降逆，陈皮燥湿化痰，二药合用治痰理气；茯苓健脾渗湿，健脾以杜生痰之源，渗湿以助化痰之力。全方以逐瘀活血为主，辅以行气健脾之药，使气帅血行，以增活血逐瘀之力。二诊药效明显，但患者情绪紧张，故加柴胡疏肝理气。其后患者已无明显不适，故守方继服以固疗效。

案例 3 患者，女，45 岁，2019 年 3 月 2 日初诊。全身异常干燥 5 年余，于外院诊断为"干燥综合征"，有慢性萎缩性胃炎病史。刻下：颜面干枯无光泽，肌肤毛发枯燥，头晕乏力，目无泪、鼻无涕、口无唾，唇周干裂疼痛，无带下，阴道干涩，素有胃脘胀痛，纳食饮水不化，稍食辛辣寒凉刺激则胃脘刺痛，失眠多梦，易焦虑烦躁，月经量少，大便质干、二三日一行，小便可，舌红、舌下静脉迂曲中度，苔白少津，脉沉细。辨证为阴津亏虚、瘀血阻络，治以生精养血润燥。方用枳壳益胃汤加减：枳壳 15g，北沙参 15g，麦冬 12g，生地黄 30g，芦根 30g，天花粉 12g，玉竹 12g，石斛 12g，太子参（兑入）15g，龟甲（先煎）30g，黄芪 15g，枸杞子 12g，菟丝子 12g，覆盆子 12g，五味子 10g，车前子（包煎）15g，冰糖 15g，生姜 3 片，大枣 3 枚。7 剂，每日 1 剂，水煎，早晚饭后 1 小时服。嘱舒畅情志，饮食清淡，忌食油腻刺激之品。

2019 年 3 月 10 日二诊：胃脘胀痛、唇周干裂疼痛减轻，余症如前。药已对症，然久病极虚，药力不足，遂守方继服 14 剂，原三日药可二日尽服之。

2019 年 3 月 25 日三诊：诸症大减，面色淡白但有光泽，肌肤毛发较前柔顺，仍眠浅多梦，焦虑烦躁，大便溏、一二日一行，舌红、舌下静脉迂曲中度，苔白少津，脉细。守方加茯神 30g、三七粉（冲）6g，继服 7 剂。

2019 年 4 月 3 日四诊：患者面带光泽，肌肤毛发柔顺，目有泪、鼻有涕、口有唾，唇周润泽，仍眠差，大便质干、一二日一行，带下可，舌下静脉轻度迂曲，脉细。守方加合欢花 15g、首乌藤 15g，继服 7 剂善后。

按语 中医学并无"干燥综合征"病名，然《素问·阴阳应象大论》有"燥胜则干""燥者濡之"，又《素问玄机原病式》指出"诸涩枯涸，干劲皲揭，皆属于燥"，从其发病及临床特征分析，可归属中医学"燥痹"范畴。先天禀赋不足，后天操劳过度，或久病失养，或外感风、暑、燥、火，或内热化燥，阳热亢盛，导致津伤液耗，阴血亏虚，清窍失于濡润，日久瘀血痹阻，络脉不通，累及皮肤、筋骨，深入脏腑而成本病。其基本病机为阴津亏虚，瘀血阻络；病理性质属本虚标实，病位初在口、眼、鼻、咽等清窍，继则涉及全身，内舍五脏。对于本案，王教授谨守病机，治以养阴生津、和胃止痛，自拟枳壳益胃汤。方中生地黄、麦冬养阴生津润燥为君，沙参、玉竹、芦根、天花粉、石斛、芦根助君药养阴生津为臣，枳壳通降胃气为佐，冰糖润养肺胃、调和诸药为使，辅以太子参、黄芪、龟甲以补气生津，又佐以菟丝子、枸杞子补肾益精，覆盆子、五味子滋精生血，车前子既可利尿固精，又制约他药之温。合方不燥不峻，可滋补肝肾、养精益髓。二诊时，药虽对症，然病重药轻，故嘱患者原方重服，原三日药可二日尽服之。三诊时仍有血瘀之象，故加三七粉以活血化瘀，茯神以健脾安神。四诊时因患者眠不佳，故加合欢花、首乌藤以安神助眠。

2 小 结

临证治杂病时，王教授遵《内经》之法，强调"谙熟经方而娴熟应用者，可心中有法而方证对应，如遇复杂变证，灵活加减，此为习医从医之本；而后世时方，亦有继承与创新，采撷古今之长，经方时方并重，方可圆机活法"，并提出"温补脾肾，防治大病""行气活血，安和五脏"学术观点。又《脾胃论》"内伤脾胃，百病由生"、《医宗必读·虚劳》

"肾安则脾愈安，脾安则肾愈安"，因此，王教授临证尤重固护脾胃，调气活血，后天脾胃健运，气血和畅，气血津液生化有源，先天才能有所补，五脏才能安和，人体才能健康。

摘自：巩子汉，段永强，付晓艳，等. 王道坤治疗杂症验案举隅［J］. 中国中医药信息杂志，2020，27（12）：1-3.

王道坤运用柴胡加龙骨牡蛎汤治疗胆心综合征经验

巩子汉，段永强

胆心综合征是指胆道系统疾病通过神经反射或其他因素引起的冠状动脉收缩（供血不足）、心肌代谢失常、心脏功能失调及心电图异常，从而引起心绞痛、心律不齐，且以烦躁、失眠等为常见症状的临床综合征。临床中常将患有胆道疾病伴心脏症状及心电图异常的现象称为"胆心综合征"，其心脏症状与胆道疾病发病严重程度呈正相关，但心脏并无器质性病变。王道坤教授从事临床及教学近 50 年，学验俱丰，在治疗中医内科疑难杂病方面颇有建树，尤其擅用经方柴胡加龙骨牡蛎汤化裁治疗胆心综合征，病症结合，疗效甚佳，现总结成文，以飨同道。

1 胆心综合征病因病机分析

中医学并无"胆心综合征"这一病名，因其特有症状群与《诸病源候论》所载"心腹痛者，由于脏腑虚弱……邪气发作与正气相击，上冲于心则心痛，下攻于腹则腹痛。上下相攻，故心腹绞痛，气不得息"症状相似，故将其归属于中医学"惊悸""怔忡""胸痹"等范畴。王道坤教授基于多年临床实践认为胆心综合征的发病机制多为肝胆气机不畅，郁而生热化火，循经上扰心包（心神）而成，其基本病机特点为本虚标实，治当疏肝利胆、宣通气机、和解清热，兼以固护后天脾胃。方以柴胡加龙骨牡蛎汤化裁，疗效甚佳。

王老师遵《黄帝内经》之旨，承各家之学，认为胆心综合征发病与后天脾胃衰弱密切相关，诚如李杲所言"百病皆由脾胃衰而生"；而《黄帝内经》云"四季脾旺不受邪"，若脾胃运化失常，脾气不升，胃气不降，则洒陈于六腑之气衰，调和于五脏之血少，百病由生，诚如《医宗必读·肾为先天之本脾为后天之本论》云"胃气一败，百药难施"，故脾胃虚弱在本病的发生发展过程中有重要意义。

而且肝属乙木，法象春气，其气主升主散，人体五脏六腑之气血皆赖于肝胆之气而生发，即《读医随笔·卷四》所云："凡脏腑十二经之气化，皆必借肝胆之气化以鼓舞之，始能调畅而不病。"肝为刚脏，与胆相表里，肝以血为体，以气为用，体阴而用阳，集阴阳气血于一身，共成阴阳统一之体。胆为中精之腑而主决断，对其他脏腑的生理功能亦有影响，诚如《黄帝内经·素问》云："凡此十一脏取决于胆也。"另如《备急千金要方·胆腑》云："胆病者，善太息……心澹澹恐如人将捕之。"故胆之为病，可影响心神，出现心慌心悸之证。肝为风木之脏，二脏病理变化多端，每易形成肝胆气机不畅，肝气郁结，郁而化热化火之证，又肝与胆相表里，二者相互影响，可致胆火循经上扰心神，故而胆心病症俱现，表现为胁背胀满疼痛、口干口苦、厌食油腻、心慌心悸、烦躁易怒及夜寐不安等症。

2　柴胡加龙骨牡蛎汤方义

柴胡加龙骨牡蛎汤出自《伤寒论》，其云："伤寒八九日，下之，胸满烦惊，小便不利，谵语……柴胡加龙骨牡蛎汤主之。"原方"柴胡四两，龙骨、黄芩、生姜、铅丹、人参、桂枝、茯苓各一两半，半夏（洗）二合半，大黄二两，牡蛎（熬）一两半，大枣（擘）六枚"。此于小柴胡汤去甘草，而加治冲气之桂枝，利尿之茯苓，泻下之大黄及镇静逐痰之龙骨、牡蛎、铅丹，故治气冲心悸，二便不利而烦惊等。王老师依据胆心综合征本虚标实的病理特点，提出急则疏利肝胆、宣通气机、和解清热以治其标，缓则疏肝和胃、理气健脾以治其本的基本治疗原则，方用柴胡加龙骨牡蛎汤化裁，即柴胡、生龙骨、生牡蛎、黄芩、生晒参、桂枝、茯苓、姜半夏、大黄、生姜、大枣，其中铅丹有毒，以磁石代之，若呕逆明显者，生姜重用，加陈皮、木香以理气降逆止呕；若躁烦甚而不呕者，去半夏、人参，加瓜蒌、焦栀子以清泻郁热；若渴甚者，去半夏加天花粉、麦冬以益气生津；腹痛者，去黄芩加白芍、甘草以缓急止痛。

3　典型验案

张某，女，67岁。2017年9月3日初诊，主诉：胸胁及后背胀痛10年余，曾因情志不畅后受惊吓加重。刻下：心慌心悸甚，胸闷气短，烦躁易惊，情绪紧张，厌食油腻，口干苦欲饮，咽中梗塞感，易外感，纳呆眠差，整日头昏昏然，神疲乏力，小便量少，大便偏干，二日1行，舌淡红边有齿痕苔略黄腻，舌下络脉（－），脉弦细。2017年8月22日于某医院胃镜示：慢性萎缩性胃炎伴胆汁反流；心电图示：频发房性早搏。初步诊断为心悸兼胸痹（胆心综合征）。证属肝胆气滞，胃失和降。方用柴胡加龙骨牡蛎汤化裁，处方：柴胡12g，生龙骨（先煎）15g，生牡蛎（先煎）15g，磁石（先煎）15g，黄芩10g，生晒参（另煎兑服）10g，桂枝10g，茯苓15g，半夏15g，大黄（后下）6g，陈皮12g，苏梗12g，生姜5片，大枣4枚。7剂，每日1剂，水煎服。

2017年9月11日二诊：患者精神面貌较佳，自诉心慌心悸及胸闷气短症状大减，情绪较为自然，烦躁症稍减，小便量稍有增加，但仍胁背及胃脘胀痛，纳呆不欲食，咽中噎塞不适，夜寐眠浅易醒，整日头昏昏然，神疲乏力，小便量可色稍黄，大便质偏干一二日1行，舌淡红边有齿痕苔略黄腻，舌下络脉（－），脉弦细。药已对症，但因肝胆之气疏泄不畅仍有胁背及胃脘胀痛，故于原方加木香12g、香附12g以疏肝解郁，宣通气机。7剂，每日1剂，水煎服。

2017年9月19日三诊：服药期间心悸复发一次，情绪平顺，烦躁症减，胁背及胃脘胀满疼痛症亦减，刻下纳呆不欲食，夜寐眠浅易醒，偶有胃脘嘈杂不适，神疲乏力，头昏昏然，二便可，舌淡红边有齿痕苔薄白，舌下络脉（－），脉沉细弱。上方去大黄，茯苓易茯神30g以增安神之功。7剂，每日1剂，水煎服。

2017年9月28日四诊：药后心悸未发，亦未烦躁，刻下胁背及胃脘胀痛症虽减，但仍稍劳则背胀，偶有右胁痛甚，口干苦欲饮，咽中梗塞感，纳呆眠差，头闷乏力，二便调，舌淡红苔薄白，舌下络脉（－），脉沉细弱。上方加川芎15g行气活血，枳实12g破气消积，黄芪30g以益气健脾。14剂，每日1剂，水煎服。

2017年10月16日五诊：药后诸症皆减，刻下仍胃脘嘈杂，偶有反酸，纳可眠稍差，咽中噎塞感，乏力，二便调，舌淡红苔薄白，舌下络脉（－），脉细。上方生龙牡易海螵蛸30g以制酸止痛，加炒麦芽12g以行气消食。14剂，每日1剂，水煎服。

2017年11月3日六诊：刻下无明显不适，偶有食不慎则胃脘嘈杂不适，二便调，舌淡红苔薄白，舌下络脉（－），脉细。继服原方14剂以巩固疗效，每2日1剂，水煎服。

按语　本案患者主诉胸胁及后背胀痛、时有胸闷气短，兼见心慌心悸、烦躁易惊、情绪紧张等症，提示为气机不畅，肝胆郁滞，生热化火；又患者纳呆眠差，神疲乏力，整日头昏昏然，舌淡红苔薄白边有齿痕、脉弦细说明脾胃虚弱，脾之清气不升，胃之浊气不降，辨为肝胆气滞，胃失和降之证，故治宜疏利肝胆、宣通气机、和解清热，处方以柴胡加龙骨牡蛎汤化裁。二诊获效，中医学认为"久病必虚"，此患者久病十余年，本为脾胃虚弱，然患者情绪不畅又受惊吓，如《黄帝内经》云"惊则气乱"，《临证指南·惊》云"惊则胆伤"，故成肝郁气滞之象，又肝木横逆克犯脾土，诚如《黄帝内经》云"气有余，则制己所胜，而侮所不胜。其不足，则己所不胜侮而乘之，己所胜轻而侮之"，故患者表现为纳呆少食，神疲乏力。又如《知医必辨·论肝气》云"肝气一动，即乘脾土，作痛作胀，甚则作泻，又或上犯胃土，气逆作呕，两胁胀痛"，因而患者胁背胀痛，厌食油腻，恶心欲呕。肝为风木之脏，内寄相火而为刚脏，体阴而用阳，法象春气，其气升发，"喜条达而恶抑郁"，治疗时应尊其本性，疏利肝胆、宣通气机、和解清热，正如《医学衷中参西录》所云"有谓肝于五行属木，木性原善条达，所以治肝之法当以散为补，散者即升发条达之也"，加苏梗、木香、香附等疏肝行气解郁。三诊、四诊患者主诉已解，又诉神疲乏力、眠浅易醒，故原方中易茯苓为茯神以增安神之功，加川芎、枳实活血行气消积，黄芪益气健脾。五诊患者仍有反酸等不适，故加海螵蛸制酸止痛，炒麦芽消食化积疗效甚佳。六诊时患者已无明显不适，故守方继服14剂，并减半量服用以巩固疗效。

摘自：巩子汉，段永强，虎峻瑞，等. 王道坤运用柴胡加龙骨牡蛎汤治疗胆心综合征经验［J］. 中医药临床杂志，2019，31（8）：1453-1455.

王道坤教授基于圆运动之天人一气论治"交节病"及验案拾萃

王斑，段永强，巩子汉

王道坤教授临证倡导整体观念，天人一气理论，尤其对疑难杂症的诊治更具特色。笔者有幸跟师侍诊，受益匪浅，现将王老师治疗交节病的经验和验案总结如下。

1 "交节病"与五脏

"交节病"首见于清代王清任《医林改错》："无论何病，交节病作，乃是瘀血。"是指两个节气交替之时疾病发生或病情加剧的疾病，没有特定的症状及证候表现。王老师认为五行六气与人体脏腑之间关系密切，而一年之中大气的圆运动，春木主升，夏火主长，秋金主收，冬水主藏，中土主化。生、长、化、收、藏，五行圆运动之成功也。五行六气，是融合紧密，拆分不开，和平不偏的圆运动，诚如清代彭子益《圆运动的古中医学》云："木气偏见，则病风。君火之气偏见，则病热。相火偏见，则病暑……土气偏见，则病湿。"然人秉大气的木气而生肝脏与胆腑，人身处处有疏泄作用，处处皆木气；火气生心脏与小肠，心与小肠主血，有宣通之用；金气生肺脏与大肠，肺与大肠主皮毛，有收敛之用；水气生肺脏与膀胱，肾与膀胱主骨，有封藏之用；土气生脾脏与胃腑，脾与胃主肉，有运化之用，而相火生心包与命门，有燔灼之用。因脏腑之气升降相因，协调平衡为用，五行之气更迭有序，交节和平为顺，故五脏特性外象于五行之性，五行之气内应于五脏之气。

2 "交节病"与六气致病

天人之气，和平则无过，亦和亦平则称为圆运动，相生则和，相克则平，相生者，补其不足，相克者，制其太过，一呼一吸则大气降于身也。王老师认为五行六气实乃和平不偏的圆运动，有厥阴风木、少阴君火、少阳相火、太阴湿土、阳明燥金、太阳寒水之称。圆运动的天人一气，若病发于时令，则最为显著，内伤杂病，亦属六气，故彭子益云："因时令病，乃整个六气分散，中气消灭极易，故死甚速也。"

2.1 厥阴风木之为病

王老师强调人是一个有机的整体，各个脏腑组织、器官的功能活动并不是孤立的，而是整体活动的一个部分，各个部分之间相互依存，相互制约，相互为用，肝经木气的疏泄作用自下而上，胆经反之，以成一圆运动。足少阳胆经甲木，足厥阴肝经乙木，肝为阴而胆属阳，二者同属大气中的木气。木气以疏泄为畅，人之木气亦然，疏泄不及或太过均会造成疾病的发生，若肝气疏泄不及，常导致肺失清肃、燥热内盛而出现胸胁隐痛胀满、头晕头痛等。

2.2 少阴君火之为病

王老师认为心与小肠之火均应以宣通为宜，心经的火气自上而下宣通，而小肠反之，以成一圆运动，春分、清明、谷雨、立夏属二之气。手少阴心经心火，手太阳小肠经丙火，心为阴而小肠为阳，二者同属大气中的火气。若宣通不及，则可出现心气不足、心阳不振、瘀血闭阻等血痹，神倦等疾病。实为"不及者，木火之气虚；太过者，中气虚，金气不降也"。

2.3 少阳相火之为病

王老师强调人体的相火之气，相火具有燔灼作用，心包经相火的作用由下而上，而三焦经反之，以成一圆运动，小满、芒种、夏至、小暑属三之气。彭子益云："中气旋转，则上下交清，有如相臣之职，故称其为相火。"手厥阴心包经相火，手少阳三焦经相火，心包为阴，三焦为阳，二者同属大气中的相火之气。相火应下降于肾水之中，水中有火温润则可生元气，因无相火太过之病，则常出现的为相火不降而致的发热等症状，相火不降而燔灼于外，外之灼烧愈大，则内之相火愈少，故而成病。

2.4 太阴湿土之为病

王老师认为脾胃为气血生化之源，全身的机能都需要依靠脾胃所运化的水谷精微来濡养，土气有运化的作用，胃经的土气运化自下而上，而脾经反之，以成一圆运动，大暑、立秋、处暑、白露属四之气。足阳明胃经戊土，足太阴脾经己土，脾为阴，胃为阳，二者同属大气中的土气。若脾土之气运化不足，则可能出现腹满、纳停、上吐下泻、四肢不举、全身倦怠等症状；且无运化太过之疾，常见土气填实之病，实则为不能运化也。

2.5 阳明燥金之为病

王老师认为金气有收敛的作用，肺经金气的收敛作用自上而下，而大肠经反之，以成一圆运动，秋分、寒露、霜降、立冬属五之气。手太阴肺经辛金，手阳明大肠经庚金，肺为阴，大肠为阳，二者同属大气中的金气。收敛不及则可出现多汗、头晕、痿软等症状，或因心阳不足，瘀血痹阻而影响肺的宣发与肃降而致咳气促、上逆等症状。实为"不及者，木气过于疏泄；太过者，火气不能宣通也"。

2.6　太阳寒水之为病

王老师认为肾藏精，主生长发育及水液代谢，水气有封藏作用，封藏功能越强，人体阳气之根则越发坚固，膀胱经的封藏作用自上而下，而肾经反之，以成一圆运动，小雪、大雪、冬至、小寒属六之气。足太阳膀胱经壬水，足少阴肾经癸水，肾为阴，膀胱为阳，二者同属大气中的水气。若封藏不及，则会出现虚阳越、头晕、发热等；实为"不及者，金气收敛力衰，木气疏泄太过也"。

3　验案拾萃

戴某，男，48岁，兰州城关区人，2019年3月21日初诊。患者自述2年前惊蛰前因生气致癫痫剧烈发作一次，此前并无癫痫发作病史，于医院就诊后好转，具体治疗情况不详，之后每遇节气更替之时，便有程度反复及不适，10天前因时逢惊蛰与春分交替前后，出现癫痫小发作入院，出现不可进食，食入即吐，水谷皆闭，耳中鸣响如雷，双目视物模糊，神疲乏力，胸闷气短，胸胁部胀满，四肢痿软不能行，烦躁易怒，下肢皮肤白屑，瘙痒难耐，需卧床静养，动则即吐，甘肃中医药大学第一附属医院诊断：肾功能异常；高血压3级（极高危）；癫痫；糖耐量异常；脂肪肝；慢性萎缩性胃炎；高尿酸血症。给予对症及支持治疗（具体情况不详），诸症减轻后出院，未查明癫痫病因。现恰逢节气变更前夕，患者惶恐不已，遂来就医，刻下腹胀，口干，夜间偶有盗汗，多梦，便调，纳眠尚可，舌紫暗，苔黄腻水滑，舌下脉络青紫，迂曲怒张较甚，脉沉细。中医诊断：交节病。证属肝郁气结，瘀血阻滞。立法：活血逐瘀，破气散结。处方：膈下逐瘀汤加减。药物组成：五灵脂（包煎）12g，当归15g，川芎12g，桃仁15g，牡丹皮12g，赤芍12g，乌药12g，延胡索12g，炙甘草6g，香附12g，红花12g，枳壳12g，陈皮12g，旱半夏15g，茯苓30g，苍术15g，厚朴12g，三七粉5g，水蛭粉3g，生姜3片，大枣3枚。7剂，水煎服，每日1剂，早晚饭后1小时服。

2019年3月28日二诊：时逢春分，患者自述此次节气更迭大好于前，药后腹胀缓，口干、胸闷气短等症状均有减轻，仅食不慎后呕吐，便难，小便可，仍诉多梦，刻下腹胀，自汗，舌暗苔黄染，舌下脉络青紫，迂曲怒张甚，脉弱，若大便日久不解，则可诱发小癫痫。更枳壳为枳实15g，旱半夏更为法半夏15g，茯苓更为茯神30g，加蒲黄（包煎）15g。15剂，煎服同前。

2019年4月27日三诊：谷雨后7天，患者自述诸症减轻，癫痫未再犯，但节气交替时周身肌肉酸痛，现症纳呆，眼部不适，双下肢皮肤起皮屑瘙痒，无红肿热痛，便难，矢气频，腹胀减轻，肢凉微畏寒，仍诉多梦。舌暗红，苔黄腻，舌下脉络怒张迂曲较前减轻，脉沉弱。效不更方，更当归为8g，乌药3g，枳实18g，茯神20g。7剂，煎服同前。

2019年5月9日四诊：立夏后3天，患者自述双下肢起皮减仍痒，眼耳不适，纳呆，大便日1行，溏结不调，嗜睡倦怠，舌暗红苔厚腻稍黄，舌下脉络迂曲怒张稍轻，脉弱。治法同前，更枳实为12g，厚朴为15g，7剂，煎服同前。

2019年5月21日五诊：时逢小满，患者诉药后症减，但仍纳呆多梦，睡眠质量较前明显改善，大便日一行，溏结不调，小便频，色清，舌淡紫苔黄腻，舌下脉络青紫，仍迂曲怒张较甚，脉弱。效不更方，继服15剂，煎服同前。15剂后患者未来复诊，遂电话询问，患者自述现节气交替时再未复发，皮肤瘙痒症状基本消失。嘱患者畅情志，定期复诊，以固后效。

按语 "虚劳之病，其初皆由木气之妄动，其后皆成于金气之不收"。该患者病程长，症状冗杂，病情较重，吾辈关于此病知之甚少，遂求教吾师，师云："纵观此患者，疾病发作时，均在节气更迭之时，一诊时，恰逢惊蛰，此时为初之气，大气由寒而温，动而上升，是为木气，所以患者出现了头晕耳鸣、胸胁部胀满、烦躁易怒，皮肤瘙痒等症状，此为木气主动，动而不通，则成风。且患者舌下脉络青紫，迂曲怒张较甚，脉沉细，是为瘀血日久不通。"故辨证为肝气郁结，瘀血阻滞，方宗膈下逐瘀汤，全方以逐瘀活血和行气药物居多，使气帅血行，更好发挥其活血逐瘀，破癥消结之力。然吾仍不解有二，其一：虽患者血瘀证日久，何以用水蛭如此破血之品，师云："气结之病，可用气药散之于无形。血蓄之症，非用血物不能散之于有形也。水蛭正有形之物，以散其有形之血耳。且佐以倍量三七散瘀止血，制其过分破血之功，何惧哉。"且现代药理研究证明水蛭素抗凝血、溶栓降压等作用显著，故佐以水蛭奏效尚佳。其二：每方调整药量变化时，均调整了枳实的用量，尤其三诊时，患者双下肢皮肤起皮屑，瘙痒较甚，枳实量更为18g，意味何？师云："《本经》一书提到，枳实味苦寒，入肝脾经，主大风在皮肤中，如麻豆苦痒，除寒热结。"充分体现了气随血行，血行风自灭的用药原理。

摘自：王斑，段永强，巩子汉，等. 王道坤教授基于圆运动之天人一气论治"交节病"及验案拾萃 [J]. 中华中医药杂志.

各 家 学 说

论服石疗法及其应用价值

王道坤

服石疗法，系指传统中医学中用石药或以石药为主，草石并用组成的方剂，并配合冷护通过"致热消疾"的一种古老疗法。

由魏晋时期兴起的服石养生疗法，延绵千余年之久，至唐宋犹未泯绝。从唐代孙思邈在《千金要方·解毒》中提出"宁食野葛，不服五石"以及文人每每借皇甫谧病痱与服石并提之后，其风渐衰，大抵迄元代朱震亨倡"阳常有余，阴常不足"以后，医风为之一变，服石养生之风方始停歇。所以从明代到清代，以至今 600 多年间很少有学者问津，此术濒于绝境，疑团甚多。如何正确评价服石疗法，服石对养生和治病，有无价值？是应该辨证使用，还是应一概否定，"遇此方即绝焚之，勿久留也"（《千金要方·解毒》），现分 4 个问题探讨如下，请各位专家指正。

1　问题的提出

我在诊疗实践中，亲眼看到服石确能速起沉疴，治愈顽疾的实例。患者史某，患慢性萎缩性胃炎（中度）3 年，住院多次，迭进名贵中西药，情况虽有好转，但体质极弱，走平路即感气短，自汗、乏力、消瘦、畏寒、经常感冒，不能食冷，但经服石治疗后，花费几十元，历时十余天，竟奇迹般地出现能食冷、洗冷水浴，能骑自行车行十几里路无不适。

风湿痹症患者杜某，卧床不起 2 年多，百药不效，服石兼用冷浴，竟在 1 周后独立行走。胃癌患者黄某，服石治疗 3 周后，竟存活 6 年之久。对此中央电台和甘肃电台都曾作过报道。这些事实，正和晋代的与玄学创始人何晏作坚决斗争的朴素唯物主义哲学家——魏国散大夫嵇康在《寒食散赋》中记述的事实相符，他说："余晚有男儿，既生十朔，得吐下积，日羸困危殆，决意用寒石散，未至 3 旬，几于平复。"（《艺文类聚·方术部》）。于是引起我极大兴趣，花了一定的时间和精力，翻阅资料，走访患者，从中得到不少启发。服石疗法是祖国医学宝库中的一种治病绝招，我认为，应该重新评价服石疗法的应用价值，应当发掘，推广应用。

2 服石疗法兴衰及其原因

服石治病的起源，可追溯到战国时期，《史记·扁鹊仓公列传》即有"齐王侍医遂病，自炼五石服之"的记载。至汉代，张仲景对服石疗法作了继承和发扬，但主要目的也是用以治病。仲景在《伤寒论》和《金匮要略》中，尤其是在《金匮要略》中收集和创制了很多使用石药的方剂。其中以"治大风，四肢烦重，心中恶寒不足者"的侯氏黑散和"治伤寒令愈不复"的紫石寒食散方为代表方。至于有的学者认为此两方不是仲景方，如《金匮要略心典》作者尤在泾认为"此方亦孙奇等所附"。《医宗金鉴》尽删节未载。我认为此论不够成立。因《诸病源候论·卷六》寒食散发候有"仲景经有侯氏黑散紫石英方"之记载。《外台秘要第十五卷风癫门》引《古今录验》侯氏黑散疗风癫方，其方有钟乳、矾石，无桔梗，凡十五味，方后细注云："张仲景此方，更有桔梗八分，无钟乳、矾石，以温酒下之，禁一切鱼肉大蒜，常宜冷食，六十日止，即药积腹中不下也；热食即下矣。冷食自能助药力。"据此，可知此方本系仲景方。关于"侯氏"者，因《金匮要略》一书是仲景治杂病之方书，其方也不必尽出仲景，乃历圣相传之经方也。仲景则汇集成书而以己意出入其间也。

仲景用石治病的方剂还很多，再如麻杏石甘汤中之石膏；治百合病的滑石代赭汤；治狐惑病之雄黄熏方；治疗牝疟之蜀漆散中之云母、龙骨；治胸痹、心痛彻背，背痛彻心之乌头赤石脂圆；治女劳疸之硝石矾石散；治黄疸表和里实之大黄硝石汤；治下利便脓血之桃花汤；救卒死而壮热者方；除热瘫痫之风引汤等。

另外，仲景还主张服石以后用"冷食"护理，如侯氏黑散，原著云："右十四味，杵为散，酒服方寸匕，日一服……常宜冷食，六十日止，即药积在腹中不下也，热食即下矣，冷食自能助药力。"（《金匮要略·中风历节病脉证并治第五》）。对于"冷食"能助药力，喻嘉言讲得非常深刻，他说："治风而驱风补虚谁不能之？至驱补之中而行堵截之法，则非思议可到。方用矾石以固涩诸药，使积而不散，以渐填其空窍，则旧风尽去新风不受矣。盖矾性得冷则止，得热则行。故又嘱以宜冷食也……仲景制方，匠心独创，乃中风证首引此散，岂非深服其长乎！"（《医方集解·祛风之剂》）。

仲景书中不仅有"冷食"之护理方法，也有"洗身""浸脚"之方法，如"百合病，一月不解，变成渴者，百合洗方主之"。方用百合一升，以水一斗，渍之一宿，以洗身，意在通表泻热，"救卒死而壮热者方，用矾石半斤，以水一斗半煮消，以渍脚，令没踝"（《金匮要略·杂疗方第二十三》）。程林曰："厥阳独行，故卒死而壮热。岐伯曰：'血之与气，并走于上则为大厥，厥则暴死'，矾石，收摄药也。以水浸足，而收敛其厥逆之气。"（《医宗金鉴》）。另外，用冷水"溴""洗"等治疗方法，在汉代也很盛行，如"病在阳，应以汗解之，反以冷水溴之，若灌之，其热被却不得去，弥更益烦……若以水溴之洗之，益令热被劫不得出，当汗而不汗则烦……"（《医宗金鉴·订正伤寒论注太阳上篇》）。所以说，服石法源于战国，用石治病臻于仲景，但未能得到普遍的重视，正如六朝秦承祖在《寒食散论》中所云："寒食散之方，虽出汉代而用之者寡，靡有传焉。"

服石养生，谬于魏晋；颓风盛行，倡于何晏。魏晋时期，由于道教的兴起，一些懂得医药知识的道教徒们倡言服石可以"长生不死，成仙得道"，醉心于炼制金丹，以求长生久视，恰恰迎合了统治阶级的心理，于是服石养生，成了一代俗习。其中以玄学首创者魏国尚书何晏为首倡者，他大力鼓吹其养生之效验，说："服五石散，非惟治病，亦觉神明开朗。"《世说新语·言语》于是由服石治病，引入服石"养生"的歧途，在士大夫阶层掀起了服五石散的热潮，一时间社会上各阶层人们竞相效仿，企盼强身延年，正如皇甫谧所说："近世尚书何晏，耽声好色，始服此药，心加开朗，体力转强，京师翕然，传以相授。"（《诸病源候论·卷六》）。究其盛行之因，一则出于强身纵欲之需，另则该方也确有速效，所谓服之"神明开朗""体力转强""令人手足温暖，骨髓充实，能消生冷，举措轻便，复耐寒暑，不著诸病"。再则，由于服石后能感到周身发热并异常兴奋，所谓能"成仙不死"，所以成了当时富门显族时髦的象征。

由于盲目滥服久服药性燥热猛烈的石药，于是产生了严重的毒性反应，威胁着人们的健康和生命，成了当时社会的一大祸害，所以服石渐趋日衰。从《诸病源候论·解散病诸候》的记载来看，足以看出其危害之深和危害之大。它能导致人体痰癖、浮肿、高热、消渴、上气、心腹痛、便秘、便血、小便不通、二便难、热淋、腰痛、烦闷、呕逆、目痛失明、痈肿、发疮等 20 多种病症，不少人因此而致终身残疾，甚至夭亡。《诸病源候论·卷六》记载了晋代学者皇甫谧所记述的一段事实经过的切身体验，颇能说明这个问题："寒食之疗法，御之至难，将之甚苦……历岁之困，皆不终朝而愈。众人喜于近利，未睹后患。晏死之后，服者弥繁，于时不辍，余也豫焉，或暴发不常，夭害年命，是以族弟长互，舌缩入喉；东海王良夫，痈疮陷背；陇西辛长绪，脊内烂溃；蜀郡赵公烈，中表六丧，悉寒食散之所为也。远者数十岁，近者五六岁，余虽视息，犹溺人之笑耳。而世人之患病者，由不能以斯为戒，失节之人多来问余，乃喟然叹曰：今之医官，精方不及华佗，审治莫如仲景，而竟服至难之药，以招甚苦之患，其夭死者，焉可胜计哉！"

3　寒食散的考证

寒食散究竟是个什么样的方子？创于何人之手?经过笔者深入考证，发现寒食散有多方，且有一个演变过程。取石治病，源于淳于意，寒石散成方于张仲景。而《金匮要略·杂疗方第二十三》中的紫石寒食散和侯氏黑散等为其代表方。紫石寒食散方由紫石英、白石英、赤石脂、钟乳石、太乙余粮等 5 石药和栝蒌根、防风、桔梗、文蛤、鬼臼、干姜、附子、桂枝等 7 种草药 1 种介壳药凡 13 种组成，共为散，酒服方寸匕。因起名寒食散，因知药后自当"冷食"护理。仲景因在侯氏黑散的服法护理中，言明"杵为散，酒服方寸匕，日一服，初服二十日，温酒调服，禁一切鱼肉大蒜。常宜冷食，六十日止，即药积在腹中不下也，热食即下矣，冷食自能助药力"。故此处服法、护理从简。犹《伤寒论》中桂枝汤后护理甚详，而麻龙柴胡从略也。这时组方的特点是以草药石药并用。

魏晋时崇尚清谈，好"三玄"之学，以清虚无为作为养生的指导思想。玄学的创始人何晏由于推崇"五石散"，所以士大夫阶层以服石养生为荣。他们所服用的"五石散"当是靳邵创制的五石散。正如宋代张杲在《医说·卷一》中说："靳邵不知何许人也，性明敏有才术，本草、经方诵览无不通究，裁方治疗意出众见，创置五石散、矾石散方，晋朝士大夫无不服饵，获异效焉。"靳邵氏之五石散，当由 5 味石药和 11 味草药共 16 味药味组成：钟乳、硫黄、紫石英、白石英、赤石脂、白术、栝蒌、海蛤、防风、细辛、附子、人参、桔梗、茯苓、牡蛎、干姜。此由分析道弘道人《解散对治方》而得。而道弘道人加减方法是："惟患冷者服之耳，自可以除栝蒌；若虚劳脚弱者，以石斛十分代栝蒌；若风冷上气咳者，当以紫菀十分代栝蒌，二法极良。若杂患常疾者，止除栝蒌而已，慎勿加余物。"此方即是从晋魏流传至唐宋，用以"养生"的五石散（又名寒食散）。不难看出，此方是由仲景紫石寒食散方化裁而成，即原方五石中减去太乙余粮，新增硫黄；草药中去桂枝、鬼臼，新加人参、茯苓、细辛、牡蛎等组成。药味由 13 味增至 16 味。由治病转入以"养生"为主。由于新加人参、茯苓、硫黄等，应该说此方，较仲景原方组方更周全，用以补助阳气虚弱者，自能"令人气力兼倍"。

到隋唐时期，从《病源》《千金》《千金翼》和《外台》等著作中记载的寒食散来看，药味组成基本固定，略有出入，这一时期，医家的注意力集中在"寒食发动候"的解救和理论探讨上，所以解救方剂很多。唐代每每提到单味"药发"的问题，如《千金要方·解毒》中提到"石硫黄发""紫石英发""白石英发""赤石脂发""矾石发"等。而在敦煌卷子《解石方》中有"麦门冬汤方（麦门冬、人参、甘草）疗一切杂后发"的记载，可以断言，虽然都服石养生，但用方互有不同，有用成方者，也有用单味石药者，所以巢氏《病源·卷六》中有多处"寒食散"与"寒食药"互称，是有一定道理的。但不能写"寒食散"为"寒石散"。

应该说明的是葛洪在《抱朴子》中也载有"五石者，丹砂、雄黄、白矾、曾青、慈石也"。因葛洪崇尚道家，热衷于炼制金丹，以求长生，所以此"五石者"非晋代士大夫阶层中流行服食的五石散，葛氏有言为证，他说"余考览养性之书，鸠集久视之方，曾所披涉篇卷以千计矣，莫不皆以还丹金液为大要者焉"，因而"略钞金丹之都较以示后之同志"（《抱朴子·金丹》）。

4　服石疗法宜忌及其护理特点

我认为，服石治病，尤其治顽症确能大显神奇，但必须进一步深入研究，严格掌握其适应证和用量，用法及药后护理等，杜弊兴利，才能实现"历岁之困，皆不终朝而愈"的神奇之效。正如巢元方氏所强调的："欲服散，宜脉候，审正其候，尔乃毕愈""但如方法，服散勿疑"。

4.1 寒食散，大致适应以下诸证

（1）肾阳虚，吐泻腹痛腰痛，表寒怕冷，四肢不温，舌淡胖，脉浮大者最宜。所谓"惟患冷者服之耳"。

（2）患伤寒，体质虚弱，正不抵邪，或缠绵不愈或反复发作者，即"治伤寒，令愈不复"及"虚人亦治"。

（3）魇病：即睡眠时惊梦纷纭，不能安眠者。

（4）严重的寒痹证，剧痛不能起床者，而一般药物治疗无效者。所谓"唯病着床，医所不能"。

（5）"若老小上气之人及产妇卧床不起，头不去巾帽，厚衣对火者"。

（6）"大风""风癫"症见"四肢烦重，心中恶寒不足者"。

4.2 禁忌证

（1）实热证忌用，所谓"实人勿服也"。又说"患热则不服其药"。

（2）"小病不能自劳者，必废失节度，慎勿服也"。

（3）内有积滞，便秘者。"病人有宿癖者，不可便服也，当先服消石大黄丸下去，乃可服之"。

4.3 服药方法、剂量及疗程

服寒食散，2 两为剂，分作 3 帖。清旦温醇酒服 1 帖，过 2 小时，再服 1 次，再过 2 小时，服尽。如体质强者，适当加量。如老人、小儿及不耐药者，可适当减量。

4.4 特殊的护理方法

（1）掌握好时机，及时用冷水洗手足，洗冷水浴。服药后不一会儿，即应以寒水洗手足，药力行者，当小痹（即身上有些麻痹感时），便自脱衣，以冷水极浴，药势益行，周体凉了，心意开朗，所患即瘥，虽羸困着床，皆不终日而愈。

（2）药后加强体育活动和做一些体力劳动。"服药之后，宜烦劳。若羸着床不能行者，扶起行之"。

（3）药后宜进冷食冷饮。且应少食多餐，一日进六七次。不可挨饿。

（4）衣着应薄而少，宜睡卧凉处。

（5）如服散后出现某些部位不适，如腰痛、咽痛，可用"冷石熨"患处。

（6）饮酒。"赤石脂、紫石英发，宜饮酒，得酒即解，凡药发，或有宜冷，或有宜饮酒，不可一概也"。

总之，服食散后，"常当寒衣、寒饮、寒食、寒卧"。冷水洗浴，多多活动。"极寒益善"。巢元方和道弘道人在这方面总结有丰富的实践经验，可以说是从千千万万个血的教训中总结出来的，颇有参考价值。概括谓：六反、五急、八不可、三无疑。分别是：

"重衣更寒，一反也；饥则生臭，二反也；极则自劳，三反也；温则滞利，四反也；饮食欲寒，五反也；痈疮水洗，六反也。"

"当洗勿失时，一急也，当食不忍饥，二急也；酒必淳清令温，三急也；衣温便脱，四急也；食必极冷，五急也。"

"冬寒欲火，一不可也；饮食欲热，二不可也；当诊自疑，三不可也；畏避风凉，四不可也；极不能行，五不可也；饮食畏多，六不可也；居贪厚席，七不可也；所欲从意，八不可也。"

"务违常理，一无疑也；委心弃本，二无疑也，寝处必寒，三无疑也。"

总之，"要当违人理，反常性"。护理得宜，必能产生"如法持心，将摄得所，石药为益，善不可加"的效验。

4.5 疗程

鉴于寒食药药性燥烈，只宜中病即止，不宜久服。一般只宜服二十日或一个月。即当停服，切勿长年累月服。

5 关于误治和错服的救活问题

由于寒食散多由药性燥烈的草石组成，旨在"致热消疾"，所以应用时，首先必须辨准适应证，方可大胆使用，才能收到立竿见影之效。其次必须恰当的护理，将息适宜。分析"散发"之后出现的症状和原因，我们认为，关键是没有辨准适应证，阳证误投热药所致。再次，多是常服久服，出现的毒副作用。正如巢元方氏开宗明义所讲："世人未能得其深趣，故鲜能用之。"对于如何挽救误治，前人如道弘道人、巢元方、孙思邈以及敦煌遗书《解石方》等，均收集了可贵的治疗经验，创制了不少有效方剂。如葱白豉汤、杜仲汤、生麦门冬汤、麻黄汤、大麦麨等。限于篇幅，不再多讨论。值得注意的是，古人不仅积累有以热性石药治疗大寒的经验，而且也有用寒性石药治疗热病的经验。如仲景除热瘫痫的风引汤，汇集 6 种石药清热镇降以息风。再如敦煌遗书《解石方》中的寒水石方，组药 17 味，寒水石、石膏并用，俱有至理，值得深入研究，发扬光大。

摘自：王道坤. 论服石疗法及其应用价值［J］. 甘肃中医，1993，6（4）：10-13.

《古今医鉴》"九窍不通，肠胃所生"的学术特色及其遣方用药规律探讨

虎峻瑞，段永强

《古今医鉴》"九窍不通，肠胃所生"是对九窍病症病机的一个总的概述。本文从《古今医鉴》所论九窍与胃肠渊论、经络循行与九窍渊论、"九窍不通，肠胃所生"渊论、"肠胃所生"论治九窍病四个方面进行挖掘整理和归纳分析，探讨肠胃与九窍之间生理病理的相关性，证实龚氏之"胃气弱则百病生，调理脾胃为医中之王道"学术倡言，彰显其"未病之机，紧握动态；脏腑辨治，脾胃为要"的学术观点。

龚信（生卒年不详），字瑞芝，江西金溪县人，供职太医院医官。撰有《古今医鉴》8卷，初刊于明代万历四年（1576年），原作 8 卷，初刊本已佚。其子龚廷贤续编，刊于万历十七年（1589年）。王宇泰订补，改为 16 卷。现存世为明万历五年（1577年）金陵周四达刻本。该书上渊宗《内经》《难经》，下迄金元明诸家正传。卷首总言脉诀、病机、药性、运气等理论，后诸门分论内、妇、外、小儿及五官等病，又不离"脉证治方，藁蒌相承"之思想。龚氏在病机上提出"胃气弱则百病生，调理脾胃为医中之王道"，体现了"脾胃有伤，百病变生；阴平阳秘，我体常生"的学术理念。在治法用方上又主张"医称多术"，体现了"未病之机，紧握动态；脏腑辨治，脾胃为要；剂型多变，内外合施"的学术特点。

尤其是《古今医鉴》提出"九窍不通，肠胃所生"学术观点，有其独特见解。笔者通过对《古今医鉴》治疗眼目、耳病、口舌、鼻病、秘浊、月经病等九窍疾病遣方用药规律进行分析，探讨肠胃与九窍之间生理病理的相关性。

1 九窍与胃、肠渊论

1.1 九窍含义

"窍"，《说文解字》指："空也，穴也，孔窍"。"九窍"指上窍七"目、耳、鼻、口"及下窍二"前后二阴"。而《素问·阴阳应象大论》云："六经为川，肠胃为海，九窍为水注之气。"另《脾胃论·脾胃虚实传变论》有云："九窍者，五脏主之，五脏皆得胃气乃能通利。"可见中医所论九窍具有沟通机体上下、内外的功能，以及为气机升降出入的"通路"，对维持机体生理功能具有重要作用，因此经文有"出入废则神机化灭，升降息则气立孤危"

（《素问·六微旨大论》）之说。

1.2 经络循行与九窍渊论

1.2.1 足阳明胃经与九窍渊论

胃经分布和分支是所有经脉中最广最多的，如《素问·热论》曰："阳明者，十二经脉之长也。"《灵枢·五味》亦言："胃者，五脏六腑之海也，水谷皆入于胃，五脏六腑，皆禀气于胃。"《灵枢·经脉》又言："胃足阳明之脉，起于鼻之交頞中，旁纳（一本作约字）太阳之脉，下循鼻外，入上齿中，还出挟口，环唇，下交承浆，却循颐后下廉，出大迎，循颊车，上耳前，过客主人，循发际，至额颅；其支者，从大迎前下人迎，循喉咙，入缺盆，下膈，属胃，络脾；其直者，从缺盆下乳内廉，下挟脐，入气街中；其支者，起于胃口，下循腹里，下至气街中而合……"胃经通过其所属的络脉、支脉等与全身经络、脏腑、器官广泛联系。

胃经所过着鼻、上齿、挟口、环唇、耳前、喉咙、缺盆，属胃，络脾；入缺盆，挟脐，起于胃口，循腹里等。《灵枢·本脏》："经脉者，所以行气血而营阴阳，濡筋骨，利关节者也。"《灵枢·经脉》亦指出："经脉者，所以能决死生，处百病，调虚实，不可不通。"因此，若不通，则所过决死生，处百病也。

1.2.2 手阳明大肠经与九窍渊论

《灵枢·经脉》："大肠手阳明之脉，起于大指次指之端……下入缺盆，络肺，下膈，属大肠；其支者，从缺盆上颈，贯颊，入下齿中；还出挟口……上挟鼻孔。"本经所主五官、咽喉病等。体现了"经脉所过，主治所及"。肠胃病最易引起气机不利（气逆、气滞），此正是引起九窍不通的根本病机。从而导致排泄障碍，传化功能失调，进一步导致"清阳不升，浊阴不降"。清浊缠绵，则九窍失养，气机逆行，浊邪蒙蔽，最终造成九窍不通之证。

1.2.3 手阳明小肠经与九窍渊论

《灵枢·经脉》："小肠手太阳之脉，起于小指之端……循咽，下膈，抵胃，属小肠；其支者，从缺盆循颈上颊，至目锐眦，却入耳中；其支者，别颊，上颥，抵鼻，至目内眦（斜络于颧）"。本经所主头、项、耳、目、咽喉病等疾病。小肠为腑，生化之机，以通为用。小肠泌别清浊，以降为顺，其受盛化物正常，气机畅达，小肠通降顺和。若气机逆滞，则浊阴离涸，清阳不升，发为九窍不通之证。

综上所述，胃与肠均为腑脏，协同完成食物的消化、吸收、输布。从病理上，胃之虚实，常犯肠腑。胃虚则水谷不腐，下至小肠，致小肠泌别失疏，清浊不分；胃热则热灼津液，肠道津枯。《医宗必读》："胃虚而秘者，不能饮食，小便清利……胃实而秘者，善饮食，小便赤。"《灵枢·本输》言："大肠小肠，皆属于胃，是足阳明也。"

2　《古今医鉴》"九窍不通，肠胃所生"渊论

《古今医鉴·病机抄略》："九窍不利，肠胃所生""五脏不和，九窍不通"。"九窍不通""九窍不利"皆源于《内经》《难经》。《素问·通评虚实论》云："头痛耳鸣，九窍不利，肠胃之所生也。胃气一虚，耳、目、口、鼻，俱为之病。"《难经·三十七难》云："五脏不和，则九窍不通；六腑不和，则留结为痈。"《临证指南医案·脾胃》曰："凡遇禀质木火之体，患燥热之症，或病后热伤肺胃津液，以致虚痞不食，舌绛咽干，烦渴不寐……便不通畅，此九窍不和，都属胃病也……"综上可知，胃肠主润泽九窍。脾胃乃气血生化之源，胃为水谷之市。故《素问·阴阳应象大论》云："谷气通于脾，六经为川，肠胃为海，九窍为水注之气。九窍者，五脏主之，五脏皆得胃气，乃能通利。"《脾胃论·脾胃虚则九窍不通论》云："九窍者，五脏主之，五脏皆得胃气乃能通利……胃气一虚，耳、目、口、鼻俱为之病。"若胃气强健，则九窍通利；若胃气亏虚，则变生九窍诸疾。故《古今医鉴》认为九窍所病应从调理胃肠之"以通为用，以降为顺""上病下治""补益中气"方面入手，可谓追根溯源，究源治本。

3　从"肠胃所生"论治九窍病

3.1　眼目病

目病于临床多从肝论治，"目病为肝之外候""目病之本在肝肾""目病乃热之所生"。《古今医鉴·眼目》云："世谓目病而痛，多由火热及血太过。予窃谓目病固由火热。"亦如《灵枢·论疾诊尺》有云："诊目痛，赤脉从上下者，太阳病；从下上者，阳明病。"病机：火热得不到外泄，上行导致目病。用方大明复光散（京师传）："当归尾（酒洗），生地黄（酒浸），黄柏（酒炒），黄连，黄芩，柴胡，白茯苓，枳壳，羌活，防风，荆芥，石膏，甘菊花，蝉蜕，车前子（炒），密蒙花，白蒺藜（炒），木贼（童便浸焙），青葙子（炒），羚羊角，石决明，甘草"。若肉侵睛，加大黄、牵牛、牛蒡子。或拨云散："归尾，川芎，赤芍，生地黄，连翘，黄芩，山栀子，黄连，防风，荆芥，羌活，白芷梢，枳壳，桔梗，软石膏，大黄，甘草"。

方中均用石膏、大黄。大黄，性寒，味苦。归脾、胃、大肠、肝、心包经。功可泻热通便、凉血解毒、逐瘀通经。《本草新编》谓："其性甚速，走而不守，善荡涤积滞，调中化食，通利水谷，推陈致新，导瘀血，滚痰涎，破癥结，散坚聚，止疼痛，败痈疽热毒，消肿胀，俱各如神。"石膏，归肺、胃经。味辛、甘，大寒，无毒。《名医别录》言："主除时气身热，三焦大热，皮肤热，肠胃中膈热。"两药均泻热通便、清热泻火。应用"下法"一是使闭塞之邪气从胃肠而出；二是通过"泻浊"之法引动气机升降出入。

3.2 耳病

耳病多为外邪侵表、实火上扰耳窍、瘀血痹阻、痰浊蒙窍、清窍失养所致的耳鸣耳聋。诸多医家虽多主肾开窍于耳，先天失充，髓海不足，耳窍失养，从而聋鸣自作。而龚氏在《古今医鉴·耳病》中云："夫左耳聋者，……左右俱聋者，因有所醇酒浓味过度，则动足阳明胃火，故从中起，以通圣散、滚痰丸主之。……左右俱聋者，膏粱之家多有之，以其多肥甘故也……"亦如《脾胃论》言："耳鸣、耳聋、九窍不利，肠胃之所生也。"病机：邪犯阳明，胃火上炎，两耳俱聋。治以鼠粘子汤：连翘，黄连（酒炒），玄参，桔梗，栀子（炒），生甘草，牛蒡子（炒），龙胆草（炒），板蓝根（即靛子）。连翘，苦，微寒。入心、肝、胆、胃、三焦、大肠六经（《雷公炮制药性解》），具有清热解毒，散结消肿之效。玄参，甘、苦、咸，微寒。归肺、胃、肾经。具有凉血滋阴，泻火解毒之效。《本草正义》："味苦则泄降下行，故能治脏腑热结等证。味又辛而微咸，故直走血分而通血瘀。亦能外行于经隧，而消散热结之痈肿。"栀子，苦，寒。入心、肝、肺、胃经。清热，泻火，凉血。《本草思辨录》："独取其秉肃降之气以敷条达之用。"牛蒡子，辛、苦，寒。归肺、胃经。《药品化义》："牛蒡子能升能降，力解热毒。味苦能清火，带辛能疏风。"所用之药为苦寒之品，皆入胃经，共建清热解毒，散结消肿之效。体现的是"上病下治"思想。采用"泻热通腑"之法，使"上逆"之邪下泄，闭塞之气机宣通。

3.3 口病

口病包括口淡、口糜、齿痛等，临床治疗多从补脾胃或泻胃火治之。《古今医鉴·口舌》云："中央黄色，入通于脾，开窍于口，藏精于脾，故病在舌。夫口之为病，……脾热则口甘，肺热则口辛，肾热则口咸。有口淡者，知胃热也。……亦有脾胃气弱，木乘土位而口酸者。或膀胱移热于小肠，膈肠不便，上为口糜，生疮溃烂，则伤寒狐惑之证，上唇生疮，虫食其脏；下唇生疮，虫食其肛也。又舌吐不收，名曰阳强；舌缩不能言，名曰阴强"。"膀胱移热于小肠，膈肠不便，上口为糜，五苓散合导赤散一服而愈"。此为"火气上攻"而为口糜。如《脾胃论·饮食劳倦所伤始为热中论》言："阴火乃独炎上，而走于空窍。"惟"通腑泻热导滞"之法，使邪气下泄，热从小便出，升降合宜。

《古今医鉴·口舌》曰："凡口疮服凉药不愈者，乃中气虚，相火泛上无制，用理中汤治之即愈，甚者加附子，或用官桂末掺之。"此为"气血亏虚、中气不足"，皆因脾胃伤损，则精微不能上荣清窍，清窍失养，发为口疮。口窍依于清阳之气浇注，而得以温煦濡养。因此，采用"补中益气"之法，使阳气得升，元气自益，而病得除愈。

3.4 鼻病

鼻病，指鼻塞、鼻中生疮、鼻红肺风、鼻渊、鼻不闻香臭之疾病。鼻具有行呼吸、司嗅觉、助语音、御外邪之功能。其窍为清阳之器，亲温而疏寒，近清润远燥浊，喜通而恶滞，故鼻乃清道也。《古今医鉴·鼻病》云："治法清金降火为主，而佐以通利之剂。若如常鼻塞不闻香臭者，再审其平素，只作肺热治之，清肺火，泻火消痰，或丸药噙化，或末药轻调缓服，久服无不效。"其病机一者为"液上沸结涕，败浊壅塞清府""土湿胃逆，浊气填塞于上"（《医学摘粹·杂证要法·七窍病类》）。治以疏通清窍，升清降浊。方选清肺饮子：山茶花，黄芩，胡麻仁，山栀子，连翘，薄荷，荆芥，芍药，防风，葛花，苦参，甘草。方中胡麻仁，甘，平；润燥滑肠，滋养肝肾。《证类本草》："主伤中，虚赢，补五内，益气力……止痛及伤寒，温疟，大吐后虚热赢困……以作油，微寒，利大肠，胞衣不落。生者摩疮肿，生秃发。"葛花，甘，平，无毒；归胃经；解酒醒脾。《本经逢原》："葛花，能解酒毒，葛花解醒汤用之，必兼人参。但无酒毒者不可服，服之损人天元，以大开肌肉，而发泄伤津也。"胡麻仁、葛花，两药有润燥滑肠和发泄伤津的功效。润肠者，降浊通腑，逆邪自败；伤津者，断其浊源，清窍自醒。二者皆为佐剂，通利、泻火、消痰之品。

另一病机为清阳不升，浊阴壅塞。《素问·生气通天论》云："阳不胜其阴，则五脏气争，九窍不通。"治以补中益气，升阳降浊。方选苍耳散："辛夷仁，苍耳子，白芷，薄荷叶，葱，茶。"辛夷仁，辛，温；归肺、胃经。《玉楸药解》："泄肺降逆，利气破壅。"白芷，性温，味辛；入肺、脾、胃三经；解表散寒，祛风止痛，通鼻窍，燥湿止带，消肿排脓。《本草经疏》："白芷……入手足阳明、足太阴，走气分，亦走血分，升多于降，阳也。性善祛风，能蚀脓……辛以散之，温以和之，香气入脾，故主血闭阴肿，寒热，头风侵目泪出……"辛夷仁、白芷，皆入肺胃，使阳气得升，鼻窍自通。另一方天竺黄丸：当归，川芎，白芷，人参，茯苓，麦门冬，防风，荆芥，薄荷，苍耳子，香附子，蔓荆子，秦艽，甘草，天竺黄，送米汤下。（人参，茯苓，甘草）为四君子汤去白术，甘温益气，健脾养胃，益气和中。两方中均加白芷，意在升阳蚀脓，胜邪通窍，温经散寒。

3.5 二阴病

二阴为"浊窍""下窍"。《中西汇通医经精义》亦载："精窍与溺窍相附，而名不同，溺窍内通于膀胱，精窍内通于胞室。"指前阴和后阴，前阴为外生殖器，后阴为"魄门为肛门"（《难经·四十四难》）；《释文》："魄，本又作粕。""浊窍"为病，多有肛肠科、男科及妇科疾病等。

3.5.1 便浊

便浊为"淋证"中的膏淋。多从肾虚和肝郁入手治疗。而《古今医鉴·便浊》云："夫赤、白浊者……赤者，心虚有热，由思虑而得之……河间谓白浊亦属乎热，丹溪谓胃中浊气下流，渗入膀胱……""大率皆是湿痰流注，宜燥中宫之湿，用二陈汤以治痰，加苍术、白术以燥湿，加柴胡、升麻以提胃中之气，全在活法以治之也""如醉饱后，色欲不节，伤脾损肾，脾来乘肾，土克水也，至小便黄浊，其脉脾部洪数，肾脉微涩，其证尿下桶如山栀子汁；澄下桶底，如锻石脚，或如血点凝结在内。法当补养脾胃，宜四炒固真丹主之"。其病机为清微不升，化浊澄降，气机不畅，变生为便浊。《灵枢·口问》言："中气不足，溲便为之变。"又如《济阳纲目》云:"胃弱不能通调水道。"治以健脾祛湿,燥湿和胃,畅达气机,通利溺窍。方选水火厘清饮:益智仁,萆薢,石菖蒲,赤茯苓,猪苓,车前子,泽泻,白术,陈皮,枳壳,甘草,麻黄。全方旨在和胃燥湿,祛浊还达,利窍通溺,顺调出入。使得阳盛阴退,阴平阳秘;脏腑和调,津液舒润;升降有序,气机畅达。

3.5.2 经闭

经闭,即闭经,指月经周期已建立之后又闭止三个月以上者。月经受脾胃之功能,肝藏血,肾藏精所影响。正如《女科经纶》所言:"妇人经水与乳,俱由脾胃所生。"《医宗金鉴·妇科心法要诀·调经门》云:"先天天癸始父母,后天精血水谷生。"明确指出月事以下与脏腑气血充盈有密切关系。而《女科经纶》曰:"太冲属阳明,为血之海。故谷气盛则血海满,而月事以时下也。"《临证指南医案》云:"凡经水之至,必由冲脉而始下,此脉胃经所管。"亦如《素问·上古天真论》所言:"……天癸至,任脉通,太冲脉盛,月事以时下,故有子……"月经正常与否和阳明胃关系密切。《古今医鉴·便浊》云:"夫经水阴血也,属冲任二脉,主上为乳汁,下为月水。其为患有因脾虚而不能生血者,有因脾郁伤而血耗损者,有因胃火而血销烁者,有因脾胃损而血少者……治疗之法:若脾虚而不能行者,调而补之;脾郁而不行者,解而补之;胃火而不行者,清而补之;脾胃损而不行者,调而补之。"其病机一者为阳明燥热,精血虚少;《兰室秘藏·妇人门》云:"胃热……津液不生。夫经者,血脉津液所化……"因此,治以神应丹:大黄,血竭,桃仁,红花。其方旨在"泄腑存阴、润燥活血"。使得去燥复液,阳明血旺,太冲脉盛,血海充盈,经水自通。

其另一病机为胃气不足,经水自闭。正如《古今医鉴·经闭》所言:"经脉不通,多有脾胃损伤而致者,不可便认作经闭血死,轻用通经破血之药。遇有此证,便须审其脾胃如何……伤其中气,以致血少而不行者,只宜补养脾胃,用白术、茯苓、芍药为臣,使以黄、甘草、陈皮、麦芽、当归、柴胡等药。脾旺则能生血,而经自行矣。又有饮食积滞,致使脾胃者,亦宜消积补脾。"因此,治以和胃折冲,益养阳明,使得气血有源,冲任充盛,月事以时下。

4 小 结

本文通过对《古今医鉴》中九窍(眼目、耳病、口舌、鼻病、便浊、月经病)疾病的文献进行遣方用药规律方面的研究,以阐述《古今医鉴》"九窍不通,肠胃所生"的学术特色。《古今医鉴》"九窍不通,肠胃所生"之不通,即是:空窍不清者,不通;脏腑失和者,不通;气机郁滞者,不通;络脉阻塞者,不通。皆为九窍不通,肠胃所生所言之不通也。也就是气机升降出入的往复被阻,津液布散的通道被抑,而肠胃所生,胃肠功能的不足与太过。不及正如叶氏所述:"胃土大虚,中无砥柱。"《灵枢·口问》:"中气不足,溲便为之变。"《素问·通评虚实论》云:"头痛耳鸣,九窍不利,肠胃之所生也。胃气一虚,耳、目、口、鼻,俱为之病。"而太过,《古今医鉴·眼目》云:"世谓目病而痛,多由火热及血太过。

于窍谓目病固由火热。"如《医学摘粹·杂证要法》云："土湿胃逆，浊气填塞于上。"《古今医鉴·耳病》云："……左右俱聋者，因有所醇酒浓味过度，则动足阳明胃火……"唯治以"温经散塞""通腑泻实，以通为用，以降为顺""上病下治""补益中气"之法使之通达。《易经·系辞》云："往来不穷谓之通。"《读医随笔·升降出入论》亦指出："凡窍横者，皆有出入去来之气；窍竖者，皆有阴阳升降之气往复于中。"最终达到阳盛阴退，阴平阳秘；脏腑和调，津液舒润；升降有序，气机畅达。从而为中医经典著作的传承及临床应用提供一种新的思维。

摘自：虎峻瑞，段永强.《古今医鉴》"九窍不通，肠胃所生"的学术特色及其遣方用药规律探讨［J］.中华中医药杂志，2020.

论"脾肾两虚，痰瘀内阻"病机在衰老中的病理意义及其相关性

虎峻瑞，段永强，成映霞，朱立鸣，梁玉杰，张春燕

随着年龄增长，机体在形态结构、生理功能方面出现一系列缓慢的退行性变化，这些变化导致机体适应力、储备力日趋下降，最终发展形成衰老。中国传统医学积累了许多行之有效的延缓病理性衰老方法，应用现代生物学技术对其加以研究，阐明其延缓衰老的机制，对于康复医学、老年病医学和中医药学的发展具有深远的意义。

1 中医学对"脾肾两虚，痰瘀内阻"衰老的认识

中医学认为衰老是由多种原因所致，其中脾肾两虚，痰瘀内阻是衰老的主要机制。脾肾两虚是机体衰老正气亏损的重要方面，衰老的基本病理特征为痰瘀内阻。针对这一理论指导，可以在临床中寻找延缓衰老的理想途径。

1.1 肾虚

肾虚是中医衰老理论中影响最大的学说之一。《素问·上古天真论》曰："女子七岁，肾气盛，齿更发长……七七任脉虚，太冲脉衰少，天癸竭，地道不通，故形坏而无子也；丈夫……五八，肾气衰，发堕齿槁……形体皆极。"明确指出了机体生、长、壮、老、已的

自然衰老与肾中精气的盛衰密切相关。肾为先天之本，元气之根，藏精主生长生殖，且为阴阳水火之宅，肾阴肾阳为一身阴阳之根本。先天的差异体现在机体抗病能力的强弱，若先天不足，肾气虚衰，抗病能力减弱，则易衰老。由于各类人对疾病的易感性不同，并且已发疾病的邪气从化，病位转移，乃至其本身的转归等不同，从而引起衰老的快慢及程度也不同。这一理论已被当今的遗传学说所证实，世界卫生组织也公布每个人的健康和寿命15%取决于遗传因素。老年人肾精不足，则肾阴肾阳亦虚，无以化生肾气，肾气虚衰则五脏六腑生化功能减退，出现一系列衰老的表现。另外，肾主骨生髓其华在发，老年人肾精不足，精不能生髓，髓不能充养骨骼，则步态不稳，骨质疏松；髓不养脑，则脑转耳鸣，由上可见肾虚是衰老的重要原因。

1.2　脾虚

脾为后天之本，气血生化之源，其所化气血是构成和维持人体生命活动的最基本物质。后天可以养先天，脾胃虚弱经久不复，必然导致肾虚，从而引起早衰。人体生长发育，其维持生命的一切物质均有赖于脾胃之运化。张介宾指出："土气为万物之源，胃气为养生之主，胃强则强，胃弱则衰……是以养生家当以脾胃为先。"老年人脾胃虚弱，其运化功能减退，水谷化生精、气、血、津液障碍，则脏腑、经络、四肢百骸得不到充分的营养而失去正常的生理活动，导致衰老；脾胃虚弱，升降失常，运化无力，则会导致痰阻、血瘀等病理产物蓄积体内，从而加速衰老。中老年人群的流行病学调查表明，脾虚占相当的比例，且各年龄组比较脾虚百分率随增龄而增加。

1.3　痰瘀内阻

痰是机体的病理产物，体内任何组织在病理发展过程中所产生的非正常体液，统称痰饮。瘀即瘀血，主要指瘀积不行，污秽不洁的离经或经中之血，以及久病影响到脉络时所出现的病变。"痰瘀同源"是基于"津血同源"，浊津化痰，滞血成瘀，痰瘀日久则互结。在生理状态下，水谷之精气得脾之健运，赖肾阳煦蒸，或化为血或化为津液。同时痰瘀的产生与脾肾有密切关系。肾为先天之本，元阴元阳之所藏，一旦虚损，必致血脉瘀滞。在老年病理状态下，脏腑失去正常输布气化功能，则津聚为痰；或气虚失运，血停为瘀或阳虚血寒，凝滞而瘀。痰瘀的产生，首先责在正气不足，脏腑功能失调。李氏以"阳虚血必凝，阴虚气必滞"等理论，倡导肾虚血瘀致衰说，阐明了肾虚是衰老之本，血瘀为其标，血瘀促进衰老加速，衰老则血瘀加重。脾为后天之本，气血生化之源。若脾胃虚损，生化无源，气虚必不行血而致血瘀，正如《灵枢·天年》中所说："血气虚，脉不通，真邪相攻，乱而相引，故中寿而尽也。"痰浊的发生与脾胃关系密切，痰浊的发生根源在脾胃，脾胃虚弱机体会产生痰浊血瘀等病理产物，它的基本病理变化是虚、痰、瘀。虚可生痰，痰可致瘀，痰瘀互阻，病证丛生，从而加速衰老。

2　脾肾两虚，痰瘀内阻证的现代病理生理学基础

2.1　脾肾两虚与自由基损伤

自由基损伤学说已被公认是人类衰老理论中最具代表性的学说之一。自由基是一种强氧化剂，在生命活动过程中必然会大量产生并堆积，尤其随着年龄的增长，人体内超氧化物歧化酶（SOD）、谷胱甘肽过氧物酶（GSH-Px）、过氧化氢酶（CAT）等酶的活性降低，氧化/抗氧化防御系统功能下降，而自由基大量堆积可引起不饱和脂肪酸被氧化，同时在体内连锁反应导致膜蛋白质、酶及磷脂胶联和膜的通透性增高，对体内核酸、脂类、蛋白质、酶类及免疫细胞等多种细胞、器官造成损伤，引起生物膜破坏，DNA 突变，蛋白质变性等细胞广泛损伤，从而促进机体的衰老和死亡。脾虚与自由基损伤有密切关系。临床研究表明，通过检测脾虚患者红细胞 SOD、CAT 活性和脂质过氧化产物丙二醛（MDA）含量，发现脾虚患者 SOD、CAT 活性降低，MDA 含量则明显高于正常对照组，且以脾阳虚改变明显。国内学者对脾虚证与生物膜功能、结构的关系进行研究，结果表明脾虚动物模型 LPO 显著升高，GSH-Px、CAT、SOD 三种抗氧化酶活性呈不同程度下降，机体抗氧化能力显著降低，提示在脾虚状态下细胞膜系统受到了过氧化损伤。肾虚导致衰老与自由基对组织、器官的损害亦有关。研究表明，肾虚患者外周血中 SOD 活性明显下降，肾虚组 LPO 的检出率明显高于其他脏腑虚象组，而且老年肾虚组血清中 LPO 含量明显高于正常组，说明肾虚可导致 SOD 活性下降，同时，研究表明测定 SOD、LPO、MDA 可作为衡量体内肾气是否充盛的主要指标。以健肾补肾为主的方药可显著提高衰老动物模型 SOD 活性，降低 MDA 含量，从而有效抑制自由基对机体的损伤和毒害作用。

2.2　脾肾两虚与钠泵功能异常

Na^+-K^+-ATP 酶（钠泵）是细胞膜上一种重要的膜蛋白，其活性与细胞功能密切相关。从细胞水平而言，细胞衰老是机体衰老的基础，而细胞水平的改变主要表现在细胞膜上，许多学者研究不同种属动物细胞膜 Na^+-K^+-ATP 酶活性变化，表明随增龄（尤在中年期后）其活性显著下降，所以钠泵活性降低是反映机体生理功能衰退的一项极为敏感的指标。脾虚时机体在自由基损伤、发生膜脂质过氧化反应的情况下，钠泵的功能也随之而改变。有学者研究了脾气虚模型大鼠的红细胞钠泵活性，发现脾气虚模型大鼠的红细胞膜钠泵活性明显低于正常对照组，并揭示红细胞膜钠泵活性低下是脾气虚证的病理机制之一。临床研究表明，老年人伴随增龄红细胞膜 Na^+-K^+-ATP 酶的活性低于青年人，以致 Na^+、K^+ 从膜两侧的转移率下降，导致老年人机体能量代谢低下，易引起畏寒怕冷、神疲乏力等症状。实验研究发现肾虚特别是肾阳虚患者因为自由基损伤对钠泵、钙泵的抑制作用，加之自由基对细胞膜的损伤，致使膜对 Ca^{2+} 的通透性进一步增加，加剧了 Ca^{2+} 内流而导致 Ca^{2+} 超载。Ca^{2+} 超载一方面直接引起线粒体损伤，另一方面又可使细胞内 Ca^{2+} 调节的生化反应发生紊

乱，激活许多降解酶，进一步导致细胞死亡，而运用温补肾阳之中药能够明显提高红细胞膜钠泵活性，提示红细胞膜钠泵活性的测定可作为肾阳虚的诊断指标之一。

2.3　脾肾两虚与免疫功能异常

免疫功能减退学说认为随着年龄的增长，老年人的细胞免疫和体液免疫功能逐渐下降，导致对疾病的抵抗力减弱，对外源性抗原的应答反应减弱，对内源性抗原的分辨力降低，从而诱发各种疾病并加速机体的衰老与死亡。脾虚则气血生化不足，气血亏虚会导致正气不足。实验研究提示，脾虚发生时机体的细胞与体液免疫功能均降低，且以细胞免疫降低为主；T 淋巴细胞转化率及血清 IgM 水平显著降低；脾和胸腺 T 细胞分泌集落刺激因子下降。对于肾虚致衰而言，肾虚则精气不足或阴阳失调，导致五脏六腑功能失调，生命活力低下。现代免疫学认为，肾中精气随年龄增长而发生变化，红细胞的免疫功能表现出类似与年龄变化规律相关的特点。可见红细胞免疫功能的变化规律与肾中精气的盛衰变化相关。其他研究揭示中医学肾的功能不仅包括解剖学的肾脏，还包括免疫、内分泌、神经、生殖、造血等多个系统的功能，是免疫的重要"器官"，而且包含现代医学中肾上腺的两个功能系统即交感–肾上腺髓质系统与下丘脑–垂体–肾上腺皮质系统以及下丘脑–垂体–性腺（卵巢）轴等；而且人体的免疫细胞如单核细胞、巨噬细胞、T 细胞、B 细胞等均来源于骨髓中的造血干细胞，免疫细胞的发育、成熟与人体的骨髓密切相关。

2.4　"痰瘀内阻"与衰老发生的相关性

中医学认为"痰浊""瘀血"是在各种致病条件下产生的病理性产物，同时又是其他疾病的致病因素。"痰浊"内生主要责之脾肾，因脾肾两脏共同参与水液代谢的调节过程。中老年之后，脾肾渐虚，运化水谷津液功能减退，水液代谢障碍则易生痰浊。痰浊既生，随气升降，内而脏腑，外而皮肉筋骨，周身上下无处不到，致病广泛，耗伤机体正气，促进衰老。流行病学调查显示，痰浊证的患病率与年龄增长呈显著正相关。现代医学自身中毒衰老学说认为衰老是生物体在自身代谢过程中，不断产生有害于机体本身的毒素在体内堆积，使机体长期慢性中毒而导致各个器官功能减退的结果。从细胞生物学角度开展对"痰浊"的研究，如某些理化因素和生物因素，导致生物体细胞中的遗传物质发生突变，引起细胞形态变化与功能失调；自身抗体产生或免疫复合物的沉积、自由基及损伤产物的增多、错误蛋白质的积累、交联分子的堆积等，都与"痰"有关，因此机体生理代谢功能衰退、代谢失衡引起有害物质蓄积是"痰浊"形成的主要机制。"瘀血"内阻亦主要责之脾肾，因脾为气血生化之源，脾虚则气虚，气虚运血无力或气虚统血无权而导致血瘀；肾为阴阳之本，肾阳虚生寒，寒凝可致血瘀；肾阴虚血枯，脉道枯涩可致血瘀；肾阴虚若生内热，虚热耗阴亦可成瘀。故而人至老年期都有不同程度的瘀血存在。随着对"瘀血"及血瘀证的深入研究，目前已发现瘀血对衰老的影响与自由基代谢紊乱、血流变异常、血液高凝、血小板异常有关。特别是自由基的损伤在血液循环障碍中起了重要作用，而组织损伤的重要促因亦是组织缺血再灌注过程中产生的活性氧自由基。已有研究表明，氧衍生自由基的攻击和脂质过氧化反应可使红细胞变形能力降低、引起血小板聚积、促进凝血酶产生和全血黏度的改变，甚至影响细胞内外及细胞间信号传导，导致细胞功能衰退。目前被看作衰老重要指标之一的老年斑是血瘀的外在表现，其形成正是体内自由基增多所致。可见衰老过程中肾虚与自由基代谢紊乱密切相关，自由基不仅直接引起组织器官的损伤，而且加剧导致血液流变性的异常和微循环障碍，进而引起或加重细胞、组织、器官缺血缺氧而死亡。

3　小　　结

综上所述，人体衰老在于虚实两端，其虚者，在肾脾之精，阴血阳气；其实者，为火动风痰，积滞瘀郁。在衰老进程中，以脾肾虚为本，痰瘀是标，本虚标实，互为影响，加速机体衰老。相关研究深刻揭示了"脾肾两虚"是导致机体衰老的主要内在机制，而"痰浊""瘀血"是加速衰老的主要病理因素，同时也为中医药延缓衰老的实验研究和临床预防用药提供了思路和方法，以便更好指导临床，从而延缓人类病理性衰老。

摘自：虎峻瑞，段永强，成映霞，等.论"脾肾两虚，痰瘀内阻"病机在衰老中的病理意义及其相关性［J］.中国老年学杂志，2009，29（22）：2985-2987.

辨析温病学中"毒"的含义及其证治

陈云逸

我们在阅读温病学著作时，经常能读到"毒"字，而在临床诊疗病人时要经常用到"毒"字，如向病人解释什么是"热毒深重"，如何清热解毒等。那么，毒的含义是什么呢？

在西医学的概念中，"毒"是一种致病因素。外来毒邪包括各种病原微生物及其毒素，各种理化因素导致的中毒等；内生之毒包括组织细胞功能障碍，机体一系列病理生理生化过程的产物，如毒性氧自由基、兴奋性神经毒、过敏介质、炎性介质、钙离子超载、新陈代谢毒素、致癌因子等。

中医温病学的"毒"有一个历史发展过程。《说文解字》云："毒，厚也，害人之草往往而生。"本义指毒草，有害人、厚重之性。《康熙字典》疏曰："恶也，一曰害也；痛也；苦也；恨也；药名。"《辞源》解释为："苦恶有害之物；伤害；痛；恨；猛烈、强烈。"此均为毒的初始含义，后人以此为基础加以广泛引申运用，"毒"就成为一个综合性的概念。

1 病因学概念

1.1 六淫化毒

《黄帝内经》认为偏盛之气侵袭机体可化生为毒。《素问·五常政大论》谓："少阳在泉，寒毒不生……阳明在泉，湿毒不生……太阳在泉，热毒不生……厥阴在泉，清毒不生……少阴在泉，寒毒不生……太阴在泉，燥毒不生。"指出寒毒、湿毒、热毒、清毒、燥毒之毒邪名称。王冰注曰："毒者，皆五行标盛暴烈之气所为也。"金代刘完素在解释阳毒阴毒时，称"阳毒"为阳热亢极之症。清代尤在泾曰："毒者，邪气蕴蓄，不解之谓。"吴鞠通指出的温病五死证之一"毒秽闭窍"，均提示"毒"的含义有邪气甚，侵袭力强，引起危重证的一面。

1.2 传染性致病因素

病邪中有传染性，并能引起流行性疾病者称为"毒"。如《素问·刺法论》中最早的温病病因记载："五疫之至，皆相染易""不相染者，避其毒气"。王焘在《外台秘要》中说："天行温疫是毒病之气。"吴又可提出能引起疫病流行的"戾气""毒气""疫毒"等，均是强调其所导致的疾病能传染并引起流行。

1.3 内生毒邪

致病毒邪除从外界侵入人体，还可由脏腑功能紊乱，阴阳气血失调，病理代谢产物蓄积蕴结而生，即为内毒。何廉臣《重订广温热论》论神昏指出有"产后结瘀，血毒攻心""溺毒入血，血毒攻心"之因。这种毒虽无传染性，但可加剧脏腑气血的功能失调、组织器官的实质损害，也为"外感之毒"的更易入侵提供了条件。这种内毒与外毒常相互作用，互为因果。

1.4 引起局部红肿热痛、发斑等体征的一类特殊病邪

温病学中将其分为"风热时毒、温热时毒、湿热时毒"等。第5版《温病学》教材中明确指出风热时毒为大头瘟之病因，湿热时毒为烂喉痧之病因。这些"毒"从本质上讲与温邪无区别，称其为"毒"而不称为"邪"，只是强调其致病后引起局部病变的特异性。

2 病机学概念

吴鞠通的《温病条辨》一书中所讲毒邪具体又有风毒、热毒、火毒、湿毒、燥毒等

不同，这表明了其所具有的证候属性。例如有"风"特征者称"风毒"，有"热"特征者称"热毒"，有"瘀"特征者称"瘀毒"。毒寓于邪，毒随邪入，热由毒化，瘀从毒结，变从毒起。毒不去，热不退，变必现。这是毒邪内犯，与机体相互作用的整体反应的结果，而非特指某个单一、具体的致病因素，其证候与体内脏腑阴阳气血盛衰有密切联系。

吴鞠通在《温病条辨》中又指出："温毒者，秽浊也。凡地气之秽，未有不因少阳之气而自能上升者，春夏地气发泄，故多有是证；秋冬地气，间有不藏之时，亦或有是证；人身之少阴素虚，不能上济少阳，少阳升腾莫制，亦多成是证。"就是这种外界不正之气与人体的机能失常相互作用而引起温毒的表现。因此，在无特殊致毒物可寻时，不同的毒邪名称常是通过"以外测内""审证求因"的方法确定，代表着毒邪致病后的病机，是辨证论治的根据。

3 "毒"的临床表现

3.1 热毒

由温甚成热，热甚化火，而致火热炽盛者称为"毒"，即"热毒""火毒"之类。气分热毒证：身热炽盛，口苦而渴，心烦尿赤，苔黄燥，舌红赤，脉弦数等。营血分热毒证：身体灼热，躁扰不安，神昏痉厥，吐血，便血，斑疹，舌红绛等。

3.2 温毒

其临床表现除了发热、烦渴等全身症状外，还有局部的红肿热痛，甚则破溃、糜烂，如咽喉肿痛、溃烂，头面红肿疼痛，如大头瘟等。西医学中温病"毒"表现的疾病主要有肠伤寒的顽固发热、红斑狼疮、变应性亚败血症、登革出血热等。

4 毒 的 治 疗

清代医家喻嘉言在论治温病时提出："邪既入，则以逐秽为第一义。上焦如雾，升而逐之，兼以解毒；中焦如沤，疏而逐之，兼以解毒；下焦如渎，决而逐之，兼以解毒。"这就指导我们在治疗疾病时要以解毒为要点，在疾病的不同时期运用不同的方法。后世医家的治疗方法主要有以下几点：

4.1 清热解毒法

采用具有清解热毒作用的药物而清解热毒之邪，并据病邪传变的阶段不同而治疗各异：温邪袭卫，疏卫解毒，方选银翘散，用金银花、连翘、薄荷、竹叶等轻清宣透之品以清宣肺卫；热入气分，清气解毒，可用麻杏石甘汤加入蒲公英、金银花、连翘、鱼腥草等；热入营分，清营解毒，可用清瘟败毒饮，运用生石膏、生地黄、犀角、栀子、桔梗、黄芩、知母、玄参等以大解热毒而清气血；热入血分，凉血解毒，方用犀角地黄汤，可加大青叶、知母等药以增强清热解毒之力。

4.2　泄热排毒法

采用开泄腠理，通导大便，疏利小便的方法，为毒邪提供通道，泄热于外。用于毒邪偏盛，阻碍气机，内外失调，三焦不通之证。具体包括 3 种治疗方法。宣透法：选用辛开轻宣透达药物，可在温病全过程使用，多选栀子豉汤加味，栀子清热，豆豉宣郁达表，合用以清宣胸中郁热，并加薄荷、蝉蜕解表透邪。通下法：应用通利肠腑，消食导滞的药物，治疗毒蓄胃肠所引起的传化失常，可用调胃承气汤加生地黄、麦冬、黄柏等药软坚攻下，泄热排毒。疏利法：应用疏通利尿的药物治疗毒蓄三焦、膀胱，小便不利之证，可用三石汤加减治疗，方中滑石、寒水石、通草清利下焦热毒，石膏、竹茹清泄中焦邪热，杏仁宣开上焦肺气，金银花清热解毒。

4.3　开郁化毒法

采用开郁畅气，活血通络，祛痰化浊药以减轻毒势，分化毒邪，注重开其内郁，调畅气机。多用清宫汤送服安宫牛黄丸、紫雪丹或至宝丹。清宫汤专清包络邪热，安宫牛黄丸、紫雪丹或至宝丹有苏神醒志之效，安宫牛黄丸清热兼能解毒，紫雪丹兼能息风，至宝丹芳香辟秽。

4.4　扶正抗毒法

扶助正气，调理气血，提高机体自身解毒能力，抵制毒邪对人体的损伤，应用于温病后期余热未尽，耗伤阴液，正气虚弱，解毒无力的病变阶段。此时应滋养阴液，清透余热，可用沙参麦冬汤、青蒿鳖甲汤等方。方中麦冬、玉竹、生地黄益阴生津，鳖甲滋阴入络搜邪，青蒿芳香透络，与鳖甲同领余热外出。

4.5　化瘀解毒法

采用清营凉血，解毒透斑，清火的药物以清营凉血，泄热透斑，治疗邪入营血，神昏发斑等症，使郁闭的毒邪有外泄之机。可用犀地清络饮以清营泄热，开窍通瘀，犀牛角清热凉血解毒，配生地黄可解血中热毒，又可生津益阴，更加桃仁、白茅根活血凉营。西医学证明温病过程中，尤其是营血分阶段，血瘀是重要的病理变化，因此如何纠正血液流变学、微循环的病变，是治疗此期疾病的关键。

5　治"毒"的注意事项

5.1　早期解毒

卫分证是温邪侵入脏腑而在体表出现的症状，只不过表证的表现显著而脏腑病变的表现较隐蔽而已。在温病初期阶段有邪毒内伤脏腑津液之病理改变，仅靠"辛凉轻剂"常难制胜，治疗的关键当为解毒，荡毒邪于初萌，毒退则病由重转轻。

5.2　适时用药

病人有明显虚损征象，慎用苦寒之品；温病初起，寒凉之品不可过用，以免助湿难解，或损伤胃气；泄热排毒不能多取辛温、辛香之品，以免化燥伤阴，损伤津液；已大量使用寒凉之品无效者，不可继续应用寒凉解毒法，而应采用其他治疗方法。

5.3　预防为先

平时要注意人体的阴阳平衡，协调脏腑的正常机能，使正气充足，既可防御外邪入侵，又可防止毒从内生。并要注意顺应四时的变化，远离不正之气，以免感染毒邪。

摘自：陈云逸，王道坤. 辨析温病学中"毒"的含义及其证治［J］. 甘肃中医，2006，19（2）：1-2.

胃脘是后天阳气之源

吴小飞，王道坤

祖国医学理论认为：阳气在自然界和人体活动中有着至关重要的地位和作用。《素问·生气通天论》云："夫自古通天者，生之本，本于阴阳""阳气者，若天与日，失其所，则折寿而不彰。故天运当以日光明"。说明天地万物的生长收藏都依赖于阳气的温煦与推动。人体也不例外，《素问·生气通天论》云："阳气者，精则养神，柔则养筋。"表明人体的生长壮老也离不开阳气的温养与固摄作用。

《素问·阴阳别论》云："所谓阳者，胃脘之阳也。"阐述了胃脘在阳气的生成与转输过程中不可替代的重要作用。《黄帝内经》言"肾为先天之本"，即最初的阳气是来自于父母的先天精气，可谓"元阳"。而"先天阳气"又有赖于机体的后天温养，相对于"先天阳气"就有了"后天阳气"。《黄帝内经》云："脾胃为后天之本。"即"先天阳气"是受到脾胃阳气的补充才得以延续，才能维持人体的各种生命活动。《素问·六节脏象论》云："脾、胃、大肠、小肠、三焦、膀胱者，仓廪之本，营之居也。"由此脾胃、大小肠可以统称为"胃脘"。《素问·阴阳应象大论》云："谷气通于脾，六经为川，肠胃为海，九窍为水注之气。九窍者，五脏主之，五脏皆得胃气，乃能通利。"《素问·通评虚实论》云："头痛耳鸣、九窍不利，肠胃之所生也。胃气一虚，耳、目、口、鼻俱为之病。"综前所述，人体的生长壮老、生命之所以能生生不息都有赖于"后天胃脘阳气"的温养与充盛。

胃脘阳气乃后天阳气之源。如果外感六淫、内伤七情之变及其他各种病由损伤了胃脘阳气，人体将出现一系列温煦、推动不足的临床表现。如《伤寒论》中有很多由于失治、误治损伤胃脘阳气的病症。"太阳病，当恶寒发热，今自汗出，反不恶寒发热，关上脉细数者，以医吐之过也。一二日吐之者，腹中饥，口不欲食。三四日吐之者，不喜糜粥，欲食冷食，朝食暮吐，以医吐之所致也，此为小逆"（120条），此条文本为太阳病，医当解表发汗，而误用吐法，伤及胃脘阳气。《素问·通评虚实论》云："邪之所凑，其气必虚。"二日表邪入里，"阳气不足者，阴必凑之"，这里所讲的"阴"即为外邪，外邪入里占据了正常胃脘阳气的位置，导致腹中虽饥，但口不欲食，即《素问·评热论病》所云"食不下，胃脘隔也"之类的胃脘阳气损伤的症状。"三四日吐之者"是胃脘阳气重伤，外邪内入阳明之里，因为"阳明多气多血""阳明之上，燥气主之"（《素问·六微旨大论》），故表邪乘虚入胃从燥热而化，胃中邪热集聚，故"不喜糜粥，欲食冷食"，以败其热。但因为客热不能消谷，因此就有了"朝食暮吐"的临床症状。

如《桂林古本伤寒论》云："阳明病，腹中切痛，雷鸣逆满，呕吐者，此虚寒也，附子粳米汤主之。"（285条）。此条文中因为失治导致胃脘阳气损伤。《素问·评热病论》云："腹中鸣者，病本于胃也。"故医圣用附子的大辛大热温散胃脘的虚寒，而又以粳米、大枣、甘草此类味甘的药来补益胃脘的虚损，此用法雷同于《金匮要略·脏腑经络先后病脉证》云："夫诸病在脏欲攻之，当随其所得而攻之。如渴者，与猪苓汤。余皆仿此。"（17条）。《素问·脏气法时论》云："脾欲缓，急食甘以缓之，用苦泻之，用甘补之""粳米、牛肉、枣、葵皆甘。"《神农本草经》云："甘草，甘味平，主五脏六腑寒热邪气。"而且《素问·宣明五气论》云："甘入脾。"《灵枢·五味》云："甘先走脾。"医圣在附子粳米汤中用甘草、大枣、粳米之类甘味药引附子入里，大温大补胃脘阳气。同时又用半夏，"半夏，味辛平，主伤寒，寒热，心下坚，下气，咽喉肿痛，头眩胸胀，咳逆肠鸣，止汗"（《神农本草经》），又《素问·至真要大论》云："阳明之复，治以辛温，佐以苦甘""阳明之客，以酸补之，以辛泻之，以苦泄之""阳明之主，先辛后酸"。因此，又以味辛之半夏降逆止呕、散结、除肠鸣，来佐助附子及甘味药物恢复胃脘阳气。

再如，"阳明病，脉浮而迟，表寒里热，下利清谷，四逆汤主之"（225）。柯琴在《伤寒论注》中云："脉浮为在表，迟为在脏，浮中见迟是浮为表虚，迟为脏寒，未经妄下而下利清谷，是表有虚热，里有真寒也……必其人胃气本虚寒邪得以直入肠胃。"故医圣用四逆汤，其中附子、干姜大辛大热，且干姜入脾胃经散寒，而用味甘之甘草引附子干姜入胃脘，取其温中补虚之功。

金元时期脾胃大家李杲,《脾胃论》是其杰出的代表作,该书阐述了中土清阳之气在人体生理功能和病理变化中的重要性,强调了调理脾胃在治疗上的积极作用,是李东垣学术理论最集中的部分,颇能反映他学有渊源、治有特点的思想体系。李氏对脾胃学说的杰出贡献之一就是提出脾胃乃元气之本。这是脾胃学说的一个中心内容,就是脾胃元气论,这是人体发病与否的关键所在。指出"病从脾胃所生,养生当实元气者",要能顺应四时,否则元气不固,烦劳伤阳,病生脾胃。因此,固护胃脘阳气是保护人体健康和治疗疾病的一个重要措施。

"火神派"用药重脾胃,其用药以《黄帝内经》为宗,"功夫全在阴阳上打算"。临床上必尊仲景法,用药多为附子、干姜、肉桂等,附子常用至 100g 以上,甚至 300g。尊崇附子为"百药之长",用方则多为四逆汤、真武汤、附子理中汤、麻黄附子细辛汤、白通汤等,这是"火神派"最鲜明的特点。他们对附子的应用有一整套较为成熟的经验,包括其基础理论认识、用药配伍和煎煮方法等。"火神派"最鲜明的理论是:人患病的生理基础是阳虚,病理基础是水盛。水盛则需土来克之,土要实,则需火来生之,火即心肾阳气,土即脾胃,治疗要点就是健脾胃之阳,以消阴翳。脾胃阳气健旺,水气即被强土克住而不能上逆。再则,真龙不潜必循冲任上逆,而冲任隶属于阳明,阳明壮,冲任固,龙火自不会上逆。从"火神派"常用药干姜、肉桂、附子的功效来看,干姜、附子温中回阳,药性入中焦脾胃,兼入心肾。肉桂补火助阳,入脾肾,暖脾土,温肾阳,兼入心肝经。三药都是暖火温土的中焦脾胃药。配伍大剂甘草此类甘味药引他药入胃脘,则火土健旺、水气无生。附子久煎,也是使其性柔和入土。应该说"火神派"用药时时都意在胃脘阳气。

由此可以看出,胃脘阳气的调护得当与否就显得十分重要了。俗话说:"动为纲,素为常,食适量,莫愁肠。"可以作为固护、保养胃脘阳气的妙诀。

摘自:吴小飞,王道坤. 胃脘是后天阳气之源[J]. 中华实用中西医杂志,2007,20(12):1101,1103.

"魇"病的病机与治则

吴小飞

韩愈《陪杜侍御游湘西两寺独宿》中曰:"犹疑在波涛,怵惕梦成魇。"其中的"魇"在王同亿所编著的《语言大典》中有两种解释:①作动词。梦中遇可怕的事而呻吟、惊叫。②作名词。据《肘后方》卷一记载:患者常因惊险怪诞之恶梦而惊叫,或梦中觉有物压住躯体，身体沉重，欲动不能，欲呼不出，挣扎良久，一惊而醒。可见"魇"属人体的病理范畴。

《黄帝内经》曰："阳入于阴则寐。"李氏《医学入门》曰："卫气不得入于阴，常留于阳，留于阳则阳气满，阳气满则阳跷盛，不得入于阴，故目不瞑；卫气留于阴，不得行于阳，留于阴则阴气盛，阴气盛则阴跷满，不得入于阳，故目闭。"基于此我们可以推理——"阳出于阴则寤"，又有卫气属阳、营气属阴，即"卫气入于阴则寐、卫气出于阳则寤"。更进一步，我们可以这样推理，当人体正当处于"寐"中时，由于某种原因（例如某种邪气阻止，或某脏正气虚弱、他脏或邪气乘之），卫气外不得出于阳、内不得入于阴，即卫气居于阴阳之间，使人体处于半寐半寤状态。患者常常因为梦见惊险怪诞之事而惊叫，或梦中觉有物压住躯体，身体沉重，欲动不能，欲呼不出，挣扎良久，一惊而醒，这即是"魇"病。于是就有了这样的结论："卫气居于阴阳之间则魇。"即"魇"的病机为阴阳不和，其治则可以确立为调和阴阳。

《素问·标本病传论》曰："病发而有余，本而标之，先知其本，后治其标；病发而不足，标而本之，先知其标，后治其本。"《黄帝内经》曰："急则治其标，缓则治其本。"即当务之急是首先救醒患者，程氏《医学心悟·魇梦不醒》曰："魇梦不醒，吹以搐鼻通天散（猪牙、皂角、细辛、半夏），更用葱白、生姜煎汤灌之。"《神农本草经》曰："皂荚，味辛咸温。主风痹，死肌，邪气，风头，泪出，利九窍，杀精物。""细辛，味辛温。主咳逆，头痛，脑动，百节拘挛，风湿，痹痛，死肌。久服明目，利九窍，轻身长年。""半夏，味辛平。主伤寒，寒热，心下坚，下气，喉咽肿痛，头眩胸胀，咳逆肠鸣，止汗。""葱白，味辛温。主明目，补中不足，其茎可作汤，主伤寒寒热，出汗，中风面目肿。"《药性论》曰："生姜，主痰水气满，下气。"《医学启源》曰："生姜，制半夏毒。"可见皂荚、细辛、半夏、葱白、生姜，均属辛味，《素问·宣明五气》曰："辛走气。"且皂荚、细辛、半夏，可除邪气，利九窍，下气。使居于阴阳之间的卫气出至阳分，使人体自"魇"中醒来。此后再用葱白、生姜补中不足，并用生姜制半夏毒以善后。

患者醒后，第二步当理顺其阴阳，众所周知，《伤寒论》之桂枝汤（桂枝三两，去皮；芍药三两；甘草二两，炙；生姜三两，切；大枣十二枚，擘），陈蔚《长沙方歌括》曰："桂枝辛温，阳也，芍药苦平，阴也。桂枝又得生姜之辛，同气相求，可持之以调周身之阳气。芍药而得大枣、甘草之甘，苦甘合化，可持之以滋周身之阴液，师取大补阴阳之品……"伤寒大家柯琴在《伤寒附翼·太阳方总论》曰："此方为仲景群方之魁，乃滋阴和阳，调和营卫，解肌发汗之总方也。"陈恭溥《伤寒论章句·方解》曰："桂枝汤，宣达阴阳，调和营卫，解肌达表，能发能收之方也……可谓之杂病调和气血之方也，亦无不可。"故用桂枝汤宣达阴阳，调和营卫。阴阳畅和自全身协调。现代研究表明：桂枝汤具有解热、抗炎、镇静、镇痛、提高免疫功能及对机体的双向调节作用。桂枝汤可以补偏救弊，调节紊乱的病理状态，纠正偏正偏负的不平衡的生理功能。

"魇"病具体治法第三步为益不足、损有余。沈氏《杂病源流犀烛》曰："梦而魇则更甚者，或由心实，则梦惊忧奇怪之事而魇，宜静神丹；或由心虚，则恍惚幽昧之事而魇，宜清心补血汤；甚有精神衰弱，当其睡卧，魂魄外游，竟为鬼邪侵迫而魇者，此名鬼魇，宜雄朱散。"

"魇"病还需摄身，养性，平调阴阳，以达到阴平阳秘。

摘自：吴小飞，王道坤."魇"病的病机与治则［J］.光明中医，2008，23（7）：928.

傅青主论治产后病重气血特色

王娜，刘宝琴，王道坤

　　傅青主（1607～1684），世出官宦书香之家，家学渊源，少时即受到严格的家庭教育，博闻强识，在诗、文、书、画诸方面造诣颇深，其知识领域之广、成就之大，在明末清初诸儒中，无出其右者。傅氏在医学上也有着巨大的成就，内科、妇科、儿科、外科等均有很深的造诣，而尤以妇科为最。其书稿被后人整理为《傅青主女科》《傅青主男科》《傅氏幼科》等。傅氏论治女科每有独到之处，其特点是各证之下，先论后方，条目井然。倡导气血兼顾，攻补并施；立论精要，处方平允；用药精炼纯和，无一峻品；辨证详明，一目了然。对于产后的治疗法宗丹溪，以大补气血为主，少用过寒及过热之品，体现了产后妇女多虚、多寒、多瘀的生理病理特点。其创制的生化汤等方剂，几乎成为产后常规用药。

　　近代对傅氏的学术研究多集中在带下、血崩、调经、种子、安胎等方面，对产后病的研究相对较少。笔者对《傅青主女科·产后门》中傅氏所创 11 方及《傅青主女科·产后编》中傅氏关于产后病所创的 54 方进行了研究，从产后病的病因、病机、组方、用药等方面，探讨傅氏大补气血的用药思想及补气养血的特色。

1　产后病责之气血虚损

　　产妇在产褥期内发生与分娩或产褥有关的疾病，称为"产后病"。常见产后病有产后血晕、产后痉病、产后发热、产后小便不通、产后小便淋痛、产后腹痛、产后身痛、产后恶露不绝、产后汗症、缺乳、产后抑郁等。产后病最常见的病因有气血两虚、郁怒伤肝、气耗太过、失血伤津、瘀血内阻、外感风寒等。但产后病最主要的病因是气血亏损或瘀血停留。所以，在治疗产后疾病时，以大补气血为主。傅氏在《傅青主女科·产后编》中云："凡病起于血气之衰，脾胃之虚，而产后尤甚。是以丹溪先生论产后，必大补气血为先，虽有他症，以未治之，斯言尽治产之大旨。"又如在论述胎前患伤寒、疫症、疟疾、堕胎等症时说："胎前或患伤寒、疫症、疟疾，热久必致堕胎，堕后愈增热，因热消阴血，而又继产失血故也。治者……只重产轻邪，大补气血，频服生化汤。"再如在论述产后忿怒时说："大抵产后忿怒气逆及停食二症，善治者，重产而轻怒气消食，必以补气血为先。"

傅氏认为，妇女因经、孕、产、乳耗血伤气，进而脏腑受损，冲、任、督、带诸脉失调，治妇科病每重于补养而慎于攻伐。且傅氏之补，惯常于气血同补，或补气生血。《灵枢·决气》曰："中焦受气取汁，变化而赤，是谓血。"中医学理论认为，气为血之帅，血为气之母。气为阳，血为阴，彼此之间存在着相互依存、相互滋生、相互为用、相互制约的关系。但在二者对立统一的关系中，气起着主导作用。正如傅氏在治疗血崩昏暗时所说："盖血崩而至于黑暗昏晕，则血已尽去，仅存一线之气，以为护持，若不急补其气以生血，而先补其血而遗气，则有形之血恐不能遽生，而无形之气必且至尽散，此所以不先补血而先补气也。"故气血两亏时更以补气为先。以傅氏治产后气喘症的救脱活母汤为例，方中人参二两，当归一两，补气药与补血药的用量比例为 2∶1，"是救血必须补气也"。但临证中傅氏又辨证论治，如在治产后寒热时所说："产后寒热，口眼歪斜，此乃气血虚甚，以大补为主。左手脉不足，补血药多于补气药；右手脉不足，补气药多于补血药。"又如傅氏在产后少腹疼症中说："妇人产后少腹疼痛谁知是血虚而然乎！夫产后亡血过多，血室空虚，原能腹疼，十妇九然……唯是血虚之疼，必须用补血之药"。傅氏认为，产后少腹疼症是由于产时失血过多，或产前素体血虚，加之产时耗血，致使产后胞脉空虚，失荣而痛。同时，因血少而使气的生化不足，气虚不能温煦胞中之血，不能运血以行，以致血行迟缓，虚滞而痛。他在产后气喘症中说："妇人产后气喘……人只知是气血之虚也，谁知是气血两脱乎！夫既气血两脱，人将立死，何又能作喘？然此血将脱，而气犹未脱也。"傅氏认为，产后气喘症多由于产妇素体气血两虚，复因产时出血过多，荣血暴竭，卫气无依，故病发气喘。傅氏在产后恶寒身颤症中说："产后恶寒身颤……人以为产后伤寒也，谁知是气血两虚，正不敌邪而然乎！大凡人之气不虚，则邪断难入。产妇失血既多，则气必大虚，气虚则皮毛无卫，邪原易入，正不必户外之风来袭体也，即一举一动，风即可乘虚而入之……况产妇之恶寒者，寒由内生也；发热者，热由内弱也；身颤者，颤由气虚也"。傅氏认为，产后恶寒身颤症多由于产时失血过多，气血耗损，卫气不固，抵抗外邪能力较差，风邪外袭所致。傅氏云："产后四肢浮肿……谁知是肝肾两虚，阴不得出之阳乎！夫产后之妇，气血大亏，自然肾水不足，肾火沸腾。然水不足则不能养肝，而肝木大燥……木燥火发……肝火既旺，而下克脾土，土受木刑，力难制水，而四肢浮肿之病出焉。"可见傅氏认为，产后四肢浮肿症多由于产后气血两虚，脾肾不足，气化失常，而精气外泄，故病发水肿；脾虚则不能制水，水湿泛滥，故四肢浮肿。由上述可见傅氏治产后病注重气血。

2　补益气血重肝、脾、肾

《傅青主女科》论述产后病时均先论后方，即先阐明其病机，然后出以方治。在分析产后诸证病机时，突出了肝、脾、肾与气血的密切关系。

2.1　肝主藏血，冲脉为血海，二者有密切的关系

女子经、带、孕、产皆以血为主，冲脉之血充盈与否，除先天肾精、后天水谷精微的

化生外，尤赖于肝的藏血功能。肝为女子之先天，故肝血耗伤，导致妇女诸多产后疾病，傅氏治产后少腹疼的散结定疼汤，即有补血活血、化瘀散结之效。傅氏云："此方逐瘀于补血之中，消块于生血之内，妙在不专攻疼痛，而疼痛止。""妇人产后少腹疼……若不补血而反败血，虽瘀血可消，毕竟耗损难免，不若于补血之中，以行逐瘀之法，则气血不耗，而瘀亦尽消矣。"方中八味药均入肝经。其中牡丹皮活血；山楂散瘀；川芎活血行气；乳香活血行气止痛；桃仁活血祛瘀；益母草活血；当归补血活血止痛，足见傅氏注重对肝及气血的调补。

2.2 脾为后天之本，主运化，是气血生化之源，有统摄血液奉养全身之作用

《素问·经脉别论》云："饮入于胃，游溢精气，上输于脾；脾气散精，上归于肺。"傅氏擅从肾治脾，以火暖土。其云："脾为后天，肾为先天，脾非先天之气不能化，肾非后天之气不能生。"傅氏分析产后恶心呕吐症时指出："产后恶心呕吐……人皆曰胃气之寒也，谁知是肾气之寒乎！夫胃为肾之关，胃之气寒，则胃气不能行于肾之中；肾之气寒，则肾气亦不能行于胃之内，是肾与胃不可分而两之也。"必须于水中补火，肾中温胃，且肝脾间又木能疏土，土可培木。傅氏擅治脾调肝，土木相安。脾以气为用，肝以血为本，二者关系密切，再如傅氏云："产后四肢浮肿……肝火既旺，而下克脾土受木刑，力难制水，而四肢浮肿之病出焉。"

2.3 肾为先天之本，主藏精，司生殖及生长发育，决定了女子产后以肾为本

肾中精气对人体生理活动所起的作用概括为肾阴（元阴）肾阳（元阳）。肾主水液，是维持体内水液代谢的主要脏器。生理情况下，水入于胃，由脾上输于肺，肺气肃降，水液经三焦下归于肾，经过肾的分清泌浊作用，将津液运行至脏腑，将浊液转化为尿液排出体外。病理情况下，肾阳气化功能失常，引起关门不利，小便代谢障碍，发生尿少、水肿等症状。如《素问·水热穴论》云："肾者，胃之关也，关门不利，故聚水而从其类也。上下溢于皮肤，故为胕肿。胕肿者，聚水而生病也。"且肝肾脏乙癸同源，所以，产后病傅氏特别重视肝肾同调。如他治产后浮肿的转气汤，傅氏云此方"补血以养肝，补精以生血，精血足而气自顺，而寒热、咳嗽、胕肿之病悉退矣"。"此方皆是补血补精之品，何以名'转气'耶？不知气逆由于气虚，乃是肝肾之气虚也。补肝肾之精血，即所以补肝肾之气也"。

3 组方用药处处顾护气血

3.1 组方以补养气血为主

《傅青主女科》中所用方剂多为傅氏自创，立法严谨，组方精专，遣药醇和平稳，配伍

主次分明。以产后门为例，11 方中，共用药物 42 种，各方用药最多 11 味，最少 6 味，一般 8～9 味。其中当归、人参使用频率最高，均为 9 次；熟地黄、白术各 7 次；山茱萸 5 次；麦冬、山药各 4 次；川芎、白芍、黄芪、茯苓各 3 次。每方中养血和血必用当归，补气多用人参，滋肾固本首选熟地黄，健脾益气选用白术，滋阴柔肝以白芍为主。结合产妇多虚、多寒、多瘀的特点，傅氏组方多在补益扶正的基础上，佐以疏肝、活血、通利之药，但无一峻品。产后门诸方主治病症明确，药物用量轻重悬殊，君臣佐使配伍精当，用药简而精。既突出君药，又组方平稳。一方之中君臣药用至数两，佐使药轻至数分。如治产后少腹痛的肠宁汤，当归一两，熟地黄一两，肉桂仅二分；治产后血崩的救败求生汤，人参二两，当归二两，白术二两，附子仅一分，可见组方用药变化巧妙，独具特色。再以《傅青主女科·产后编》中生化汤为例，本编关于产后病所创的 54 方中，生化汤及其类方有 25 首，生化汤及其类方以及由生化汤加减化裁的方剂占傅氏所创产后病方剂的 53.70%（29/54）。生化汤原方由当归、川芎、桃仁、黑姜、炙甘草、黄酒及童便组成。方中重用当归八钱补血活血、行滞止痛，为君；川芎活血、行气、祛风，桃仁活血祛瘀，为臣；黑姜温经散寒仅用五分，以收缩子宫，止血止痛；黄酒温通血脉以助药力，共为佐；炙甘草和中缓急，调和诸药为使。原方另用童便同煎，取童便益阴化瘀，引败血下行之功。全方配伍得当，养血温中，化瘀止痛，寓攻于补，主治产后血瘀腹痛兼血寒者，疗效显著，功勋屡屡。正如唐宗海所云："血瘀可化之，则所以生之，产后多用。"又如《傅青主女科·卷上》云："唯生化汤系血块圣药也。"再如清代萧壎《女科经纶》所云："惟生化汤行中有补，能生又能化，真万全之剂也……考诸药性，唯芎、归、桃仁三味，善攻旧血，骤生新血，佐以黑姜、炙草，引三味入于肺肝，生血利气，五味共方，行中有补，实产后圣药也。"生化汤治疗产后病的运用给后人留下了许多新的启示，如补虚不留瘀，祛瘀不忘虚，使标本虚实兼顾。生化汤的组方原则体现了"逐瘀于补血之中，消瘀于生血之内"。其治疗作用在临床现已远远超出产后病，而扩大到妇科中很多血瘀型的经、带、胎、产、杂病上，影响深远。

3.2　遣药注重"三多三慎"

祁尔诚在《傅青主女科》序中云："昔张仲景先生作《伤寒论》立一百一十三方，言后世必有执其方以误人者，甚矣！成方之不可执也，然则今之《女科》一书，何为而刻乎？此书为傅青主征君手著，其居心与仲景同。而立方与仲景异。何言之？仲景《伤寒论》杂症也……非精心辨症，因病制方，断不能易危就安应手即愈。此书则不然，其方专为女科而设，其症则妇女所同。带下血崩，调经种子，以及胎前产后。人虽有虚实寒热之分，而方则极平易精详之至，故用之当时而效，传之后世而无不效……尝慨后世方书汗牛充栋，然或偏攻偏补，专于一家……读征君此书，谈症不落古人窠臼，制方不失古人准绳。用药精炼纯和，无一峻品，辨症详明，一目了然。病重者，十剂奏功，病浅者，数服立愈。"《傅青主女科》治疗产后病的组方以大补气血为主。用药照顾气血，即开郁勿过耗散，消导必兼扶脾，寒不宜过于温燥，热不宜过于寒凉。姚石安认为，傅氏在药物运用上，以补气血健脾之药属静药，调气和血之品属动药。动静相合、有制有生、平衡阴阳。笔者认为，傅氏产后病的用药特点是三多三慎：产后多虚，主补慎攻；产后多瘀，主化慎破；产后多寒，主温慎凉。

3.3　顾护气血重视炮制

傅氏结合妇人产后气血虚的特点，用药处处体现出顾护气血为要，因此，十分重视对药物的炮制。《傅青主女科·产后门》11 方及《傅青主女科·产后编》关于产后病的 54 方，方中多数药物均或炒，或酒洗，或蒸，或浸，或研等，对炮制要求严格。当归、川芎、白芍或酒洗或酒炒，使这些药物借酒行药势而发挥辛散作用，通达表里而直达病所，并能增强诸药调和气血的作用。阿胶蛤粉炒、白术土炒，荆芥穗、杜仲炒黑，以及酒蒸熟地黄、捣白果、炒山药、盐水浸巴戟天、乳香去油、茯苓去皮等。经过特定炮制后，更能增强白术健脾益气、山药健脾益肾、熟地黄滋肾养血的功效。荆芥穗炒黑专于引血归经；杜仲炒黑后使其温性缓和；白果捣碎使其有效成分易于析出；乳香去油免除恶心；巴戟天盐水浸后使其咸入于肾；茯苓去皮不欲渗湿，增强健脾之效；熟地黄九蒸九晒后增加其温补之性。

补气养血法是中医学临床的常用治法，它在妇科疾病特别是产后病治疗中占有非常重要的地位。《傅青主女科·产后门》不仅对此阐述尤为详尽，而且运用得非常娴熟。傅氏不但继承了前世医家的正确学术观点，而且不受古医书理论的束缚创造新方，师古而不泥于古。治疗上遵循辨证论治的原则，守常明变。在治疗产后病时尤重气血，其制方用药，变化巧妙，层次分明，对提高临床疗效大有裨益，值得深入研究并发扬光大。

摘自：王娜，刘宝琴，王道坤. 傅青主论治产后病重气血特色［J］. 新中医，2013，45（7）：185-187.

陈修园血证辨治学术思想研究（节录）

陈秭林

1　陈修园辨治血证主要学术思想

1.1　血证的总分类、病因、病机、治则

陈修园将血证分为三种，即内因、外因、不内外因所致之证，并赞同高鼓峰的看法，

《时方妙用·血症》："除瘀血与伤寒外，其余俱属七情饿饱劳力等因。"

陈修园认为，正常之血循行于经络之中，皮毛肌腠之间。《时方妙用·血症》："血之流溢。半随冲任而行于经络，半散于脉外而充肌腠皮毛。"病因是外感六淫，或内伤七情，饮食不节则妄行脉外发为血证。《时方妙用·血症》："若外有所感，内有所伤，则血不循经。从上而涌，则为吐血、咳血、咯血、鼻衄、齿衄、眦衄。从下而走，则为大便血、溺血、妇人血崩。其源则一……若吐衄崩下。皆是经络散行之血也。""不远热则热至，血溢血泄之病生矣。凡人不避暑热，及过食爆炙之物，以致血热妄行。"

血证的发病和辨治以脏腑为中心。《时方妙用·血症》："或问，既无分别，何《金匮》以泻心汤治心气不足为吐衄乎？曰百病不离于五脏六腑，脏腑病以致血。"总的病机是血不循经，溢出脉外。且溢出之血不是脏腑之中的血。陈氏痛斥时医"引血归脾"之说。且血的特点是常流不息，故其治则应为引血归经，使其正常流行。《时方妙用·血症》："不循经而为吐衄崩下，非吐衄崩下之血从脏腑中脱出也。循经之经字，作常字解。时医误解，谓归脾汤引血归脾，脾能统血，即是归经，害人无算。余再为之喝醒一语。曰，随者仍其随之常行者仍其行之常，散者仍其散之常，充者仍其充之常，血循经常之道路，则无吐衄崩下之病矣。"

血属阴而主静，血的运行需要阳气推行。《时方妙用·血症》："血气者，喜温而恶寒。寒则泣而不流，温则消而去之。"此数语为治血之要旨。《褚氏遗书》云："血虽阴类，运之者其阳和乎。"《时方妙用·血症》："阳和二字，指心肺而言也，心肺之阳宜布，如日月一出，爝火无光，凡诸般邪热之气俱除，血无所扰，则循行常道矣，运之者三字，更妙。血不自运，必借气以运之，既已运矣，则随冲任而行于经络，散于脉外，充于皮毛，有经常之道可行，何至妄行而为失血之症耶？"阳气的健运则离不开脏腑，尤其是心肺的功能。心主血脉，心气推动血液在脉中运行全身。心气的充足与推动功能的正常与否在血液循行中起着主导作用。肺朝百脉，主治节，辅助心脏主管全身血脉。肺气宣发与肃降，调节全身的气机，随着气的升降而推动血液运行至全身。

1.2　血证的诊断及预后

陈修园极其重视脉诊在判断血证病情中的重要地位，并将其关键紧要处编成简短的歌诀，以便记诵。《医学从众录·血症》："失血脉芤，或兼涩象。转紧转危，渐缓渐愈。虚微细小，元气不支。数大浮洪，真阴不足。双弦紧疾，死期可决。"失血后，脉内血液补充，故见芤脉，若失血过多，则兼见涩脉；失血多属重症，故陈氏重视肾阴肾阳。若脉微细，则是肾阳命门元气不足。若见数、大、浮、洪脉，则是肾阴不足，真阳不守；在判断血证的预后上，若脉缓，则是正气来复，故病愈。若脉变疾，则病为进，故说转危。若双手俱见脉变疾，更加弦紧不柔和之象，极有可能真阳越出，预后极为不好。

除了脉诊，陈氏也很重视其余三诊，脉证相参，综合判断。

1.2.1　顺证

《时方妙用·血症》："身凉脉静者易治。"失血则阴血耗伤，阳气亏损，气血俱虚，若是脉静身凉，则脉证相符，故易治。

1.2.2　逆证

出血耗伤阴血，最忌阴阳不相维系，故《时方妙用·血症》："身热脉大者难治。"《时方妙用·血症》："若喘咳急而上气逆，脉见弦紧细数有热，不得卧者，死。"失血本已阴血大亏，若反见气逆于上，急促的喘咳等，此类为阳气上脱证；脉不细弱芤迟，反见弦紧细数，亦是阳气外脱之兆；阳浮于外，不能入阴，则不得卧。此属危证，故曰死。

1.3　外感六淫血证

外感风寒。陈修园认为，外感寒邪，则表之卫气郁闭，化热迫血妄行，发为血证，其治疗，陈氏采用麻黄汤。《医学实在易》："若从风寒得者，麻黄汤加味可用。"但仲景列出兼见诸多阴虚证者，禁用麻黄，故陈氏说，加味可用。如何加味？陈氏极为推崇东垣麻黄人参芍药汤。《医学三字经》："宜表散，麻芍条。外伤宜表散。东垣治一人内蕴虚热，外感大寒而吐血。法仲景麻黄汤加补剂，名麻黄人参芍药汤，一服而愈。"若是外感风寒，内有气滞，症可见发热恶寒，头痛无汗，胸脘痞闷，呕逆泛酸，不思饮食，舌苔薄白。此时当用香苏饮。《时方妙用》："先见头痛恶寒发热等症。必取微汗则愈。宜香苏饮加荆芥穗一钱，丹皮、白芍各一钱五分。"但陈氏未列出全部证候，仅仅说出主证，并说"先见"，则可推断必有后见之证候。而且强调服药方法，必须是微微出汗，不可以汗出如水流漓，病方可愈。从此可见陈氏深谙仲景之学。

外感暑邪。暑邪致病，其性炎热，伤津耗气，且多夹湿。若气分热盛，则用白虎汤；若气阴两虚，则用竹叶石膏汤；若欲清暑利湿，则用六一散。《医学实在易》："若从酷得暑者，竹叶石膏汤、白虎汤、六一散可用。"陈氏此语，可见其方证论治之一斑。《时方妙用》："夏月伤暑，咳嗽自汗，口渴小便赤短，宜六一散。滑石六钱，甘草一钱，加干姜细辛五味子各一钱。水煎服。"

外感燥邪。《医学实在易》："若从秋燥得者，泻白散可用。"

以上可见，陈修园论治外感血证，分寒、暑、燥三型。

1.4　内伤血证

陈修园将内伤血证分为寒热两纲。《医学从众录·血症》："朱丹溪云：血随火而升降。凡治血症，以治火为先""俟火势一平，即以平补温补之药维之，所谓有胆由于有识也。"若是寒证，则宜温中为主；若是火热证，以治火为先，温补收功。

1.4.1　治火为先

《医学实在易》："诸经之火炽甚者，四生丸可用，六味地黄汤亦可偶服，皆治标之剂也。"陈修园在《医学从众录》中，以火为大纲，证为目，分实火、虚火、灯烛之火、龙雷之火四类，将火热理论与血证密切联系，并结合脏腑辨证，使病机与病位相结合，阐述尤为独到。"咳血、唾血、吐血，方书分别肺胃等症，何庸陋之甚也。凡吐血、衄血、下血，一切血症，俱不必琐分。惟认其大纲，则操纵自如。"可见陈修园论治血证尤其重视辨证。

（1）实火上冲　降肺泻心：陈修园将实火血证分为肺气上逆和心火亢盛两种。肺气上逆之因是外感风寒，表闭阳气内郁，肺气不宣，上逆化热，灼伤肺络，导致出血，即《医学从众录·血症》："外受风寒，郁而不解，酝酿成热，以致大吐大衄，脉浮而洪，或带紧。"心火亢盛则是外感邪气入里化热，或是体质阳气偏盛，内伤杂病导致火热血证，即《医学从众录·血症》："如风寒郁而不解，以成内热，或阳脏之人，素有内火，及酒客蕴热、大吐大衄、脉洪而实、或沉而有力。"陈氏对于肺气上逆证，"宜用苏子降气汤，加荆芥、茜草根、降真香、玉竹之类以解散之"。散束表之风寒，降上逆之肺气；对于心火亢盛证，陈氏主张用犀角地黄汤、黄连解毒汤泻心火、散瘀滞。实火证多病情严重，不可以一味止血。《医学从众录·血症》："今人于此症，不敢用大苦大寒之品，而只以止血套药，如黑栀子、白及末、百草霜、三才汤加藕节之类。似若小心，其实姑息容奸，酿成大祸。"陈修园主张应用苦寒之药，泻火攻邪："芩、连、栀、柏及大黄之类，补偏救弊，正在此时""凡此之类，俱宜釜下抽薪，而釜中之水，无沸腾之患矣"。而用苦寒泄火之方药正是为了保胃气、存津液，不至于津液干涸，变症蜂出。

（2）虚火论治　补气益脾：对于虚火的认识，陈氏认为，临床可见"此症吐血咳血，必积渐而来，以至盈盆盈斗"，其病程长，"必积渐而来"，脉必洪大，而重按指下全空，这是本证诊断之关键。本证的病因，陈氏推断是"劳役饥饱过度，东垣谓之内伤"，或"思虑伤脾"致"倦怠少食，肌肉瘦削，怔忡不寐"最终导致血证。本证的病机是脾气大虚，阴火为胜，导致出血。"东垣云：火与元气不两立。元气进一分，则火退一分"。所以，陈氏用补中益气汤、归脾汤、当归补血汤三方治疗，补中益气汤主治劳役饥饱失常所致血证，归脾汤主治思虑伤脾所致血证。由于本证是气虚导致出血，故治法宜补气生血，有形之血不能速生，无形之气急当大补。"必以气分大补之品，始可引其归经，此余屡试屡验之法也"。"必以前汤（补中益气汤、归脾汤）及当归补血汤，峻补其虚，虚回而血始止。况血脱益气，古训昭然"。本证治疗禁忌有二。第一，不可以用大量滋阴补血药。"若用柔润之药，凝滞经络，鲜克有济"。第二，因为"脱血盈盆盈斗""若泥于诸血属火之说，而用凉血止血套药，止而复来，必致不起"。不可误认为是实热火证导致的出血，用凉血止血药。

（3）灯烛之火　大补肾阴：肾藏有先天之精，为脏腑阴阳之本，生命之源，内藏真水真火。"人身阴阳，曰水曰火，水火之宅，俱在两肾之中"。陈修园认为，灯烛之火的病机是肾阴亏虚，虚阳上越。本证的病因有二，一是体质因素先天不足，二是性生活过度耗伤肾阴。可能出现本证的病有吐血、咳血。《医学从众录·血症》："何谓灯烛之火……如先天不足，肾水素虚，又兼色欲过度，以竭其精，水衰则火亢，必为咳嗽、吐血、咳血等症……如灯烛之火，油尽而自焚。"本证之脉可见"浮虚而数或涩而芤"。其脉证："其脉浮虚而数或涩而芤。外症干咳骨蒸，口舌生疮，小便赤短。"虚火上炎，故口舌生疮，虚火灼肺，故可见干咳；阴虚火旺，煎熬肾水，故骨蒸，小便短赤。本证的治疗，大忌辛热及苦寒药物，"盖以肾居至阴之地，若用寒凉，则孤阴不生。而过苦之味，久而化火，俱非阴虚症所宜也""赵养葵云：灯烛之火，杂一滴水则灭（指苦寒之物）"；陈氏认为，"须用甘润至静之品，补阴配阳"，方可治疗本证。应以六味地黄丸为主滋阴补肾。"惟以六味丸养之以膏油"。若是肾阴极虚，六味地黄丸服之无效，则"每于水虚火亢之重症，用大补阴丸，多收奇效"。可见陈氏注重经方，博采时方之一斑。

（4）龙雷之火　引火归元：丹溪云："肝肾之阴，悉具相火""天非此火，不能生物；人非此火，不能有生。"陈修园认为，龙雷之火即《医学从众录·血症》"肾中相火不安其位"导致相火上炎"为吐血、咳血、衄血等症"。此证病机是肾阴虚损，相火上炎。本证可见"其脉两寸洪大，过于两关。两关洪大，过于两尺，浮按洪大，重按濡弱如无"。相火游行于肝肾三焦，内藏厥阴风木之气，风火相煽，故"以致烦热不宁，舌燥口渴"。

在治疗上，陈修园反对一派苦寒滋阴降火，"盖龙雷之火，得雨而愈炽"，而提倡使用反佐温热之药，"惟桂附辛热之药，可以引之归原，所谓同气相求是也"。在具体治疗方药，陈氏推荐镇阴煎、八味丸、全真一气汤。

《医学从众录·血症》中，陈修园特写一节《喻嘉言龙雷之火论》，以强调龙雷之火与脾胃元气密切联系。相火宜潜藏，方为生生之少火。"究而论之，龙雷之火，全以收藏为主，以秋冬则龙雷潜伏也。"若其不能潜藏，则为火性炎上。"龙雷之火，潜伏阴中，方其未动，不知为火也。及其一发，暴不可御，以故载血而上溢"。并强调健运脾胃元气是关键。"若天清日朗，则退藏不动矣。吾为大开其局，则以健脾中之阳气为一义。"脾胃元气不足，则相火不安其位，"盖龙雷之性，必阴云四合，然后遂其升腾之势"。脾阳具有决定性的作用。脾阳健运，阴火自然潜藏，水谷精微得以化生，气血则复。"健脾之阳，一举有三善也：一者，脾中之阳气旺，如天清日朗，而龙雷潜伏也。一者，脾中之阳气旺，而胸中窒塞之阴气，则如太空不留纤翳也。一者，脾中之阳气旺，而饮食运化精微，复生其已竭之血也"。而潜藏镇摄龙雷之火的必要条件是健运脾胃："此症，必以崇土为先，土浓则浊阴不升，而血患自息，万物以土为根，元气以土为宅。"

陈氏从喻嘉言之说，强调脾胃的重要性，脾胃健运则无阴证之患，若肝肾虚损，相火离位，则其论治不可以单纯滋阴潜阳、引火归元，必兼补脾胃、益元气，方可奏效。

陈氏论治灯烛之火与龙雷之火，病机似同而实异，主方亦异。灯烛之火关键在于肾中真火，龙雷之火则在于相火。且龙雷之火血证可见"烦热不宁，舌燥口渴"，颇与《伤寒论》厥阴篇提纲证"厥阴之为病，消渴，气上撞心，心中疼热，饥而不欲食，食则吐蛔，下之利不止"相似。故陈氏灯烛之火与龙雷之火证极相似于仲景少阴病与厥阴病。

1.4.2　温补收功

若是阳气不足，气不摄血，则应补阳益气；若是火热血证，在苦寒直折、滋阴降火之剂后，应当以顾护胃气为本，温补平补之药以收功。《医学从众录·血症》："俟火势一平，即以平补温补之药维之。"《医学实在易》："若固元汤之平补，理中汤之温补，甘草干姜汤之补其上，黄土汤之益其中、下，与《褚氏遗书》所言'血虽阴类，运之者其阳和'二句，均得各大家不言之秘。"血得寒则凝，得温则行。温性平性药虽平淡无奇，但不可小视。

（1）气虚证：此证除出血是其外证，或可见其倦怠乏力、少气懒言等气虚证，但必然兼见胃中浊阴上逆证。《时方妙用·血症》："必见恶心，验证分明。"其病机是脾胃气虚，元气不足，清阳不升，浊阴上逆。治疗以补脾胃、益元气为主，用"一味固元汤主之"。《时方妙用·血症》："胡念斋云：补药可用，温药亦须急加，附、桂、炮姜随宜。"一味固元汤多大补元气之品，方中只有一味热药煨姜，而失血之后，气随血脱，虽无明显阳虚证，但也应温补阳气。

（2）阳虚证："大吐大衄，外有寒冷之状，可用理中汤加南木香或甘草干姜汤，其效更著。又有饮食伤胃，胃虚不能传化，其气上逆，亦能吐衄，亦宜上二方"。若失血兼见恶寒，只要不是外感，且不论其是否为饮食所伤，并兼有胃气虚弱等证，则可用温中之法。

（3）气阴两虚证：《时方妙用·血症》："有不宜刚燥之剂者，或血虚烦渴，燥热，睡寐不宁，五心烦热，宜圣愈汤。"此证由于失血过多，或其人体质素阴血虚，故不宜以上一味固元汤、理中汤、甘草干姜汤等刚燥之剂，而应益气滋阴，用圣愈汤。

1.5　瘀血血证

陈修园认为，应以防为主。对于实火血证，则应以苦寒直折为主。火去之后，血则不会妄行溢出，更不会有血瘀。若惧怕苦寒之药，而单用止血方药，则冰伏邪气，形成血瘀，则变证百出，或阻滞气机，或郁而化热，且影响新血形成。《医学从众录·血症》："今人于此症，不敢用大苦大寒之品，而只以止血套药，如黑栀子、白及末、百草霜、三才汤加藕节之类。似若小心，其实姑息容奸，酿成大祸……盖此症火势燎原，车薪之火，非一杯之水所可救。芩、连、栀、柏及大黄之类，补偏救弊，正在此时。"

若是因为瘀血而导致血证，其外证可从其疼痛部位、出血的颜色进行鉴别诊断。其治疗则先以活血化瘀为主，待瘀血不重时，则以健脾益气为主，兼以调血。《医学从众录·血症》："瘀血而吐，必先胸痛，血色必紫或黑而成块，脉必滞涩，宜四物汤，加醋炒大黄、桃仁、丹皮、香附各一钱五分。如紫血尽，鲜血见，即用六君子汤加当归调之。"

《医学从众录·血症》："伤寒及温病，应发汗而不汗之，内热蓄血及鼻衄，吐血不尽，内余瘀血，大便黑，面黄，宜犀角地黄汤。"若是以热证为主，兼见瘀血证，则以清热凉血散瘀为主。

1.6　急症及调养

对于急症，出血后，神志不清，且有汗出不止者，恐其亡阳，用参附汤回阳救逆，或当归补血汤加附子急固其气，补气生血。《时方妙用·血症》："若脱血之顷，不省人事，大汗不止者，宜参附汤。贫者以当归补血汤加熟附子二三钱。"或用独参汤大补元气，回阳固脱。"大吐，大衄，大崩之顷，血若稍止，急用独参汤服。"

一旦血止阳回，则调养为第一要务。《时方妙用·血症》："服后听其熟睡，切勿惊醒，则阴血复生矣。"陈氏强调此时最忌频频呼唤，惊醒病人，应让病人充分休息，使气血恢复。

1.7　血证临证心得

此节特列出陈修园治疗血证的方剂及其加减之药物。应尤其注意陈氏治疗血证方剂的加减药物，此为其临证心得。

1.7.1　解表开发郁结

（1）麻黄汤：本方出自《伤寒论》。组成：麻黄、桂枝、炙甘草、杏仁。

此方所治血证，因外感风寒，卫气郁闭化火，治当宣通玄府。《伤寒论》："太阳病，脉浮紧，发热，身无汗，自衄者，愈。""伤寒脉浮紧，不发汗，因致衄者，麻黄汤主之。"《长沙方歌括》："麻黄大开皮毛为君，以杏仁利气，甘草和中，桂枝从肌以达表为辅佐，覆取似汗而不啜粥，恐其逗留麻黄之性，发汗太过也。"

表实郁闭，则当发汗解表，仲景有阴虚、血虚忌发汗之论，《伤寒论》："亡血家，不可发汗，发汗则寒栗而振""淋家不可发汗，发汗必便血"。但若不解表则邪无所出，又不得不汗，故东垣立麻黄人参芍药汤治久患吐血，愈后复发；吐血外感寒邪，内虚蕴热。

麻黄人参芍药汤出自《脾胃论》。组成：人参、麦冬、桂枝、当归身、麻黄、炙甘草、白芍、黄芪、五味子。

方中桂枝、白芍和营卫，麻黄去外寒，黄芪实表益卫，甘草补中，人参益元气，麦冬保肺气，五味子安肺气，当归和血养血。凡虚人当服仲景方者，宜此方。陈修园说"此方以解表为止血，是东垣之巧思"。

（2）香苏饮加荆芥穗一钱，牡丹皮、白芍各一钱五分；组成：紫苏叶、香附、陈皮、炙甘草、生姜、葱须。

《时方歌括》："发表轻剂……紫苏，血中气药；香附，气中血药；甘草兼调气血；陈皮宣邪气之郁，从皮毛而散……此汤看似平稳，其实辛烈失法，服之得汗，有二虑。一虑辛散过汗，重为亡阳，轻则为汗漏也。一虑辛散逼汗，动脏气而为鼻衄，伤津液而为热不退渴不止也。服之不得汗，亦有二虑。一虑辛散煽动内火，助邪气入里而为狂热，不得寐。一虑辛散拨动肾根，致邪气入阴而为脉细，但欲寐也。若用仲景之法则无是虑。"陈氏认为，此方虽无麻桂之烈，但本已失血，阴血已弱，不论服后汗出太多或汗出不彻，病人已不堪再劫其正气，故师仲景桂枝汤法白芍配桂枝，于其后加入白芍养阴生津；牡丹皮清热；荆芥穗解表散风，兼入血分，使此方阴阳兼顾，务使解表不伤阴。

（3）舌衄方：《时方妙用·血症》："舌上出血如孔钻者，煎香薷汁服。外用槐花炒研掺。蒲黄炭亦可掺之。"

香薷辛散温通，解闭郁之邪热；槐花凉血止血泻火；蒲黄炭行血消瘀止血。标本兼治，发散邪热，热去则血自宁。

1.7.2　清里热，分脏腑

（1）清阳明里热

竹叶石膏汤　出自《伤寒论》。组成：竹叶、石膏、半夏、人参、炙甘草、粳米、麦冬。

《长沙方歌括》："竹叶凌冬青翠，得冬令寒水之气，半夏生当夏半，得一阴之气；参、草、粳米，资养胃气以生津液；麦冬通胃气之络；石膏纹肌色白，能通胃中之逆气达于肌腠。总令津液生而中气足，虚热解……其法专于滋养肺胃之阴气以复津液。"此方无一味药止血，可见陈氏审因论治，旨在清热生津，益气和胃。釜底抽薪，热去则无血出之患。

白虎汤　出自《伤寒论》。组成：石膏、知母、炙甘草、粳米。

《长沙方歌括》："石膏辛寒，辛能解肌热，寒能胜胃火，寒性沉降，辛能走外，两擅内外之能，故以为君；知母苦润，苦以泄火，润以滋燥，故以为臣；用甘草、粳米，调和于中宫，且能土中泻火，作甘稼穑，寒剂得之缓其寒，苦药得之化其苦，使沉降之性皆得留连于中也，得二味为佐，庶大寒之品无伤脾胃之虑也。"陈氏用此方治外感暑邪之气分热盛者。

（2）清肺热

泻白散　出自《小儿药证直诀》。组成：地骨皮、桑白皮、炙甘草、粳米。

《时方歌括》："桑皮泻肺火，地骨退虚热，甘草补土生金，粳米和中清肺。李时珍曰，此泻肺诸方之准绳也……火热伤气，救肺之治有三：伤寒邪热侮肺，用白虎汤除烦，此治其标。内症虚火烁金，用生脉散益阴，此治其本。若夫正气不伤，郁火又甚，则泻白散之清肺调中，标本兼治。又补二方之不及也。"

《时方妙用》："秋间伤秋金燥气。皮毛洒洒恶寒，寒已发热，渐生咳嗽，咳嗽不已，渐至泻利，宜泻白散二剂。合为一剂，去粳米，加黄芩、阿胶各一钱五分，干姜一钱，五味子细辛各五分，水煎服。此方加减，庸医必骇其杂，能读孙真人书者，方知从五味子汤、麦门冬汤二方得来也。"五味子汤出自《备急千金要方》卷十八，组成：五味子、桔梗、紫菀、甘草、川断、桑皮、地黄、竹茹、赤小豆。主治咳嗽，唾中有脓血，痛引胸胁。麦门冬汤出自《金匮要略·肺痿肺痈咳嗽上气病脉证治》，组成：麦门冬七升，半夏一升，人参三两，甘草二两，粳米三合，大枣十二枚。清养肺胃，降逆下气。主治肺痿，肺胃津伤，虚火上炎，咳唾涎沫，气逆而喘，咽干口燥，舌干红少苔，脉虚数者。

陈氏用此方治秋燥伤肺血证，将两剂合为一剂，以加强药力；加干姜、细辛、五味子温肺化饮；王孟英："炒米虽香，性燥助火，非中寒便泻者忌之。"故去粳米，加黄芩清肺热，阿胶滋阴润燥。

鼻衄方　《时方妙用·血症》："鼻衄，用生茅花或根一两煎服。"

白茅根凉血止血，清热解毒。

血汗方　《时方妙用·血症》："皮肤血汗，宜郁李仁去皮研二钱，以鹅梨汁调下。"

此方即《圣济总录》如圣散。郁李仁，性平，味辛苦甘，润燥滑肠，下气利水，破血润燥；鹅梨汁生津、润燥、清热。肺主皮毛，肺与大肠相表里。本方证应为肺脏邪热。本方旨在润燥通腑泄热，热去则血宁。

（3）清心火，泻三焦之热毒

犀角地黄汤、黄连解毒汤　犀角地黄汤出自《备急千金要方》。组成：芍药、地黄、牡丹皮、犀角。

《时方歌括》："心为营血之主，心火旺则血不宁，故用犀角、生地酸咸甘咸之味，以清君火。肝为藏血之室，肝火旺则血不守，故用丹皮、芍药辛苦微寒之品，以平相火。此方虽曰清火，而实滋阴之剂。盖血失则阴虚，阴虚则无气。故阴不足者，当补之以味。"

黄连解毒汤出自《肘后备急方》。组成：栀子、黄芩、黄连、黄柏。

方证为火毒充斥三焦，火毒炽盛，内外皆热。方中黄连大苦大寒，清泻心火为君，兼泻中焦之火。臣以黄芩，清上焦之火。佐以黄柏，泻下焦之火。栀子泻三焦之火，导热下行，引邪热从小便出。诸药合用，苦寒直折，三焦之火邪去而热毒解，则诸症可愈。

陈氏用此二方，并无加减，治疗实火血证，旨在泻火全阴，釜底抽薪，则无邪火煎熬血液，迫出脉外之患。

四生丸　出自《妇人大全良方·卷七》。组成：生荷叶、生艾叶、生柏叶、生地黄。

《时方歌括》：“凡草木之性，生者凉，而熟之则温。熟者补，而生者泻。四味皆清寒之品。尽取其生者，而捣烂为丸，所以全其水气，不经火煮，更以远于火令矣。生地多膏，清心肾而通血脉之源。柏叶西指，清肺经而调营卫之气。艾叶芳香，入脾胃而和生血之司。荷叶法震，入肝家而和藏血之室。”

陈氏于诸经火盛时用此方治其标，待血止后则不得再用，恐其性凉，遏血太过反致瘀，并力主用归脾汤、人参养营汤治本。

（4）清肠火，祛湿邪

苦参子方　《医学从众录·血症》：“下血之方甚多。火盛者，以苦参子九粒，或十四粒，去壳取仁、勿破，以龙眼肉包好，开水送下甚效。”

苦参子味苦性寒，清热燥湿。龙眼肉甘温，补益心脾，养血安神。陈氏此法所治，为肠风下血火盛之证。苦参外包以龙眼肉，旨在使苦参直达病所，避免其苦寒败胃。

赤小豆当归散　出自《金匮要略》。组成：赤小豆、当归。

此方清热利湿，和营解毒。主治湿热下注，大便下血，先血后便者。

荸荠酒饮　出自《种福堂公选良方·肠风》。

《医学从众录·血症》：“治大便下血。荸荠捣汁半盅，将好酒半盅冲入，空心温服。”

荸荠甘寒，清热，化痰。《本草纲目》：“主血痢、下血、血崩。”荸荠去新鲜汁，和酒一同服下，取酒入血络之意。本方证应为肠络血热。

旱莲丸　出自《种福堂公选良方·肠风》。

《医学从众录·血症》：“治大便下血虚弱者。旱莲草阴干为末，以槐花煎汤，调炒米粉糊丸如桐子大，每日服五钱，以人参五分煎汤下，二服即愈。”

旱莲草甘、酸、凉。功效：凉血，止血，补肾，益阴。槐花味苦，性微寒。功效：凉血止血，清肝泻火。人参益气生津。本方证应为肠热兼有脾气虚证。

甘草青盐丸　《医学从众录·血症》：“治大便下血。甘草（一斤），青盐（四两）。将甘草研细末，用滚水冲入青盐，将青盐水炼甘草末为丸，如桐子大，早晚服之，无不见效。”

甘草补脾益气，清热解毒；青盐泻热凉血。

（5）清下焦热邪

牛膝酒煎　出自《种福堂公选良方·溺血》。《医学从众录·血症》：“治男子茎中痛……牛膝一大握，酒煮饮之。”

牛膝补肝肾，强筋骨，活血通经，引火下行，利尿通淋；酒入血分。本方虽简，但药专力宏。

苎麻根方　《时方妙用·卷三·血症》：“血淋尿血。用苎麻根十枚，水煎服。”

苎麻根清热止血，解毒散瘀。本方证为下焦热盛证。

1.7.3　益气温阳，摄血归道

补中益气汤　出自《脾胃论》。组成：黄芪、炙甘草、人参、当归、橘皮、升麻、柴胡、白术。

《时方歌括》："劳倦形气衰少，阴虚而生内热……表症颇同外感，惟东垣知其为劳倦伤脾。谷气不盛，阳气下陷于阴而发热。故制补中之剂，得发表之品，而中自安。益气之剂，赖清气之品，而气益倍。此用药相须之妙也。是方也，用以补脾，使地道卑而上行。"方中黄芪补中益气、升阳固表为君；人参、白术、甘草甘温益气，补益脾胃为臣；陈皮调气机，当归补血和营为佐；升麻、柴胡协同参、芪升举清阳为使。

归脾汤　出自《严氏济生方》。组成：白术、当归、茯神、黄芪、龙眼肉、远志、酸枣仁、木香、甘草、人参、生姜、大枣。

方中以参、芪、术、草大队甘温之品补脾益气以生血，使气旺而血生；当归、龙眼肉甘温补血养心；茯神、酸枣仁、远志宁心安神；木香辛香而散，理气醒脾，使补而不滞；姜、枣调和脾胃，以资化源。《时方歌括》："方中诸品，甘温补脾，即是补阴之剂。而命方不为补而为归者，归还其所固有也。妙在远志入心，以治其源……木香入脾，以治流……颇得《金匮要略》调以甘药，令饮食增进，渐能充血生精，以复真阴之不足。"

《医学从众录·血症》："白芍易木香，是高鼓峰法，以建中汤得来，妙不可言。或加五味五分，麦冬二钱，血不止，加栀子、茜草各一钱。"陈氏认为，心脾两虚之血证，若去木香之辛香走窜，易以白芍柔脾养阴血，则更对症。也可加入五味子敛阴，麦冬滋阴。若血仍不止，则加入栀子泻三焦之热，茜草凉血止血，活血化瘀。

当归补血汤　出自《内外伤辨惑论》。组成：黄芪、当归。

《时方歌括》："凡轻清之药，皆属气分。味甘之药，皆能补中。黄芪质轻而味微甘，故略能补益。《神农本草经》以为主治大风，可知其性矣。此方主以当归之益血，倍用黄芪之轻清走表者为导。"

以上三方，陈氏用之治疗虚火血证。饮食劳倦所伤，宜补中益气汤；心脾两虚，宜归脾汤。但用此二方，必合以当归补血汤，其效更著。

固元汤　出自《医宗己任编·卷三》。组成：人参、炙芪、归身、甘草、煨姜、大枣、白芍。

本方旨在补虚，固元，止血。陈氏用于治气虚血证。人参、黄芪、大枣大补元气，生津养血；白芍养血；当归补血活血；甘草调和诸药；煨姜温中。本方益气补血，略补阳，兼顾养阴。

黄土汤　出自《金匮要略》。组成：甘草、干地黄、白术、附子（炮）、阿胶、黄芩、灶中黄土。

《金匮方歌括》："因脾虚阳陷生湿，血亦就湿而下行，主之以灶心黄土温燥而去寒湿，佐以生地、阿胶、黄芩入肝以治血热，白术、甘草、附子扶阳补脾以治本虚……此方以灶心黄土易赤石脂一斤，附子易炮干姜二两，炮紫更妙；或加侧柏叶四两；络热，加鲜竹茹半斤。"

赤石脂甘、涩、酸、温、无毒，涩肠，收敛止血；附子偏于温补命门，炮姜偏于温中。侧柏叶凉血，止血，祛风湿，散肿毒；鲜竹茹甘寒清热通络，加入此二味凉药，旨在使全方寒热并用、标本兼顾。

桂扁猪脏饮　出自《种福堂公选良方·肠风》。

《医学从众录·血症》："治大便下血，日夜数次，历年久病，服之立愈。雄猪脏一条，洗净，桂圆肉二两，鲜白扁豆花四两。将二味捣烂，用白糯米拌和，装入猪脏内，两头扎住，砂锅内炖烂。忌见铁器。然后将人中白炙脆，研末蘸吃，用酱油蘸吃亦可。不论吃粥吃饭，空心皆可吃，吃四五条即愈。"

雄猪脏即猪肚，味甘，性温，补虚损、健脾胃；桂圆肉甘温，益心脾，补气血；鲜白扁豆花健脾和胃化湿；白糯米补中益气，健脾止泻；人中白清热解毒，祛瘀止血。本方健脾化湿、止泻止血。

甘草干姜汤　出自《伤寒论》。组成：炙甘草、干姜。

炙甘草补脾益气，干姜温中散寒。此方证为脾虚寒血证。《时方妙用·血症》："甘草干姜汤，其干姜炮黑，加五味子二钱，甚效。"炮姜温中散寒，温经止血；五味子收敛固涩，益气生津。

理中汤　出自《伤寒论》。组成：人参、干姜、炙甘草、白术。

本方加减法出自《医学从众录·血症》。方中人参补气，白术健脾，干姜温中，甘草和中，木香行气导滞，当归补血行血。全方旨在温阳益气健脾止血。脾阳健运，则血自归经，无妄行之患。

寿脾煎　出自《景岳全书·五十一卷》。组成：白术、当归、山药、炙甘草、枣仁、远志、干姜（炮）、莲肉、人参。

《医学从众录·血症》："下血症属火固多，而虚寒亦复不少。宜以景岳寿脾煎，或圣术煎加黑姜服之。"

本方主治心脾两虚，脾不摄血证。方中白术、山药、炙甘草、莲肉、人参补脾益气；炮姜温中；枣仁、远志养心安神；当归补血行血。

圣术煎　出自《景岳全书·五十一卷》。组成：白术、干姜、肉桂、陈皮。

本方旨在温中健脾。陈氏加入炮姜加强温中之力。本方病机：脾虚寒不能摄血。

鹿角胶没药方　《时方妙用·血症》："血淋尿血……房劳兼小便尿血。宜鹿角胶半两，没药另研，油头发绳各三钱为末，茅根汁打面，糊丸桐子大。每服五十丸，盐汤下。"

鹿角胶壮元阳，补血气，生精髓，止血；没药散血祛瘀定痛；茅根凉血止血清热。全方壮元阳为主，兼通气血。本方证为肾气不固证。故治宜大补元阳，益气止血。

1.7.4　滋肾阴，潜真火

六味地黄丸　出自《小儿药证直诀》。组成：熟地黄、山萸肉、山药、泽泻、牡丹皮、白茯苓。

本方重用熟地黄滋阴补肾，填精益髓，为君。山萸肉补养肝肾；山药补益脾阴共为臣药。泽泻利湿而泄肾浊，并能减熟地黄之滋腻；茯苓淡渗脾湿，并助山药之健运，与泽泻共泄肾浊，助真阴得复其位；牡丹皮清泄虚热，并制山萸肉之温涩。肝脾肾三阴并补，以补肾阴为主。

《医学从众录·血症》："又男妇尿血……以六味汤加血余灰一两，煎好，入生藕汁服……挟热者，加竹叶、栀子主之。挟寒者，加附子主之。"

本方证为肾阴虚血证。故用六味地黄汤，加血余炭消瘀止血，兼利小便；生藕汁凉血止血而不留瘀。若兼见热证，则用栀子清三焦之热，竹叶导热从小便出。若兼见寒证，则加附子壮元阳。

《时方妙用·血症》："皮肤血汗……又用六味地黄汤加五味一钱，麦门冬、川续断各二钱。"六味地黄汤滋阴补肾，加五味子收敛固涩，益气生津；麦冬滋阴润肺，益胃生津；川续断补肝肾，强筋骨。本方旨在大补肾阴，补敛结合，兼滋胃阴，先天后天并调。

大补阴丸 出自《丹溪心法》。组成：黄柏、知母、熟地黄、龟板、猪脊髓。

《医学从众录·血症》："此方滋阴降火，能治六味丸所不能治之症。勿以知柏之苦寒而疑之也，余向亦不能无疑，后读《名医方论》，极有发挥，遂信用之。"

《医宗金鉴·卷三·删补名医方论》："惟急以黄柏之苦以坚肾，则能制龙家之火；继以知母之清以凉肺，则能全破伤之金。若不顾其本，即使病去犹恐复来，故又以熟地，龟板大补其阴，是谓培其本，清其源矣。"《时方歌括》："知、柏寒能除热，苦能降火。苦者必燥，故用猪脊髓以润之，熟地以滋之……然除热只用凉药，犹非探源之治。方中以龟板为主，是介以潜阳法。"

六味地黄丸、大补阴丸皆治阴虚火旺之血证，即陈氏所说灯烛之火血证。若阴虚不甚，则宜六味地黄丸，若极虚重症，则宜丹溪大补阴丸潜降相火。

甘露饮 出自《太平惠民和剂局方·卷六》。组成：枇杷叶、干熟地黄、天冬、枳壳、山茵陈、生干地黄、麦冬、石斛、炙甘草、黄芩。

《时方歌括》："足阳明胃为燥土，喜润而恶燥，喜降而恶升。故以二冬、二地、石斛、甘草之润以补之，枇杷、枳壳之降以顺之。若用连、柏之苦，则增其燥。若用芪、术之补，则虑其升。即有湿热，用一味黄芩以折之，一味茵陈以渗之，足矣。盖以阳明之治，最重在'养津液'三字。"

滋肾丸 出自《医学发明·卷七》。组成：黄柏、知母、肉桂。

《时方歌括》："此丸为肾家水竭火炎而设……唯急用黄柏之苦以坚肾，则能伏龙家之沸火，是谓浚其源而安其流。继用知母之清以凉肺，则能全破伤之燥金，是谓沛之雨而腾之露。然恐水火之不相入而相射也，故益以肉桂之反佐为用，兼以导龙归海。"

《时方妙用·血症》中，陈氏用此二方通治舌衄、齿衄、鼻衄证。甘露饮证为胃肾阴虚兼湿热。滋肾丸证为下焦邪热。陈氏并列此二方，意在对比发明，务使学者认清此二方证之区别。

旱莲车前汁饮 出自《种福堂公选良方·溺血》。

《医学从众录·血症》："治小便下血。旱莲草，车前子（各等分）。将二味捣自然汁，每日空心服一杯。"

旱莲草凉血止血，补肾益阴；车前子清热利尿渗湿。故本方证应为下焦湿热证。

海螵蛸地黄茯苓方 《时方妙用·血症》："血淋尿血……海螵蛸、干地黄、赤茯苓各等分为末。每服三钱，以柏叶、车前子煎汤下。"

海螵蛸收湿、止血；干地黄滋阴养血；赤茯苓益心气，健中和脾，祛湿利小便；柏叶凉血止血，祛风湿，散肿毒；车前子清热利尿渗湿。本方证为下焦阴虚湿热证。

1.7.5　潜降相火，引火归元

镇阴煎　出自《景岳全书》。组成：熟地、牛膝、泽泻、附子、肉桂、炙草。

《景岳新方砭》："治阴盛于下，格阳于上，则真阴失守，血随而溢，以致大吐大衄。六脉细脱，手足厥冷，危在顷刻，而血不能止者，速宜用此，使孤阳有归则血自安也。如治格阳喉痹上热者，当用此汤冷服。"方中熟地、泽泻一补一泻，旨在温补肾命，养阴填精；牛膝引火下行；桂、附引火归元；炙甘草调和诸药。

八味丸　即肾气丸。出自《金匮要略》。组成：干地黄、山药、茯苓、山萸肉、肉桂、泽泻、附子、牡丹皮。

本方即六味地黄丸加桂、附。旨在温补肾气。

全真一气汤　出自《冯氏锦囊·药按》卷二十。组成：熟地黄、冬白术、麦冬、附子、牛膝、五味子、人参。

《时方歌括》："方以熟地滋肾水之干，麦冬、五味润肺金之燥，人参、白术补中宫土气，俾上升能散津于肺，下能输精于肾。附子性温以补火，牛膝引火气下行，不为食气之壮火，而为生气之少火。"以上三方，陈氏用治龙雷之火血证。陈氏谓，龙雷之火必得桂、附，方可引火归元。故此三方均有桂、附，所异者，八味丸治轻症，镇阴煎治阴盛于下、格阳于上之重症，全真一气汤治脾肾两虚证。

1.7.6　气阴并补

圣愈汤　出自《兰室秘藏·卷下·疮疡门》。组成：生地黄、熟地黄、川芎、人参、当归身、黄芪。

《时方歌括》："此方为一切失血之良药……其止血，妙在川芎一味。其退热，妙在黄芪一味。其熟睡止渴，妙在人参一味……妙得川芎之温行，又有当归以濡之，俾血仍行于经络。得川芎之辛散，又有黄芪以鼓之，俾血仍散于肌腠皮毛。源流俱清，而血焉有不止者乎。"

本方证为气血两虚。故用四物汤补血行血，参、芪补气，阳生阴长，气血得复，则燥热、失眠、烦渴、五心烦热等症皆去。

1.7.7　行血为标，补脾为本

四物汤　出自《仙授理伤续断秘方》。组成：白芍、当归、熟地黄、川芎。

《时方歌括》："四物汤皆钝滞之品，不能治血之源头。即八珍汤气血双补，亦板实不灵。必善得加减之法者方效。"

陈氏在四物汤基础上加醋炒大黄祛瘀生新；桃仁、牡丹皮活血祛瘀，兼清虚热；香附行气。陈氏用此方治疗瘀血证。故本方在补血的基础上加大了破血祛瘀之力，攻补兼施，意在祛邪为主，攻邪不伤正。

六君子汤加当归方　六君子汤，出自《医学正传·卷之三》。组成：陈皮、半夏、人参、白术、茯苓、炙甘草。

《时方歌括》："胃气为生人之本。参术苓草，从容和缓，补中宫土气，达于上下四旁。

而五脏六腑，皆以受气。故一切虚证，皆以此方为主。若加陈皮，则有行滞进食之效。再加半夏，即有除痰宽胀之功。"

陈氏用本方治瘀血证善后调理。攻祛瘀血之后，正气必伤，故应调脾胃、补元气为主。四君子汤补脾胃、益元气，加陈皮、半夏健运脾胃，当归养血行血。本方气血并调，重在健脾胃，生气血。

1.7.8　止血特效药

白及方　《医学从众录·血症》："如血不止，外以白及三钱、藕节三钱。研末，以药汁送下三钱即止。盖凡药必由胃而传化诸经，而此散能直入肺窍而止血也。或另用童便送下四钱亦妙。"

白及收敛止血，消肿生肌；藕节止血，散瘀；童便滋阴降火，凉血散瘀。陈氏用此三味滋阴、收敛、祛瘀之品，意在迅速止血，止血不留瘀。

大衄方　《时方妙用·血症》："诸窍出血。宜头发、败棕、陈莲蓬各等分。俱烧灰研。每服三钱。木香汤下。"

血余炭消瘀止血，兼利小便；棕榈炭收涩止血；陈莲蓬消瘀、止血、祛湿；加木香，以制上三味药滋腻。

1.7.9　血证使药

《医学从众录·血症》："于血症诸方中，择其应用者，再加槐花、地榆各三钱、黄芩一钱为使。"

槐花味苦，性微寒，凉血止血、清肝泻火；地榆凉血止血，清热解毒；黄芩清热泻火解毒。

1.7.10　杂方

六一散加干姜、细辛、五味子各一钱　六一散，出自《伤寒标本心法类萃》。组成：滑石、甘草。

《时方歌括》："元气虚而不支者死，邪气盛而无制者亦死。今热伤元气，无气以动。斯时用参以补气，则邪愈甚。用芩连以清热，则气更伤。惟善攻热者，不使丧人元气。善补虚者，不使助人邪气。必得气味纯粹之品以主之。滑石禀土冲和之气，能上清水源，下通水道，荡涤六腑之邪热，从小便而泄矣。甘草禀草中冲和之性，调和内外，止渴生津，用以为佐保元气，而泻虚火，则五脏自和矣。"

陈氏法仲景小青龙汤、真武汤加减法、小柴胡汤加减法、四逆散加减法，若兼有咳嗽内饮证，于六一散中加干姜、细辛温肺化饮，五味子收敛肺气，更为绝妙。

苏子降气汤，加荆芥、茜草根、降真香、玉竹　苏子降气汤，出自《太平惠民和剂局方》。组成：紫苏子、橘皮、半夏、当归、甘草、前胡、厚朴、肉桂、紫苏叶、生姜、大枣。

主治虚阳上攻、上盛下虚、痰涎壅盛、喘嗽短气。

《时方歌括》："肉桂、苏子、前胡、橘皮、半夏降气，气行则痰行也。风寒郁于皮毛，则肺气逆而为喘，数药妙能解表，气以血为家，喘则流荡而忘返。故用当归以补血。喘则气急，故用甘草以缓其急。然出气者肺也，纳气者肾也。故用沉香之纳气入肾或肉桂之引火归元为引导……仲景云，喘家作桂枝汤加厚朴、杏子佳。苏子降气汤即从此汤套出。"

此方意在降气，气有余便是火，气得肃降，无上亢化火，故无出血之患，正如缪希雍言"宜降气不宜降火"。加荆芥解表散风，兼入血分；茜草根行血止血，通经活络，止咳祛痰；降真香理气、止血、化瘀；玉竹滋阴润肺，养胃生津。陈氏加入血分药及滋阴药以补原方辛燥之不足。

济生乌梅丸 《时方妙用·血症》："大便下血不止诸药不效者，宜济生乌梅丸。"

《时方歌括》："治大便下血如神……僵蚕一两炒，乌梅肉一两半，共为末。醋糊丸桐子大。每服四五十丸。空心醋汤下。"

僵蚕祛风，乌梅涩肠。二药一散一涩，配伍精妙。

血余炭方 《时方妙用·血症》："血淋尿血……乱发烧灰，入麝香少许，用米醋温汤调下。如痛不可忍，以藕汁、萝卜汁、白蜜调下。"

血余炭消瘀止血，利小便；麝香活血通经，止痛。若疼痛剧烈，加藕汁凉血止血而不留瘀；萝卜汁下气；白蜜清热、补中、解毒、润燥、止痛。本方虽简，但多行气活血止痛之品，故本方证为气滞血瘀重证。

齿衄方 《时方妙用·血症》："齿龈血出。用生竹茹四两，醋浸一宿，含之。牙缝出血。以纸纤蘸干蟾酥少许，于出血处按之，立止。满口齿血出。枸杞子为末，煎汤漱之，然后吞下，根亦可。"

生竹茹清热凉血，止血消瘀，醋浸增强其散瘀之功。干蟾酥辛甘温散，发散风火抑郁、大热痈肿，拔疔散毒，故热毒深重者方可用此药。枸杞子补肝肾、益精血，治肝肾真阴不足；地骨皮凉血、降火、清虚热。

人中白方 《时方妙用·血症》："皮肤血汗……又用人中白焙干，入麝香少许，温酒调服立效。"

人中白清热解毒，祛瘀止血；麝香活血通经，止痛；温酒服下，取其通血络之意。本方证为瘀血血汗证。

独参汤 出自《校注妇人良方·妇人失血心神不安方》。

《时方歌括》："阴虚不能维阳，致阳气欲脱者，用此方，救阴以留其阳。若阳气暴脱，四肢厥冷，宜用四逆汤辈。若用此汤，反速其危。故古人多用于大汗、大下之后，及吐血、血崩、产后、血晕诸证。"

陈氏用此方于大失血后，血止时益气滋阴。

2 陈修园学术思想与其他医家之比较

2.1 李东垣

东垣提出人以胃气为本的观点。脾胃为元气之源，人身之本，脾胃伤则元气衰，元气衰则阴火为胜，百病生焉。《脾胃论·饮食劳倦所伤始为热中论》："既脾胃气衰，元气不足，而心火独盛,心火者,阴火也……心不主令,相火代之。相火,下焦包络之火,元气之贼也……脾胃气虚,则下流于肾,阴火得以乘其土位。"东垣论治血证,多从脾胃元气虚衰,阴火上乘立论处方,充分体现其补脾胃、泻阴火、升中阳的辨治特色。

《内外伤辨惑论·暑伤胃气论》:"门冬清肺饮。治脾胃虚弱,气促气弱,精神短少,衄血吐血。紫菀茸一钱五分,黄芪、白芍药、甘草以上各一钱,人参去芦、麦门冬以上各五分,当归身三分,五味子三个。"

《兰室秘藏·衄血吐血门》:"麦门冬饮子。治吐血久不愈……黄芪一钱、麦门冬、当归身、生地黄、人参各五分,五味子十个。

人参饮子。治脾胃虚弱,气促,气弱,精神短少,衄血吐血。麦冬二分,人参去芦、当归身各三分,黄芪、白芍、甘草各一钱,五味子五个。

三黄补血汤。治六脉俱大,按之空虚,心动面赤,善惊,上热,乃手少阴心脉也,此气盛多而亡血。以甘寒镇坠之剂大泻其气,以坠气浮,以甘辛微苦峻补其血。牡丹皮、黄芪、升麻各一钱,当归、柴胡各一钱五分,熟地黄、川芎各二钱,生地黄三钱,白芍五钱。

救脉汤。治吐血。甘草、苏木、陈皮各五分,升麻、柴胡、苍术各一钱,当归梢、熟地黄、白芍、黄芪、人参各二钱。"

门冬清肺饮、麦门冬饮子、人参饮子三方主治虽异,但共有脾胃气虚之证,又因失血伤津耗气,故俱有生脉散益气生津,当归养血和血,黄芪益气,补三焦,实卫气。所异者,门冬清肺饮主治兼有暑气损肺伤津耗气,故加白芍、甘草酸甘化阴;紫菀茸润肺下气,消痰止咳。因吐血久不愈,故麦门冬饮子加生地黄滋阴生血。人参饮子虽亦治吐血,但不及麦门冬饮子所治之剧,故不用生地黄,而加白芍、甘草滋阴。三黄补血汤、救脉汤则共用升麻、柴胡、黄芪升举元气,白芍、当归、生地黄滋阴补血。

陈修园结合东垣脾胃学说及临床,观察并分析到其病因是劳役饥饱过度,且病程较长,脉象洪大,外证除脱血盈盆盈斗外,可见倦怠少食,肌肉瘦削,怔忡不寐等脾胃元气大虚之证,故本证之病机即是元气虚衰、阴火为胜,陈氏概括为虚火血证,治疗选用东垣补中益气汤合当归补血汤,并认为欲治其本,则以脾胃元气为重,元气进一分,则虚火退一分,如此方可火去血安。

2.2　朱丹溪

丹溪是滋阴学派创始人,以"阳有余阴不足论"和"相火论"为其理论核心。

丹溪治血证,多从火立论。"吐血,火病也"。《丹溪心法·吐血》:"吐血,阳盛阴虚,故血不得下行。因火炎上之势而上出。"治则是滋阴潜阳、引火归元。血证为主,则治疗以四物汤为主,兼见痰证,辨吐血前后定虚实。"先吐血后见痰嗽,多是阴虚火动,痰不下降,四物汤为主,加痰药、火药;先痰嗽后见红,多是痰积热,降痰火为急""吐血挟痰,积吐一二碗者,亦只补阴降火,四物加火剂之类"。痰证为主,兼见血证。"痰嗽涎带血出,此是胃口清血热蒸而出",此证热重而血证不甚,故"重者栀子,轻者蓝实"。

丹溪论治咳血、呕血、咯血、衄血、尿血、下血等,亦多从阴虚火旺出发,治疗多喜用四物汤,随证加减。

陈修园结合朱丹溪火证和血证的论治学说及其从气血痰郁论治杂病之特色，创造性地提出火热血证可分为实火、虚火、灯烛之火、龙雷之火。陈氏实火证就是在丹溪郁火和实火证的基础上加以发挥；陈氏将丹溪虚火证，即单纯的阴虚火旺证扩大为脾胃元气虚的陈氏虚火证、肾阴亏虚的灯烛之火证。丹溪治血证以四物汤行血为主，兼以滋阴降火；陈修园治阴虚火旺血证以六味地黄丸、大补阴丸为主，意在滋阴降火，火去则血证自除。陈修园治瘀血血证，用四物汤，且加醋炒大黄、桃仁、牡丹皮、香附等药。

2.3　叶天士

叶天士是温病大师，开创了卫气营血之辨证体系；陈修园是伤寒大家。但陈氏书中多处引用了叶天士的观点，并大量应用叶天士的医方。如在陈氏有关血证篇章中，就有荸荠酒饮、旱莲丸、桂扁猪脏饮、牛膝酒煎、旱莲车前汁等录自《种福堂公选良方》。

二人论治血证之异在以下几点。外感血证，陈氏多辛温解表，宗法仲景；叶氏多辛凉解表。内伤血证，陈氏持寒热两纲，以证统病，重在辨证，略于辨病，执简驭繁；叶氏则病证并重，从《临证指南医案》即可见其辨证论治之丰富多彩。但二人均重视脾胃。

2.4　对唐容川之影响

唐容川是中西医汇通早期代表人物之一，同时也是经方家。唐氏深受陈修园学术思想影响，著有《伤寒论浅注补正》《金匮要略浅注补正》。

新世纪版《中医各家学说》将唐容川《血证论》中论述血证的病机归为四类：气机阻逆，血随上溢；脾不统血；火热迫血妄行；瘀血阻络，血行失常。可以看出唐氏论病机与陈氏论治分寒热两纲，寒则温脾，火热则分为四类，随证施治极为相似。唐氏止血、消瘀、宁血、补血之治法原则即从陈修园治火为先，温补平补收功的治法基础上演化而来。陈氏在《医学从众录·血症》中，将辨证与辨病相结合，重点在辨证，尤其重视五脏辨证，以证统病。在每一证后，陈氏均详细论述其病机、病因、出现此证的病种、治疗禁忌、诊治时易犯之错误、诊断依据、方药、各家论述等，非常详尽。纵观《血证论》全书结构，卷一总论血证病机、脉证、用药宜忌；卷二至卷四各论血上溢、血外渗、血下泻等，以病统证；卷六述失血兼见诸证；卷七卷八论述方剂。其总体结构和《医学从众录·血症》论述之结构极为相似，从此可以断定《医学从众录·血症》对《血证论》结构安排大有影响。近现代中医界对于血液病的认识和诊治多取法于《血证论》，足以见得陈修园对于后世的巨大功绩。

3　结　　论

3.1　重视经典，博采各家

陈修园极重视《伤寒论》，并将经典著作中的理论应用于血证辨治实践中，并有所创新，如内伤血证之实火、虚火、灯烛之火、龙雷之火即是六经辨证与脏腑辨证的有机结合，实火血证关系心肺，虚火血证关系脾胃，灯烛之火、龙雷之火关系下焦肝肾，灯烛之火血证的病机类似于少阴病，龙雷之火又类似于厥阴病。除此之外，陈氏大量引用了李东垣、朱丹溪、张景岳、喻嘉言、叶天士等人的医论医方。由此可以看出，陈氏尊经不泥古，能博采各家之所长。

3.2 辨治扼要，执简驭繁

陈修园辨证论治血证，证分外感内伤。内伤分寒热两纲，火热血证则分为实火、虚火、灯烛之火、龙雷之火。治则：治火为先，温补平补收功。陈氏论治血证病证兼顾，以证统病，详于论证，略于论病。

3.3 重视脾胃

陈修园认为《伤寒论》以"保胃气，存津液"贯穿始终。此思想亦贯穿于陈氏辨治血证之始终。陈氏认为，血之生化在于中焦。实火血证，苦寒直折，意在驱邪顾护脾胃正气；虚火血证，其病本在脾胃；灯烛之火、龙雷之火虽病本在下焦肝肾，但补益下焦不可忽略脾胃。脾不统血证固不待言。

3.4 重视抓主症

陈修园辨治血证，先分外感内伤。外感则分寒、暑、燥邪。内伤分寒、热。血证虽以出血为主，但岂能不见头目眩晕、纳呆、心下痞、多痰、口渴、心烦、不寐、咳嗽、厥逆、惊悸怔忡等诸多兼证？陈氏主张抓主症，即是抓住病机，则从容应对，不至于慌张。

3.5 辨证论治和方证论治相结合

陈修园辨治血证，以证统病，重在辨证论治，并在每证后列数方。陈氏旨在使学者认清大纲，这样才能操作自如，但总不能以寥寥几方应对临证时千变万化之病，故仿照《伤寒论》及柯韵伯以方类证之法，方证论治，务求实效，授人以渔。

3.6 创新方剂

陈修园辨治血证，应用了许多经方及时方，但亦有加减。或在他家原方基础上加减几味药，如兼见咳嗽，则法仲景加干姜、细辛、五味子；降气泻火方中，喜加荆芥、茜草、降香、玉竹；或两方合用，如补中益气汤合当归补血汤；或自创新方。

陈修园既重视经典理论，又长于临证实践，是一位卓有创见的医学大家。他的著作"连篇累牍而不繁，寥寥数语而不漏"，反博为约，由浅入深，对前人之典籍作了精辟的总结及发挥，对后世启发甚大，为中医事业做出了极大的贡献。

摘自：陈秭林.陈修园血证辨治学术思想研究［D］.兰州：甘肃中医学院，2012.

《脾胃论》的学术渊源及其理论特色研究（节录）

徐海荣

第一部分 学术渊源

1 《内经》《难经》和《脉经》等经典原文为《脾胃论》的基本立论依据

李东垣所创立的脾胃内伤论及其与之相关的阴火论、元气论、升降论等，都是以《内经》为理论渊源的，在其著作中，每论必引《内经》原文为依据，且进一步发挥以突出其学术理论的独到特色。如李东垣在《脾胃论》首篇即援引《素问·阴阳应象大论》："谷气通于脾，六经为川，肠胃为海，九窍为水注之气。九窍者，五脏主之，五脏皆得胃气，乃能通利。"复引《通评虚实论》"头痛耳鸣，九窍不利，肠胃之所生也。胃气一虚，耳、目、口、鼻，俱为之病。"并以此立论，阐明脾胃与九窍在生理上相互联系，在病理上相互影响。又如《脾胃论·脾胃虚实传变论》中提及了脾胃受病的四种原因，每一原因都是从《素问》《灵枢》的相关理论进一步阐发而来。再如李东垣之脾胃内伤学说的理论，是以《素问·调经论》"阴虚内热"的论述为依据，进而阐明了脾胃中谷气不盛，以至元气虚亏，阴火得以上乘土位而患内伤诸证的机理。

又如李东垣以《内经》"有胃气则生，无胃气则死"为理论依据，且依据《内经》《难经》中真气和元气的定义和阐释，将真气、元气和胃气联系在一起，不仅强调了胃气的作用，指出脾胃有伤则元气不足，元气衰则百病由生的观点，进一步阐发了胃气与元气的关系，还提出了脾胃是元气之本，元气是健康之本的观点。如李东垣在《脉经·脉法赞》"关前一分，人命之主，左曰人迎，右曰气口"的理论基础上，结合《内经》"寸主中，人迎主外"的理论，提出了独到的人迎气口脉法。并以《内经》："五脏皆禀气于胃"为理论依据，提出了胃气在寸口脉诊中的重要意义。

不仅在理论上，在临床诊治过程中，亦是宗《内经》《难经》《脉经》之旨以明辨证无差，遣方用药无误。由此可见，《内经》《难经》《脉经》等是李东垣诸学说之创立及"诸所诊治，坦然不惑"的理论基础。

2 张仲景学术思想对《脾胃论》学术观点的影响

张仲景虽以论治外感伤寒而著称，但其对于脾胃已有相当的重视，正如明代徐春甫所云："汉张仲景著《伤寒论》，专以外感伤寒为法，其中顾盼脾胃元气之秘，世医鲜有知之者。"而李东垣在大量临床经验的基础上，充分理解了张仲景关于"四季脾旺不受邪"等有关脾胃的论述，明确了张仲景在理中汤、吴茱萸汤、茯苓四逆汤、炙甘草汤、黄连汤等方剂中应用人参、白术等的深意，进一步探讨了脾胃内伤诸证的病因、病机，这在李东垣的著作中亦有一定的体现。如《脾胃论·卷上》，在较全面阐述了脾胃生理、病理之后，于卷末专列一篇"仲景引内经所说脾胃"，篇中除引《内经》原文并加以阐发外，又旁引张仲景有关论述以资印证。又如李东垣重视气机升降，常以升麻、柴胡、茯苓、泽泻为调理气机升降之药，这也源于对张仲景用葛根、柴胡、五苓升降之意的理解。

张仲景在临证时非常重视胃气的作用，如《伤寒论》391条言："吐利发汗，脉平，小烦者，以新虚不胜谷气也。"又398条言："以病新瘥，人强与谷，脾胃气尚弱，不能消谷，故令微烦，损谷则愈。"而李东垣在此基础上，于《脾胃论》中又进一步丰富了从饮食起居调护脾胃的理论与方法，如《脾胃论·摄养》言："饥而睡不安，则宜少食，饱而睡不安，则少行坐。"又言："或大热能食而渴，喜寒饮，当从权以饮之，然不可耽嗜。"另外，有学者认为《脾胃论》与《伤寒论》均论述了脾胃病、五脏相关理论及其升降理论，《脾胃论》是对《伤寒论》以上方面的深化和发展。

3 张元素学术思想对《脾胃论》学术观点的影响

张元素于临证时重视脏腑辨证，于脏腑中重视脾胃，如其在脏腑寒热虚实辨证中指出："脾者，土也……消磨水谷，寄在胸中，养于四旁""胃者，人之根本，胃气壮，则五脏六腑皆壮也……胃气绝，五日死"。这里同时也强调了胃气的重要作用。而李东垣正是在此基础上阐发了"胃气者，谷气也，荣气也，运气也，生气也，清气也，卫气也，阳气也……分而言之则异，其实一也"的胃气理论。另外，李东垣在其师之影响下，创立了著名的脾胃学说，进一步提出脾胃为元气之根本，是气机升降之枢纽，其言："真气又名元气，乃先身生之精气也，非胃气不能滋之""盖胃为水谷之海，饮食入胃，而精气先输脾归肺，上行春夏之令，以滋养周身，乃清气为天者也；升已而下输膀胱，行秋冬之令，而传化糟粕，转味而出，乃浊阴为地者也。"进一步阐发了脾胃的重要作用。不仅在学术理论上受其师之影响，在遣方用药中，李东垣亦受张元素很大的启迪，如张氏枳术丸，明代赵献可认为："洁古枳术一方，启东垣末年之悟，补中益气，自此始也。"再如张元素善用白术一味，提出白术甘温可除胃中热，而李东垣之甘温除热法的论说无疑是在此基础上的进一步发展。

李东垣继承《内经》《难经》等经典医著相关学术理论，并总结张仲景、张元素等前辈的医学经验，尤在其师张元素脏腑辨证用药思想影响下，结合自身临床体会，创立了脾胃学说，从而提出了"内伤脾胃，百病由生"的著名论点。

第二部分 《脾胃论》的理论特色分析

1 援引经典，阐发理法，突出脾胃的重要性

1.1 脾胃相关理论阐发

1.1.1 脾与胃的关系

李东垣以《素问·太阴阳明论》"脾与胃以膜相连耳……足太阴者里也，其脉贯胃属脾络嗌，故太阴为之行气于三阴。阳明者表也，五脏六腑之海也，亦为之行气于三阳""四肢皆禀气于胃，而不得至经，必因于脾，乃得禀也"等理论为基，阐发脾胃生理、病理如下：

（1）脾胃生理："脾禀气于胃，而浇灌四旁，荣养气血者也""脾受胃禀，乃能熏蒸腐熟五谷者也"，指出脾与胃二者相互协同而使饮食代谢有常、津液输布有序。

（2）脾胃病理："脾既病，则其胃不能独行津液，故亦从而病焉""胃既病，则脾无所禀受。脾为死阴，不主时也，故亦从而病焉"，说明脾与胃病理上密切相关。

李东垣在此基础上进一步发挥，指出"形体劳役则脾病，病脾则怠惰嗜卧，四肢不收，大便泄泻""饮食不节则胃病，胃病则气短，精神少而生大热，有时而显火上行，独燎其面""夫胃病其脉缓，脾病其脉迟，且其人当脐有动气，按之牢若痛"，明了脾病与胃病的区别，而更重要的是李东垣清晰地论述了两者俱虚时，若胃先病而脾从而病者则以气短、神疲、发热等症为主，若脾先病而影响及胃则症状表现以乏力嗜卧、四肢无力、便溏等为主，若脾胃俱虚则以脉迟缓、脐有动气、按之牢若痛为判别标准。

脾乃阴土，胃乃阳土，脾者主静而不动，胃者主动而不息，二者相表里而生化万物。脾与胃因其不同的生理功能和生理特性而发挥不同的作用，但二者相辅相成，生化气血，滋养先天，内养五脏六腑，外荣皮毛肌腠。

1.1.2 脾胃与九窍的关系

李东垣于《脾胃论》开篇即引《素问·阴阳应象大论》云"谷气通于脾，六经为川，肠胃为海，九窍为水注之气。九窍者，五脏主之，五脏皆得胃气，乃能通利。"复引《素问·通

评虚实论》云："头痛耳鸣，九窍不利，肠胃之所生也。胃气一虚，耳、目、口、鼻，俱为之病。"借助经典原文阐释脾胃与九窍在生理上相互联系，在病理上相互影响，如其所述：

（1）"五脏之气上通九窍，五脏禀受气于六腑，六腑受气于胃"。

（2）"盖谓脾不受胃之禀命，致五脏所主之九窍不能上通天气，皆闭塞不利也"。

（3）"脾不及，令人九窍不通，谓脾为死阴，受胃之阳气，能上升水谷之气于肺，上充皮毛，散入四脏。令脾无所禀，不能行气于脏腑，故有此证。此则脾虚九窍不通之谓也"。

（4）"此胃弱不能滋养手太阳小肠、手阳明大肠，故有此证"。

（5）"脾胃既为阴火所乘，谷气闭塞而下流，即清气不升，九窍为之不利"。

李东垣在此基础上进一步强调脾胃为元气之本，为升降之枢，上之阳窍和下之阴窍共同构成气机升降的基本通路，若脾胃强健，脾胃之气得以正常升降，则九窍通利；若脾胃虚弱，升降之枢失常，则春夏之令不行，继而变生九窍诸疾，在临证时李东垣诊治九窍病多究其源而治其本，即从调理脾胃升降和补益脾胃阳气等方面入手治疗。

九窍可谓是上窍（目、耳、鼻、口）与下窍（前、后二阴）所组成的沟通上下内外，使气机得以正常升降出入的主要通路。经云"升降出入，无器不有""出入废则神机化灭，升降息则气立孤危"，而且脾胃为气血生化之源，其化生的精微通过"脾气散精"布达全身而濡养四肢百骸和经络官窍；其次，从气机运动而言，脾升胃降，本为"气机升降的枢纽"，由此可见九窍与脾胃的生理关系极为密切，故而临证时可宗东垣之治疗思想，借鉴东垣之治疗方法，从脾胃考虑治疗九窍诸疾，或可取得显著疗效。

1.1.3　脾胃与五脏的关系

《脾胃论·卷上》云："五行相生，木火土金水，循环无端，惟脾无正行。于四季之末各旺一十八日，以生四脏。"强调脾胃在五脏中的重要性，虽言"心为君主之官""主不明则十二官危"，但"脾胃为仓廪之官"，其余脏腑均需脾胃所生之气血的长养。

《脾胃论·脾胃胜衰论》云："大抵脾胃虚弱，阳气不能生长，是春夏之令不行，五脏之气不生""盖脾胃不足，不同余脏，无定体故也。其治肝心肺肾有余不足，或补或泻，惟益脾胃之药为切。"其中"惟益"二字已经体现了李东垣强调论治五脏病的根本大法是以补益脾胃为主。

《素问·玉机真脏论》中有："五脏受气于其所生，传之于其所胜，气舍于其所生，死于其所不胜""五脏相通，移皆有次，五脏有病，则各传其所胜。"从五行观而言，脾胃与心、肺为相生关系，与肝、肾为相克关系。心属火，火暖土，土为火之所生；肺属金，土生金，金为土之所生；肝属木，肝旺可乘土，木为土所不胜；肾属水，土能克水，水为土之所胜，故脾胃为病可影响及四脏，四脏为病可责之于脾胃，亦可累及脾胃。可见，脾胃与五脏密切相关。

1.1.4　病从脾胃所生之因

李东垣主要援引《内经》中的相关理论，提出病从脾胃所生之因。一者，李东垣从天人一体观出发，说明了脾胃清阳之气的重要性，"天地之间，六合之内，其气九州、九窍、五脏、十二节，皆通乎天气"，此处所指之天气即阳气，法于四时阴阳则为顺应"苍天之气贵清净"之意，使阳气固密，"阳密乃固，两者不和，若春无秋，若冬无夏"，且"阳者，卫外而为固也"，若阳气充足，虽有贼邪亦不能害。若脾胃阳气不足则可变生九窍、四肢诸疾，如内闭九窍，外壅肌肉等，正如《素问·生气通天论》云："阳不胜其阴，则五脏气争，九窍不通。"《素问·玉机真脏论》云："脾太过，则令人四肢不举；其不及，则令人九窍不通，名曰重强。"

二者，李东垣引《素问·五常政大论》："阴精所奉其人寿，阳精所降其人夭。"言脾胃气机升降的重要性，"阴精所奉，谓脾胃既和，谷气上升，春夏令行，故其人寿。阳精所降，谓脾胃不和，谷气下流，收藏令行，故其人夭"，即脾胃所长养之生生之气象四时之春夏。阴精所奉者奉于阳，"如地之伏阴，其精遇春而变动"，而有春升夏浮，而有万物生发及藩秀。阳精所降者降于阴，"天之元阳，其精遇秋而退"，而有秋降冬沉，而有收敛闭藏。对应于脾胃，若脾胃气虚，下流于肾，乃春夏之令不行，是有秋冬而无冬夏，从而使痿、厥等证易发。李东垣是言若起居不时、饮食不节、情志不畅久则伤及脾胃，脾胃虚弱则阳气不能生长，春夏之令不行，六腑无所禀受，继之五脏之气不生，且脾胃气虚而下流乘肾肝，使阴气重叠，阴盛阳虚，出现足不能履地等证，同时李东垣还提出治疗痿、厥等证当选择"汗之"，而非"下之"，意在用辛甘之药助阳，使脾胃生长之气得以升发。

三者，李东垣引《素问·六节藏象论》中："脾、胃、大肠、小肠、三焦、膀胱者，仓廪之本，荣之居也，名曰器，能化糟粕，转味而入出者也……此至阴之类，通于土气。凡十一脏皆取决于胆也。"强调了胆气的重要作用。少阳胆腑主春升之气，而脾胃生生之气发挥其用如春夏之令行，若胆气得以正常升发则是春升之令得行，即脾胃之气可以正常升发，无违时，无伐化，万化得安，若胆气不升，则生长之气不行，而易发肠澼、飧泄等疾。

四者，李东垣引《灵枢·决气》中"上焦开发，宣五谷味，熏肤、充身、泽毛，若雾露之溉"，指出人以水谷为本，五谷有五气、五味以长养周身，且言"人受气于水谷以养神，水谷尽而神去"，实则是言人以胃气为本，元气、阳气、生气、卫气、荣气等乃为胃气的别称，若胃气一虚则六腑无所禀受而先病，又因五脏禀受气于六腑，若六腑有伤，则五脏之气虚弱继之。

综上所述，李东垣意在言明"形气俱虚，乃受外邪。不因虚邪，贼邪不能独伤人"，即内虚为本的基本病理观点，而内虚之因又多责之于脾胃虚弱。脾胃为后天之本，气血生化之源，内养脏腑，外濡九窍、四肢、肌腠，此一虚则诸疾易生。从而可知脾胃的重要作用，且知固养脾胃当"法于阴阳，和于术数，食饮有节，起居有常，不妄作劳"，于饮食起居之际使脾胃无所伤，则可"形与神俱，而尽终其天年，度百岁乃去"。

1.2 辨证论治理论阐发

1.2.1 脏腑用药法

李东垣宗《素问·脏气法时论》中所论病在五脏之基本用药法则，从而提出脾胃阳气本弱所生之五脏病的用药所遵原则，即"当从《脏气法时论》中升降浮沉补泻法用药耳"。如其在《脾胃论·脾胃胜衰论》中明确指出治疗"心之脾胃病""肝之脾胃病""肺之脾胃病""肾之脾胃病"的具体用药及其君臣佐使的配伍法度。

若脾胃不足，又火不能生土，则以白术为君，黄芪、人参、白芍、黄连等为臣佐，若心火亢盛，则以黄连为君，黄柏、生地黄、知母、石膏等为臣佐，其所本大法为"当于本经药中加泻心火之药"，即于补益脾胃药中加泻心火药如黄连等。

若脾胃虚弱，肝木妄行，所不胜乘之，其所本大法为"当于本经药中加风药以泻之"，治以柴胡为君，以诸风药如防风、白芍、甘草、羌活、独活、升麻、藁本、川芎、细辛、白芷、白术、茯苓等为臣佐。

若脾胃虚弱，土不生金，肺金不足，致此娇脏受邪，李东垣治疗此证所本大法为"本经药中兼泻肺之体及补气之药"，提出以人参为君，橘皮、青皮、黄芪、桂枝、白芍、白术、桑白皮、甘草等为臣佐，并且指出佐以木香、槟榔、五味子三味除客气。

若脾胃虚弱，肾水反来侮土，为所胜者妄行，治以干姜为君，白术、川乌、苍术、附子、茯苓、猪苓、泽泻等为臣佐，其以"本经药中加泻肾水之浮，及泻阴火伏炽之药"为法。

且李东垣指出"盖脾胃不足，不同余脏，无定体故也。其治肝心肺肾有余不足，或补或泻，惟益脾胃之药为切"，因肝、心、肺、肾此四脏之病皆因于脾胃虚弱而生，故而治疗总以补益脾胃为主。

1.2.2　君臣佐使法

李东垣根据《素问·至真要大论》中"有毒无毒，所治为主，视大小为制也……君一臣二，制之小也；君一臣三佐五，制之中也；君一臣三佐九，制之大也"的相关理论，更明确地提出"主病者为君，佐君者为臣，应臣者为使。一法，力大者为君"的论点，且所制方剂中总以君臣有序为其根本原则，君药所用分量最多，其次臣药，佐使之药更次之，以此君臣有序而相与宣摄，使所治所主明了自现，依方剂中主次之序而使所治亦有序而不愆，以此则不致治疗失当伤及脾胃生生之气。

如补中益气汤方，此方所治以脾胃气虚、清阳下陷为主，故用黄芪一钱补益脾胃、升举阳气为君；人参、白术各三分，炙甘草五分健脾益气为臣；当归身二分佐君药黄芪、臣药人参使气血得补，陈皮二分健脾理气，柴胡、升麻各二分升阳举陷，行春升之令，此四味药共为佐使，一方之中君臣有序，所治主次分明，丝毫不紊，可见李东垣用药之严谨。

治疗疾病除详加辨证以外，还要精于药物的遣用，药物之内气味、阴阳兼具，其气有阴阳，如寒、热、温、凉乃气之阴阳，其味亦有阴阳，辛、甘、淡、酸、苦、咸乃味之阴阳。一物之内，气味兼有，一药之中，理性具焉，故而常言遣方用药如用兵，当主次分明，不可不慎，稍有差池可能伤及病家性命。

1.2.3　分经论治法

李东垣治疗疾病不仅法于四时、阴阳，而且详辨邪气所袭之经，以指导遣方用药，不致有差。如其依《脉经》理论，治疗因风热邪气侵袭太阳经症见肩背痛、汗出、小便数等，制方通气防风汤以诸风药羌活、防风、藁本等散解太阳经之邪气，更以柴胡、升麻、黄芪、人参、陈皮、青皮、白豆蔻仁等温补脾胃阳气以补肺气，因为风热所袭，故用黄柏一味清之，还可起到金水相生之效。

又如李东垣制方羌活胜湿汤治疗外邪侵袭足太阳经，症见脊痛项强、腰似折、项似拔，方中用羌活、独活、藁本、防风、蔓荆子、川芎、炙甘草等一派风药而行经散邪，若兼见卧而多惊，小便淋溲等症，则属邪在少阳、厥阴，治疗亦用诸风药，可再加柴胡增强驱散少阳、厥阴之邪的效力。另外，在《脾胃论·用药宜禁论》中所言之经禁亦体现了东垣治疗疾病分经论治的特点。

1.2.4 随时论治法

李东垣以《素问·脏气法时论》中"肝主春……其日甲乙，肝苦急，急食甘以缓之。心主夏……其日丙丁，心苦缓，急食酸以收之。脾主长夏……其日戊己，脾苦湿，急食苦以燥之。肺主秋……其日庚辛，肺苦气上逆，急食苦以泄之。肾主冬……其日壬癸，肾苦燥，急食辛以润之"的相关理论为基础，在《脾胃论·卷上》之"脏气法时升降浮沉补泻图"中明确指出四时与五行、脏腑、十二地支相应，脏气法于四时而升降浮沉，且于图中还说明了四时脉象的特点和四时补泻用药的特点。另外，在李东垣临证中亦可见其法于四时而辨证论治的特点。

如脾胃素虚，气血俱不足，元气亦不足，且适逢夏热正盛，尤于日中之时，或加之多雨而湿旺，湿热相合，热伤元气更甚，且土不能生金，而致金气不足，即庚金大肠、辛金肺二者皆不足，病证可见乏力自汗，食不下，大便难，李东垣治之以黄芪人参汤，方用黄芪、人参、升麻、橘皮、炙甘草、当归、苍术、白术等助脾胃以滋元气，复加五味子、麦冬、酒洗黄柏以补养庚辛之不足，人参用此不仅可补益肺脾之气，亦可泻当此时令之热火，且与麦冬、五味子配伍又可生脉，麦冬苦寒可补水之上源而清肃燥金，五味子味酸可泻火及补养庚金和辛金，加酒洗黄柏可救水之下源，李东垣认为值此之时"壬膀胱之寒已绝于巳，癸肾水已绝于午……西方、北方之寒清绝矣。圣人立法，夏月宜补者，补天元之真气，非补热火也"，故于上所述之方药可见其用药必法于四时的显著特点。若湿热之令已退，燥金当令，清燥之气大行，则用药可加辛温以泻之，如李东垣用除风湿羌活汤与调中益气汤治疗脾胃虚弱于燥金当令之时所生诸疾。

又如李东垣用清暑益气汤治疗因脾胃虚弱而致暑湿之邪伤于庚金，此时长夏，暑湿当令，故其以黄芪、人参、橘皮、当归、甘草等甘温补中益气为主，辅以滋养肺气，麦冬、五味子、酒洗黄柏等使金水相生，再用升麻、葛根以风胜湿，苍术、白术、泽泻等除湿，方中泽泻本属禁用之味，因其渗利小便，泻阳道而行阴道，而值此时令暑湿之邪较盛，用此药可泻客于脾胃之湿邪，此是从权之治法，若非湿热脾旺之时，用此味必泻真阴，故于用药之时当慎，且李东垣言苍术、白术、泽泻、炒曲、五味子、麦冬、人参等药皆为"三伏中长夏正旺之时药也"，此即体现了其随时用药法的特点。再如李东垣对于"食不下"一证的治疗用药以主方中加青皮、陈皮、木香三味为常法，因此证多因于胃中有寒或中焦气滞，故于春升之时出现此证，用药时则陈皮多而青皮少，还可加风药以升阳散寒，若正值初春天气犹寒，还可加辛热之味以补春气之不足；于夏月出现食不下之证可用少量常法中之三味，复加黄连一味以除时令之热邪；于秋月因于气滞而食不下，则在常用之三味中加槟榔、草豆蔻仁、砂仁等温中行气药；于冬月则在常用的三味药中加益智仁、草豆蔻仁以温中为主。可见，一病一证皆有四时用药之不同。

1.2.5　用药宜禁

李东垣宗《内经》之理论而言用药宜禁，包括时禁、经禁、病禁和药禁。一者时禁，《素问·四气调神大论》中有"夫四时阴阳者，万物之根本也。所以圣人春夏养阳，秋冬养阴，以从其根，故与万物沉浮于生长之门。逆其根，则伐其本，坏其真矣……逆之则灾害生，从之则苛疾不起，是谓得道"，李东垣宗经典之论言四时治法之宜禁，如春升之时，天地俱生，万物以荣，生者勿杀，耕、耨、科、斫，使所郁之阳外达，故宜吐；夏浮之时，万物华实，当使气得泄，故宜汗；秋降之时，万物得收，使神气收敛，无外其志，故宜下；冬沉之时，万物闭藏，当行养藏之道，使阳气无扰，故不宜于治病时采用汗、吐、下、利等祛邪之法，但依病情病势亦可从权而治。又李东垣宗《素问·六元正纪大论》中所言"用寒远寒，用凉远凉，用温远温，用热远热，食宜同法"而论四时用药之宜禁，如春夏不服桂枝，秋冬不服麻黄，至夏不用青龙，至冬不用白虎；腹中痛，春月、夏月须加白芍，冬月则不可用白芍，因其味酸而寒；心下痞夯闷者可加白芍、黄连，冬月则不加；膜满闭塞、大便不通，夏月宜少加酒洗黄柏苦寒之味，冬月则宜加吴茱萸辛热之味。诸如此类，皆为应四时而用药的法则。

二者经禁，李东垣根据经脉的走行而言六经为病之治疗宜禁，如足太阳膀胱经行于身之背，为诸阳之首，风寒始伤未传入本者治之宜汗，传入本者则宜利小便，下之过早则变证百出；足阳明胃经行于身之前，若见脘腹胀满、大便不通是阳明燥结，里实已成，津液已伤，治宜下之，禁发汗、利小便，若汗、利则津液更伤，反助燥火，是加重其疾；足少阳胆经行于身之侧，于太阳经与阳明经之间，病多往来寒热、胸胁胀痛，口苦，治疗时宜和解之，李东垣言"胆者无出无入，又主生发之气，下则犯太阳，汗则犯阳明，利小便则使生发之气反陷入阴中"；而三阴经、腑为病须胃实方可下之。

三者病禁，李东垣治疗疾病时重视补养脾胃阳气，用药及饮食调护均不忘顾护脾胃阳气的升发，用药精当，且十分重视病间调护，故其对于疾病的全过程均有其经验性的法则，诊病疗疾始终将此类法则贯穿前后。若为阳气不足、阴气有余之病，则绿豆、小豆、盐豉之类和泽泻、茯苓、猪苓等淡渗之味，因其泻阳助阴而禁用之；姜附、大料物等辛热之品及湿面、酒等均可助火邪而伤元气宜禁；生冷、硬物皆能损伤阳气当禁。

四者药禁，李东垣除重视阳气的作用外，还十分重视阴液的存亡，如病因胃气不行，津液不生而渴者，当用辛酸之味使胃气得行，津液得生，而淡渗之药当禁；若大便难者，当用和血润肠之药如桃仁、郁李仁、当归、麻子仁之类，诸燥湿之药当禁；又如汗多禁利小便，小便快利禁发汗，因之津液已伤不可复伤；咽痛禁发汗及利小便，因之阴伤可助火毒；反复呕吐者不可因上气结滞而使更吐，可用生姜、橘皮之类理气止呕则宜，若吐而大便不通者，不可使吐，当通利其大便。

2　李东垣脾胃并重，尤重胃气

脾与胃相表里，足太阴经属脾络胃，足阳明经属胃络脾，二者以膜相连，同居中焦，为气血生化之源，后天之本，李东垣虽多同时论及脾胃，但历观诸篇乃知其更重视胃气的作用，正如其所言"古之至人，穷于阴阳之化，究乎生死之际，所著《内外经》悉言人以胃气为本"。李东垣认为先身生之精气即元气，非胃气不能滋之，胃气即是谷气、荣气、运气、生气、清气、卫气、阳气、三焦之气，"分而言之则异，其实一也，不当作异名异论而观之"。另外，《素问·平人气象论》："平人之常气禀于胃，胃者平人之常气也。"可见胃气确于人体有至关重要的作用。

脾脏属阴，胃腑属阳，脾受胃禀始能熏蒸腐熟五谷，另外，胃与五脏、六腑关系密切，五脏禀受气于六腑，六腑又禀受气于胃，正如李东垣在《脾胃论·脾胃虚则九窍不通论》中言："胃既受病不能滋养，故六腑之气已绝，致肠道不行，阴火上行，五脏之气各受一腑之化，乃能滋养皮肤、血脉、筋骨。故言五脏之气已绝于外，是六腑生气先绝，五脏无所禀受而气后绝矣。"且胃为十二经之海，胃之一腑病，则十二经元气皆不足也，而诸疾易生。李东垣特以病机病证变化为实证，以明确人以胃气为本，且重申胃气于五脏、六腑、十二经、生生之气的重要性，"若饮食不节，损其胃气，不能克化，散于肝，归于心，溢于肺，食入则昏冒欲睡，得卧则食在一边，气暂得舒，是知生发之气不行者此也"，可显见李东垣对于胃气的重视。

2.1 胃与元气的关系

李东垣开篇即援引《素问·平人气象论》"人以水谷为本，故人绝水谷则死，脉无胃气亦死。所谓无胃气者，但得真脏脉，不得胃气也"之论述，首先说明胃气的重要性。继而李东垣提出"真气又名元气，乃先身生之气也，非胃气不能滋之"，胃气能滋养元气，元气的充足与否，全在于脾胃之气是否有伤，由此便有了"内伤脾胃，百病由生"的脾胃学术论点。如李东垣治疗因情志不畅、饮食不节及劳逸过度，致胃气不行，使元气失于滋养，此为阳病在阴，其治"从胃合三里穴中推而扬之，以伸元气"，可见，胃与元气密切相关。

2.2 胃与脏腑、经络的关系

《内经》中言："人之所受气者，谷也。谷之所注者，胃也。胃者，水谷气血之海也。海之所行云气者，天下也。胃之所出气血者，经隧也。经隧者，五脏六腑之大络也。"胃为水谷之海，是十二经之源，胃气和而上行，若春夏而生温热，升极而下行，若秋冬而生寒凉。又胃气者，"平则万化安，病则万化危"，因五脏禀受气于六腑，六腑又受气于胃，若胃之一腑病，则十二经元气不足，且六腑无所禀受而失所养，五脏之气各受一腑之化，继而五脏之气亦绝。

胃与肠多混言之，李东垣宗《内经》中"复下三里三寸，为巨虚上廉，复下上廉三寸，为巨虚下廉也，大肠属上，小肠属下，足阳明胃脉也。大肠、小肠皆属于胃，是足阳明经也"的观点，并且更加明确地提出"大肠、小肠、五脏皆属于胃，胃虚则俱病"的论点，李东垣执此观点的原因为：下巨虚为小肠下合穴，上巨虚为大肠下合穴，而此二穴皆属于足阳明胃经；又小肠主液，大肠主津，小肠、大肠皆受胃之荣养方得行津液于上焦以走上窍、发腠理、实四肢、灌溉皮毛。若饮食不节，伤及胃气，使胃气不及，则大肠、小肠无所禀受而津液涸竭。而此亦言明了《素问·通评虚实论》中"五脏不平，六腑闭塞之所生也。头痛耳鸣，九窍不利，肠胃之所生也"所言之"肠胃"实则为胃，因胃弱不能滋养手太阳小肠、手阳明大肠，而生九窍诸疾，此皆从胃弱而得之。

李东垣所言五脏亦属于胃，其因可从"脾不及，则令人九窍不通"论及，其谓脾为死阴，需受胃之阳气，乃能布散水谷之精气于肺，进而荣养皮毛肌腠及其余四脏，若胃弱则脾无所禀，不能行气于脏腑，而"九窍者，五脏主之，五脏皆得胃气，乃能通利"，故而此处虽言脾与五脏，但皆需禀受胃气，是以李东垣言五脏亦属于胃。

另外，李东垣提出"甲胆风也，温也，主生化周身之气血；丙小肠热也，主长养周身之阳气，亦皆禀气于胃，则能浮散也，升发也"，言胃与胆腑、小肠关系密切。若胃虚则胆与小肠无所禀受而致温热生长之气俱不足，而发热病、中风等疾。故李东垣进一步指出："胃虚则五脏、六腑、十二经、十五络、四肢皆不得营运之气，而百病生焉，岂一端能尽之乎。"

2.3 胃与卫气营血的关系

李东垣关于胃与卫气营血关系谓之"忽肥忽瘦"，这里所论之肥、瘦指的是"寒热少气，血上下行"。寒热少气是指"脾胃虚而火胜"，壮火食气，使胃气虚，胃气虚不能上行，则肺气无所养而少气，继而肺卫阳气虚不能卫护肌表，使不能寒；胃虚而下行乘肾肝，则伤及营血分，阴虚血热，使不能热；阴分血虚，阳分气少，周身气血俱虚，故而不能寒热。

而之所以谓之忽肥忽瘦，是与血上下行有关，"血上下行者，足阳明胃之脉衰，则冲脉并阳明之脉上行于阳分，逆行七十二度，脉之火大旺，逆阳明脉中，血上行，其血充满于上，若火时退伏于下则血下行，故言血上下行，俗谓之忽肥忽瘦者是也"。冲脉为"十二经之海""血海"，隶属于阳明，还可调节气机升降，若脾胃虚，阴火上乘，冲脉为病，逆气里急，可使血上行，阴火下溜退伏，则血下行。若胃气无损，则可发挥其用，正如《内经》中所言："宣五谷味，熏肤、充身、泽毛，若雾露之溉。"

3 治疗用药重视脾胃

3.1 从脾胃论治五脏病

李东垣根据《素问·六节藏象论》中"至而不至，此谓不及，则所胜妄行，而所生受病，所不胜薄之也"的理论，在其所著《脾胃论·卷上》提出"心之脾胃病""肺之脾胃病""肝之脾胃病""肾之脾胃病"等五脏病的症状特点及其因机证治，探讨了脾胃与其余四脏生理病理的相关性。

3.1.1　心之脾胃病

心与脾胃之间的关系主要表现在血液的生成、运行以及神志活动等方面。心主血脉，脾主运化，又为气血生化之源，心血的充盈有赖脾胃运化的水谷精微；心主行血而脾主统血，血液在脉道内的正常循行，不仅需要心气的推动，还需要脾气的统摄；心火生脾土，心阳的推动和心神的统率使脾胃得以正常运化，脾胃强健，化源充足，心神得养，而心有所主。若脾胃虚弱，气血生化乏源，则心血虚，心神失养；或心阳不足，火不暖土，可致脾胃运化功能失常；二者病理上相互影响，互为因果。临床多见头晕、神疲乏力、眠差、多梦等心脾两虚的证候。

而李东垣所论"心之脾胃病"的病因病机为"至而不至者，谓从后来者为虚邪，心与小肠来乘脾胃也"，意即母病及子，脾胃本不足，而今火虚不能暖土，心火偏亢，犯于土位，致脾胃愈虚，而成"心之脾胃病"。《脾胃论·脾胃胜衰论》明确指出了"心之脾胃病"的症状特点和基本用药法则，即"本部本证脉中兼见洪大，或见肌热、烦热、面赤而不能食、肌肉消一二证，此心之脾胃病也，当于本经药中加泻心火之药"。脾胃脉中兼见洪大，是心火亢盛的表现；又因脾主四肢，其华在面，心之虚火来犯，可出现肌热、面赤、烦热等症。其中所谓"本部本证脉"是指脾胃虚弱所表现出来的特征性脉证，即不能食而肌肉削，及右关脉缓而弱，以下所论"本部本证脉"均指此。

李东垣立方补脾胃泻阴火升阳汤治疗"心之脾胃病"，方名中所言阴火即指心火，如"脾胃气衰，元气不足，而心火独盛，心火者，阴火也"，由此可知东垣立方之意。方中柴胡一两五钱为君，依李东垣引《素问·至真要大论》所云"主病者为君，佐君者为臣，应臣者为使。一法，力大者为君"，一者柴胡补益脾胃、升举阳气为主病者，二者其用量最大，量大则力大，力大者为君。再臣以升麻、黄芪、人参、炙甘草补脾升阳，又因脾虚失运，水湿内生，脾阳不得升举，故用苍术、羌活燥湿运脾，而心火犯于脾胃，继用黄芩、黄连以泻阴火，使之无犯，同时李东垣强调长夏可微用石膏，过时去之，恐其有碍升阳。于服药禁忌中亦强调：宜少食使胃气得复；"胃以喜为补"，宜美食以补胃；忌多言使气无伤；忌酒、湿面及大料物防此类助火邪而伤元气，因之"火与元气不两立，一胜则一负"；宜热饮食、薄滋味以及忌生冷、淡渗之物以助阳升发。无论从遣方用药，还是从饮食宜忌，李东垣均以保护脾胃阳气、调理脾胃升降为首要，处处体现其固护中焦的重要学术思想。

李东垣善用甘温除热法之代表方剂补中益气汤，治疗因脾胃气虚，下流于肾，水谷之气不得升浮，卫外不固，阴火上冲，以烦热、气高而喘、脉洪大等为典型症状表现的"心之脾胃病"，此证于临证时多有外感有余之误，而其实为内伤不足，应当详加辨析，切不可犯虚虚实实之戒。东垣提出治疗当以辛甘温之剂，补其中而升其阳，辅以甘寒以泻阴火为法。方以黄芪、炙甘草、人参益气而除烦热，书中载此三味为"除湿热、烦热之圣药也"，继用陈皮、升麻、柴胡使元气得益，下流之脾胃之气升腾而复本位，以行春夏之令，白术甘苦温，利腰脐间血，当归身和血，二药协同可除烦热，诸药合用，共奏补气升阳泻火之功。可见李东垣治疗"心之脾胃病"总以补益脾胃为根本，兼泻心火。从中体现了其治疗"心之脾胃病"谨守病机、依证机立法、因法立方、主次分明、丝毫不紊的治病特点。

3.1.2　肺之脾胃病

经云："饮入于胃，游溢精气，上输于脾；脾气散精，上归于肺；通调水道，下输膀胱。"肺与脾胃之间关系首先体现在气的生成方面：肺主气司呼吸，脾主运化以生水谷精气，土能生金，若脾气健旺，则肺气充足，可以进一步维持其生理活动所需；脾主运化，脾所化生的水谷精微需要肺气的正常宣降才可敷布全身，进而荣养四肢百骸。其二肺脾两脏均与水液代谢有关，肺主行水，通调水道，使水液正常输布代谢，脾主运化水湿，散精于肺，使水液正常生成与输布，两脏协同，相互为用。故而临床见到痰喘咳嗽多言及脾肺，有"脾为生痰之源，肺为贮痰之器"之说，认为此类病证其标在肺，其本在脾。

李东垣所论"肺之脾胃病"乃所生受病，其主要病机为脾胃虚弱，不能生肺，肺金受邪。其主要病证特点为"本部本证脉中兼见浮涩，或见短气、气上、喘咳、痰盛、皮涩一二证，此肺之脾胃病也"（《脾胃论•脾胃胜衰论》）。土不生金而金虚，故可见短气；金虚邪犯，不得宣肃，而见气上、喘咳；肺脾两虚，痰湿内生，贮藏于肺，可见痰盛；肺主皮毛，肺虚而不得"输精于皮毛"，故见皮涩；肺病多见脉浮，肺脾两虚，痰湿内生，故见脉涩。李东垣治疗以"本经药中兼泻肺之体及补气之药"为法。其制方升阳益胃汤，方用甘温药黄芪二两，补益脾肺之气为君，因脾胃虚弱，肺最受病，以其补之，使腠理闭，不令自汗而损元气；洗半夏辛温入脾、胃、肺经，可燥湿化痰，方解之"此一味脉涩者用"；以人参、炙甘草、陈皮、柴胡、茯苓、白术等本经药补益脾胃；依"脏气法时升降浮沉补泻图"中所示"酸补辛泻""凉补温泻"，兼用防风、独活、羌活等辛温之药泻肺，以白芍苦酸微寒补肺；因"脾虚，缘心火亢甚而乘其土也。其次，肺气受邪，为热所伤"，故方中少用黄连以泻阴火防其伤脾胃生发之气。在服药宜忌中强调保护脾胃的重要性。一不可饱食，恐药力尚少，饱食伤胃，影响脾胃升降；二不可食淡渗之物，恐其损药力，助邪气降沉，当以薄滋味或美食，助脾胃升浮之气；三可小役形体及食五果以助谷药之力，使脾胃之气得运。

又如李东垣用清暑益气汤治因脾胃虚弱，暑湿之邪伤及脾肺的"肺之脾胃病"，方中以黄芪为君，臣以人参、陈皮、当归身、炙甘草、白术、升麻等本经药补中益气，且用人参、五味子、麦冬酸甘微寒以救暑气伤于肺金；因暑湿较甚困于脾则食不消，故用辛温之青皮、炒黄神曲消食快气；且以苍术、白术、泽泻燥湿渗湿；升麻、葛根解肌，且二者又有以风胜湿之功；因金水相生，虚则滋其化源，故少用酒洗黄柏以益真阴。方中用药首宗补中益气之大法，兼以补肺，可见东垣治疗"肺之脾胃病"紧扣疾病根本，以标本缓急而立法处方。

3.1.3　肝之脾胃病

肝与脾胃之间既相互制约又相互协作，二者的关系主要在饮食水谷的消化吸收以及血液的运行两方面体现。肝主疏泄，一则调达气机，使脾胃升降功能正常，二则分泌胆汁，助脾胃消化饮食物；脾胃为后天之本，主生化气血，若脾胃功能正常，则气血充足，肝体得养，肝气冲和条达，肝之疏泄功能方得正常发挥。所谓"土得木而达""木赖土以培之"，无论肝失疏泄，肝气郁结，或脾失健运，均可致"土壅木郁"，变生肝脾不调诸疾。在血液运行方面，脾统血，又生血，肝藏血，又调节血量，若脾生血有源，使肝有所藏，又脾统血有权，肝藏泻有度，则可使气血运行无阻。

"肝之脾胃病"乃所不胜乘之所为，其主要病机为木旺乘土：因脾胃虚弱，运化不及，心火独亢，心火能令母实，使肝木旺而乘土。其症状特点是"本部本证脉中兼见弦脉，或见四肢满闭、淋溲、便难、转筋一二证，此肝之脾胃病也"（《脾胃论·脾胃胜衰论》）。木旺之典型脉象即为弦脉，肝主筋，肝体为阴，脾胃虚弱，气血乏源，肝体失养，肝用过亢，致四肢满闭、转筋，且木旺乘土，土壅木郁，气机失调，腑气不通，而见淋溲、便难。故东垣主张治疗原则为"本经药中加风药以泻之"。

李东垣用方调中益气汤治疗"肝之脾胃病"，症见不思饮食，乏力嗜卧，四肢满闭、肢节烦疼、大便涩滞不行、脉弦缓等，方中以黄芪五分为君，以人参、甘草、苍术等本经药为臣，助春夏之气生长；因脾胃之气下溜，故用升麻、柴胡二味以补上气，使气得升，此乃"上气不足，推而扬之"之意；陈皮一味使腹气得转；木香是为气滞太过，恐病家心下有忧滞郁结之事而设，以散其郁结，此乃"木郁达之"之理，从用药可见东垣治疗"肝之脾胃病"总以升举脾胃为要，兼以疏肝。

3.1.4 肾之脾胃病

肾为先天之本，脾为后天之本，二者先后天相资。脾运化水谷，不仅是脾气、脾阳、脾阴的协同作用，还赖于肾气、肾阳、肾阴的资助和促进；肾所藏之先天本原，又须脾胃运化的水谷精气不断充养和培育，二者任何一方不足均可相互影响为病。另外，肾为水脏，主水液输布排泄，须脾气及脾阳的推动，即所谓"土能制水"；脾主运化水湿，须肾气的蒸腾气化和肾阳的温煦，若脾虚日久及肾，可发脾肾阳虚、水饮内停之证。

"肾之脾胃病"为所胜妄行而为，其病机为脾胃虚弱，土不制水，水反侮土。其症状特点为"本部本证脉中兼见沉细，或见善恐、欠之证，此肾之脾胃病也"（《脾胃论·脾胃胜衰论》）。肾在志为恐，肾病不能使肾气通过中上二焦布散全身，肾气不得上行，则善恐；"阴气积于下，阳气未尽，阳引而上，阴引而下，阴阳相引，故数欠"，土虚不能制水而水旺，下焦阴盛阳虚，故善欠；简言之即"肾气不足则为恐，阴阳相引则为欠"。李东垣所立治疗大法为"当于本经药中加泻肾水之浮，及泻阴火伏炽之药"。

李东垣用方神圣复气汤治水来侮土之"肾之脾胃病"，症见纳少、口淡无味、耳鸣耳聋，齿摇、阴汗、阴冷，夜频而欠等，方用黑附子、干姜之辛热，于土中泻水；并配以黄芪、人参、炙甘草等温阳补气之品主治脾胃阳虚；用陈皮、草豆蔻仁燥湿理气；以羌活、柴胡、升麻、防风、藁本等以风胜湿，是"寒湿之胜，助风以平之"之理；用酒洗生地黄、酒浸黄柏、酒浸黄连泻肾水之浮，兼泻伏炽之阴火，并配以枳壳防生地黄滋腻碍胃助湿，且酒制不碍脾胃之气升举，此亦东垣护中思想的具体体现。

综上所述，李东垣所言"心之脾胃病""肺之脾胃病""肝之脾胃病""肾之脾胃病"，四者之病本皆在脾胃。此四脏之脾胃病的病理基础均为"是为不及"，即谓脾胃虚弱，元气不足是病之根本，且以此为基而有"至而不至……所胜妄行，所生受病，所不胜乘之"等的病机变化。脾胃为后天之本，又为元气之本，"元气之充足，皆由脾胃之气无所伤，而后能滋养元气"，若因饮食失节、寒温不适、情志不节，伤及脾胃，使元气无所滋，则百病由生，故于治疗疾病当重视脾胃的重要作用。东垣治病谨察病因病机，见病之象，识病之本，视病情标本缓急而立法用方，此四脏之脾胃病，李东垣以治脾胃病为首要，辅以治疗四脏病，其特点主要体现在以下三个方面：一则用药尤重补益脾胃，二则治标不忘保护脾胃，三则强调养护脾胃。可见，脾胃于五脏中居于极其重要的地位，其为仓廪之官，可长养四脏，又因其无物不受，无物不入，寒热温凉一者偏胜，均可损伤脾胃，脾胃一伤，久则伤及四脏。因此常人在平素生活中，当"食饮有节，起居有常，不妄作劳"，使脾胃无伤而元气充足，"正气存内，邪不可干"，自当安泰。正如张景岳所言"人以水谷为本，故脾胃为养生之本，惟东垣独知其义"，培补脾胃不仅是治疗疾病之要法，更是养生摄生之妙法。

3.2 从脾胃论治九窍病

李东垣在其所撰《脾胃论·卷下》专列一篇"脾胃虚则九窍不通论"，论述了九窍病症的病因、病机，且在其所著之论著中均可见其对九窍诸疾的诊治原则和具体的遣方用药，而通过分析李东垣治疗九窍疾病（目昏、耳聋、口不知味、齿病、鼻不闻香臭、便秘、小便不通、月经病）遣方用药规律，可显见其对脾胃升发之气的重视。

3.2.1 目病

目病于临床多是从肝论治，因肝开窍于目，目受血而视，故肝阴虚、肝血虚等均可导致目病。而李东垣则以为目病的根本原因是脾虚，若因情志郁结，忧思伤神，又饮食失节，劳逸过度，致脾胃受损，脏腑精气不足，精气不能上达于目，目失所养而致目病；或脾虚邪害空窍，清阳难出上窍，而目不能明。李东垣在《兰室秘藏》中云："夫五脏六腑之精气，皆禀受于脾，上贯于目。脾者，诸阴之首也；目者，血脉之宗也。故脾虚则五脏之精气皆失所司，不能归明于目矣。"故李东垣在治疗目病时多从调理脾胃升降着手，如用冲和阳胃汤治疗因饮食劳役，心不得休息，导致脾胃元气虚弱，心火与三焦俱盛所发之内障眼，书中记载"服之神效"，冲和阳胃汤组方中重用补益脾胃阳气的黄芪、人参、白术、柴胡、升麻、茯苓、酒制当归、干姜、炙甘草等，仅用黄芩、黄连两味苦寒之药以降心火，补益而不失偏颇，泻火而不伤元气。李东垣亦创制益气聪明汤和人参补胃汤治疗内障目昏疾病，两方均用黄芪、人参使脾胃之阳得升，培补元气得生，元气自益而目不昏暗；另外，方中虽用黄柏，但均强调酒制，一则酒制可以引药上行直达病所，二则制性存用，以防黄柏之苦寒伤及脾胃阳气，有碍脾胃升降。

李东垣在治疗因饮食劳役损伤脾胃元气所发之目病时，尤其强调治本在于补益调理脾胃，正如《兰室秘藏》中云："凡医者不理脾胃及养血安神，治标不治本，是不明正理也。"李东垣论治以调理脾胃升降、补益脾胃元气为主，兼顾治标，同时对于治标需用寒凉伤中之品时，则又通过减少药味、减轻药量或酒制寒凉之品的方法加减配伍。仅黄柏一味用药之考究，足见李东垣对固护脾胃之气的重视。

3.2.2 耳病

耳病虚证多由肝肾亏虚或脾阳受损所致，临床证治以补益肝肾者居多。而李东垣在《脾胃论·卷下》中则明确指出："耳鸣、耳聋、九窍不利，肠胃之所生也。此胃弱不能滋养手太阳小肠、手阳明大肠，故有此证。然亦只从胃弱而得之。"李东垣认为经典医籍虽多言肾开窍于耳，但肾为先天之本，赖于后天所资，若后天脾胃虚弱，则先天失充，髓海不足，耳窍失养，从而聋鸣自作。如《兰室秘藏》所载李东垣创制的柴胡聪耳汤用于治疗耳中干结，耳鸣耳聋之病症。从其制方思路可以看出，此方所治之症得之于脾胃虚弱，气血精微不足，及气虚血涩日久，清窍失养，故于治疗时用人参、归身、生姜、柴胡、炙甘草补养脾胃气血以治本，使后天得补，先天得充，则清窍得养；继用水蛭、虻虫以治血涩，佐用质轻善走上窍之连翘、辛香走窜之麝香破血通窍、散结消痈以治标，体现了寓补于通，通补兼施，则聋鸣自愈。这也提示临床中耳窍之疾虽多责之于肾精亏虚，耳窍失养，但治疗时却不可概用六味地黄之属填补肾精为主，可在四诊合参，准确辨证的基础上，考虑从补益后天脾胃治之。

另外，李东垣用神圣复气汤治疗耳鸣耳聋得之于脾胃阳虚者，方用黄芪、人参、附子、干姜、炙甘草等温补阳气之品主治脾胃阳虚，并配以少量火、酒共制的黄柏和黄连二药，如此既可降泻上乘之阴火，又不碍脾胃之气升举，这是东垣护中脾胃思想的又一体现。如《脾胃论·脾胃胜衰论》中云："今所立方中，有辛甘温药者，非独用也；复有甘苦大寒之剂，亦非独用也。以火、酒二制为之使，引苦甘寒药至顶……"可以看出，李东垣并非一味应用甘温益气之品温补脾胃阳气，亦以苦寒降泻之品为佐使，且始终不忘火、酒共制以拨苦寒伤中之偏而更求顺应脾升胃降之性。

3.2.3　口病

口窍之疾包括口淡、口不知味、齿病等，临床治疗多从补脾胃或泻胃火治之。《东垣试效方·卷六》论云："夫齿者，肾之标；口者，脾之窍。诸经多有会于口者，其牙齿是也。手、足阳明之所过，上龈隶于坤土，乃足阳明胃之脉贯络也，止而不动；下龈，嚼物动而不休，手阳明大肠之脉所贯络也。"李东垣所创制的治疗牙痛诸方多用人参、黄芪、升麻、草豆蔻、苍术、炙甘草等药以使春夏之气长，脾胃之气升。如《东垣试效方》中记录一病案：刘经历之内，年三十余，病齿痛不可忍，须骑马外行，口吸凉风则痛止，至家则其痛复作。时李东垣诊之曰："此病乃湿热为邪也"。因足阳明胃腑主受纳膏粱之味，可助湿热，故用调胃承气汤去芒硝加黄连以治本；又因阳明之络行于上下齿，且足阳明之脉之腑多气多血，而用黄连、胡桐泪、新薄荷叶、荆芥穗等寒凉之品，作风寒之气，治其风热，并以升麻为使行阳明经，引诸药达于病所；但因芒硝一味主通利下行，此方去芒硝之意是为保护中焦脾胃阳气而设，无使脾胃之气下溜，阴火内生。

《内外伤辨惑论·辨口鼻》云："若饮食劳役所伤，其外证必显在口，必口失谷味，必腹中不和，必不欲言，纵勉强对答，声必怯弱，口沃沫多唾。"又引《内经》云："鼻者肺之候，肺气通于天。外伤风寒，则鼻为之不利。口者坤土也，脾气通于口。饮食失节，劳役所伤，口不知谷味，亦不知五味。"李东垣用方神圣复气汤治疗口不知味、膈咽不通、鼻不闻香臭，此方亦能治啮颊、啮唇、啮舌、舌根僵硬等症，且东垣言："大抵肾并膀胱经中有寒，元气不足者，皆宜服之。"故方中用附子、干姜、升麻、柴胡、人参、甘草、当归身、陈皮、草豆蔻仁等使脾胃纳运正常，水湿得化，阳气得升，元气自益，而病得除愈；又用酒浸之生地、黄柏、黄连降泄阴火；酒浸一则可救生地滋腻碍胃之弊，二则可缓黄柏、黄连苦寒之性，以免伤中。李东垣认为脾开窍于口，阳明之脉络于上下齿，口窍之疾从脾胃论治可谓是治本之法，但东垣治疗口窍病得之于脾胃虚者，并非一概补脾益胃，亦佐用苦寒降泄之品治标，用药主次分明，无有偏颇，恰到好处。

3.2.4 鼻病

鼻为肺窍，若肺气充足，肺之生发肃降功能正常，肺气畅达，则鼻窍通利，而肺气的充足与否，又赖"气血生化之源"——脾胃所化生气血的充养，"饮入于胃，游溢精气，上输于脾；脾气散精，上归于肺"，脾胃运化所产生的精微物质，需要外达四肢九窍、内而五脏六腑，以此濡养周身，若脾胃之气弱，则肺气虚，肺虚则鼻窍失荣，不荣则不通，故窍为之不利。《东垣试效方·卷五》云："若因饥饱劳役损伤，脾胃生发之气即弱，其营运之气不能上升，邪害空窍，故不利而不闻香臭也。宜养胃气，使营运阳气、宗气上升，鼻则通矣。"李东垣用温卫汤、御寒汤、温卫补血汤三方治疗鼻塞、鼻不闻香臭，三方同用黄芪、人参、炙甘草、升麻等药以补养脾胃之气，用陈皮、苍术兼以理气燥湿。李东垣认为脾胃受损，脾胃之气无以正常升降，运化不利而使湿浊之邪内生，湿浊内生复又影响脾胃之升降，互为因果，终至窍道不利。故而治疗以补益脾胃为主，辅以理气燥湿，使脾胃阳气得升，水湿得化，气血精微得生，从而上养肺气，外达九窍，则鼻窍自然通利。如任氏宗东垣脾胃学说治疗慢性单纯性鼻炎得之于肺脾气虚者，方用补中益气汤加味治疗，疗效显著。

3.2.5 二阴病

二阴虽为肾所主，但亦与脾胃关系密切。李东垣在《脾胃论·脾胃虚实传变论》中提出："元气之充足，皆由脾胃之气无所伤，而后能滋养元气；若胃气之本弱，饮食自倍，则脾胃之气既伤，元气亦不能充而诸病之所由生也。"如《兰室秘藏》云："大便难者，取足少阴。夫肾主五液，津液润则大便如常。若饥饱失节，劳役过度，损伤胃气，及食辛热味厚之物，而助火邪，伏于血中，耗散真阴，津液亏少，故大便结燥。"故李东垣多用酒军、桃仁治血燥而不能大便者；用大黄、麻子仁治风结燥大便不行者；用枳实、郁李仁、皂角仁治气涩而大便不通者；且主张不可概用牵牛子、巴豆之类下之，否则津液重损，结燥更重。东垣治疗上述便闭重症，尤其强调不可峻下，因峻下不仅重损津液，尤其损伤脾胃，恐脾胃之气不得升而反下溜，使阴火内生。如李东垣制方活血润燥丸治风秘不通，方中用当归、防风、羌活、大黄、桃仁、麻仁、皂角仁，其中大黄须湿纸裹煨，皂角仁须烧之存性，如此是为缓和二者滑利向下的药性，用药不致重损胃气，既为不伤津液而设，更是保护脾胃中气思想的体现；又丸者，缓也，可缓取其效，亦是护中思想的体现。

小便的通与不通，与气机条畅与否关系密切。若下焦湿热壅滞，致气机升降出入失常，可致小便滴沥不尽或闭塞不通。李东垣用导气除燥汤治疗小便不通因于"血涩至气不通而窍涩也"，方用知母、黄柏苦寒燥湿，滋阴清热，滑石甘淡而寒，性滑利窍而清热利湿，泽泻、茯苓利水渗湿，茯苓又有健脾之用，以上五药共奏健脾燥湿通窍之功，其中知母、黄柏均需酒制，滑石需炒黄，其意在防药之苦寒伤及脾胃阳气。

对于妇科月经病症，李东垣亦多从脾胃论治。因脾胃为气血生化之源，临床中见月经量少色淡、月经后期及经闭不行等症，大多归咎于脾胃虚弱、气血两虚。如《东垣试效方·卷四》云："妇人脾胃久虚，或形羸气血俱衰，而致经水断绝不行。"李东垣治疗因饮食不节、形体劳役、心气不足，致令心火乘脾，月经不调，强调治宜"大补脾胃而升举血气"。如调经升阳除湿汤，方用黄芪、升麻、柴胡、炙甘草、酒制当归等补气升阳、升举血气，使气血得升，心火得降，月经自调；又用防风、蔓荆子、藁本、羌活、独活以风胜湿，此乃从权治法。可见李东垣于治疗时辨证精详，细究根蒂，标本缓急，无得参差，并将顾护脾胃阳气、调理脾胃升降的思想贯穿治疗始末。

综上所述，李东垣于治疗九窍病尤其重视脾胃，补益脾胃或调理脾胃为治疗九窍病证的基本治则。《脾胃论·脾胃虚实传变论》云："九窍者，五脏主之，五脏皆得胃气乃能通利。"即脾胃为后天之本，又为元气之本，九窍虽为五脏所主，却需脾胃输布之精微濡养，乃可通利。若脾胃功能如常，则水谷得以运化，精微得以输布，元气得以充沛，则百病无所得生；经云："清阳出上窍，浊阴出下窍。"而脾胃为气机升降之中枢，清阳与浊阴能否各行其道，全赖脾之升清、胃之降浊功能的正常发挥，故而九窍的通利与否，与脾胃之强健、脾胃之气的升降密切相关。故"治病必究其源而治其本，九窍诸疾之所生，多因脾胃，辨证施治毋忘护中，否则当有误治、失治之弊"，这不仅体现了李东垣顾护脾胃的思想，也体现李氏重视脾胃与九窍之间密切关系，此伤彼亦伤，护此即护彼。

3.3　从脾胃论治自汗

自汗与劳累、衣衾薄厚、天气寒热等无关，是指在少劳役后而汗出明显的一种病证。李东垣所论自汗是脾胃虚弱、湿邪内胜，且土虚不能生金而肺卫虚，肺卫虚而腠理不固所致。如《脾胃论》中所论"人之汗犹天地之雨也，阴滋其湿，则为雾露为雨也，阴湿寒下行之地气也，汗多则亡阳，阳去则阴胜也"，从天地四时之理言之亦是天之清阳不行而坤土之水湿流行，故而李东垣治疗自汗以燥湿运脾为要，其制方调卫汤治疗湿胜自汗证，方中用药猪苓、半夏、羌活、黄芪、当归、苏木、红花、麻黄根等药燥湿渗湿、补脾运脾、补卫和营；用麦冬、五味子、生地黄补肺益肾，使金水相生；方后附言重申"汗多不得重发汗，故禁用麻黄而用根节也"，以此强调汗多伤阳，更伤脾胃阳气。

3.4　从脾胃论治痿证、厥证

李东垣所论："气上冲胸，皆厥证也。痿者，四肢痿软而无力也，其心烦冤不止。厥者，气逆也，甚则大逆，故曰厥逆。其厥痿多相须也""病甚则传肾肝为痿厥""夫痿者，湿热乘肾肝也，当急去之。不然，则下焦元气竭尽而成软瘫，必腰下不能动，心烦冤而不止也。"痿、厥证多同时为病，且多发于长夏，湿热大胜之际，人感之多表现为四肢困倦，精神短少，懒动，胸满气促或气高而喘等，此皆因脾病下流乘肾所致，李东垣立法云："汗之则愈，下之则死。若用辛甘之药滋胃，当升当浮，使生长之气旺。言其汗者，非正发汗也，为助阳也。"具体则是"宜以入肾肝下焦之药，引甘多辛少之药，使升发脾胃之气，又从而去其邪气于滕理皮毛也"，如其立方清暑益气汤治疗痿厥证，方中用药甘温之黄芪为君；人参、白术、橘皮、当归身、炙甘草、升麻等补中益气为臣；泽泻、白术、苍术渗泄水湿；升麻、葛根解肌散热且有以风胜湿之功；用青皮、炒曲使脾气得运，消食快气；以苦辛寒之黄柏泄热补水，而滋水之下源；再佐以麦冬、五味子、人参而救肺金以滋其化源。

又如六、七月间土湿流行，为湿热脾旺之时，子令母实，致木火刑金，湿热相合，燥金受邪而使寒水无生化之源，源绝而肾亏，痿证、厥证由此而生，出现腰以下痿软无力，行步不正，两足软侧。李东垣认为痿厥之证得之于土湿太过而克肾水，故治疗此疾亦从调理脾胃着手，如其所制之清燥汤，方中用药柴胡、升麻、人参、白茯苓、白术、炙甘草、橘皮、苍术、神曲等以补益脾胃阳气，使脾阳得运，水湿得化；猪苓、泽泻渗泄水湿；黄连、酒黄柏以泻母实；麦冬、五味子、当归、生地黄、酒黄柏等以补益肺肾，使金水得以相生，不绝生化之源；方中黄柏酒制，一则不碍脾阳升举，二则使湿热得解、寒水得生。从李东垣之用药中可显见其治疗痿、厥证重视调理脾胃的重要学术思想。

3.5 从脾胃论治饮证

饮食失节先伤胃，胃伤继而脾伤，因"胃乃脾之刚，脾乃胃之柔，表里之谓也。饮食不节，则胃先病，脾无所禀而后病，不能为胃行气而后病。其所生病之先，后虽异所受邪则一也"，李东垣言饮食内伤有伤饮、伤食之别，治疗方法亦有差别。伤饮者，乃伤于无形之气也，治疗宜发汗、利小便，开水道以上下分消其湿；伤食者，乃伤于有形之物也，当视病情轻重而治之，轻者损其谷，其次为消导，重者则治以吐下。李东垣用方五苓散治疗烦渴饮水过多或停湿在内、水入即吐、小便不利之饮证，方中重用泽泻二两五钱为君，以利水渗湿；以猪苓、茯苓一两五钱为臣，以增强君药利水渗湿之功；再佐以白术、茯苓健脾，使水湿得以运化；桂枝一两一则可祛表邪，二则可温阳化气助化水湿，因"膀胱者，州都之官，津液藏焉，气化则能出矣"，膀胱的气化赖于阳气的蒸腾，故用桂枝于此既祛表邪又助阳化气；李东垣于药间调护中强调"多饮热汤，有汗出即愈"，使饮邪从汗孔而解，以此使饮邪从上下分导。如伤食者之轻证李东垣治之以丁香烂饭丸、枳术丸之类，稍重则用三棱消积丸，重者则用瓜蒂散、备急丸等药吐下。

3.6 从脾胃论治酒毒

李东垣治疗饮酒所伤以调理脾胃为主，具体则是发汗、利小便二法，或只用一法，或二法共用，使湿从上下分消，祛酒毒之邪与祛湿邪同法，因酒毒之邪与湿邪同为无形邪气，邪之出路则同。于其所用方葛花解醒汤即可见东垣诊治酒毒的思想，方中人参、白茯苓、白术、干生姜、橘皮等药助脾胃阳气升发，以增强发散之功；莲花青皮、木香、神曲、白豆蔻仁、砂仁等理气燥湿、健脾运脾；葛花可解酒醒脾，治疗酒毒伤胃；猪苓、白茯苓、泽泻等渗泄水湿。李东垣认为"夫酒者大热有毒，气味俱阳，乃无形之物也。若伤之，止当发散，汗出则愈矣。其次莫如利小便。二者乃上下分消其湿"。李东垣于治疗的同时亦指出治疗酒毒之禁忌：饮酒过伤之人，若服酒癥丸等大热之药下之，又服大黄、牵牛子等药下之，则使有形阴血大伤，从而阳毒之热大旺，助其阴火，酒毒所伤本为无形元气受病，今阴火增旺，"火与元气不两立，一胜则一负"，继而元气消耗，反助病邪，此乃一大禁也。脾胃为元气之根本，可见李东垣治疗诸疾重视脾胃元气的重要思想。

4　药食调护重脾胃

4.1　饮食宜禁

《脾胃论》中散滞气汤下李东垣指出"忌湿面、酒"，因散滞气汤治疗郁结之气结于中脘，食而不消，不思饮食，湿面恐碍于疏理郁结之气，又因其会伤及阳气，影响气机的升降，而酒会使元气有伤，又易于助火邪，郁结之气不得散，反有使结滞之气化火之弊；又如李东垣在治疗中焦脾胃虚寒所用方丁香茱萸汤下强调"忌冷物"，因于冷物不仅伤及阳气，且将影响汤药之助脾胃阳气升发的作用；再如李东垣用神圣复气汤治疗中满腹痛，其强调"忌肉汤，宜食肉，不助经络火邪也"，因喝肉汤恐滋腻碍胃，而食肉则可益脾胃气，因肉乃血肉有情之品，可补养气血。在《脾胃将理法》中李东垣指出粳米、白粥、盐豉、绿豆、小豆等皆属于淡渗之物，可大泻阳气，若有小便数之证则禁食此类食物；大咸之物可助火邪而泻肾水真阴，另外，醋及辛辣刺激物如蒜、韭、五辣、大料物、官桂、干姜等属大辛阳热之物，可助火邪，而伤元气。

4.2　饮食寒温

《难经·十四难》曰："损其脾者，调其饮食，适其寒温。"可见饮食之寒温偏嗜可影响及脾胃，导致人体阴阳失调而变生诸疾。如偏嗜寒凉生冷之品，久久则可伤及脾胃阳气，致寒湿之邪内生；若偏嗜辛温燥热之品，久可使胃肠积热，或致湿热之邪内生；若嗜酒成瘾，久则聚湿生痰甚而化热。此皆首伤脾胃，因"肠胃为市，无物不受，无物不入，若风、寒、暑、湿、燥一气偏胜，亦能伤脾损胃"。另外，平素于大热之际，若欲冷饮可从权以饮之，但不可耽嗜，同样于冬寒之时喜食热物，可依时暂食，不可偏嗜，正如李东垣所言宜使"饮食热无灼灼，寒无凄凄，寒温中适，故气将持，乃不致邪僻"。

4.3　药间调护

在药间调护中尤能看出李东垣对于脾胃生生之气的重视，如李东垣指出：宜减食、宜美食、宜温食及薄滋味以助其药力，此皆能助脾胃阳气的升发，益升浮之气而滋养胃气。减食可使胃气得以恢复；美食则因"胃以喜为补"，此是以美食益胃；温食可助阳气的升发，是温补脾胃阳气之用；薄滋味食物易于消化，是以保护胃气而设。若脾胃之气于服药后始复，前一二日不可饱食，恐饱食使胃气复伤，若此时药力不足则可使胃气不得转运，影响脾胃升降。若胃气少觉强壮，可以少食五果以助谷药之力，因"五谷为养，五果为助者也"，还可以小役形体，使胃气与药力得以转运升发，但切记不可劳役过度使复伤，胃于虚弱时多喜安静。忌生冷、硬物、淡渗之物及诸果，此类皆损阳气，恐阳气不能生旺，影响疾病的痊愈，如李东垣于《脾胃将理法》中指出"药中不可服泽泻、猪苓、茯苓、灯心草、琥珀、通草、木通、滑石之类，皆行阴道而泻阳道也，如渴，如小便不利，或闭塞不通则服，得利勿再服"。忌诸姜、附、官桂辛热之药，及湿面、酒、大料物之类，因大湿热之物皆可助火邪而使元气愈损。

5　养生摄生重脾胃

李东垣宗《素问·上古天真论》中"法于阴阳，和于术数，食饮有节，起居有常，不妄作劳，故能形与神俱，而尽终其天年，度百岁乃去"的理论，在其所著《脾胃论》中强调护理脾胃当从顺应四时、起居有时、饮食有节、淡泊情志、劳役中适、医药无伤等处着手，此亦是李东垣养生摄生理念的折射。

5.1　顺应四时，以奉生身

"夫四时阴阳者……与万物沉浮于生长之门。逆其根，则伐其本，坏其真矣。故阴阳四时者，万物之终始也，死生之本也，逆之则灾害生，从之则苛疾不起，是谓得道……从阴阳则生，逆之则死；从之则治，逆之则乱"，法于四时实是"天人合一"思想的体现，顺于四时阴阳之消长，使四时阴阳得以自和与平衡，进而人体自身之阴阳亦和调矣。在《素问·宝命全形论》中有"人生有形，不离阴阳"之说，且人体自身即具阴阳对立制约的统一性，其脏腑形体、经络等均分阴阳，故而法四时从阴阳乃是养生摄生之关键。若饮食起居之际或医者治疗疾病之时将"天人合一""法于阴阳"等思想具体应用于实际，则可使正气从内，苛疾难起！李东垣于临床治疗疾病时多随时为病随时制方，遣方用药法于四时，恐违四时而使脾胃生发之气有伤，始终遵循《内经》中所提出的"必先岁气，毋伐天和，是为至治""无违时，无伐化""无伐生生之气"的根本原则。例如李东垣制方补脾胃泻阴火升阳汤治疗"心之脾胃病"，方中石膏一味为时令药，此药用于时在长夏，正当主气衰而客气旺之时，若长夏之时已过则从权而用，因石膏虽辛却属大寒，此是为顾护脾胃所设，恐大寒伤及脾胃阳气，脾胃为元气之本，护脾胃即是保护生生之气，即是在养生摄生。另外，《脾胃论·脾胃将理法》中指出四时用药："春时有疾，于所用药中加清凉风药，夏月有疾，加大寒之药，秋月有疾加温气药，冬月有疾加大热药，是不绝生化之源也。"虽言"春夏养阳，秋冬养阴，以从其根"，但于临证中不仅要将所宗之根本原则贯穿治疗始末，还要法四时从权而施治，若反四时常道则可能变生异证，治病乃护生卫生的过程，若病未得治反使生生之气有伤，则非医之所为也。从李东垣治疗疾病及其遣方用药中可以看出养生摄生不仅在平素起居中注意，亦须医者在临证中顾护生生之气，无伤于生身。

5.2　食饮有节，脾胃得养

人以饮食水谷为本，于食饮之际作养生之想，乃是上选！"肠胃为市，无物不受，无物不入。若风、寒、暑、湿、燥一气偏胜，亦能伤脾损胃"，故而于每日饮食之际，不过食使胃气无损，因之"饮食自倍，肠胃乃伤"；亦不可过时而未得饮食，使脾胃之气无所养，此因"谷不入，半日则气衰，一日则气少矣"；且饮食物之寒温当中适，不可于天大热之时而贪凉饮冷，亦不可于天寒之时食辛热之物，五味偏嗜或寒温偏嗜，必当使脾胃之气受损。若以护生为要，则宜使"饮食热无灼灼，寒无凄凄，寒温中适，故气将持，乃不致邪僻"；李东垣于治疗阳气不足、阴气有余之病时特别强调保护脾胃阳气，以使生生之气无伤，在药间调护中李东垣指出：宜减食、宜美食、宜温食及薄滋味以助其药力，及助阳气升发，益升浮之气而滋养胃气；胃气少觉强壮，可以少食五果以助谷药之力；忌生冷、硬物、淡渗之物及诸果，此类皆损阳气，恐阳气不能生旺，影响疾病的痊愈；忌诸姜、附、官桂辛热之药，及湿面、酒、大料物之类，皆可助火邪而使元气愈损。李东垣之养生摄生思想虽未直接言及，但从其护中的每个细节中可折射出此一位大医对于生命的爱护！病已成须治，但治疗疾病当以护中养生为重！

5.3　起居当慎，以避寒暑

起居所慎，一者要顺应四时气候之变更，如《素问·四气调神大论》所言"春三月……夜卧早起……此春气之应，养生之道也""夏三月……夜卧早起……此夏气之应，养长之道也""秋三月……早卧早起……此秋气之应，养收之道也""冬三月……夜卧早起……此冬气之应，养藏之道也"，指出春、夏、秋、冬四时之起居与养生息息相关，此乃常道，若遵循之，则是奉生生之道，使生、长、收、藏之道如常循环。二者要与一日朝暮之寒温及所居止处之寒温相应，李东垣对此论述较为细致详尽，如浴后、汗后不可当风，需以手摩汗孔合，否则当有中风、中寒之万一；遇卒风暴寒，衣薄而不能御寒者，当使周身之气振奋以当之；衣薄于无风处居止，衣厚于漫风处居止或宜减衣；若久居高屋，或所居处阴冷潮湿，则常需沸汤熏其口鼻等。四时变更或天气骤变，人体自身难以及时适应并调整，只有在起居之时做到使生生之气无伤，才可能不受邪干，否则可能受到六淫邪气的侵袭而为病。意即于起居之际应当做到"衣服寒无凄怆，暑无出汗，热无灼灼，寒无凄凄，寒温中适，故气将持，乃不致邪僻也"。《脾胃论》中记录有两则病案，病因皆为脾胃本虚，正气不足，起居不慎，六淫侵袭，李东垣分别用半夏白术天麻汤和人参芍药汤治之，方中皆重用黄芪、人参等补益脾胃元气之药。可见李东垣治病重在长养脾胃元气，从而无伐生生之气，而此正是其养生摄生思想的凸显。

5.4　劳役适度，勿伤中气

劳役过度可耗气，肺主一身之气，脾胃为气血生化之源，为元气之本，劳倦可同时伤及脾肺之气，《素问·举痛论》有言"劳则气耗"，劳倦可损伤内脏精气，导致脏气虚少。李东垣认为"劳倦则脾先病，不能为胃行气而后病"及"有所劳倦，形气衰少，谷气不盛，上焦不行，下脘不通"，指出劳倦可伤脾损胃，可伐生生之气，故其在论述脾胃病病因病机时特别强调劳役适中的重要性，同时也反映出其重视生命机体养摄的思想。李东垣在药间护理中亦有强调："可以小役形体，使胃与药得转运升发，慎勿大劳役使复伤。"因适度的劳役可使脾胃之气得运，进而消药食、益气力，有助于病情恢复。可见劳役适中对于疾病疗愈和平素养生的重要意义。

5.5　淡泊情志，省语养神

淡泊情志，省语养神，使"正气存内，邪不可干"，否则当有害生之弊。《脾胃论》中援引《素问·阴阳应象大论》曰"人有五脏化五气，以生喜、怒、悲、忧、恐。故喜怒伤气，寒暑伤形，暴怒伤阴，暴喜伤阳……喜怒不节，寒暑过度，生乃不固"，又"怒则气上，喜则气缓，悲则气消，恐则气下……惊则气乱，劳则气耗，思则气结"，从而可明晰情志不畅对机体气机运行和生生之气的影响，若情志不畅失于适当的调节，机体便可发生相应的疾病反应。李东垣指出治疗因情志不节所致之疾惟在调和脾胃，"使心无凝滞，或生欢欣，或逢喜事，或天气暄和，居温和之处，或食滋味，或眼前见欲爱事，则慧然如无病矣。盖胃中元气得舒伸故也"。李东垣在病间调护中亦常嘱病家"宁心绝思""服药讫，忌话语一二时辰许"等，宁心绝思使气机在最佳的机体状态下运行通畅，省言使神不伤气亦不伤，其意皆在护气养神继而使生得养。在《脾胃论·省言箴》中提出："气乃神之祖，精乃气之子，气者精神之根蒂也。大矣哉！积气以成精，积精以全神，必清必静，御之以道，可以为天人矣。有道者能之，予何人哉，切宜省言而已。"淡泊寡欲、省语实为养生摄生之一大法，今时之人消耗太过，今时之病杂而难治，若幸得此法而稍有收摄则是真利己也！

5.6　医药无伤，脾胃无损

用药物治病的过程实际也是一个护生摄生的过程，李东垣用药法于四时，不失气宜，无伐天和，无失天信。李东垣言："凡治病服药……必本四时升降之理，汗、下、吐、利之宜。春宜吐，象万物之生发，耕、耨、科、斫，使阳气之郁者易达也。夏宜汗，象万物之浮而有余也。秋宜下，象万物之收成，推陈致新，而使阳气易收也。冬周密，象万物之闭藏，使阳气不动也。"在治疗中既以整体观念为根本指导，且又重视详加辨证，惟恐失治、误治而反害生。李东垣对于外感与内伤的辨析中就明确地体现了其护中以护生的思想，如"脾胃之气下流，使谷气不得升浮，是春生之令不行，则无阳以护其荣卫，则不任风寒而生寒热，此皆脾胃之气不足所致也……内伤脾胃，乃伤其气；外感风寒，乃伤其形。伤其外为有余，有余者泻之；伤其内为不足，不足者补之。内伤不足之病，苟误认作外感有余之病而反泻之，则虚其虚也。实实虚虚，如此死者，医杀之耳！"。可见，医与药的遣用最需谨慎，医者用药如用兵，病家用医如用将，稍有不慎必伤生生之气！

"若夫顺四时之气，起居有时，以避寒暑，饮食有节，及不暴情志以颐神志，常欲四时均平而无偏胜则安。不然损伤脾，真气下溜，或下泄而久不能升，是有秋冬而无春夏，乃生长之用，陷于殒杀之气，而百病皆起，或久升而不降亦病焉"，这是李东垣对于脾胃病病因的论述，亦是其重视脾胃思想的体现，更是其养生护生重脾胃思想的具体折射。正如张景岳所言"人以水谷为本，故脾胃为养生之本，惟东垣独知其义"，若常人于平素生活中，做到法于四时，食饮有节，起居有常，不妄作劳，淡泊情志，则"正气存内，邪不可干"，使脾胃无伤而元气充足，身体自当安泰。"名与身孰亲，身与货孰多？以隋侯之珠，弹千仞之雀，世必笑之，何取之轻而弃之重耶？"李东垣此言掷地有声，养生摄生若"安于淡泊，少思寡欲，省语以养气，不妄作劳以养形，虚心以维神"，则"寿夭得失安之于数，得丧既轻，血气自然谐和，邪无所容，病安增剧？苟能持此，亦庶几于道，可谓得其真趣矣"。李东垣治疗疾病重视补益脾胃，而养生摄生之重心亦是注重培护脾胃。中医药文化博大精深，其中所论养生之理颇多，若于平素生活中汲取其中一二亦可得利！

结　　论

李东垣宗《内经》《难经》《脉经》等经典之论，汲取张仲景、张元素等医家的医学经验，进一步阐发了脾与胃的关系、脾病与胃病的区别以及脾胃与脏腑官窍的关系，还发展了分经论治法、随时论治法、脏腑用药法、君臣佐使法等诊治理论，并且从其论治五脏病、九窍病、自汗、痿证、厥证、饮证、酒毒等杂病入手，将其治疗用药重视脾胃、药食调护重视脾胃的特色一一凸显，亦从其中折射出了其养生摄生重脾胃的思想。

1　以经为基，立论阐发

李东垣于《脾胃论》开篇即大量引用《内经》的相关理论，概述了五脏、六腑的生理功能及病理变化，脾胃为病对四肢、九窍、脏腑等的影响，饮食入胃与精气血津液的输布代谢，胃气的重要作用，病从脾胃所伤之因以及饮食、情志、起居等脾胃内伤之因，且言明其"不因虚邪，贼邪不能独伤人"的基本病机观点，李东垣认为脾胃虚弱为诸疾所生的根本原因，进一步申明养生摄生当"慎乎饮食起居之际"。李东垣在《脾胃论》其他篇目中亦引《内经》《难经》《脉经》及张仲景、钱乙、孙思邈等医家的学术理论观点来阐发医理、遣方用药中所要遵循根本原则以及根据四时、病情变化的从权用药加减法，以救当时诸多医家妄用寒凉重损胃气之弊。

2　整体观念，辨证法时

整体观念、辨证论治是中医学理论体系的两大特点，这在李东垣治疗疾病的过程中有明确的体现，如其论治五脏病，既有脏腑辨证思想的体现，又有脏腑用药法的特点，体现了李东垣对"五脏一体观"的重视。另外，人体本身还与自然环境相统一，而李东垣尤其重视"天人一体观"，如李东垣在论述脾胃生理时提出脏气法时而升降浮沉的气机升降观，在治法中提出"随时加减用药法"以及四时治疗疾病多宗春宜吐、夏宜汗、秋宜下、冬周密而使阳气不动的大法。

3 用药精当，应乎君臣

用药精当，合乎君臣之道，于《脾胃论·卷上》即引《内经》原文阐发其遣方用药当宗君臣佐使法，且言"不可令臣过于君，君臣有序，相与宣摄，则可以御邪除病矣"，如其在言及治疗五脏病所遵循的基本用药法则时即明确提出方药中的君臣佐使之味，在用药的特点中即可见东垣辨证之精确，遣方用药主次分明，且法于四时阴阳而且从权用药，使治疗有的放矢，无有偏颇，使无失治、误治之弊。

4 调护精心，处处护中

在《脾胃论》中方论之下多见李东垣精于药间调护，且可看出其不仅重视辨证精确、用药精当，还重视药间饮食调护，如其强调白粥、粳米、绿豆之类属淡渗之类，于服培补脾胃阳气之汤剂时为禁，因于此类行阴道而大泻阳气；再如大辛味、大料物、官桂、干姜之类，于脾胃之气下流、阴火上乘之时禁用，因之此类属温热类，恐助火邪伤及元气。李东垣强调药间调护时多是为保护脾胃之气而设，惟恐药间饮食不慎影响药效，继之可使脾胃之气有伤。

5 起居之际，摄生为要

李东垣于《脾胃论》开篇即已言明"法于阴阳，和于术数，食饮有节，起居有常，不妄作劳，故能形与神俱，而尽终其天年，度百岁乃去"的重要性，与其说东垣重视脾胃，不如说其重视养生，其在言及脾胃一虚则百病由生的观点时，实则是要阐明"不因虚邪，贼邪不能独伤人"的观点，因饮食起居之际最易伤及脾胃，脾胃虚则元气亦虚，故其进一步说明了养生摄生当"慎乎饮食起居之际"，且在《脾胃论·卷下》专列"摄养篇"论述起居之际的养生方法。

摘自：徐海荣.《脾胃论》的学术渊源及其理论特色研究［D］.兰州：甘肃中医学院，2015.

唐容川"形-气"观及其应用思路探讨（节录）

牟德海

第一部分　对唐容川"形-气"观的认识

通过研读唐容川的理论著作，可以看出，唐氏对中医经典理论的解读，与前人有很大的差别，即唐氏在参校西医学内容的基础上，把中医的理论分为形体和气化两部分来对待，并且认为气化是中医理论的重要内容，而形体则是气化的基础，脱离形体谈气化，难免失实。在此，本课题把唐氏对中医理论形-气两分的这种认识，称为唐容川"形-气"观，这一观点的内涵与我们平时对中医所强调的形气结合有很明显的区别。唐氏的"形-气"观，既突出了中医学的理论特点，降低了研究中医学的难度，也使中西医之间的差异更加明朗化，有益于中西医结合工作的发展。

1　作者生平背景

唐宗海，字容川，四川彭县三邑人；生卒时间说法不一，目前较有说服力的观点为1851～1897年。著有《中西汇通医书五种》《医学见能》《医易通说》《痢症三字诀》《六经方证中西通解》（此书只见书名，未见内容）等医学著作。唐氏的医学思想是在西医学的影响下，仍然推崇中医经典，故而主张汇通中西医，并且是明确提出"中西医汇通"口号的第一人。

自明中后期至清初，就不断有西方传教士把西医学带到中国，但主要以传教为目的。而在康熙末年至嘉庆年间，朝廷曾多次禁教，嘉庆帝甚至下令"严禁西洋人研习医术"，这就严重阻碍了西医学在中国的早期传播。1840年之前，在中国流传的西医学著作主要有《人身说概》《人身图说》《格体全录》《形神实义》等，其内容主要是西方中世纪以解剖知识为主的医学思想，并且宗教色彩比较浓重。其中《格体全录》一书，载有较为精美的解剖图谱，但被康熙皇帝私藏，并没有在国内传播，仅对宫廷医学和蒙古医学有过影响。所以说，1840年之前，西医学在中国的影响并不大，仅有少部分中医人士如王士雄、王宏翰、方以智、王学权等在一定程度上接受了西医学的部分内容。此外，该时期国人的礼教思想也在一定程度上影响了西医在国内的传播。

1840年以后，西方近代医学思想正式传入中国。1851年，合信氏的《全体新论》问世，是全面系统地介绍西方近代医学思想的第一部著作，直到20世纪二三十年代仍有一定的影响力。此后，至1900年以前，主要西医著作有合信氏的《西医五种》、艾约瑟的《身理启蒙》、傅恒理的《省身指掌》、柯为良的《全体阐微》以及德贞的《全体通考》等，内容涉及解剖、生理以及临床各科。该时期，西医学逐渐被国人熟知，并对中医理论造成了强烈的冲击。

该时期部分中医开始接受和研究西医，并且主张中西汇通，如罗定昌在《中西医士脏腑图说·弁言》中提出"采中西医士之说而立论"；朱沛文在其《华洋脏象约纂·自叙》中说："（中西医）各有是非，不能偏主。有宜从华者，有宜从洋者"，主张"合而参之"；唐容川反复提出"……兼中西之说解之，不存疆域异同之见，但求折衷归于一是"。张锡纯更是写有《论中医之理多包括西医之理沟通中西原非难事》一文，表明了其中西汇通的态度。只不过"汇通"的标准都是"天下之医，当以《内经》为准则"。

相反，该时期的西医人士多针对中医不懂解剖、不明脏腑、医理不实等形质问题展开攻击。如合信氏《全体新论·序》："中土医书所载骨肉脏腑经络，多不知其体用。"《内科新说·总论病原及治法》："中土医书，方论浩繁……有臆造病证妄列治法，而实为理之所无者……更或高谈脉理，妄事神巫，脏腑功用，茫然不知。"《西医略论》："（中国）医书汗牛充栋，半属耳闻臆造，未可依据。"合信氏的言论代表了19世纪中后期在华传教士对待中医的态度。

《全体新论》等医书的传播、教会医院和诊所的建立以及各种西医宣传刊物杂志的流行等，都使西医学在中国逐渐扎稳根基，但其内容仍无法与20世纪以后的西医学相比，因为19世纪末至20世纪40年代，是"西方近代医学向现代医学转化的过程，把40年代以后的西医看作现代医学更恰当"。该时期，在中国流行的西医学知识除了解剖精美，外科手术先进之外，其生理学知识并不完善，在内科临床诊疗方面，更显粗糙；而在中医界，仲景思想早已深入人心，温病学已渐成熟，杂病的诊疗也已定型。甚至可以说，直到今天，中医学在内科杂病方面仍有一定的优势。而"中医重气化，西医重形迹""中医长于内科，西医长于外科"等说法，在此时也广为流传。因此，中医界大多只接受其解剖知识，而在生理方面仍重视中医气化理论。如此看来，唐容川的医学思想"过分"推崇中医经典，也不过是一种时代特点，而非其个人"弊病"。对此，皮先生的评论十分中肯："唐宗海所持的传统医学论点，往往就是发展现代知识形态以解释旧医学的滥觞，此乃旧知识足以为新视野的一种可能。"如果只是根据现代的医学背景和唐氏的相关论述来批判其"重中轻西""汇而不通"，显然是不合情理的。

事情往往是，即使使用了正确的方法，也并非一定得到正确的结果！在现代的医学背景下，能否根据唐氏"形–气"两分的方式对中医学做进一步的研究，以完成唐氏的未竟之业，或者再次尝试探讨中西医是否真的无法"汇通"，这才是问题的关键！

2　唐容川"形-气"观的内涵

2.1　"形-气"观概念的提出

"形-气"观是在唐容川"汇通思想"的基础上提出来的概念。根据唐氏理论著作的具体内容来看，其所主张"兼中西之说解之，不存疆域之间，但求折衷归于一是"的"汇通思想"，具有两大特点：一，只接受西医学的部分解剖内容，几乎不接受或很少接受西医学的生理病理学知识；二，借助西医学的解剖内容，论证《内经》的理论实质，为气化理论寻找实质依据。因此，唐氏所讲的"汇通"可以理解为对西医解剖与中医气化之间的"汇通"，而唐氏又认为只有通过形体与气化之间的相互印证，才能够悟透《内经》的奥义，并且《内经》所论之形迹实比西医精确，那么，唐氏所谓的"汇通"便成为中医理论中形体与气化两部分内容之间的"汇通"。所以，"形-气"观是对唐容川如何看待中医理论自身问题的概念总结。

2.2　"形-气"观的内涵

中医理论向来被认为具有"形气并重"或者"形气结合"的特点，但是其所讲的"形"，主要是整体观的概念，即笼统地指人的整个形体而言，如"形与神俱""形骸独居""形体不敝""阳化气，阴成形"等。而唐容川"形-气"观所讲的"形"，则是指具体的解剖形体；除了在脏腑肢体的形态上接受了西医解剖学的内容之外，唐氏最大的发挥便是把三焦看作是人体的筋膜系统，并且认为人体各脏腑之间、脏腑与肢体之间以及气血的具体运行规律等都与三焦筋膜系统有密切的联系（具体内容见第二部分）。所以，唐氏的"形-气"观强调不仅要熟悉人体的形态结构，还要明确全身气化活动的具体的形迹规律（具体内容见第二部分）。

2.3　"形-气"观与"中西医汇通"及"中西医结合"的区别

前文已经提到，唐容川的"形-气"观即是其"汇通思想"的体现，可以理解为唐氏对中医理论自身形体与气化关系的认识。而在20世纪初开始，尤其是20年代以后，西医生理病理学在中国的迅速传播与发展，已经与唐容川时期不可同日而语；因此，该时期的"中西医汇通"医家如张锡纯、恽铁樵等所提倡的"汇通思想"较唐容川有很大的发展，强调对中西医生理病理的汇通，但是仍要以中医为本；而此时的中医界受西医生理学的影响，也开始积极构建中医学自己的生理学科。20世纪中后期，随着科技的进步，西医学飞速发展，其优越性也越来越突出，国家提倡中西医并重，努力建设汇集中西医两种医学之精髓于一身的新的医学学科——中西医结合，显然与前两者已经有本质的区别。但是，唐容川的"形-气"观解决的是中医理论自身的问题，与后两者处理中西两种医学学科的方式也有明显的区别；不过中医学的形体问题可以看作是研究中医学以及中西医结合的基础和前提。

实际而言，唐容川对中西医学的认识都是在形体和气化两个方面来理解的，并不认为两者之间存在不可通约性，因此得出了西医"详形迹而略气化"和中医"于理颇详，而于形未悉"的评价；在此，也可以看出，唐氏所说的形迹与气化，相当于西医学所讲的解剖形体和人体生理两方面内容，由此可以推论出中西医学之间的差异在于针对同一的解剖形体而得出的两种不同的人体生命活动规律，即中医的气化理论（仅指生理方面）和西医的生理学。

3　唐容川对西医学的认识

就目前资料所见，唐容川至少阅读过合信氏《西医五种》《全体阐微》《全体通考》等多部西医书籍；并且去过北京、上海、广东等地，这些地方正是西医学早期在中国传播的主要城市。唐氏既读过西医书籍，也见过西医临证，因此，算得上是一位对西医"见多识广"的中医家。所以，唐氏对西医"详形迹而略气化"的评价肯定是有理有据，绝非人云亦云、妄自揣测。

西医"详形迹而略气化"的特点，并非个别医家的"一己私见"，而是该时期中医学界乃至社会大众所公认的一种说法。唐容川好友邓其昌旅居上海之时，曾感慨："窃见中国皆今人不如古人，西洋则今人更胜古人，制造之巧，格致之精，实为中国所不及，则其医学亦当高出于中国。乃于医院药房留心咨访，求其证论，考其方书器具，则精妙无比，治法则颠顶异常，始知尚形迹而略气化。"邓氏是以一种近乎"仰慕"的心态关注西医的，所以对西医的评价不会受到社会舆论的"误导"，但所得结果仍与他人无异。那么，是否说明西医理论本身存在问题？下面以合信氏《西医五种》为例，摘录其中部分内容，一探究竟。

通过对《西医五种》内容的了解，可以看出唐容川时期的西医学具有以下几个特点：第一，解剖学内容精细，外科手术相对中医较为高明；第二，在内容翻译上使用了大量的中医词汇和术语，很容易使人联想到中医，并与中医的内容作比较；第三，在诊断方面同样使用望、闻、问、切四种方式，虽然在具体内容上与中医有所差别，但明显落后于中医；第四，生理、病理学的内容过于稚嫩，与今日之西医不可同日而语，即使与当时之中医相较，也难以令人信服；第五，在药物治疗原则方面虽与中医不同，但使用了大量的中药，很容易让人将其与中医相混淆。此外，本文在内科选证方面摘录了西医的"血证论"，以期与唐容川的《血证论》作一比较，但其单一的治疗思路和简单的治疗方法，显然与唐氏的《血证论》无法相提并论。如果以现在的医学形式而言，西医学的理论体系与中医学有着明显的区别；但是在唐容川所处的时代，面对这种与中医"貌合神离""似是而非"的新起医学，若想明确地指出中西医之间的本质差异是非常困难的，所以唐氏得出西医"略气化"的结论也就在所难免，而此时出现中医学界主要关注西医解剖学的局面也就更是理所当然了。

唐容川并没有把中西医学当成两种不同的医学体系来看待，而是按照中医学的理论特点，不断地强调"西医剖割视验，人之背面前面左右内外，层析详矣，而不能将各层分出阴阳，则只知其形，不知其气"；同时也明确指出，他"所采西人脏腑图非但据西人之说，实则证以《内经》形迹丝毫不爽，以其图按求经义则气化尤为著实"。但是，唐氏对西医学并没有过分地指责，而是认为"西医初出未尽周详"是情理之中的事；或者说唐氏对于中西医孰优孰劣的问题，根本就未曾在意；他所关心的是怎么才能"及时厘正医道"，否则"贻害生民不知凡几"（唐氏博大仁爱的胸怀由此可见一斑）。但是，唐氏却又始终认为秦汉时期的中医学是非常精确的，为了厘正医道，唐氏才对中西医学提出汇通的思想。既然西医与唐宋以后的中医都有不足，且都无法望中医经典之项背，那么推崇"极为精确"的中医经典就不能算错，而"重中轻西"的说法更无从谈起。肯定西医"所论形迹至详"既不是奉承，虽有时会指摘西医也并非刁难，而"使圣学昌明"才是关键。唐氏即看到了西医的长处，也指出了中医的不足，因此，唐氏对西医学的认识是非常全面的，对待中西医学的态度也并无偏倚，而今人对唐氏的责难却实在有失公允。

4　唐容川对中医学的认识

唐容川尽管推崇西医的解剖学，但始终认为西医所论之"形迹""未及《内经》之精"；但是，晋唐以后则又有所不同。唐氏说："唐宋后无人亲见脏腑，于《内经》所论之阴阳气化，多不著实。"对于《内经》等经典的理论不能得出确切的体会和认识，其原因就在于唐宋以后的医家"于形未悉，不知形以附气"，都是"离形论气"。所以，唐容川对中医"详气化而略形迹"的评价，只是针对晋唐以后的医学理论而言。唐氏认为"晋唐"是中医学"渐失真传"的历史时期，为了对唐容川的"形–气"观及中医理论的特点有更深刻的认识，本课题将在历代解剖事迹、气化理论、中医外科三个层面对中医学的发展特点作大概的了解，并对晋唐前后的医学特点作简单的比较。

4.1　中国古代解剖事迹考

医学作为实践科学，医学理论在建立之初，无论如何都要对人体的组织结构有一定的认识和理解。所以，"中国古代解剖实践从一开始就与医学理论紧密联系"。但是，在中医的理论体系中，形体所彰显的作用并不突出，所以我们需要通过了解中国古代的解剖事迹，来探讨中国古代解剖的目的，并着重思考形体在中医理论中的意义。

首先，我们要分清两个概念：解剖与解剖学。解剖一词，最早见于《灵枢·经水》，指的是一种技术手段，而非一门学科。而解剖或解剖学作为学科名称出现，最晚是在19世纪七八十年代左右，但此时"全体学"作为"解剖学"的前身，更为大家所熟知；直到1927年，"解剖学"才被正式确立为学科名称。也就是说，在现有的中国古代文献当中所记载的无论出于何目的对人体进行的解剖事迹，只能被看作一种技术活动，而不是学科发展。

根据现有文献记载，汉代之前关于解剖的内容就已经十分多见，如《史记·殷本纪》

记载惨无人道的纣王"剖比干，观其心""修孕妇之墓"（应劭在《集解》中注为"纣剖妊者，观其胎产也"）；尽管手段残忍，或许也为医学理论的建构留下了些许的资料。也有人根据汉字象形的特点，通过分析甲骨文、金文相关字形的结构，得出早在夏、商、周时期就已经对人的躯体官窍、骨骼、内脏等有了基本正确认识的结论。这些零星的记载，都可以被看作是在《内经》成书之前为中医理论的建构所做的努力，但不是"主力"。《内经》与《难经》所记载的解剖知识已经足以对人体的基本形态结构做到清楚地认识，对此，我们怀疑在《内经》成书之前，古人对人体进行过认真严密的解剖探索，而其目的可能就是为了建构中医学的理论体系，那么通过解剖所认识的形体结构便理所当然地成为了中医理论体系的重要组成部分。但是，在中医理论已经非常成熟，并且对形体的认识也已足够熟悉的《内经》成书之后，古人为什么还要进行解剖？

在汉代最值得大书特书的一次解剖活动就是《汉书·王莽传》所记载的王莽"使太医、尚方与巧屠共刳剥之，量度五脏，以竹筵导其脉，知所终始，云可以治病"一事，该次解剖活动带有了医学的目的，"云可以治病"，并且有医生的参与。但是，很遗憾，这次解剖活动没有图谱等相关资料留世，究竟对中医学的影响有多大并不清楚；不过，有人认为《内经》与《难经》所记载的大部分解剖知识可能正是来自此次解剖活动。无论事实如何，既然通过解剖能获得"云可以治病"的结论，至少我们可以肯定地说中医理论，无论学术还是临床，都是与认识形体密切相关的，只不过在《内经》成书之后，随着时间的推移，人们对形体的直观认识越来越陌生，而进行解剖活动又受到社会历史等因素的限制，这才导致后世医家对气化学说的偏重。

汉朝以后，直到明清，对后世影响较为显著的解剖事件主要集中在三幅解剖图上，即《内境图》（也被称作《烟萝图》）、《欧希范五脏图》以及《存真图》。其中《内境图》为五代时期著名的道士烟萝子所绘，收存于《正统道藏》，是现存于中国最早的解剖图，对后世包括《欧希范五脏图》及《存真图》在内的解剖图的绘制都有较大的影响。其最大的错误是肝胆居于膈上，并且肝脾异位；其他内容则与实际基本相符。无法得知烟萝子是否通过进行解剖活动或者见过解剖脏器之后绘制的图谱，但有人根据图中的内容分析，认为"烟萝子主要还是根据《内经》的'脏腑学说'以及道家的'内景学说'来绘制《内境图》的"。此外，该图之下还附有宋代朱肱所做的文字解说《朱提点内境论》，对后世医家认识脏腑起到很大的影响。

宋代进行的两次解剖活动，史书对第一次解剖事件的描述有几种说法，内容大同小异，但最终的结果都是"杀欧希范，绘五脏图"，即《欧希范五脏图》。该著作虽然纠正了《烟萝图》中存在的一些错误，但是自身仍存在很多不足。第二次解剖事件是由泗州郡守李夷行"遣医并图工往，亲抉膜摘膏，曲折图之"之后再由名医杨介据图校对、整理而成《存真图》。该图较《欧希范五脏图》完美得多，因此对后世的影响最大，如宋代朱肱的《内外二景图》、元代孙焕重刊的《玄门脉诀内照图》（以及滑寿的《十四经发挥》）、明代施沛的《脏腑指掌图》、高武的《针灸聚英》、杨继洲的《针灸大成》、钱雷的《人镜经》、王圻的《三才图会》《身体图会》以及龚居中的《万寿丹书》等，都以《存真图》为规范，此后很少有医家再关心解剖之事。在中国古代近千年的发展历史中，仅仅记载了三次这样"大规模"的解剖实践活动，无论如何都无法显示中医对解剖的"需求"，更不要说让中医发展出现代意义上的"解剖学"了。

如果说《烟萝图》是道家修炼的参照图，那便与解剖无关，其内容无非是按照已有的解剖知识凭空臆想的，而其所代表的解剖成就则属于早已为人熟知的内容。而《欧希范五脏图》与《存真图》则不同，两者都是"亲见脏腑"的直接所得，并且其目的也是想通过"画五脏"来使当时及其之后的医家"明脏腑"。如此看来，汉代以后的解剖活动最主要的目的是"明脏腑"。而"明脏腑"确实也成了后世医家不断追求的既简单又单纯的目的，如宋代徐遁、张济都曾有过在人吃人的饥荒年间"往观其五脏"的经验；明代何一阳也讲过在其壮年时曾有"以医从师南征，历剖贼腹，考验脏腑"的经历；就连被大家推崇备至的清代革新医家王清任更是强调"业医诊病，当先明脏腑"。但是，如果把中国古代最精美、最准确的解剖图谱与西医早期的解剖图放在一起作比较，其各自对人体解剖结构展现的真实效果，将不言自明；然而古代解剖图的出现却仍实实在在地为众医家提供了非常宝贵的医学信息，这是否说明古代医家通过解剖所了解的"脏腑"，并非西医解剖学所讲的肌肉、骨骼或者"组织结构"之类，而是另有它意？

古代医家所强调的"明脏腑"，可以简单地理解为对人体生命活动内在机制的掌握；所以古代解剖图除了用"五脏图"来命名之外，最不容忽视的是"内景图"的概念。"内景"，顾名思义，即是人体内部的景象，但并非仅指人体内部的解剖结构，而最主要的则是通过解剖结构来展现人体气血的运行规律。如果用现代的医学术语来表达的话，"内景"更多的含义就是"生理"。在中医学的理论体系中，"内景"或者说"生理"的具体机制，是由"气化理论"完成的，也就是说众医家孜孜追求的"明脏腑"的真实内涵是通过解剖来认识准确的人体内部形态结构，从而获得精确的、实际的气化规律，这也说明对形体结构掌握的准确性，决定着对气化规律理解的实际性。这一点正与唐容川所强调的"离形论气，决非确解"相符合。

综上所述，中医学作为一门实践学科，其理论的形成与完善必然要以了解人的形体为开端。或许如部分人士认为，古代圣贤具备"反观内视"之类的特异功能，不需要对人体进行剖割，就可以对人体内部的各种生理构造及活动规律了解得很清楚，但这种说法毕竟难以令人确信。

根据现有文献可以了解到，在《内经》成书之前，中国古人或许早已对人体进行过解剖活动，甚至有可能已经掌握了很高的外科技术手段。不过，有一点是可以肯定的，中医学在其发展过程中出现过对人体的形体结构进行认真探索的阶段，不可能脱离实际（人体形质）而凭空臆造，只不过在中医理论成熟之后，其重心便偏向了形体的功用，即"气化"理论部分；尽管汉代以后出现的几次解剖事件及相关著作都在不同方面有其成绩，但从其总体水平来看，"似并未超过《内经》"。所以晋唐之后的医家在"气化"理论方面多有发挥，而对气化的实质——形体逐渐陌生。

4.2　气化理论的发展与演变

尽管唐容川推崇西医的解剖学，但并不认为形体是中医理论的缺失，只不过后世医家在对《内经》等医学理论的认识上有所不足而已；但是，对于气化内容而言，唐氏则认为西医完全不知。此外，唐氏对解剖形体的认识与西医也存在较大的差异，如他说"西医剥皮观，而知何处皮厚，何处皮薄，然不知皮为肺之所司""西医支解人而视之，详言脑髓、脑气筋，而不知髓是何物，因不知肾与骨合，所以所治多碍""（三焦）西医为连网，知其物矣，然不知其发源何处，所名司何气，是以知犹不知"等，唐氏所重视的"形体"，是在明确"形体"的基础上，按照中医的理论特点，重视"形体"的功用及其相互间的联系，即是中医的气化内容，而不是像西医那样"层层剖析"形体的细微组织结构。

唐容川认为，人有阴阳，天地也有阴阳，人在出生之前及其之后都是靠自身的阴阳与天地相通。如果按照《易经·系辞》中对古人了解自然规律所采取方式"仰观天象，俯察地理"的说法，中国文化的起源是从古圣贤观察天地自然规律开始的；而中医学作为中国文化的一部分，其理论自然是由天地自然的运行规律演化而来；人由天地所生，人的一切生命活动，必然也要符合天地的运行法则。也就是说，唐氏是按照古人的生命观，把中医学的理论体系理解为天地自然规律在人体的体现。这也是唐容川"形–气"观的重要内容。

4.2.1　"气化"的概念

一般认为，气化的内容是从古代气论哲学中衍化过来的。而"气"字的早期含义，不过是烟气、蒸气、风气、云雾之气等自然状态下的物质。现有资料显示，在甲骨文中就已经出现了"气"字。但"气"具备哲学上的意义，被认为最迟是在西周末年，即《国语·周语上》中伯阳父对地震原因的解释。实际上，从三代以后起，以研究天文物理为代表的阴阳家，便开始转向对人生哲学和生命科学方面的探索，而其说理工具正是借用了"气"的概念，从而发展出春秋、战国时期十分成熟的"气论哲学"，并在诸子思想中被广泛采用。向来被认为成熟于该时期的以《内经》为代表的中医理论，包含了大量的气化内容也就不足为奇了。

"气化"的"化"字，在《素问·天元纪大论》中有这样的描述："物生谓之化，物极谓之变。"在此，可以把"气化"简单地理解为气的运动、变化（量变）和化生（质变）三种意义，这几乎包含了气论哲学的全部内容。有人根据《易经》"生生之谓易"的描述，认为"气化"思想的形成，要比气论哲学的出现早很多，是有一定道理的。不过，令人奇怪的是，医学属于实践科学，为什么中医却以"哲学"来立论？

4.2.2　"气"的属性

中医界向来以"中医学属于哲学"自诩，对西医的质难表示不屑，而对于中医的脏腑实质问题却又不置可否。我们只知道"气主宰形"是中医理论的特点，但是至于气为什么能够主宰"形"，可能从来没有考虑过。在上文中，我们也仅仅是了解了形体在中医学中的意义，对"形体"是什么，却并没有讨论。对于医学而言，除了皮、肉、筋、骨、脏腑器官等这些解剖实质之外，可能再也想不出"形体"还能是什么。单讲理论是空洞的，我们应该首先搞清中医学的理论究竟在讲什么，中医理论"背后"的"本质"是什么，然后再去分析中医学是通过什么方式来描述这一"本质"的，进而探讨中医学的具体内容；这样一来，可能会对"形体是什么"的问题得出更加深刻的认识。

科学与哲学都是在西方宗教神学中衍化出来的学科，其对事物的认知态度和方式，自古至今一直都与中国古代文化有着本质的差别。如上文所述，中国文化是从天地自然物理方面发展起来的，这本身就是一种"科学"。可以说，中国文化的起源与"宗教"没有太多的瓜葛，只是在其之后的发展过程中曾与原始宗教思想有过接触，尽管带有了部分近似宗教意味的哲学属性，但始终未曾脱离"科学"的本质。

西方科学注重从"空间"的角度，以"剖割"的方式来认识事物；而中国古代则是习惯从"时、空"的角度，以"变通"的眼光来了解世界。对于中国古代认识事物的这种方式，可以用两个字来形容，那就是"生""灭"。在古代的"宇宙观"里，事物从无到有，再从有到无的变化过程中，"气"充当了"宇宙本原"的角色，即庄子所说的："通天下一气耳。"而世间万物的变化都可以看作是由"气的运动"产生的。包含人在内，事物形态的生灭变化，也不过是气的聚散状态而已。由气聚而成的事物形态，古人也有固定的概念，即"器"。《易经·系辞》："形而上者谓之道，形而下者谓之器。"又说："在天成象，在地成形，变化见矣。""见乃谓之象，形乃谓之器。"因此，人的解剖形体，在古人看来实际就是由天地之气聚合而成的"器"。"器"的生灭变化，可以看作是气的"时间属性"（也可以叫"哲学属性"）；而"器"本身的形态结构，又体现了气的"空间属性"（或者称"科学功能"）。根据"气"的这种既科学又哲学的特点，可以把气看作是"宇宙（时间与空间）的缩写"。"器"不仅在整体上要遵循生灭的气化规律，在其内部也进行着相对独立的气化活动，并且这种活动一直进行到"器散"方止，即《素问·六微旨大论》："故器者生化之宇，器散则分之，生化息矣。"

简单地说，"宇宙观"是古人对客观世界的一种认知方式，而以《内经》为代表的中医气化理论，正是在古人这一"宇宙观"的基础上建立起来的"生命观"或"身体观"，其内容包含了"气"和"（形）器"两个层面。就人身而论，既有整体上"生长壮老已"的变化，也有内部"生长化收藏"的气化机制，两者同时进行，规律一致。

《内经》所记载的中医理论已经十分完善，在"形"和"气"两个层面都有全面的认识。尽管后世医家在对"形体"的认识方面有很多不足，但其学术思想多是在《内经》的基础上、从不同的角度对气化理论进行了发挥。

4.2.3　历代医家对"气化理论"的发挥

说到对中医"气化理论"的发挥，成就最大、影响最为深远的莫过于张仲景的"三阴三阳"理论。后汉张仲景《伤寒杂病论》的问世，在中医学术史上具有划时代意义。但对三阴三阳的解读，也是历代医家争论最多、困惑最大的问题；或言其为经络，或言其为六气，或言其为思维方法等，可谓众说纷纭，莫衷一是。究其原因，则如唐容川所说的"唐宋后无人亲见脏腑""离形论气，决非确解"，不无道理。

运气学说被认为最晚起于先秦，完善于后汉，唐代王冰有所发挥，提出的五脏本气学说与之结合，成为中医气化理论的一部分，对后世有所影响。直到宋代，在政府的影响下运气学说才大行于世，刘温舒的《素问入式运气论奥》最具代表性；金元医家多受宋代运气之风的影响而有所论述，其中刘完素尤甚。

晋唐时期，养生修炼之术盛行，对医界有所影响，如魏丹阳在《周易参同契》中对铅、汞的论述，影响了中医心肾相交、水火既济等理论的形成，结合王冰所提的"益火之源以消阴翳，壮水之主以制阳光"，为后世命门学说的产生埋下了伏笔。此外，王冰对中医的阴阳互根和升降出入理论也有较为精辟的论述。

金元时期，医学门户大开，出现的新理论主要有："寒凉派"刘完素提出"玄府气液宣通说"；"补土派"李东垣著《脾胃论》，在元气论和升降观两个方面对脾胃之功用进行了详细的阐述；"滋阴派"朱震亨创立"阳有余阴不足论"和"脏腑阴阳升降学说"，并首立"肝司疏泄"理论；这三位医家还分别提出"阳火论""阴火论"和"相火论"，丰富了对火的认识。

明代医家在道家和理学的影响下，对命门学说进行了深入的探讨，分别在命门属性、形态部位及其在脏腑中的地位（先天之本、生命之原、真君真主）等多个角度进行论述，试图把命门的研究与人体生命现象的本质结合起来，对医学界产生了较大的影响。此外，李中梓有鉴于自宋代以来对脾肾关系的争论，总结出"脾肾先后天根本论"，汪琦石在这一基础上作了发挥，提出"脾为百骸之母""肾为性命之根"的说法。

明清时期，瘟疫频发，医界发展出"温病学派"，其中叶天士的"卫气营血"辨证在病机的角度深化了营卫气血的功用；吴瑭的"三焦辨证"，则加深了对三焦的认识和理解。

除以上各种学说之外，在中医学的发展史上，或受文化的影响，或是理论的需要，出现了许多新的概念和术语，如葛洪提出的"肾阳"，与王冰提出的"心阳""肾阴"（在此之前都是以"心气""肾气""肝气"等立论），可谓开启了五脏分阴阳的先河；朱震亨则把一些理学名词如"理气""太极""先天""后天"等引用到医学中来；此外还有"真阴""真阳""真水""真火""乙癸同源""脾阴""胃阳"等概念及其相应的论述，都在一定程度上丰富了中医气化理论的内容。

根据以上所述，中医气化理论的内容不可谓不丰，但就事实而论，后世医家不过是抓住了《内经》中的某个点，并对这一点作了细化和衍变，并非在《内经》之外又有所创新，其总体水平也没有超出《内经》。不过，这也可以看作是历代医家在不能准确认识《内经》情况下的一种变通。

唐氏承认唐宋以后医家在气化理论方面的成就，但认为他们的理论缺乏实际印证，即"于理颇详"，但"多不著实"。唐氏认为人体内部的气化活动，是以实际的形体结构做基础的；如果对人体的形体结构认识不清，不仅会导致对气化规律的错误理解，同时也会影响到临床疗效，如他对脏腑功用的理解、对痢证腹痛的解说等，完全取决于唐氏对形体解剖的认识。

4.2.4　经络系统

唐氏认为经络系统尤其是中医理论的精妙所在，而为西医所不知。本课题一直在强调形体（解剖结构）在中医理论中的重要性，但无论是中医的现代临床，还是古代医家的成就，好像都与解剖形体没有太大的关系，这也是很多人认为中医不需要解剖的原因所在，但事实并非如此。上文已经说明，中医的理论是在精确的解剖结构基础上建立起来的，也就是说，古代医家之所以能够在不了解人体生理结构的情况下，仍然可以保证较高的临床疗效，是因为我们所使用的中医理论已经包含了准确的解剖内容。而这一现象的具体体现便是中医的"经络系统"，"经络系统"内连脏腑外络肢节的特性弥补了我们对形体认识的不足。

在唐容川所记载的其为陈诚治疗"肾系痛"的医案中可以看出，除了在分析病机时使用了"胁膜"和"板油连网"两个"解剖"词汇之外，唐容川对该病的认识，仍不出中医脏腑经络的气化内容，似乎与历代中医认识疾病的方式并无不同；甚至可以认为，唐氏此举就是为了突出中医气化理论的"优越性"。如果真是如此，那么唐氏所论述的"形体"问题便失去了意义；如果不是，我们又该怎么看待这一似乎矛盾的现象？问题的关键在于我们怎么理解经络，即经络是什么。

本文出于说理的方便，在介绍人体组织形态的时候使用了"生理结构""解剖结构""形体""形质"和"形迹"五个不同的概念。其中前两个属于现代解剖学的概念，意义明确，不必多说。而后三个则都在唐容川的著作中出现过，如"惟西洋医学，则止就人身形质立论""以上所论脏腑形体大略皆具""西法近出，详形迹而略气化""西人虽详于形迹而犹未及内经之精"等，尤其"形迹"一词，唐氏使用最多。可以把这三者都理解为人体的组织形态，但又略有差别。唐氏所论"形体"，有整体性的含义，即可以看作是人体组织器官的外在形态；"形质"则有"层层剖析"之意，趋向于微观化；而"形迹"似乎带有运动变化的内涵。就人身而言，人体生命活动的基础是"形体"，"形体"运动变化的机制是"气化"，而"形迹"则是"气化"在"形体"上的"形质"对应。

唐容川站在中医学的角度，认为："经脉者，脏腑气化之路径也，故既明气化，又须知经脉行止之地""指明经脉所过，亦以阐气化之迹而已矣"。对于经络实质的问题，近几十年来的研究成果所得，始终是"经络不是什么"，而对于经络的"实质"仍属于未知数，唯一可以肯定的竟然是一个令人啼笑皆非的结论："已经被使用了两千多年的经络系统是存在的。"如果按照唐容川的理解，经脉首先是脏腑气化的路径，"经脉所过"，即经脉循行的部位，就是气化在形体上的形迹对应。换句话说，"形体"决定了"气化"活动具有一定的规律性，气化活动的规律性，在人体上表现出来就是"经络系统"。

严格地说，经络并不存在"实质"的问题，它只是一种规律。经络循行部位的组织结构是气血运行的形态基础，气血的运动变化是经络的物质基础，而气血运行的规律才是经络的"实质"。按照前文对气的属性的论述，经络循行的部位反映的是其相应脏腑气血的活动规律，而经络的时间属性则是气血在其对应时间（十二个时辰、十二个月等）内所表现的一种相应状态。通过经络可以了解"局部"与"整体"的关系，但对"局部"的形体结构却不能有清楚的认识，所以，经络系统无法取代解剖形体，毕竟脱离了形体的气化学说，难免要陷入空谈与经验的窠臼，即"离形言气，决非确解"。

新中国成立以来，国家投入了大量的人力物力进行中医药的研究工作，从局部看取得了一定成绩，但在总体上却没有突破性进展。为求中医学的发展，使用现代科技来研究中医理论的做法并没有错，但按照西医学的思维方式来"验证"中医理论的思路显然是行不通的。追问近几十年来，有关中医藏象学说的解剖学实质及其规范化的各类研究未能取得任何实质进展的真正原因，无非是忽略了中医理论自身的"身体观"或是"生命观"。历代医家虽然在不同的角度，丰富了中医学的气化内容，并且借助经络系统与形体相联系的特点，弥补了对形体认识的不足，临床诊疗看似影响不大，但脱离了形体，难免会陷入"玄学"的泥潭，阻碍中医学，尤其是中医外科学的发展。

4.3 中医外科的没落

唐容川在《医经精义·七方十剂》中说："近出西医，乃谓中国但能用药，不知剖割去病。抑知《灵》《素》针灸，无剜肠剔骨之险，有起死回生之妙，尤恐术有未精，不肯多用，且华元化亦有剖割之法。据元化所传《中藏经》，岂能高出《内经》之上。后世不从元化之术，固畏其难，亦避其险也。可知剖割粗工，不及针刺之妙，而针法微渺不如方药之详，仲景独以方药治病，为至当也。"唐氏此论，说明他对外科疾病并不赞成手术疗法。但是，中医外科的没落与历代医家对形体的认识程度有很大关联，并非如唐氏所说是出于"安全性"的考虑。

如果按照医学史的研究思路，医学起源于外科的可能性更大一些，毕竟在远古时期，流血事件要比内伤杂病更为直接和常见。如果就外科的治疗手段而论，那么早在三五千年前，古人就已经进行过像颅骨手术这样高端的医疗活动了。我们无法得知，在气化理论远还没有形成的巫医时代，古人究竟是如何做出这一在今天看来都非常高端的外科手术的，也难以了解当时古人对待形体的态度。就本课题而言，像此类史实，只能算是医学史上的骄傲，对于我们目前理解形体在中医理论中的意义尚无多大帮助。因此，只好把这一问题暂且束之高阁，留待来者了。

与西医学的外科学意义不同，古代中医外科主要指如痈疽疔疖、痰核流注、瘿瘤瘰疬及皮肤病等生于体表、有局部症状可凭，能用肉眼直接诊查到的"疡疮类"疾病，唐代以前也把战伤称为金创折疡，因此，中医外科在早期一直被称作疡科。直到宋代陈自明《外科精要》的出现，才明确了战伤为外科、伤科的名称，而疡科另有专门设置。

《周礼·天官冢宰》中有关疡医的记载，被看作是中医外科的最早文献记载。疡医在治疗疡疾的时候，采用"劀和杀"的方式来处理病变局部的病理产物和不可逆转的坏死组织，再结合药物针对全身气血的整体状况进行根本性的治疗，文中对"五毒""五气""五药"以及"五味"的论述，更说明了古人在外科疾病的治疗方面，采取了局部与整体、形体与气化相结合的治疗思路。这一点可以看作是不同历史时期外科医生治疗外科疾病的共同思路。

通过对中国医学史的了解，可以看出，以手术疗法作为外科疾病主要治疗手段的医家，大多集中在汉代以前。有人把秦汉之前擅长手术疗法的医家称为"扁鹊学派"，其中包括俞跗、淳于意及其弟子、涪翁、程高、郭玉、华佗及其弟子等。除华佗之外，其他医家的外科事迹并不多见，但从仅有的文献资料中可以看出，这些医家对解剖形体的认识非常熟悉，这正是进行外科手术的首要条件和重要保证。所以关于扁鹊、淳于意等医家精于外科的说法及其神妙的外科事迹，绝不是空穴来风。

从为数不多的关于"扁鹊学派"的文献资料中，可以看出他们在外科疾病诊疗方面"形气并重"的特点，即不仅注重病变局部的手术处理，同时也要配合内在气血的整体调养。如《史记》中有关俞跗的记载，有"炼精易形"一句，显然属于"气化理论"范畴，与前文的"割皮解肌……湔浣肠胃，漱涤五脏"等"手术操作"不相类。但俞跗的事迹仅仅是中庶子的口述，语出玄妙，难免有夸张不实之处，大可不必在意。但作为非业医人士的中庶子都能够把手术操作的步骤介绍得如此详细，至少在一定程度上反映了该时期形体知识的普遍性。后世对待扁鹊与淳于意的态度，多认为二人皆精通内外杂病，外科诊疗手段也十分精妙。按照《史记·扁鹊仓公列传》的记载，只能看出二人在内科疾病的诊疗方面都对形体与气脉的掌握非常熟悉，并且对形与气的态度并不偏重一方。而在其他文献中有关他们的外科事迹，太过神幻，故此不论。在"扁鹊学派"的医家中，华佗最具传奇色彩和代表性。《后汉书》中记载了华佗的外科学思想，即对于内在的疾病，当针灸和药物都无法治疗的时候，再行手术治疗，这与其他医家治疗外科疾病的思路并无不同。而华佗的外科成就，更显示出他对形体掌握的熟练程度。此外，《备急千金要方》中记载了华佗关于伤寒传变诊治的纲领："夫伤寒始得，一日在皮，二日在肤，三日在肌，四日在胸，五日在腹，六日入胃。"这与扁鹊对蔡桓公望诊的理论描述，有类似之处，体现了二人把形体内容引入内科诊疗的特点。华佗对伤寒的论述方式虽与张仲景有所差异，但其在治法上仍然使用的是汗、吐、下三法；因此，只能说华佗对形体及中医理论的认识自有其独到之处，同时在伤寒病的诊疗方面也更加体现了他注重"形气结合"的特点，而并非于阴阳之外另有创见。况且《内经》中也有类似的论述，如《素问·阴阳应象大论》："善治者治皮毛，其次治肌肤，其次治筋脉，其次治六府，其次治五脏。"华佗之后，中国医学史上类似于"开胸破腹"的手术不再常见。

中医外科最迟发展到南齐，才算是完成了中医外科从理论到临床的学科构建。《刘涓子鬼遗方》被认为是现存最早的外科专书，针对"痈疽类"外科疾病，不仅提出了止血、止痛、收敛、解毒等针对病变局部的治法，同时也讲求辨证论治，为后世外科"消、托、补"三法的确立奠定了基础。唐代蔺道人在《理伤续断方》中对骨折损伤提出了动静结合、内外同治的治疗原则，并反复强调要内服药物以达到"生气血，以接骨"的目的。宋代陈自明在其著作《外科精要》中，把内科诊疗的辨证施治原则运用在了外科临证方面。该时期对痈疽的认识，尽管在治法上仍然强调"内外兼治"，但在病机方面已经与内科差别不大，如《圣济总录》："痈疽内热，甚于焚溺之患，治之不可缓。"

明清时期中医外科（痈疽类）的发展有两大特点，第一，延续了宋元以来重视以整体观念与辨证论治作为外治法诊疗原则基础的同时，把内科治疗手段引入了外科治疗。如汪机《外科理例》："外科者，以其痈疽疮疡皆见于外，故以外科名之。然外科必本乎内，知乎内，以求乎外，其如视诸掌乎……治外遗内，所谓不揣其本，而齐其末。"清代祁坤在《外科大成》中也有此论。代表了明清时期治疗痈疽类疾病的主要思想。第二，对外科疾病是否需要采用手术治疗产生了争论。如申斗垣《外科启玄》："凡疮疡有脓之际，乃肉腐而为脓，是毒气侵蚀而溃也，若不速去之，恐毒气畜而侵蚀好肉。如肘膝枢纽关节之所，筋骨坏废成矣，有等畏针之徒多致不救。"代表了该时期多数医家的意见，即在必要的时候应该采取手术治疗。相对而言，明代陈文治则否认手术治疗，在《疡医选粹》中主张对化脓性感染已成脓者要以"药助其自溃"。清代王洪绪等医家也对外科手术发表了否定的看法。

宋元以后，有关骨伤科的论著并不多见，记载的内容除了针对骨折、筋伤等情况需要采用相应的手法和器具治疗之外，在其他诊疗方面仍是遵守内外同治、药物调养等原则，并无特别之处。《医宗金鉴》用经络理论和宣通补泻原则对推拿八法进行了规范，体现了中医整体观的理论特点。而王肯堂在《疡医证治准绳》中竟然提出骨伤科医生了解骨骼知识的重要性，这一近似笑话的说法，可算是该时期外科医家掌握解剖知识明显不足的一个佐证。

综上所述，对形体的掌握程度决定着外科学的发展水平和技术手段。在中医外科中，形体虽然自有其独立的意义，但始终无法脱离气化的主宰。形体的疾病，即使无关"脏腑"，对其所采取的主要诊疗手段，多数情况下仍需遵循中医气化主宰下的理论原则，故而中医有很多如"续筋接骨""去腐生肌""生肌长肉"等之类事关形体而实属气化的医学术语。因此，形体的意义虽然并非只为气化服务，但在中医的理论体系中，形体的兴衰，一直受气化的影响。此外，最重要的一点就是，形体是疾病发生的对象，如果内在的脏腑器官发生了形体性的病变，而医家却对形体没有足够的认识，或者说，无法像古人那样仅仅凭借望、闻、问、切四诊手段就能够对疾病的形质、部位以及严重程度做到了如指掌，则很容易造成误诊或漏诊等严重后果。

第二部分　唐容川"形–气"观的应用思路探讨

自西医传入中国之后，由于其准确的解剖学，便不断有人质疑中医的理论，甚至反对。面对这种局面，唐容川并没有针锋相对，也没有盲目的趋从，更没有不加理会，而是积极学习和探讨西医，并将其与中医理论作比较，从而认识到（唐宋以后）中西医学各自的优缺点，并且认为中医之气化与西医的形迹结合之后的理论体系，恰恰是秦汉医学的理论特点，因此提出"中西医汇通"的口号，而"形–气"观便是在这一思想基础上的归纳总结。

唐氏"形–气"观的具体运用主要体现在三个方面：第一，解说药物功效必与人身气化之形迹相结合，如人参："人身之元气由肾水之中以上达于肺，生于阴而出于阳，与人参由阴生阳同一理也。所以人参大能化气，化气而上出于口鼻即是津液，人参生津之理如此。"黄芪："人身气生于肾，由气海上循油膜（三焦）而达口鼻，与黄芪之气由松窍而上苗叶者无异，芪之松窍象人身油膜，中亦有通水之松窍，故谓黄芪为三焦油膜中药，其能拓里达表，皆取黄芪从油膜中而上行外通之义。"五味子："五味子主咳逆上气，盖气出于脐下胞室气海之中，循冲脉而上入肺，胞室乃肝所司，或肝寒则胞宫冲脉之气挟水饮而上冲于肺，以为咳喘；或肝热则胞宫冲脉之气挟本火而上冲于肺，以为咳喘。五味酸敛肝木，使木气戢而不逆上，则水火二者皆免冲上为病，是酸味入肝而得金收之性，故有是效。"等等皆如此类。第二，阐述病机，如吐血："方其未吐之先，血失其经常之道，或由背脊走入膈间，由膈溢入胃中……又或由两胁肋走油膜入小肠，重则潮鸣有声，逆入于胃，以致吐出。"发渴："水虚发渴者，以肺胃之水津不足，是以引水自救。水津虽由水谷所化，而其气实发源于肾中。肾中天癸之水，至于胞中，循气街，随呼吸而上于肺部，肺津司之，布达其气，是以水津四布，口舌胃咽，皆有津液，而不渴。"痢证腹痛："肝火从肝膜入膏油蒸发红肿，肺金不能利水，水火蕴结在油膜中，而油膜又全连肠胃，是以肠胃赤肿发痛，甚则溃烂。"唐氏论病常结合形体或气化之形迹。第三，对人体生理学的认识，这是本课题所要重点介绍的内容。

1 中医的五脏实质

唐容川时期，西医就已经对中医的脏腑产生了质疑，认为中国古人没有见过脏腑，但唐氏认为古人既然定出了五脏六腑的名目，那肯定是见过，并根据《灵枢·经水》的内容，认为古人是通过解剖来认识脏腑的。而对于五脏的实质问题，在唐容川时期并不突出，中国医界也没有强分中西门户，所以在唐容川前后的医家如朱沛文、张锡纯等都没有相关的言论；直到20世纪初，这一问题才被取消中医派人士余云岫先生提出。尽管有恽铁樵"中医的五脏是气化的五脏"作为回应，但在余先生"解剖的五脏是中医的什么"的追问下，恽氏并没有再作答复，以至于成为至今仍困扰中医界的主要问题。

根据《内经》对五脏形态结构的描述，我们无法否认五脏的实体属性；但是，面对西医生理学的"确凿"证据，我们也不敢贸然地承认这一点。好在五脏实体对中医的临床影响并"不大"，因此，有人把中医五脏实质的问题弃之如"敝履"，但这终究不是解决问题之道。也有人通过提出各种假说、利用先进的科技手段，力求"重造"中医的五脏，这显然也是无稽之谈。虽然唐氏对该问题没有明确的论述，但其"形–气"观为我们提供了思路，即怎么理解"脏"与"藏"。

1.1 "藏象学说"谈论"藏"

"藏象"二字首见于《素问·六节藏象论》；现代《中医基础理论》（五版教材）对"藏象"概念注释为："藏于体内的内脏表现于外的生理功能和病理现象。"部分医家如王洪图、孙广仁、王琦、乔明琦、任秀玲等则主要以追本溯源的方法，将"藏"与"象"分开来阐述。

显然，"藏象学说"所讲的"藏"，即"藏（cáng）"，涵盖了包括"气化的五脏"和"解剖的五脏"在内的多方面信息；但是，"藏象学说"好像或有意或无意地回避了"脏腑实质"与"气化功能"不相吻合的问题。有关藏象学说的研究，也没有对这一问题作出合理的解释，那么，我们怎么才能够做到让中医的五脏"实至名归"？

1.2 五脏与五藏

"藏象学说"对"藏象"概念的解读并没有错，中医的五脏也确确实实是解剖的五脏，关键问题是我们应该怎么理解中医的"五脏（五藏）"。

唐容川对五藏的认识，仍属于传统的观点，即人之五藏是由天地之气所生，这也代表了现阶段中医界对五脏的普遍认识，但是，什么叫"脏者藏也"？

在前文中，我们结合中国古代哲学对气的认识，已经说明了"形"与"气""器"的关系，即"气聚而成形，形成是谓器"，人体就是由"气"所汇成的"器"。按照这一思路，"五脏"实际就是由"五气"所汇聚而成的"五器"。但是这一解释好像过于简单，应该再对"五脏"形成的具体过程做一了解——"五脏"是怎么形成的？

《灵枢·经脉》："人始生，先成精，精成而脑髓生。"

对于"精"的解释，《管子·内业》："精也者，气之精也。"因此，可以简单地把"精"理解为"气"的精华部分，属于"气"与"形"之间的过渡状态。

"精"成之后，秉天地阴阳五行之气，化生五脏，即"酸生肝""苦生心""甘生脾""辛生肺""咸生肾"，如《小儿卫生总微论方·禀受论》："原夫此象者（怀孕初期），皆阳始阴任在有形之先，次由五行而后化成也，故曰：阴阳具而五行立矣。"也就是唐容川所说的人本阴阳而与天通之意。

不过，这仅仅是"五脏""器"的化生，而"五藏"尚未完备，还需要"十变五蒸"的生长过程，如《小儿药证直诀·变蒸》："小儿在母腹中，乃生骨气；五脏六腑，成而未全。自生之后，即长骨脉，五脏六腑之神智也。"这是古代儿科的普遍认识，如《小儿卫生总微论方·囟门肿陷论》："小儿初生，皆有囟门者，藏气未充，骨髓未完，滋养未备故也。"《陈氏小儿病源方论·小儿变蒸候》更直接地说出："小儿有十变五蒸者，乃生精神意智也。"对于新生小儿为什么会有"变""蒸"，古人也有论述，《陈氏小儿病源方论·变蒸期候》："所以变者，生五脏也；变而蒸者，养五腑也。"十蒸五变之后，小儿在精神、性情等方面，与之前都有所不同，至此，"儿乃成人""五藏"充备。人体经过"变蒸"之后，五藏气生成，才开始出现生、长、化、收、藏的生理机制，也就意味着"人气"的出现，并且直到三岁以后，"人气"才逐渐有所体现，《颅囟经·脉法》："凡孩子三岁以下，呼为纯阳，元气未散，若有脉候，即须于一寸取之，不得同大人分寸。"《幼科发挥·胎疾》："小儿自初生至周岁有疾者，皆为胎疾。"（"人气"一词，见于《内经》，意指人体之气与天气相感应的部分，即主时之气。）

了解中医的"五脏实质"，是为中医的气化理论找到"实体依据"，而并非追求与西医生理学相吻合的脏腑功能。所以，中医的"五脏"即是中医的"五藏（cáng）"，但是"脏"与"藏"之间，仍略有差别。如上文，"脏"即是"器"，而"五藏"者，"藏精气也"，即藏精气于"脏"中，"脏"中之精气有余，则生五体：皮、肉、筋、骨、脉。人体之精气便藏于包含"脏"和"五体"在内的整个"形体"之中，但并非在"脏"之外另有一"藏"。"藏"可以理解为一种状态，如十岁儿童与七十岁之老人，其身体的组织结构——皮、肉、筋、骨——并无太大的不同，但其"刚、柔"的状态却有千里之别，这种差别就在于中医的"藏"，这不是解剖所能得到的。

中医关注的不仅仅是解剖结构，更重要的是通过解剖来了解生命的状态，如《灵枢·本藏》中对五脏"小大高下坚脆端正偏倾"等内容的描述，说明了五脏的状态与生命的关系。因此，人的禀赋、寿命、健康状态等都可以通过观察形体而得知，也就是由"脏"而知"藏"，这些内容在《内经》中处处皆是，此不赘述。

《素问·五藏别论》："所谓五藏者，藏精气而不泻也，故满而不能实。"那么，人体所藏之精气是怎么被利用的？

2　生命之源——"命门"

西医学的目的是研究生命现象，而非生命本身；古代中医则不同，她更倾向于研究生命的整个过程，这是中西医之间另一个最大的不同。所以，生命是怎么开始的，这也是中医所关注的问题，即对"命门"的认识。

"命门"一词，首见于《内经》，但其意义或指穴位，或指眼睛，与后世所论有所不同。自《难经·第三十六难》"命门者，诸神精之所舍，原气之所系也"开始，奠定了后世讨论命门的理论基础。后世医家结合道家及儒家理学的影响，最终在明清一代形成"命门学说"，成为中医气化理论的重要组成部分；但一直以来，有关命门的位置始终没有定论。

唐容川在易理、医理和解剖三个层面论述了"命门"的位置和功用。一，"震卦一阳在下，人身阳气自下而生，故是象震。人生三焦主少阳，乃肾中之阳，发于命门。"二，"人之生死命也，命在肾，故肾系曰命门。"三，"（肾）形如豆，又似猪腰子，肾中有油膜一条，贯于脊骨，是为肾系……即命门也。""水中之阳，外通天气，为生命之根源也。"唐氏所说的"肾系"，实际是现代解剖学中包含"肾蒂"、腹主动（静）脉（被唐氏当成了气管）、腹膜等在内的组织结构。如果按照中医的气化内容来理解，肾处北方幽都纯阴之地，而肾水不冰，全因阳气温养，但此阳气并非命门所化，而是由心火下交肾水所为，其形迹正包含在唐氏所说的"肾系"之中，即从腹主动脉分出的肾动脉；这一气化活动仅仅是人身之气静极思动、阴极生阳的状态，其所发生的部位可以认为是唐氏所说的"肾系"，这一观点与《难经》中"左肾右命门"有些相似。所以，"肾系"不能等同于命门的形体实质。

上文已经讨论过，古人把人自出生之后经过十蒸五变，五藏完备之时，看作个体生命的真正开始，但是，并没有交代人的生命活动开始进行的原动力来自哪儿，或者说，在人体的整个生长变化过程中，生命的根本动力来自哪儿？人体中被封藏的精气是怎么被利用的？对于这一系列问题，在《内经》当中也没有明确的答案，但是，运动变化是事物的本质属性，生命的本质也是气的运动变化，因此，可以认为生命的原始动力在于生命自身，而并非生命之外另有主宰，这也是对古代哲学中"道"的理解。具体而言，生命的变化，实际就是人体所藏精气的消耗过程；人体所藏之精因动而生阳，再由阳化气，便转化为生命活动进行的物质基础——元气，从而不断地被消耗利用，这就是生命的本质，而精化气的那一刻，便被认为是"命门"。按照古代养生学的说法，"命门"仅仅是指生命的一种状态，在人身中实际并没有明确的形体部位。

3 元气之用——三焦

如果把"形体"中所藏的精气称为"先天之气"，该气由命门化生为"元（原）气"，那么人体生命活动的"物质基础"就是"元气"，五藏之气便是禀此而成；"元气"在心为火，在肾为水，心火下温肾水，肾水化气由三焦布散于全身，联络脏腑肢节，以为后天之用，即《难经·第六十六难》："脐下肾间动气者，人之生命也，十二经之根本也，故名曰原。三焦者，原气之别使也，主通行三气，经历于五脏六腑。"

对于三焦元气之功用，古人多无疑义，主要对其"形质"有所争论。唐代以前，主张三焦无形论者居多，唐宋以后，支持三焦有形的逐渐增加。"三焦"腑的存在性自不必论，肯定属于"有"，历代医家主要争论的是"形"的问题，究竟三焦属于何形，古人也早有定论，只是不易觉察而已。

唐容川认为："西医言心上，半有夹膜裹之，即包络之谓也。"《难经·第二十五难》："心主与三焦为表里，俱有名而无形。"心主即心包络，对于心包的"形"，向来没有争议，心包"无形"即如此，三焦"有形"亦如之。先天之体观以象，后天之用依其形。根据《难经》所论，三焦为"外腑"，三焦元气"经历于五脏六腑"，那么三焦之形就是能够联络脏腑者，因此，唐容川把三焦看作是人身之"油膜"，即三焦根于肾，发于命门。上焦从肾系上胸膈、入胸中、络心包、上肺咽，出则为上半身之胸背手的腠理；中焦从肾系连小肠外的小网膜、大网膜，出外则是腰腹的腠理；下焦从肾系出，后连大肠，前连膀胱，中为胞室，出则为臀胫少腹的腠理。有人根据现代解剖学认为，三焦当是"小网膜、大网膜和肠系膜"，此论与唐氏所讲的三焦有差异；唐氏把"周身之膜"全都归为三焦，也就是说唐氏所说的三焦，实际上是包含大网膜、小网膜、肠系膜在内的全身"筋膜"系统，而脏腑之间、脏腑与肢体之间能够相互关联的主要因素之一也是筋膜系统，同时也为人身的气化活动明确了形迹印证。

目前，中医论形体的时候，往往受西医学的影响，首先想到的就是形体的功用，这样很容易走入西医生理学的误区，从而导致中医形体与气化之间的矛盾。尽管在中医的理论中，存在类似西医"有是形便有是用（气）"的情况，但其讨论的始终是"以形为体，以气为用"，与西医有着明显区别。

4 肝之"左""右"

唐容川提出："谓肝居左者，不过应震木东方，位自当配在左。""至诊脉分部左右，亦从其气化而分，非以形而分。"唐氏此论，代表了中医界的普遍认识。但是，仍有讨论的必要。

肝体在左在右的问题起因于《素问·刺禁论》，即"藏有要害，不可不察，肝生于左，肺藏于右，心部于表，肾治于里，脾为之使，胃为之市"。从整个语句分析，很明显"肝生于左"并非指肝的解剖位置。此外，历代医家的文献资料显示，历代医家大多也都清楚肝的实际解剖位置，因此，有关肝的解剖位置问题不必再作讨论，但是古人对"左"和"右"的理解应该是需要关注的重点。

目前，对该问题的研究多集中在五行气化方面，并没有落实到人的形体上，因此，可以说是"得失参半"。本文根据唐氏"形-气"观的思路，认为《内经》所提的"左、右"包含上下、表里、左右三层含义。

上下：有人根据《素问·五运行大论》"上者右行，下者左行"一句，认为天地之气，在上者从右降于下，在下者由左升于上；即"降者谓天""升者谓地"之意；在人身之肝、肺与之相应，即在下之肝气由左升于上（阳从左），在上之肺气由右降于下（阴从右）。

表里：把左右理解为上下，是目前较为普遍的认识；仔细分析，左右还可以理解为表里之意，即阳气由左升于上、阴气由右降于下，也可以说是阳气由左出于表，阴气由右藏于里。上为阳，下为阴，表为阳，里为阴；表里上下无非是指肝之阳气出阴入阳，肺之阴气由表入里，故曰："生因春，长因夏，收因秋，藏因冬。"

左右：无论表里上下，都是在气化理论上探讨，实际而言，左右仍有其本意在。"肝生于左"，即肝气由人身之左侧出阴达表，这是在"形体"上立论，与气化之左右尚有不同，也就是说，肝气由身之左侧形体生出，但并非独行于左，而是布散于全身，所以肝气为病，两胁为之胀满，也有腹满胃胀者；同理，肺气则是由身之右侧形体藏于里。从五行气化上讲左右，是指"阴阳之道路"而言；从身体上谈左右，人身左右之形体实有不同。

《素问·阴阳应象大论》中对左耳目与右手足的描述，解释了人体左右的差别，但这一论述并不能令人信服，毕竟也有左手足强于右者。在治疗原则上，还有这样的描述，"故善用针者，从阴引阳，从阳引阴，以右治左，以左治右"。这里只能看出人身之左右有阴阳之不同，但其具体道理并不清楚。而在《灵枢·阴阳系日月》中，人身左右的气机活动与时间联系在一起，或言在左，或言在右，实际是讲形体与气化的依从关系，以人体而言，左为阴右为阳；以人体之气而言，阳气由左侧形体生出，即"形（精）化气"；阴（精）气在右侧形体敛藏，即"气生形（精）"，左升右降，阳极生阴，阴极生阳，环周不休。所以说"肝生于左"自有其"形体"的意义在。从气化和形体两个方面来理解"肝生于左，肺藏于右"，才能更全面地认识人体气机的运行规律。

利用唐容川"形-气"观来讨论中医的基本问题，需要借助西医解剖学的内容，但也仅此而已，不能受西医现代生理学的影响。即使言中西医的汇通或结合，也必须首先弄清中医生理的内容，这是前提。因此，有人认为"在中西医结合的道路上最重要而又最艰难的是两者基础理论的结合，而基础理论结合中生理学又是其核心"，但是直到目前，中医生理学的特性并没有得到应有的重视。

5　三　阴　三　阳

"三阴三阳"之名首见于《内经》，经张仲景运用于临床之后，成为两千年来临床中的第一大疑案。对于"三阴三阳"是什么的问题，历代医家各有所论，但并无定论。唐容川认为历代医家对《伤寒论》的解读，虽然在理论上讲解得非常详细，但总因不了解形迹而不能有准确的认识。唐氏借助西医学来印证三阴三阳的形迹，确有其过人之处。关于三阴三阳的标本中气等气化内容，历代医家不乏高论，本文不再添足；仅就唐氏的"形-气"观，对三阴三阳的本意及其在人体上的气化形迹作大概描述。

唐氏谈论三阴三阳，仍然以标本中气理论参合脏腑经络而立论，但总体规律不离三焦筋膜系统。人体之精由命门转化为元气，元气寄于五藏之中以为后天之用；人身禀五藏而生六气以应天之阴阳，即三阴三阳。三阴三阳在天为六气，在人身可称为六经，其形迹便是三焦筋膜系统。详六经之形迹便可知六经之气化，故仅列唐氏所论之六经形迹如下：

太阳：人体吸入之气引心火下交于肾，寄于下焦气海以熏蒸膀胱之水，水化为气，经小网膜（小肠），沿筋膜四达，走肌肉出皮毛，即是卫外之气，被称为太阳经；另有一路则由肾系上胸膈，出喉鼻，是呼出之气，喉鼻皮毛皆为肺脏所司，所以太阳之气起于膀胱，中经小肠，上合于肺，而其本则在少阴心肾。

阳明：人身之气，由肾系上至大网膜，沿筋膜出筋骨，走肌肉，是为阳明经；故阳明经内合肠胃，其本在脾，即水火相煎生湿生燥之地，仍与心肾相通。

少阳：少阳之形迹便是三焦，但少阳之气又分阴中之阳和阳中之少阳，前者为水生木，后者为木生火，是人身之本气，寄存于肝胆，所以《内经》讲"肝主筋膜"。

太阴：如果说少阳为阳之本，那么太阴则是阴之本；人身之内不外阴阳，有阳之处也有阴，"阴阳不可须臾离也"，所以太阴与少阳之形迹略同，少阳为三焦，而太阴则为三焦筋膜上所生的"膏油"，即脂肪组织，由脾所主司。因此，唐容川说："太阴内连各脏，而外连皮毛。"太阴为水与火相交所生之湿，内合于腹部筋膜（肠系膜）而本在脾。

少阴：少阴即是水火，在人身便是气血，气行脉外之三焦筋膜，血则行于脉内，其本在心肾；但少阴为一气，属于阳气初生之地，所以唐氏解释"少阴主枢"为"阴阳相生"，故少阴之气主于肾，位于下焦气海。

厥阴：厥阴本是肝木，上通心包，下联肾系，属于少阳化生之地，即唐氏所说"厥者，尽也逆也，阴尽而阳生，极而复返，故曰厥阴"之意。阳气不化，即是水火未济，厥阴之地即在心肾之间，故曰："阳回阴复，为厥热停匀而自愈。"

六经之本，本于元气；元气之用，功在水火。唐氏认为少阴一气要分水火，实际而言，六气的生成全凭水火共事，如太阳之气是"心火下交于水，乃蒸而为气"，阳明更是水火相煎，少阳水火共济以助其升发，太阴"水与火交而生湿"，厥阴水火既济以助少阳之化；以上五气虽含水火，但均是一气，而少阴之本正在水火，所以唐氏至少阴才分而言之。此外，厥阴之气也有些不同，厥阴为病水火不交，肾独寒，火独亢，阳气无以化；此处厥阴是指阴尽阳生之意，与出阴入阳的情况有所不同，所以厥阴病居六气之末，并且病情相对较重。六经是按形迹言，因此有部位之不同，若以气化而论，则各有其主时之刻，又不可拘泥于形迹部位。

此外，对于"三阴三阳"名称的来由，历代以来很少有人讲明，至于《内经》中关于三阴三阳原文的描述，更是让人如坠雾里。对此，唐容川也有专门论述："六经之名，太者阴阳之至大；少者阴阳之初生；明者阳气之盛极；厥者阴气之竭尽也。"唐氏只对三阴三阳的名称作了简要的解读，并没有说明"三"的含义，因此，仍有讨论的必要。

太阳、少阳、太阴、少阴，这是对天地分阴阳，是指天地之气的升、长、收、藏，并不难理解；唯独厥阴与阳明让人难以琢磨。如果从生命的整个过程来看，万物皆由天地之气所生，有生就有灭，有形生命的生与长即是"厥阴"（此处不是两阴交尽，而是指出阴入阳）——"阳生阴长"之意；而其成与衰便是"阳明"——"阳杀阴藏"也，如《素问·天元纪大论》："金木者，生成之终始也。"人身之气相应天地之气以生（少阳）、长（太阳）、收（太阴）、藏（少阴），但天地不生、不灭，而人身却有生（厥阴）、长（少阳）、壮（太阳）、老（阳明）、已（太阴）的变化，因此，厥阴与阳明在人的整个生命过程中，便可理解为生长的开始和衰老的缘由。此外，阳明为天之燥气，其性肃杀，应人身之肺气，肺气主时，少阳不生，肝木凋落；但肺又属太阴，功在收敛精气，因此，阳明与太阴也可以看作是生命过程中，气机每次环转运行的结束和开始。这只是对厥阴与阳明名称的解读，而三阴三阳的气化功用则另有其高深的内涵。

6　阴阳、水火、气血

　　唐容川在《血证论》一书中，开篇第一论即是"阴阳水火气血论"，并且明确说明"此论不专为失血立说"。但是，后人对《血证论》的研究，主要局限在唐氏对血证的治疗经验方面，既忽略了唐氏对"阴阳水火气血"论述的整体，也没有注意到《血证论》一书也是唐氏"中西医汇通"思想的代表作之一。本课题便是在唐容川"汇通"思想的基础上，从生理学层面，对唐氏的"阴阳水火气血论"再做探讨。

　　唐氏提出："人之一身，不外阴阳，而阴阳二字即是水火，水火二字即是气血。"显然是对《内经》"水火者，阴阳之征兆也；阴阳者，血气之男女也"及"人之所有者，血与气耳"的深刻理解。人体五脏阴阳的变化，最终都要在气血上反映出来，但是气血即为水火所化，仍为人身之元气，元气不能独见于外，所以唐氏提出："水火二脏，皆系先天，人之初胎，以先天养后天，人之既育，以后天生先天，故水火两脏，全赖于脾。"即《内经》所谓"人以胃气为本"之意。

　　人之生命以元气为基，元气由五脏主司，五脏安和则气血畅通；人于胎中随母呼吸，母亲所吸入的天气，有一部分随着血液进入胎儿的下焦气海以养胎，胎儿自出生之时，脱离母体之后，下焦气海不足，则上引天气以自救，天气"引心火下入于脐之下"，蒸水化气，出三焦达体表上合于肺，肺满则呼，人体之气虚实交替以成呼吸，故《难经》云："呼出心与肺，吸入肾与肝。""五脏六腑，息以相吹，只此一气而已。"

　　人体之气血，皆为人身之元气，因其所寄而有所不同，所以在肾为水，在心为血。虽曰"心生血"，而心之主为肾，所以唐氏认为："心是火脏而受制于肾水，是肾乃心脏生化之主""心之所以化血，亦以水交于火，即化为血……惟其以水济火，而火之功用乃成。""血液下注，内藏于肝，寄居血海，由冲、任、带三脉行达周身，以温养肢体。"如此，则人身立命之基——心肾相交、水火既济的小循环得以建立，而生命之本——气血也相随而生成。气循三焦筋膜而行于外，"为阴（血）之护卫"；而血行脉中，"总在皮膜肌肉之里，以为阳气之守"。

　　脾胃化谷以生营卫，营卫亦是气血，唐氏云："气血以体言，营卫以用言。"气血为人之元气、真气，不能独见于外，故有"胃气"，即营卫之气为之使，"营在脉中，卫在脉外，营周不休"，因此人身之变化主要体现在营卫的代谢上，根于内而现于外的大循环也得以形成，所以《内经》讲："肝生于左，肺藏于右，心部于表，肾治于里，脾为之使，胃为之市。"即肝主升，升因肾；肺主降，降由心；脾输精于四旁而为使；水谷入胃，各取所需，故胃为市。

　　纵观全文，唐容川所讲的"汇通"，或称其为"形–气"观，主要还是立足于中医理论，并且把中医理论分成形和气两部分来谈。在形的方面，唐氏重视"形迹"，即形体的运动变化机制；在气的方面，强调形体基础，即用形质来印证气化理论，从而达到中医理论所谓的"形气并重"或"形气结合"的目的。唐氏对形体的认识，完全按照《黄帝内经》的方式，以五脏为中心进行分类，即"五脏所生""五脏所属""五脏所藏""脏腑所合"等。抛开形体来看气化，唐氏对气血的认识最为突出，他把气血的化生分成先天和后天两个层面，即先天由阴阳水火化生，后天则由脾胃生成，气血即成之后，气血本身所具备的先后天属性并没有明确的区分。把形体与气化综合来看，唐氏把脏与脏之间、脏与腑之间、腑与腑之间、脏腑与肢体之间的联络以及气血运行的通道分成两个主要的方面，在形体上主要指三焦筋膜系统，在气化形迹方面则是经络系统。这样一来，气血便明确了其所具备的两种基本属性，在形体部位上具有脏腑五行归类的"空间"属性，在运行变化方面又要根据所处时间的不同、不拘泥于所在的形体部位而出现相应的阴阳属性，也即"时间"属性。

唐容川对人体生理的认识并非杂乱无章，而是对整个生命现象从脏腑到气血作了明确的论述。首先，把脏腑藏精看作生命的基础，可以通过望气色、神态等内容，了解脏腑的形体和所藏精气的状态；然后把命门看作生命的根源，命门化气，通过三焦筋膜系统布散全身以维持全身的生命活动；最后把全身形与气的状态全部集中反映在气血上，而气血的化生与运行则有明确的形体依据，即三焦筋膜与经络。因此，唐氏的"形-气"观把人体全部的生命活动规律，从源到流，从局部到整体，从形体到气化等，作了明确而详尽的论述。

摘自：牟德海. 唐容川"形-气"观及其应用思路探讨［D］. 兰州：甘肃中医药大学，2017.

周慎斋脾胃学术思想探析

马骏，段永强

周之干（约 1508～1586 年），字元干，号慎斋，明嘉靖年间著名医学家，宛陵（今安徽宣城）人。慎斋医术十分高明，重视脾胃，在医界享有盛誉，故尝有"自明以来，江南言医者，类宗周慎斋"之说，《周慎斋医学全书·吴序》更是高度评价其"独得仲景之精髓，直驾李、刘、朱、张而上，有非季俗医所能仿佛二三也"。周慎斋生前忙于诊务，无暇著书，今所存著作皆为后人整理，现存有《慎斋遗书》与《医家秘奥》两种。

周慎斋所倡脾胃思想源于《内经》《伤寒论》，又宗李东垣脾胃思想，继承薛己重视脾胃的学术观点，更有发挥，譬如周慎斋对先、后天认识独到，重视胃阳理论的阐发与应用，强调脾胃与五脏的关系，提出"诸病不愈，必寻到脾胃之中，方无一失""病证多端，颠倒难明，必从脾胃调理，乃岐黄之正法也""凡久病而不死者，肾伤未及胃也，及胃立死矣"等理论要点，对后世临床具有重要指导意义。

1　对先天和后天的认识

1.1　元阳、元阴为后天脾胃之根本

周慎斋认为："人身有先天之元阳，有后天之元阳；有先天之元阴，有后天之元阴。先天元阳，足与不足，别之于右肾右尺；先天元阴，足与不足，别之于左肾左尺。"而后天元阴、元阳，即为脾胃化生之气血，诚如周慎斋云："后天之元阳，气也……后天之元阴，血也。"脾胃为气血生化之源，"至论其气血流通，互相灌注而为生长，则先天以脾胃为归，后天以脾胃为原"，因此认为"脾胃者，又阴阳气血之归本处"。

元阴元阳与脾胃还存在某种内在的联系，如王肯山注曰："真气即是肾中元阴元阳之气""真气不损，存守于中，乾坤不息，与胃气相接，何病之有？"慎斋认为："盖肾伤则先天伤，而后天之胃无根，亦必受害。"可见肾中存在某种补养脾胃的物质，这种物质与脾胃的机能息息相关。换言之，元阳、元阴为后天脾胃之根本。

1.2　"清净之气"为先天、后天之化源

周慎斋认为先、后天失调是导致疾病的根本原因，他说："凡病不起于先天，即起于后天，是先天后天，皆为人身万化之本矣。"脾肾为人身万化之本，而脾肾所养、藏者，为"清净之气"，认为"先天之根根此，后天之奉奉此，盖总先后天统气血而为功者也"，这才是先、后天之化源，诚如周慎斋云："苍天之气清净，清净之气者，阴阳五行先天后天之化原也。"若"气不清净则病生矣"。

《慎斋遗书·阴阳藏腑》云："清净之气在人……养于脾，藏于肾，而流行于五脏六腑，四肢九窍，稍有滞隔，即生病矣。所谓一分阳气不到，即生病者此也。"认为清净之气即元阳（元气），元气滋养于脾胃，封藏于肾，为先、后天之化源。这与李东垣《脾胃论·脾胃虚则九窍不通论》中所论"真气又名元气，乃身生之精气也，非胃气不能滋之"有着相通之处。由此可见，周慎斋重视脾胃，及扶阳思想，是在继承和发展前人脾胃理论的基础上，提出自己的创见。

1.3　先天、后天相接乃人身之至宝

周慎斋对先、后天的认识，创新性地提出了自己的观点，认为先、后天相接乃人身之至宝。周慎斋非常重视脾肾之间的关系，认为脾胃化生五脏之气必到达于肾，此如《周慎斋遗书·用药权衡》云："人之生死关乎气，气纳则为贵。气纳则归肾，气不纳则不归肾，气不归肾者，谓脾胃之气不得到肾也。"周氏还认为脾肾相须相济，具体表现在"肾伤则先天伤，而后天之胃无根，亦必受害。凡久病而不死者，肾伤未及胃也，及胃立死矣"。若"二天俱伤，则不能转相滋养，五脏失其生成之职，相火不期燃而燃矣。水竭无以制之则死，其中亦有可救者，胃气不绝，用药力以养脾胃"。

周慎斋认为肾气上升与胃气相接为人身至宝，否则有气机逆乱之病发生，如"水中之火，乃先天真一之气，藏于坎中。其气自下而上，与后天胃气相接而生，乃人身之至宝"。肾气上升与胃气相接，则气血调和而无病，"盖肾为生气之原，若先天气乏，不能与后天胃气相接，而喘胀生焉"，若"胃气在中，肾气在下，二气相接，周流营运不息，何病之有？一或有伤而气虚下陷之病生矣。故肝肾之阴不能升，心肺之火不能降，则有闭结之患"。

综上所述，周慎斋并非把脾、肾分为两个部分，而是以先天、后天之关系为轴心，论述五脏病机，以脾胃之升降为轮轴，论述疾病产生的原因，着重强调了先、后天相接对机体产生的重要作用。这不仅扩展了李东垣之脾胃论述，亦明显不同于其师薛立斋之"或重脾胃""或重肾命"的观点，可谓别出心裁。后世李中梓之"先后天根本论"，叶天士"心、肝、脾、肾之脾胃虚"论，亦无非承周氏之绪余而已。

2 五脏互藏，重视脾胃

周慎斋认为"脾胃为后天五藏之成""胃中阳气贯于五藏之内"，若五脏中有一脏不能秉生成之气则病，如"心之脾胃虚""脾之脾胃虚""肾之脾胃虚""肝之脾胃虚""肺之脾胃虚"。张氏对"五脏调节模型的意义与不足"进行讨论，周慎斋的"脾胃之五脏"揭示了脾胃互藏五脏的观点，认为"五脏之脾胃虚，因其虚而调理之，即治病必先脾胃之说也"，脾胃为后天之本，每一脏都有类似脾胃的功能，因此脾胃在五脏中具有突出的地位。

2.1 胃与脾的关系

周慎斋认为胃与脾的关系主要体现在胃降脾升，并且在脉象上的表现也不同。如"脾胃者，又阴阳气血之归本处，胃为气之原，脾为血之原，统属右关一部，故右关之脉，联乎尺寸，而为先后天之至要脉也。夫脾不运，则胃不升，脾胃之气，不升不运，则阴不生而阳不舒，血不长而气不旺"，认为脾胃位居中央，为气机升降之枢纽，若脾失健运，就会导致升降不利，气血不能化生。周慎斋还认为阳气就是胃脘之阳，脾主肌肉柔软赖以胃阳的温煦，胃阳虚则肌肉强硬，此如周慎斋云："人身体属阴，其所以和柔者阳气也，阳虚则浑身强硬矣""盖脾者为胃行其津液者也，脾不运则胃阳不行于肌肉，肉内无阳，所以强耳！醒其脾则胃阳通而身和矣"。

2.2 胃与肾的关系

胃与肾的关系，主要表现在生理与病理两个方面。在生理上，周慎斋认为胃与肾如同灶与火的关系，胃中水谷精微必赖于在下之肾火充足方能腐熟。若肾水不足相火离位，则化为邪火，不能腐熟水谷，诚如慎斋云："此火非水可灭，但伏于肾中，则为釜底之火，而能腐熟水谷，若一离肾位，则为邪火，如冷灶无烟""惟此真火在下，方能使胃气蒸腾，消磨五谷，润泽肌肤也"。在病理上，周慎斋认为脾胃健运则脾肾相互资助而无病，若脾胃之气不能纳肾，肾气缺乏资助，而不能成生生之气，此如慎斋强调："脾有累，则后天气伤，后天伤，则先天不能成其生生之气""总之，百病皆由胃气不到而不能纳肾，以致先后天生成之气，不能相和所致。医者知纳气，思过半矣"。

2.3　胃与心的关系

肾属水，心属火，肾水能克心火，脾胃居中央以制水，则肾水不能上凌于心，若脾胃虚弱则心被水克而发生奔豚。周慎斋云："心火居上，肾水居下，水能克火。以脾土居中，制住肾水，故不得凌上耳。若土虚不能制水，水无所畏，自小腹撑起，上冲于心，来克心火，如豚之走奔而不可遏，故名曰奔豚，久则痛甚，水火不得下降，脾土无养，日就尪羸而不可救药。"另外，周慎斋还提出血是胃（脾）与心相互作用产生的，他认为心生血，脾统血，血为阴，血的生成必赖以胃阳之温煦，故"心、脾二经皆生血之原也。血者，阴也，阴生于阳，胃阳既病而无生发之气，则阴血所生之原病矣，焉能不及于心脾哉？"

2.4　胃与肝的关系

胃与肝之间主要表现为木克土的关系，慎斋根据不同的情况进行治理。如用药方面，"病在肝，用白术则引肝邪入脾。病在脾，用当归则引脾邪入肝。盖白术走脾，当归走肝故也。脾虚亦忌当归、白术，用之反致胀满"。在治未病方面，慎斋注重以五行生克学说为基础，"见肝之病，知肝传脾，当先实脾"，在预防肝病传脾的同时，考虑到脾虚使肺、肾两脏的功能减弱，此如"怒气挟食伤肝，皆损中气，虽兼内外劳伤，头痛发热，务以调理脾胃为先""肝亢则害脾，脾害则不能生金而防水，故木亢则金水亦俱伤"。

2.5　胃与肺的关系

胃与肺的关系主要表现为气血的生成方面，中气上升至心至肺而为气，从肺回下则为血，因此周氏提出："夫脾气由心而至肺，肺得气而行下降之令，入心为血，入肝入脾亦为血，入肾为精，自入为液。"脾气通过肺的下行作用进入五脏，并产生各脏所需的物质。胃以通降为顺，气血的化生必须经由胃气的清肃通降作用来实现，而胃气的清肃通降下行作用同样赖以肺的肃降之性来完成。因此认为，肺脾同为气血精液生化之源。

3　重视阳气，扶助胃阳

周慎斋认为阳气就是胃脘之阳，他认为："凡人生病处，皆为阴为火，总因阳气不到，阳气所到之处，断无生病之理也。"又曰："所谓一分阳气不到，即生病者此也。"因此在《周慎斋遗书·望色切脉》中强调："总之，治病以回阳为本，乃要法也……回阳者，回胃阳也。

何脏无胃阳则治何脏。"修成奎等指出，慎斋"人身以阳气为主，用药以扶阳为先"的理论中，非常重视扶阳（胃阳）。闫玉冰指出，周慎斋基于东垣补中益气汤升清阳散阴火的组方特点，更强调了补中益气汤升清阳以胃阳为主导的特点。

周慎斋重视脾胃的同时，尤重"胃阳"，此如"胃阳者，五谷之气，所以培养乎先天之真阳，而为一身四大五脏之生意者也。要乎哉！胃阳之关乎人命也"，又如"凡病日久，阳虚无疑，盖因脾阳失生发之气""脾胃之气，不升不运，则阴不生而阳不舒"，再如"凡阴之病，皆阳动失其和而致之也。故扶阳为治病要诀，然知扶阳而不知顾阴，天生而地不成，亦非治病之全法也"，因此认为"脾胃不足，当责其无阳"，可见，周慎斋在治疗疾病时十分重视胃阳，并处处注重扶胃阳。

4　脾胃相应，亦重脾阴

《周慎斋遗书》中关于脾阴的内容达 21 条之多，主要论述了"胃阳全赖脾阴之合""单补脾阴以养胃气""白术水煮烂成饼晒干，能补脾阴之不足""用四君子汤加山药，引入脾经，单补脾阴"等与脾阴相关的理法方药，颇有创见。在脾阴虚临床症状描述方面，如对尿血病的描述："一人尿血，此脾阴不足也。"又如对消渴证的论述："盖多食不饱，饮多不止渴者，脾阴不足也。"尤其具有特色的是明确指出脾阴虚脉象，诚如"肝脉弦长，脾脉短，是为脾阴不足"，同时提到脉者血之府，脾统血，血枯则脾阴虚，脉象则易多变，言"脉或大、或小、或浮、或数、或弦、或湿，变易不常，知其脾阴虚而脉失信也"。因此认为，周慎斋对脾阴之脉的深入观察体会，补脾阴虚临证诊断之空白，为后人准确诊断脾阴虚证提供了依据。

5　小　　结

脾胃学术思想贯穿于周慎斋的著作之中。周慎斋阐发脾胃理论，树立自己的理念，因而形成了自己的脾胃思想。周慎斋的脾胃学术思想理、法、方、药兼备，在继承前人脾胃思想的基础上有所发挥。其对脾胃的认识独到，重视胃阳，在临床各科之中广泛地运用，实为一代脾胃大家。

摘自：马骏，段永强，等. 周慎斋脾胃学术思想探析［J］. 中国中医基础医学杂志，2020，26（9）：1242-1244.

附　　录

德艺双馨 大家风范①

高新军　郑访江

在甘肃 20 多所高校广泛推荐、评审委员会严格评审的基础上，甘肃省教育厅对省内 7 所高校的 10 位教学名师授予第二届"甘肃省高等学校教学名师奖"并颁发了奖金。甘肃中医学院教授王道坤名列其中。

王道坤教授系甘肃中医学院硕士研究生导师，农工民主党甘肃省委常委、农工民主党甘肃中医学院支部主任，第三批全国老中医药专家学术经验继承工作指导老师，甘肃省人民政府参事，享受国务院政府特殊津贴。他创立了"学习中医法"和"风火痰瘀"辨证诊治疑难病症方法；出版《决生死秘要》《医宗真髓》《现代中医内科学》等论著 8 部；发表论文数十篇。他主持完成的科研课题"中国医学史博物馆（在甘肃中医学院）"（1984～1990 年）和参与完成的"敦煌医学研究"（1984～1989 年）分别获得国家优秀教学成果二等奖和国家科技进步奖三等奖。1994 年，他被评为"全国治疗慢性萎缩性胃炎疑难病有专长的专家"；2000 年荣获全国"1999/2000 世纪名医"称号；2004 年被甘肃省人民政府授予"甘肃省名中医"荣誉称号。2005 年，他用自己的积蓄 10 万元设立"王道坤英才奖学金"，把一片真情送给了甘肃中医学院的莘莘学子。2006 年，他又被国家中医药管理局授予"首届中医药传承特别贡献奖"。

在多年的临床和教育教学工作中，王道坤教授总结了一套自己独特的教学方法，并身体力行地运用到教学实践的全过程。

为人师表，以身作则

王道坤教授认为，教师作为人类灵魂的工程师，不仅要教好书，还要育好人，各方面都要为人师表。教师是学生增长知识和思想进步的导师，一定要在思想政治上、道德品质上、学识学风上，全面以身作则，自觉率先垂范。教师自己做人的层次要较高，要做有德之人、有为之人。

王道坤教授在教学中深刻体会到，要做好教师工作，就必须热爱教育事业，就得有高度的责任感。新形势和新任务对教师的思想政治素质和职业道德水平提出了新的要求，要想成为新世纪的优秀教师，除了学识渊博、教学得法之外，还应有更高的追求——以育人为理想，以塑造人的美好心灵为己任。

师爱育人，精心教育

王道坤教授热爱学生，尊重、理解学生，关心爱护学生，做到以学生为本。他认为，这是教师正确处理与自己的培养对象——学生之间关系的准则。疼爱自己的孩子是本能，而关爱别人的孩子是神圣！这种爱是教师教育学生的感情基础，学生体会到这种感情，就会"亲其师"，从而"信其道"。王道坤教授还指出：师爱育人，作为一种出自崇高目的、充满科学精神、普遍、持久而又深厚的爱，

---

① 记甘肃省高校教学名师奖获得者王道坤教授

其内涵极为丰富，既包括要求教师精心爱护学生，又包括要求教师精心教育学生。在这些教学经验的积淀下，不断孕育一个个德才兼备的弟子。

严谨负责，开拓创新

在教育教学过程中，王道坤教授要求自己的学生以孙思邈为榜样，以"大医精诚"为标准，对患者要认真负责，一视同仁。临证时一定要做到"三个一样"："官民一个样，先后一个样；男女老幼美丑一个样，都要做到一丝不苟。"他还认为，中医学是一门艺术、一门科学，是生命的重托，要求学生在工作中要积极追求精益求精、开拓创新，力求攻克医学生命禁区，为人民健康服务。

近年来，王道坤教授作为第三批全国老中医药专家学术经验继承工作指导老师，承担了对青年教师的培养任务。一是根据国家中医药专家师带徒的要求，通过让学生钻研中医理论，直接参与中医临床实践过程，并针对每个人特点制定详细的青年教师培养计划，而且严格要求他们认真撰写读书笔记，总结临床实践经验和心得。二是根据学院、系部、教研室"导师制"工作安排，指导段永强老师参与教学、科研工作，通过让他主持某一子专题的研究，在科研实践中得到锻炼与提高；同时要求他必须进教室听课，认真做好课堂笔记，并要求他通过批改学生的作业，及时发现并随时反馈教学过程中存在的问题，很快培养了他独立承担教学工作的能力。

甘肃中医学院党委书记叶小平评价说，在长期的工作实践中，王道坤教授不但著述颇丰，医术高超，声名远播，而且爱院如家，无私提携晚辈后生，桃李满天下。"王道坤英才奖学金"的设立，是他作为中医药学界大家和长者风范的又一次体现，是对广大学生的关爱和鼓励，对全院教职工的鞭策和示范，更是对中医药事业发展的关心和支持。

王道坤教授在多年临床和教学实践的基础上，总结和积淀了自己的医理"三字经"："医之道，任非小，关性命，诚是宝。医之理，很深奥，花气力，抓主要。背经典，记方药，多实践，熟生巧，边学习，边创造。通今古，名医昭。"

选自《中国中医药报》2007 年 3 月第 4 版

奉献·治学·育人

王富海

2005 年 6 月 28 日，甘肃中医学院发生了一件备受公众关注的新闻：中医系主任、硕士生导师王道坤教授以个人名义设立了"王道坤英才奖"。

说起"英才奖"，王道坤教授欣慰中不无忧虑："我在教学的过程中，相当一部分同学对我的提问答不上来，令人失望。"面对目前教育中存在的有些问题，如何鼓励在校大学生珍惜时间，好好学习，社会有责任，学校有责任，家长也有责任。

"大学是培养人才的地方，不是扫盲的地方。"所以，王道坤教授把他的"英才"奖就定位在本科三年级以上的学生，中医各门功课平均分数在 85 分以上，这时候鼓励他们，就像给一位负重的爬山者加油一样，一定能攀登到胜利的顶峰。

"王道坤英才奖"奖励基金 15 万元，王道坤教授个人出 10 万元，中医学院配套 5 万元。

奖金设 200 元、300 元、500 元 3 个等级。

一位老师，何以有如此之举？

探寻王道坤教授的人生轨迹，他的硕士研究生陈云逸深有感慨："导师是老老实实做人，认认真真做事，勤勤恳恳做学问。"王道坤教授 1983 年从酒泉地区医院调到甘肃中医学院，一直从事中国医学史的启蒙教育工作。

他深知医生的良知责任，于是总结出教学育人法：医之道，任非小，关性命，诚是宝。医之理，很深奥，花气力，抓主要。背经典，记方药，多实践，熟生巧，边学习，边创造。通今古，名医昭。从古代的中医理论到各个流派的思想观点，从中医的望、闻、问、切到辨证施治，以及中医所蕴涵的阴阳、五行等哲学思想，他讲授的知识使学生终生受益。他培养的学生有很多成为用人单位的骨干：得意门生郭义，是天津中医学院的硕士研究生，又是天津市十大杰出青年；李玉英，是第三军医大学博士，留校从事人类基因学研究。

1983 年，作为专家的王道坤教授，在筹办甘肃中医学院医史馆之机，潜心于藏医学、敦煌医学等专题研究，并派人到北京将敦煌经卷中有关医学的经卷复印下来，由此研制成萎胃灵系列药。近几年，为两万多名患者解除了痛苦，有效率达 98% 以上。

1995 年，在全国疑难病学科大会上，王道坤教授被评为"治疗萎缩性胃炎有专长的专家"。同年，被国家八部委邀请到北京，在天安门广场为来自全国各地的患者进行义诊。

作为医生的王道坤教授，1968 年从北京中医药大学毕业后，响应国家号召，支援大西北，只身奔赴金塔县大庄子乡卫生院，为农民看病 10 余年，抢救了很多病危患者。

去年，王道坤教授和省政府参事室其他参事在河西调研时，抽出时间专程去了大庄子乡卫生院看望老同事，曾被他救过命的乡亲们一个个来看他，乡亲们送一袋面粉、一箱粉皮……使他热泪盈眶，激动不已。

面对每一位患者，他自始至终坚持"三个一样"：官民一个样，先后一个样，男女老幼美丑一个样。

作为农工民主党甘肃省委常委的王道坤教授，放下教科书，离开门诊，便是他参政议政、建言献策的时候。

2003 年，王道坤教授被聘为省政府参事，来自社会的活动更多了。

每一次调查，他望着窗外的沃野、村庄，他是在休息，也在工作，或者说，他从大学的教科书本上跳进了无字大书。他深入田间地头，看农民的气色，看农民的衣着，听农民的呼声，他思考着农村新型合作医疗制度改革中出现的一些问题。

王道坤教授建议，农村新型合作医疗制度，不能搞成乡干部、村干部的医疗，而是广大农民的医疗，所以要在坚持改革医疗制度的同时，一定要完善医疗制度，让更多的人受益。农村的缺医少药，应引起足够的重视。

作为丈夫的王道坤教授，他不管走到哪里，最让他惦记的是家中的爱妻。他的爱人尹婉如，也是一位有名的儿科大夫，但不幸的是得了脑萎缩，一直瘫痪在床。为了更好地照顾妻子，王道坤教授高薪聘请保姆，让久病在床的妻子尽量少受病痛的折磨，从而尽好丈夫的义务。王道坤教授说："我快退休了，这样我就有更多的时间陪伴在妻子的身旁。"对家庭，他无怨无悔。

选自《甘肃日报》2005 年 12 月第 3 版

情牵杏林学子①

郑访江

"说实话，我和尹婉如（王道坤教授的夫人）倡议在本科学生中设立'英才奖学金'是我多年来的心愿。为什么要在本科学生中设立英才奖学金呢？一个目的：就是为了进一步提高本科学生学习的主动性，让他们更加努力为祖国中医事业打好基础，练好内功。"甘肃省名中医、甘肃中医学院硕士研究生导师王道坤教授在日前举行的"王道坤英才奖学金"设立仪式上说。

王道坤教授系农工民主党省委常委，农工民主党甘肃中医学院支部主任，享受国务院政府特殊津贴。自 1982 年起在甘肃中医学院从事临床、教学和科研工作。他创立了"学习中医法"和"风火痰瘀"辨证诊治疑难病症方法，发表论文多篇，公开出版论著 8 部，其中《新脾胃论》获中央统战部华夏英才基金资助，主持完成的科研课题"中国医学史博物馆"获国家优秀教学成果二等奖。

甘肃省委统战部赵国强同志在仪式上指出："振兴中医药、发展中医药是中医药事业的发展方向。王道坤教授的言行代表了老一代中医人的期望。"他希望甘肃中医学院的同学们刻苦钻研，报答师恩，回报社会。

农工民主党甘肃省委主委、甘肃省药监局副局长栗震亚教授说："王道坤教授是农工民主党甘肃省委常委，是一名德高望重的老农工党员，作为一名长期在教育战线工作的老教授、离退休专家，他从自己的积蓄中拿出 10 万元设立'王道坤英才奖学金'，奉献爱心，充分说明他心系我国中医药事业的发展，为振兴祖国中医药事业贡献自己的毕生精力。我们为王道坤教授能为社会、为学院、为学子做出如此义举而感到骄傲和自豪。"

甘肃中医学院党委书记叶小平研究员代表甘肃中医学院高度评价了王道坤教授，他说："在长期的工作实践中，王道坤教授不但著述颇丰，医术高超，声名远播，而且爱院如家，无私提携晚辈后生，桃李满天下。今天，他又把一片真情送给学院的莘莘学子，'王道坤英才奖学金'的设立是王道坤教授作为中医药学界大家和长者风范的又一次集中体现，是对广大学生的关爱和鼓励，对全院教职工的鞭策和示范，更是对学院发展的关心和支持。"为了表示对王道坤教授义举的肯定和支持，学院决定为"王道坤英才奖学金"配套资金 5 万元。

叶小平研究员还说，"王道坤英才奖学金"的设立，不仅仅是为同学们多提供了一份奖学金，更重要的意义在于对同学们进行了一次生动的社会主义、集体主义和爱国主义教育，为同学们健康成长、顺利成才树立了一个楷模，王道坤教授爱岗敬业、无私奉献的精神必将对同学们的人生之路留

---

① 记甘肃中医学院王道坤教授捐款 10 万元设立"王道坤英才奖学金"

下深刻而长远的影响，给所有热爱和关心中医药教育事业的人们留下深刻而长远的影响。

在仪式上，甘肃中医学院中西医临床医学专业 03 级的冷文婷同学则表示，奖学金带给我们的不仅仅是物质上的奖励，而更应该是一种鼓励，一种荣誉。我们一定会在今后的学习中踏实刻苦，勤练内功，不断提高自己的素质。我们将在未来的日子里，沿着甘肃中医学院老前辈们开创的路，把博大的中医药文化与中医药事业发扬光大！

据甘肃中医学院李金田副院长介绍，王道坤英才奖学金总金额为 15 万元一年的存款利息，设一等奖 1 名，二等奖 2 名，三等奖 6 名。奖学金将发放给符合《甘肃中医学院"王道坤英才奖学金"评定办法》的各专业 3 年级本科学生。

选自《中国中医药报》2005 年 7 月第 6 版

名师与名医

刘宝琴，李淑琴

王道坤教授是一位大家非常熟悉的人物，他气质儒雅，待人谦逊，和蔼可亲，是一位理论造诣深厚、经验丰富的学者，更是一位"大医精诚，医精德馨"的名医。他 1996 年获国务院政府特殊津贴，2004 年荣获甘肃省人民政府授予的首届"甘肃省名中医"称号，2005 年获得甘肃省教育厅"教学名师"奖，2006 年获"甘肃省教育厅高等学校教学名师奖"、三部委师带徒指导老师"特别贡献奖"。

名　师
——随风潜入夜，润物细无声

从 1970 年在县开办"西中班"培养学生开始，王教授从事教书育人工作已有 30 多年，他一直无私奉献在教学第一线，每节课都是认真备课，认真讲授。他讲授过的中医课程很多：中医诊断学、中医内科学、中医学、方剂学、伤寒论、医学史和中医各家学说，其中以讲授医学史和中医各家学说时间最长（1984 年至今共 24 年）。并开设了硕士生课程"医药理论与临床应用研究"。由于他对中医学理论较为熟悉，又做过很多深入的研究，因而在教学中可以抓住精华，传授于人。他认为中医学的学习应当做到深入浅出，重点突出；理论紧密联系实际，少而精。提倡用激励法引导学生自主学习。并强调经典著作的学习：倡言"五部三百方，名医天下扬"。

王教授在教学中提出了"学习中医法"："医之道，任非小，关性命，诚是宝。医之理，很深奥，花气力，抓主要。背经典，记方药，多实践，熟生巧，边学习，边创造。通今古，名医昭"。

在教学上他首重育人，常常以一首成才曲教导学生："诚信又勤奋，成才是真经。不能成大器，贪懒是祸根。目标要选定，方法很要紧"。他说，不论身处何时何地都要老老实实做人，认认真真做事，刻刻苦苦做学问，这样才能在人生道路上实现自我价值。

从教30余年，王教授可谓是桃李满天下，培养了不少优秀学生。如今，这些学生活跃在国内外医学舞台上，不论是在北京、广州、上海、天津这样的发达城市，还是在甘肃省各个基层乡镇，他们都在自己的岗位上取得了显著的业绩。如今有的已经成就突出：天津的郭义、张军平，广州的郭凤林，重庆的李玉英，上海的何建成、刘辉等。现定居美国的朱玉、谢光、陈烈、张纯，定居英国的贾亦真……在世界医学舞台上都已是小有名声。为祖国医学，为母校争了光，添了彩。

每当看到、听到学生们的成就，王教授都感到十分自豪和满足，30余年的辛劳工作和无私奉献，虽然燃烧了自己，却照亮了学生的未来。他对待教育的一片赤诚和无私，让我们想到了陶行知先生的一句话："人为一大事来，做一大事去；捧着一颗心来，不带半根草去。"

为了鼓励更多的学生，学习好中医，为国争光，为民服务。王教授和老伴尹婉如老师商量，把多年的积蓄拿出来，设立了"王道坤英才奖学金"，在学校领导的支持下，已经取得了很显著的社会效益。目前已有30多名同学通过努力拿到了奖学金。2006级学生韩洁很兴奋地说："拿到王道坤英才奖学金是我人生中的一大幸事，对我来说这不仅仅是一份物质奖励，它坚定了我们学习中医的信心和决心，激励我在今后奋发图强，刻苦学习。"她的话道出了很多学生的心声。

名　医
——仁心仁术千乡敬，妙手回春暖人心

王教授于1967年毕业于北京中医学院，服从分配到甘肃省金塔县大庄子卫生院工作，勤恳工作十余年，在此期间，坚持24小时门诊，治疗了大量常见病多发病的同时，还抢救了不少生命垂危的患者，如宫外孕、肠梗阻、胃穿孔、中毒性痢疾、流脑、麻疹合并肺炎心衰等，获得全区"先进卫生院"称号。他用传统中医技艺使"盲人喜见红太阳"；截瘫患者重新站了起来；哑巴喊出了"毛主席万岁，中国共产党万岁"。

40余年的临床工作里，他致力于消化道疾病的治疗，重点研究慢性萎缩性胃炎、消化性溃疡、消化道中晚期癌症，取得了巨大的成就。

他常对学生强调，对待患者要做到三个一样："官民一个样，先后一个样，男女老幼美丑一个样。"正是这种淳朴的思想，认真负责的工作态度为他赢得了很好的口碑，常有患者称他是"医德高尚，医术精湛"的大医。省人大原副主任姚文仓题诗称道："五行遵天道，四季平安堂。一针定乾坤，三指别阴阳。寒热解表里，君臣诉衷肠。金石补时弊，扁鹊惧膏肓。"

目前，王教授已出版著作9部，新作《新脾胃论》收入"华夏英才基金学术文库"，并获得国家二等奖1项，科技三等奖1项。

面对今天的成就，王教授谦虚地说："这些成就的取得，要感谢各级领导的关心和引导。我很感激恩师们给我的教诲，至今我仍和他们保持密切的联系，对他们十分敬重和关心。同样，这些成绩里也包含着家人的支持，师生们的支持和鼓励，还有各界朋友和患者对我的信任。"

中医药事业的传承人①

左玉丽，白德斌

在省中医学院，有一个"王道坤英才奖学金"，2005 年设立至今已有 30 名品学兼优的学生受益。它的设立者是首批"甘肃省名中医"称号获得者、省中医学院教授王道坤。

2005 年，王道坤教授从个人积蓄中拿出 10 万元设立了这个奖学金，把这看作是传承中医药学的一种方式。

"我获得的不仅是一笔支撑我完成学业的钱，更重要的是获得了一种坚定中医药事业的信念。"曾获得过这个奖学金的学生韩洁说。

王道坤教授热爱中医药事业，40 余年专注于中医中药的推动和传承，他对中医之伤寒、易水、温补学派研究颇深，对脾胃病、肾病、胰腺炎、白内障等尤有独到见解。由他主编的《新脾胃论》，吸取了现代科技和中西医最新研究成果，融古通今，力求反映当代脾胃系疾病中医临床的最高水平。因在中医药学领域的卓越贡献，王道坤教授曾荣获"全国中医药传承特别贡献奖""国家科技进步奖"。

1961 年，王道坤考入北京中医学院，自此，他完全被中医药学的博大精深所吸引，立志做中医药事业的传承者。

一晃几年，王道坤学有所成，他被分配到酒泉金塔县大庄子公社卫生院，正式成为了一名医生。农村缺医少药，王道坤是既当中医，又当西医，还当过麻醉师、主过手术刀。在农村广阔的天地里，王道坤有了一展身手的机会，他不断地摸索、试验、总结，积累了丰富的经验。

有一段时间，中医日渐式微，中医师纷纷改行，但这丝毫没有动摇王道坤对中医的热爱，他传承中医痴心不改。

1981 年，调入省中医学院从事教学后，王道坤有了一个更好的研究平台，也有了一个实现他传承中医梦想的途径。"我的学生遍及世界各地，在国内，许多人不是科室负责人，就是学科带头人。"说起他的学生，王道坤教授满脸都是笑容。

传承中医，王道坤教授不遗余力。在教学的同时，他还潜心研究，寻求创新，他希望让更多人真正认识中医，也让中医变得不再神秘。

20 世纪 70 年代以来，人类疾病谱由以感染性疾病为主转向以慢性病、老年病、疑难病为主。面对新的疾病谱，西医学暴露出其局限性，表现为缺乏真正的"特效药"，这给了中医一个重新振作的机会。

王道坤教授深信这一点，因为他在实践中充分证明了该事实。他主攻的慢性萎缩性胃炎，是世界性的难题，萎缩的腺体被认为是"不可逆转"的。但经过 20 多年的探索，王道坤教授研制成萎

---

① 记"甘肃名中医"王道坤教授

胃灵系列中药制剂，治愈了 2 万多例这样的患者，其中有 200 例属癌前病变。"许多人对中医是有误解的。"王道坤教授告诉记者，"一些人认为中医是'慢郎中'，其实中医擅长于治疗急性病，我国历史上的名医都是治疗急症的高手。"2005 年 3 月，一名患者高烧七天不退，医院束手无策。经王道坤教授诊治，认为是风寒外袭，内夹湿邪，让其撤去冰袋，停掉液体，开以人参败毒散加化湿之品，半剂退热，3 剂痊愈。

除了教学和研究，王道坤教授一直都在思考中医药学陷入"危机"的原因，同时作为甘肃省政府参事，还经常下乡调研，"望、闻、问、切"，寻求中医振兴之"良方"。

"假药材、劣质药材严重败坏了中医中药的声誉。"王道坤教授说，中医讲究道地药材，但有些老中医经常遇上"证准方对药不灵"的不正常现象，原因根本在源头：药材！

"中药自身有其鲜明的特性和与生俱来的复杂性，产地、产季、加工、炮制、运输、储存等哪个环节出了问题，都能影响中药的质量。加上许多买药的、卖药的不懂药，市场监管人员中不懂药者也比比皆是，从而让假药、劣药进入医院、药铺，影响了中医的疗效。"为此，他以参事的身份专门给省政府提交了一份报告，希望加强对从业人员和市场监管人员的培训，规范中医药产地及市场管理，严把质量，保护中医药的健康发展，呼吁千万"别让中医败在中药手里"。

虽年逾花甲，王道坤教授仍坚持在讲台上传道授业解惑，坚持每周四次应诊。对王道坤教授来说，中医已成为他生命中的一部分，而不仅仅是事业。

选自《甘肃日报》2009 年 3 月第 3 版

《岐黄真髓》三字经朗诵词

集体创作　执笔　王道坤

王老师：大家好，甘肃中医药大学敦煌医学学派的同志们，给大家拜年了。

众诵：祝大家牛气冲天，万事如意。

王老师：毛主席说："中国医药学是一个伟大的宝库，应当努力发掘，加以提高。"习主席指示：要传承精华，守正创新。

齐菁：王老师，中医学，历史悠久，理论独特，内容博大精深，医书汗牛充栋，这么多内容，我们该怎么学习呢？

王老师：这个问题问得非常好，很重要。你听我说：医之道，任非小，关性命，诚是宝；医之理，很深奥，花气力，抓主要。

众诵：背经典，记方药；多实践，熟生巧，边学习，边创造；通古今，名医昭。

齐菁：啊，知道了，谢谢王老师。

蔺健春：王老师，听说金元有四大医家，我想听您讲一讲。

王老师：好。金元四大家拉开了中医学术争鸣的序幕，可以说是守正创新的范例。刘完素。

众诵：刘完素　专主火　药寒凉　了不得

　　　李东垣　重脾胃　用药轻　诚为贵

　　　张子和　主攻邪　汗吐下　疗效确

　　　朱丹溪　重养阴　滋阴降火他发明。

蔺健春：明白了，谢谢老师

齐菁：王老师，听说敦煌医学很出名，我想听一听情况。

王老师：敦煌学　有医药　壁画精　雕塑妙

众诵：诸经卷　悉是宝　辅行诀　五脏调

　　　内外治　百病消　治胃病　有绝招

众：（竖大拇指）

齐菁：啊，真了不起啊！谢谢老师。

蔺健春：王老师，据历史记载，中医防治疫病有五千年的历史，其中，有哪些最著名的大家呀？

王老师：好，请往下听，黄帝《内经》对疫病的特点和传染性总结得很好，提出的预防办法很宝贵："五疫之至，皆相染易，无问大小，症状相似。"

如何预防呢？内经预防措施也非常有效。一是扶正气；二是避其毒气——通俗讲，就是"严隔离"。它这样说："正气存内，邪不可干；避其毒气，天牝从来？"

合：五疫至　皆染易　老与幼　症相似　扶正气　严隔离　天之牝　何所惧

（翘拳头，表示战胜疫病的勇气和必胜的信心）

　　　到宋代　出奇才　防天花　人痘栽　十六世　传海外　百年后　才取代

　　　明又可　创戾气　对疫病　钻研细　口鼻入　多种类　逐邪论　很可贵

　　　叶天士　医道精　温热论　有创新

　　　吴鞠通　著条辨　对三焦　有贡献

王老师：忆当年　遭非典　中医药　冲向前

合：庚子年　新冠飙　党中央　发号召

　　　勤洗手　戴口罩　严隔离　不掉包

　　　中医药　是国宝　治新冠　有特效

　　　既及时　花钱少　药源广　马上好

　　　辛丑年　别乱跑　全球疫情还未了

　　　就地过年谁都好　举国上下齐欢笑　齐欢笑

王老师：最后

合：祝大家身体健康，阖家欢乐。（鞠躬。全剧终）

2021-02-23